KB143896

HANGIL
GREAT BOOKS

인류의위대한지적유산

HANGIL
GREAT BOOKS
113

왕양명실기

박은식 | 이종란 옮김

한길사

HANGIL
GREAT BOOKS
113

Park Eun-sik
Life and thoughts of Wang Yang-ming

Translated by Lee Jong-lan

Published by Hangilsa Publishing Co., Ltd., Korea, 2010

왕양명의 상

만년의 초상으로 명나라 말기 증경(曾鯨)이 그린 것을 일본에서 모사한 것으로 알려져 있다.
그의 다른 초상과 마찬가지로 초췌한 얼굴은 폐병에 걸렸음을 암시한다.

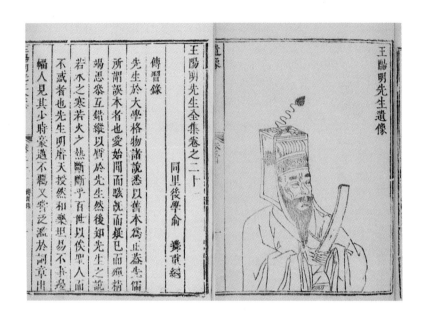

『전습록』(위)과 왕양명 생가가 있던 서운루 터

왕양명 어록과 서간집인『전습록』의 이름은『논어』,「학이」의 증자가
세 번 반성한다는 말 가운데 하나인 '전불습호' (傳不習乎)에서 따왔다.
'상서로운 구름 누각' 이라는 뜻의 이 누각의 이름에 왕양명의 첫 이름인 '운' (雲) 자가 들어 있다.

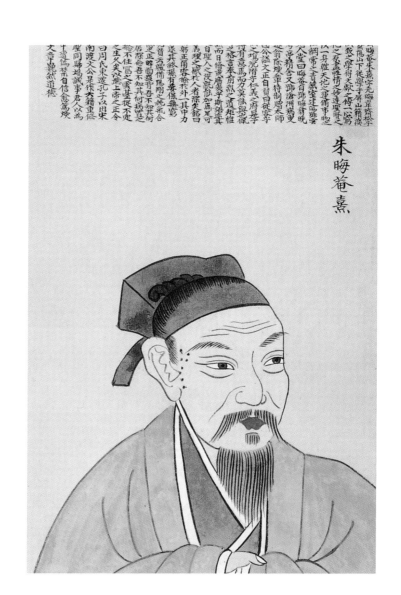

朱晦菴熹

주희의 상
우리에게 주자로 더 잘 알려진 주희(1130~1200)는 북송 철학자들의 이학적 학풍을 이어
남송에서 성리학을 완성했다. 조선에서는 이 주자학이 지배 이념으로 작용하여
양명학은 위축될 수밖에 없었다.

정운붕, 「삼교도」(三教圖)
공자·붓다·노자가 대화를 나누는 장면이다.
왕양명은 청년기에 이 삼교 사이에서 방황하다가 최종적으로 공자의 가르침을 이은 유가로 돌아온다.
그런 이유로 그의 비판자들로부터 선(禪)의 껌새가 있다고 듣는다.

HANGIL GREAT BOOKS 113

왕양명실기

박은식 | 이종란 옮김

한길사

왕양명실기

· 차례

박은식의 구국활동과 양명학

이종란 한국철학

1. 박은식의 생애와 활동

1) 시대적 배경

박은식(朴殷植, 1859~1925. 호는 백암白巖 또는 겸곡謙谷, 자는 성칠聖七)이 국내에서 활동했던 20세기 초의 상황은 청일전쟁과 러일전쟁을 통하여 조선에 대한 일본의 침략이 한층 강화된 시기였다. 특히 1905년 을사조약(乙巳條約) 후의 조선은 사실상 일본의 형식적 병합절차만 남겨놓은 상태였다.

서세동점(西勢東漸)에 따른 19세기 조선의 대응방식은 개화운동(開化運動),[1] 위정척사운동(衛正斥邪運動),[2] 민중운동[3] 등으로 전개되었

---

1) 김옥균(金玉均) 등이 일으킨 갑신정변(甲申政變)과 김홍집(金弘集) 등이 주축이 된 갑오개혁(甲午改革), 그리고 이후의 애국계몽운동까지 개화운동으로 포함했다. 자세한 것은 이종란, 「근대로 나아가는 철학의 길－개화운동의 철학사상」, 『시대와 철학』 제10호, 1995 참조.
2) 척사위정운동이라고도 한다. 주자학적 세계관에 근거한 개항(1876) 이전 대원군의 정책을 지지하는 운동, 개항을 반대하는 척사위정운동, 1880년의 운동, 그리고 의병전쟁 등이다. 자세한 것은 홍원식, 「주자학적 세계관의 선택」, 같은 책 참조.
3) 갑오농민전쟁을 포함한 활빈당 등의 민중운동을 말한다. 자세한 것은 박경환,

다. 그러나 당시의 민족모순과 계급모순의 이중적 굴레 속에서 민족 내부 계급 간의 갈등을 해소하지 못하고, 또 외세의 교활하고 끈질긴 간섭과 침략으로 말미암아 이 운동들은 소기의 성과를 거두지 못했다. 일제의 강점 이후에도 이러한 모순은 여전히 상존하는데, 일제에 대한 독립투쟁 중에서도 사회주의 세력이 꾸준히 성장하고 활동을 펼치면서 민족 부르주아 세력과 대립했다는 점에서 확인할 수 있다. 옮긴이는 이러한 역사의 연장선상에서 볼 때 지금도 빈부갈등과 외세 영향이라는 상황이 완전히 끝났다고 보지 않는다.

어쨌든 이러한 과정 속에서 박은식은 주자학도에서 출발하여 개화사상가 · 애국계몽사상가 · 언론인 · 교육자 · 학자 · 저술가 · 독립운동가 · 임시정부 대통령으로 변신하게 된다. 그도 처음부터 사회운동에 참여한 것은 아니다. 초기 개화운동과 갑오개혁, 동학농민전쟁을 지지하지 않았다. 그러다가 40세 되던 해인 1898년부터 시작된 독립협회의 자주 · 민권 · 자강운동(自强運動)의 영향으로 큰 충격을 받고, 각종 신서적을 구하여 읽어본 다음, 세계의 대세와 시국의 형편을 읽고 독립협회에 가입하여 개화운동에 전념하게 된다.

박은식이 『왕양명실기』(王陽明實記)[4]를 저술할 당시 1910년까지의 구국운동은 지식인들이 주도하여 국민의 애국심과 독립사상, 신사상을 계발하고 국권 회복의 민족 역량을 증강시키기 위한 애국계몽운동이었다. 그리고 일부 유생과 평민 의병장, 해산 군인들이 주도한 의병전쟁도 있었다. 이 의병전쟁은 표면적으로는 1915년까지 줄곧 계속되었다.

이들 가운데 개화운동의 계승자들은 근대 민권사상에 근거하는 사회정치이론과 근대적 과학기술 문명을 대중에게 선전하고 민족 영웅들의 사적을 선양했다. 이들은 이전의 개화사상을 계승했지만, 역사적 배경

「민중의 철학사상과 실천」, 같은 책 참조.
[4] 원제목은 『왕양명선생실기』(王陽明先生實記, 이하 『실기』로 표기함)이다.

의 차이에 따라 당면한 운동과제에 초점을 맞춰, 교육 · 언론을 통한 계몽 방법으로 국권을 되찾으려 한 데 특징이 있다. 이 같은 계몽방식은 당시 사회 · 역사적 배경, 외래사상과 연관되어 있고, 이러한 조건이 박은식의 현실 인식에 대한 변화를 이끌었다.

그 당시는 러일전쟁 후 이미 국권이 일본에 빼앗긴 상태이므로 지식인들은 이전 역사에 대한 반성과 국권을 회복하기 위한 이러한 실천을 모색하고 있었다. 그러던 중 청말 지식인인 량치차오 등을 통한 서양의 사회진화론 · 계몽주의 사조 · 과학사상 등이 국내에 유입되어, 당시 지식인들에게 국권 회복과 자강운동에 큰 영향을 주었으며, 유학 내부에도 이러한 시대의 흐름에 조응하여 새로운 모색을 시도했다. 그것은 서양의 충격, 메이지유신(明治維新) 이후의 일본의 성장, 청나라와 러시아에 대한 일본의 전쟁 승리 여파가 유학 내부에 커다란 위기감으로 작용했기 때문이다.

원래 제국주의의 침략 논리인 사회진화론은 찰스 다윈(Charles Darwin)의 진화론을 허버트 스펜서(Herbert Spencer, 1820~1903)와 토머스 헉슬리(Thomas Huxley, 1825~95) 등이 인간사회에 적용해 사회와 국가 간의 경쟁으로 확대 · 해석한 것이다. 이 사회진화론은 사회적 다윈주의라고도 하는데, 종족과 사회집단 간의 투쟁을 생물학적인 의미에서만 파악하여 경쟁원리를 사회적 진화의 핵심 요소로 간주한다. 여기서 집단 간의 경쟁은 문명과 문화를 발전시키는 요인이다. 결국 경제 · 군사적으로 강한 소수가 약한 다수를 지배하는데, 자유로운 경쟁을 자연도태의 한 형식으로 파악하는 사회진화론은 결국 자본주의와 제국주의를 자연스러운 것으로 받아들인다. 그러나 가장 현실주의적인 것처럼 보이는 이러한 경향들은 결국 인간과 사회의 본질을 일면적으로 파악하는 오류를 범한다.[5]

---

5) 이 진화론은 처음 일본에서 받아들여졌으나, 1900년대부터 중국인이 쓴 번역문을 통하여 대중화되었다. 곧 청일전쟁 이후 청나라의 옌푸(嚴復)가 헉슬리의

『왕양명실기』에서도 '진화'(進化)라는 말이 있어 이러한 사상적 흔적을 발견할 수 있는 바와 같이 박은식은 이 시점에서 국권 상실과 제국주의의 등장을 사회진화론에 입각하여 설명한다. 우선 그는 생존경쟁과 약육강식의 진화원리로 조선의 국권 상실과 낙후성의 원인이 학문이나 사회 풍습 등 내부 요인에 있다고 보고, 이전의 유학을 맹렬히 비판했다. 논의의 초점은 유학이 인민의 편에 서지 않고 제왕의 편에 선다든지, 허(虛)를 숭상하고 실질적 이용후생(利用厚生)에 힘쓰지 않으며, 무(武)보다 문(文)을 숭상하여 나라의 웅비적(雄飛的) 기상을 고갈시켰다는 데 있다. 그는 여기서 고대 그리스의 스파르타와 일본의 가마쿠라바쿠후(鎌倉幕府) 시대 이후의 상무적(尙武的) 기풍에 대해서 칭송한다.[6] 심지어 그는 이러한 원인을 민족정신 탓으로도 보고 있다.[7] 따라서 현실인식과 비판의 잣대는 사회진화론이라는 서구의 제국주의 철학이고, 그것은 청말 지식인들의 변법운동(變法運動)과 일본의 메이지유신 성공 이후 일본의 영향 아래에서 가능했다.[8] 때문에 이러한 문

이론을 번역한 『천연론』(天演論, 1898)과 『군학이언』(群學肄言, 1903), 량치차오의 『음빙실문집』(飮氷室文集, 1903)이 들어와 널리 읽혔다. 옌푸는 헉슬리의 진화론을 스펜서식으로 해석하여 중국인들에게 부강에 대한 분발을 촉구했다. 여기서 스펜서는 진화원리를 기계적으로 사회와 우주에까지 확대시킨 반면에 헉슬리는 우주와 윤리의 진화원리가 별개라 했는데, 옌푸는 헉슬리의 『진화와 윤리』(Evolution and Ethics)를 스펜서의 입장에 서서 번역했다. 저널리스트인 량치차오는 쉬운 문장으로 번역해 이 이론을 중국에 널리 소개했다. 서양에 대한 그의 지식은 직접 서양을 접한 것이 아니라 주로 일본을 통해 습득한 것이다. 이로 인한 계몽적 역할은 중국뿐만 아니라 조선에도 큰 영향을 미쳤는데, 그것은 현실인식의 도구이자 현실 긍정을 합리화해주는 이론적 수단의 구실을 했다. 옮긴이는 현대의 신자유주의도 이 사회진화론의 연장선상에 있다고 본다.
6) 단국대학교부설 동양학연구소, 「문약지폐(文弱之弊)는 필상기국(必喪其國)이라」, 『박은식전서』 하, 1975, 93~96쪽(이하 『전서』로 표기함).
7) 『전서』, 『겸곡문고』, 「흥학설」, 404~405쪽. 국권 상실과 낙후성의 원인을 여러 가지로 볼 수 있지만, 요약하면 유교의 학문적 병폐, 곧 정신을 지배하는 사상이나 종교적 측면을 일차적으로 다루고 있다.

제를 해결하기 위해서는 교육을 통한 민지개발(民智開發)⁹⁾이나 식산
흥업(殖産興業)의 자강을 통한 실력을 배양해야 한다고 주장했다.

물론 이러한 사회진화론의 영향은 강자의 논리를 약자의 귀감으로
삼을 뿐만 아니라, 현실 문제를 오로지 집단 내부의 무능력 탓으로만
파악하는 우를 범할 수 있다. 곧 외세에 의한 현실의 어려움은 우리가
못나서 당한다는 논리가 가능하다. 그래서 일부 인사들은 이후에 친일
파가 된다. 반면 스스로 강해져야 한다는 자강의 논리를 바로 민족 내
부에서 찾았는데, 고대사 연구 · 민족종교 부흥운동 · 학문 개혁 등이
그것이다.

이러한 배경 속에서 전통적 유교인 주자학에 대한 반성, 곧 서양이
종교개혁으로부터 근대 국가가 되었다고 인식하고, 우리의 유교도 주
자학에서 양명학으로 개혁¹⁰⁾해야 한다는 취지에서 이 책을 저술했다.

2) 생애와 활동

1993년 8월 5일, 박은식의 유해가 다른 네 분의 유해와 함께 중국 상
해 정안길로(靜安吉路) 공동묘지 600번지에서 조국의 품에 봉환되었
다. 1925년 11월 4일 하오 5시 예순일곱 살의 일기로 동지들의 손에 묻
힌 지 68년 만의 일이다.

박은식의 본관은 밀양이고, 집안은 조선시대에 뚜렷한 벼슬을 한 적
이 없다. 그는 서당 훈장을 하는 박용호(朴用浩)를 아버지로 두고 1859

---

8) 일본에서는 메이지 10년을 전후하여 일본을 둘러싼 국제 정세의 변화로 말미
  암아 약육강식의 사회진화론을 주장하게 되었다(葛榮晉 主編,『中日實學史硏
  究』, 中國社會科學出版社, 1992, 221쪽).
9) 『실기』의 '개발'(開發)이라는 말은 오늘날 영어의 'exploitation' 또는
  'development'의 번역어로 쓰는 말과 다르다는 데 주의해야 한다. '개발'(開
  發)의 원뜻은 '계발'(啓發), 즉 영어의 'improvement' 또는 'enlightnment'에
  가깝다.
10) 이른바 그의 유교구신론(儒敎求新論)이다. 자세한 것은 이종란, 「박은식의 유
  교구신론과 공자관」,『공자학』제3호, 한국공자학회, 1998. 2 참조.

년 황해도 황주 남면의 바닷가 마을에서 태어났다. 열 살이 되어서야 아버지의 서당에 겨우 입학하여 늦게 공부를 시작했다. 아버지의 서당에서 7년간 사서삼경과 제자백가서(諸子百家書)를 공부했다.

그러다가 열일곱 살에 과거공부를 중단하고 고향을 떠나 여행했다. 이때 안태훈(安泰勳, 안중근 의사의 아버지)과 사귀었다. 열아홉 살에 아버지를 여의고, 스물한 살에 이(李)씨와 혼인했다. 스물두 살에 경기도 광주 두릉에 사는 다산 정약용의 제자 신기영(申耆永)과 정관섭(丁觀燮)을 찾아가서 다산의 학문을 섭렵했다.

스물네 살에 서울로 올라왔다가 시국 상황에 실망하여 평안북도 영변의 산중으로 들어가 오직 학문 연마에만 전념했다. 그러다가 스물여섯 살에는 평안북도 태천에 사는 당시 유명한 성리학자이며 위정척사파의 거두인 화서(華西) 이항로(李恒老)의 제자 박문일(朴文一)을 찾아가 주자학을 배웠다. 그의 아우 박문오(朴文五)에게도 주자학을 배웠다. 그후 고향에 돌아와 학생들을 모아 주자학을 가르쳤고, 이때부터 유학자로서 이름이 널리 알려지기 시작했다. 이 시기에는 척사위정(斥邪衛正)의 입장에서 갑오경장(甲午更張)이나 동학농민혁명을 개탄하는 전형적인 유학자의 태도를 벗어나지 못했다.

그러다가 그의 사상이나 행동이 완전히 바뀐 것은 마흔 살부터라고 술회한다. 그해는 이른 봄부터 독립협회의 자주·민권·자강운동이 본격적으로 시작되던 시기였다. 그는 독립협회에 가입하고 각종 활동에 참여한다. 앞에서 말했지만 그의 실천방식은 량치차오의 『신민설』(新民說)의 논지와 같은 서구 계몽사조와 사회진화론을 배경으로 민지(民智)와 민덕(民德)을 계발하고, 식산흥업과 교육운동으로 국권을 회복하자는 것, 곧 계몽 방식을 취한다. 그리하여 『황성신문』(皇城新聞)이 창간되자 장지연(張志淵)과 함께 주필이 되었으며, 잠시 『대한매일신보』의 논설기자로 활동하다가 1910년 8월 『황성신문』이 폐간될 때까지 언론구국운동을 전개했다.

을사조약이 체결되던 1905년부터는 개화자강사상가로 더욱 변모했다. 구학문과 습속을 비판하고 신학문만이 나라를 구할 수 있다고 선언했다. 그는 대한자강회(大韓自强會)에 가입하고, 서우학회(西友學會)를 조직했으며, 주시경(周時經) 등과 함께 국문연구회(國文研究會)에 참여하고, 비밀결사단체인 신민회(新民會)에도 가입했으며, 서북학회(西北學會)가 창립되자 이를 지도하고, 서북협성학교(西北協成學校)를 설립했다. 또 대동교(大同敎)를 창립하고 양명학에 입각하여 유교를 개혁함으로써 유림계(儒林界)와 유교문화의 요소를 국권회복운동에 동원하려고 했다. 이 책도 이런 취지에서 이 시기에 저술되었다.

　그러다가 1911년 3월에 부인 이씨가 병으로 죽자 장례를 치른 후 4월 홀연히 망명하고 만주에 있는 윤세복(尹世復)의 집을 찾아갔다. 윤세복은 애국지사이며 나중에 대종교(大倧敎) 제3대 교주가 된 인물이다. 그의 집에 머물면서 『동명성왕실기』(東明聖王實記), 『발해태조건국지』(渤海太祖建國誌), 『천개소문전』(泉蓋蘇文傳), 『대동고대사론』(大東古代史論), 『명림답부전』(明臨答夫傳)을 저술했다. 특이한 것은 모두 고대사에 편중되며 지리적으로 만주와 관련된다는 점이다. 모두 민족의 웅비를 강조하고 한민족의 기상을 되살려 독립정신의 기풍을 진작하려는 의도로 보인다. 물론 이것도 사회진화론적 배경과 관련 없는 것은 아니지만, 영웅이나 위인을 발굴하여 국민국가주의의 동력으로 삼으려는 제국주의의 태도와 대비된다.[11] 왜냐하면 박은식의 일차 목표는 부국강병의 국가 건립이 아니라 실력 배양을 통한 독립이기 때문이다.

---

11) 박노자는 애국계몽기 인사들의 이러한 태도를 사회진화론적 입장에서 일본 지식인들처럼 개인을 희생시켜 부국강병을 지향하는 국가주의적 태도라고 비판한다. 이것이 오늘날 개인의 자유나 권리보다 국가라는 허구적 권위를 내세운 기득권층의 원조로 여기고 있다(박노자, 『나를 배반한 역사』, 인물과사상사, 2003). 그러나 그 당시 국가도 없으면 개인도 없는 상황이므로 개인보다 민족이나 국가가 당연히 우선시될 수밖에 없었다.

그보다도 그가 이렇게 우리의 고대사 연구에 몰두한 것은 그의 민족주의적 역사관과 밀접히 연관되어 있다. 그는 예로부터 동양 혼백(魂魄) 관념을 이용하여 '국혼'(國魂)과 '국백'(國魄)의 역사관을 주창하는데, 이것은 국권 상실이라는 현실과 결코 분리해서 생각할 수 없다. 국혼이란 국가의 정신적·문화적 요소를 말하고, 국백이란 국토·경제 등 물질적 요소를 말한다. 독립투쟁이란 잃어버린 국백을 찾아 국혼과 결합하는 과정인 셈이다. 잃어버린 것은 국백이요, 국혼을 잘 간직하고 보존하면 언젠가는 광복을 맞이하여 국가를 부활시킬 것이라는 신념에서 저술 활동에 몰두한 것이다. 그 결실이 『한국통사』(韓國痛史, 1915), 『한국독립운동지혈사』(韓國獨立運動之血史, 1920) 등이다. 이 책은 후에 일제가 금서(禁書)로 지정한다. 그는 뒤이어 상해에서 『한국통사』를 간행한 후 바로 『이순신전』을 저술했다.

이 시기에 상해에서 '신한혁명단'(新韓革命團)과 '대동보국단'(大同輔國團)을 조직하기도 하고, 1918년에는 노령(露領) 동포들의 요청으로 『한족공보』(韓族公報)의 주간에 취임하기도 한다. 여기서 『발해사』와 『금사』(金史)를 한글로 저술한다.

그는 3·1운동을 블라디보스토크에서 맞았고, 이때 '대한국민노인동맹단'(大韓國民老人同盟團)을 조직하여 독립운동을 전개했다. 강우규(姜宇奎) 의사의 일제 총독에 대한 폭탄투척사건도 바로 박은식이 이끈 것이다. 이해 8월 상해로 돌아와 임시정부를 적극 지원했고, 앞의 『한국독립운동지혈사』를 집필하기 시작했다. 그 내용은 1884년 갑신정변부터 1920년 독립군 전투까지의 일제침략에 대한 독립투쟁을 3·1운동을 중심으로 서술했다.

그 뒤 임시정부 내에서 분열이 일어나 그것을 수습하는 데 원로의 도움이 필요했다. 그래서 그 혼란을 수습해줄 원로로서 1924년 6월 임시정부 국무총리 겸 대통령 대리로 선출되었고, 이어 의정원은 1925년 3월 21일 '임시 대통령 이승만 탄핵안'을 통과시키고, 1925년 3월 23일 박은식을 제2대 대통령으로 선출했다. 그러나 그는 같은 달 30일에 '헌법 개정안'을 의정원에 제출하고, 국무령 체제를 신설해서 내각 책임제로 바꾸려 했다. 같은 해 7월 새 국무령을 추천하고 스스로 대통령직을 사임했다. 그리고 같은 해 11월 1일 예순일곱 살의 일기로 서거했다.

2. 유교개혁과 『왕양명실기』

1) 유교구신과 양명학

박은식의 글에서 사회진화론을 사상적 배경으로 하여 전통의 습속과 학문을 비판하거나 계승하는 모습을 쉽게 찾아볼 수 있는데, 사회 또는 문명이 진보한다는 전제 아래 서양의 과학〔器〕과 동양의 종교〔道〕가 문제되고 있다.[12] 문명이 진화된 20세기나 21세기에는 유교의 시대가 올 것이라고 전망하면서, 「유교구신론」(儒教求新論)이란 사실상 사회진화론의 영향으로 주자학적 유교를 양명학적 유교로 개혁하고자 한 것이다.

박은식은 자강(自强)의 방편으로 민지계발과 식산흥업을 들었는데, 종국에는 식산흥업도 사람이 하는 것이므로 민지계발에 더 큰 역점을 두었다. 여기서 민지는 주로 과학기술과 관계된 지식이지만, 그의 학문적 관심은 실용 학문에만 있는 것이 아니라, 인격수양인 민덕(民德)을 높이는 수단으로서 종교를 중시한다. 따라서 그가 종교를 보는 견해는 크게 두 가지이다. 하나는 종교가 도덕학이라는 것이고,[13] 다른 하나는 종교가 교화 수단이라는 것[14]이다. 따라서 유교를 새롭게 함으로써 그

---

12) 박은식 이전의 개화파들에게 서양 문물의 도입은 대대수가 '동도서기론'(東道西器論)에 머물고 있었다. 박은식의 유교 개혁운동은 그 연장선상에 있지만, 종래의 동도서기론이 '동도'를 불변하는 것으로 상정한 반면, 박은식은 양명학으로 개혁한다고 본다. 이후 공자교나 대동교 운동 등을 주장한 사람들도 이와 같은 맥락에 닿아 있다.

13) 『전서』 중, 『겸곡문고』, 「종교설」, 418쪽.

러한 역할을 다할 수 있다고 보고「유교구신론」을 저술했다.

이 유교구신의 제창에 영향을 받은 것은 크게 세 가지로 볼 수 있다. 첫째는 근대화된 서양 제국의 종교가 기독교라는 점이다. 서양인들이 발달할 수 있었던 이면에는 기독교가 있었다고 보는데, 특히 마르틴 루터의 종교개혁에 힘입어 강하게 될 수 있었다고 본다. 따라서 종교를 개혁하면 서양인들처럼 민지를 계발하고 교화할 수 있다고 생각했다.

둘째는 이러한 생각의 연장선상에서 박은식에게 직접적으로 영향을 준 중국학자들의 종교에 대한 태도이다. 나중에 그 근거를 자세히 밝히겠지만, 특히 량치차오가 쓴 중국의 종교개혁에 대한 견해[15]를 그대로 인용하기 때문이다.

셋째는 메이지유신의 결과 생긴 부산물인, 서양을 따름으로써 생긴 서구화의 폐단을 비판하고 동양적 도덕성 제고를 주장하던 청일전쟁 직후부터 일게 된 일본 양명학회의 운동[16]과 관련된다. 이에 대한 근거도 뒤의 양명학과 관련하여 자세히 밝히겠다.

그러면 유교구신의 구체적 내용은 무엇인가.

그는 여기서 크게 세 가지 문제를 제시한다. 첫째, 유교파(儒教派)의 정신이 오로지 제왕(帝王)의 편에 서 있고 인민사회에 보급할 정신이 부족한 점이다. 둘째, 여러 나라를 돌면서 천하를 바꾸고자 하는 주의(主義)를 강구하려 하지 않고, 내가 어린아이를 구하는 것이 아니라 어린아이가 나를 구한다는 주의만을 지키는 것이다. 셋째, 우리나라의 유가에서는 간이직절(簡易直切)한 방법을 쓰지 않고 지리한만(支離汗漫)한 공부만 오로지 숭상한다는 것이다.

---

14) 『전서』하,「유교구신론」, 44쪽.

15) 梁啓超,「支那の宗教改革について」, 島田虔次 編, 『中國革命の先驅者たち』, 東京: 筑摩書房, 1970, 31~45쪽. 이 글은 현재 『음빙실문집』 제1권에 들어 있다. 원래 량치차오 자신이 일본에서 한 연설문인데, 어떤 자리에서 했는지 알 수 없고 나중에 자신이 발행한 『淸議報』 제19~20호(1999)에 게재한다.

16) 岡田武彦, 『儒教精神と現代』, 東京: 明德出版社, 平成 6, 162쪽.

그래서 이전 유학의 풍토를 비판하고, 공맹 본래의 민본정신에 입각하여 인민의 지혜와 권리를 신장시켜야 한다고 주장했다. 이와 같이 원시유교(原始儒敎)의 정신으로 돌아가고자 한 것은 사상적 후퇴가 아니라, 정신적 지주가 되었던 유교의 근본정신을 새롭게 봄으로써 현실 개혁의 근거를 확보하기 위해서였다.

그러나 이러한 견해는 무엇보다도 량치차오의 종교개혁에 관한 일본에서의 연설문을 필요할 때마다 거의 그대로 옮겨놓은 것이다.[17] 이와 같이 박은식의 유교구신에 대한 첫 번째와 두 번째 문제는 바로 량치차오·캉유웨이(康有爲) 중심의 금문공양학파의 논지를 그대로 따르고 있어서, 현실 문제의 해결을 종교개혁을 통한 인민의 계몽과 그 결과로 이어지는 인민의 권리 신장을 통해서 근대화의 길을 택한다.

세 번째 문제는 양명학으로 구신(求新)해야 한다고 한다. 그 이유는 장래의 학계를 예상하건대 간단하고 절실한 방법 없이는 공맹의 학문에 종사하는 자가 거의 드물기 때문이라는 점이다.

그가 양명학으로 유교를 개혁해야 한다는 데는 물론 량치차오의 영향이 컸다.[18] 그리고 당시 일본 학계의 영향을 무시할 수 없다. 양명학에 대한 그의 글은 이 「유교구신론」뿐만 아니라, 장지연에게 보낸 편지에서도 양명학을 하게 된 배경을 말한다. 양명학이 세상에 크게 창성하여 일본 메이지유신 호걸들이 양명학자였고, 중국의 학자들 중에는 양명학자가 많고, 지행합일(知行合一)이 시의(時宜)에 적합하며, 서양철학자(예를 들면 소크라테스, 칸트, 버클리)의 학설도 지행합일과 부합하는 것이 있기 때문이라고 전한다.[19]

그리고 『왕양명실기』와 「일본양명학회 주간에게」 및 「재여일본철학

---

17) 자세히 비교 분석한 내용은 이종란, 「박은식의 유교구신론과 공자관」, 『공자학』 제3호, 한국공자학회, 1998. 2 참조.
18) 그의 저서 『덕육감』이 『왕양명실기』 곳곳에 인용되고 있다.
19) 『전서』 하, 「여위암서」(與韋庵書), 246쪽.

사양명학회주간동경치서」(再與日本哲學士陽明學會主幹東敬治書)에서도 그 사상적 연관성을 충분히 발견할 수 있다. 예컨대『왕양명실기』에서는 "구미제국은 모두 경교(景敎, 원래 기독교의 네스토리우스파의 중국식 이름이나 여기서는 기독교를 말함)로써 인심의 방향을 묶고, 일본은 불교가 최고로 유력하다. 메이지유신 이전에 공인되어 시세를 조성한 호걸은 나카에 도주(中江藤樹, 1608~48)·구마자와 반잔(熊澤蕃山)·요시다 쇼인(吉田松陰)·사이고 난슈(西鄕南洲) 같은 이로서 모두 왕학(王學)으로 후배들에게 모범을 보이고, 지금 저들 군인사회에 오히려 왕학으로서 일종의 신앙을 삼으니, 일본 군인의 가치가 이미 세계에서 함께 추앙하게 되었는데, 어찌 한 점의 정신교육을 우리 왕양명 선생이 내려준 것임을 알았겠는가"[20]라고 말한다.

　박은식은 이러한 일본 사정을 일본 서적의 구입을 통하여 알게 된다.『학규신론』(學規新論) 가운데「논인서지의」(論印書之宜)를 보면 상세히 알 수 있고, 일본에서는 이미 1897년부터 철화서원(鐵華書院)에서『양명학』잡지를 필두로 간행되기 시작했는데,[21] 박은식도 구독하고 있음이 그의 편지에도 보인다. 또 당시『서북학회월보』제12호(1909. 5), 제13호(1909. 6), 제14호(1909. 7), 제15호(1910. 8)에 요시다 쇼인과 왕양명의 시가 번갈아 게재된 것도 우연한 일이 아닐 것이다.

　결국 서양이 강성하게 된 것은 정신과 도덕적인 측면에서는 종교개혁으로 가능했고, 일본이 부국강병을 하게 된 것도 양명학으로 가능했다고 인식한다. 따라서 우리가 국력을 배양하여 독립을 이루려면 민지, 즉 과학과 실업을 발전시키고, 정신적·도덕적 측면에서는 유교를 양

---

20)『전서』중, 165~166쪽. 여기서 나카에 도주는 일본에서 최초로 양명학을 제창한 사람이고, 사쿠마 쇼잔(佐久間象山)은 그의 제자이며, 요시다 쇼인은 바쿠후 말기 유신 초기의 이토 히로부미(伊藤博文)의 스승으로 사쿠마 쇼잔과 더불어 개국이론을 세웠고 반체제 인사로 옥사하고, 사이고 난슈는 이토 히로부미와 더불어 원대한 정책을 펼친 사람들이다.

21) 岡田武彦, 앞의 책, 163쪽.

명학으로 개혁해야 한다는 것이 유교개혁의 참뜻이다.

당시 일본인들이 과연 양명학 때문에 개혁정신을 가졌는지, 메이지 유신의 인사들이 정말로 양명학을 공부하여 생활해왔는지, 메이지유신의 인사들이 양명학을 공부했다면 양명학을 제대로 이해했는지, 아니면 일본인들이 양명학을 자의적으로 해석해서 이용했는지, 그리고 유럽 사회가 과연 종교개혁 때문에 발전하게 되었는지에 대해서는 심도 있는 연구가 필요하다.

다만 당시 서구 문물에 대한 통로는 일본이 거의 유일한 상황[22]에서 일본에 들어온 사조를 접할 수밖에 없었고, 국가·민족·종교·학문에 대한 개념이나 정의(定義)에 이들 일본인이나 일본에 망명한 중국인들의 영향을 배제할 수 없는 한계가 있다는 점을 지적하지 않을 수 없다.

그러나 양명학으로 유교를 개혁하여 국가 종교로 삼아야 한다는 의도는 주자학적 전통이 짙게 드리워져 있던 조선 사회에서 최초의 주장이었다. 비록 한국 양명학의 명맥을 유지한 강화학파(江華學派)가 없었던 것은 아니지만, 이들은 드러내놓고 유교개혁을 주장할 수 없었고, 그러한 기회도 주어지지 않았다. 따라서 사상사 입장에서 볼 때 박은식의 유교구신은 큰 의미를 지니는데, 그것은 "과연 유교를 현대화할 수 있는가"에 대한 질문을 던진 것이고, 이 질문은 지금까지도 유효하다. 더불어 그의 양명학에 대한 이해와 저술, 운동 또한 당시까지 없었던 일이어서, 한국 양명학사에 기여한 그의 공로는 결코 작다고 할 수 없을 것이다.

2) 『왕양명실기』

박은식은 앞에서 말한 것처럼 유교를 양명학으로 개혁하고자 하는 의도에서 이 『왕양명실기』를 저술했다. 말 그대로 왕양명에 대한 실제 사실을 기록한 책으로, 그때가 1910년이다. 최남선(崔南善)이 이 글을

---

22) 박은식 등이 영향을 받은 량치차오도 일본에서 망명생활을 하고 있었다.

모두 『소년』(少年)에 실었으나, 일제는 이를 불온서적이라 하여 판매를 금지했을 뿐만 아니라, 이를 계기로 『소년』을 폐간해버렸다.

이 책의 내용을 음미하면 일제를 몰아내자는 구국의 구호나 정치적인 의도가 없다. 오히려 주자학만 고수하는 조선인들의 태도를 비판하고 일본을 부러워하는 내용이 들어 있으며, 일본인이 쓴 책을 참고로 했다. 그런데 일제는 왜 이 책이 읽히는 것을 두려워했을까?

이 책의 내용은 편년체(編年體) 형식으로 왕양명의 일대기를 기록한 것이다. 그 가운데 각종 일화(逸話)와 어록(語錄), 그리고 시(詩)가 포함되어 있고, 중간중간에 박은식 자신의 '안(按) 설을 붙여 의견과 소감을 피력하고 있다.

따라서 이 책에는 목차가 없다. 다만 옮긴이가 독자들의 이해를 돕기 위하여 가계와 유년 시절, 혼인과 청년기의 학문편력, 고난과 진리의 깨달음, 가르침을 시작함, 도적 토벌, 가르침을 이어감, 반란 진압, 다시 가르침의 길로, 마지막 도적 토벌과 서거, 그리고 서거 후 뒷이야기 등으로 제목을 붙여 편집했다. 박은식이 참고했다는 다카세 다케지로의 『양명상전』(陽明詳傳)²³⁾도 차례가 있는데, 옮긴이가 붙인 것과 다르지만 내용을 총 10편으로 나누고 편마다 여러 개의 작은 단락으로 나눈 다음 소제목을 붙였다.

또 옮긴이는 안(按) 설에서 다음 안 설이 나올 때까지를 한 단위로 번호를 붙였다. 저자가 그 단위에 해당하는 내용을 쓰고 안 설을 붙였기 때문이다.

그런데 이 책을 저술할 때 참고한 책이 있었다. 물론 그것을 저자가 밝히고 있다.²⁴⁾ 그에 의하면 이 책을 쓰기 위해 왕양명의 『연보』(年譜),

---

23) 원제목은 『왕양명상전』(王陽明詳傳)이다. '高瀨武次郎'의 정확한 일본 발음을 알 수 없어서 주한 일본 문화원에 확인한 결과 일반적으로 불리는 '다카세 다케지로'(たかせ たけじろう)라는 이름으로 표기했다.
24) 『전서』 하, 「여위암서」, 246쪽.

『전습록』(傳習錄),²⁵⁾ 『명유학안』,²⁶⁾ 다카세 다케지로의 『양명상전』을 종합했다고 밝히고 있다. 이 책을 면밀히 검토하면 왕양명의 삶과 행동은 주로 『연보』와 『양명상전』에서 취하고, 인용한 말은 주로 『전습록』 『명유학안』, 그리고 량치차오의 『덕육감』²⁷⁾에서 발견된다. 그래서 가능한 한 그런 것들의 출처를 밝히려 노력했다. 또한 시는 『양명상전』에서 주로 인용하고, 거기에 없는 것도 물론 보인다.

전체적으로 볼 때 왕양명의 삶을 많이 다루고 있지만, 양명학의 소개에도 많은 비중을 차지한다. 그래서 이 책을 한 번 읽어보면 왕양명의 생애뿐만 아니라 양명학의 진수를 맛볼 수 있다고 감히 말하고 싶다. 더불어 이 책을 저술할 당시의 시대상, 곧 그 시대에 풍미한 사상(여기서는 사회진화론이 대세를 이룸)은 물론이요, 이 책을 쓰게 된 의도를 충분히 살필 수 있다. 더욱이 학술사적으로 볼 때 한국 양명학의 한 모습을 발견할 수 있다. 곧 양명학에 대한 박은식의 독창적인 해석이 그것이다.

다소 아쉽게 느낀 것은 일본 메이지유신의 인사 다수가 양명학파²⁸⁾이고, 중국 학자들의 다수도 양명학을 종지(宗旨)로 삼고 있다는 데²⁹⁾서 알 수 있듯이, 양명학을 시대를 구할 학문(정신)으로 확신에 차 있다는 점이다. 다시 말해 메이지유신의 주역들이 양명학파인지 아닌지는 차치하고라도, 1910년이라는 시대의 절박성에 비추어볼 때 아무리

---

25) 왕양명과 그의 제자들이 나눈 대화를 엮은 것으로, 양명사상을 이해하는 데 핵심적인 책이다.
26) 명나라 학자들과 사상에 대하여 황종희가 저술했다.
27) 량치차오가 일본에 망명해 있을 때 쓴 저술로서, 중국 선유(先儒)들의 글 중에서 덕육(德育)에 관한 것을 뽑아 여섯 장으로 나누어 편집하고 그의 안설(按說)을 첨부한 글이다.
28) 사실 이것은 박은식의 견해라기보다 량치차오의 생각이다. 당시 량치차오는 일본에서 망명생활을 하면서 일본 양명학의 영향을 많이 받았다. 당시 일본에는 양명학뿐만 아니라 일본 고학(古學)에 대한 다양한 학파가 존재했는데, 순수한 양명학자로 보기에는 애매한 인사들이 많았다.
29) 『전서』 하, 「여위암서」, 246쪽.

유교를 양명학으로 새롭게 변화시킨들 유교적 토대가 상실된 마당에 그것으로 나라를 구한다는 것이 과연 가능한 일이었는지 생각해볼 문제[30]로 지적되고 있다.

비록 박은식이 의도한 대로 유교를 양명학으로 개혁하여 그것을 무기로 구국운동을 하지 못했지만, 구체적 현실에서 인간의 본성을 긍정하고 거기에 따른 도덕을 구축하여 삶을 주체적으로 이끈 모습을 왕양명을 통하여 보여주고자 한 점은 오늘날에도 큰 의의가 있다. 왜냐하면 복잡한 현대인의 생활 속에서 현실을 긍정하면서도 간단하고 행하기 쉽고 알기 쉬운 도덕 근거가 필요하기 때문이다. 다시 말해 일개 서생(書生)의 탁상공론이 아닌, 파란만장한 인생의 역정에서 자신에게 주어진 일을 회피하지 않고, 한 인간이 어떻게 도덕성을 발휘하여 불의와 타협하지 않고 꿋꿋하게 살 수 있었는지 보여주는 것만으로도 큰 의미가 있을 것이다. 과거 일제가 조선 민중이 이것을 본받을까봐 이 책의 판매를 금지한 것이 아닐까.

이 책을 번역하기 위하여 옮긴이는 다시 그의 『연보』,[31] 『전습록』, 『명유학안』, 다카세 다케지로의 『양명상전』, 그리고 량치차오의 『덕육감』을 역으로 추적해서 살펴보고 비교하지 않을 수 없었다. 특히 다카세 다케지로의 책은 국내에서 구할 수 없었기 때문에, 일본에 공부하러 간 후배 유학생을 통하여 아주 힘들게 사본을 구할 수 있었다. 그래서 가능한 한 서로의 연관관계나 상이점을 밝히려 노력했다.

---

30) 한평수, 「박은식의 유교구신론」, 『시대와 철학』 제2호, 1991. 유교적 토대가 상실되었다는 뜻은 그것의 뒷배경인 조선 왕조의 멸망과 아울러 국권 상실을 의미한다.

31) 『연보』도 일본판 『왕양명전집』(王陽明全集), 東京: 明德出版社, 平成 3 참조. 그리고 이 책은 명나라 때 출판한 『왕문성공전서』(王文成公全書)를 증보한 것이다.

3. 왕수인의 생애와 활동

왕수인(王守仁, 1472~1528)은 명나라 중기의 인물로 송명이학(宋明理學)을 이어 심학(心學)을 창시한 사람이다. 이 책이 그를 자세히 다루기 때문에 여기에서는 독자들의 이해를 돕기 위하여 간단히 소개하겠다.

그의 처음 이름은 운(雲)이고 나중에 수인(守仁)으로 바꾸었다. 바꾼 일화는 이 책에 자세하다. 고친 이름에서 알 수 있듯이 공자의 핵심 사상인 '인(仁)을 지킨다'는 뜻을 나타내므로, 유학적 전통을 확고히 지닌 가정에서 태어났다고 말할 수 있다. 그의 아버지를 비롯한 조상들의 행적을 살펴보면 이를 확인할 수 있다.

그의 자는 백안(伯安)이고 학자들은 양명선생(陽明先生)이라 불렀다. 절강성(浙江省) 여요(餘姚) 사람이다. 유년 시절 성격이 활달하고 진취적이었으며, 시문(詩文)에 탁월한 재주를 보였고, 유불도(儒佛道) 삼교 사이에서 방황하기도 한다. 그러다가 1499년에 과거에 합격하여 벼슬길에 오른다. 1506년 당시 권세를 부리던 환관 유근(劉瑾)을 탄핵하다가 귀주(貴州) 용장(龍場)의 역승(驛丞)으로 좌천된다. 귀양 간 것이나 다름없는 곳에서 양명학의 핵심 개념인 '양지'(良知)를 깨달았다고 한다.

유근이 죽자 다시 여러 관직을 거치는 동안 제자들을 가르치면서 자신의 학문을 전파했다. 이때 수많은 제자들이 몰려왔다. 그러다가 1517년 봄부터 다음해 3월까지 남창(南昌)과 감주(贛州)의 도적들을 소탕하고, 십가패법(十家牌法, 일종의 10호 담당제)을 실시하며, 군대 조직인 대오법(隊五法)을 수립하여 난을 토벌했다. 물론 이 때문에 그를 농민봉기를 진압한 부정적 인물로 비판하는 사람들도 있다.

난이 평정되자 다시 강학을 시작했다. 이때 향약(鄕約)과 보갑법(保甲法)을 세웠다. 그러다가 1519년 황제의 친척인 영왕(寧王) 신호(宸濠)가 반란을 일으켰다는 소식을 듣고, 배를 되돌려 길안부(吉安府)에서 의병을 일으켜 적을 토벌했다. 신호가 6월 14일에 반기를 들어 7월 26일에 사로잡혔으니 앞뒤를 계산하면 42일이요, 선생은 7월 13일에 군사를 일으켜 26일에 평정하니 겨우 14일이 걸렸다. 예로부터 난리를 평정한 것이 이처럼 신속한 경우는 없었다.

난리가 진압되자 시기하는 무리도 많고 상벌이 공정치 못해 고향에 내려와 학문을 가르쳤다. 그러다가 그의 나이 쉰여섯 되는 1527년 5월에 조정에서 선생에게 양광(兩廣)과 강서(江西)·호광(湖廣)의 군사를 도독(都督)하고 반란을 일으킨 사은(思恩)과 전주(田州)의 난을 정벌하게 했다. 난을 토벌하고 돌아오다 1528년 그의 나이 쉰여덟에 서거했다.

이렇게 파란만장한 그의 생애가 말해주듯 그는 훌륭한 군사전략가·지휘관·관리·문학가·교육자·사상가이다. 이렇게 바쁜 가운데서도 새로운 유학을 만들었으니, 이른바 양명학이라 한다.

4. 왕수인의 양명학

이 책을 읽게 되면 양명학에 대한 이해가 깊어질 것이다. 여기서는 다만 양명학을 간단히 소개하겠다.

왕수인의 양명학은 명나라 초기의 형식화된 주자학에 대한 반발로 등장했다는 것이 학계의 정설이다. 곧 명나라 초기의 학술은 원나라 때에 관학인 주자학을 잇고 있었는데, 이(理)와 법도를 몸으로 실천하는 것과 앞선 유학자들의 전통을 고수하려는 경향을 띠었다. 사상적 자율과 창의성은 오히려 송나라 때보다 퇴보했다고 말할 수 있다.

이런 현상은 조선에서도 보인다. 주자학을 도입하여 새로운 나라를 세우고, 제반 문물을 정비하여 그 이념을 구현하려던 조선 초기의 학문의 자율성과 실천성이 서인(西人) 세력이 정권을 잡은 조선 중기 이후로 넘어오면서 그 힘을 잃게 된다. 즉 주자학의 교조적인 현상이 드러나면서 학풍은 경직화되고 형식적인 법도를 고수하려는 경향이 강했으며, 여타 학문을 사문난적(斯文亂賊)이나 이단으로 규정하여 학문의 자율성과 창의성을 상실한 것과 비교할 수 있다. 그 결과가 어떠했는지 이 책에서 박은식의 설명을 들어보면 알 것이다.

이런 분위기 속에서 명나라에서는 왕수인이 새로운 학풍을 일으켜 주자와 두드러지게 배치되며, 그의 문도는 천하에 가득 차 그의 가르침이 크게 행해졌다고 『명사』(明史)에 전한다. 그리고 그의 문인들이 상당기간 동안 학술계를 이끌었지만, 청나라 때 쇠락의 길을 걷다가 중국 근·현대에 와서 다시 부흥하게 되었다. 즉 서양의 충격에 따라 위원(魏源)·캉유웨이·담사동(潭嗣同)·량치차오·장태염(張太炎)·량수밍(梁漱溟)·웅십력(熊十力) 등에 이르기까지 양명학을 추숭(追崇)했고, 현대의 대만이나 홍콩의 유학자들 가운데서도 양명학을 중국 유학의 정맥(正脈)으로 보고 있다.

조선에서는 퇴계 이황이 『전습록논변』(傳習錄論辯) 등을 지어 양명학을 비판한 이후부터 줄곧 이단시되어왔다. 그래서 드러내놓고 양명학을 말하는 자는 드물었다. 그렇다 하더라도 양명학은 허균(許筠), 장유(張維), 최명길(崔鳴吉)로 이어지다가 하곡(霞谷) 정제두(鄭齊斗, 1649~1746)에 이르러 이른바 '강화학파'가 성립되어 구한말 이건창(李建昌)·이건방(李建芳)을 거쳐 연희전문의 정인보(鄭寅普)까지 학통이 이어졌다.

그런데 박은식이 이건창과 교유했지만, 그를 통해 양명학을 소개받거나 논의한 흔적은 보이지 않는다. 그래서 박은식이 일본과 일본에서 망명생활을 하던 량치차오의 영향으로 양명학을 접한 것으로 보인다. 왜냐하면 박은식이 마흔 살까지 수학한 주자학은 위정척사파의 거두인 화서 이항로의 문인으로부터 전수한 것이고, 위정척사파는 정통 주자학 이외는 모두 이단으로 배척했기 때문이다.

일본 양명학의 시조는 나카에 도주로서 그는 양명학의 수용과 전개에서 일본적인 특질을 단적으로 보여준 사상가로 알려져 있다.[32] 도주에 이어 구마자와 반잔, 미와 싯사이(三輪執齋), 사토 잇사이(佐藤一

齊), 오시오 추사이(大鹽中齋)로 계보를 이어갔다.[33] 바쿠후 말기에 이르러서는 이 책에서 소개하는 요시다 쇼인·사이고 난슈 등으로 이어진 것으로 보인다.

이렇게 볼 때 동북아 삼국에서 양명학은 일정한 사상적 위치를 차지했고, 그것을 수용하거나 계승한 자들은 나름대로 시대적 문제를 해결하려고 노력했던 것 같다. 특히 일본의 메이지유신을 전후해 양명학이 큰 역할을 했다고 보는 것이 이 책의 주장이다. 다만 메이지유신 전후의 양명학이 정말 양명학의 본뜻에 부합하는지, 아니면 일본식으로 왜곡한 것인지는 후속 연구를 기다려봐야 할 것이다. 왜냐하면 일본은 메이지 이후 제국주의라는 침략의 길로 들어섰고, 그러한 정권에 가담한 인사들 가운데 이른바 양명학자라고 일컬을 수 있는 사이고 난슈와 이토 히로부미 같은 자들도 있기 때문이다.

양명학의 핵심 이론은 크게 심즉리설(心卽理說 또는 양지설良知說)과 치양지설(致良知說), 지행합일설(知行合一說)이다.

양지는 『맹자』에 처음으로 양능(良能)이라는 말과 함께 등장한다. 모두 배우지 않아도 스스로 알거나 행할 수 있는 천부적 도덕 본성을 일컫는 말이다. 왕수인이 이것을 계승·발전시켰다. 그리고 이 양지는 '마음이 곧 이치'라는 송나라 때 육구연(陸九淵)의 '심즉리'(心卽理)도 계승했는데, 원래 이 말은 주자의 '성품이 곧 이치'라는 '성즉리'(性卽理)에 대항하여 육구연이 제기한 것이다. 물론 이때의 마음이란 인간의 일상적인 마음이 아니라, 인간의 선한 '본심'(本心)을 말한다. 이 책에서 박은식이 왕양명의 『전습록』 등의 문헌을 참고하여 양지를 여섯 종류로 나누어 설명한 것은 사상사에 매우 독특한 점이다.

왕양명이 귀양생활이나 다름없는 귀주 용장에서 깨달은 것이 바로 '마음 밖에 사물의 이치가 없다'는 것으로, '마음이 곧 이치'이며 그 이

---

32) 최재목, 『동아시아의 양명학』, 예문서원, 1996, 143쪽.
33) 같은 곳.

치를 아는 능력이 바로 양지이다. 즉 양지란 현실 세계에서 인간이 옳음을 깨닫거나 판단하는 이성적 능력으로, 그 정신은 멀리 공자에까지 올라가며 그 핵심 내용은 인(仁), 곧 가족과 이웃과 국가와 만물에 대한 사랑의 원리에 기초한다. 이 양지란 인간이라면 누구나 갖고 있으며 선천적인 것이고 후천적 노력에 의하여 획득되는 것은 아니라고 본다. 부모를 만나면 효도를 알고, 형을 만나면 공경을 아는 것 등이 그것이라는 것이다. 그래서 학자들은 중국 사상사에서 육구연과 양명학을 합하여, 또는 양명학만을 심학이라고 칭한다.

치양지(致良知)란 현실 생활의 실천을 통하여 양지를 확충하는 것이다. 원래 맹자의 사단(四端)은 그것이 말해주듯 인간이 선하다는 것을 나타내는 '네 가지 실마리'를 뜻한다. 아주 작은 시작, 곧 선을 실현할 수 있는 가능성만을 말한 것이다. 인간의 양지란 애초에는 이와 같다고 본다. 그것을 확충하지 않으면 그야말로 가능성만 있다. 따라서 현실 속에서는 그것을 확충할 필요가 있다.

치양지란 말은 원래 『대학』의 치지(致知), 곧 '앎을 완성한다'는 말에서, 지(知) 자 대신 양지를 대입해 만든 말이다. 그러므로 그 뜻은 '양지를 완성한다'이고, 현대적 의미로 볼 때 실천을 통하여 양지를 확충하는 것, 도덕적 능력을 최대한 발휘하는 것을 의미한다. 이것은 양명학 체계 안에서 보면 진리 인식 방법과 도덕 수양(실천) 방법에 해당한다.

지행합일설은 왕양명이 서른여덟 살 되는 해 처음으로 언급한 것이다. 심즉리설을 깨달은 지 한 해 뒤이니까 심즉리설과 더불어 상당히 젊은 시기에 스스로 깨달은 것이다.

그는 말했다.

앎과 행동이 본래 하나인데 도리어 두 가지로 나누었습니다. 예를 들어 어떤 사람이 효도와 공경을 안다고 말한다면, 이미 어버이에게 효도를 하고 형을 공경했어야만 그가 효도와 공경을 안다고 말할 수 있습니다. 또 아픔을 안다면 반드시 스스로 아파봤어야 아픔을 안다고 할 수 있고, 춥고 배고픈 것을 안다는 것은 이미 추위와 배고픔을 겪었기 때문이니, 어찌 앎과 행동을 나눌 수 있겠습니까? "앎이란 행동을 주관하는 뜻이요, 행동이란 앎의 공부입니다." 만약 이를 잘 이해한다면, 하나의 앎을 말하면 이미 하나의 행동이 있고, 하나의 행동을 말하면 하나의 앎이 이미 있는 것입니다.[34]

양지는 선험적인 것이므로 경험적 지식과는 달리 행동을 하고 난 후에 획득되는 것이 아니다. 언뜻 "이미 어버이에게 효도를 하고 형을 공경했어야만 그가 효도와 공경을 안다고 말할 수 있습니다"라는 말을 보면 행동이 먼저이고 앎이 나중인 것처럼 보이지만, 실상은 행동을 통하여 본래부터 가지고 있던 양지를 확충, 정확히 말하면 인식론적으로 더 확고하게 하기 때문에 앎이 행동 뒤에 오는 것이라고 말할 수 없다. 또 앎이 행동임을 알아야 생각 단계에서 불선(不善)을 고칠 수 있다고 한다.[35] 흔히 생각은 행동이 아니므로 사람들은 하찮게 여기는데, 그래서 그 앎이 불선한 행동으로 옮겨진다는 것이다. 따라서 앎이 곧 행동이라고 여겨야 불선을 막을 수 있다고 본다.

또 『대학』에 나오는 "여색을 좋아하듯 악취를 싫어하듯"의 비유를 들어 여자를 보고 아름답다고 인식한 후 그 여자를 좋아하는 것이 아니라 보는 즉시 좋아하게 되는 것과 마찬가지로 앎과 행동은 분리되지 않는다는 설명도 있다.

어떻든 지행합일설을 이해하기는 쉽지 않다. 일반적으로 동양사상에서 앎과 행동은 앞서기도 하고 뒤서기도 하지만, 그것이 하나라고 주장하는 것은 오직 양명학뿐이다. 그것을 연구하는 학자들마다 나름대로 설명하지만, 왕양명 자신의 말을 들어보아도 시원하지는 않다. 각자가 왕양명처럼 깨닫는 것이 최상의 방법인지도 모르겠다.

---

34) 이 책, 95~96쪽.
35) 이 책, 96~97쪽.

그 밖에 왕양명의 사상으로 발본색원론(拔本塞源論)·만물일체론(萬物一體論)·교육사상 등이 있지만, 이 책에 자세히 나오므로 여기서는 생략한다.

■ 일러두기

- 이 역서의 저본은 단국대학교 부설 동양학연구소에서 1975년에 영인 · 발행한 동
  양학총서 제4집『박은식전서』(朴殷植全書) 중권에 수록된『왕양명선생실기』(王
  陽明先生實記)이다.

- 각주의 역자 덧붙임 가운데 원문과『실기』는 같은 책이다. 다른 책의 내용과 비교
  할 때는『실기』라 하고, 나머지는 모두 '원문'이라 했다.

- 근현대 중국 인명은 현대 중국식 발음으로, 그 이전은 지명 · 관직명과 함께 한자
  식 음으로 표기했다.

- 왕양명의『연보』는 일본판『왕양명전집』(王陽明全集, 明德出版社, 1991)을 참고
  했다.

- 원문 비교에 참고한 다카세 다케지로(高瀨武次郎)의 저술은『왕양명상전』(王陽
  明詳傳, 廣文堂書店, 1915)이다.

가계와 유년 시절

1. 선조와 그 일화

왕양명(王陽明)[1] 선생의 이름은 수인이고 자는 백안(伯安)이니, 진나라 광록대부 왕람(王覽)[2]의 후손이다. 왕람은 본래 낭야(琅琊)[3] 사람인데, 그의 증손 우군 왕희지(王羲之)[4] 때 산음(山陰)[5]으로 이사 와살다가, 23대 적공랑(迪功郎)[6] 왕수(王壽) 때에 여요(餘姚)[7]로 이사

---

1) 1472~1528. 중국식 발음은 'Wang Yang-ming'이다. 별호는 양명자(陽明子) 인데 후세 학자들이 양명선생이라 불렀다. 처음 이름은 운(雲), 뒤에 수인(守仁)으로 고쳤다. 고사는 뒤에 나온다.

2) 206~278. 광록대부(光祿大夫)는 종이품으로 궁내청(宮內廳)을 관장하던 벼슬이다.

3) 산동성 제성현(諸城縣) 남동쪽에 있는 군(郡)이다.

4) 307~365. 회계(會稽) 사람으로, 자는 일소(逸少). 진(晉)나라에서 왕휘지가 우군(右軍) 장군이 되었을 때, 세상 사람들은 그를 우군이라 불렀다. 그는 서예에 능통했는데, 그의 글자체도 때로는 우군체(右軍體)라 불렸다. 이 글의 내용순서가 『연보』와 다카세 다케지로의 『양명상전』(이하 『상전』으로 표기함)과 유사하다. 후자 쪽에 가깝다.

5) 절강성 소흥부(紹興府) 산음현(山陰縣)을 말한다.

6) 관직 이름이다.

7) 『연보』와 『상전』에는 산음의 달계(達溪)에서 여요로 옮겼다고 되어 있는데, 『실기』에는 빠져 있다. 여요는 왕양명의 출생지이다. 절강성 소흥 동북쪽에 있

했다.

왕수의 5대손 왕강(王綱)[8]의 자는 성상(性常)인데, 글재주와 무예가 뛰어났고 인물을 잘 식별하여 알아보았다. 성의백 유기(劉基)[9]와 우정이 두터웠다. 언젠가 유기에게 말했다.

"나의 본래 성품이 산림에 묻혀 살기를 좋아하니, 그대가 나중에 뜻을 이루어 벼슬길에 나가더라도 세속의 인연을 가지고 나를 귀찮게 하지 말게나."[10]

그러나 그 뒤 유기가 뜻을 이루자 그의 재주를 아껴 조정에 천거했다. 홍무(洪武) 4년(1371)에 그를 도성으로 불렀는데, 이때 그의 나이 일흔둘인데도 이와 머리털이 청년 같았다. 태조가 기이하게 생각하여 치국(治國) 방도를 그에게 자문받고, 병부랑(兵部郎)[11] 벼슬을 내렸다.

이때 조주(潮州)의 백성들이 난을 일으켰다. 이에 왕은 광동성 참의(參議)라는 벼슬을 내리고, 군량(軍糧)을 감독하게 했다. 이에 왕강이 가까이 지내던 사람에게 이르기를, "내가 이 행차에서 죽을 것이다" 하고, 글을 써 집안사람들에게 보내고 작별했다. 그러고는 아들 언달(彦達)을 데리고 작은 배를 타고 부임했다. 난민을 타일러서 진압하고 돌아오다 증성(增城)[12]에 이르러 해적 조진(曹眞)에게 사로잡혔다.

왕강은 도적에게 무엇이 화가 되고 복이 되는지 깨우치며 말했다.

"지금 천자께서 명을 내리셔서 참람한 난리를 평정했는데, 너 같은

는 회계 땅으로 항주(杭州)에서 동쪽으로 60킬로미터 떨어진 곳에 있다. 춘추 전국시대 월(越)의 도읍지였으므로 당시에도 월성(越城) 또는 월이라 불렀다.

8) 『명사』(明史) 권289, 「열전」177, 충의(忠義)에 자세하다.

9) 명나라 초기 청전(青田) 사람으로, 학자·정치가. 자는 백온(伯溫). 태조를 도와 천하를 통일했다. 후에 성의백(誠意伯)에 봉해졌다. 『명사』 권128, 「열전」16에 자세하다.

10) 『연보』에는 이 말이 없다.

11) 『연보』에는 병부낭중(兵部郎中)으로 되어 있다. 병부의 국장(局長), 시랑(侍郎)의 아래이다.

12) 광동성 번우현(番禺縣) 동북쪽에 있다.

무리들은 양민이 되어 태평시대를 누리는 것이 마땅한 줄 안다. 그런데 무엇 때문에 죽음을 자청하는가?"

해적은 화를 내며 마침내 그를 죽였다.

이때 언달의 나이 열여섯이었는데, 그가 울며 또 꾸짖기를, "나도 함께 죽여라" 하니, 해적이 기이하게 여기며 말했다.

"아비는 충성스럽고 아들은 효성스러우니, 그를 죽이면 상서롭지 못하다" 하고, 언달을 풀어주었다. 언달이 양가죽으로 부친의 시신을 싸서 돌아왔다.[13]

홍무 24년(1393)에 어사(御使)[14] 곽순(郭純)[15]이 조정에 장계(狀啓)로 알리니, 조정에서 증성에 그를 기리는 사당을 세우도록 명했다. 이분이 양명선생의 6대[16] 조상이다.

언달이 아버지의 음덕(蔭德)으로 법식에 따라 관직을 얻을 수 있었으나, 비명에 간 아버지를 애통하게 여겨 끝내 벼슬길에 나아가지 않고, 스스로 호를 비호어은(秘湖漁隱)[17]이라 했다.

선생의 고조할아버지 왕여준(王與準)[18]이 『주역』(周易)과 『예기』(禮記)를 연구했는데, 특히 『역미』(易微)를 수천 마디의 말로 저술했다. 영락(永樂) 연간[19]에 조정에서 유일지사(遺逸之士)[20]로 불렀으나 나아가지 않고, 스스로 호를 둔석옹(遯石翁)이라 했다.

증조할아버지 왕세걸(王世傑)은 경학(經學)[21]에 밝았으므로 태학생

---

13) 『연보』에는 이 기사가 단지 몇 마디로 언급된다.
14) 도찰원(都察院)에서 탄핵을 맡은 관직이다.
15) 처음 이름은 문통(文通), 순(純)은 성조(成祖)에게서 하사받은 이름이다.
16) 『실기』에는 6대의 조상으로, 『연보』와 『상전』에는 5대의 조상이라 되어 있다.
17) 한자의 뜻은 호수에서 고기 잡으며 숨어 산다는 것, 또는 비호라는 호수에서 고기 잡으며 숨어 산다는 뜻이다.
18) 자는 공도(公度), 호는 둔석(遯石), 여준은 이름이다.
19) 명나라 성조(成祖)의 재위 기간인 1403~24년을 말한다.
20) 덕이 있으나 세상을 피해 숨어 사는 선비를 일컫는다.
21) 유교의 경전을 연구하는 학문이다. 그는 14세에 사서오경에 능통했다고 한다.

(太學生)²²⁾이 되었고, 호를 괴리자(槐里子)라 했다.

할아버지 왕천서(王天敍)는 호가 죽헌(竹軒)이고 가난하게 살았으나 시와 노래가 끊이지 않아 마음이 깨끗하고 고상하여, 사람들이 도연명(陶淵明)²³⁾과 임화정(林和靖)²⁴⁾에 견주었다. 『죽헌고』(竹軒稿)와 『강호잡고』(江湖雜稿)라는 저술이 세상에 알려져 있다.

아버지 왕화(王華)²⁵⁾의 자는 덕휘(德輝)이다. 처음에 호를 실암(實庵)이라 하다가 만년에 해일옹(海日翁)으로 바꾸고, 일찍이 용천산(龍泉山)에서 독서를 했으므로 용산공(龍山公)이라 불렸다. 인품과 자질이 돈독하고 학문에 조예가 깊었다. 그는 헌종(憲宗) 성화(成化) 17년(1481)에 진사에 장원급제하여 관직이 남경이부상서(南京吏部尚書)²⁶⁾에 올랐다. 그의 충성스럽고 곧은 절개가 세상에서 존중받았는데, 조정에서 후에 신건백(新建伯)²⁷⁾에 봉했다.

성화 7년(1471)에 정씨 부인과 혼인하여 절강성 소흥부 여요현(餘姚縣)에서 선생을 낳았다.

선생이 일찍이 사명산(四明山)의 양명동(陽明洞)에 살았는데, 그곳은 월성에서 동남쪽 2리 정도 떨어져 있다. 학자들은 이 때문에 양명선생이라 불렀다.

---

22) 지금의 국립대학 격인 왕립대학교 학생이다.
23) 동진(東晉) 말기의 문학가인 도잠(陶潛)을 말한다. 작품으로는 「귀거래사」(歸去來辭)가 유명하며 『도연명집』(陶淵明集)이 있다.
24) 송나라 때의 전당(錢塘) 사람인 임포(林逋)로, 자는 군복(君復)이다. 출세나 벼슬을 바라지 않고 서호고산(西湖孤山)에 숨어 살았다.
25) 1446~1522.
26) 문관을 임면(任免)하는 등의 인사를 담당한 부서의 장관이다. 남경은 명나라 초기의 수도이다.
27) 신건현(新建縣)을 녹읍(祿邑)으로 하는 책임자로, 다른 곳에는 신건후(新建侯)로도 표현된다.

선생의 가계는 광록대부 왕람 이하 대대로 충과 효를 가문의 법도로 삼고, 문장과 학문을 가업으로 삼으니 가풍의 연원(淵源)이 심원(深遠)하다.

선생이 원래 눈에 보이지 않는 사물에 마음을 품고, 또 노자(老子)[28]와 불교에 빠져 유학(儒學)이 아닌 다른 데서 진리를 구했다. 또 당시 많은 어려움을 만나 험난한 길이 평상시와 다르니, 마땅히 세상을 싫어하는 사상을 가지고 장자(莊子)[29]와 열자(列子)[30]의 무리가 될 수도 있었다.

그러나 마침내 세상을 경영하는 학문으로 돌아와 우리 유학의 밝음을 드러내고, 국가를 위하여 임금을 돕는 공을 세운 것은 가문 대대로 내려오는 충과 효의 훈육이 유전된 성품 때문이다. 대대로 내려오는 가정교육이 인재와 관계됨이 이와 같다.[31]

2. 탄생과 유년 시절

선생은 성화 8년(1472) 9월 30일에 태어났다.

애초 태부인(太夫人) 정씨가 임신한 지 14개월째에 할머니 잠씨(岑氏)가 꿈을 꾸었는데, 신령스러운 사람[32]이 붉은 비단옷을 입고 허리

---

28) 춘추전국시대의 사상가. 무위자연(無爲自然)을 주장하고 도가학파의 시조가 되었다.

29) 전국시대의 송나라 사람으로, 본명은 장주(莊周). 자유로운 정신세계로 도가 사상을 심화시켰다.

30) 전국시대의 사상가로, 본명은 열어구(列禦寇)이다. 황로학(黃老學)을 근본으로 하고 저서에는 『열자』(列子) 8권이 있다.

31) 『상전』에서 왕양명이 염세가(厭世家)가 되지 않고 충군효친(忠君孝親)의 유학자가 된 데 대한 원인 가운데 하나가 가정교육의 영향이라고 이같이 논한다(같은 책, 8~12쪽 참조).

32) 원문은 '신인'(神人). 『장자』(莊子) 「소요유」(逍遙遊)에 나오는 '지인'(至人)과 같은 의미로 보이는데, 정확히 그런 뜻으로 쓰였는지는 알 수 없다.

에 옥대(玉帶)를 매고 구름 가운데서 북을 치고 피리를 불면서 한 아이를 보내왔다. 잠씨 부인이 깜짝 놀라 잠을 깨니 갓난아이가 울고 있었다. 할아버지 죽헌공이 대단히 기이하게 여겨 이름을 운(雲)이라 짓고, 동네 사람들은 거처했던 나락집을 서운루(瑞雲樓)[33]라 불렀다.

선생은 다섯 살이 되도록 말을 하지 못했다. 하루는 아이들과 어울려 노는데, 마침 지나가던 고승(高僧)[34]이 선생의 머리를 만지면서 말했다.

"자질이 뛰어난 아이로구나. 안타깝게도 이름 때문에 누설되겠다."[35]

죽헌공이 이 말을 알아듣고는 이름을 '수인'(守仁)[36]이라 고치니, 비로소 말할 수 있었다.

일고여덟 살 때 할아버지의 책 읽는 소리를 듣고 외웠는데, 죽헌공이 놀라 물으니 선생이 말했다.

"지난 번 할아버지께서 책을 읽으실 때 이미 듣고 외웠습니다."

열한 살 때 아버지가 할아버지를 모시고 사는 것을 따르기 위해[37] 죽헌공이 선생을 데리고 북경[38] 가는 길에 금산(金山)[39]을 넘게 되었다.

---

33) 재미있는 것은 나중에 왕양명의 고제(高弟) 전서산(錢緒山)도 이 누(樓)에서 태어났다.

34) 『연보』에는 '신승'(神僧)으로 되어 있다.

35) '도파'(道破)를 '누설되다'로 해석했다. 즉 하늘의 비밀이 말로 드러난다는 도가적 표현이다. 꿈꾼 것을 누설해서는 안 되는데 이름을 '운'이라고 하여 사람들에게 꿈의 비밀을 밝히고 말았다는 것이다.

36) 직역하면 '어짊을 지키다'는 뜻으로 공자사상의 핵심이 '인'(仁)이므로 고친 이름에 공자사상의 유교적 입장이 강하게 배어 있다.

37) 용산공은 서른여섯 살 때 과거에 급제하여 이른바 '진사(進士) 제일갑(第一甲) 제일인(第一人)'에 올랐다. 그래서 북경에 살게 되어 어린 왕양명은 할아버지와 함께 북경으로 가는 길이었다.

38) 『상전』에는 '북경'(北京), 『실기』와 『연보』에는 '경사'(京師)로 되어 있다.

이때 다른 일행과 더불어 시를 지었지만 더는 잇지 못했다. 선생이 곁에 있다가 한 절구(絕句)를 읊었다.

금산은 크기가 주먹만하지만,
유양수(維揚水)[40]에 비친 하늘을 부수어놓았다.
취하여 묘고대(妙高臺)[41]에 기댄 채 달을 올려다보는데
옥피리 소리는 동굴 속의 잠든 용에까지 구르고.
金山一點大如拳　　打破維揚水底天
醉倚妙高臺上月　　玉簫吹徹洞龍眠

일행이 깜짝 놀라 다시 '폐월산방'(蔽月山房)[42]이라는 시를 짓게 하니, 선생이 즉석에서 응했다.

산은 가깝고 달은 멀어 작아 보이니
이 산이 달보다 크다고들 한다.
만약 하늘만큼 큰 눈이 있다면
도리어 작은 산과 큰 달을 보겠네.
山近月遠覺月小　　便道此山大於月
若人有眼大如天　　環見山小月更闊

---

39) 강소성 진강부(鎭江府) 단주현(丹徒縣)에 있는 산 이름으로, 금산사라는 유명한 절이 있다. 진강은 양자강 남안에 있고, 북안에 있는 양주(楊州)와 함께 명승지이다.
40) 원래는 유양(惟揚)으로 양주부의 별칭이다. 여기서는 장강, 곧 양자강을 말한다.
41) 『실기』에는 『연보』나 『상전』과 달리 '고소대'(姑蘇臺)로 되어 있다. 묘고대는 금산 묘고봉의 정상에 있는 누각이다.
42) 여기에 대해서 자세하지 않다. 아마도 이들이 당시 머물렀던 집을 가리키는 듯하다. 뜻은 '달을 가린 산방(山房)'이다.

같이 가던 일행이 죽헌공에게 말했다.

"이 아이의 글재주가 범상치 않으니, 훗날 문장(文章)으로 천하에 이름을 날릴 것이오."

열두 살 때 북경에 있으면서 학당에 다녔는데, 호걸처럼 다니며 얽매이지 않고 책도 열심히 읽지 않았다. 늘 집에서 몰래 빠져나가 아이들과 놀았는데, 크고 작은 깃발을 여럿 만들어 아이들에게 나누어주고 사방으로 둥그렇게 서게 하더니 자신은 대장이 되었다. 그리고 자신은 그 가운데에서 지휘하되 아이들의 대열을 왼쪽과 오른쪽으로 움직이게 하는 것이 흡사 전쟁 때의 진영(陣營) 같았다. 선생의 아버지 용산공은 선생의 행동거지가 법도에 어긋남을 항상 근심했으나, 할아버지 죽헌공은 홀로 기이하게 생각했다.

하루는 아이들과 함께 시장에서 놀다가 참새 새끼를 파는 사람을 보았다. 선생이 이것을 갖고 싶었지만 주인은 주지 않았다. 마침 그때 상사(相士)[43]가 지나가다가 선생을 보고 놀라며 홀로 말하기를, "이 아이는 나중에 반드시 크고 귀하게 되어 비상한 공(功)을 이룰 것이다" 하고, 참새 새끼를 사주고 선생을 어루만지면서 말했다.

"내가 너의 관상을 말할 테니, 나중에 내 말을 기억하여라. 수염이 자라서 동정깃에 닿으면 그때는 성인(聖人)의 경지에 들고, 수염이 상단대(上丹臺)[44]에 닿으면 그때는 성태(聖胎)[45]를 맺으며, 하단대(下丹臺)[46]에 닿으면 그때는 성과(聖果)[47]가 둥글 것이다."

---

43) 인재를 감별하는 사람, 또는 사람의 관상을 보고 운명을 말하는 것으로 업을 삼는 사람을 말한다.
44) 신선이 거처하는 곳. 여기서는 도가의 내단(內丹)에서 말하는 단전과 관계 있다. 『상전』에는 가슴의 위쪽인 '상흉부'(上胸部)로 표기했다. 위치로는 목 가까이 옷의 동정이 있는 곳이다.
45) 도가에서 말하는 선태(仙胎), 또는 불교에서 말하는 성인(聖人)이 되는 태. 성인이 되는 종자를 맺는다는 것이다. 일명 성인의 싹.
46) 『연보』에는 '하단전'(下丹田)으로 되어 있다. 『상전』에는 '하단대'로 되어 있

또 부탁하기를, "너는 스스로 독서를 사랑해야 한다. 내 말이 반드시 효험을 볼 것이다" 하고, 말을 마친 뒤 떠나갔다. 선생이 그 말에 감동하여 드디어 학업에 전념했다. 글을 대할 때마다 정좌(靜坐)하여 생각을 모으니 학력이 날로 진보했다.

언젠가 학당선생에게 묻기를, "세상에서 무슨 일을 하는 것이 최고라고 할 수 있습니까" 하니, 학당선생이 말했다.

"과거에 합격하여 벼슬이 오르고 어버이를 드러내고 자기 이름을 세상에 떨쳐 어버이를 높이는 것이 최고의 일이라고 할 수 있지."[48]

"과거에 합격하여 벼슬이 오르는 사람은 세상에 많은데, 어찌 최고의 일이라 할 수 있습니까?"

"그렇다면 너는 무슨 일이 최고라고 생각하느냐"라고 하자, 선생이 답했다.

"오직 독서하고 배우는 것은 성현(聖賢) 되는 것이 최고의 일이라고 생각합니다."

용산공이 이 말을 듣고 웃으며 말했다.

"네가 성인이 되려 한다고?"

열세 살 때 생모 태부인 정씨가 죽으니, 선생은 매우 슬피 곡하고 눈물을 흘리면서 상을 치렀다.

열네 살 때 활쏘기와 말타기를 공부하고 병법을 연구했는데, 언젠가 다음같이 말했다.

"유학자(儒學者)는 병법을 알아야 한다. 공자께서도 말씀하시기를,

고, '하흉부'(下胸部)로 나타냈다.

47) 불교 용어로 보리열반을 말한다(『능엄경』). 여기서는 성인의 열매, 곧 성인이 된 것을 말한다.

48) 『연보』에는 다만 "오직 독서하여 과거에 합격하는 것"〔惟讀書登第耳〕으로만 되어 있다. 이른바 입신양명(立身揚名)을 말한다.

'글로써 일을 하는 자도 반드시 무예를 갖추어야 한다'[49]고 하셨는데, 지금 글공부를 하는 유학자가 평상시에 부귀를 탐내고 문장을 훔쳐 태평을 꾸미기를 일삼다가 나라가 어려움에 처하면 속수무책이니, 이는 유학자의 수치이다."

이듬해 집을 나와[50] 거용삼관(居庸三關)[51]에 노닐면서, 산천의 지세(地勢)가 빼어남을 살펴보고 분연히 사방을 다스릴 뜻을 품었다. 그래서 여러 오랑캐[52]의 부락을 탐방했다. 거기서 외적의 침략을 방어하는 태세를 알아보고 부족의 용감한 청년들과 함께 말을 타고 활을 쏘다가[53] 그 달을 넘기고 북경으로 돌아왔다.

어느 날 밤에 꿈속에서 마복파(馬伏波)[54] 장군의 사당을 참배하고 시를 지었다.

갑옷을 벗어놓고 고향으로 돌아온 마복파여
어려서 배운 병법에 관자놀이 털이 세었네.
구름을 찌르던 동주(銅柱) 뇌우에 부러졌으나
여섯 자 제목의 시는 여전히 남았구나.[55]

---

49) 원문에 "孔子曰, 有文事者, 必有武備"라고 나온다. 『사기』(史記) 「공자세가」(孔子世家)에 보인다.
50) 『상전』에는 아버지의 친구를 따라 나온 것으로 되어 있다.
51) 북경 서북쪽에 있는 관문의 이름이다. 『상전』에 의하면 상·중·하의 세 관문이 있는 만리장성의 관문이라 한다.
52) 한족(漢族)이 아닌 부족을 말한 듯하다.
53) 『연보』와 『상전』에는 그 부족의 청년과 같이 활을 쏘고 말을 탔는데, 그들이 선생을 감히 넘보지 못했다고 적혀 있다.
54) 후한 광무제 때의 무장 마원(馬援, 기원전 14~기원후 49)으로, 복파장군에 봉해졌기 때문에 마복파라 불렸다. 문무를 겸비한 학자·장군의 전형이라고 한다. 그는 중국 서쪽에 있는 강족(羌族)의 침입을 물리치고, 한나라 제국을 위해 베트남 북부까지 재정복했다. 사당은 오주(梧州)에 있다.
55) 재미학자 뚜웨이밍(杜維明)에 의하면 이 시에서 왕양명이 자신을 마원과 동일시했으며 만년에 죽기 한 달 전쯤 마원의 유적지를 방문하고 이때를 술회한 시가 있다고 한다. 뚜웨이밍은 마원의 사당이 심한 뇌우로 인해 부분적으로

卷甲歸來馬伏波　　早年兵法鬢毛皤

雪[56]埋銅柱雷轟折　六字題詩尙不磨

이즈음 가뭄이 들어 재난을 당했는데 도적 떼가 들끓었다. 석영(石英)·왕용(王勇) 등은 수도 가까이서 소란을 피우고, 석화상(石和尙)·유천근(劉千斤) 등은 섬서성에서 난을 일으켜 성벽과 해자(垓字)[57]를 공격하여 함락시켜 창고의 식량을 약탈했다. 그러나 관군은 오랫동안 진압하지 못했다.

선생이 용산공에게 말했다.

"제가 윗사람들에게 글을 올려 한나라 종군(終軍)[58]의 고사(故事)를 본받아 정예병 1만 명을 얻으면, 도적들을 물리쳐 나라를 진정시키겠습니다."

용산공이 이 말을 듣고, "너, 미친병이 들었느냐? 윗사람들에게 망언하는 자는 죽어 마땅하다"고 말했다.

선생이 감히 더는 말을 못하고, 드디어 전심전력으로 공부에 열중했다.

파손되었으나 마원의 상(象)과 16자의 비문을 볼 수 있었다고 한다(뚜웨이밍, 권미숙 옮김, 『한 젊은 유학자의 초상·청년 왕양명』, 통나무, 1994 참조). 뚜웨이밍이 말한 시는 이 책의 끝부분에 소개된다.

56) 『연보』와 다른 책에는 '설'(雪)이 아니라 '운'(雲)으로 되어 있으나 『연보』를 따라 '운'(雲)으로 해석했다.

57) 외적의 침략을 방어할 목적으로 성의 둘레에 돌아가며 파놓은 연못이다.

58) 한나라 제남(濟南) 사람. 어려서부터 글을 좋아하고 문장에 능했으며 18세 때 한나라 무제에게 글을 올려 배알했다. '종군기수'(終軍棄繻)의 고사로 유명하다. 한나라 때 종군이 관문에 들어갈 때 주는 헝겊 통행증을 받아가지 않고 버렸다. 그 통행증이 없으면 관문에서 나갈 수 없는 것이다. 종군은 워낙 큰 뜻을 세워 그것이 필요 없을 것이라 확신한 것이다. 나중에 큰 뜻을 세운 자를 이렇게 비유했다.

옛날부터 위인은 어릴 때부터 말과 행동이 보통 아이들과 다르다. 그러나 선생과 같은 자를 많이 볼 수 있겠는가?

평상시 누는 것이 모두 나중의 평생 농안 활동한 정신을 미리 보인 것이다. 하물며 소년 시절에 이미 변방(邊方)을 다니면서 관찰하고 사방을 다스릴 뜻을 품었으며, 조정에 글을 올려 군사를 요청해 난리를 평정하고자 함이겠는가?

그러니 이 또한 본디 소년의 뜻이나 이러한 생각마저 없다면 어찌 비상한 사업을 이루겠는가? 아! 이 글을 읽는 소년[59]들은 이로써 더욱 분발해야 할 것이다.

---

59) 최남선이 편집을 맡았던 『소년』 제4권 제2호(1911. 5)에 거의 박은식의 『왕양명실기』로 채워져 있다. 이 『소년』의 서두에 일본 근대 양명학자의 사진을 싣고 있다. 그의 양명학 주장과 일본 양명학의 연관성을 암시하는 부분이다. 그래서 "少年之讀此者"의 번역에 신경을 썼다. 즉 『소년』에서 이 글을 읽는 사람들"이라고 번역할 수 있지만, 『실기』가 『소년』에 게재될 것을 염두에 두고 썼는지는 알 수 없기 때문에 채택하지 않았다.

혼인과 청년기의 학문편력

3. 첫날밤 신랑이 사라지다

효종(孝宗) 홍치(弘治) 원년(1488)은 선생의 나이 열일곱 살이다. 고향 여요에 돌아와 7월에 부인 제씨(諸氏)를 홍도(洪都)[1]에서 맞이했다. 이때 장인 제양화(諸養和)[2]는 강서(江西) 포정사참의(布政司參議)[3]였다.

선생이 이에 납채(納采)[4]를 보내고, 혼례식이 있는 날 몰래 철주궁(鐵柱宮)[5]에 가서 한 도사를 만났다. 가부좌한 그는 두터운 눈썹에 흰 머리카락이 무릎까지 닿았다.

선생이 그에게 물었다.

"도사는 어디 출신입니까?"

---

1) 남창(南昌)이다.
2) ?~1495. 호는 개암(介庵).
3) 포정사는 전국을 13개 포정구로 나누고 중앙의 직할 관리가 민정과 재정을 맡았다. 포정사는 지방장관, 참의는 지방차관에 해당하는 벼슬이다.
4) 신랑 집에서 신부 집에 혼인을 구하는 의례를 말한다. 원문은 '취위금'(就委禽)인데 옛날에 기러기를 썼기 때문이다.
5) 도교사원으로, 『실기』의 괄호 속에 '도교궁관'(道教宮觀)으로 되어 있다. 허정양(許旌陽)의 도교사원이다.

도사가 말했다.

"나는 촉(蜀) 땅 사람이외다. 내 도(道)의 동반자⁶⁾를 찾아 여기까지 왔소."

선생이 그의 성(姓)을 물으니, "나는 어려서 출가를 하여 성과 이름을 모른다오. 다만 세상 사람들이 나를 무위도사(無爲道士)라 부르지요"라고 했다.

선생은 그 도사의 정신이 건강하고 왕성하며, 목소리가 큰 종소리 같아서 그가 도를 깨친 사람이라고 생각했다. 그래서 신선이 되는 양생술(養生術)⁷⁾을 물으니, 도사가 답했다.

"양생의 비결은 단지 이 하나의 '정'(靜) 자에 있소이다. 노자의 청정(淸靜)⁸⁾과 장자의 소요(逍遙)⁹⁾가 이것이니, 청정을 닦아야만 바야흐로 소요를 얻을 수 있소이다."

그가 가르치는 도인법(導引法)¹⁰⁾을 따르니, 선생이 홀연히 깨달아 그 도사와 함께 종일토록 눈을 감고 정좌(靜坐)¹¹⁾하면서 먹고 자는 것을 모두 잊어버렸다.

선생의 장인이 사람들을 시켜 선생을 두루 찾았으나 찾지 못하다가 이튿날 날이 밝아 철주궁에 와보니, 선생이 밤새도록 정좌를 했는데도 조금도 움직이지 않고 있었다.

심부름꾼이 장인의 명을 받들어 집에 돌아갈 것을 재촉하자, 선생은 도사와 작별하고 돌아왔다.

---

6) 『실기』에는 '반'(伴), 『상전』에는 '반려'(伴侶)로 되어 있다.
7) 도교에서 불로장생(不老長生)에 이르는 수련 방법이다.
8) 노자사상의 핵심인 무위자연(無爲自然)의 상태인 깨끗한 마음의 경지를 말한다.
9) 자연의 도에 스스로 만족하여 즐김을 말한다. 『장자』에 「소요유」가 있다.
10) 도가의 양생법 또는 치료술. 실제로는 호흡과 신체운동이 결합된 것으로 도기인체(導氣引體)의 준말. 도인술(導引術)이라고도 한다.
11) 마음을 가라앉히고 조용히 앉아 수양하는 자세이다.

| 나의 생각 3 |

사람들은 선생의 이런 모습을 법도에 지나친 행동이라고 말할 것이다. 그러나 선생처럼 인품이 고결하고 쇄락(灑落)[12]하여 사물에 얽매이지 않는 자가 아니라면, 어찌 이와 같을 수 있겠는가?

혼례식 날 혼례한 사실을 잊어버리고 혼자 몰래 빠져나가 도사를 방문하여 신선이 되는 술법을 묻고, 밤새도록 정좌하여 돌아갈 것을 잊었으니, 이것이 과연 어떠한 마음에서인가?

이 같은 마음으로 세상의 모든 영욕의 얻음과 잃음을 바라보면, 이 어찌 하잘것없는 것이 모이고 흩어지는 것뿐이겠는가?

내가 여기서 정신이 아득하고 멍해서 깨어나지 못했다.

4. 학문적 방황과 관직 진출

선생의 장인이 근무하는 관청[13]에는 종이가 여러 상자 있었다. 선생이 날마다 글씨를 열심히 배우니 이때부터 서법이 크게 향상되었다.

선생이 언젠가 배우는 사람들에게 말했다.

"내가 처음 글씨를 배울 때 옛사람들의 서체를 모방하여 글자의 형태를 얻는 데 그쳤다. 그후 붓을 들어 종이에 쓸 때 생각을 모으고 마음을 고요히 하여 마음속에 글자의 형체를 헤아렸는데, 그러한 과정이 오래되니 비로소 서법에 통달했다. 그리고 명도선생(明道先生)[14]의 글을 보니, '내가 글자를 매우 경건하게 쓰는 것은 글자를 잘 쓰기 위해서가

---

12) 원래는 진리를 체득한 인품의 깨끗하고 고결한 모양. 송나라 때 주자의 스승 이연평의 경우 '천리(天理)'만이 산들산들 불어오는 상태', 곧 천리를 몸으로 체득한 상태를 말한다.

13) 당시 장인이 근무하는 포정사의 관사에서 살았다. 이는 남자가 장가들어 처갓집에서 일정 기간 동안 사는 관습에 따른 것이다. 『실기』에는 이런 말이 없으나 『상전』에 자세하다.

14) 북송 때의 학자 정호(程顥, 1032~85)의 호. 동생 이천(伊川) 정이(程頤, 1033~1107)와 함께 이정(二程)이라 불렸다.

아니라 단지 공부가 되기 때문이다'라고 했는데, 글자를 잘 쓰기 위한 것이 아니라면 또 무슨 공부인가? 비로소 옛사람들이 어떤 일에서든 하는 마음공부임을 알겠다. 이 마음이 정밀하고 밝으면 글씨가 좋아지는 것 또한 그 가운데 있다.”

나중에 학자들과 사물의 이치를 연구하는 방법[15]을 토론할 때, 이것을 증거로 삼아 자주 거론했다.

열여덟 살(1489) 되는 해에 부인 제씨와 함께 고향 여요로 돌아가다가 상요(上饒)[16]를 지나게 되었다. 누일재(婁一齋) 양(諒)[17]의 고향이라 그를 찾아 만났다. 일재가 송나라 유학자들의 격물치지(格物致知)[18] 학문을 말하니, 선생이 매우 기뻐하여 '성인(聖人)은 반드시 학문을 통하여 될 수 있다'[19]고 생각했다.

그러나 이때 선생은 사장지학(詞章之學)[20]에 몰두해 있었고, 문장의

---

15) 원문에는 '격물'(格物)로 되어 있다. 『대학』(大學)에 나오는 격물치지에서 온 말로 유가(儒家) 인식론의 명제이다. 『예기』(禮記) 「대학」의 "致知在格物, 格物而後知至"에 나오는데, 송나라 이후 여러 유학자들이 새롭게 해석하고, 특히 주자(朱子, 주희朱熹)가 체계화했다. 주자는 『대학』에 격물치지에 대한 자기의 견해를 부언했다. 나중에 왕양명은 격물의 '격'을 정(正, 바로잡다)으로 보고 '물'을 사(事, 심내지사心內之事)로 보아, 주자와 다르게 해석해 새로운 학문체계를 세웠다.

16) 현 이름으로, 강서성에 있다. 『연보』와 『상전』 모두 그 현의 광신부(廣信府)에 누일재가 살았다고 한다.

17) 1422~91. 자는 극정(克貞), 일재는 그의 호. 오여필(吳與弼)에게 공부했고 고향에서 성도훈도(成都訓導)로 발탁되었다. 그의 학문의 요점은 흐트러진 마음을 모으는 것, 즉 구방심(救放心)이다.

18) 사물에 나아가 이치를 궁구하여 앎을 완성하는 것으로, 『대학』에 나오는 말이다. 앞에 나왔다.

19) 이 말은 원래 정이천이 했다. 『이정전서』(二程全書) 권62 「안자소호하학론」(顔子所好何學論), 『근사록』(近思錄) 권2, 위학(爲學)에 나온다. 학문에 의해 성인이 될 수 있다는 견해는 북송의 주돈이(염계)에서 비롯한다. 염계의 『통서』(通書) 「성학」(聖學) 권20에 "聖可學乎, 曰可"라고 나온다.

20) 사물의 이치보다는 시와 문장의 조리, 아름다움을 탐구하는 데 치중하는 오늘

파란(波瀾)이 혼연히 넓고 뜻을 위주로 하는 것을 보니, 소장공(蘇長公)[21]을 배운 것이다.

선생이 평소 유머나 농담을 좋아하여 만나는 사람에게 자주 활달하고 쉽게 대했다.

하루는 그것을 뉘우치고 엄숙하고 단정하게 앉아 말을 적게 했지만, 곁에 있는 사람들이나 친구들이 믿지 않았다. 선생이 말했다.

"내가 지금에서야 지난날 제멋대로 논 잘못을 알았다. 거백옥(蘧伯玉)[22]이 쉰 살이 되어서야 마흔아홉 살까지의 잘못을 알았으니, 내게 어찌 늦음이 있겠는가?"

그러나 선생의 도량은 넓고 말이 명쾌하여 모든 인간관계나 행동에서 말이 채 끝나기도 전에 사람들이 늘 탄복하고 즐거워했는데, 종신토록 한결같이 그랬다.

스물한 살 되는 해에 할아버지 죽헌공이 북경에서 죽으니 용산공이 고향으로 모셔와 상을 치렀다.[23]

이해 가을에 절강성에서 실시하는 향시(鄕試)[24]에 나아가 충렬공(忠烈公) 손수(孫燧)[25]와 상서(尙書) 호세령(胡世寧)[26]과 함께 합격했다.

날의 문학이다.
21) 북송의 시인·문장가인 소동파(蘇東坡), 곧 소식(蘇軾)을 말한다.
22) 춘추시대의 위나라 대부(大夫)로, 이름은 원(瑗), 공자의 제자. 『논어』 「위령공」 등에 보인다.
23) 『연보』에는 열아홉 살 때의 일로 기록하고 있다.
24) 지방에서 실시하는 과거시험이다.
25) 자는 덕성(德成), 여요 사람이다. 우부도어사(右副都御史)·순무강서(巡撫江西)에 발탁되어 신호(宸濠)의 난을 진압하다가 죽은 후 예부상서(禮部尙書)에 추증되었다. 29년 후 공교롭게도 왕양명은 이 난을 진압하게 된다.
26) 1469~1530. 자는 영청(永淸), 호는 정암(靜庵), 인화(仁和) 사람이다. 남경 형부주사(南京刑部主事)를 거쳐 강서부사(江西副使) 때 신호의 난을 겪었다. 신호의 반란을 눈치 채고 이를 알려 반란을 평정하는 데 공헌했다. 나중에 병부상서(兵部尙書)가 되었다.

29년 뒤 신호의 난[27] 이 일어나는데, 호세령은 신호의 반란을 눈치 채고 그것을 알렸다. 손수는 그 변란에서 순절(殉節)했으나 선생은 그 변란을 평정했다. 그래서 사람들이 기이한 일이라고 여겼다.

이 해[28]에 선생이 북경에서 주자가 남긴 글을 구해 두루 읽다가, 하루는 정이천(程伊川)[29]이 말한, "만물에는 속과 겉, 정밀함과 조잡함이 있고, 나무 한 그루 풀 한 포기에도 모두 지극한 이치가 있다"고 말하는 데 이르러, 관청에 대나무숲이 있는 것을 보고, 대나무를 가져다가 생각에 잠겨 연구했으나, 그 이치를 깨닫지 못해 드디어 병까지 얻었다. "성현이 되는 데는 정해진 분수가 있는 것이니, 망령되이 아무나 바랄 수 있는 것이 아니다"라고 말하고, 다시 문예(文藝)에 열중했다.

다음해 봄에 남궁(南宮)[30]에서 과거시험을 보았으나 낙방했다. 이때 재상(宰相) 이동양(李東陽)[31]이 당시 학자들 사이의 문단(文壇)을 이끌었는데, 평소에 선생을 재능 있는 인재로 생각했다.

선생에게 농담으로 말했다.

"그대를 다음 과거시험에 장원으로 합격시켜줄 테니 어디 한 번 장원이 될 만한 글을 지어보게나."

선생이 붓을 들어 글을 지으니 모든 원로들이 놀라며, "과연 천재로구나, 천재야" 하고 감탄했다.

---

27) 영왕(寧王) 신호의 난. 뒤에 자세히 나온다.

28) 『실기』에는 '선시'(先是)로 되어 있으나 『연보』에는 '시년'(是年), 『상전』에는 '시세'(是歲)로 되어 있어 이를 따르기로 한다.

29) 중국 북송 때의 학자로, 이름은 정이. 나중에 남송의 주자가 그의 학문을 이었다. 『연보』에는 '선유'(先儒)라고 되어 있다. 어떤 사람들은 이 말을 주자가 한 것으로 보고 있다. 『대학』 「보망장」(補亡章)에 "천하의 만물에는 이치가 있지 않음이 없다"〔天下之物, 莫不有理〕, "많은 사물의 안과 밖과 정미함과 거침이 이르지 않음이 없다"〔衆物之表裏精粗, 無不到〕는 말이 나오기 때문이다.

30) 당나라 이후 예부(禮部)를 일컫는 말로, 이 시험을 회시(會試)라 했는데, 향시에서 합격한 사람들을 북경에서 보는 2차 시험을 말한다.

31) 자는 빈지(賓之), 호는 서애(西涯), 다릉(茶陵) 사람이다. 『명사』 권181에 상세하다.

그때 선생을 시기하는 자가 있었는데, "이 사람이 일등이면 나 같은 사람은 눈에 들어오지도 않을 것이다"라고 했다.

3년 후 다시 남궁에 나아가 과거를 치르니, 과연 시기하는 시험관의 방해로 낙방했다. 같이 머물면서 과거시험에 합격하지 못해서 부끄러워하는 사람이 있었는데, 선생이 웃으면서 말했다.

"그대는 시험에 합격하지 못한 것을 수치로 삼으나, 나는 시험에 떨어져 마음이 흔들리는 것을 수치로 삼는다."

스물여섯 살 되는 해에 북경에서 살았는데, 이때 변방이 조용하지 않아 급보가 자주 날아들었다. 조정에서 장수가 될 만한 인재를 불러모았으나 거기에 응하는 사람이 없었다. 선생이 한탄하여 말했다.

"조정에서 비록 과거시험에 무과를 설치했으나 겨우 말 타고 활 쏘고 창칼을 쓰는 무사 나부랭이만 선발하니, 방어와 전략을 쓰는 인재[32]는 얻지 못하는구나. 평소에 준비해두지 않으면 갑작스러운 일에 어떻게 대처하겠는가?"

그래서 병가(兵家)의 비서(秘書)를 구해서 정밀하고 익숙하게 연구하고, 손님을 맞이하는 연회가 열릴 때마다 문득 손에 잡히는 과일을 상 위에 늘어놓아 마치 군사의 진형(陣形)처럼 열고 닫고 나아가고 물러서는 것을 보여주곤 했다.

하루는 저녁에 꿈을 꾸었는데, 그 꿈속에서 위령백 왕월(王越)[33]이 차고 있던 보검을 풀어 선생에게 주었다. 선생이 꿈에서 깨어나자 기뻐하며 말했다.

"나는 위령백의 부월(斧越)[34]의 임무를 맡아 역사에 길이 남는 공명

---

32) 『실기』에는 '도검통어지재'(韜鈐通御之才)로 되어 있지만, 『연보』나 『상전』에는 '도략통박지재'(韜略統駁之才)로 나온다.

33) 왕월(1423~98)은 명나라 준현(濬縣) 사람, 자는 세창(世昌) 또는 창세(昌世), 호는 조조재(慥慥齋)이다. 관직은 병부상서에 이르고 위령백(威寧伯)에 봉해졌다. 『왕양민집』(王襄敏集)을 저술했다.

(功名)을 쌓고자 한다."

  스물일곱 살 되는 해에 시문이나 글재주를 가지고는 진리인 도에 도
달하는 것이 부족함을 새삼 느꼈다. 그래서 성인이 되는 학문, 곧 성학
(聖學)을 강구하고, 널리 천하에 스승과 친구를 구하며 『고정어록』(考
亭語錄)[35]을 구해 반복해서 살피고 음미했다. 또 주자가 송나라 광종
(光宗)에게 올린 상소문을 읽었는데, 거기에는 이렇게 적혀 있었다.

  경건한 마음가짐으로 큰 뜻을 간직하는 것[36]은 독서의 근본이요,
순서를 따라 정밀하게 살피는 것은 독서의 방법이다.

  이에 선생이 전날 비록 열심히 힘썼으나 소득이 없었던 것은 빨리 하
려고 했기 때문이라고 뉘우쳤다.
  그래서 순서를 따라 그것을 구했으나 사물의 이치와 마음[37]이 끝내
둘로 갈렸다. 오랫동안 침울하게 지내니 옛날의 병이 다시 도졌다. 이
때 열 가지 양생(養生)[38]하는 말을 듣고 기뻐했다.

---

34) 부월은 작은 손도끼와 큰 도끼라는 뜻이지만, 정벌 나가는 대장에게 왕이 주
   살(誅殺)을 허락하는 신표(信表)로 주던 것이다.
35) 주자의 어록으로, 『상전』에는 '주회암'(朱晦庵), 『연보』에는 '회옹'(晦翁)으로
   표기했다.
36) 원문은 '거경지지'(居敬持志). 경(敬)은 주자학의 공부와 수양(修養)에서 주
   체의 마음가짐이다. 곧 경을 주일무적(主一無適, 마음에서 하나를 주로 하여
   마음이 딴 데로 감이 없다)이라 하여 마음을 한곳에 머물게 하여 흐트러지지
   않는 것이다.
37) 인식 대상의 사물의 이치[理]와 인식 주체인 마음[心]의 관계에 따라 논의될
   수 있는데, 왕양명은 이때 아직 '마음이 곧 이치'라는 '심즉리'(心卽理)를 내
   세우지 않은 상태였다.
38) 장수하려고 건강 증진에 힘쓰는 것. 일종의 노이로제에 걸려 도가에 다시 출
   입한 것으로 보인다.

스물여덟 살 되는 해의 봄에 정시(庭試)[39]에 나아가 남궁[40]의 제2등에 뽑혀 선생에게 이갑진사(二甲進士)[41] 출신 제칠관정공부(第七觀政工部)[42]의 직책을 내렸다.

그래서 준현에 가서 위령백[43]의 분묘 축조 공사를 감독하도록 명을 받았다. 가는 길에 견여(肩輿)[44]를 사용하지 않고 말을 타고 갔다. 험한 비탈을 지나가는 것조차 잊었는데 말이 놀라는 바람에 떨어져 피를 토했다. 교자(轎子)[45]를 타라는 권유를 듣지 않고 오히려 다시 말을 타니, 이는 연습을 하기 위해서였다.

위령백의 자손들을 만나보고, 위령백이 평상시 사용하는 병법을 물으니 자손들이 모두 알려주었다. 선생이 크게 기뻐하며 그 병법으로 일군들을 부리고 돌아가며 휴식을 취하게 하니, 힘을 적게 들이고도 일이 빨리 진척되어 공사가 앞당겨 완공되었다.

위령백의 집안에서 금품과 비단으로 선생께 사례하려 했으나, 선생이 굳이 사양하는 바람에 집안에 간직하던 보검 한 자루를 꺼내주면서 말했다.

"이것은 선대인(先大人)께서 찼던 것입니다."

선생이 그 보검을 받고, 전날의 꿈과 꼭 들어맞은 것을 기뻐했다.

이때 성변(星變)[46]이 나타나니 조정에서 명을 내려 대책을 찾았다. 또 달로(獺虜)[47]가 창궐하여 변방에서 들어오는 보고가 매우 급박했

---

39) 나라에 경사가 있을 때 대궐 안마당에서 보던 과거시험이다.
40) 예부를 말한다. 앞에 나왔다.
41) 일갑(一甲)은 진사에 급제한 3명에게 주어졌고, 이갑(二甲)은 진사 출신 약 1백 명에게 주어졌으며, 삼갑(三甲)도 약 1백 명이다.
42) 관정공부는 오늘날 건설을 맡은 부서이다.
43) 왕양명이 꿈에 만난 바로 그 준현 사람 왕월이다. 꿈과 일치된 것이 기이하다.
44) 어깨에 메고 가는 가마의 일종이다.
45) 두 사람이 메는 작은 가마이다.
46) 별의 움직임이 평상시와 다른 것, 즉 혜성의 이변이다.
47) 도적의 이름이다.

다. 선생이 변방의 일을 처리하는 상소문을 올리니 모두 여덟 조목[48]
이다.

　　첫째, 인재를 길리 위급힐 때를 대비할 것.(蓄材以備急)

　　둘째, 인재의 단점을 버리고 장점을 쓸 것.(舍短以用長)

　　셋째, 군대를 정예병으로 간소하게 하여 예산을 절감할 것.(簡師以
省費)

　　넷째, 군대는 둔전(屯田)[49]으로 먹게 할 것.(屯田以足食)

　　다섯째, 법을 엄중히 시행하여 권위를 세울 것.(行法以振威)

　　여섯째, 은혜를 베풀어 사기를 높일 것.(敷恩以激怒)

　　일곱째, 작은 것을 버리고 큰 것을 온전히 할 것.(損小以全大)

　　여덟째, 아군 내부의 기밀을 엄히 지켜 적의 피폐해진 기회를 노릴
것.(嚴守以乘弊)

　　스물아홉 살 되는 해에 형부운남사주사(刑部雲南司主事)[50]의 직책
을 받았다.

　　서른 살 되는 해에 강북(江北)[51]의 옥(獄)에서 죄인의 기록을 재심사
하는 일을 맡았는데, 무죄를 밝히는 경우가 많아서 백성들이 그 공평함
을 칭송했다.

　　맡은 일을 끝내자 구화산(九華山)[52]을 유람하고 「유구화산부」(遊九

---

48) 이 글은 「진언변무소」(陳言邊務疏) 에 있고, 이 여덟 조목을 '변무팔사'(邊務
　　八事)라 한다. 『연보』에는 보이지 않고, 『상전』에 보인다.
49) 군대가 수비하면서 농사짓는 땅이다.
50) 『연보』와 『상전』에는 '형부운남청리사주사'(刑部雲南淸吏司主事)로 되어 있
　　다. 즉 오늘날 법무부의 지방관리이다.
51) 강소성이다.
52) 안휘성 청양현(靑陽縣) 서남쪽에 있는 산이다. 나중에 왕양명은 여기서 독서
　　를 하고 깊이 공부했다.

華山賦)[53]를 지었다. 무상(無相)과 화성(化城)의 여러 사찰을 돌아보았는데, 도착해서는 반드시 거기서 묵었다.

이때 채(蔡)[54]라는 도사를 만났다. 쑥대머리를 하고 책상다리로 앉았는데 의복이 남루했다. 선생은 그가 보통사람이 아닐 거라 여겨 신선술을 물으니, 채가 머리를 흔들며 말했다.

"아직 아니야."

선생이 좌우 사람을 물리고, 그를 뒤뜰의 정자로 모시고 가서 다시 절하고 물었으나, 채는 머리를 흔들며 말했다.

"아직 아니라니까."

선생이 계속해서 간청했다.

"그대가 비록 내게 예를 갖추어 공손하게 말하나, 내가 그대를 보니 끝내 관리로서의 집착을 벗어나지 못할 상이야."

크게 웃고 헤어졌다.

지장동(地藏洞)에 한 늙은 도사가 있었는데, 소나무 낙엽에 눕거나 앉고 생식하며 산다는 말을 선생이 들었다. 선생이 험한 곳을 무릅쓰고 그를 방문했으나 도사는 마침 깊은 잠에 빠져 있었다. 선생이 그 곁에 앉아 손으로 발을 오랫동안 문지르니 도사가 막 깨어나 선생을 보고 놀라며 말했다.

"이렇게 험한 곳에 어떻게 올 수 있었습니까?"

선생이 말했다.

"제가 어른과 말씀을 나누려 하는데 어찌 고생을 마다하겠습니까?"

도사는 준비한 불교와 노자의 요점을 말해주었다. 또 유가에 대하여 "주염계(周濂溪)[55]와 정명도(程明道)[56]는 너희 유가의 수재(秀才)이

---

53) 『왕문선공전집』권19, 외집1, 「구화산부」에 수록되어 있다.
54) 일설에는 이 도사의 이름을 채봉두(蔡蓬頭)라고 한다. 아마도 『연보』에 "道者蔡蓬頭善談仙"이란 말에서 근원한 것 같은데, 『상전』이나 『실기』에는 '채'(蔡)로만 되어 있다.
55) 1017∼73. 자는 무숙(茂叔), 호는 염계, 이름은 주돈이(周敦頤). 북송 때 이학

고, 주고정(朱考亭)[57]은 일종의 강사(講師)이니 아직 최상의 일승(一乘)[58]에 도달하지 못했다"라고 말하고, 다시 깊은 잠에 빠졌다.

선생이 돌아갔다가 다음날 다시 가보니 그 사람은 그 자리에 없었다. 그래서 시 한 수를 지었다.

길 끊어진 바위 끝에 딴 세상이 있고,
솔잎 한 조각에 저절로 편안한 잠이라.
고담(高談)은 심원한데 사람은 어디 가고
있던 곳 황량하게도 싸늘한 안개만 흩날리는구려.
路入巖頭別有天　　松毛一片自安眠
高談已遠人何處　　古洞荒凉散冷烟

서른한 살 되는 해에 북경으로 돌아와 복명(復命)했다.

그 당시 북경에서는 여러 명사(名士)가 시사(詩社, 시를 짓는 모임)를 결성하고, 옛 문체를 모방하여 시문 짓기를 숭상했다. 선생에게 그 모임에 들어오도록 권했으나 선생이 탄식했다.

"나의 유한(有限)한 정신으로 어찌 내용이 없는 공허한 문장을 짓겠는가?"

드디어 병을 핑계 삼아 관직을 사퇴하고 고향으로 돌아왔다.[59]

사명산(四明山) 양명동(陽明洞)에 집을 짓고, 숨어 살며 수양을 쌓

_____

의 개창자로 불린다.
56) 북송 때의 학자. 이름은 정호(程顥)이며 정이천의 형이다. 그가 "심(心)은 성(性)이요 성은 심"이라 하여 나중에 육상산의 학문적 연원이 된다.
57) 주자를 말한다. 그가 건양(建陽, 지금의 복건성 건양)의 고정(考亭)에 살았으므로 세상 사람들은 그를 고정선생이라 불렀다.
58) 홀로 진리를 깨달아 부처가 되는 것을 비유한 말이다.
59) 『연보』에는 병가(病暇)를 낸 것으로 되어 있다. 위령백의 분묘 공사 때 말에서 떨어져 피를 토한 적이 있는데, 그후로 병에 시달리곤 했다. 어떤 사람들은 폐병이라 한다.

으려 했다. 이때 철주궁 도사의 말이 생각나서 도인술을 행했는데, 마침 왕사흥(王思興) 등[60] 친구들이 방문했다.

선생이 하인에게 맞이하도록 하면서 그들이 어떤 길로 올지 일러주었다. 그들이 온 길이 선생이 일러준 길과 일치함을 알자, 친구들은 선생이 신선술을 얻은 것으로 여겼고, 마을 사람들도 양명동을 가리켜 신선이 모이는 곳이라 했다.

그로부터 얼마 후 선생이 깨닫고 말하기를, "이것은 몸과 마음을 희롱하니 올바른 길이 아니다" 하고, 드디어 그 신선술을 배우지 않았다.

그리고 나서 조용히 몸과 마음을 잘 다스리고, 세상일에 초연하며 숨어 살려 했다. 그러나 할머니 잠태부인과 아버지 용산공이 계심을 생각하니, 은혜를 베풀고 사랑해준 정을 잊을 수 없었다.[61]

이렇게 학문에 대하여 머뭇거리며 결정하지 못하다가 하루는 깨닫고 말했다.

"첫째가는 생각은 어렸을 때 한 것인데, 만약 이 생각이 없으면 인간의 본성(本性)을 끊어 없애는 것이다. 이것이 우리 유교가 불교나 도교를 배척한 이유인데, 세 종교 가운데 오직 유교가 가장 올바르다."

이리하여 태도를 일변하여 다시 세상을 경영하는 일에 뜻을 두었다. 이것은 그의 행장(行狀) 가운데 이른바 "정덕(正德) 술인(戊寅)에 비로소 성현의 학문으로 바로 되돌아왔다"는 것이다.

│ **나의 생각 4** │

선생이 초년에 도교와 불교에 빠진 정도가 아주 심했다. 마침내 어버이에게 효도하는 생각이 계기가 되어 성현의 학문으로 되돌아온 것은

---

60) 왕문원(王文轅)·허장(許璋) 등 네 사람이다.
61) 왕양명은 열세 살 때 친어머니를 잃었기 때문에 할머니 잠태부인이 어머니 역할을 했다. 할머니의 사랑을 잊지 못한 것은 이 때문이다. 의붓어머니가 있기는 했지만, 큰 사랑을 못 받은 것 같다. 그래서 의붓어머니를 놀라게 해준 일화도 있다.

확실하다. 또 선생의 학문은 인간의 순수한 본심(本心)의 앎[62]을 제출했다. 그래서 속된 유학자들이 선불교와 비슷하다고 헐뜯었다. 그러나 선불교는 오로지 본심만 찾으나 물리(物理)[63]를 버리고, 선생은 본심과 물리를 합하여 하나로 삼은 것을 달리 몰랐으니, 이것은 그 한계의 구별이 진실로 뚜렷하다.

또 앞의 하나를 잘라 말하더라도 양명학의 양지가 선불교의 정지(淨知)와 유사하나, 양지는 천리(天理)를 본체로 삼고 정지는 공적(空寂)을 본체로 삼아 그 근본이 이미 다르니, 어떻게 선불교와 비슷하다고 의심하겠는가? 양명학의 진면모를 보지 못하고 피상적으로 비난하는 것은 자기가 배운 학문의 문호(門戶)의 편견에 불과하다.

아! 양지 두 글자는 선생이 용장에 귀양 갔을 때 석곽 속에 3년[64]을 지내면서 얻은 것이니 이것은 하늘이 열어준 것이다. 그러나 선생이 배우는 사람들에게 진리의 핵심을 곧바로 제시했기 때문에, 그것이 너무 쉬워서 그들이 지나치게 높은 도리를 찾으려 하다가 도리어 공허하고 알 수 없는 것에 들게 되었다. 그래서 양명학의 폐단이 생겼다. 이것은 지극히 선한 것이 얻기 어렵고 중용(中庸)에 능통하게 처하기가 힘든 까닭과 같다.

대개 양지의 본체는 천리이니, 천리 위에 또 무엇을 더하겠는가? 배우는 사람은 마땅히 온 마음을 천리에 두되, 가만히 있을 때에는 이것을 보존하여 기르고, 행동할 때에는 이것을 쫓아 행하면, 바야흐로 사

---

62) 원문은 '본심지지'(本心之知). 즉 인간이 본래 갖고 있다는 순수한 본래의 앎을 말한다. 이것은 양지(良知)라고도 하며 일종의 윤리적인 양심에 해당된다.

63) 오늘날의 물리학이나 과학이 탐구하는 지식이 아니다. 일상적인 세속의 삶에서 만나는 윤리적이고 도덕적인 이치를 말한다.

64) 원문은 '석곽삼년'(石槨三年). 귀주의 용장에서 귀양살이하는 기간을 말한다. 당시 원주민들은 굴에서 살았지만, 왕양명은 집을 짓고 실내에서 거처한 후 돌을 파 곽을 만들어 앞에 두고 거기서 거처했다. 어떤 곳에서는 곽이 바위를 판 암굴이라고도 하며 유근의 자객을 피해 만든 은신처로 보기도 한다. 뒤에 나온다.

람의 행동이 하늘의 도리에 부합할 수 있다. 그러니 그 천리를 드러내 엿볼 수 있는 곳은 내 마음의 양지이다.

양지는 자연히 밝히 깨닫는 앎[65]이요, 순수하고 거짓이 없는 앎[66]이요, 유행하여 멈추지 않는 앎[67]이요, 두루 응하여 막히지 않는 앎[68]이요, 성인과 어리석은 사람 모두에게 있는 앎[69]이요, 하늘과 사람이 하나 되는 앎[70]이니, 신비하고 묘하구나! 누가 거기에 더 보탤 수 있겠는가?

아! 사람에게 양지가 있는 것이 하늘에 태양이 있는 것과 같거늘, 세상 사람들이 오히려 이것을 의심하는 것은 무슨 까닭인가? 그것은 스스

---

65) 원문은 '자연명각지지'(自然明覺之知). 이렇게 볼 수 있는 근거는 "良知是天理之昭明靈覺處"(『傳習錄』「答歐陽崇一」), "良知只是一個天理, 自然明覺發現處"(『傳習錄』「答聶文蔚」)이다.

66) 원문은 '순일무위지지'(純一無僞之知). 그 근거는 "蓋良知只是一個天理. 自然明覺發現處, 只是一個眞誠惻怛, 便是他本體"(『傳習錄』「致其良知」), "聖人之所以爲聖, 只是其心純乎天理而無人欲之雜. (…) 人到純乎天理方是聖"(『傳習錄』上,「薛侃錄」)이다.

67) 원문은 '유행불식지지'(流行不息之知). 우주 만물이 유행하여 쉼이 없듯이 사람 마음의 양지도 그렇다는 것이다. 그 근거는 "天道之運, 無一息之或停. 吾心良知之運, 亦無一息之或停, 良知卽天道"(『王文成公全書』권7, 문록4,「惜陰說」), "乃良知之發見流行, 光明圓瑩, 更無挂碍遮隔處"(『傳習錄』「致其良知」)이다.

68) 원문은 '범응불체지지'(泛應不滯之知). 양명학적 도덕의식은 모든 현실에 침투될 수 있는 것으로 풀이된다. 그래서 구한말 당시 시대의 폐단을 구할 수 있다고 여겼다. 그 근거는 "乃良知之發見流行, 光明圓瑩, 更無挂碍遮隔處, 此所以謂之大和"(『傳習錄』「致其良知」)이다.

69) 원문은 '성우무간지지'(聖愚無間之知). 이것은 구한말 당시 서양의 부르주아 사상이 자유나 평등을 내세운 것에 대한 동양의 양명학에도 그러한 요소를 여기서 찾기도 했다. 즉 누구에게나 도덕의식에는 근본적으로 차이가 없다는 데서 출발한다. 그 근거는 "良知之在人心, 無間於聖愚, 天下古今之所同也"(『傳習錄』「答聶文蔚」)이다.

70) 원문은 '천인합일지지'(天人合一之知). 즉 천지 자연과 하나 되는 앎이다. 여기서 천(天)은 도덕적 자연이다. 인간의 내면적 자연을 말한다. 그 근거는 "蓋良知之在人心, 亘萬古塞宇宙而無不同"(『傳習錄』「答歐陽崇一」), "人的良知就是草木瓦石良知"(『傳習錄』下)이다.

로 그 밝은 것을 가리기 때문이다. 그래서 내가 감히 "동양과 서양의 도학(道學)[71]계에 오직 양명학이 유일하며 둘도 없는 길이다"라고 단언하니, 세상 군자들의 질책이 없을 것인가?

5. 다시 유학으로

다음해 서호(西湖)[72]로 옮겨 살면서 명승지를 두루 탐방하고, 남병(南屛)과 호포(虎跑)[73] 사이의 절을 답사하다가, 정좌해 있는 어떤 중을 보았다. 그 중은 3년 동안 아무 말도 하지 않고 보지도 않았다.

선생이 소리치며 말했다.

"저 중은 종일 중얼중얼 뭐라고 말하는 거지? 종일 멀뚱멀뚱 무엇을 보는 거지?"

중이 놀라 일어나서는 예를 갖추었다. 그러자 선생이 물었다.

"그대는 고향이 어디며 집을 떠난 지 몇 년이나 되었는고?"

"저는 하남(河南) 사람인데 출가한 지 벌써 10년이 넘었습니다."

"그대 가문 중에 친족이 살아 있는가?"

"노모께서 살아 있었는데, 지금은 살아 계신지 돌아가셨는지 모르겠습니다."

"어머니가 그립다는 생각이 일지 않는가?"

"그야 생각나지 않을 수 없지요."

"그대에게 그런 생각이 일어나면, 비록 그대가 종일 말하지 않더라도 마음 가운데 스스로 말하는 것이 있으며, 종일토록 아무것도 보지 않으

---

71) 오늘날 철학 또는 윤리학에 해당된다. 당시는 오늘날과 같은 서양 학문 위주의 분류가 아직 확립되지 않았다.

72) 『연보』에는 질병으로 전당(錢塘)의 이곳으로 옮겼다고 되어 있다.

73) 남병산의 정자사(淨慈寺)와 대자산(大慈山)의 호포사(虎跑寺)를 말한다. 『실기』에는 '호궤'(虎跪)로 되어 있으나 『연보』와 『상전』에는 '호포'(虎跑)로 되어 있어 바로잡았다.

나 마음 가운데 이미 본 것이 있느니라."[74]

그러자 중이 갑자기 깨닫고 합장하며 말했다.

"고귀한 가르침을 더 듣고 싶습니다."

"어버이가 자식을 사랑하고 자식이 어버이의 은덕을 생각하는 것은 선천적으로 타고난 성품에서 비롯되는 것이니, 사람이 어찌 이것을 끊을 수 있겠는가? 그대가 어머니가 그립다는 생각이 일지 않을 수 없다고 하니, 이는 때마침 진실한 성품이 드러난 것이다. 비록 종일토록 홀로 앉아 있어 보았자 다만 마음을 괴롭힐 뿐이니라."

그래서 어머니가 자식을 사랑하고 기른 인정과 도리를 극진히 말했는데, 말이 채 끝나기도 전에 그 중이 크게 감동하여 울먹였다.

다음날 선생이 거기에 다시 가보니 그 중은 이미 고향으로 돌아가고 없었다. 선생이 탄식하며 "사람의 본성이 원래 착하다는 것을 이 일이 증명하는구나"라고 말하고 드디어 성현의 학문에 더욱 몰두했다.

│ **나의 생각 5** │

선생이 양지를 발명한 것은 용장(龍場)[75]에 거처한 이후이나 이곳에서 이미 양지를 제시한 것이다. 누구에겐들 이 양지의 밝음이 없겠는가? 그러나 마음에 가려진 것이 있어서 그 밝음을 잃은 것이다. 이 양지는 선천적으로 타고난 성품에 근거하는 것이므로, 비록 마음이 어둡고 생각이 꽉 막힌 사람이라 할지라도 이것이 전혀 없을 수 없다.

그래서 선생이 사람을 한 번 접촉하여 감동시키매 능히 깨닫게 되었다. 이 때문에 선생 마음의 양지 작용이 곳에 따라 묘하게 감응하여 한마디의 말로 사람의 마음을 감화하니, 그 효과가 신기하게 빨랐다. 예

---

74) 보지 않고 말하지 않더라도 이미 보고 말한 행동이라는 것은 왕양명의 '지행합일' 사상이 전개될 단초를 보여준다. 나중의 지행합일설에서 마음의 움직임을 이미 행동의 시작으로 보기 때문이다.
75) 왕양명이 후에 좌천되어가는 귀양지이다.

를 들어 마을 사람 가운데 부자 간에 송사가 벌어졌는데, 선생이 이를 재판하던 중 선생의 말이 채 끝나기도 전에 부자가 서로 끌어안고 통곡하며 떠나갔다.

시명치(柴鳴治)[76]가 물었다.

"선생님께서는 무슨 말로 이렇게 빨리 감동시켜 뉘우치게 했습니까?"

"내가 이렇게 말했지. '순(舜)[77]은 이 세상에서 가장 불효를 저지른 자식이고, 고수(瞽瞍)[78]는 이 세상에서 가장 자애로운 아비이다'라고."

시명치가 깜짝 놀라 그 뜻을 물었다.

선생은 다음같이 답했다.

"순은 항상 스스로 자신이 불효가 막심한 자식이라고 생각했기에 효도할 수 있었고, 고수는 항상 스스로 자애롭다고 여겼기에 자식에게 자애롭게 대할 수 없었다. 고수는 단지 순을 키운 것만 기억하여 '지금 왜 나를 기쁘게 해주지 않는가'라고 생각하고, 자기 마음이 이미 후처(後妻)에게 옮아갔음을 모른 채 오히려 스스로 자애롭다고 여겼기 때문에 자애롭지 못했다. 순은 어려서 아버지가 자기를 기를 때 많이 사랑해주다가 지금 사랑해주지 않는 것은 다만 자기가 효도를 다하지 못했기 때문이라고 여겼다. 그래서 날마다 효도를 다하지 못한 것을 생각하여 더욱 효도를 잘할 수 있었다."

어찌 고수에게 양지의 자애로움이 없었겠는가? 후처한테 미혹되어 그 양지가 가려진 것이다. 그러므로 자애를 잃었다가 기뻐하는 데 이르

---

76) 왕양명 제자의 이름에는 보이지 않는다. 누군지 확실치 않다(중국, 일본 자료에도 없음). 인용된 부자간의 송사와 시명치의 질문은 『전습록』 권하에 나온다.

77) 고대 중국의 어진 임금으로, 효자로 이름났으며 동이족(東夷族) 출신이라고 한다.

78) 순의 아버지. 후처를 맞이해 아들 순에게 아주 못된 짓을 한 아버지로 기록되어 있다.

러 그 가려진 것이 제거되고 양지가 다시 밝아졌다.

아! 이 양지는 성인과 어리석은 사람을 막론하고 차이가 없으니, 천하고금의 인간에게는 동일한 것이구나.

6. 강학을 시작하다

서른세 살(1504)에 공무로 산동(山東) 지방을 살피러 다녔는데, 감찰어사(監察御使) 육이핍(陸邐偪)⁷⁹⁾이 선생을 초빙하여 산동성에서 실시하는 향시의 시험관 일을 맡겼다. 이때 정공휘(程孔暉)가 장원을 차지했는데, 나중에 그는 이름 있는 신하가 되었다.

이때 향시의 기록을 선생이 직접 작성했는데, 모두 시무(時務)⁸⁰⁾에 적중하니 사람들이 이 일로 인하여 선생의 경세지학(經世之學)⁸¹⁾을 알게 되었다.

이 해 9월에 다시 병부무선사주사(兵部武選司主事)⁸²⁾를 제수받고 드디어 북경으로 갔다. 당시 학자들은 거의 사장지학⁸³⁾에 몰두하여 지엽적인 것에 빠져 몸과 마음을 닦는 참된 학문⁸⁴⁾이 있는 줄 다시 알지 못했다.

---

79) 『연보』와 『상전』에는 '육칭'(陸俌, 1457~1540)으로 되어 있다. 육칭의 자는 군미(君美), 호는 애주(碍洲). 나중에 복건성 안찰부사(安察副使)에 올랐다.
80) 나라에서 그때그때 하는 일. 장단기 정책이나 방침 또는 시책 등이 이에 해당된다.
81) 세상을 경영하는 학문이다. 시무가 비교적 단기적이고 좁은 의미라면 경세지학은 장기적이고 포괄적이며, 경우에 따라서는 국가 차원을 넘어 유토피아적 성격을 띠기도 한다.
82) 『연보』와 『상전』에 의하면 정식 칭호가 '병부무선청리사주사'(兵部武選清吏司主事)이다. 즉 국방부의 무관 시험을 담당한 관직이다.
83) 도덕이나 인간의 도리에 대하여 탐구하는 것이 아니라, 시나 문장을 지어 그 아름다움이나 멋을 구하던 문학을 일컫는 말이다. 반면에 인간의 도리를 탐구하던 학문을 보통 의리지학(義理之學)이라 불렀다. 앞에 나왔다.
84) 원문은 '실학'(實學). 여기서는 윤리와 도덕을 위한 학문이라는 뜻. 조선 후기의 실학과는 다르다.

선생이 먼저 강학(講學)[85]을 시작하고, 반드시 성인이 되는 것을 가르침의 목표로 세우니 소문을 들은 사람들은 점점 흥미를 갖고 몰려들었다. 그러나 이때는 올바른 사도(師道)의 계승이 끊어진 지 오래되어 사람들은 대부분 선생을 지목하여 명예욕 때문에 특이하고 이상한 이론을 편다고 생각했다. 오직 한림원서길사(翰林院庶吉士)[86] 감천 담약수(湛若水)[87]와 의기투합하여 같이 성인이 되는 학문을 일으키고 밝힐 것을 스스로의 임무로 삼았다.

│ 나의 생각 6 │

선생은 1백 년에 한 번 나올 만한 인물이다. 도학가이자 군사전략가이고, 정치가, 기절가(氣節家),[88] 문장가이니 천재가 아니면 누가 이렇게 능숙하겠는가?

평생 동안 거쳐온 정신이 변하고 움직여 한곳에 머무르지 않으니, 후세의 독자에게 마치 자연경치를 보듯이 하여 조금만 움직여도 경이로운 모습을 보는 것 같아 그 흥미진진함을 이루다 표현할 수 없다.

열일곱 살부터 서른네 살 사이에 간혹 송나라 유학자들의 책에 빠지

85) 사람을 모아놓고 학문 등을 가르치는 것. 『연보』에 의하면 그의 나이 서른넷 (1505) 때의 일이다.
86) 한림원은 궁중의 문서 관련 업무를 맡은 학자와 관료가 모인 기관. 서길사는 한림원에서 최하위직이다.
87) 이름은 약수(若水), 자는 원명(元明), 감천(甘泉)은 그의 호이다. 광동성 증성 (增城) 사람으로, 왕양명보다 여섯 살 많다. '곳에 따라 천리를 체인(體認, 몸소 체득하여 아는 것)하는 것'〔隨處體認天理〕을 학문의 요체로 삼았다. 그런데 『연보』에는 그의 성이 담(湛)씨가 아니라 감(甘)씨로 되어 있다. 그는 명나라 초기 학자 진백사(陳白沙, 1428~1500. 이름은 헌장獻章, 자는 공보公甫, 백사는 그의 호)의 제자이다. 진백사는 앞의 누일재, 호경재(胡敬齋, 1434~84. 이름은 거인居仁, 자는 숙심叔心, 경재는 그의 호)와 함께 오강재(吳康齋, 1391~1469. 이름은 여필與弼, 자는 자전子傳, 강재는 그의 호)의 제자이다.
88) 기개(氣槪)와 절개(節介)가 있는 사람을 일컬을 말이다. 이 말은 왕양명의 문인 추수익(鄒守益)이 쓴 『양명선생문록서』의 "當時有稱先師者曰, 古之名世, 或以文章, 或以政事, 或以氣節, 或以勳烈, 而公克兼之"에 나온다.

기도 하여 격물(格物)[89]하는 것을 일삼았고, 또는 무술을 닦아 과거시험장에 나가기도 했으며, 문인들과 재주를 다투기도 했고, 신선이 되는 양생술을 찾기도 했으며, 군무에 관심을 두어 변방의 오랑캐를 몰아내는 책략을 남기기도 했다. 또 세속을 피해 멀리 은둔했으나, 어버이에게 효도하는 마음을 잊지 못했으며, 유머러스한 성품에서 근엄한 성격으로 바꾸기도 하고, 또 문장을 짓거나 꾸미는 사장(詞章)의 학문을 버리고 성인이 되는 학문으로 돌아오니, 그 18년 동안 어찌 그리 변동이 많았을까? 어찌 선생의 신경이 이상해져서 일을 할 때마다 느끼는 대로 바뀌었을까?

이것은 선생이 각종 학술을 몸소 시험 삼아 실천해보고 그 옳고 그름의 진실을 연구해본 것이지, 결코 남의 말만 듣고 따라 헛되이 짐작으로 한 것이 아니다. 그래서 성인의 학문이란 한갓 말로만 배우고 떠드는 것을 경계하고, 실천에 힘쓰는 것을 위주로 한다. 그래서 선생은 세속의 유학자들이 자기 마음을 버리고 진리를 밖에서만 찾으려는 병폐를 고치는 데 진력한 것이다. 이것은 선생의 이른바 "음식이란 먹어봐야 맛의 좋음과 나쁨을 알고, 길은 다녀봐야 험함과 평탄함을 안다"는 말과 같다. 그래서 선생의 경력에 이와 같은 변화가 있었던 것이다.

선생이 논한 학문은 대부분 때에 따라 변하는 뜻이 있다. 예를 들어 "양지(良知)는 바뀌는 것이다. 이 양지의 진리성은 자주 변하고 움직여서 한곳에 머물지 않고, 우주에 두루 흘러 위아래에 고정된 위치가 없으며, 정해진 규범이나 법칙이 될 수도 없고, 오직 마땅함을 따라 변한다"고 말한 것과 같다.

또 어떤 사람이 "그 중심을 잡고, 융통성이 없는 것은 오히려 하나만 잡은 것이다"[90]라는 맹자의 말에 대하여 문자 선생이 답했다.

---

89) 『대학』의 8조목에 나오는 말. 이른바 '격물'(格物), '치지'(致知), '성의'(誠意), '정심'(正心), '수신'(修身), '제가'(齊家), '치국'(治國), '평천하'(平天下)가 그 것인데, 격물이란 학파마다 조금씩 그 뜻을 달리하지만, 간단히 말해 사물을 궁구(窮究) 또는 연구하는 것으로 그 목적은 윤리적 가치를 찾는 데 있다.

"그 중(中)[91]이란 천리(天理)이다. 때에 따라 바뀌는 것이니 어떻게 잡아 고정하겠는가? 때에 따라 마땅하게 조치해야지,[92] 미리 하나의 불변하는 원칙을 설정하기는 어렵다. 후세의 유학자들이 도리를 가지고 일일이 빈틈없이 격식을 세우니, 이것이 바로 맹자가 밀한 한 가지만 붙잡은 것이다."

대개 중용의 도리는 천하의 바른 도리이지만, 때에 따라 바꾸어 권도(權道)[93]를 행할 수 없으면, 폐단이 곧 하나만 붙잡아 무용한 것이 된다.

아! 천지의 진화(進化)[94]가 무궁하므로 성인이 변화에 대응하는 것 또한 무궁하다. 그래서 때에 따라 마땅하게 조절하여 천하의 사업을 이룬다. 세속의 유학자들을 되돌아보면 이런 수준에 도달하지 못하고 하나의 도리만 붙잡으니, 그것이 변해서는 안 되는 격식이 되고 말았다. 그래서 그들은 옛날에 마땅한 것이 지금 마땅하지 못함을 달리 알지 못하고, 또 때에 맞추어 조치하지 못하여 천지의 진화를 거슬러 백성들에게 화를 미치게 하는 자가 많다. 그러니 하나의 원칙만 고수하여 변화에 따른 융통성 없는[95] 폐단이 도리어 어떠한가?

---

90) 『맹자』「진심상」(盡心上)의 "子莫執中, 執中爲近之, 執中無權, 猶執一也. 所惡執一者, 爲其賊道也, 擧一而廢百"에 나온다. 즉 자막(子莫)이라는 사람은 양자(楊子)의 위아주의(爲我主義)나 묵자(墨子)의 겸애설(兼愛說) 가운데를 취했는데, 그것이 근사한 것 같으나 그 가운데만 취한 것은 상황에 따른 융통성이 없으니 오히려 고정된 한 가지를 취했다는 것이다. 그래서 한 가지만 취한 것을 싫어하는 것은 그것이 도를 해치니, 한 가지로 인하여 백 가지를 없애기 때문이라는 것이다. 여기서 '권'(權)은 저울을 뜻하는데, 곧 때와 장소의 융통성이나 상황을 고려해야 한다는 상징으로 등장한 것이다.

91) 중용(中庸)을 뜻한다. 즉 지나침과 모자람이 없는 것. 수학적으로 중간인 가운데의 뜻이 아니다.

92) 원문은 '인시제의'(因時制宜). 즉 상황에 따라 인간의 도덕 행위를 적용해야 한다는 뜻이다.

93) 상황에 따른 도리. 상황과 관계없이 항상 불변하는 도리는 상도(常道)이다.

94) 박은식은 당시 유행하던 '사회진화론'을 수용한 상태이기 때문에 이러한 표현을 썼다.

우리나라 유학의 유래를 보면, 가장 유력한 학파가 송나라 유학자[96]의 충실한 노예가 되어 무단(武斷)의 악습을 행사하는데, 학계에 새로운 학설을 내는 자가 있으면 사문난적(斯門亂賊)이라는 죄명으로 내몰아 인간 사상을 속박하고 조그만 자유도 허락하지 않았다. 이 때문에 인재들이 줄어들고 인간의 지혜가 막혀 고질적인 병폐가 날로 더욱 심해졌다.

세계의 바람과 조수는 이같이 흘러넘치고 학계의 빛나는 흐름이 저같이 발달하는데, 옛 학문을 지키는 것을 숭상하여 새로운 변화를 막고 거부하더니, 마침내 결과가 여기에 이르렀다. 이는 그 해로움이 진시황(秦始皇)의 분서갱유(焚書坑儒)보다 더욱 심하다. "학술로써 천하를 죽였다"라는 육상산(陸象山)[97]의 말이 바로 이를 뜻함이 아니겠는가?

---

95) 원문은 '집일무권'(集一無權). 즉 하나만 붙잡고 권도(權道)가 없다.
96) 성리학이 발생한 송나라 때의 학자들. 여기서는 주자를 말한다.
97) 송나라 때의 철학자로, 자는 자정(子靜), 상산은 그의 호이다. 주자와 동시대 인물로 그와 논쟁을 벌인 적도 있다.

고난과 진리의 깨달음

7. 기지로 목숨을 구하다

정덕(正德) 원년(1506)에 효종이 죽고 무종(武宗)[1]이 즉위하니 환관 유근(劉瑾) 등이 일을 꾸며 대신들을 쫓아냈다. 그들은 몰래 농간을 부리고 또 위압(威壓)과 복덕(福德)으로 신하들을 으르거나 달래 나랏일이 날로 어지러워졌다. 남경과도(南京科道) 대선(戴銑)[2]과 부언휘(溥彦徽)[3] 등이 상소[4]를 올려 유근 등을 탄핵하다가 모두 체포되어 옥에 갇혔다.

이에 선생이 상소를 올려 그들을 구하려 하다가 유근을 화나게 만들어 거짓 왕명으로 옥에 갇히고, 고위 관리들이 참석한 가운데 조정에서는 40대의 장형(杖刑)에 처했다. 또 유근이 일부러 장형 집행을 감

---

1) 선생의 나이 서른다섯 때인데 효종의 맏아들인 무종의 나이는 열다섯 살이었다. 그가 방탕하므로 유근은 그것을 이용하여 그를 마음대로 농락했다.
2) 자는 보지(寶之), 무원(婺源) 사람이다. 9년에 진사가 되었으며 『주자실기』(朱子實紀)를 지었다.
3) 자는 순미(舜美), 양곡(陽曲) 사람이다. 홍치 9년에 진사가 되었으며, 사천성 감찰어사가 되었다.
4) 『왕문성공전서』 권9, 「걸유언관거권간이장성덕소」(乞宥言官去權姦以章聖德疏).

독하여 혹독하게 매질하게 하니, 선생은 거의 죽을 뻔하다가 다시 살아
났다.

이윽고 귀주(貴州) 귀양부(貴陽府) 용장(龍場)5)의 역승(驛丞)6)으
로 좌천되었다. 이때가 선생의 나이 서른다섯이었다. 당시 용산공은 예
부시랑(禮部侍郞)으로 북경에 있었는데, 이를 보고 기뻐하며 말했다.

"내 아들이 충신이 되었으니 바라는 바가 흡족하다."7)

이듬해 용장의 귀양길에 오를 때, 유근은 몰래 자객을 보내 선생의
뒤를 밟아 해치게 했다. 선생이 항주부(杭州府)에 이르니 이때가 여름
이라 너무 덥고 피로가 쌓여 병들었다. 그래서 승과사(勝果寺)라는 절
에 머물러 병을 치료했다.

두 달 정도 지났는데, 하루는 오후에 더위를 피하려고 복도에서 쉬었
다. 하인들이 모두 밖에 나가고 없었다. 이때 홀연히 병졸 차림의 두 사
람이 나타났는데, 이들은 작은 모자와 짧은 옷으로 죄인을 체포하는 포
졸 복장을 하고 칼을 찼다. 그러고는 급히 들어오면서 북쪽 지방 방언
으로 선생께 물었다.

"관인(官人)께서는 왕주사(王主事)가 아니십니까?"

"그렇소."8)

"저희가 드릴 말씀이 있습니다."

선생을 문 밖으로 나오게 하더니 좌우에서 붙잡고 동행하자 선생이
물었다.

"어디로 가는가?"

"가보시면 알게 됩니다."

선생이 병 때문에 더이상 걸을 수 없다고 하자, 그들이 말했다.

---

5) 귀주성 귀양(貴陽)의 서북쪽 가까운 땅이다.
6) 역사(驛舍)에서 숙장(宿場)의 사무를 보는 관리. 하잘것없는 벼슬이므로 사실
   상 왕양명에게는 귀양이나 다름없다.
7) 이 말은 『연보』에는 안 나오고 『실기』와 『상전』에 나온다.
8) 『상전』에는 "그렇다. 나는 병부주사(兵部主事) 왕수인이라 하오"로 되어 있다.

"억지로라도 가셔야 합니다. 길이 멀지 않으니 저희가 부축해드리겠습니다."

선생이 어쩔 수 없어서 그 말을 따랐다. 그런 모양새로 1리쯤 가니 또 두 사람이 뒤따라왔는데, 선생이 그들을 보니 약간 낯익었다. 뒤따르던 두 사람이 말했다.

"저희는 승과사 이웃에 사는 심옥(沈玉)과 은계(殷計)[9]라 하옵니다. 본디 듣기를 관인께서는 당대의 큰선비이시니 감히 만날 생각을 하지 못했습니다. 마침 이 두 사람이 관인을 붙잡아가는 것을 들었는데, 아마도 관인께 이롭지 못할 것 같아 이렇게 따라와 일의 결말을 보고자 합니다."

두 자객은 얼굴색이 변하면서 말했다.

"조정의 죄인이니 당신들이 어찌 가까이하려는가?"

이 말을 듣고 그들이 말했다.

"조정에서는 이미 관직을 강등해 보냈는데, 또 무슨 무거운 죄를 더 하겠는가?"

두 자객이 선생을 붙들고 가니 심옥과 은계가 함께 뒤따랐다. 하늘이 점점 어두워질 때 전당강(錢塘江)에 도착하여 어느 빈집에 들어갔다. 두 자객이 심옥과 은계에게 말했다.

"사실은 우리 주인 유공(劉公)[10]의 명을 받들어 왕공(王公)을 죽이러 왔으니, 당신들은 간섭하지 말고 속히 떠나시오."

그러자 심옥이 말했다.

"왕공은 오늘날 큰선비요. 칼날 아래 죽는다면 참혹할뿐더러, 또 시신이 강에 버려지면 반드시 우리 지방에 누(累)가 되니 이 일을 결코 실행해서는 안 되오."

---

9) 『연보』에는 보이지 않고, 『실기』와 『상전』에 나온다. 어떤 사람은 단계(段計)라고도 하는데 글자가 비슷해서 그렇게 본 것 같다.

10) 환관 유근을 말한다.

두 자객이 푸른색의 긴 줄을 꺼내 보이며 말했다.

"자, 이것으로 스스로 목매어 죽는 것이 어떻겠습니까?"

그러자 심옥이 또 말했다.

"칼에 죽으나 목매달아 죽으나 죽기는 마찬가지가 아니오?"

두 자객이 화를 내며 칼을 뽑아 성난 목소리로 말했다.

"이 일을 성공하지 못하면 우리는 주인에게 복명할 수 없소. 그러면 우리는 주인의 손에 죽게 된단 말이오."

은계가 말했다.

"당신들은 화낼 필요가 없소. 밤중에 왕공에게 스스로 강물에 뛰어들게 하면, 그 시신은 온전할 것이며 우리 지방에 누가 되지 않소. 또한 이것을 돌아가 보고하면 묘책이 되지 않겠소?"

유근의 두 자객이 잠깐 작은 목소리로 저희끼리 뭐라고 수군대더니 칼을 칼집에 도로 꽂고 말했다.

"그러면 되겠구면."

심옥이 말했다.

"왕공의 생명이 오늘로서 끝나니 우리가 술을 사서 같이 마시며 위로하고 취한 다음에는 이 비극을 잊도록 합시다."

두 자객이 그것을 허락하고 선생을 방 가운데 묶어두니, 선생이 심옥과 은계를 불러 말했다.

"내가 오늘 저녁에 죽을 것 같으니 나를 위하여 우리 집 하인들에게 시신을 거두도록 일러주게."

심옥과 은계가 말했다.

"관인께서 직접 글을 써주셔야 신빙성이 있을 것 같습니다."

"내 소매 안에 백지가 있는데, 붓이 없으니 어찌하겠는가?"

"술집에 가서 빌려오겠습니다."

이렇게 말하고 심옥이 유근의 부하 한 명과 함께 마을로 갔다가 조금 후에 술을 가지고 돌아왔다. 심옥이 술잔 가득 술을 부어 선생께 드리고 눈물을 흘리니, 선생이 말했다.

"나는 조정에 죄를 지어 죽는 것이 나의 몫이네. 나는 그래서 슬프지만 자네는 무엇이 그렇게 슬픈가?"

그러고서 술잔을 잡고 단숨에 비우니 은계가 또 한 잔 따라드렸다. 선생이 다시 마시려 했으나 원래 주량이 적어 사양하며 말했다.

"더는 마실 수 없네. 이미 두터운 온정을 받았으니 멀리서 온 손님에게 드리게나. 그리고 나는 우리 집에 보낼 편지를 쓰겠네."

심옥이 선생께 붓을 드리니 소매에서 종이를 꺼내 시 한 수를 지었다.[11]

> 도를 배워 이룸 없이 세월만 헛되구나.
> 천운으로 여기에 이르렀거늘 어쩌기를 바라리?
> 나랏일을 맡았으나 부끄럽게도 보탬이 없고
> 죽어서도 잊지 못할 어버이에 대한 한 넉넉하며
> 자신하는 고충(孤忠)[12]은 일월(日月)에 걸렸는데
> 어찌 유골이 물고기 뱃속에 장사(葬事)됨을 논하랴.
> 백 년 신하의 슬픔은 얼마나 극진하기에
> 주야로 물소리는 자식처럼 흐느낀다.
>
> 學道無成歲月虛　　天乎至此欲何如
> 生曾許國慙無補　　死不忘親恨有餘
> 自信孤忠懸日月　　豈論遺骨葬江魚
> 百年臣子悲何極　　日夜潮聲泣子胥

선생은 시를 읊는 감흥이 남아서 시 한 수를 더 지었다.[13]

---

11) 이 시는 『상전』에만 있고 『왕문성공전서』에 보이지 않는다.
12) 혼자서 바치는 충성이다.
13) 이 시도 『왕문성공전서』에 없고, 『상전』에만 있다.

감히 세상의 도를 한몸에 떠맡고자 하여

분명 살려준 벌 받았으나 만번 죽어도 달갑고,

가슴 가득 문장(文章)은 차라리 쓸 만한데,

백 년 신하는 홀로 부끄러움이 없도다.

시냇물이 바다를 채운다는 것은 지금 정말 보고,

한 조각 눈이 도랑을 메운다는 것은 늙은이의 말이다.

선대(先代)의 의관(衣冠)은 어느 것이 상품인고

장원(壯元)한 사람은 좋고도 뛰어난 남자다.

敢將世道一身擔　　顯被生刑萬死甘

滿腹文章寧有用　　百年臣子獨無慙

涓流裨海今眞見　　片雪塡溝舊齒談

昔代衣冠誰上品　　壯元門第好奇男

　다시 마지막으로 남기는 글을 쓰고, 또 종이 뒤에 전서(篆書)[14]로 열 글자를 썼다. 선생이 이것으로 강물에 뛰어들 결의를 보이니 심옥과 은계가 두 자객에게 이를 전했다. 두 자객이 원래 글자를 읽지 못하는데, 선생의 글솜씨가 조금도 막힘이 없음을 보고 서로 돌아보며 경탄했다.

　앞서 선생이 글을 쓰고 시를 읊을 때 네 사람이 서로 술을 권해 몹시 취했다. 때는 한밤중인데 구름과 달이 흐릿하고 몽롱했다. 두 자객이 술기운에 선생이 강물에 뛰어들기를 다그치자, 선생이 그들에게 "몸을 상하지 않고 온전하게 시체를 남길 수 있게 되어 감사하다"고 말한 후 곧바로 강 언덕으로 가서 심옥과 은계에게 말했다.

　"꼭 우리 집에 알려주게."

　말을 마치고 모래밭을 지나 내려가서 강물이 있는 곳에 이르렀다. 이 때 두 자객은 몹시 술에 취해 있었다. 물가로 선생을 따라가다가 불편하여 언덕 위에 서서 바라보았다. 어떤 물체가 강물에 풍덩 하더니 떨

---

14) 서체의 한 가지이다.

어지는 소리가 나고 이내 조용해졌다.

"선생이 이미 강물에 뛰어들었으나 안심하지 못하겠으니, 아래 물가로 내려가서 살펴보자."

물가에 신발 한 켤레와 수면에 깁으로 만든 두건이 떠 있는 것이 보였다.

"왕주사(王主事)가 과연 죽었구나."

이렇게 말하고 마침내 이 물건들을 가져가려 했다. 이때 심옥이 말했다.

"그중 한 가지를 여기에 남겨두어 사람들에게 왕공이 물에 빠진 것을 알게 합시다. 그 이야기가 북경까지 전해지면 당신들이 복명할 때 증거가 되지 않겠습니까?"

두 자객은 그 말이 그럴듯하여 두건만 가지고 갔다.

이즈음 선생의 어린 하인이 밖에 나갔다가 절에 돌아와 선생의 행방을 물었으나 그 절에 있는 중들이 알지 못했다. 그 당시 선생의 동생 왕수문(王守文)이 향시에 응시하고자 항주부(杭州府)에 와 있었다. 하인이 그에게 달려가 알리니 왕수문이 관청에 말하여 관리와 중들에게 사방으로 찾게 했다. 이때 심옥과 은계가 와서 있었던 상황을 보고했는데, 왕수문이 선생이 남긴 마지막 말과 시 두 수를 확인하고 심히 통곡했다. 얼마 안 있어 또 어떤 사람이 강변에서 신발을 한 켤레 주워서 관청에 알리니 관청에서는 그것을 왕수문에게 보냈다. 이때 많은 사람들은 선생이 물에 빠져 죽은 일을 떠들어대고, 수문이 선생의 서신을 집으로 보내니 집안식구들이 놀라고 슬퍼했다.

용산공이 강변에 신발이 있었던 곳에 사람을 보내 어부들에게 시신을 찾게 했으나 며칠이 지나도 허사였다.

문인 가운데 그 소식을 들은 사람들은 모두 슬픔을 이기지 못했는데, 서애(徐愛)[15]만 홀로 말했다.

---

15) 1487~1517. 자는 왈인(曰仁), 호는 횡산(橫山). 절강성 여요 사람으로, 마치

"선생께서 돌아가시지 않았다. 하늘이 양명을 낳으셔서 천고에 끊어진 학문을 부흥케 하셨는데, 어찌 이러한 작은 일로 돌아가시겠는가?"

과연 선생은 죽지 않았다. 애당초 선생은 강변에 도착하여 신발을 벗어놓고 두건을 물위에 띄운 것은 일부러 강물에 뛰어든 것처럼 보이기 위한 것이고, 또 돌덩이를 강에 던져 소리 나게 한 것이다. 그때는 너무 어두워서 멀리 볼 수 없었으니 두 자객이 그 진위를 알지 못했다. 그것은 심옥과 은계도 마찬가지였다. 그래서 선생은 강변을 따라 몰래 달려가 거리가 멀찍이 떨어져 있음을 간파하고 강변 언덕의 구덩이에 몸을 숨겼다.

다음날 한 상선(商船)을 만나 다가가니 선원이 선생이 맨발인 것을 가엽게 여겨 짚신을 주어서 신고 다니게 했다. 배를 탄 지 7일 만에 주산도(舟山島)에 도착할 무렵 폭풍을 만나 복건성 동북 경계에 표류했는데, 바다를 순시하는 병선(兵船)을 만났다. 순시하는 병사들이 선생의 용모를 보고 상인 같지 않다고 의심하여 선생을 붙잡아두려 했으나, 선생이 그간의 사정을 자세히 말했다. 그러자 순시하는 병사가 뜻밖에 선생같이 고명한 분을 만난 것에 감격하여 술과 음식으로 후하게 대접했다. 이때 어떤 사람이 관리에게 달려가 보고하려 하므로, 일이 관청과 관련되면 몸을 피하기가 또한 어려울 것이라 생각하여 몰래 도망했다.

그래서 사람이 없는 산길을 따라 3리 정도 가니 이미 날이 저물어 밤이 되었다. 마침 오래된 어떤 절에 도착했다. 하룻밤 묵기를 청했으나 그 절의 중이 이전부터 그것을 허락하지 않고 있었다.

절 옆에 한 사당이 있어 선생이 거기서 쉬었는데, 너무나 배고프고 피곤하여 향안(香案)16)에 기대어 잠을 청했다. 사실 이곳은 호랑이 소

_____

공자의 안회(顏回)로 비유되던 왕양명 문하의 고제(高弟)이다. 후에 왕양명의 여동생과 결혼했다.

16) 향을 피우기 위해 만든 상(床)이다.

굴이었다. 한밤중에 호랑이가 사당을 둘러싸고 크게 울면서도 감히 그 사당 안으로 들어가지 못했다. 절에 있던 중이 호랑이 울부짖는 소리를 듣고 선생이 틀림없이 호랑이에게 물려 죽었을 것이라 생각하고, 날이 밝자 사당에 들어가 선생의 주머니를 뒤지려 했다. 이는 그 절의 중이 본래부터 호랑이를 이용하여 이런 짓을 저질르려고 절에 사람을 들이지 않았던 것이다.

이때 선생이 아직 잠에서 덜 깨어났는데, 중은 선생이 죽지 않았나 의심하여 막대기로 발을 건드리니 선생이 벌떡 일어났다.

중이 크게 놀라 말했다.

"공(公)은 보통사람이 아닙니다. 그렇지 않다면 어찌 호랑이 굴에 들어왔는데도 손끝 하나 다치지 않으셨습니까?"

"호랑이 굴이 어디 있소?"

"이 신좌(神座) 아래지요."

그래서 그 중은 선생을 절로 맞이하여 조찬을 차려주었다. 선생이 우연히 절간 뒤를 가니 한 늙은 도사가 있었다. 그가 선생을 보고 말했다.

"그대는 무위도사(無爲道士)를 알아보겠는가?"

선생이 자세히 보니 20년 전 결혼식 날 철주궁에서 같이 앉아 정좌한 바로 그 사람이었다. 용모가 위엄 있음은 옛날과 같았다.

도사가 또 말했다.

"그대는 20년 후 해상(海上)에서 만날 약속을 기억하겠는가?"

선생이 매우 기뻐하며 서로 얘기를 나누다가 물었다.

"제가 이 길로 세상을 피해 숨어 살고 싶은데 어디로 가면 되겠습니까?"

"그대는 아비가 살아 있으니 만일 유근이 노하면 그 화가 아비에게 미칠 것이다. 그리고 그가 사람들을 속여 '그대가 북의 호(胡) 땅으로, 남의 월(越) 땅으로 달아났다'고 하면 어떻게 스스로 변명하겠는가?"

선생이 깜짝 놀라 점을 쳐보니 명이(明夷)[17]를 얻었다. 그래서 귀양살이할 곳으로 가기로 하니 도사가 시 한 수를 지어주며 말했다.

이십 년 전에 이미 그대를 알았고
지금 소식을 내가 먼저 들었노라.
그대가 생명을 솜털처럼 가벼이 여긴다면
누가 강상(綱常)[18]을 조금이라도 소중히 하리오?
환해(寰海)[19]가 영덕(令德)[20]을 이미 알고 자랑하며
하늘이 마침내 사문(斯文)을 잃지 않으시니
영웅은 자고로 많이 연마되고 꺾이는 법
푸른 잡초 걷어내고 큰 공을 세우게나.

二十年前已識君　　今來消息我先聞
君將生命輕毫髮　　誰把綱常重一分
寰海已知誇令德　　皇天終不喪斯文
英雄自古多磨折　　好拂靑萍建大勳

선생이 이에 붓을 들어 절의 벽에 시를 썼다.

험준함과 평탄함이 애초 가슴에서 막히지 않으니
저 허공을 떠가는 구름과 무엇이 다르리.
밤은 고요한데 파도는 삼만 리나 퍼지고,
밝은 달빛에 지팡이 날려 바람 타고 내려온다.

險夷原不滯胸中　　何異浮雲過太空
夜靜海濤三萬里　　月明飛錫[21]下天風

---

17) 『주역』64괘의 하나. 이하곤상(離下坤上)으로 밝은 빛이 손상되어 어둠이 지
배하는 시기에 군자가 처신해야 할 방도를 말해주는 괘이다. 암군(暗君)의 시
대에는 자신의 재능을 숨겨 덕을 쌓고 밝은 시대를 기다리는 내용이다.
18) 유가적 윤리도덕, 즉 인륜(人倫)을 말한다.
19) 천하, 세계이다.
20) 미덕(美德)을 말한다.
21) 비석(飛錫)은 도사들이 사용하는 주석 지팡이. 지팡이를 쥐고 공중을 난다는
뜻으로, 깨달음의 경지를 보여주려는 것이다.

생각건대 이 시에서 선생의 바다처럼 넓고 하늘처럼 높은 마음이 진실로 생사의 경계를 초월해 있음을 볼 수 있다. 대개 전당강 가에서 있었던 일과 호랑이 굴에서 잠잔 것은 지극히 위험한 일이다. 다른 사람이 그것을 보더라도 오히려 마음이 두렵고 떨림을 억누를 길 없는데, 선생의 마음은 조금도 막히지 않아 위험한 지경에 처했어도 급히 뜬구름처럼 평탄하여 한 번 지나가도 흔적이 없으니, 왜 그런가?

대개 도를 얻은 사람에게는 평탄함도 험함도 생사(生死)도 없어, 편안하거나 장성하거나 두렵거나 위태로운 일도 만날 때마다 편안할 뿐이다. 나중 신호의 변란(變亂)[22]과 충태(忠泰)의 참봉(讒鋒)[23]이 있을 때도 이와 같았다. 어떻게 선생의 넓은 마음을 흔들어놓을 수 있겠는가? 내가 여기서 참으로 선생의 학문에 이르지 못함을 탄식한다.

8. 드디어 양지를 깨닫다

선생이 도사와 작별하고 떠나려 하는데 도사가 말하기를, "그대에게 노잣돈이 모자랄 것이오" 하고, 은화 1정(錠)을 노자로 주었다.

선생은 샛길을 따라 무이산(武夷山)[24]의 연산(鉛山)을 나와 광신부(廣信府) 상요현(上饒縣)을 지나 누일재[25]를 만났다. 일재는 크게 놀라며 말했다.

"내가 처음에는 그대가 강물에 뛰어든 것을 들었다가 또 전하는 말에 의하면 구해준 사람이 있어 살았다 하는데, 모두 확실치가 않아 우울하게 지냈소. 그러다가 지금 이렇게 만나니 어찌 우리 유학(儒學)의 큰 다행이 아니겠는가?"

---

22) 이후에 사건이 등장한다.
23) 참소하여 벌받게 하는 것이다.
24) 복건성 숭안현에 있다.
25) 『상전』에 의하면 도학자로 알려져 있다. 앞에 나왔다.

"제가 다행히 죽지 않아 이제 귀양지로 갈 것이나, 아버지께서 이 일로 인하여 병을 얻을까 우려되므로, 한 번쯤 만나보면 어떻겠습니까?"

일재가 말했다.

"존대인(尊大人)께서도 역신(逆臣) 유근의 화로 인하여 관직이 남경종백(南京宗伯)으로 강등[26]되었으니 그대가 가는 길에 찾아뵐 수 있을 것이오."

그러자 선생이 크게 기뻐했다.

거기서 하룻밤을 묵고, 곧바로 남경으로 향하여 부친을 찾아뵈었다. 이때 부자의 상봉이 너무나 뜻밖이어서 기쁨을 무엇으로도 비교할 수 없었다. 그러나 오래 머무를 수 없어 며칠 후에 작별하고, 귀양지인 용장으로 떠날 때 하인 세 명을 데리고 갔다.

이때 문인 서애 · 채종연(蔡宗兗)[27] · 주절(朱節)[28]이 동시에 향시를 보러 갔는데, 선생이 서문(序文)을 지어주었다.

서애는 선생 누이의 남편이었다. 선생이 열심히 학문을 창도했을 때 배우러 오는 사람이 많았으나 성학(聖學)[29]을 자기의 임무로 삼은 자는 유독 서애 한 사람뿐이었다. 공자 제자 가운데 안자(顏子)[30]처럼 선생을 많이 보좌했다.

---

26) 『연보』에 의하면 남경이부상서(南京吏部尚書)의 관직에 있었다. 어떤 자료에는 남경이부상서가 되었을 때 유근에게 감사의 뇌물을 바치지 않았기 때문에 좌천되었다는 설도 있다.

27) 자는 희연(希淵), 호는 아재(我齋), 백양(白洋) 사람이다. 사천성 독학첨사(督學僉事)를 지냈고, 저서에 『채씨율동』(蔡氏律同)이 있다.

28) 자는 수중(守中) 또는 수충(守忠), 호는 백포(白浦). 절강성 산음(山陰) 사람으로, 왕양명으로부터 명민하다는 평을 받았다. 정덕 연간에 진사로 급제하여 어사가 되었고, 후에 관직을 그만두고 강학에 힘썼다. 학자들은 그를 용계선생(龍溪先生)이라 불렀다.

29) 과학적 사실에 대한 탐구보다 가치에 대한 탐구를 위주로 하며 인간 내면의 진리성을 밝혀 성인이 되려는 학문으로 동양 유가적 학문 경향의 주류를 이루고 있다.

30) 공자가 가장 아끼던 제자 안연(顏淵)을 말한다. 그는 젊어서 죽었는데, 공교롭게도 서애 또한 젊어서 죽었다.

정덕 2년(1507) 선생의 나이 서른둘 되는 해 봄 3월에 용장역에 도착했다.

용장은 귀주 서북의 많은 산들로 빽빽하게 둘러싸인 곳이기 때문에 장기(瘴氣)[31]와 독충 등으로 인한 각종 어려움이 많았고, 오랑캐[32]의 말과 소통이 되지 않았는데, 말이 통하는 사람은 겨우 중앙에서 망명 온 사람뿐이었다. 그들의 거처는 흙을 쌓아 굴을 만들어 그 안에서 침식하는데, 선생이 비로소 흙으로 벽을 만들고, 그 위에 나무를 건너질러 대들보 삼아 집 만드는 방법을 가르치니, 그 지방 사람들이 본받았다.

또 선생이 지내는 거처가 너무 낮고 좁아서 용강서원(龍岡書院)[33]·인빈당(寅賓堂)[34]·하루헌(何陋軒)[35]·군자정(君子亭)·완역와(玩易窩)[36]를 함께 지어 거처하고, 소나무와 대나무 울타리를 만들었으며 또 풀과 약초를 옮겨 심었다. 날마다 그 가운데서 시를 읊고 외우며 점차 오랑캐 언어에 익숙해졌다. 그 땅 사람들에게 효제(孝悌)와 예의를 가르치니 그들이 감동하고 기뻐하며, 강의를 들으러 오는 자가 날마다 늘었다. 선생이 전심전력으로 가르치니 조금도 게으른 기색이 없었다.

한참 뒤 선생의 집에서 서신이 왔다. 선생이 죽지 않았고 또 부자가 남경에서 상봉했다는 소식을 역신 유근이 듣고 크게 화를 냈다고 했다. 그리고는 조지(詔旨)[37]를 빙자하여 용산공의 관직을 거두고 귀향하게

---

31) 축축하고 더운 땅에서 생기는 독기이다.
32) 묘족(苗族)을 말한다. 『실기』에는 변방의 민족을 모두 '이'(夷)로 나타냈다.
33) 왕양명이 맨 처음 창건한 서원. 그가 죽은 뒤 '양명사'(陽明祠)로, 다시 '왕문성공사'(王文成公祠)로 바뀌어 현재에 이른다고 전한다.
34) 동료, 친구, 손님을 접대한 집인 것 같다.
35) 유래는 『논어』 「자한」의 "昔孔子欲居九夷, 人以爲陋, 孔子曰, 君子居之, 何陋之有"에 나온다. '군자가 거처하는데 누추한 것이 무슨 상관이냐는 뜻'이다. (고딕은 옮긴이 강조)
36) 『역』, 곧 『주역』을 사랑하는 집(굴)'이란 뜻으로 거기서 주역을 공부한 것 같다.

했다는 것이다. 이때 선생은 스스로 헤아린 얻음과 실패, 영화와 치욕을 모두 잊되 오직 생사에 대한 생각만은 여전히 있었다. 그리고 방 뒤에 돌을 파 곽(槨)[38]을 만들어 거기서 거처했다.

그러나 문인과 하인들이 고통을 견디지 못하고 질병을 얻으니, 선생이 친히 땔나무를 해오고 물을 길어와 죽을 끓여 먹었다. 또 그들을 위하여 노래와 시를 지었는데, 곡조가 빼어나고 익살스러운 것이 섞여 있어 서로 위로가 되었다. 그래서 선생은 성인이 이곳에 거처한다면 다시 무슨 도가 있겠느냐마는, 아마도 자신의 격치공부(格致工夫)[39]가 아직 완성되지 못한 것 같다고 생각했다.

하루는 저녁에 꿈꾸는 사이에 홀연히 『대학』 격물치지의 심오한 뜻을 깨달았는데, 옆에서 누가 불러도 알아보지 못하고 뛰어 일어나니 하인들이 모두 놀랐다. 이것이 그가 환히 깨달은 것이다. 어떤 전하는 말에 의하면 그 꿈에 맹자가 양지(良知)의 뜻을 말해주었다고 하고, 또는 하늘의 음성을 들었다고도 한다.

이에 선생이 비로소 성인의 도는 나의 본성만으로 족하다는 것을 알고, 나의 마음 밖의 사물에서 이치를 찾는 것은 잘못되었다고 하여 『오경』(五經)의 말을 묵묵히 적어 증명하니 모두 부합했다. 그래서 『오경억설』(五經臆說)[40]을 저술했다.

---

37) 임금의 뜻을 알리는 문서이다.

38) 어떤 책에는 석곽(石廓) 또는 석곽(石槨)이라고도 하고, 석판이라고도 하며 유근의 자객을 피하기 위한 비밀 장소로 보는 이도 있다.

39) 격물치지(格物致知)의 공부를 말한다. 곧 사물의 이치를 찾아내는 학문 방법으로서 주로 윤리적인 지식을 찾는 것이다. 공부 방법상 주자학(朱子學)과 양명학(陽明學)의 차이를 드러낸다. 주자학이 외부적 사물에서 이치를 찾아 내면을 살핀다면, 양명학은 인간의 내심에서 그것을 직접 탐구한다. 앞에 나왔다.

40) 오경에 대한 해석서로서 총 46권이었으나 왕양명이 마음에 들지 않는다고 태워버려 현재 13개조만 전해오고 있다. 양지를 깨달았으므로 태워버린 것은 당연한 귀결로 보인다.

선생이 왕순보(王純甫)[41]에게 주는 글에서 말했다.

"쇠가 단련될 때는 거센 불꽃과 함께 집게와 망치가 있어야 한다. 이때 쇠의 입장에서는 매우 고통스럽지만, 사람의 입장에서는 쇠가 더욱 정련됨을 기뻐하고, 오직 화력과 망치의 단련이 부족할까 걱정한다. 그래서 화로에서 나오면 쇠 또한 단련되어 완성됨을 스스로 기뻐한다."

아마 선생의 귀주 3년이 이러한 경험이 아닐까? 예로부터 교조(敎祖)나 위인이 이러한 고통스러운 생활을 겪은 후 큰 깨달음의 열매를 얻는 것은 무슨 까닭인가? 대개 인간은 천지 사이에서 창해일속(滄海一粟)[42]처럼 보잘것없지만, 그 도덕과 업적은 만세토록 영원히 존재하여 마치 해와 별의 광명과 같다. 이 얼마나 큰 복인가? 장차 이 같은 큰 복을 누리기 위하여 하늘이 꼭 이 같은 큰 고통을 주었으니,[43] 이는 이른바 "천하에 대가가 없는 것은 없다"는 것이 아닌가?

또 선생의 양지는 맹자가 인간의 본성이 선하다[44]고 한 것과 같으니, 본성이 선하므로 앎[知] 또한 어질다[良]. 대개 천하 사람들에게 검증해보면, 비록 불효가 막심한 자라도 효도가 귀하다는 것을 알지 못하는 사람은 없고, 극히 불충한 신하라도 충성이 귀하다는 것을 모르는 사람은 없다. 그로 보아 양지는 원래 같다. 그러나 불효와 불충에 빠진 악이 생기는 것은 욕심에 이끌려 양지를 속이기 때문이다.

사람의 마음에 생각이 일어날 때 그것이 선하고 악한지를 양지가 스스로 알 수 있으니, 이 양지는 나의 신성한 주인이요, 공정한 감찰관이다. 이 양지의 명령에 따라서 선을 확충할 때는 강물이 넘쳐 둑을 무너

---

41) 1476~1529. 이름은 왕도(王道), 순보는 자, 호는 공동(倥侗), 능천(陵川) 사람이다.
42) 큰바다에 던져진 아주 작은 좁쌀이란 뜻으로 극히 작은 것을 비유한 말이다.
43) 『맹자』「고자하」(告子下)의 "하늘이 장차 이 사람에게 큰일을 맡기고자 할 때는 먼저 그 마음을 고통스럽게 하고 그 몸을 피곤하게 하며"에 나온다.
44) 『맹자』「고자상」(告子上)의 "人性之善也, 猶水之就下也"에 나온다.

뜨리듯이 해야 하고, 악을 막을 때는 도적을 뒤쫓듯이 해야 한다. 그러면 사람 중에 깨끗하지 않은 자가 누가 있겠으며, 세상에 다스려지지 않는 것이 어디 있겠는가?

이 학문의 성격이 진실로 간단하고 쉬우며[45] 절실하다. 비록 그러하나 이 양지를 확충하고 실현하는 학문 또한 이른바 선불교에서 곧장 성불하는 것과 같이 갑자기 얻어지는 것은 아니다. 그러므로 황낙촌(黃洛村)[46]이 말하기를, "선생님은 학문을 세우시매 어려운 것과 험한 것을 겪었는데, '마음을 삼가 움직이고 본능을 참아',[47] 오랫동안 여러 일에서 검증하고 실천하여 비로소 홀연히 양지를 깨달으셨다. 비록 이것이 매우 쉽고 간편하나 마음은 홀로 고통스러웠다"라고 했다.

또 나염암(羅念庵)[48]이 말하기를, "선을 알고 악을 아는 앎이 나오고 없어짐은 특별히 일시적인 발견이요, 본체(本體)를 모두 지적한 것이라 할 수 없다. 그러므로 반드시 그것을 모으는 노력을 하여 오랫동안 충분히 배양한 후에, '정(定)함과 고요함[靜]과 편안함[安]과 사려[慮]'[49]가 이로 말미암아 나온다"고 했다.

그러므로 양지의 공부가 선불교의 돈오(頓悟)에 가깝지 않은 이유는 '자신이 일을 하는 실제 사물에서 양지를 갈고 닦는 것'[50]을 유가의 격

---

45) 원문은 '간이'(簡易). 원래 『주역』 「계사전」의 '이간'(易簡)에서 나온 말이다.
46) 황홍강(黃弘綱, 1492~1561). 낙촌은 그의 호로 왕양명의 제자이다.
47) 원문은 '동심인성'(動心忍性). 원래 『맹자』 「고자하」에서 인용된 말로, "故天將降大任於是人也, 必先苦其心志, 勞其筋骨, 餓其體膚, 空乏其身, 行拂亂其所爲, 所以動心忍性, 曾益其所不能"에 나온다. 주자의 주석에 의하면 '동'(動)은 마음을 삼가 움직이고, 그 '성'(性)을 굳게 참는다고 하는데, 여기서 '성'은 기품과 식색을 말하므로 오늘날의 본능에 가깝다.(고딕체는 옮긴이 강조)
48) 나홍선(羅洪先, 1504~64). 자는 달부(達夫), 강서 길수(吉水) 사람이다. 양지학설을 신봉했으나 양지를 수양에 의하여 얻는다고 보고, 양지가 자연적으로 얻어진다는 왕기(王畿)의 설을 반대했다.
49) 『대학』 1장의 "知止而后有定, 定而后能靜, 靜而后能安, 安而后能慮, 慮而后能得"에 나온다.
50) 원문은 '사상마련'(事上磨鍊).

물치지하는 공부로 삼았기 때문이다. 그러므로 말하기를, "장부를 적고 재판하는 일도 참된 학문[51]이다"라고 하니, 배우는 자는 그런 것을 통하여 앎이 밝아질 것이다. 하물며 선생이 그런 것에서 구했다면 선생의 뜻에 위배되지 않을 것이다.

9. 차츰 명성이 드러나다

그때 그 지방 사람들이 날마다 서로 가까이 선생을 따르며 배우는 사람들이 점점 많아졌다. 사주(思州)[52] 수령 아무개가 용장역에 사람을 보냈는데, 그가 뻐기며 선생을 모욕하자 그 지방 사람들이 대단히 분노하여 그를 쫓아냈다.[53] 그러자 수령이 크게 화를 내며 안찰부사(按察副使) 모응규(毛應奎)[54]를 시켜 선생이 사과하러 오게 하고, 그 구타사건과 관련된 화복(禍福)을 일러주었다. 그러자 선생이 글[55]을 써주어 되돌려 보내니 수령이 부끄러워하며 감복했다.

수서선위사(水西宣慰使) 안(安) 아무개[56]가 선생의 소문난 이름을 듣고 술과 고기를 사령에게 보내되, 돈과 비단 그리고 안장 딸린 말도 같이 주니 선생이 모두 사양하고 받지 않았다. 애초에 조정의 논의에서 수서에 군부대를 설치하고 성곽을 건축하고자 했다가 이미 중지했다. 그러나 역전(驛傳)[57]은 그대로 두었다. 안 아무개는 거기서 근거로 삼는 것이 싫어 내심 떠나기를 바라 선생에게 물으니, 선생이 글을 보내 조정의 첫 번째 규정과 위신(威信)을 알리니 그 마음이 꺾였다.

---

51) 원문은 '실학'(實學). 앞에 나왔다.
52) 귀주성 사남현(思南縣)이다.
53) 어떤 곳에서는 주민들이 그를 구타했다고 되어 있다.
54) 1469~1535. 자는 식지(式之), 호는 고암(古庵) 또는 졸암(拙庵)으로, 무인이다.
55) 『왕문성공전서』 권21, 외집3, 「답모헌부」(答毛憲副) 참조.
56) 수서 지방의 호족 안귀영(安貴榮)이다.
57) 역참에서 다음 역참으로 보내는 일을 말한다.

아매찰(阿賣札)[58]이라 불리는 송씨(宋氏) 우두머리가 반란을 일으켜 지방의 근심이 되었는데, 선생이 안 아무개에게 다시 글을 써 보내 진압하도록 종용했다. 그가 송구스럽게 생각하여 소속 병력을 동원하여 그 난을 평정하니, 그 지방 사람들이 모두 선생의 높은 뜻을 칭송했다.

| 나의 생각 9 |

선생이 언젠가 말했다.

"내가 용장에 있을 때 그 지방 사람들과는 언어가 통하지 않고, 말이 통한다고 해봐야 중앙에서 망명 온 사람들뿐이었다. 그런데 그들에게 지행(知行)의 설[59]을 논하는데도 별로 거부감이 없었고, 오래될수록 그 지방 사람들 또한 모두 흔쾌히 서로 실천해 나갔다. 그러나 중앙에 돌아와 사대부들과 함께 말을 하니 도리어 동이(同異)가 분분하고 거부감이 많아 받아들이지 않았다. 의견이 많은 사람에서 학문하기가 가장 두려운 것은 견문이 적지 않기 때문이다. 양지는 견문이 많을수록 가리는 것이 더욱 커서 도리어 책을 읽지 않은 사람에게 그것을 설명하기가 쉽다."

대개 선생이 제창한 양지의 학문이 당시에는 새로우니, 한때 옛 학문을 공부한 선비들이 어지러이 배척하고 막는 것 또한 당연했다. 내가 보건대 근대 신문화(新文化)의 사정도 마찬가지이다. 그래서 옛말에 "어리석고 둔하여 문자가 없고 오랑캐의 풍속을 지키는 미개한 땅은 그 개발이 늘 빠르고, 옛날의 문화로 이름이 세상에 알려진 곳은 도리어 거부하고 받아들이기 어려워 개발과 진보가 더욱 느리다"고 했다. 그것은 옛 학문에서 익힌 견문이 더욱 저항하도록 만들어 도리어 문자가 없어도 쉽게 받아들이는 것만 못하다. 오늘날 동방대륙의 사정이 바로 여

---

58) 『연보』와 『상전』에는 아매(阿賣)와 아찰(阿札) 두 사람으로 되어 있다.
59) 앎(知)과 행동(行) 관계를 논하는 말로, 왕양명은 지행합일(知行合一), 곧 앎과 행동이 떨어진 것이 아님을 주장했다.

기에 눌러앉은 것이다.

10. 동병상련

정덕 4년(1509)은 선생의 나이 서른여덟 되는 해이다.

하루는 북경에서 왔다는 이목(吏目)[60]이 있었는데, 그 이름을 알지 못한다고 했다. 아들과 하인 한 명을 데리고 임지로 가는 중 용장을 지나면서 그 지방의 묘씨(苗氏)의 집에 투숙한 것이다. 선생이 구멍 뚫린 울타리 사이로 보고, 날이 어두워지면 와서 도성의 일을 물어보려 했다가 뜻을 이루지 못했다. 다음날 아침 사람을 보내 엿보게 하니 이미 떠나고 없었다.

정오가 좀 지나서 어떤 사람이 와서 전하기를, 한 노인이 고개 아래에서 죽었는데 두 사람이 곁에서 곡하며 슬퍼했다고 했다. 선생이 말했다.

"이는 반드시 이목이 죽었을 것이다."

또 어떤 사람이 와서 전하기를, 죽은 사람이 둘인데 한 사람이 곁에 앉아 탄식했다고 했다. 그 모습을 묻고 "그 자식이 또 죽었다"고 했다. 다음날 또 어떤 사람이 전하기를, 고개 아래에서 보니 시체 셋이 쌓였다고 말했다. 그러자 선생이 말했다.

"그 하인이 또 죽었다."

선생이 시체의 뼈가 드러나고 주인이 없음을 가련히 여겨 두 동자를 거느리고 삼태기와 삽을 가지고 가서 묻어주려 했다. 두 동자가 난색을 표하니 선생이 말했다.

"아아! 나와 너희도 저들과 같으니라."

두 동자가 불쌍히 여겨 눈물을 흘리며 가게 해달라고 청했다. 곁에 있는 산기슭에 구덩이 셋을 파서 묻어주고, 닭 한 마리와 밥 세 사발로

---

60) 관직 이름이다.

간단한 제수를 차려놓고 눈물을 흘리며 고했는데, 그 제문은 다음과 같다.[61]

　아아, 슬프구나! 아! 어떤 사람인가? 아! 어떤 사람인가? 나는 용장 역승 여요 사람 왕수인이라. 나와 그대는 모두 중원에서 태어났다. 나는 그대가 무슨 군읍(郡邑)에 사는지 모르지만, 어찌하여 여기까지 와서 이 산의 귀신이 되었는가? 옛날에 고향을 거듭 떠나 벼슬길로 떠돌기가 천 리를 넘지 못한다 했으나, 나는 쥐새끼 같은 간신에게 쫓겨 여기에 온 것이 마땅하거니와 그대는 무슨 잘못이 있었는가? 그대의 관직이 이목이라면 봉급이 다섯 말[斗]도 안 되니, 그대가 처자들을 이끌고 몸소 농사를 지으면 될 텐데, 어찌하여 다섯 말로 그대의 7척의 몸과 바꾸고, 또 뭐가 부족하여 그대의 아들과 하인까지 함께했는가?

　아아, 슬프다! 그대가 진실로 이 다섯 말을 연연해왔으면, 마땅히 흔쾌하게 진리대로 살아야 하거늘 어찌 이같이 되었는가? 내가 지난번 그대의 용모를 보니 수척하여 그 근심을 감당치 못할 것 같았다. 이슬과 안개를 무릅쓰고 언덕과 절벽을 기어올라 만 봉우리의 정상을 다니니, 기아와 갈증에 시달려 육체가 고달팠을 것이다. 질병이 몸 밖을 침범하고 근심과 답답함이 그 마음을 공격하니 어찌 죽지 않을 수 있겠는가? 나는 본디 그대가 반드시 죽을 줄 알았다. 그러나 이렇게 빨리 될 줄 몰랐다. 그것도 자식과 하인과 같이……. 모두 그대 스스로 취한 것이니 왜 그랬는지 묻고 싶다. 내가 그대들 세 사람의 뼈를 묻어줄 사람이 없을 것을 생각하여 여기 와서 묻으니, 그 일로 나를 무한히 슬프게 만드는구나.

　아아, 슬프구나! 그대를 묻어주지 않으려 했으나, 이렇게 하는 것

---

61) 이 고사는 『연보』와 『상전』에는 없다. 같은 처지에 있는 동병상련(同病相憐)의 감정이 들어 있다.

은 으슥한 벼랑의 여우들이 떼 지어 오고, 음침한 골짜기의 살무사들이 수레바퀴처럼 몰려와 그들의 배에 그대들을 장사지내고 머지않아 뼈가 드러날까 봐서이다. 그대를 내가 알지 못하니 내가 어떻게 마음으로 위할 수 있을까? 내가 부모의 고향을 떠나 여기에 온 지 2년이나 되었는데, 장독(瘴毒)을 겪으면서도 진실로 내 자신을 온전히 지킨 것은 하루라도 슬퍼하지 않았기 때문이다. 그러다가 지금 이같이 슬프니 이것은 내가 그대를 위함이 소중하고, 나를 위함이 가볍기 때문이다. 내가 다시 그대를 위하여 슬퍼함은 마땅하지 않다. 그대를 위하여 노래를 지으리니 들어보시오.

이어진 봉우리에서 하늘에 제사지내니
날아가는 새가 통과하지 못하는구나.
유랑하는 자식이 고향을 생각함이여
방향을 알지 못하도다.
방향을 알지 못해도
오직 하늘은 같을 뿐이다.
이역의 타향이라도
세상 가운데 있도다.
사는 거처를 달관(達觀)함이여
하필 나의 집이겠는가?
혼이여 혼이여
상심하여 슬퍼하지 말지어다.

또 노래를 지어 위로하며 말했다.

그대와 같이 향토(鄕土)를 떠나서
오랑캐의 언어를 서로 알지 못하며
성명(性命)을 기약할 수 없도다.

내가 진실로 여기서 죽는다면

그대 자식과 하인을 데리고 와 장사지낼 건가

그대와 함께 놀아서 즐거움이여

지줏빛 표범을 곁말[62]로 삼아

빛나는 교룡(蛟龍)을 타고 올라,

고향을 바라보고 흐느끼며 탄식하리.

내가 참으로 살아서 돌아간다면,

그대 자식과 종이 그댈 따랐으니

동반자가 없다고 슬퍼하지 말지라.

길옆에 무덤이 줄줄이 쌓임이여

모두 중원에서 흘러왔으니

서로 휘파람 불며 배회하리로다.

바람과 이슬로 배를 채우고,

아침엔 사슴과 벗하며

저물어 잔나비 함께함이

편안하게 처함이니,

이곳에 있다고 화내지 말게나.

| 나의 생각 10 |

선생의 학문은 본심의 양지를 확충하여 '만물이 한몸인 것'[63]을 인(仁)[64]으로 삼는 것이다. 그렇게 하면 임금과 신하, 아버지와 자식, 친구 사이 등의 사회관계에서 참되고 진실됨을 이룬다. 그래서 평상시나

---

62) 네 마리의 말이 끄는 마차에서 바깥쪽에 있는 두 말을 가리킨다.

63) 세상 모든 것이 한몸이라는 만물일체(萬物一體) 또는 만물동체(萬物同體)이다. 『전습록』 권상의 "明德是此心之德, 卽是仁. 仁者以天地萬物爲一體, 使有一物失所, 便是吾仁有未盡處"에 나온다.

64) 인(仁)은 공자와 유가사상의 핵심 개념 중 하나이다. 보통 어짊 또는 사람다움으로 번역되지만, 후대 학자들에 의하여 생명의 원리로 해석되기도 한다.

변고에서도 실로 신비한 대응 방법이 있게 된다. 이목의 일만 해도 그가 누구인지 알지 못했지만, 그가 살던 곳을 멀리 떠나 객사한 것을 가련히 여겨 장사를 지내주고, 또 유양정(劉養正)은 반역으로 죽은 사람이었지만 옛날의 의리를 생각하여 그 어머니의 장례를 치러주었다.[65] 이것이 이른바 측은지심(惻隱之心)[66]이 충만하면 인을 이루다 쓸 수 없다는 것이니, 누가 양지의 학문이 도에 충분하지 않다고 말했는가?

11. 지행합일설

귀주의 제학부사(提學副使)[67] 원산(元山) 석서(席書)[68]가 평소 성리학에 뜻을 두었는데, 사람을 보내 선생을 맞아들여 귀양부에서 강학하게 했다.[69] 이때 선생이 비로소 지행합일(知行合一)[70]의 뜻을 논하니 원산이 의문을 가졌다. 선생이 말했다.

"앎과 행동이 본래 하나인데 도리어 두 가지로 나누었습니다. 예를 들어 어떤 사람이 효도와 공경을 안다고 말한다면, 이미 어버이에게 효도를 하고 형을 공경했어야만 그가 효도와 공경을 안다고 말할 수 있습

---

65) 유양정의 모친을 장사지낸 것은 나중에 신호의 반란 때 있었던 일이다. 뒤에 나온다.
66) 타자(他者)에 대하여 측은히 여기는 마음으로, 맹자의 성선설 입론의 근거가 되는 사단(四端) 중 하나로서 인(仁)의 단서가 된다. 맹자는 이 외에 수오지심(羞惡之心)·사양지심(辭讓之心)·시비지심(是非之心)의 단서와 같은 것이 인간에게 본래 있다고 하여 인간의 성품이 날 때부터 선한 것이라고 했다.
67) 지방의 교육을 맡은 관직이다.
68) 이름은 서(書), 자는 문동(文同), 원산은 그의 호이다. 사천성 수령(遂寧) 사람으로, 뒤에 예부상서가 되고 왕양명을 후원했다. 뒤에 다시 나온다.
69) 『연보』에 의하면 석원산이 주자와 육상산 학문의 동이(同異)에 대하여 물었다고 한다.
70) 양명학의 중심 이론 중 하나이다. 앎과 행동이 하나 된다는 것으로 사람에 따라 해석상의 차이가 구구하다. 이때 앎과 행동이란 주로 도덕적인 앎과 행동을 말한다.

니다. 또 아픔을 안다면 반드시 스스로 아파봤어야 아픔을 안다고 할 수 있고, 춥고 배고픈 것을 안다는 것은 이미 추위와 배고픔을 겪었기 때문이니, 어찌 앎과 행동을 나눌 수 있겠습니까? '앎이란 행동의 중심되는 뜻이요, 행동이란 앎의 공부입니다.'[71] 만약 이를 잘 이해한다면, 하나의 앎을 말하면 이미 하나의 행동이 있고, 하나의 행동을 말하면 하나의 앎이 이미 있는 것입니다. 옛사람들이 이미 하나의 앎을 말하고, 또 하나의 행동을 말한 까닭은 세간에 여러 종류의 사람이 있기 때문입니다. 즉 어떤 사람들은 어리석고 우둔하여 제 마음대로 하는데, 생각과 성찰을 이해하지 못하고 어둡고 망령되이 행동하므로, 반드시 하나의 앎을 말해야 겨우 행동으로 옮깁니다. 또 어떤 사람들은 망망하게 넓고 텅 빈 데 매달려 사색하는데, 전적으로 실천과 노력을 긍정하지 않고 그림자와 메아리만 찾아 본받습니다. 그래서 반드시 하나의 행동을 말해야 겨우 앎이 진실을 얻는 것입니다. 이것은 옛사람들이 치우침을 보완하고 폐단을 고치는 것들입니다. 이러한 뜻을 아신다면 한마디로 족합니다."

원산이 점점 깨닫기를 반복하다가 마침내 크게 깨닫고 말했다.

"성인의 학문이 오늘날에야 부흥했다."

드디어 모헌부(毛憲副)[72]와 함께 서원을 짓고 몸소 학생들을 감독하며 선생을 스승으로 모셨다.

| 나의 생각 11 |

지행합일의 뜻은 선생이 자세히 논했다. "가장 옳다고 하는 앎도 행하지 않았다면 앎이 아닐 뿐이다"라는 이 말이 지행합일의 으뜸가는 요점이다. 세상에는 단지 알면서도 행하지 않는 사람만 있지 완전히 무지

---

71) 이 말은 『전습록』 권상의 "知是行的主意, 行是知的工夫, 知是行之始, 行是知之成"에 나온다.(본문의 따옴표는 옮긴이 강조)
72) 모응규. 바로 앞에 나왔다.

한 사람은 결코 없다. 그러나 오직 행하지 않으므로 앎이 되지 못할 뿐이다. 신하 된 사람이면 누군들 충성이 귀한 줄 모르겠는가? 충성을 실제로 할 수 없다면 충성을 완전히 안다고 말할 수 없다. 자식 된 사람이면 누군들 효도가 귀한 줄 모르겠는가? 실제로 효도할 수 없다면 효도를 제대로 안다고 말할 수 없으니, 만사를 미루어보면 모두 그렇다.

또 알고도 행하지 않는 자는 오직 선이 됨을 몰라서 악이 되는 것이 아니니, 당나라의 류찬(柳燦)[73]이 처형될 때 이렇게 탄식하며 말했다.

"나라에 등돌린 도적이 죽는 것은 마땅하다."

그가 진실로 나라에 등돌리는 것이 반역인 줄 알면서도 스스로 그것을 범했으므로, 이는 나라에 대해 제대로 알지 못한 것이다. 우리 조선의 남곤(南袞)[74]이 장차 죽기에 앞서 자기가 지은 시와 글을 모두 불에 태우면서 말했다.

"누가 이것을 수긍하며 보겠는가?"

저 또한 소인배임을 면치 못함을 알아 스스로 그렇게 했으니, 이는 군자를 제대로 알지 못한 것이다.

알고도 행하지 않는 폐단이 여기에 이르니 그 원인을 찾아보면 일념의 차이 때문이다. 그래서 선생이 가르침을 두어 말했다.

"오늘날 사람들의 학문이 단지 앎과 행동을 두 가지로 나누었다. 그러므로 일념의 발동이 있으면, 비록 이것이 불선(不善)이라도 아직 실행하지 않으므로 제거하거나 금지하지 않는 경우가 있다. 지금 내가 말하는 지행합일을 실천하면 일념이 발동한 곳이 곧 행동임을 깨닫고, 발

---

73) 자는 소지(炤之). 사람됨이 비루하고 거칠었다. 소싯적에 가난하고 고독했으나 학문을 좋아하여 소종(昭宗) 때 한림학사에 발탁되었다. 주전충(朱全忠)이 군주를 시해하여 찬탈을 도모하려 하자 결탁했다. 주전충이 나중에 그를 의심하여 애주(崖洲)에 유배 보냈다가 목 베었다.

74) 조선 중종 때의 정치가. 조광조 등이 죽음을 당한 기묘사화(己卯士禍)를 일으킨 사람으로 알려져 있다. 이 일로 인해 조선의 선비 사회에서는 소인배로 알려져 왔다.

동한 생각에 불선이 있으면 장차 불선한 생각이 바른 마음을 이겨 전도 (顚倒)시키므로, 철저하게 그 불선한 일념이 가슴속에 남지 않도록 한다. 이것이 내 말의 종지(宗旨)니라."[75]

　아아! 사람의 일념이 발동한 곳에 불선한 싹이 있으므로, 그것을 이기고 제거해야만 바야흐로 악에 빠지지 않으니, 지행합일의 가르침이 어찌 진실하고 절실하지 않은가?

---

[75] 이 말은 『전습록』 권하에 수록되어 있다.

가르침을 시작함

12. 귀양에서 풀려나 강학을 잇다

정덕 5년(1510)은 선생의 나이 서른아홉 되는 해이다. 이때 안화왕 (安化王) 치번(寘鐇)[1]이 유근(劉瑾)을 처벌한다는 명분으로 군사를 일으켜 반기를 드니, 조정에서 어사(御使) 양일청(楊一淸)[2]과 태감(太 監) 장영(張永)[3]을 보내 토벌하게 했다. 도착하기도 전에 지휘사(指揮 使)의 병력에 의하여 반란군이 항복하고 사로잡혔다. 양일청은 헌부(獻 俘)[4]를 하는 길에 몰래 장영에게 유근의 불궤(不軌)[5]한 상황을 왕에게 알리게 했다.

무종이 유근에게 속았음을 알고 드디어 유근 일족을 없애고, 아울러 그의 무리인 장문면(張文冕) 등을 목 베었으며, 그를 통하여 등용된 관

---

1) 명나라 태조 주원장의 증손 주치번이다. 그는 감숙성 영하(寧夏)에서 유근을 쫓아내고 부패한 조정의 관료들을 숙청한다는 구실로 군사를 일으켰다. 『실기』 에는 '진번'(眞鐇)으로 되어 있으나 바로잡았다.
2) 자는 응녕(應寧), 호는 수암(邃庵)으로, 태자태사(太子太師)가 되기도 했다. 당시 그는 병부상서였다.
3) 유근과 같은 환관이면서 반유근파에 선 인물이다.
4) 포로를 묘사(廟社)에 바쳐 승전을 고하는 것이다.
5) 정도(正道)에서 벗어나다, 또는 모반을 꾀한다는 뜻이다.

리도 모조리 파직했다. 또 그의 잘못을 간하다가 쫓겨난 자들을 복직시
키니, 선생 또한 복권되어 여릉현(廬陵縣) 지현(知縣)[6]으로 관직에 올
랐다. 부임하는 행차에 전송하는 선비와 인민들의 수가 수천 명이나 되
었다.

선생이 용장에서 호남성의 상덕부(常德府)와 신주(辰州)를 지나가
니 선생을 따라 배우는 사람이 매우 많았다. 기원형(冀元亨)[7] · 장신
(蔣信)[8] · 유관시(劉觀時)[9] 등이 그들 가운데 탁월한 자들이었다. 도
중에 기원형 등에게 글을 써서 말했다.

배움을 끊어버린 시기에는 도를 찾는 자가 적으니 주위 환경[10]이
가장 쉽게 마음을 흔들어 빼앗는다. 호걸이 아니면 탁월하게 도에 대
하여 행동이 변하지 않는 자가 적다. 여러 학우들은 마땅히 서로 갈

---

6) 여릉현은 강서성 길안부(吉安府)에 있고, 지현은 현의 지사(知事)이다.
7) 자는 유건(惟乾), 호는 암재(闇齋), 호남성 무릉(武陵) 사람이다. 뒤에 자세히
   나오는데, 모두 신호의 난 때 왕양명을 위해 몸을 던져 활약한다.
8) 자는 경실(卿實), 호는 도림(道林), 무릉의 상덕 사람이다.
9) 자는 역중(易中), 호남성 원릉(沅陵) 사람이다. 뒤에 자세히 나오는데 신호의
   난 때 왕양명을 위해 몸을 던져 활약한다.
10) 원문의 '일제중초(一齊衆楚)'를 의역한 말이다. 제(齊)나라의 어떤 사람이 자
   기 나라 말을 가르치는 것과 많은 초나라 사람이 제나라 말을 가르치는 것[一
   齊人傅之, 衆楚人咻之]의 약자이다. 환경 영향의 중요성을 비유한 말로서,
   『맹자』「등문공하」(藤文公下)에 나온다. "맹자가 대불승에게 말했다. '그대는
   그대의 왕이 선하게 되기를 원하느냐? 내가 분명히 그대에게 말하리라. 어떤
   초나라 대부가 있는데 그의 아들에게 제나라 말을 가르치려면 제나라 사람이
   가르치게 해야 하는가, 아니면 초나라 사람이 가르치게 해야 하는가?' '제나
   라 사람이 가르치게 해야 합니다.' 한 제나라 사람이 가르치는데 모든 초나라
   사람들이 떠들어대고 비록 때리기까지 하면서 제나라 말을 가르쳐도 불가능
   할 것이다. 그를 데리고 장옥(제나라 거리의 이름)의 사이에 두면 비록 때리
   면서 초나라 말을 하게 하여도 불가능할 것이다'"(孟子謂戴不勝曰, 子欲子之
   王之善與. 我明告子. 有楚大夫於此, 欲其子之齊語也, 則使齊人傅諸, 使楚人傅
   諸. 曰使齊人傅之. 曰一齊人 傅之, 衆楚人咻之, 雖日撻而求其齊也, 不可得矣.
   引而置之莊嶽之間數年, 雖日撻而求其楚, 亦不可得矣).

고 닦아 학문의 성취에 힘쓰되, 명성과 영화를 잘라내고 자신의 사욕을 끊어버린 곳에서 착실히 힘쓰기를 바라노라. 이전에 절에 있을 때 말한 정좌의 일은 좌선하여 선정(禪定)에 들어가려는 것이 아니었다. 대개 우리가 평일에 사물을 어지럽게 붙잡기 때문에 진정으로 자기를 위하는 것을 알지 못하니, 이것으로 보충하면 『소학』(小學)의 "흐트러진 마음을 모으는"[11] 공부뿐이다. 명도선생(明道先生)[12]이 말하기를, "공부를 시작할 때에는 힘을 들이는 곳이 있고, 공부를 한 후에는 힘을 얻는 곳이 있음을 알아야 한다"[13]고 하니, 여러 학우들이 마땅히 이 힘을 들이는 곳이 있어야 바야흐로 진보가 있고, 다른 때에 비로소 힘을 얻는 곳이 있게 된다.

선생이 언젠가 잠에서 깨어나 품었던 시를 썼다.

> 붉은 해 빛나 봄잠에서 깨어나니
> 강 위 구름 다 날아가고 초산(楚山)만 푸르구나.
> 한가로이 보나니 만물 모습에 생명의 의지여!
> 고요히 깨닫나니 천기(天機)[14]가 묘명(杳冥)[15]으로 들어감을
> 도는 어디 있든 곳에 따라 즐겁고

---

11) 『소학』 가언하(嘉言下)의 "明道先生曰, 聖賢千言萬語, 只是欲人將己放之心約之, 使反復入身來, 自能尋向上去, 下學而上達也"에 나온다. '흐트러진 마음'을 구하는 것은 『맹자』 「고자상」에 나오는 "學問之道, 無他, 求其放心而已矣"의 '구방심'(求放心)과 같은 말이다. 인용에서 명도선생은 '약방심'(約放心)으로 표현했지만, 원문에는 '수방심'(收放心)으로 되어 있다. 그래서 왕양명이 맹자의 심학(心學)을 잇고 있다고 보는 학자도 있다.(본문의 따옴표는 옮긴이 강조)

12) 정이의 형 정호를 말한다. 송나라 때의 성리학자로, 이 두 형제가 '성품이 곧 이치'라는 '성즉리'(性卽理) 명제를 제출했다.

13) 『이정전서』 권134, 『근사록』 권2에 수록되어 있다.

14) 자연 조화의 신비 또는 하늘의 기밀.

15) 그윽하고 심원한 곳, 곧 진리가 있는 곳이다.

마음은 물고기와 새[16]를 잊고 저절로 흐르는 형체요,

복희(伏羲)[17]씨의 일을 다시 해야 함을 찾음도 아니니

구부러진 창랑(滄浪)[18]이 육지를 때리는 소리여!

紅日熙熙春睡醒　　江雲飛盡楚山靑

閒觀物態皆生意　　靜悟天機入杳冥

道在險夷隨地樂　　心忘魚鳥自流形

未覓須更義皇事　　一曲滄浪擊壤聽

　선생이 여릉현에 와서 지사의 임무를 맡으면서 죄인에게 벌을 주어 위세를 세우는 일을 능사로 삼지 않고, 오로지 인심을 열어 인도하고 풍속을 개량하는 데에만 힘썼다. 그리하여 부형과 자제들에게 효도와 공경에 힘쓰게 하고, 믿음과 화목을 강설했다. 또 질병을 서로 구하게 하고 어려울 때 서로 돕게 가르쳤다. 그리고 소송하는 습속을 경계하고, 떠들썩하게 싸우는 것을 그치게 하며, 보갑제(保甲制)[19]를 펴서 도적을 막으니, 이로 인하여 마을의 풍습이 크게 변하여 감옥이 나날이 비게 되었다.

　그리고 성 가운데 도로가 너무 협소하고 집들이 붙어 있어 자주 화재가 발생하는데, 선생이 건물을 개축하게 하되 도로를 끼고 있는 건물은 3척 정도 뒤로 물러나게 하고, 동서로 연결되어 있는 것은 사이마다 땅 2촌을 넘겨받아 거리로 삼았으며, 담장 곧 방화벽을 건축하여 화재에 대비하니 화재가 거의 일어나지 않았다. 그곳을 다스린 지 7개월째 시

---

16) 자연 세계에 도가 충만한 모습이다. 『중용』의 연비어약(鳶飛魚躍)과 관련된다.
17) 중국 전설상의 임금. 삼황의 한 사람으로서 사냥·고기잡이·목축 등을 처음으로 가르치고 『주역』의 팔괘를 만들었다고 한다. 여기서는 복희씨가 천지만물의 원리를 처음으로 그려냈다는 의미이다.
18) 강 이름으로, 호남성에서 발원하여 양자강으로 흘러들어간다. 『사기』에 나오는 창랑지수(滄浪之水) 또는 새파란 물빛이다.
19) 송나라 때의 지방 자위조직으로, 10호를 보(保)라 하고, 보정(保丁)에게는 무예를 가르쳤다.

설한 것이 많았다.

그해 겨울 12월 조정에 들어와 알현하고 흥륭사(興隆寺)에 머물면서 담감천(湛甘泉)[20]과 저시허(儲柴墟)[21] 등과 함께 양지의 뜻을 강론했다. 이때 종군도독부도사(從軍都督府都事) 황종현(黃宗賢)[22]이 저시허를 통하여 선생을 만나뵙고자 하니 선생이 기뻐하며 말했다.

"성인의 학문이 오랫동안 끊겼는데, 그대는 어디서 들었는가?"

"제게 거칠고 순박한 뜻이 있었으나, 실질적인 공부에 착수하지 못했습니다."

이 말을 듣고 선생이 말했다.

"오직 뜻이 없음을 걱정할 것이요, 공부가 없음을 걱정하지 말지니라."

황종현이 그 말에 그를 마음속으로 따랐고 그후 가정(嘉靖) 원년[23]에 이르러 정식으로 문인이 되었다.[24]

또 12월에 남경형부사천청리사주사(南京刑部四川淸吏司主事)[25]로 승진했다. 임명이 되자 담감천은 강학이 폐지될까봐 재상 양일청(楊一淸)[26]에게 부탁하여 북경에 머물게 하니, 다음해 정월에 양일청이 황제

---

20) 1466~1560. 이름은 약수(若水)로, 자는 원명(元明), 감천은 그의 호이다. 광동성 증성 사람으로, 왕양명보다 여섯 살 많다. '장소에 따라 천리를 체인하는 것'(隨處體認天理)을 학문의 종지로 삼았다. 앞에 나왔다.

21) 이름은 권(懽)으로, 자는 정부(靜夫), 태주 사람이다. 남경이부주사를 거쳐 호부좌시랑을 지냈다.

22) 1480~1554. 이름은 관(綰), 종현은 그의 자이며 호는 구암(久庵)이다. 절강성 천태(天台) 황암(黃巖) 사람이다. 예부상서겸한림학사를 지냈고 나중에 「양명선생행장」을 지었으며 그의 딸을 왕양명의 아들인 정억(正億)과 혼인시킨다. 뒤에 나온다.

23) 1522년, 왕양명의 나이 쉰 살 때이다.

24) 정식으로 제자가 되는 데는 일종의 수업료라 할 수 있는 예물을 드렸다.

25) 정6품으로 남경에서 형법 소송을 관장하는 주무 책임자이다.

26) 자는 응녕(應寧), 호는 수암(邃庵), 태자의 스승이었고, 좌주국(左柱國)에 있었다. 앞에 나왔다.

께 주청(奏請)하여 북경의 이부험봉사주사(吏部驗封事主事)[27]로 자리를 바꾸었다. 이때에 주자와 육구연(陸九淵)[28] 학문의 다른 점과 같은 점에 대한 논쟁이 있었다.

2월에 회시동고관(會試同考官)[29]이 되었는데, 이때 이부랑(吏部郎) 방숙현(方叔賢)[30]의 직위가 선생보다 위였다. 선생의 학문을 논함이 도의 본체와 관계됨을 듣고 드디어 스승의 예로써 섬기니, 선생이 시를 써주었다.[31]

의론을 그치니 깨달음이 고요하고 생생하다.
유래를 잊지 않으니 곧 성정(性情)이라.
도리어 저 노자를 향해 은근히 웃나니
아는 것을 뒤집어 따르면서 허령(虛靈)[32]을 찾는구나.

休論寂寂與惺惺　　不忘由來卽性情
却笑殷勤諸老子　　翻從知見覓虛靈

이 해 10월에 문선청리사원외낭중(文選淸吏司員外郎中)[33]으로 승진했다. 제자들이 더욱 나아오니 목공휘(穆孔暉),[34] 고응상(顧應祥), 정

---

27) 수도에서 관리의 임명·면직·승진·강등·직위부여 등을 검토하는 관직이다.
28) 1139~93. 송나라 때의 철학자. 자는 자정(子靜), 호는 상산(象山). 심학(心學)의 창시자라 부른다. 왕양명의 심학도 상산학의 심즉리를 따랐다. 그래서 역사에서는 '육왕심학'(陸王心學)이라 부른다. 주자와 동시대 인물로, '주륙논쟁'이라 불리는 주자와 논쟁한 적이 있다. 앞에 나왔다.
29) 진사 시험관이다
30) 이름은 헌부(獻夫)로, 광동성 남해 사람이다. 숙현은 그의 자, 호는 서초(西樵)이다. 이부랑 이부의 장관이다.
31) 이 시는 『왕문성공전서』에 보이지 않는다. 『상전』에 수록되어 있다.
32) 왕양명은 "마음이 곧 이치이다"라고 했으므로 노자의 그것과 다르다.
33) 문관의 인사 업무를 취급하는 관직이다.
34) 1479~1539. 자는 백잠(伯潛), 호는 현암(玄庵), 당색(堂色) 사람이다. 『실기』에는 성이 정(程)씨로 되어 있으나 바로잡았다.

일초(鄭一初),[35] 방헌과(方獻科),[36] 왕도(王道),[37] 양곡(梁谷),[38] 만조(萬潮),[39] 진정(陳鼎),[40] 위정림(魏廷霖), 소명봉(蕭鳴鳳),[41] 당붕(唐鵬), 노영(路迎),[42] 임규(林逵), 진광(陳洸), 황관(黃綰),[43] 응량(應良),[44] 주절(朱節),[45] 채종연(蔡宗兗),[46] 손호(孫瑚) 등이 동시대의 준걸들이었다.

　12월에 남경태복사소경(南京太僕寺少卿)[47]으로 승진하여 임지로 향하던 중 고향에 들르려고 했다. 이때 서애도 기주지사(祈州知事)에서 남경공부원외랑(南京工部員外郞)으로 승진했기 때문에, 선생과 같은 배를 타고 고향으로 가고 있었다. 선생이 『대학』의 중요한 요점을 말하니 서애가 듣고 뛸 듯이 통쾌하여 마치 정신착란을 일으킨 사람 같거나, 아니면 술 깬 사람이 며칠 뒤에 가슴이 확 트여 혼돈된 것이 다시 열리는 것 같았다. 그래서 요(堯)·순(舜)·우(禹)의 세 임금과 공자·맹자의 성현의 말에 대한 해석은 사람마다 다르나 그 뜻은 하나라고 생각했다. 그런 까닭으로 서애는 『전습록』[48]의 자서(自敍)에

---

35) 자는 조삭(朝朔), 호는 자파자(紫坡子), 게양(揭陽) 사람이다.
36) 앞에 나왔다.
37) 1476~1529. 자는 순보(純甫), 호는 공동(倥侗), 능천(陵川) 사람이다. 앞에 나왔다.
38) 1483~1533. 자는 중용(仲用), 호는 북애자(北厓子) 또는 묵암(默庵), 동평(東平) 사람이다.
39) 1488~1543. 자는 여신(汝信), 호는 입재(立齋), 진현(進賢) 사람이다.
40) 자는 대기(大器), 산동 등주(登州) 사람이다.
41) 1480~1534. 자는 자옹(子雝), 호는 정암(靜庵), 절강성 산음(山陰) 사람이다.
42) 자는 빈양(賓暘), 문상(汶上) 사람으로, 병부상서를 지냈다.
43) 앞에 나왔다.
44) 자는 원충(元忠), 호는 남주(南州), 선거(仙居) 사람이다.
45) 앞에 나왔다.
46) 앞에 나왔다.
47) 정4품으로, 병부의 요구에 응하는 관청의 차관이다.
48) 왕수인의 제자가 그 스승의 학술사상을 기록한 책. 이 말은 『논어』「학이」에서 증자가 한 말, '전불습호'(傳不習乎)에서 따온 것이다. 1518년에 초간되었고, 지금 3권으로 되어 있으며, 『왕문선공전집』에 수록되었다.

서 말했다.

내가 『대학』의 구설(舊說)에 골몰했기 때문에, 선생의 가르침을 처음 들있을 때는 실세로 놀라서 학문의 일정한 자리를 잡지 못하고 착수하는 곳이 없었다. 그후 들은 지 오래 지난 다음 점차 알고, 몸을 돌이켜 실천한 후 비로소 선생의 학문이 공자 문하에서 전해진 것임을 믿었다. 이것을 버리면 방안에서 작은 지름길을 건너는 것이요, 강과 항구를 끊어버리는 것이다. 예를 들어 사물에 나아가 이치를 궁구하는 것이 마음의 뜻을 성실하게 하는 것[49]의 공부라 하고, 사물에서 이치를 탐구하는 것이 자신의 성품을 다하는 것[50]의 공부라 하며, 성현이 남긴 문헌의 강학을 통해 진리를 찾는 것이 자신의 덕성을 함양하는 것[51]의 공부라 하고, 널리 배우는 것이 예로서 요약하는 것[52]의 공부라 하며, 오직 정밀하게 하는 것이 오직 한결같이 하는 것[53]의 공부라 하니, 이러한 모든 류가 서로 떨어져 합쳐지기 어려웠다. 그러다가 그후에 생각한 지 오래되니 손발이 춤추며 기뻐서 뛰는 것을 미처 알지 못했다.

정덕 8년(1513) 선생의 나이 마흔둘 되는 해 5월에 서애 등이 황관과 함께 모일 것을 약속했다. 상우(上虞)로부터 사명산에 들어가 백수(白水)를 관광하고, 용계(龍溪)의 근원을 찾아 장석산(丈錫山)에 올라 설두(雪竇)의 천 길이나 되는 바위 위에서 천모(天姥)의 화려한 정상의 봉우리들을 바라보았다. 그리고 봉화(奉化)로 가는 길을 택하려고 했기 때문에 적성산(赤城山)에서 놀다가 모였는데, 마침 날씨가 너무 가

---

49) 원문은 '격물(格物)이 성의(誠意)'의 공부로, 모두 『대학』의 8조목에 나온다.
50) 원문은 '궁리(窮理)가 진성(盡性)'의 공부로, 모두 『중용』에 나온다.
51) 원문은 '도문학(道問學)이 존덕성(尊德性)'의 공부로, 『중용』에 나온다.
52) 원문은 '박문(博文)이 약례(約禮)'의 공부로, 『논어』「옹야」에 나온다.
53) 원문은 '유정(惟精)이 유일(惟一)'의 공부로, 원래는 『서경』에 나오는데 후에 주자가 『중용장구』의 서문에 인용했다.

물어 산간의 논이 마치 거북 등처럼 갈라져 있었다. 그것을 보니 참담하여 더이상 즐기지 않고, 드디어 영파(寧波)를 통과해 여요로 돌아왔다. 이 여행에서 같은 뜻으로 감화받은 자가 참 많았다.

| **나의 생각 12** |

유람할 때 감화된 같은 뜻에는 오직 스승의 가르침뿐만 아니라 실은 천기가 감화시킴도 있었다. 백원(百源)의 설월(雪月)과 하남(河南)의 화류(花柳)가 그 경지에 닿으면 얻음이 있으니, 천기의 감화가 이렇게 활발했다. 공자가 시냇가에서 "가는 것이 이와 같구나"[54]라고 말하고, 예수가 사마리아 우물가에서 여인에게 생명수로써 가르침을 삼으며,[55] 왕양명이 우물 속의 생수를 지적하여 문인을 가르치시니, 이는 또 천기를 가지고 도의 오묘함을 보인 것이다.

---

54) 『논어』 「자한」의 "子在川上曰, 逝者如斯夫. 不舍晝夜"에 나온다.
55) 『신약성서』 「요한복음」, 4장 4～42절에 나온다.

13. 불교 배척과 도적 토벌

그해 겨울 10월에 저주(滁州)[1]에 도착하여 말을 관리하는 업무를 감독했는데, 지리적으로 멀리 떨어져 있고, 또 관청의 일이 한가했다. 그리고 산수도 참으로 아름다웠다. 그래서 낮에는 문인들과 함께 낭야(琅琊)와 양천(瀼泉) 사이를 유람하고, 밤이 되면 용담(龍潭)[2]에 돌아왔는데, 배우려고 주위에 둘러앉은 자가 수백 명이었다. 노랫소리가 산과 골짜기를 진동하고, 배우는 사람들이 처지에 따라 가르침을 청했다. 이들이 각자 마음에 얻는 것이 있어서 기뻐서 뛰며 노래하고 춤추니, 옛 학문을 배우고자 하는 선비들이 날마다 이르렀다.

다음해[3] 4월에 남경홍려사경(南京鴻臚寺卿)[4]에 올랐다. 저양(滁陽)의 여러 벗들이 배웅하러 오의강(烏衣江)[5]에 이르렀는데, 그들이 차마 이별하지 못하고 강의 포구에 머물렀다가 선생이 강을 건너는 것

---

1) 안휘성 회사통(淮泗通)에 있는 남경태박사(南京太僕寺)의 관청 소재지이다.
2) 낭야, 양천, 용담 모두 저주 부근의 명승지이다.
3) 정덕 9년(1514), 선생의 나이 마흔셋 때의 일이다.
4) 조회와 손님 접대 및 흉사의 의식을 담당하는 관직으로 정4품이다.
5) 안휘성에 있는 지명. 양자강 북안(北岸)의 항구이다.

을 살피니, 선생이 시로써 돌아갈 것을 재촉했다.[6]

저양(滁陽)의 물이 강으로 들어가 흐르나
강의 조수가 낮에 다시 저주로 오는구나.
서로를 그리워함이 조수와 같다면,
왕래가 언젠들 그치겠는가?
부질없이 그리워하면 또 무슨 보탬이 될꼬?
서로 사모하는 정을 위로코자 함은
아름다운 덕을 높임만 못하고
땅을 파 샘물을 찾는 것은
어디서나 얻으리니
하필이면 분주하게 뛰어다녀서 될 일인가?
천리나 떨어져도 서로 가깝거늘
그대는 못 보았는가? 요에 대한 순의 모습을.[7]
또 보지 못했는가? 공자와 도척(盜跖)[8]이
대면해도 서로 알아보지 못함을
여관 주인은 은근함도 많아
문을 나가 예쁜 눈 굴리며 행인이 되는구나.

滁之水入江流	江潮日復來滁州
相思若潮水	來往何時休
空相思亦何益	欲慰相思情
不如崇令德	掘地見泉水
隨處無不[9]得	何必驅馳爲

---

6) 이 시는 「저양에서 여러 벗들과 이별하면서」(滁陽別諸友)라는 제목이 붙어 있
  고, 『왕문성공전서』권20, 외집2에 실려 있다.
7) 『후한서』이고전(李固傳)에 요임금이 죽은 후 순임금은 담장에 앉고, 식사할
  때는 국에서 요임금의 모습을 보았다고 한다.
8) 『장자』에 나오는 큰도적. 『실기』에는 '척'(蹠)으로 되어 있으나 통용된다.

千里遠相卽　　　君不見堯羹與舜墻

又不見孔與跖　　　對面不相識

逆旅主人多慇懃　　出門轉盼[10]成路人

이 달(5월)에 남경에 도착하여 문인들과 더불어 밤낮으로 학문을 강론하고 연마했는데, 비로소 양지를 확충하고 발휘하는 공부인 치양지(致良知)[11]를 가르치는 데 전념했다. 이때 어떤 사람이 와서 말했다.

"저주에서는 배우는 사람들이 함부로 말을 내뱉고, 고상한 말[12]을 거리낌 없이 말하며, 점차 선생님의 학문을 배반하는 자들이 있습니다."

선생이 말했다.

"내가 연내에 타락한 풍속의 천하고 더러운 것을 고치고, 배우는 사람들을 높은 수준에 나아가게 함으로써 이 시대의 폐단을 바로잡으려 했다. 그런데 지금 배우는 사람들이 점차 현실과 거리가 먼 헛되고 공허한 데 빠져 신기한 논의를 하고 있다. 내가 이것을 뉘우치고 있다. 그리하여 남경에 있으면서 배우는 사람들에게 '천리(天理)를 보존하고, 인욕(人欲)을 제거하는 것'[13]을 가르쳐, 오로지 성찰[14]하고 극기(克

---

9) 『실기』에는 '불'(弗)로 되어 있으나 『연보』와 『상전』을 따라 바로잡았다.

10) 『실기』에는 '면'(眄)으로 되어 있으나 통용된다.

11) 치양지는 양명학에서 양지의 본체를 확충하고 발휘하는 실천이다. 원래 『대학』의 '치지'와 『맹자』의 '양지'를 결합해서 만든 말이다. 앞에 나왔다.

12) 당시 왕양명의 제자들이 유학의 논의에만 국한하지 않고 도교와 불교의 허무·공적(空寂) 등의 추상적인 주제에 대해서도 자유롭게 논의한 것을 말한다.

13) 천리를 보존하고 인욕을 제거하는 것〔存天理去人欲〕은 유교 수양론의 핵심이다. 천리가 어디에 존재하느냐 또는 그것을 어떻게 아느냐 하는 점에서 학파가 갈린다. 보통 천리는 도덕(윤리)의 근거가 되는데, 성리학은 성즉리(性卽理), 곧 성품이 이치라 본 것이고, 양명학은 심즉리(心卽理), 곧 마음이 이치라는 것이다.

14) 자기 자신을 되돌아 살피는 것이다. 『논어』 「학이」에 "증자는 하루에 세 번 살핀다"는 말이 나온다. 이후 주자학 등에서 공부(수양)하는 방법으로 도입하여 '미발'(사려가 싹트지 않은 상태)에는 함양, '이발'(사려나 감정이 발동한 상태)에는 성찰로 공식화했다.

己)¹⁵⁾하는 실제적 노력에 전념토록 했다."

문인인 소혜(蕭惠)와 왕가수(王嘉秀)¹⁶⁾는 마침 도교와 불교를 좋아했는데, 선생이 경계하여 말했다.

"나 또한 이릴 때부터 도교와 불교에 독실한 뜻을 두어 거기서 얻은 것이 있어 스스로 유학은 부족하다고 여겼다. 그 후 3년 동안 용장에 유배되어 있으면서 '성인의 학문이 이렇게 간단하면서도 광대한가'를 깨달고, 비로소 30년 동안의 기력을 잘못 사용해왔음을 탄식했다. 대개 불교와 도교의 오묘한 것이 (유교적) 성인의 그것과 단지 터럭 하나 차이가 있을 뿐이다. 그대들이 지금 공부한 것은 보잘것없는데, 이같이 자신하여 좋아하니 그것은 참으로 사악한 도적이요 썩은 쥐새끼일 뿐이다."

소혜가 불교와 도교의 오묘한 것을 들려주기를 청하자 선생이 말했다.

"그대는 도리어 내가 깨달은 점을 묻지 않고 후회하는 점을 묻느냐?"

소혜가 부끄러워 사과하고, 성인의 학문을 듣고자 했다. 선생이 말했다.

"그대가 성인이 되려는 뜻이 무엇인지 안 다음에 함께 말하리라."

소혜가 두세 번 청하니 선생이 말했다.

"이미 그대와 함께 한 구절의 도를 다 논했는데, 그대는 아직도 이해하지 못했는가?"

정덕 10년(1515)은 선생의 나이 마흔넷 되는 해이다. 재종동생¹⁷⁾인

---

15) 자기 자신의 사욕을 극복함을 말한다. 『논어』에서 공자의 제자 안연이 "자신을 이기고 예로 돌아감이 인이다"〔克己復禮爲仁〕라고 한데서 유래한다.

16) 자는 실부(實夫). 『왕문성공전서』 권8, 문록5, 「서왕가수청익권」(書王嘉秀請益卷) 참조.

17) 『연보』와 『상전』에는 종제(從弟)가 아니라 재종(再從)으로 되어 있다. 바로잡았다.

수신(守信)의 아들 정헌(正憲)을 양자로 삼아 후사로 세웠다. 이 당시 선생의 동생[18] 중에는 수검(守儉), 수문(守文), 수장(守章)이 있었는데, 모두 자기 아들을 양자로 내놓지 않아서 용산공이 수신의 아들을 양자로 세웠는데, 이때 그의 나이 여덟 살이었다.

그해 8월에 불승을 맞이하는 것에 대하여 간하는 상소가 있었다. 당시 무종의 측근에서 누군가가 말하기를, 서역(西域)[19]에 중이 있는데 삼생(三生)[20]의 일을 알아맞히니 그곳 사람들이 그를 살아 있는 부처라 한다고 했다. 무종이 환관 유윤(劉允)을 보내면서 예물을 싣고 가서 맞이하게 했다. 구슬 꿴 꾸러미를 깃발로 삼고 황금을 하사품으로 삼았는데, 그 비용이 몇만인지 헤아릴 수 없었다. 유윤에게 서역을 다녀오는 데 10년의 기한을 주니, 행사의 편의를 얻는 데 소금 7만 인(引)을 경비로 청했다.

보필하는 신하 양정화(楊廷和)[21]가 그 부당성을 주청했으나 듣지 않았다. 선생이 상소로 간하려다가 나중에는 올리지 않았다. 그 소(疏)에서 다음같이 말했다.[22]

신이 7월 이후로 세상에 떠도는 소문을 가까이 들어보니, 폐하께서 오랑캐 나라에 사신을 보내 멀리서 불승을 맞이하려 하므로 여러 신하들이 떠들썩하게 간했으나, 모두 물리치고 받아들이지 않았다고 들었습니다. 신이 처음에는 그 말을 믿지 않았으나, 그것이 사실임을 알고 홀로 가만히 기뻐하며 다행으로 여겼습니다. 그것은 폐하의 지

---

18) 생모 정(鄭)씨가 왕양명이 열세 살 때 세상을 떠나자, 아버지 용산공은 둘째 부인인 조(趙)씨를 맞아들였고, 첩 양(楊)씨를 들였다. 용산공은 4남1녀를 두었는데, 수인은 정씨 소생, 둘째 수검과 넷째 수장은 양씨 소생이고, 셋째 수문과 딸은 조씨 소생이다.

19) 지금의 티베트이다.

20) 전세(前世), 현세(現世), 내세(來世)의 삼세를 말한다.

21) 자는 개부(介夫), 신도(新都) 사람으로, 태자태사를 지냈다.

22) 『왕문성공전서』권9, 별록(別錄)1, 「간영불소」(諫迎佛疏) 참조.

혜가 열린 것이요, 선한 단서의 싹이라 여겼기 때문입니다.[23] 신하들이 간하는 것은 비록 폐하께 충성하고 사랑하는 지극한 정에서 나왔다고 하나, 폐하의 이 생각이 선을 행하는 실마리요 성인이 되는 근본임을 미루어 깨닫지 못한 것입니다. 마땅히 그 마음을 따르고 확충하여 거슬러올라가 그 근원을 찾아야 하는데도, 세속 선비들이 옳다고 생각하는 말을 가까이하여 한갓되이 분쟁으로 힘이 막히니, 폐하께서 털어버리고 살피지 않으심이 마땅합니다.

그러나 소신의 견해는 이들과 달라서 오직 부처를 좋아하는 폐하의 마음이 지극하지 못할까 염려됩니다. 진실로 폐하께서 부처를 좋아하는 마음을 참으로 진실하고 간절히 하여 그 이름을 좋아할 뿐만 아니라 그 열매 얻기에 힘쓰며, 그 말단을 좋아할 뿐만 아니라 그 근본을 구하는 데 힘쓰면, 요순 같은 성인에 이를 수 있고, 삼대(三代)[24]의 번성함을 회복할 것이니, 어찌 천하의 행운이며 종사(宗社)의 복이 아니겠습니까?

신이 청컨대 폐하를 위하여 부처를 좋아하는 실상을 말씀드리겠습니다. 폐하께서 총명하시고 지혜를 가지심은 이미 태자로 계실 때부터 천하가 다 알았습니다. 즉위하신 이래로 뜻하지 않은 일이 많아서 오제삼왕(五帝三王)[25]의 신성한 도를 강구할 겨를이 없었습니다. 비록 때에 따라 경연(經筵)에도 참여하셨으나 유신(儒臣)들의 설명이 매일 듣는 고사(故事)에 불과하여 기존의 문장을 부연 설명하니, 그들이 말하는 것에 어찌 새로 밝히는 것이 있었겠습니까? 폐하께서 그것을 들으실 때 '성현의 도가 이것에 불과하구나' 하고 여기셨을 터이니, 또한 무슨 즐거울 만한 것이 있겠습니까? 그리하여 능숙하게 말

---

23) 이것은 맹자의 논리와 흡사하다. 맹자가 유세하면서 왕의 선한 마음에 대한 작은 싹을 보고 이렇게 말했다. 그 마음을 확충하면 왕 노릇을 제대로 한다는 논지이다.

24) 하·은·주의 시대를 말한다.

25) 중국의 전설상의 인물들이다.

타고 활 쏘는 데 점차 뜻을 옮기시며 노는 즐거움을 자유로이 찾으시니, 또한 그 총명함이 소용없고 그 재주와 힘을 이 같은 일에 소모하는 것입니다. 폐하의 총명함이 어찌 여기에 안주하여 이것들이 무익하고 손해되는 일이라는 것을 모르신단 말입니까?

사냥하여 피곤한 후와 밤기운이 청명한 때에 진실로 싫증과 게으름이 날로 생기고 뉘우침이 날로 간절해졌을 것입니다. 그러나 전후좌우의 신하들이 신령스러운 성인의 도를 폐하께 아뢰는 자가 없었습니다. 그래서 멀리 서역 불교의 가르침을 생각하신 것입니다. 불교의 가르침이 사람에게 마음이 맑아지고 욕심을 끊게 하여 본성과 목숨을 온전케 하고, 그리하여 생사를 벗어나게 할 것이라 보셨을 것입니다. 또한 능히 자비로써 널리 사랑하여 뭇사람들을 인도해서 고뇌를 제거하고 쾌락을 높인다고 보셨을 것입니다.

지금 재해가 날로 일어나고 도적이 나날이 번성하며 국가 재정이 점점 고갈되고 있습니다. 그리하여 천하 백성들이 어려움을 당한 지가 극에 달했습니다. 그러니 성실한 몸에 불도를 얻게 하여 가르치면, 어찌 다만 한몸의 정기만을 길러 본성과 목숨을 보전하며 한몸의 즐거움만 찾겠습니까? 장차 이로 인하여 천하 백성들의 어려움을 소생시켜 번성케 할 것입니다.

그러므로 폐하께서 드디어 윤음(綸音)[26]을 특별히 내리시어 예물과 사신을 수만 리 먼 곳에 보내는 것을 꺼리지 않으시며, 수만금의 비용을 아끼지 않으시고, 수만 명의 피곤함을 애석하게 여기지 않으시며, 다녀오는 데 수년이 지체됨을 싫어하지 않으시고, 멀리 불교를 공부하는 무리들을 맞이하려 하십니다. 이는 폐하께서 구습의 그릇됨을 한 번 씻어보려고 생각하신 것이며, 고명하고 광대한 업적으로 빛나게 하려는 것입니다.

폐하께서 시험 삼아 저의 말대로 되돌려 생각하시면, 폐하의 마음

---

26) 임금의 말. 조칙(詔勅). 윤언(綸言)이라고도 한다.

이 어찌 이만 못하겠습니까? 그러므로 폐하의 지혜가 열리는 것과 선한 조짐의 싹 또한 어찌 지나치게 아첨하는 말이 되어 폐하께 간사하게 굴겠습니까? 폐하께서 부처를 좋아하는 마음이 진실로 지극하시므로, 신이 청컨대 껍데기뿐인 그 이름만 좋아하지 마시고 그 실질을 얻는 데 힘쓰시며, 그 말단만 좋아하지 마시고 근본을 얻는 데 힘쓰시기 바랍니다. 폐하께서 진실로 실질을 얻고 근본을 구하고자 하신다면, 청컨대 부처에서 찾지 마시고 여러 성인에서 찾으시며, 외국의 오랑캐에서 구하지 마시고 중국에서 구하시기 바랍니다.

이 또한 신의 구차한 유세(遊說)로 폐하를 속이는 것이 아니므로, 청컨대 신이 준비한 말씀을 올리겠습니다. 대개 부처는 이적(夷狄) 오랑캐의 성인이요, (유교의) 성인은 중국의 부처입니다. 이적의 오랑캐 나라에서는 불교의 가르침으로 어리석고 완악한 백성들을 교화할 수 있으나, 우리 중국에서는 마땅히 성인의 도로 백성들을 기르고 가르쳐야 합니다. 이는 육지를 다니는 자는 반드시 수레와 말을 사용하고 바다를 건너는 자는 반드시 배를 이용하는 것과 같습니다. 지금 중국에 살면서 불교를 신봉하면 이는 수레나 말로써 바다를 건너는 것 같으니, 비록 조보(造父)[27]와 왕량(王良)[28]에게 수레를 몰게 하더라도 바다를 건널 수 없을 뿐만 아니라, 반드시 또 침몰하지 않을까 걱정하게 됩니다. 본래 수레와 말은 멀리 가기 위한 운송 수단이니 어찌 이롭지 않겠습니까? 그러나 땅이 아닌 곳에 쓴다면 모든 재주 또한 쓰일 곳이 없습니다.

폐하께서 불교는 비록 천하를 평화롭게 다스리지는 못하나 한몸의 생사를 벗어날 수 있게 해주고, 백성을 기르고 교화하는 데는 참여하지 못하나 때로는 백성들의 어리석고 완악함을 인도할 수 있다

---

27) 주(周)나라 목왕(穆王) 때 수레를 잘 몰았고, 그 공으로 조성(趙城)에 봉해졌다.
28) 춘추시대 때 수레를 잘 몰았던 사람이다.

116

고 말씀하실 수 있습니다. 그러나 이 두 가지 주장 또한 성인들이 남긴 단서를 얻는 것에 지나지 않습니다.

폐하께서 이 말을 정녕 믿지 못하신다면 신이 비교하여 논해보겠습니다. 신 또한 일찍이 불교를 공부하여 높이고 믿는 것이 한때 최고였습니다. 그래서 그 진리를 깨달았다고 스스로 말하곤 했습니다. 그러나 나중에 마침내 우리 성인의 도가 큼을 보고 비로소 그것을 버렸습니다.

신이 그 단점을 말하지 않고 장점만 말해보겠습니다. 서역의 부처는 석가모니를 으뜸으로 삼고, 중국의 성인은 요순을 으뜸으로 삼습니다. 그래서 신이 석가와 요순을 비교하여 논해보겠습니다.

대개 세상에서 석가를 가장 숭배하고 사모하는 것 가운데는 생사를 떠나 세상에서 초연히 독존(獨存)하는 것을 으뜸으로 삼습니다. 현재 불교의 서적에는 모든 것이 실려 있는데, 거기서 석가는 40여 년 동안 세상을 다니며 설법했고 여든두 살에 죽었다고 하니, 그 수명 또한 길다고 할 수 있습니다. 그러나 순임금의 수명은 백열 살이요 요임금은 백스무 살이니, 그 수명을 비교한다면 석가보다 깁니다.

석가는 자비를 베풀되 온몸을 아끼지 않고 남의 위급한 어려움을 도우므로, 그 어짊과 사랑이 사물에 미치는 것 또한 진실로 지극하다고 말할 수 있습니다. 그러나 반드시 설산(雪山)[29]에서 고행하고, 도로에 분주히 돌아다닌 후 남을 능히 구제할 수 있었습니다. 하지만 요순은 자리에 단정하게 가만 앉아 있어도 천하의 모든 것이 모두 제자리에서 바름을 잃지 않았습니다. 오직 큰 덕을 밝히시어 구족(九族)[30]과 화목하게 지내니 이들이 이미 화목하고, 백성들을 밝게 다스리니 그들이 밝게 되었으며, 제후의 나라들과 화목하니 그 백성들은

---

29) 석가모니가 고행했다는 산이다.
30) 자기 위로는 고조(高祖)부터 아래로는 현손(玄孫)까지 9대의 집안사람들이다. 일설에는 부족(父族) 4, 모족(母族) 3, 처족(妻族) 2대를 말하기도 한다.

이에 착해져서 화평을 누리게 되었습니다.[31] 더더욱 초목과 금수에 이르러 모두 이 같지 않음이 없으니, 그 어짊과 사랑이 사물에 미침을 석가와 비교하면 더욱 지극합니다.

석가는 방편(方便)으로 설법하여 민중의 미혹됨을 열어주어 술을 경계하고 살인을 금지하며 인간의 탐욕을 제거하고 성냄을 끊을 수 있었으니, 그 신통하고 묘한 작용 또한 실로 크다고 할 것입니다. 그러나 그것도 반드시 간절히 가르쳐야[32] 가능합니다. 하지만 요순의 경우는 덕을 온 세상에 펴시니 하늘과 땅에 이르러 그 지극한 정성의 운행은 자연히 믿지 않았으나 믿으며, 움직이지 않은 것이 변하고, 하지 않아도 이루어졌습니다.[33] 그리하여 천지와 그 덕을 같이하고 해와 달이 그 밝음을 같이하며 사시(四時)와 그 순서를 함께하고 귀신과 더불어 그 길흉을 같이하니, 그 신통하고 묘한 작용이 석가에 비하면 더욱 큽니다.

저주와 요술로 괴이하고 요사스러운 것을 날조하여 어리석은 백성들을 현혹하고 속이는 것은 불교에서도 원래 심히 배척하여 '외도사마'(外道邪魔)[34]라 하니 불교와 상반되는 것입니다. 이것은 불교를 좋아하는 것에 응하는 것이 아니고 그것에 상반되는 것을 좋아함이며, 불법을 구하나 그것이 배척하는 것을 구하는 것입니다.

폐하께서 만약 요순이 돌아가신 지 오래되었기 때문에 꼭 부처에게서 구하고자 하시면 석가 또한 죽은 지 오래되었습니다. 만약 중국에서 불교를 공부하는 무리들이 능히 석가의 도를 전할 수 있다고 말씀하신다면, 우리 중국의 크기로 보아 어찌 요순의 도를 능히 전하는 사람이 없다고 할 수 있겠습니까? 폐하께서 구하지 않았을 뿐입니다.

---

31) 『서경』(西經) 「요전」(堯典)의 내용이다.
32) 원문은 '이제면회'(耳提面誨). '이제면명'(耳提面命)과 같은 말이다.
33) 원문은 '무위이성'(無爲而成). 도가(道家)의 '무위이무불위'(無爲而無不爲), 곧 '하지 않아도 하지 않음이 없다'는 사상과 통한다.
34) 정도가 아닌 다른 종교에서 마귀(마왕)를 섬기는 것이다.

폐하께서 시험 삼아 대신 가운데 진실로 요순의 도를 밝힐 수 있는 사람과 함께 그 도를 구해 강구(講究)하시면, 마침내 반드시 신령스러운 성인의 도를 밝힐 수 있어 폐하를 요순의 땅에 이르게 할 것입니다.

그러므로 신이 폐하의 부처를 좋아하는 마음이 진실로 지극하시면, 청컨대 그 이름만 좋아하지 마시고 그 실질을 얻는 데 힘쓰시라 했고, 그 말단을 좋아하지 마시고 그 근본을 구하는 데 힘쓰시라 했습니다. 그 실질을 얻는 데 힘써 그 근본을 구하시려면 청컨대 여러 부처에게 구하지 마시고 여러 성인에게 구하시고, 이적(夷狄)에게 구하지 마시고 중국에서 구하시라고 한 것은 망령되이 유세하는 말로써 속이는 것이 결코 아닙니다.

따라서 폐하께서 능히 부처를 좋아하는 마음으로 성인을 좋아하시고, 석가를 구하는 정성으로 요순의 도를 구하시면, 수만 리 먼 곳에 갈 필요가 없으나 서방의 극락이 단지 눈앞에 있으며, 수만의 비용과 인명, 수년의 세월을 허비하지 않아도 됩니다. 그리고 먼지 하나 움직이지 않고 손가락 하나 까딱하는 사이에 성지(聖地)[35]에 올라서서 신통하고 오묘한 작용이 나타나게 될 것입니다. 이 또한 신의 잘못된 큰 소리로 폐하를 속이는 것이 아닙니다.

그 말을 반드시 검토하고자 한다면 모두 증거를 댈 수 있습니다. 그래서 공자께서 말씀하시기를, "내가 인(仁)하고자 한다면 이에 인이 이르느니라"[36] 하시며, "하루라도 자기를 이기고 예로 돌아갈 수 있다면 천하 사람들이 인과 함께할 것이니라"[37] 하셨고, 맹자께서 말씀하시기를, "사람은 모두 요순이 될 수 있다"[38]고 하시니 어찌 저를 속

---

35) 요순의 땅. 여기서는 요순시대와 같은 경지를 의미한다.
36) 『논어』 「술이」(述而)의 "子曰仁遠乎哉, 我欲仁, 斯仁, 至矣"에 나온다.
37) 『논어』 「안연」의 "克己復禮爲仁, 一日」克己復禮, 天下歸仁, 爲仁由己, 而由人乎哉"에 나온다.
38) 『맹자』 「고자하」의 "曹交問曰, 人皆可以爲堯舜, 有諸, 孟子曰然"에 나온다.

이겠습니까?

　폐하께서 이 점을 돌이켜 생각하시고, 또 시험 삼아 대신들과 신하들에게 물으셔서 과연 신의 말이 허망하고 그릇된 데서 나왔다면, 폐하를 속인 죄를 달게 받겠습니다. 신이 무례하게도 엎드려 폐하의 선한 마음의 싹을 보면서 춤추며 기뻐해야 함을 깨닫지 못하고, 문득 앞으로 그 확충을 따르는 설을 내놓았습니다. 오직 폐하께서 굽어 살피시면 종묘사직과 천하와 만대(萬代)에 큰 다행이 될 것입니다.

　정덕 11년(1516)은 선생의 나이 마흔다섯 되는 해이다. 남경에 있었는데, 이때 정주(汀州)·장주(漳州)[39]의 각 군에는 큰도적 때문에 근심이 끊이지 않았다. 병부상서 왕경(王瓊)[40]이 특별히 그 일의 적임자로 선생을 천거했다. 그래서 도찰원(都察院)[41] 좌첨도어사(左僉都御史)[42]에 임명되어 남창(南昌)·감주(贛州)[43]와 정주·장주의 각 군을 순시하면서 백성들을 위로하고, 10월에 월(越) 땅을 경유하여 곧장 돌아왔다.[44]
　왕사여(王思輿)[45]가 계본(季本)[46]에게 말했다.
　"왕양명은 이 행차에서 반드시 공을 세울 줄 알았다."
　계본이 그것을 어떻게 알았는지 묻자 왕사여가 말했다.

---

39) 복건성의 고을 이름이다.
40) 자는 덕화(德華), 호는 진계(晉溪), 대원(太原) 사람이다. 왕양명을 도찰원좌첨도어사에 천거했다.
41) 관리의 부정이나 죄를 문책하고 탄핵하는 관청이다.
42) 도어사 아래에서 사무를 보는 관직이다.
43) 강서성 남부의 지명이다.
44) 『연보』에는 돌아오는 길에 월 땅에 들렀다고 되어 있다.
45) 누구인지 확실하지 않다. 육상산을 공부한 왕양명의 친구 왕여암(王興庵)의 자가 사여(司輿)인데, 사여(思輿)와 비슷하여 그라고 여겨지지만, 『연보』 『실기』 『상전』에 모두 '사여'(思輿)로 되어 있어 분명하지 않다.
46) 1485~1563. 자는 명덕(明德), 호는 팽산(彭山), 회계(會稽) 사람이다. 『역학사동』(易學四同), 『공맹도보』(孔孟圖譜) 등의 저서가 있다.

"내가 시험 삼아 부딪혀 보았는데, 그가 움직이지 않으므로 알았다."

사실 이런 일이 있기 전에 벌써 각처에서 떠도는 도적들이 벌떼처럼 일어났다. 정덕 6년(1511)에 강서(江西)의 여러 군이 혼란에 빠졌다. 특히 남창과 감주 등의 지역이 모두 도적의 소굴이 되어 심하게 노략질 당하자, 인심이 흉흉하여 아침에 저녁을 보장하지 못할 지경이었다. 조정에서 좌도어사(左都御史) 진금(陳金)에게 명하여 강서성의 군무를 통괄하게 하고, 널리 군사를 뽑아 도적을 토벌하게 하니 일시적으로 진정되었다. 그러나 병사들이 공을 믿고 횡포를 부려 양민에게 도적보다 더 큰 피해를 주었다. 그래서 진금이 이것을 통제하지 못하고 구차히 눈앞의 안전만 구하니 백성들이 원망하고 탄식했다. 이때 조정의 의론에서 백성들을 순시하고 위로하는 임무를 선생에게 맡겼던 것이다.

정덕 12년(1517) 봄 정월에 남창과 감주에 나아갈 때 길안부(吉安府) 만안현(萬安縣)[47]을 지나게 되었는데, 떠도는 도적 수백 명이 길에서 약탈하고 있었다. 배를 몰던 사공이 놀라 겁을 먹어 더이상 나아가지 못하고, 뱃머리를 돌려 피하려 했다. 선생이 그것을 허락하지 않고 상선 수십 척과 연합하여 진을 치는 형세를 취했다. 그리고 깃발을 높이 달고 북을 울려 마치 전투를 서두르는 것처럼 하니, 도적이 크게 놀라 모두 해안의 언덕에 와서 죽 엎드려 절하며 말했다.

"기근(饑饉)이 들어 굶주린 유민(流民)입니다. 구해주시기를 간절히 빕니다."

선생이 물가에 선박을 대라고 명하고 중군(中軍) 군관을 보내 말을 전했다.

"너희의 춥고 굶주린 긴박함을 알았으니, 감주에 도착한 후 관리를 파견하여 구해줄 것이다. 각자 돌아가 생업을 안전케 하고, 망령되어 포악한 짓을 삼가고 스스로 해산하라."

---

47) 강서성 길안의 지명이다.

이에 도적이 두려워하며 흩어져 돌아갔다. 이 달 16일에 임지에 도착하여 소속 지방 관리들에게 명하여 백성들을 균등히 구제하게 하고, 유민을 불러 위로하며 함(函) 두 개를 건물 앞에 놓고 방(榜)을 써붙여 말했다.

"민정(民情, 국민의 사정과 형편)을 알고자 하니, 자신들의 지난 일을 적어넣기를 바란다."

이때 장주의 도적 첨사부(詹師富)·온화소(溫火燒) 등이 매년 침략하여 그 세력이 바야흐로 전성기를 이루었다. 선생이 그 때문에 호광·광동·복건의 세 성에 명하여 날짜를 정하고 그들을 치려고 했다. 그러나 이보다 먼저 다수의 감주 백성들이 도적에게 뇌물을 받아먹고 그들의 눈귀가 되어 있었다. 그래서 관청의 거동을 도적이 먼저 알았다. 특히 어떤 병영의 한 늙은 종은 그 간교함이 더욱 심했다. 선생이 그것을 알고 그를 침실로 불러들여 말했다.

"누가 너더러 적과 내통한다고 일렀으니, 너의 죄는 당장 죽어 마땅하다. 만약 잘못을 뉘우쳐 도적에 대한 정보, 그리고 그들과 내통하는 백성을 모두 말한다면 너를 살려줄 것이다."

늙은 종이 머리를 바닥에 대고 사죄하며 사실을 모두 실토했다. 또 그들과 내통한 자들을 일일이 말하므로 선생이 사형을 면해주고, 그것이 사실인지 시험해보았다.

드디어 십가패법(十家牌法)[48]을 시행했다. 그것은 열 가정을 하나의 패(牌)로 편성했는데, 그 패에는 무슨 현 무슨 동네의 누구, 또는 누구에게 적(籍)을 둔 누구, 갑두(甲頭)는 누구 그리고 갑미(甲尾)는 누구 등을 적고, 같은 패에 속한 열 가정에서 매일 윤번제로 당번을 서게 했다. 그리고 매일 유시(酉時)[49] 반에 패를 소지하고 각 가정에 도착하여 거기에 적힌 것과 대조하여 심사한다. 예를 들어 어떤 가정은 오늘밤에

---

48) 일종의 10호 담당제이다.
49) 오후 5~7시이다.

인원이 적으므로 모처에 가서 무슨 일을 하고 모일에 돌아오며, 어떤 가정은 인원이 많으므로 왜 그렇게 되었는지 이유를 말해야 한다. 그 임무가 심문하는 것에 적당하면 각 가정에 알려 확인하고 모이는 것을 통보하되, 의심나는 일이 있으면 즉시 관청에 보고한다. 만약 사건이 발생하는 것을 은폐하면 열 가정 모두 똑같이 죄를 받는다. 각 가정의 패에는 무슨 현, 무슨 동네의 민호(民戶), 누구, 현재 가정에 있는 장정의 수와 성명, 연령, 직업, 집의 칸 수, 그리고 식객 등을 나열하게 했다.

패법이 완성되자 각 부(府)의 모든 사람들에게 두루 알려 말했다.

지금 전쟁으로 황폐해진 때에 어려움이 매우 심하니, 각기 그만두었던 생업을 시작하라. 착한 일에 서로 힘쓰되 아비들은 자식들에게 자애롭게 대하고, 자식들은 어버이에게 효도하라. 형은 동생과 우애 있게 지내고 동생은 형을 공경하라. 남편은 아내를 화평하게 대하고 아내는 남편을 따르라. 나이 든 사람들은 어린 사람들에게 은혜를 베풀고 어린 사람들은 나이 든 사람들에게 순종하라. 근면과 검소로써 가업을 지키고, 마을에서는 겸손과 화합으로 처신하라. 마음에는 공평과 용서가 요구되니 험악한 속임수를 품지 말고, 일에는 인내가 귀하니 경솔하게 다투지 말라. 일찍이 온량(溫良)하고 겸손해 자기를 낮추고 남을 높이는 사람이 경애하지 않음을 보았는가? 또 흉악하고 탐욕스러우며 자기를 위해 남을 해치는 사람이 다투고 원망하지 않음을 보았는가? 대개 떠들썩하게 재판을 좋아하는 사람은 이익을 다투나, 반드시 그 이익을 얻는다고 할 수 없다. 그가 포부를 펼치려고 하나 꼭 펴진다고 할 수도 없다. 밖으로는 관청의 미움을 사고, 안으로는 가업을 파산케 한다. 또 위로는 조상을 욕되게 하고 아래로는 후손에게 누가 되니, 어찌 수고롭게 이것을 하겠는가? 아비 된 사람들과 나이 든 사람들은 내 말을 잘 듣고 각기 자제들을 훈계하라.

또 네 조항의 말로써 세속을 깨우쳐 말했다.

　선을 행하는 사람은 유독 자기 집안사람이나 친척이 아니더라도 그를 사랑하고, 친구들이나 마을 사람들이 존경한다. 비록 귀신이라 할지라도 몰래 도와준다. 악을 행하는 사람은 비단 자기 집안사람이나 친척이 아니더라도 그를 미워하고, 친구들이나 마을 사람들이 원망한다. 비록 귀신이라 할지라도 몰래 그를 죽인다. 그러므로 선을 쌓는 집안에는 반드시 경사스러운 일이 생기고, 불선을 쌓는 집안에는 반드시 재앙이 따른다(1조).[50]

　남이 선을 행하는 것을 보면 내가 반드시 그를 사랑하게 된다. 그러니 내가 선을 행할 수 있다면, 남이 어찌 나를 사랑하지 않겠는가? 그러나 남이 불선을 행하는 것을 보면, 내가 반드시 그를 미워하게 된다. 그러니 내가 구차히 불선을 행한다면, 남이 어찌 나를 미워하지 않겠는가? 그러므로 흉악한 사람이 불선을 행하는 것은 몸과 집안을 망친다. 그것을 깨닫지 못하여 스스로 돌이킬 수 없기 때문이다(2조).

　지금 사람들은 말 한마디에 분함을 참지 못하고 조그마한 이익 때문에 싸우다가 마침내 소송을 건다. 내가 상대방을 이기고자 하면 상대방 또한 나를 이기고자 하여 원수같이 서로 보복하니, 가정을 파탄에 빠뜨리고 재산을 탕진하여 자손에게 화를 끼친다. 그런 행동은 참고 물러나 사양하면 마을에서 착한 사람 또는 어른이라 불러주고, 자손 또한 그의 허물을 덮어줄 것이다(3조).

　지금 사람들이 자손을 위하여 계획하되 남의 가업을 엿보고, 남의 재산을 빼앗아 밤낮으로 경영하되 손대지 않는 곳이 없다. 이를 일러 옛사람들이 말하기를, "자손을 위하여 말과 소를 만든다"고 했다. 그러나 죽어서 시신이 식기도 전에 가업은 이미 타인의 것이 되고, 원

---

50) 원문에는 1조, 2조 등의 구분이 없다.

수의 가문에서 보복하여 자손이 도리어 그 재앙을 받는다. 이는 자손을 위하여 뱀이나 전갈을 만든 것이니, 아! 경계할 일이로다(4조).

선생은 마침내 민병을 선발하여 훈련하는 제도를 시행했다.

이보다 먼저 감주부(贛州府)의 군적(軍籍)은 허울 좋은 이름으로만 남아 있었다. 도적을 경계할 일이 있으면 멀리 있는 지원병을 불러와야 하니, 부르러 갔다가 돌아오는데 그때마다 거의 1년이나 걸리고, 필요한 경비가 수만이 넘었다. 군사를 모집하는 일이 있으면 도적들은 서로 기회를 엿보아 숨어버리고, 군사를 되돌리면 또다시 나타났다.

선생은 이것이 평상시에 할 수 있는 방책이 못 된다고 생각했다. 그래서 각 성의 병비관(兵備官)[51]에게 향리의 병사들을 선발케 하여 군단을 조성했다. 병사로 소집된 사람은 각 현에 많게는 10여 명, 적게는 7~8명이었다. 그리하여 대략 강서와 복건의 두 성은 각기 5~6백 명을 거느리게 되었고, 광동과 호광의 두 성은 각각 4~5백 명을 거느리게 되었다. 용기가 아주 뛰어나고 전략에 밝은 자가 있으면 장수로 임명했다. 모집한 정예의 병사들에게 각지의 병비관이 있는 곳에서 재주에 따라 무예를 가르쳤다. 무기와 전투 기계(器械)의 준비는 지형과 지세에 따라 했고, 날마다 훈련을 하되 미리 준비하고 기다렸다가 부르면 모이게 했다.

목적지인 감주에 도착해 열흘 동안 행정을 시행하여 규정과 토벌 계획이 대략 정해졌다. 곧 도적을 섬멸하기 위하여 군대를 보내기로 의논하고, 병력 5천 명을 거느리고 각기 작은 길로 나누어 가게 했다. 장부촌(長富村)에 이르러 적과 전투가 벌어졌다. 여러 번 크게 싸운 끝에 죽이거나 사로잡은 도적의 수가 대단히 많았다. 남은 도적들이 상호산(象湖山)에 모여 저항하므로 관군이 추격하여 연화석(蓮花石)에 이르렀을 때, 뜻하지 않게 적의 무리가 갑자기 몰려 나왔다. 두 장수의 말이

---

51) 군무 관계의 일을 맡거나 군대를 준비하는 관리이다.

진흙에 깊이 빠지는 바람에 그들이 전사하자, 여러 장수들이 사기가 떨어져 말했다.

"적의 세력이 왕성하고 땅이 매우 험악합니다. 구원병을 더 불러 모았다가 가을이니 겨울이 되면 반격하십시오. 그렇지 않으면 아마도 생명을 보장할 수 없을 것 같습니다."

선생이 그 말을 듣고, 군사를 강주부(江州府) 상항현(上杭縣)에 진지를 옮겼다. 그리고 음식을 내어주고 군사를 퇴각시키며 가을에 재반격할 것을 기다리라 했다.[52] 몰래 사람을 보내 적의 허실을 정탐케 했다. 그랬더니 적이 다시 상호산에 자리잡고 관군이 퇴각하는 것을 보고 자주 약탈하러 나타났다.

선생은 각 부대가 군율을 잃은 것을 책망함과 동시에 힘을 다해 공을 세워 속죄하라고 명했다. 병력을 두 방향으로 나누어 가게 하고, 소리 나지 않게 하무[53]를 물리고 빠르게 나아가게 했다. 그리하여 상호산에 있는 도적 소굴이 있는 성채를 곧바로 공격하니, 적의 무리가 죽기를 각오하고 저항했다. 선생이 친히 병사들을 독려하여 용기를 가지고 전투에서 힘써 싸우게 하자, 부르짖는 소리가 천지를 진동했다.

또 세 성의 기습부대가 사잇길을 따라 언덕과 나무를 개미떼처럼 달라붙어 올라가 사면에서 적을 끼고 공격하니, 적이 놀라 도망했다. 그러자 관군이 승승장구하며 추격하므로 적이 크게 패하여 도주했다.

선생이 여러 장수들에게 다시 명하여 잔당들을 모두 토벌하게 하니 40여 개의 도적 소굴을 파괴했다. 또 첨사부·온화소 등 도적 두목 70여 명의 목을 베었으며, 도적 무리를 사로잡고 노획한 물자가 이루다 헤아릴 수 없었다. 이리하여 수십 년 동안 날뛰던 장남(潭南)[54] 지방의

---

52) 이 말은 적을 방심하게 해서 준비를 소홀히 하도록 하기 위한 거짓 정보를 흘린 것이다.
53) 군대에서 기습작전을 위하여 떠들지 못하게 군사들의 입에 물리던 가는 막대이다.
54) 복건성은 복녕도(福寧道)·무평도(武平道)·건녕도(建寧道)·장남도(潭南

거대한 도적 무리를 이때서야 모두 평정했다. 2월에 토벌을 시작하여 4월에 군대를 철수하니, 이같이 빨리 전공을 세운 예는 이전에는 없었다.

이 해 3월에 비가 오지 않았는데, 선생이 군대를 상항[55]에 주둔시키고 행대(行臺)[56]에서 기도하니 3일 동안 비가 내렸다. 그로 인하여 행대의 이름을 시우당(時雨堂)[57]이라 했다.

대오법(隊伍法)[58]을 수립했다. 선생이 언젠가 말했다.

"전술을 익히는 방법에는 대오가 중요하고, 많은 무리를 다스리는 방법은 숫자를 나누는 것이 우선이다."

이때에 대오 조직법을 만들었는데, 25명이 1오(伍)가 되고 거기에 책임자인 소갑(小甲)을 두며, 50명이 1대(隊)가 되고 거기에 지휘관인 총갑(總甲)을 두며, 2백 명이 1초(哨)가 되고 거기에 지휘관인 초장(哨長) 한 명과 부지휘관인 협초(協哨) 두 명을 두며, 4백 명이 1영(營)이 되고 거기에 지휘관인 영관(營官) 한 명과 참모 두 명을 두며, 1천2백 명이 1진(陣)이 되고 거기에 지휘관인 편장(偏將)을 두며, 2천4백 명이 1군(軍)이 되고 거기에 지휘관인 부장(副將)을 두며, 사정에 따라 부지휘관인 편장 약간 명을 두었다.

소갑은 각 오 가운데서 재주와 힘이 우수한 자를 선발하여 임명했고, 총갑은 소갑 가운데서 뽑았으며, 초장은 1천1백 호(戶)의 의관(義官)[59] 가운데서 선발했다.

부장은 편장을 벌할 수 있고, 나머지도 그 아래 지휘관을 벌할 수 있

道)로 나누어져 있는데, 장남도는 성의 서부에 있어 광동성과 강서성에 접해 있다. 정주와 장주가 그 중심 도시이다.

55) 복건성 정주부 상항현이다.

56) 고위 관리가 출장하여 머무르는 곳이다.

57) 『연보』에는 유사(有司)의 청으로 이름을 짓고 기(記)를 썼다고 되어 있다. 그 기(記)는 『왕문성공전서』 권23, 외집5, 「시우당기」(時雨堂記) 참조.

58) 『연보』에는 항오법(行伍法)이라 하는데, 5명을 단위로 편성하는 부대의 조직 방법이다.

59) 지방의 부호로써 군에 의연금을 내고 벼슬을 받은 자이다.

었다. 즉 상관에게는 부하에 대한 처벌권을 갖게 했다. 그리하여 상하가 서로 밧줄처럼 묶이게 하여 큰 부대와 작은 부대가 서로 이어지는 것이 마치 몸이 팔을 부리며 팔이 손가락을 부리는 것 같았다. 자연히 부대가 움직이는 것이 하나같이 하여 많은 무리를 적은 수로 다스리게 되었다.

편제가 완성되니 각기 다섯 사람마다 패(牌)를 하나씩 주어 같은 오 25명의 성명을 나열하고 서로의 연락을 익히게 하니, 이것을 오부(伍符)라 불렀다. 그리고 각 대별로 두 패를 비치하고 자호(字號)[60]로 엮어서, 하나는 총갑에게 주고 하나는 본원(本院)인 사령부에 보관하여 대부(隊符)라 불렀다. 또 초마다 두 패를 비치하고 자호로 엮어서, 하나는 초장에게 주고 하나는 본원인 사령부에 보관하여 초부(哨符)라 불렀다. 각 영에도 두 패를 비치하고 자호로 엮어서, 하나는 영관에게 주고 하나는 본원인 사령부에 보관하여 영부(營符)라 불렀다.

일반적으로 난을 평정하는 일이 있거나 유사시에 부(符)를 꺼내 호(號)와 대조하여 실시했다. 즉 군대의 자의적 편성과 규율의 이완을 막고, 적을 체포하는 훈련 방법과 깃발과 북을 쳐서 알리는 진퇴(進退)의 절도를 일사불란하게 하고자 했다. 결국 치밀한 군사조직을 통하여 한결같이 군사적 실용을 강구하고자 한 것이다.

또 상소를 올려 군사에 대한 신상필벌(信賞必罰)을 펴고 밝혀, 인심을 격려할 수 있게 영기(令旗)와 영패(令牌)[61]를 빌려 편의대로 일하게 해달라고 청했다. 상소가 올라오니 그 내용이 현실에 맞지 않는다고 비웃는 사람이 있었다. 병부상서 왕경이 홀로 말하기를, "조정이 이와 같은 권병(權柄)[62]을 이 사람들에게 주지 않으면 또 장차 누구에게 줄

---

60) 자호는 문서의 번호나 장 수 따위를 천자문이나 어떤 글의 차례에 따라 매긴 번호를 말한다.
61) 영기와 함께 군령의 상징이다.
62) 권은 저울, 병은 도구의 자루, 곧 상황에 맞는 정책이나 방침이다. 여기서는 임시로 맡기는 군 지휘권이다.

것인가" 하니, 마침내 다시 상소의 내용이 모두 받아들여졌다.

이때 강서진수태감(江西鎭守太監) 필진(畢眞)이 가까이서 아첨하고자 하여 그 군대를 감독하게 해달라고 청했다. 왕경이 나서서 말했다.

"병법에는 멀리 있는 것을 가장 기피하는 일입니다. 남감(南贛)에서 군사를 부릴 때 성을 비워두고 진(鎭)을 지키려고 한다면, 반드시 패할 것입니다. 오직 성을 비워두는 데 경비를 하려면, 남감의 대책을 듣는 것이 옳을 것입니다."

이 말을 들은 필진이 마침내 침묵했다.

선생이 또 평화현(平和縣)[63]을 하두(河頭)에서 다스리고, 소계순검사(小溪巡檢司)를 방두(枋頭)[64]로 옮길 것을 건의했는데, 하두를 도적 소굴의 목구멍으로 삼고, 방두를 하두의 입술과 이로 삼았기 때문이다.

또 선생은 당시 판매가 중단되어 있던 소금을 잠시 형편에 맞도록 조처하여 유통시켜줄 것을 조정에 청했다. 상업세를 정리하여 군비 보조를 주청하니, 세금을 더 부과하지 않아도 재정이 넉넉하고, 백성을 야단스럽게 굴지 않아도 일이 잘 해결되었다.

이때 횡수(橫水)[65] 지방의 도적 두목 사지산(謝志珊), 통강(桶岡)[66] 지방의 두목 남천봉(藍天鳳), 이두(浰頭)[67] 지방의 두목 지중용(池仲容) 등이 각각 많은 부하들을 거느리고 험한 요새를 거점으로 삼아 틈을 엿보아 출몰했다. 관군이 누차 토벌했으나 이기지 못했다. 사지산은 자칭 정남왕(征南王)이라 하더니, 그즈음 장주의 도적들이 토벌되었다는 소식을 듣고, 무기와 전쟁 도구를 대대적으로 수리하고 갖추었다.

---

63) 복건성 정장도의 지명이다.
64) 평화현 근처의 요충지이다.
65) 강서성 숭의현(崇義縣)의 성 북쪽으로 흐르는 내. 숭의현의 성 동쪽에 있는 험준한 땅이 도적의 거점이었다.
66) 숭의현의 서북쪽에 있는 지명으로, 횡수와 같이 도적의 두 거점 지역 중 하나이다.
67) 강서성과 광동성 사이에 있는 산맥의 이름이다.

그리하여 남강(南康)[68]을 먼저 공격하고 허술한 틈을 타 호광에 들어가려 했다.

이에 호광순무도어사(湖廣巡撫都御史) 진금(陳金)[69]이 상소를 올려 세 성[70]의 병력으로 통강을 협공하자고 청했다. 선생이 말했다.

"통강·횡수·좌계(左溪)[71]의 도적들이 세 성을 치고자 하는 생각은 비록 같으나 그 정세가 모두 다릅니다. 호광에서는 통강이 적의 목구멍이고, 횡수와 좌계는 뱃속의 심장입니다. 강서에서는 횡수와 좌계가 심장이고, 통강은 날개입니다. 지금 의논하는 것이 뱃속 심장의 병을 버리고 호광으로 통강을 협공하고자 하니, 완급 조절에 실패하게 됩니다. 또 호광의 병력을 11월 초에 소집한다고 하니, 적들이 들으면 반드시 우리가 통강을 먼저 공격한다고 말할 것입니다. 또 군사가 먼 곳에서 오기 때문에 반드시 준비가 소홀할 것이므로, 우리가 눈치 채지 못하게 출병하여 횡수를 급습하면 성공할 수 있습니다. 횡수를 먼저 함락하고 통강으로 병력을 이동시키면 파죽지세가 됩니다."

이에 횡수를 먼저 칠 것을 결의했다. 그리고 아마도 이두의 도적이 이 기회를 틈탈 것 같아 유시(諭示)[72] 한 통을 작성하여 그들에게 이로움과 해로움을 알렸다. 그 글은 다음과 같다.

　내가 순시하여 달래는 방법은 오로지 도적을 순순히 따르게 하고, 백성을 편안하게 하는 것으로 임무를 삼는다. 이 자리에 부임하자마자 너희가 수년 동안 떠돌아다니며 마을을 약탈하고 양민을 살해했

---

(68) 강서성 남안부(南安府) 남강현이다.

(69) 1446~1528. 호는 서헌(西軒), 무창(武昌) 사람이다. 앞에 나왔다.

(70) 강서, 광동, 호광을 말한다.

(71) 숭의현의 성에서 서남쪽으로 약 40킬로미터 떨어진 지명이다.

(72) 윗사람이 아랫사람에게, 또는 관청에서 백성에게 타일러 깨우치는 글. 또는 그러한 행위이다. 『왕문성공전서』 권16, 별록8, 「고유이두소적」(告諭浰頭巢賊) 참조.

다고 들었다. 그래서 백성들 중 피해를 입은 자들이 와서 고하기를 그칠 날이 없다. 본관이 원하는 것은 많은 군사를 훈련시켜 너희를 싹 쓸어버리는 것이다. 그래서 복건성에 가서 장주의 도적들을 살펴 평정하고 회군하는 날을 기다렸다가 소굴을 소탕하려 했다. 그러나 장주의 도적들이 이미 평정되었다기에 목을 베거나 사로잡아 공을 세운 증거를 헤아려보니 7천6백 명가량이나 되었다. 살펴보니 당시 악행을 저지른 도적들은 40~50명, 무리 지어 악행을 저지른 자가 4천여 명에 불과했다. 그 나머지는 모두 일시적인 협박에 못 이겨 가담했는데, 참담함과 슬픔을 깨닫지 못하고 있었다.

따라서 생각하건대 너희의 소굴에 협박에 의하여 가담한 자들이 어찌 없겠는가? 하물며 우리가 듣기를 너희들 중 다수가 대가(大家)의 자제이니, 그동안 본디 일의 형편과 의리를 아는 자가 있을 것이다. 내가 여기에 와서 너희에게 사람을 보내 깨우치지 않고, 어찌 급하게 군대를 보내 너희를 죽일 수 있겠는가? 이렇게 한다면 이 또한 잘못을 깨닫지 못하게 한 채 죽게 되고, 훗날 내 마음에 유감이 될 것이다.

그러므로 지금 특별히 사람을 보내 깨우치니, 너희는 스스로 병력의 강함을 말하지 말라. 또 강한 병력이 있으니 스스로 요새의 험함을 말하지 말라. 험한 요새가 있되 지금 모두 목이 잘리고 살아 있는 자가 없으니, 너희가 어찌 듣고 보지 못했는가?

대개 인정상 모두 부끄러워하는 것은 자기 몸에 도적의 이름이 붙는 큰 허물이다. 또 사람 마음이 똑같이 가장 분개하는 것은 몸이 겁탈당하고 노략질당하는 괴로움이다. 지금 만약 어떤 사람을 시켜 너희가 도적이 된 것을 욕하면, 너희는 반드시 발끈하며 화를 낼 것이다. 어찌 마음으로는 도적이라는 이름을 싫어하면서 몸은 도적이 되었는가? 또 사람을 시켜 너희의 집을 불태우고 재물을 약탈하며 처자를 납치하면, 너희는 반드시 뼈가 부서지는 듯한 회한을 느끼며, 차라리 죽기를 각오하고 보복할 것이다. 너희가 남에게는 이렇게 하니 남들은 너희에게 어찌 원망하지 않겠는가? 인간에게는 똑같이 이러한 마음이 있거늘 너희가 유독 이것을 모르는가?

이에 내가 꼭 이렇게 하고자 하는 이유는 그동안 부득이 그런 자가 있기 때문이다. 혹시 관청의 핍박을 받아서, 혹은 토호(土豪)에게 침탈당해서 한때 잘못된 생각으로 도적의 무리에 들어가 나중에 감히 빠져나오지 못하니, 이런 자들에 대한 고충은 매우 민망스럽다.

그러나 이 역시 모두 너희의 뉘우침이 절실하지 못한 까닭이다. 너희가 애당초 마을을 떠나 도적의 무리를 따를 때는 살아 있는 사람이 죽는 길을 찾는 것이로되, 오히려 떠나기를 바라면서 편안히 떠나갔다. 지금 잘못을 고쳐 선을 따르고자 하는 것은 죽은 사람이 살고자 하는 길을 찾는 것이로되, 도리어 감히 실행하지 못함은 무슨 까닭인가? 만약 너희가 애당초 도적을 따라갔을 때의 잘못을 인정하고, 죽기를 각오하여 거기서 나와 행실을 뉘우치며 선을 따르고자 한다면, 우리 관청에 어찌 너희를 반드시 죽여야 하는 법이 있겠는가?

너희의 구습이 악독하여 살인을 저지르고 마음에 시기와 의심이 많다. 그래서 내가 남을 높이는 마음이야 아무 까닭 없이 닭 한 마리 개 한 마리도 차마 죽이지 못하는데, 하물며 인명이 재천인 인간에게 그러지 못함을 너희가 어찌 알겠는가? 만약 가벼이 사람을 죽이면 아무도 모르는 가운데 되돌아오는 하늘의 응보가 반드시 있고, 그 재앙이 자손에게도 미칠 것이다. 무슨 고통을 당하려고 이 같은 일을 하려고 하는가?

우리가 매일 너희를 위한 생각이 여기에 이르렀을 때, 밤새도록 편안히 잠 한 번 못 잔 것은 너희의 살 길을 찾기 위해서였다. 다만 너희가 완악하여 듣지 않고 군사를 일으키려고 하니, 이는 우리가 죽이는 것이 아니라 하늘이 너희를 죽이는 것이다. 지금 내게 너희를 죽일 마음이 전혀 없다고 말한다면 이 또한 너희를 속이는 것이요, 만약 내 마음이 너희를 죽이고자 한다면 이 또한 나의 본심[73]이 아니다.

---

73) 왕양명에게는 본심이 그의 양지와 같다.

너희가 지금 비록 악을 따르나 처음에는 함께 조정의 갓난아기였다. 한 부모가 낳은 열 명의 아들에 비유하자면, 여덟 명은 착하고 두 명이 배역(背逆, 은혜를 저버리고 배반함)한데, 두 명이 여덟 명을 해치고자 하면 부모의 마음이 모름지기 두 명을 제거한 다음 여덟 명을 안전하게 지킨다. 똑같은 자식인데 부모의 마음이 무슨 까닭으로 편애하여 두 아들을 먼저 죽이고자 하겠는가? 이는 어쩔 수 없어 그런 것이다.

내가 너희에게 대하는 것도 바로 이와 같다. 만약 이 두 아들이 하루아침에 잘못을 뉘우치고 바른길로 가되 울면서 정성을 다한다면, 부모 된 자 또한 반드시 민망히 여기면서 받아들일 것이다. 그것은 왜 그런가? 차마 그 자식을 죽이지 못하는 것은 부모의 본심이다. 지금 드디어 그 본심을 이루어낼 수 있다면 무슨 기쁨과 행복이 더 있겠는가? 내가 너희를 대하는 마음도 바로 이와 같다.

들건대 너희가 어렵게 도적이 되었으니 얻은 것 또한 많지 않다고 했다. 그 사이에 오히려 먹을 것과 입을 것이 충분하지 않다 하니, 어째서 도적으로 고생하는 노력으로 농사에 힘쓰며 상업에 종사하지 않는가? 그러면 앉아서 부유하게 되고 편안히 즐기면서 마음 놓고 시장과 들을 유람하듯이 돌아다닐 것이다. 어찌하여 지금처럼 두려움과 긴박함을 가지고 밖으로 나오면 관군에게 떨고 원수를 피하는가? 또 안에 들어가서는 벌 받아 죽는 것을 방지하고 토벌을 두려워하여, 몸을 숨기고 행적을 감추는가? 이렇게 종신토록 근심하고 고생하다가, 졸지에 몸이 죽고 가정이 파탄나 처자가 죽음을 당하고 욕 보이니, 또한 무슨 좋은 일이 있겠는가?

너희는 스스로 헤아려 좋게 판단하라. 만약 내 말을 능히 알아듣고 행실을 고쳐 선을 따른다면, 내가 즉시 너희를 양민으로 여길 것이다. 또 너희를 어린아이처럼 어루만져줄 것이며, 다시는 너희의 이전 죄과를 추궁하지 않을 것이다. 섭방매(葉方梅)·남춘(南春)·왕수(王受)·사월(謝鉞)의 무리를 내가 지금 양민으로 똑같이 대우했는데, 어찌 너희는 들어서 알지 못하느냐?

만일 너희의 습성이 이미 굳어져 다시 고치기 어려우면, 너희 마음대로 하라. 내가 남쪽으로는 광동성과 호광성의 낭달(狼㺄)[74] 사람들을 조련(調練)하고, 서쪽으로는 호상(湖湘) 지방의 병사들을 훈련하여, 친히 대군을 거느리고 너희의 소굴을 포위할 것이다. 그리하여 1년에 다하지 못하면 2년이요, 2년에 못하면 3년 안에 다 쓸어버릴 것이다. 너희의 재력은 유한하고 우리의 군량은 무한하니, 너희가 모두 날개 달린 호랑이라 하더라도 천지 바깥으로 도망가지는 못할 것이다.

아! 내가 어찌 너희를 기꺼이 죽이려 하겠는가? 만일 너희가 꼭 우리 양민들을 해치고자 하여, 그들에게 추위에 떨게 하고 기근에 굶주리게 하며 거처할 집이 없고 농사지을 일소가 없어 부모가 사망하고 처자가 흩어지게 하면, 내가 우리 양민에게 너희를 피하게 하더라도 땅과 생업이 너희에게 침탈당하여 피할 수 없을 것이다. 또 우리 백성이 너희에게 뇌물을 바치게 하면, 재물이 너희에게 약탈당해 더이상 줄 것이 없을 것이다. 설사 너희가 지금 나를 도모하게 하더라도, 반드시 너희가 모두 죽고 난 다음이나 가능할 것이다.

내가 지금 특별히 사람을 보내 너희를 달래고 깨우쳐 소와 술과 돈과 옷감을 내려 너희 처자와 함께 쓰게 할 것이다. 그러나 그 나머지 사람들은 많아서 다 주지는 못하고 각자에게 깨우침의 말을 줄 것이니, 너희는 스스로 자신을 위하도록 하라. 이제 내가 할 말을 다했고, 내 마음을 다했다. 이렇게 해도 너희가 듣지 않으면, 내가 너희를 저버리는 것이 아니라 너희가 나를 저버리는 것이니, 내게는 유감이 있을 수 없다.

아! 백성은 나의 동포요 너희가 모두 나의 어린 자식이거늘, 내가 마침내 너희를 어루만져주고 긍휼히 대하지 못한 채 죽이려 하니,

---

74) 광동과 호광의 야만족으로 구성된 군대이다.

마음이 아프고도 아프다. 여기까지 말하는 동안 눈물이 흐른 줄도 몰랐다.

그리하여 부하 황표(黃表)를 보내 지중용 등을 귀순하게 하여 속죄하기를 권하고 돈과 옷감을 내려 그들의 마음을 안심시켰다. 그리고 도적의 무리들이 유시 내용의 간절함을 보고 감동했다. 또 두목 황금소(黃金巢) 등에게 황표를 따라 부하를 거느리고 투항하게 하고, 도적들을 죽여 공을 세움으로써 속죄하기를 청했다. 선생이 좋은 말로 위무하고, 그 가운데 정예 장정 5백 명을 선발하여 종군하게 했다.

선생이 이미 군사를 움직일 시기를 정하고 초와 대[75]를 나누어 보내되, 전술과 전략을 몰래 일러주고, 모든 지방의 군마를 해당 기일에 일제히 발동시켰다.

선생이 도독원(都督院)에 있을 때 조금 여유가 있으면 문생(門生)들에게 강학하거나 활 쏘는 연습을 했다. 그러다가 출병 하루 전날 밤에 문생들과 담론하다가, 다음날 아침 문생들이 문밖까지 나와서 선생을 뵈려 하니, 문지기가 말했다.

"공께서 도독원에서 나오시는 기미가 없었는데도 군사들을 성에서 출병시켜 어디쯤 갔는지 모르니, 벌써 2리쯤 행군했다고 생각하면 될 것이오."

그 신기한 지략을 헤아리기 어려움이 이와 같았다.

10월 9일에 남강부(南康府)에 이르니 어떤 사람이 부하 이정암(李正巖)과 유복태(劉福泰)가 원래 도적과 내통했다고 말했다. 선생이 두 사람을 소환하여 그 사실 여부를 물으니, 두 사람이 힘써 변명하므로 선생이 말했다.

"당분간 너희의 죄를 묻지 않겠다."

두 사람을 선생의 막하에 머물게 하고, 죄가 해명되지 않은 상태에서

---

75) 왕양명이 만든 군사조직. 앞에 나왔다.

공을 세우도록 책임을 맡겼다. 얼마 되지 않아 두 사람이 기밀사항을 가지고 선생에게 뵙기를 청하므로 선생이 두 사람을 밀실로 불렀다. 두 부하가 말했다.

"통강을 공격하려면 반드시 지방 18곳을 통과해야 하는데, 이곳은 가장 험한 곳입니다. 고개는 높고 길은 좁아서 관군이 들어갈 수 없습니다. 장보(張保)라는 목공이 오랫동안 도적 소굴에 있었는데, 채책(寨柵)[76]을 모두 그가 만들었습니다. 그리고 그곳 지리를 훤하게 알고 있으니, 이 사람을 얻지 못하면 불가능합니다."

선생이 장보가 어디에 있냐고 묻자, 그들이 "다행히 도독원의 병영 밖에 구금되어 있습니다"라고 하자, 즉시 후당(後堂)으로 데려오도록 명한 다음 물었다.

"내가 듣기로 도적의 채책을 모두 네 손으로 만들었다 하니, 너의 죄는 죽어 마땅하다."

장보가 머리를 방바닥에 두드리며 말했다.

"소인이 손재주를 가지고 먹고 살다가, 잘못되어 도적 소굴에 들어가 살기 위해 시키는 대로 했는데, 어쩔 수 없어서 그랬습니다."

선생이 듣고 말했다.

"당분간 너를 문책하지 않겠다. 그러나 저들이 채책을 설치한 장소가 반드시 험한 곳이라 했다. 너는 그 전후좌우의 들어가고 나오는 길을 반드시 알 것이니, 그것을 자세히 말하면 도적들을 무찌르는 그날 마땅히 너의 공을 인정할 것이다."

장보가 흔쾌히 붓을 달라고 하여 도적의 채책과 요새를 다 말하니, 그 세 사람을 모두 사면하고 관직을 주었다. 이것은 선생이 사람을 쓰는 활법(活法)[77]이다.

10일에 남평(南坪)에 도착하니 모든 장수들이 분전하여 도적 소굴을

---

76) 적군이 오지 못하도록 만든 방어 요새나 성채의 시설물이다.
77) 살아 있는 방법, 곧 실제적인 생생한 방법을 말한다.

쳐부수었다. 각 향도(鄕導)[78]의 말에 의하면 모든 도적들이 퇴각을 대비해 이미 각 산의 절벽에 채책을 설치하고 지킬 계획을 세웠다고 했다. 모든 장수들이 말하기를, "통강을 11월 초까지 격파하는 데는 기일이 촉박합니다. 어찌하시겠습니까" 하니, 선생이 말했다.

"이곳에서 통강까지의 거리가 1백여 리나 되고, 산길이 험하여 3일은 걸려야 겨우 도달할 것이다. 이곳의 도적들을 소탕하지 않고 병력을 통강으로 이동시키면, 앞을 살피고 뒤를 돌아보아야 하는 형세가 되므로 방어하는 데 힘이 많이 들고 분산된다. 계획에 득이 없다."

이때 도적 한 명을 사로잡아 왔는데, 통강의 도적들이 횡수 관군의 정세를 비밀리 정탐하러 내보낸 종경(鍾景)이란 자였다. 선생이 말하기를, "우리 군대가 가는 곳마다 이기니 통강이 망하는 것은 하루 아침 거리도 안 된다. 네가 만약 기꺼이 내 휘하에 머물러 쓸모있으면, 마땅히 너의 죄를 사면해주리라" 하니, 종경이 머리를 조아렸다. 그러자 선생이 통강의 지리(地利)를 물으니 그가 모두 말하고, 아울러 횡수의 각 소굴 통로를 말해주었다. 그래서 선생이 명하여 그를 묶었던 결박을 풀어주고, 술과 음식을 내려 막하에 머물게 했다.

이에 각 군영에 군령을 전달하고 게릴라 부대와 정예군의 두 부대로 나누었다. 한 부대는 전면에서 공격하게 하고, 또 한 부대는 후방을 기습하는데 구름처럼 빠르게 진격하니, 도적 소굴 50여 곳을 격파하고 사로잡거나 목 벤 적이 이루 헤아릴 수 없었다. 도적 두목 사지산도 사로잡았다. 효수형(梟首刑)[79]으로 군영 밖에 매달기 전에 선생이 이렇게 물었다.

"너는 일개 백성으로서 어떻게 무리 지은 자들을 이같이 얻었는가?"

사지산이 말했다.

"이 일 또한 쉬운 일이 아닙니다. 그러나 평소에 호감 가는 사람을 만

---

78) 군대에서 길을 인도하는 사람이다.
79) 목을 베어 그것을 높이 매달아놓는 형벌이다.

나면 결코 가벼이 지나치지 않고 반드시 여러 가지로 유인합니다. 어떤 때는 어려움을 도와주고 급한 일을 주선해주며, 또 어떤 때는 주색잡기할 때도 같이 놀아줍니다. 그러한 노력과 정성을 쏟아 신뢰가 쌓여 간 이 일을 도모하면 따르지 않는 사람이 없습니다. 그러므로 저의 부하 중에는 천 근을 질 수 있는 힘센 자가 50여 명이나 됩니다. 그러나 지금은 붙잡혀 결박당하니, 천자의 홍복(洪福)이 밝을 뿐입니다. 다시 무슨 원망이 있겠습니까?"

이렇게 말한 다음 눈을 감고 형을 받았다. 선생이 다른 날 문인들에게 이 일에 대하여 말했다.

"우리 무리 가운데 배우는 자가 친구의 도움을 구하려면 마땅히 이 같은 일에 주목해야 할 것이다."

모든 장수들이 이왕 여기서 승리한 김에 통강을 치려 하니, 선생이 말했다.

"통강은 천연적으로 험하고 사방이 막혀 있다. 출입구가 모두 벼랑을 깎아 만들고 계곡에 사다리를 놓았는데, 한 사람이 지키더라도 1천 명이 지나가지 못한다. 오직 상장(上章) 쪽의 한 길이 조금 평평하나 보름을 허비하지 않고는 도달할 수 없다. 말을 타고 달려가더라도 저들이 이미 알고 준비할 것이다. 그러니 가까운 지방으로 군대를 옮겨 병사들을 쉬게 하고, 우리의 위세를 키워 그들에게 무엇이 불행이고 다행인지 깨닫게 하는 것이 낫다. 저들은 우리 군사가 연전연승하는 것을 보면, 반드시 겁에 질려 항복할 것이다. 만약 지지부진하게 의심하면서 항복하지 않으면, 마땅히 나아가 습격할 것이다."

이에 부하 이정암과 종경을 보내면서 남천봉 등을 어르고 달래되, 정말로 항복하면 죽이지 말라 하고, 11월 1일까지 기한을 주었다.

이때 이두[80] 지방의 두목 지중용은 동생 중녕(仲寧)·중안(仲安)과 함께 모두 사나운 호랑이를 때려잡는 힘이 있고, 나무 사이를 날아다

---

80) 강서성과 광동성 사이에 있는 산맥의 이름이다.

니는 원숭이보다 빠르니, 적당들이 모두 복종했다. 사방에서 의지할 데 없는 이들을 불러모아 무리 지어 여러 차례 관군을 격파했다. 또 양민 가운데 건장한 사람들을 협박하여 부하로 삼고, 부자들에게 곡식과 돈을 강제로 빌리되 저항하는 자는 남김없이 재산을 불태우거나 죽였다.

용천(龍川)[81]의 호족인 노가(盧珂)·정지고(鄭志高)·진영(陳英) 등이 각각 무리 1천여 명을 모아 근거지를 향촌에 두니, 지중용이 그들을 휘하에 불러들이려 했으나 노가 등이 따르지 않았다. 그래서 그들은 서로 죽이고 해쳤다. 선생이 노가 등에게 격문(檄文)을 전하여 부르니, 세 호족이 드디어 약속을 받들어 도적을 소탕하려 했다. 선생이 그것을 허락하고 용천현 관리와 함께 협력하여 방어태세를 갖추게 하니, 지중용이 그 때문에 원한을 품었다.

황금소 등이 막 귀순하는 길에 많은 도적들이 모두 항복할 뜻을 내비쳤으나, 오직 지중용만은 달가워하지 않았다. 그가 말했다.

"내가 도적이 된 지 이미 1년이 넘었고 관군을 불러들인 것도 한 번이 아니니, 관청에서 하는 말을 믿을 수 없다."

이즈음 관군이 이미 횡수를 격파했다는 소식을 듣더니 비로소 두려운 기색을 띠었다.

마침 선생이 황금소 등을 지중용에게 보내 그를 달래 귀순하게 하니, 지중용이 그의 무리 고비갑(高飛甲)에게 말했다.

"관군이 이미 횡수를 격파했다. 반드시 승기를 타 직접 통강을 치고 우리 이두를 칠 텐데, 어찌하면 좋겠소?"

고비갑이 말했다.

"일전에 왕도독(王都督)[82]이 사람을 보내 우리를 불렀고, 또 황금소 등이 관부에 수용(收用)되었습니다. 한 사람을 거짓 투항시켜 한편으

---

81) 광동성의 현 이름이다.
82) 왕양명을 말한다.

로는 그들의 공격을 늦추고, 한편으로는 그들의 허실을 엿보는 것이 좋겠습니다."

그러자 지중용이 좋은 생각이라 여겨 동생 지중안을 노약자 2백여 명과 투항하도록 했다. 시중안이 무리들과 함께 공을 세우고자 하므로, 선생이 거꾸로 그들의 음모를 알아채고 크게 허락하며 말했다.

"너희가 스스로 원하여 투항했으니 오늘부터 통강에 병력을 증강하겠다. 너희가 오던 길을 끊고 무리를 이끌어 상신지(上新地)로 가서 적의 목을 베어 바치면 상을 내릴 것이다."

사실 상신지는 통강의 서부에 있기 때문에 이두와는 거리가 가장 멀었다. 선생이 일부러 저들을 그쪽으로 보내 돌아가는 데 시간이 많이 걸리게 하고, 그들을 임용한 것을 밖으로 보이게 하며, 그들의 마음을 안심시키기 위해서였다.

이정암 등이 통강에 도착하여 도적들에게 관부 병력의 위세와 초무(招撫)하는 기한을 말하니, 남천봉이 크게 기뻐 초무에 응하려고 무리의 의견을 모았다. 이때 횡수의 도적 소귀모(蕭貴模)가 통강으로 도망와 있었는데, 남천봉을 보고 말했다.

"사지산이 험한 곳을 수비할 줄 모르고, 관군을 내부 깊숙이 끌어들였다가 궤멸되었습니다. 만약 뜻을 세워 방어한다면, 비록 1백만의 무리라도 들어올 수 있겠습니까? 이곳은 모두 절벽으로 험하고 내게 횡수의 병력이 1천여 명이나 남아 있으며 통강을 지키는 데 도울 것이니, 어찌 스스로 사지(死地)로 나아가겠습니까?"

그러자 남천봉이 그의 잘못된 말에 기대면서 결단을 내리지 못했다.

이때 선생이 여러 장수와 병사들에게 명하여 30일 밤 일시에 모두 도착하게 했는데, 그날 밤 폭우가 내렸다. 이튿날 아침이 되어도 그치지 않았지만, 각 부대는 비를 무릅쓰고 진군했다. 이때 남천봉은 마침 투항을 의논하다가 폭우를 보고 관군이 진격하기 어렵겠다고 판단하여 차츰 방비를 게을리했다. 그러다가 홀연히 관군의 대군이 진격해온다는 소식을 듣고 말하기를, "왕공(王公)의 군사를 부림이 신과 같다" 하고, 급히 1천여 병력을 거두어 절벽을 거점으로 삼고, 물을 경계로 진을 쳐 막았다.

여러 장수들이 용기를 북돋우어 진격하여 목을 베거나 사로잡은 도적들이 매우 많았다. 소귀모를 진 가운데서 목 베고, 남천봉은 세력이 궁색해져 언덕에서 투신하여 죽었는데, 나중에 효수되었다. 도적 소굴 열 곳을 파괴하고, 목 베거나 사로잡은 두목이 열 명인데다 그들을 따르는 무리가 모두 1천 명이나 되었으며, 기타 사로잡은 자는 이루 셀 수 없었다. 그리하여 통강의 도적들이 모두 평정되었다.

이때 호광성의 군영(軍營) 참장(參將)[83] 사춘(史春)이 병력을 거느리고 오다가 빈주(彬州)에 이르러 선생의 보고를 들었다. 통강의 도적들을 이미 평정하고 멀리서 건너오는 고생을 위로한다는 것이었다. 사춘이 크게 놀라 말했다.

"지난번 세 성이 의논할 때 협공하더라도 1년이 더 걸린다고 했는데, 지금 왕도당(王都堂)[84]이 아침에 진격하여 저녁에 격파한 것이 추풍낙엽 같으니, 이는 참으로 하늘이 낸 무인이다."

11월에 선생이 개선하여 남강부에 이르니 백성들과 노인, 어린아이가 모두 절하며 환호하기를, "이제야 편안히 잠잘 수 있게 되었다"라고 했다.

선생이 지나간 주와 현에 각기 생사(生祠)[85]를 짓고 초상을 봉하며 세시(歲時)에 시축(尸祝)[86]했다.

선생이 횡수, 통강의 도적들을 막으니 그 잔당이 태유(太庾), 상유(上猶), 남강 사이로 흩어졌는데, 그 지방이 3백여 리나 넓고 호령이 미치지 못한다고 하여 숭의현을 횡수에서 다스리도록 아뢰고, 다료애(茶

---

83) 총병관(總兵官)을 말한다. 부총병(副總兵) 다음의 관직이다.
84) 왕양명을 말한다.
85) 생사당이라고도 한다. 백성이 수령의 선정을 기리기 위하여 생전부터 모시던 사당이다.
86) 사람이 죽지 않았으므로 위패를 놓고 축하했다.

療隘),[87] 상보연창(上堡鉛廠), 장룡삼순검사(長龍三巡檢司)를 늘려 설치했다.

정덕 13년(1518)은 선생의 나이 마흔일곱 되는 해이다. 감주에 있으면서 정월에 다시 이두를 정벌했다.

이보다 먼저 지중용 등은 남천봉이 이미 격파되었다는 소식을 듣고 더욱 두려워했다. 그가 군사를 나누어 방어하면서 관군을 막기 위해 계책을 세우자, 선생이 황금소 등에게 명하여 몰래 도적 소굴의 왼쪽 변두리로 나가 관군이 도착하는 것을 기다렸다가, 험한 지역을 거점 삼아 도적을 막게 했다. 다시 호족인 노가·정지고 등에게 비밀리에 대비하도록 일렀다.

부하 황표를 이두에 보내 각 두목들에게 쇠고기와 술을 내리고, 병력을 나누어 요새를 지킨 이유를 따지게 했다. 지중용이 더이상 숨길 수 없음을 알고, 그 사실을 인정하며 말했다.

"용천의 노가와 정지고는 원래부터 저와 원수지간입니다. 지금 불시에 병사들을 끌고 와 공격하니, 만약 제가 병력을 철수하면 반드시 습격당할 것입니다. 그래서 비밀리에 방어하는 것이지, 감히 관군에게 저항할 입장은 아닙니다."

드디어 그의 무리 귀두왕(鬼頭王)을 황표에게 딸려 보내 알리도록 했다.

"투항하는 기간을 너그러이 봐주시면 당연히 모든 사람들이 와서 항복하고, 참호(僭號)[88]를 고쳐 신민(新民)이라 부를 것입니다."

선생이 그 말을 믿는 척하고, 드디어 사람을 보내 노가의 군대가 마

87) 다료는 숭의현 통강에 있는 지명이다. 애는 애소(隘所)의 준말로, 관(關)을 말한다.
88) 신하의 신분으로 제왕의 칭호를 함부로 씀. 또는 호칭을 참칭(僭稱)하는 것이다.

음대로 사람을 죽인 정황을 조사하게 한 다음, 귀두왕에게 말했다.

"나는 이미 노가 등의 죄상을 살펴보았다. 마땅히 대군을 보내 토벌할 것이로되 당연히 이두의 길을 빌려[89] 지나갈 것이니, 너희는 그것을 위하여 나무를 베고 길을 만들어 관군이 진군하는 데 편의를 도모하라."

귀두왕이 돌아가 보고하니, 지중용이 듣고 나서 기뻐하기도 하고 두려워하기도 했다. 기쁜 이유는 도독원이 노가에게 진노하게 함으로써 그를 함정에 빠뜨린 때문이고, 두려운 이유는 관군이 길을 빌려 가다가 혹시 자기들을 토벌할지 모르기 때문이었다. 이에 다시 귀두왕을 보내 사례하고, 관군이 힘들일 것 없이 모두 스스로 지키게 해달라고 청했다.

이때 노가와 정지고, 진영이 직접 도독원에 와서 글을 써 올려 말했다.

"지중용 등이 참칭하여 관청을 설치하고, 일일이 병력과 무리를 모으며, 원근 각지에 있는 도적 두목들을 소집하여 총병도독(總兵都督) 등의 관직을 주었습니다. 또 세 성의 군대가 오는 것을 염탐하여 동시에 거사를 실시하여 불궤(不軌)[90]를 행할 모의를 했습니다. 또 저 노가 등에게 금룡패왕(金龍覇王)이라는 관작과 인신,[91] 그리고 문서를 거짓으로 주었습니다."

선생이 듣고 크게 노하여 말했다.

"너희가 사사로운 원한을 품어 제멋대로 군대를 움직여 살생을 자행한 것이 이미 죽어 마땅하거늘, 또 이 같은 근거 없는 말로써 기회를 보아 상대를 모함하여 이전의 죄를 숨기려고 하느냐? 내가 이미 그 실상을 간과 폐를 보듯이 훤히 안다. 지중용이 그의 동생 중안에게 군사를

---

89) 원문은 '가도'(假道). 지나간다는 뜻이다.
90) 원래는 '모반'(謀叛)의 뜻으로 많이 쓰이나, 법이나 사회적 규범을 어김을 말한다.
91) 옛날 관리가 몸에 차던 인(印)이다.

주어 보내, 공을 세워 보답하고자 성심으로 돌아왔는데, 어찌 다시 내게 저항할 리 있는가?"

드디어 노가 등이 올린 글을 찢고, 나가는 그들에게 사자를 보내 말했다.

"만약 다시 와서 소요를 일으키는 자가 있다면 반드시 목을 베겠다."

그러나 선생은 비밀리에 참모관(參謀官)을 보내 노가 등에게 알렸다.

"도독원은 너희의 충의를 깊이 알고 있다. 잠시 거짓 화를 낸 것은 지중용 등을 꾀어 항복하게 하려는 것이니, 너희가 다시 도독원에 와서 거듭 고하라. 그 벌로 곤장 서른 대를 맞고 열흘간 억류되어 있으면, 지중용 등을 마음먹은 대로 처리할 수 있겠다."

노가 등이 그 말을 믿고 다시 와서 변명하니, 선생이 더욱 노하여 큰 소리로 목을 치라고 명하자, 여러 장수들이 머리를 조아리며 용서해달라고 청했다. 선생이 화가 아직도 풀리지 않아 곤장 서른 대를 치게 했다.

마침 이때 지중용의 동생 지중안 등이 선생의 막하에 있었는데, 노가 등의 변명을 듣고 마음속으로 투항한 것을 후회하며 놀라 두려워했다. 그러다가 선생이 두 차례나 격노하는 것을 보고 크게 기뻐했다. 그리고 그 무리를 이끌고 와서 절하며 노가 등의 죄를 하소연했다. 선생이 말하기를, "내가 이미 심문하여 명백해졌으니, 마땅히 노가의 가솔들을 모두 참하고 지방을 편안하게 할 것이다" 하니, 지중안이 더욱 기뻐하며 이 사실을 글로 써 지중용에게 보고했다.

노가 등이 이미 옥에 갇혀 있었는데, 선생이 부하 순열(巡閱)을 보내 도독원의 진의를 비밀리에 알리니, 노가 등이 매우 감읍(感泣)하여 말했다.

"도독 왕공이 지방의 폐해를 없애기 위하여 진실로 우리를 쓴다면, 비록 간과 뇌가 땅바닥에 으깨어지더라도 여한이 없겠습니다."

선생이 또 노가에게 사람을 보내 그의 부하들을 모이게 하여 나중에 그가 돌아가면 출동 태세를 갖추고, 또 황표를 지중용에게 보내 선생의 뜻을 전해 깨우쳤다. 이때 선생은 황표에게 지중용이 친하게 여기고 믿는 자를 몰래 매수하여 투항하라고 말했다. 황표가 지중용에게 말했다.

"도독원은 이미 노가 등이 원수처럼 살육한 실상을 다 알고 있으니, 너희는 다시 의심을 품지 말라."

지중용이 술잔치를 베풀고 후하게 대접하니 황표가 말했다.

"왕도독의 군사 부림이 신과 같고, 또 너그러움과 큰 덕을 갖추고 있어 투항해오는 자를 막지 않는다. 그래서 황금소 등이 모두 관직을 받았다. 만약 너희가 도독원의 휘하에 들어가면 중하게 쓰이도록 힘써 청할 것이다."

그러자 지중용이 공수(拱手)[92]하고 사례했다.

12월 20일에 선생이 대군을 강서성의 남창과 감주로 회군하게 했다. 그리고 군마를 각 갈래로 나누어 돌아가게 한 다음 다시 쓰지 않았다. 사령부인 본원으로 돌아와서 술잔치를 베풀고, 성안의 백성들에게 유시(諭示)[93]를 내렸다.

지난번 도적이 어지러이 창궐하여 수시로 노략질을 일삼으니 지방이 시끄러웠다. 그래서 백성들이 제대로 생업에 종사하지 못했는데, 지금 남안부(南安府)의 도적 소굴이 모두 소탕되고, 이두의 새로운 백성이 모두 성심으로 귀순하니, 이제부터 근심이 없을 것이다. 백성들이 오랫동안 고생했으니 마땅히 휴식을 취해야 할 것이다. 마침 풍년이 들어 민간에서 화려한 등을 밝히고 음악 소리가 들리니 일시 태평의 풍성함을 드러내는구나.

선생이 마침내 지중안을 불러 말했다.

---

92) 읍(揖)을 하기 위해 두 손을 모으는 것.
93) 윗사람이 아랫사람에게, 또는 관청에서 백성에게 타일러 깨우치는 글. 또는 그러한 행위이다.

"너의 형제가 성심으로 귀순하니 깊이 가상하게 쓰노라. 내가 듣기로는 노가의 무리가 가장 많으나 몸이 여기에 묶여 있으니, 아마도 그 무리가 애석하게 여기며 원한을 품어 너희가 안심하고 있는 틈을 노릴 것이다. 내가 잠시 지금 너를 돌아가게 할 것이니 너의 형을 도와 막고 지키기를 바란다."

지중안이 이 말을 듣고 머리를 조아리며 사례하자, 선생이 또 여은(余恩)에게 명하여 중안을 호송하게 하고, 아울러 새 달력을 여러 두목들에게 내렸다.

지중안이 요새에 도착하자 그들은 매우 기뻐하여 술잔치를 성대히 베풀었다. 지중안이 또 도독원이 군대를 해산해 백성들을 안심시키고 장교들을 되돌려 보낸 뜻을 말하니, 무리가 기뻐 뛰면서 좋아했다.

이때 황표는 아직도 요새 안에 머물고 있었는데, 지중안이 그를 만나함께 마시면서 말하기를, "우리가 일찍이 도독원에서 만났더라면 훨씬빨리 귀순했을 것입니다" 하자, 황표가 말했다.

"당신 백성들이 오히려 예를 모른다. 도독원의 위로가 매우 후하고게다가 새 달력까지 내렸는데, 어찌해서 편안히 앉아 이것을 받으려 하는가? 예를 따지자면 마땅히 도독원에 친히 가서 배알하고 사례해야 할것이오."

여은이 또 곁에서 권하며 말했다.

"노가 등은 너희들이 반란을 일으켰다고 밤낮으로 참소했는데, 관부에서 시험 삼아 너희를 불러보라고 청했다. 만약 불러서 오지 않으면그것이 반란을 일으킨 증거라는데, 이것은 두려운 일이 아닌가?"

지중용이 말했다.

"도독원에서 부르면 어찌 가지 않을 수 있겠습니까?"

황표가 말했다.

"지금 관부의 부름에 응하여 가서 사례하고[94] 노가 등의 죄악을 참소

---

94) 위의 내용은 『상전』의 내용과 똑같다. 『실기』에 "今若不待招而往"으로 나오나

하면, 반드시 너희가 딴마음을 먹고 있지 않음을 깊이 믿을 것이고, 노가 등이 속고 있다고 말하면 반드시 그를 죽일 것이다."

그러자 먼저 도독원에서 매수해둔, 지중용이 신임하는 도적 두목이 또한 덩달아 힘써 가기를 권하므로, 지중용이 그렇게 하기로 하고 무리에게 말했다.

"만약 펴려고 하면 먼저 구부려야 하고, 또 왕도독의 기량을 친히 가서 간파해야겠다."

드디어 계획을 정하여 휘하의 용감무쌍한 부하 93명을 거느리고 스스로 감주로 나오거늘, 여은 등이 먼저 달려와 보고하니 선생은 지중용이 이미 길에 나선 줄 알았다.

이어 비밀리에 사람을 소속 현에 먼저 보내 병력을 정돈하여 초(哨)와 도(道)로 나누고 염탐꾼이 보고하면 출동하게 했다. 또 천호(千戶)[95] 맹준(孟俊)을 먼저 용천으로 보내 노가·정지고·진영 등의 병력을 소집하고 감독하게 했다. 그러나 한편 이두의 소굴에 있는 도적들이 겁먹을까봐 별도로 패 하나를 가지고 가서 노가 등의 무리를 체포하는 거짓 임무를 주었다. 각 처의 도적은 맹준이 용천에 간 것을 듣고 과연 환영하며 그 까닭을 물었다. 맹준이 패를 꺼내 보이니 모두 나란히 질하고 다투어 경계선까지 나와 맞이하며 인도했다. 맹준이 용천에 이르러 비로소 패를 사용하여 노가 등의 병력을 통솔하니, 도적들이 그 소식을 듣고 모두 그들을 잡아들일 것이라 여겨 다시 의심을 품지 않았다.

12월 23일 지중용이 감주에 도착하여 일행을 주둔지에 남겨둔 채 단지 몇몇 측근만 거느리고 도독원으로 나아가 아뢰니, 선생이 좋은 말로 위로하고 데리고 온 부하의 수를 물으니 지중용이 대답했다.

"따르는 사람이 90여 명에 지나지 않습니다."

『상전』에는 '불'(不)자가 없다. 『상전』을 따랐다.
95) 군사 1천 명을 거느리는 벼슬 이름이다.

선생이 말했다.

"넓은 곳에서 편안히 위로할 것이다."

그러고는 상부사(祥符寺)에 머물도록 명했다.[96]

또 선생이 말하기를, "무리들이 지금 어디에 있는가" 하자, 중군관(中軍官)[97]이 말했다.

"현재 야외에 주둔해 있습니다."

선생은 얼굴색이 변하면서 말하기를, "너희가 모두 나의 신민으로서 지금 나를 보러 온 터수에 도리어 야외에 주둔하고 있으니, 어찌 마음으로는 나를 의심하는 것이 아니냐" 하니, 지중용이 두려워 황급히 말했다.

"빈 땅에서 휴식을 취하며 각하의 명을 기다리고 있는데, 어찌 다른 뜻이 있겠습니까?"

그러자 선생이 말했다.

"내가 오늘 너희의 죄를 눈처럼 깨끗이 씻어 양민으로 삼으니, 너희는 마땅히 과거를 뉘우치고 스스로 새롭게 하라. 내가 당연히 그것을 도울 것이다."

지중용이 사례하고 물러갔다. 상부사에 이르러 대우가 극진한데다 후한 것을 보고 기뻐하며 밖으로 나가보았다. 그때 참수관(參隨官)이 지중용의 부하들을 시가로 인도했는데, 각 군영의 관병(官兵)이 과연 모두 흩어져 집으로 돌아가고, 거리에 등을 매달아 대낮처럼 밝혀 마시고 노는 것처럼 보이게 했다. 그들은 도독원에서 다시 군사를 부리지 않는다는 것을 비로소 믿었다. 또 그들은 옥졸에게 비밀리에 뇌물을 주어 노가 등의 동정을 살피게 했는데, 과연 견고하게 형틀에 매어 있었

---

96) 『상전』에는 더 자세히 기록되어 있다. 선생이 '상부사'를 부하에게 물어 정한 것으로 되어 있다.

97) 『상전』에는 '중군관, 중용(仲容)'으로 되어 있다. 아마 선생이 지중용에게 거짓으로 중군관이란 벼슬을 내린 것 같다.

다. 또 옥졸이 관청에서 노가 등의 가족을 잡아오라는 명을 내렸고 곧
목을 벤다는 말을 전하니, 지중용이 크게 기뻐하여 그 무리에게 사람을
보내 말했다.

"나의 일이 오늘에야 비로소 제대로 되었다."

선생이 마침내 밤이 되자 노가와 정지고 등을 풀어주어 돌아가 군대
를 출동하게 하고, 닷새가 지나자 지중용 등이 장차 떠나려고 들어오거
늘 선생이 말했다.

"여기서 이두까지의 거리가 8~9일 정도의 일정이 걸리는데, 지금 돌
아간다면 부득이 해를 넘길 수밖에 없다. 만약 내년 봄에 다시 오려면
건너오는 게 걱정이다. 게다가 지금 감주는 화려한 등불이 번성하므로
여기에 있으면 또한 적적하거나 쓸쓸하지 않을 것이다. 정월에 돌아가
면 어떻겠는가?"

이 도적의 무리 가운데 젊은 사람들이 화등(華燈)을 즐겁게 구경하
다가 윤락가에서 놀았는데, 도독원의 참수관이 돈을 대어주자 이들이
기뻐하며 돌아가는 것을 잊었다.

설날 아침 도독원에 들어와 하례(賀禮)하고, 오후에 다시 들어와 절
하며 떠나려 하므로 선생이 말했다.

"너희가 정월 초하룻날 배알했지만 위로와 상급도 없었는데, 어찌 떠
나려 하는가? 마땅히 3일 동안 너희들을 위로하리라."

다음날 담당 관리를 시켜 상부사에 술을 보내고, 참수관이 기생들을
데리고 가서 종일토록 마시고 즐기게 했다. 또 병영에 글을 써 말하기
를, "이두의 신민 지중용 등은 내일 모두 본원에 나와서 상을 받으라"
하니, 지중용의 무리가 기뻐했다.

이때 선생은 노가 등이 이미 감옥에서 풀려나 집에 도착하고, 돌려보
낸 현의 군사들이 많이 모인 것을 헤아린 다음, 이날 밤 수비관(守備
官) 협문(郟文)에게 비밀리에 명을 내렸다. 그 내용은 훈련이 잘된 날
랜 군사 6백 명을 20대로 나누어 사격 연습장에 매복해 있다가, 사령부
에서도 도적 두목들에게 상을 주는 것을 엿보아, 각각 5명씩 한 반(班)

을 이룬 도적들이 상을 받은 것에 고쳐되어 사령부의 문을 나서 사격 연습장을 지나가면, 날랜 군사로 구성된 한 부대씩 나와 그들을 사로잡으라는 것이다.[98] 또 용광(龍光)[99]에게 명을 내려 말했다.

"너는 날랜 군사 한 부대를 이끌고 병영 문에서 공역(公役)에 종사하는 것처럼 꾸미면서, 각자 예리한 칼을 품고 대문 근처에 있다가, 도적들 가운데 힘으로 제압하기 어려운 자가 있으면, 부하 군사들이 서로 힘을 합쳐 그를 제거하도록 하라."

또 담당 관리에게 명하여 상품을 도독원[100] 내에 미리 준비하고, 여러 장수들을 평상시의 관례에 따라 도열하게 했으며, 또 중군관에게 비밀리 사령부의 호령을 기다려 일제히 계획대로 시작하라고 알렸다.

그리하여 각 벼슬아치들이 모두 모여 지중용 등 90여 명을 인도하여 도독원 앞에서 상을 받게 하니, 지중용 등이 문 안으로 들어와 예를 갖추었다. 선생의 상을 수여받은 도적들이 문 밖으로 나서자마자 날랜 군사들이 모두 사로잡았다. 이에 노가 등이 작성한 고소장을 보이고 심문하니 모두 굴복했다.

드디어 그들을 감옥에 가두고, 밤에 사람을 보내 현의 병력을 출동시켜 정월 초이레를 기한으로 정해 동시에 도적 소굴로 쳐들어가게 했다. 이때 문인 설간(薛侃)[101]에게 편지로 알렸다.

오늘은 용남(龍南)[102]에서 막고 나면, 내일은 도적 소굴로 들어간다. 네 갈래의 병력이 모두 같은 기한 내에 진격하니 도적은 반드시

---

98) 『상전』에는 "사로잡든지 죽이든지 하라"고 되어 있다.

99) 왕양명의 부하 참수관(參隨官)이다.

100) 사령부이다.

101) 자는 상겸(尙謙), 호는 중리(中離), 광동성 계양(揭陽) 사람으로, 정덕 12년에 진사가 되었다. 이 편지는 『왕문성공전서』 권4, 문록1, 「여양사덕설상겸」(與楊仕德薛尙謙) 참조.

102) 강서성 감주부 용남현이다.

격파될 형세이다. 내가 저번에 횡수에 있을 때 일찍이 양사덕(楊士德)[103]에게 부친 글에서, "산중의 도적은 물리치기 쉬우나, 마음 가운데의 도적은 물리치기 어렵다"[104]고 했는데, 좀도둑을 일일이 싹 쓸어버리는 것이 어찌 이상한 일이겠는가? 제현(諸賢)이 마음 가운데의 도적을 소탕하여 깨끗한 평정을 이루는 공이 있으면, 이는 참으로 일찍이 세상에 없었던 대장부의 위대한 업적이다. 수일이 지나면 참으로 필승의 전략을 얻어 대첩(大捷)을 아뢸 기한이 있을 것이니, 어떤 기쁨이 이보다 더하겠는가?

| 나의 생각 13 |

주자가 말하기를, "중국 땅의 오랑캐는 쉽게 쫓아낼 수 있으나, 자신의 사욕은 제거하기 힘들다" 하고, 선생이 또 "산중의 도적은 물리치기 쉬우나, 마음 가운데의 도적은 물리치기 어렵다"라고 말하니, 이는 그들이 실지로 경험한 말이요 특별히 남을 위한 설법이 아니다. 요순 같은 성인도 "사람의 마음이 오직 위태롭다"[105] 했는데, 대개 이것에 전전긍긍한 것이다.

그러므로 마음 가운데의 도적을 물리치려면 어떤 방법을 말하는가? 선생이 언젠가 가르침을 주면서 말했다.

"자기를 되돌아 살펴보고[106] 자신의 사욕을 극복하는[107] 노력에는 쉴 때가 없다. 도적을 없애기 위하여 깨끗이 소탕하는 뜻을 가져야 하는 것과 같다. 자신이 해야 할 특별한 일이 없을 때에는, 돈을 좋아하고

---

103) 『연보』에는 자만 있고, 성은 없다. 『상전』에는 성과 자가 함께 있는데, 『실기』는 이것을 따른 것 같다. 사덕은 그의 자이고, 이름은 양기(楊驥)이다. 한때 담감천(湛甘泉)에게 배우다가 왕양명의 제자가 되었다.
104) 원문은 "破山中賊易, 破心中賊難". 유명한 구절이다.
105) 원문은 "人心惟危". 『서경』에 나오는 말로 나중에 주자가 『중용장구』 서문에 인용했다.
106) 원문은 '성찰'(省察).
107) 원문은 '극치'(克治). 즉 극기를 말한다.

여색을 밝히며 이름 알리기를 좋아하는 것 등의 사사로운 마음을 찾아 한결같이 쫓아내고 병의 근원을 뽑아내, 다시는 영원히 생기지 않도록 해야 비로소 상쾌하게 된다. 마치 고양이가 쥐를 잡는 것과 같다. 눈으로 보는 한편 귀로 듣다가 좋지 못한 한 생각이 최초로 싹터 움직이면 능숙하게 쇠를 자르듯이 한다. 잠시도 다른 방법을 용납할 수 없고, 구덩이에 숨을 수도 없으며, 다른 길로 도망가게 놓아줄 수도 없어야 진실로 성공한다.”

그러므로 배우는 사람이 마음 가운데의 도적을 없애려면, 사건이 생길 때만 특별히 자기를 되돌아 살펴보고 사욕을 극복할 것이 아니라, 특별한 일이 없을 때에도 도적의 무리를 찾아내 애통해하며 고쳐서 뿌리와 그루터기를 남기지 않아야 한다. 그래야 다른 날 슬그머니 생기는 근심이 비로소 없어진다. 내 몸으로 돌이켜보건대 과연 이 같은 실제적인 효과가 있는가? 말이 떨어지기가 무섭게 장차 어떻게 할 것인가?

14. 잔적을 소탕하다

이에 여러 장수들이 각기 진격할 길을 나누고, 동시에 진격할 시각을 정하여 삼리(三浰)[108]에 모이기로 했다. 선생은 휘하 군사들을 직접 거느리고 용남현(龍南縣)[109] 냉수(冷水)를 지나 곧바로 하리(下浰)의 큰 소굴을 쳤다.

이보다 먼저 도적의 무리들이 지중용의 편지를 받아보고, 감주의 관군이 모두 이미 해산하여 집으로 돌아간 줄 알았다. 그래서 방어태세를 소홀히 하고 각각의 소굴에 흩어져 지내고 있었다.

이때 관군이 사방에서 진격해온다는 소식이 갑자기 들려왔다. 모두들 놀라 당황해서 어쩔 바를 모르고, 흩어져 몸을 내던지며 방어선을

---

108) 강서성과 광동성 경계 일대의 지명이다.
109) 강서성 감주부에 있다.

빠져나갔다. 관군은 정예병의 일부를 험한 곳에 매복시키고, 나머지 병력으로 도적들을 맞았다. 관군이 세 곳에 모여 진을 치고, 세 곳 군마를 진격시키면서 용맹스럽게 힘써 싸우니, 적이 크게 패하여 도주하다가 궤멸되었다.

16일에 이르러 도적 소굴을 연달아 격파하고 보니, 사로잡은 남자와 부녀자, 노획한 소와 말, 그리고 무기가 매우 많았다. 그러나 각 소굴로 달아나서 흩어진 도적 가운데 날쌔고 사나운 자들이 아직도 8백여 명이나 되었다. 그리고 다시 구련(九連)의 큰 산을 거점으로 은밀히 모여 험한 지형을 차지해 견고히 지켰다. 그곳은 산세가 매우 험해 횡단하는 데만 수백여 리가 되며, 사면이 절벽이라 관군이 진격할 수 없었다. 이웃 현을 따라 후방의 길을 차단하려면 필수적으로 보름이나 걸려야 가능한데, 속도가 느리고 실행하지 못할 일이었다. 단지 적이 주둔해 있는 절벽 아래를 통과할 수 있는 길이 하나 있었다. 그러나 도적이 이미 점령해 있어서 저들이 위에서 돌이나 나무를 떨어뜨리면 관군이 전멸할 지경이었다.

그리하여 선생은 정예병 7백여 명을 뽑아, 노획한 도적의 옷으로 갈아입혀 도망한 도적의 잔당으로 위장했다. 날이 어두워지자 곧바로 적이 주둔해 있는 절벽 아래의 샛길로 통과하려 했다. 마침 도적들은 이들을 각 소굴에서 패하여 흩어진 무리로 여겨 소리를 질러 부르므로 거짓으로 호응하니, 적이 머뭇거리며 감히 공격하지 못했다. 험한 곳을 다 지나가자 드디어 귀로(歸路)를 차단했다.

다음날 적이 비로소 이들이 관군임을 알아차리고 기세를 몰아 공격했다. 관군이 이미 험한 지형을 거점으로 삼아 아래 위에서 공격하니 도적들이 더이상 버티지 못하고 물러났다. 선생은 그들이 궤멸될 것을 예상하고, 미리 작은 부대 단위의 관군을 사방에 매복시켜 그들을 기다리라고 지시했다. 과연 도적들이 부대를 나누어 몰래 도망하므로 여러 장수들이 추격하여 사로잡거나 목을 벤 도적들의 장수나 부하가 매우 많았다. 각 향도들이 말했다.

"각 소굴에서 나쁜 일을 일삼고 흉악하고 교활한 도적들을 모두 없앴으나, 장중전(張仲全) 등 2백여 무리들은 모두 노약자입니다. 이들은 일시적으로 적의 협박에 못 이겨 나쁜 짓을 저질렀지만, 얼마 되지 않습니다. 지금 세력과 계략이 궁색하여 十련의 계곡 입구에 모여 울부짖으며 통곡하고 있습니다. 그리고 성심으로 관군이 오기를 기다리고 있답니다."

그러자 선생이 황표를 보내 그 사실을 알아보라 하니, 과연 그러했다. 그들은 두목 몇을 이끌고 와서 항복할 뜻을 보이고, 부득이 협박당한 사정을 하소연하므로 그 무리를 위로하고 양민으로 받아들였다.

선생이 정월 7일에 군대를 일으켜 3월 8일에 이르러 적의 소굴 38곳을 쳐부수고, 도적 두목의 목을 벤 것이 29명이며 사로잡은 무리가 890명이었다. 이에 지리를 살펴 현을 설치하여 다스리게 하고, 군사를 두어 지키게 한 다음 돌아왔다.

3월에 사임을 청했으나 윤허(允許)받지 못했다.

│ **나의 생각 14** │

선생이 영리하고 밝은 자세로 수양하고 단련한 노력이 극치에 다다랐다. 그래서 '사물에 임하고 변화에 대응하는 것'[110]에 계획이 정밀하고 용의주도(用意周到)했다. 선생이 닿는 곳마다 시원하게 신기(神機)[111]가 묘하게 발동하니, 상식으로 헤아리거나 측량할 수 없는 것이 많다. 나라를 구하고 백성을 구하려는 피 같은 성의(誠意)는 진실로 황천(皇天)을 감동시키고, 후세를 밝게 비춘다. 세속의 유학자들을 돌아보면 학설이 자기와 같지 않다고 하여 선생을 망령되이 평가하여 이르기를, "농락하고 정통 유학의 문호를 부수는 술법이라" 하니, 왜 어질지

---

110) 한자 숙어로 '임사응변'(臨事應變)이다. 즉 왕양명의 학문이 구체적인 현실에 대응하는 것을 말한다.
111) 신기한 기략(機略)이란 뜻이다.

못함이 그렇게 심한가? 저렇게 말 많은 무리들이 어찌 일찍이 선생 업적의 만분의 일이라도 알았을까? 아! 왕개미가 큰 나무를 흔드는 격[112]이니, 그들이 선생의 도량을 알지 못함을 모두 볼 수 있을 것이다.

---

112) 원문은 '비부감대수'(蚍蜉撼大樹). 견식이 모자라는 사람이 저보다 나은 사람을 비판하는 것을 일컫는다.

가르침을 이어감

15. 아동교육 강령을 발표하다

정덕 13년(1518) 4월에 군대를 철수했다.

선생이 말했다.

"백성의 풍속이 선하지 않은 것은 교화가 밝지 못한 까닭이다. 지금 다행히 도적이 소탕되어 백성들의 어려움이 점차 줄어들고 있다. 만약 모든 풍속을 바꾸려 한다면 실로 쉬운 일이 아니다. 천박하고 함부로 예속을 행하는 자를 인도하고 가르쳐야 할 것이다."

즉각 남감에 속한 각 현에 고하여 깨우쳤다.[1] 곧 어른들과 자제들에게 서로 훈계하고 권면하게 했다. 또 학교를 세워 가르치며 책을 읽히고, 시를 노래하며 예를 익히게 했다. 그리고 길거리에 출입할 때 관장(官長)[2]을 보면 반드시 두 손을 맞잡고 공경을 나타내도록 했다. 선생이 공적인 여가를 이용해 상을 주고 칭찬하여 인도하니, 얼마 되지 않

---

1) 『실기』는 『상전』을 따라 '고유'(告諭)로 표현하고 있으나, 『연보』에는 '고론'(告論)으로 되어 있다. 『왕문선공전집』 권16, 별록8에 「고론」과 「고론부로자제」(告論父老子弟)가 실려 있다.
2) 지방 관리의 우두머리, 수령이다.

아 저잣거리에 사는 백성 또한 점차 예법을 알고, 아침저녁으로 노랫소리가 마을 끝까지 울려퍼졌다. 이로 말미암아 점점 예의를 알고 사양하는 기풍이 생겼다.

이때 선생이 아동교육의 강령을 교사 유백송(劉伯頌) 등에게 읽도록 보여주었는데, 그 내용은 아래와 같다.[3]

옛날의 교육은 인륜을 가르쳤는데, 후세에는 글을 암기하고 문장만 꾸미는 습속이 생겨 선왕(先王)[4]의 가르침이 없었다.

지금 아이들을 가르치는 데는 마땅히 효제충신(孝弟忠信)과 예의염치(禮義廉恥)를 주 내용으로 삼아야 한다. 가르치고 함양하는 방법은 마땅히 노래와 시로 유도하여 뜻과 생각을 계발해야 할 것이다. 또 예를 익히는 것으로 인도하여 그 몸가짐을 엄숙하게 하며, 책을 읽고 외우게 하여 그 앎을 열어주어야 할 것이다.

지금 사람들은 종종 노래와 시, 예를 익히는 것이 현실 문제를 해결하는 데 적절한 방법이 못 된다고 하니, 이는 모두 말단 풍속의 비루한 견해이다. 어찌 옛사람이 세운 교육의 뜻을 족히 알려고 하지 않는가?

대개 아이들의 성품이 놀기 좋아하고 구속받고 검사받는 것을 싫어한다. 마치 초목이 처음 싹트는 것과 같아서 서서히 자라게 두면 잘 자라는데, 꺾거나 휘면 쇠하여 자라지 못하게 된다. 지금 아이들을 가르칠 때 반드시 뛰고 춤추게 하여 마음을 기쁘게 하면, 그 진보를 스스로 그칠 수 없을 것이다. 비유하자면 봄비와 봄바람에 젖으면 초목이 싹터 자연히 날로 자라고 달로 변화하다가, 얼음이 얼고 서리가

---

3) 『전습록』 권중의 끝부분에 실려 있는 이 글의 원 제목은 「훈몽대의시교독유백송등」(訓蒙大意示教讀劉伯頌等)이다. 뜻은 '아동을 훈육하는 대강의 견해를 책읽기를 가르치는 교사 유백송 등에게 보여주다'이다.
4) 전설적인 훌륭한 임금, 또는 중국의 기본적 문화의 시초를 이룬 주나라의 문왕·무왕·주공의 문물을 말한다. 곧 도덕의 표준이다.

내려 낙엽이 지면 쓸쓸히 생명을 다하여 마르게 되는 것과 같다.

　그러므로 노래와 시로 인도하는 자는 단지 생각과 뜻을 계발하는 것에만 그칠 것이 아니라, 노래 부르며 뛰게 하여 말과 생각이 막혀 있고 억압되어 있는 것을 풀어주어야 한다. 예를 익혀 인도하는 자는 단지 몸가짐만 엄숙하게 할 게 아니라, 주선(周旋)하고 읍양(揖讓)하여 혈맥을 움직여 깨끗하게 하고, 절하고 일어나며 몸을 굽히고 펴는 데 근육과 뼈를 굳게 단속하게 해야 할 것이다. 외우고 책 읽는 자는 단지 앎만 열어줄 게 아니라, 고요히 마음을 가라앉히기를 반복하여 마음을 보존하며, 억양을 살려 외우면서 그 뜻을 드러나게 해야 할 것이다.

　무릇 가르치는 사람들이 아이들의 뜻과 생각을 잘 이끌어 성정(性情)을 조화롭게 다스려야 한다. 아이들의 비루하고 인색한 태도를 사라지게 하며, 거칠고 완악한 것을 조용히 변화시켜 날마다 점점 예의에 나아가게 한다. 그렇게 하되 어려움을 고통스럽지 않게 하면 인륜의 도리에 들어가되 그 까닭을 모른다. 이것이 선왕이 가르침을 세운 진실한 뜻이다.

　근래에 아이들을 가르치는 자는 오직 책 읽는 과정을 날마다 감독하여 책망과 검사만 하지, 예의로서 인도하는 것을 알지 못한다. 총명함만 구하지 선으로써 배양하는 것을 알지 못한다. 그리하여 회초리 들어 때리는 것을 마치 죄수 다루듯 하니, 아이들이 학교 건물을 감옥 보듯 하여 즐거운 마음으로 등교하지 않는다. 또한 가르치는 스승을 원수 대하듯 하여 보지 않으려 한다. 몰래 틈을 엿보아 장난을 치고, 안 그런 척 꾸미고 속여 제멋대로 비루하고 완악해진다. 그리하여 경박하고 용렬함이 날마다 생겨나니, 악을 몰아내고 선을 구하고자 하나 어찌 가능하겠는가?

　무릇 내가 가르치고자 하는 까닭은 그 뜻이 실로 여기에 있다. 아마도 지금의 풍속이 이 뜻을 깊이 살피지 못하고, 그것을 현실과 거리가 멀다고 보며, 또한 내가 장차 떠날 것이므로 특별히 너희에게 정녕 고하여 가르치고 읽게 하노라. 내 뜻을 힘써 체질화하여 영원토록 가르침을 삼고, 잠시라도 세속의 말을 따라 이 가르침을 바꾸거나 없애지 않으면, 아이들을 바르게 기르는 데 성공할 것이다. 명심하고 또 명심하도록 하라.

| 나의 생각 15 |

이 설은 내가 일찍이 경험한 바가 있다. 대개 이전의 교육은 아이들에 대한 구속이 매우 심하여 체벌이 능사였다. 그러므로 아이들이 과연 학교 건물을 감옥처럼 보고 스승을 원수처럼 여겨 몰래 피하고 엿보아 꾸미거나 속인다. 기질이 강한 아이는 그 범위를 뛰어넘어 더욱 방자하여 완악해지고, 기질이 약한 아이는 더욱 유약하고 위축되어 겁내는 성품을 이루니, 모든 성품이 보잘것없게 된다.

지금의 교육은 창가(唱歌)[5]와 체조 등의 과목으로, 그 뜻과 생각을 고취하고 계발하며, 혈맥을 움직여 깨끗하게 만든다. 그러므로 아이들이 모두 기뻐하며 싫어서 도망하는 뜻을 보이지 않는다. 마치 초목이 서서히 자라게 하는 것과 같으니 그 효과의 차이가 어찌 크지 않겠는가?

대개 선생이 세상에 계실 때가 4백여 년이나 되었으나, 이와 같이 오늘날 교육의 단초를 이미 열었다. 어찌하여 나중의 유학자가 이것을 강론하지 못했는가? 글로 나타낸 지 오래되었지만, 왜 떨치지 못했는가? 선생이 오히려 오늘날에 가깝다. 읊고 노래하고 춤추는 것이 삼대(三代)[6]의 가르침이 아닌가? 심하구나, 이전 교육이 예나 지금이나 마땅하지 않음이여!

---

5) 노래, 즉 음악으로 박은식이 활동한 개화기 때 서양 음악과 체조가 도입되었다.
6) 하·은·주 시대이다.

16. 『고본대학』을 판각하다

5월에 화평현(和平縣)[7]을 설치했다. 6월에 도찰원좌부도어사(都察院左副都御史)[8]에 오르고, 선생의 아들에게 면의위(綿衣衛)의 음직(蔭職)[9]을 주어 1백호를 세습하게 했다. 그것을 면해달라고 청했으나 윤허받지 못했다.

선생은 근래 군무에 바빠서 편안히 거하면서 학문을 강의할 겨를이 없었다. 이제 비로소 학문 강의에 전념하니 하룻밤 만에 『대학』의 본뜻을 알아내어 진리의 문에 들어가는 지름길을 가르쳐 보였다. 지난번 용장(龍場)[10]에 있을 때 주자의 『대학장구』(大學章句)[11]가 성현들의 원래 생각과 다소 합치되지 않는 점이 있다고 의심했다.

그래서 『고본대학』(古本大學)[12]을 손으로 기록하며 자세히 읽고 정밀하게 생각해보니 성인의 학문이 본래 간단하고 쉬우며[13] 명백한 것임을 비로소 알았다.

『대학』은 원래 『예기』의 한 편명인데, 경전에서 따로 구별된 책이 아니다. 뜻을 정성스럽게 하는 것[14]을 위주로 하여 사물을 궁구하여 앎을 이루는 것[15]의 노력으로 삼으니, 또 하나의 마음의 경건함[16]을 보탤 필

---

7) 『왕문선공전서』 권11, 별록3, 「첨설화평현치소」(添設和平縣治疏) 참조.
8) 도찰원의 차관급 벼슬이다.
9) 조상의 공으로 과거시험을 거치지 않고 자손에게 주는 벼슬이다.
10) 왕양명의 귀양이나 다름없이 좌천당한 곳이다. 앞에 나왔다.
11) 주자가 집주한 『사서』(四書) 가운데 하나인 『대학』을 말한다. 『대학』은 원래 『예기』 중의 한 편이었으나 송나라 때 편집하여 독립된 책으로 만들었다.
12) 원래 『대학』은 『예기』 42편에 나오는 것인데 주자가 이것을 가지고 주를 달아 고쳤는데 이것을 속칭 『금본대학』(今本大學)이라 하고, 원래의 것을 『고본대학』이라 칭한다. 왕양명은 13경 주소본(注疏本) 중에서 「대학」 한 편을 취하여 방주(旁注)를 달아 양명학파에서 사용했다.
13) 원문은 '간이'(簡易). 『주역』에 나오는 말이다.
14) 원문은 '성의'(誠意). 『대학』 8조목 중 하나. 앞에 나왔다.
15) 원문은 '격물치지'(格物致知). 『대학』 8조목의 맨 앞에 오는 덕목이다.

요가 없다. 양지(良知)[17]를 지극한 선[18]의 본체로 삼으므로 거짓된 견문[19]이 필요 없다. 그래서 『고본대학』을 발행하기 위한 활자를 새기고 거기에 서문을 덧붙였으며, 「대학문」(大學問) 한 편과 방주(旁注)[20]로서 그것을 해석해두었다.

또 「주자만년정론」(朱子晚年定論)[21]을 판각했는데, 그 서문을 간략히 아래와 같이 썼다.[22]

용장에 역관으로 귀양 가서 오랑캐 땅에서 어려움에 처했어도, 마음을 움직이며 천성을 참아[23] 노력한 끝에 황홀한 깨달음이 있었다. 체험과 탐구를 2년이나 넘게 하여 그 내용을 6경(六經)과 사서(四書)[24]에 검증해보았는데, 둑이 터진 강물이 도도히 바다로 흘러들어가는 것 같

---

16) 원문은 '경(敬)'. 주자에 의하면 경은 '마음에서 하나를 주로 하여 마음이 딴데로 감이 없다'는 '주일무적'(主一無適)으로 마음의 주체 또는 중심을 뜻한다. 곧 주체성이다. 주자는 수양을 '경'을 가지고 해야 한다는 데 반해, 왕양명은 대학의 '성의'를 가지고 격물치지하는 공으로 삼으면 된다는 것이다.

17) 원래 『맹자』에서 나오는 것으로 배우지 않아도 저절로 착하게 행동할 수 있는 근거가 되는 것으로 '양능'(良能)과 함께 쓰였다. 도덕적 자각심, 또는 도덕성의 기초로서 오늘날의 양심과 유사한 개념이다. 앞에 나왔다.

18) 원문은 '지선'(至善). 도덕적 행동의 궁극적 목표이다.

19) 주자는 외부의 사물을 내면적 도덕성을 인식하는 데 꼭 필요한 것으로 보고 외부의 사물을 하나씩 밝혀서 나의 본래의 덕을 밝히는 과정을 밟고 있으나, 왕양명은 외부의 사물, 곧 견문(見聞)에 의한 지식이 나의 양지와 무관한 것으로 보고, 직접 내심(內心)의 양지를 발현하고자 한 것이다.

20) 책의 본문 옆에 주를 단 것이다.

21) 『왕문성공전서』 권7, 문록4에 수록되어 있다.

22) 이 기록은 『연보』와 『상전』에 다 있다.

23) 『맹자』「고자하」의 "所以動心忍性, 曾益其所不能"에 나온다. 주자는 '동심인성'(動心忍性)에 대해 마음을 삼가 움직여 성을 견고히 참는 것으로 보았다.

24) 육경은 『시경』 『서경』 『역경』 『예기』 『춘추』 『악기』(지금은 전하지 않음). 원문에는 사서가 '사자'(四子)로 되어 있다. 사자는 공자, 증자(曾子), 자사(子思), 맹자로서 이름과 관련된 책이 『논어』 『중용』 『대학』 『맹자』의 사서이다. 사서라는 말은 송나라 이후에 등장한 것으로, 주자가 여기에 주를 달아 『사서집주』라 불렸고, 보통 사서라고 말할 때 이것을 말한다.

앉다. 그동안 일찍이 이런 말뜻을 전하니, 듣는 자들이 서로 다투어 그릇된 의론이라 하고, 괴이하고 이상한 것을 세웠다고 지목했다. 비록 매일 안타깝게 생각하고 도리어 깊이 억제하면서, 스스로 얼룩과 티를 찾아 씻으려고 힘썼으나, 뜻은 더욱 정밀하며 밝고 확실하여 다시 의심할 수 없었다.

유독 주자의 설에 내 생각이 서로 부딪히고 거스르니 항상 마음에 꺼림칙한 것이 있었다. 의심컨대 주자의 현명함이 어찌 여기에서 오히려 살피지 못했을까? 도성에서 관직에 있을 때[25] 다시 주자의 글을 취하여 조사하고 검색한 후 다음 사실을 알았다. 곧 주자가 만년에 그 구설(舊說)의 잘못을 크게 깨닫고 깊이 뉘우쳐 "스스로 남을 속인 죄를 이루 다 속죄할 수 없다"고 여기는 지경까지 이르렀다. 세상에 주자가 전한 집주(集註)와 혹문(或問)[26] 따위는 그 중년에 쓴 것으로, 주자 자신의 정설이 아니다.[27] 주자가 이전에 쓴 책의 잘못을 스스로 탓하면서 고치려 했으나 미치지 못했고, 여러 어류(語類)[28]들은 그의 문인(門人)이 남을 이기려는 마음으로 보탰음이 이미 드러났다.

그러니 본래 주자 평일의 설에 오히려 크게 잘못된 것이 있다. 세상의 학자들은 자신의 좁은 견문에 국한되어 이것(주자의 잘못된 설)을 붙들고 순응하며 강습하는 것에 불과하다. 그러니 그가 나중에 깨달은 후의 논의는 대개 들은 것이 없다. 그러므로 내 말을 믿지 않는 것과 주자의 마음이 후세에 포기되지 않는 것이 무에 그리 이상한가?

---

25) 왕양명은 정덕 9년 남경홍로사경(南京鴻臚寺卿)에 임명되었다.
26) 주자가 편찬한 『사서집주』 『사서혹문』을 말한다.
27) 참고로 『대학장구』 『중용장구』 『대학혹문』 『중용혹문』은 마흔다섯 살 때 완성되었고, 『논어집주』 『맹자집주』 『논어혹문』 『대학혹문』은 마흔여덟 살 때 일단 완성을 보고 이후 약간씩 고쳐 나간다. 그리고 「대학장구서」 「중용장구서」는 예순 살 때 쓴 것임을 알려둔다.
28) 『주자어류』를 말한다.

황이주(黃梨洲)[29]가 말하기를, "주자가 『대학』을 해석하는 것은 먼저 '사물에 나아가 앎을 이룬[30] 후 뜻을 정성스럽게 한다'[31]고 가르쳤고, 선생(양명)이 『대학』을 해석하는 것은 '사물에 나아가 앎을 이루는 일에 나아가는 것이 곧 뜻을 정성스럽게 히는 것'이라고 하니, 두 선생은 공부 면에서 나누어지고 합쳐지는 차이가 있는 것 같다. 그러나 두 선생의 가장 긴요한 곳을 살펴보면 모두 '홀로 있을 때 삼가는 것'[32]의 한 경계를 넘지 않으니, 이른바 '밝음을 통하여 성실함에 이르고,[33] 성인의 도로 나아간다는 것'은 같다"고 했다.

| 나의 생각 16 |

어떤 사람이 시를 지어 말하기를, "『호씨춘추』(胡氏春秋)[34]와 정씨(程氏)의 『역』(易)[35]이 자신의 책을 보는 데 방해되지 않는구나" 하니, 나 또한 주자의 『대학』에 대하여 말한다. 가만히 생각건대 주자의 『대학』에서 세 가지를 의심할 수 있다.

첫째, 『중용』과 『대학』이 모두 『예기』 「대기」(戴記) 중에서 나와 『중용』은 잘못된 곳이 하나도 없는데, 『대학』은 잘못된 곳이 왜 이리도 많

---

29) 황종희(黃宗羲, 1609~95)를 말한다. 자는 태충(太沖), 호는 남뢰(南雷), 절강성 여요 사람이다. 명말청초의 사상가로, 학자들은 이주선생이라 불렀다. 저서로 『명유학안』(明儒學案), 『송원학안』(宋元學案), 『명이대방록』(明夷待訪錄) 등이 있다.
30) 원문은 '격치'(格致). 격물치지의 줄임말이다. 앞에 나왔다.
31) 원문은 '성의'(誠意). 앞에 나왔다.
32) 원문은 '신독'(愼獨).
33) 『중용』의 '자명성'(自明誠)을 뜻한다.
34) 공자가 쓴 『춘추』는 그대로 전해지지 않고 세 종류로 나뉘어 전해졌다. 그중 하나가 자하의 문인 공양고(公羊高)가 작자로 구전되어오다가, 전한 초 경제 때 호모생(胡母生)이 이것을 기록했다고 전한다. 그래서 후세사람들이 『호씨춘추』라 불렀다.
35) 송나라 때에 정자(程子, 이천)는 『역』에 전(傳)을 달아 『역전』이라 이름 붙였고, 왕필의 주석 태도를 계승하여 윤리적으로 해석했는데, 이후에 많이 읽혔다.

은가?

둘째, 『대학』의 앎을 완성하는 것[36]이 뜻을 성실하게 하는 것[37]의 근본이 되고, 「보망장」(補亡章)[38]에 여러 사물의 이치를 궁구하는 것을 앎을 이루는 노력으로 삼으니,[39] 또한 번거롭고 절실하지 못한 것 같다. 그것이 확실히 공자의 문하에서 제대로 전해진 것인지 모르겠다.

셋째, "사물에 근본과 말단이 있다"〔物有本末〕[40]는 한 절은 원래 해석할 수 있었던 것이 없고, 「청송장」(聽訟章)[41]으로 근본과 말단을 해석한 것 또한 견강부회한 것 같다.

그동안 왕양명이 일찍이 고본(古本)으로써 해석을 삼는 것 또한 통하지 않음이 없었다. 진실로 신본(新本)[42]에 의심할 만한 것이 있다면, 차라리 고본을 따르는 것이 옳지 않은가?

17. 애제자의 죽음에 슬퍼하다

8월에 문인 설간(薛侃)[43]이 『전습록』(傳習錄)[44]을 목판에 새기니 이는 서애(徐愛)[45]가 서술한 것이다. 서애의 자는 왈인(曰仁)이요, 호는 횡산(橫山)이니 남경병부낭중(南京兵部郎中)으로 있으면서, 병들어

---

36) 치지를 말한다.
37) 성의를 말한다.
38) 주자는 『대학』의 장에 빠진 부분이 있다고 보고, 이것을 보충해서 직접 내용을 써 제5장으로 삼았다. 이 부분을 「보망장」이라 한다.
39) 격물궁리(格物窮理)를 치지의 공으로 삼는 것이다.
40) 『대학장구』 제1장에 나온다.
41) 『대학장구』 제4장이다.
42) 주자의 『대학장구』를 말한다.
43) 자는 상겸(尙謙), 호는 중리(中離), 광동성 계양(揭陽) 사람이다. 정덕 12년에 진사가 되었다. 앞에 나왔다.
44) 이 책의 이름을 『논어』 「학이」에 나오는 증자의 말 가운데 "吾日三省吾身 (…) 傳不習乎"에서 따왔다. 왕수인의 학술사상이 망라되어 있다.
45) 1487~1517. 절강성 여요 사람이다. 왕수인의 여동생에게 장가들었고, 왕양명 문하의 안연(공자가 가장 아끼던 제자)으로 불렸다. 앞에 나왔다.

고향으로 보내달라고 아뢰다가 서른한 살에 죽었다. 선생이 애통하게 곡하고 그동안의 일이 적힌 제문 두 편을 지었는데, 그중 하나가 다음과 같다.[46]

아, 슬프다, 왈인아! 내가 다시 무슨 말을 하겠는가? 그대의 말이 내 귀에 쟁쟁하고, 그대의 용모가 내 눈에 삼삼하며, 그대의 뜻이 내 마음에 생생하나, 내가 마침내 어찌하겠는가? 그대가 상중(湘中)에서 돌아왔을 때 내게 "오래 살 수 없을 것 같습니다"라고 한 말이 기억난다. 내가 그 까닭을 따져 물었을 때 그대가 말하기를, "언젠가 형산(衡山)에서 노닐 때 꿈에 한 늙은 중이 저의 등을 어루만지며 말하기를, '그대가 안자(顏子)[47]와 덕이 같구나' 하고, 잠시 후 또 '안자와 수명이 같구나' 하니, 깨어나서 의심했습니다"라고 했다. 내가 "꿈일 뿐이니 자네는 의심이 너무 지나치다" 하자, 그대가 말하기를, "이 또한 어찌하겠습니까? 다만 황제의 명으로 벼슬을 받았으나 병으로 사양하고, 일찌감치 산림에 돌아가 선생의 가르침을 따르다가, 도가 행해진다는 소식이 아침에 들려오면 저녁에 죽어도 좋습니다"[48] 했다. 아아! 나는 단지 이것이 꿈이려니 생각했는데, 지금에야 필경 꿈처럼 되었음을 누가 말하겠는가? 지난번에 말한 것이 과연 꿈이었나? 지금 전달된 것이 정말 진실인가? 아니면 지금 전달된 것이 참으로 꿈인가? 지난번의 꿈이 과연 망령된 것인가?

아, 슬프다, 왈인아! 언젠가 나에게 "도가 밝혀지지 않음이 몇백 년 되었습니다. 다행히 지금 도를 깨달은 것이 있습니다. 그러나 마침내 이룬 것이 없으면, 또한 더욱 애통하지 않겠습니까? 원컨대 선생님께

---

46) 『연보』와 『상전』에는 이 글이 없다.
47) 공자가 가장 아끼던 제자이다.
48) 『논어』의 "朝聞道, 夕死可矣"에 나온다. "아침에 도를 깨달으면 저녁에 죽어도 좋다"라 하지 않고, "천하에 바른 도리가 행해진다는 소식을 아침에 들으면 저녁에 죽어도 좋다"는 뜻으로 해석했다.

서는 일찍이 양명(陽明)[49]의 산기슭으로 돌아가 제자들에게 이 도를 밝히시어 몸을 성실하게 하여 후세를 맑게 하소서"라고 하니, 내가 "그것이 나의 뜻이다" 했다. 남감에서 관직이 바뀌어 집을 지나쳐 꼼짝 않고 누워 나가지 않으려 했더니, 왈인이 "옳지 않습니다. 의견이 분분하게 일어나니 선생님께서는 행차를 시작하십시오. 저는 제자들과 함께 잠시 죽[饘]을 쑬 계획이오니 선생님께서는 일을 마치신 후에 돌아오십시오" 하더니, 아아! 누가 왈인이 여기에 먼저 이르렀다고 말하겠는가?

내가 지금 양명의 산기슭에 돌아왔으나 누가 이 뜻을 나와 같이하는가? 제자들이 또 무리를 떠나 각기 조용히 거할 곳을 찾으니, 내가 말하면 누가 따르며, 내가 제창하면 누가 화답하며, 내가 알려주면 누가 들으며, 내가 의심하면 누가 생각하겠는가? 아! 나와 함께 여생을 즐길 만한 사람이 없구나. 나는 이미 진보하는 바가 없고, 왈인이 진보하는 것을 헤아릴 수 없더니, 하늘이 나를 버렸구나![50] 하늘이 나를 버리므로 또 나를 잃은 왈인은 어떠한가? 하늘이 어찌 이렇게 가혹하고 심한가?

아, 애통하구나! 붕우들 가운데 왈인만큼 나를 깊이 알고 독실하게 믿는 자가 다시 있을까? 대개 도가 밝혀지지 않은 것은 알지 못하고 믿지 못하기 때문이다. 내 도를 그릇되었다고 하면 그치면 그만이지만, 옳다고 하면 남이 나를 알아주지 않고 믿지 않음을 해결할 수 없는가?

왈인의 부고(訃告)를 접하고 목이 막혀 먹지 못한 지 이틀이나 되었다. 사람들이 모두 내게 먹기를 권했다. 아! 내게 무궁한 뜻이 있어

---

49) 왕수인이 도를 전하던 지명 이름이다. 이것으로 그의 별호가 '양명'이 된 것이다.
50) 원래 공자는 가장 아끼던 제자 안회가 죽었을 때 이렇게 말했다. "하늘이 나를 버렸구나!"〔天喪予〕

죽을 때까지 성취할 수 없는 것을 하루아침에 왈인에게 장차 의지하려 했는데, 왈인이 지금 가버렸으니 왈인의 뜻을 이제 알겠노라. 다행히 내가 아직 죽지 않았으니, 차마 아무 성취도 없이 내버려두겠는가? 이에 다시 억지로 먹노라.

아, 애통하도나! 나는 지금 인간 세상에 다시 뜻이 없노라. 잠시 가을이 되기를 기다렸다가 병사(兵事)의 임무가 차츰 안정되면, 미련 없이 양명동으로 돌아갈 것이다. 그래서 제자들 중에 진실로 나를 따르는 자들과 더불어 절차탁마(切磋琢磨)[51]하여 왈인이 평소에 말한 것을 구하는 데 힘쓸 것이다. 그러니 세상이 온통 나를 옳지 않다고 해도 또한 즐거이 그 죽음을 잊고, 오직 1백 살이 되더라도 성인을 기다리며 미혹되지 않으리라. 왈인에게 앎이 있다면, 그것이 오히려 나의 어두움을 열어주고 게으름을 경계해줄 수 있을 것인가?

아! 슬프다. 내가 다시 무슨 말을 할 것인가?

| 나의 생각 17 |

용산공[52]이 처음 딸의 배우자를 택할 때, 남들이 왈인의 총명함이 그의 아재비[53]에 미치지 못한다고 했으나, 공이 그 아재비를 버려두고 왈인과 혼인시켰다. 나중에 그 아재비는 마음이 방탕하여 스스로 패가망신했으나 왈인은 마침내 스승 문하의 큰선비가 되었다. 이는 총명이 기대에 미치지는 못했으나 학문적 성공의 위대함을 증명한 것이다. 벼슬길에서 남을 등용하는데 재주는 더욱 믿을 수 없다. 예를 들어 영왕(寧王)[54]을 따르면서 반란을 일으킨 사람은 이사실(李士實)과 유양정(劉養正) 등인데, 이들은 당시에 재주 있는 선비라 불리지 않았던가? 재주

---

51) 원문에 '절차지려'(切磋砥礪)로 나오나 같은 뜻이다.『시경』에 나오는 말로, 열심히 갈고 닦는다는 뜻.『논어』에서도 인용했다.
52) 왕양명의 아버지이다. 앞에 나왔다.
53) 삼촌뻘 되는 집안사람이다.
54) 명나라 태조의 후손인 신호(宸濠)를 말한다. 뒤에 자세히 나온다.

가 있으면서 덕이 없는 것이 실제로 상스럽지 못한 것이니, 이는 믿을 수 없을 뿐만 아니라 실로 두려운 것이다. 그래서 어떤 사람이 전서산(錢緒山)55)에게 물었다.

"양명선생께서 사람의 재주를 가려서 처음부터 끝까지 인재를 잘 쓰시니, 무슨 방법이 있어서 그렇게 능숙합니까?"

그러자 서산이 말했다.

"우리 선생님께서는 사람을 잘 쓰시는 것은 오로지 그 재주만 보고 취한 것이 아니다. 먼저 그의 마음을 믿었기 때문이니, 그 마음을 맡길 만하다면 그의 재주는 자연히 나를 위해 쓰일 것이다. 세상 사람들이 남의 재주만 보고 즐거이 채용하나 그 마음을 살피지 않으니, 덕이 없는 재주는 족히 자신의 몸을 이롭게 하는 데 그칠 뿐이다. 그러므로 이룬 공이 없다."

이것은 참으로 사람을 쓰는 비결이다.

18. 위로연과 향약을 베풀다

이때 사방에서 배우려는 자들이 날로 모여들었다. 처음에 사격 연습장의 관사에 머무르게 했는데, 더이상 수용할 수 없었다. 마침내 염계서원(濂溪書院)56)을 수리하여 거기에 머물게 했다.

강서(江西)의 추수익(鄒守益)이라는 사람의 자는 겸지(謙之)요, 호는 동곽(東廓)이다. 하루는 그가 선생을 만나보고 자기 아버지의 묘표(墓表)를 써달라고 부탁하려 했다. 그리고 공부에는 별뜻이 없었다. 선

---

55) 1496~1574. 이름은 관(寬), 자는 덕홍(德洪), 서산은 그의 호이다. 왕기(王畿)와 함께 왕양명의 고제이다.

56) 주염계를 배향한 서원이다. 주염계는 북송에서 성리학의 출발이 되는 『태극도설』과 『통서』를 지었다. 그는 1061년에 여산 북쪽 연화봉 기슭의 계곡을 염계라 이름 짓고 염계서당을 마련했다. 주자도 남강지사를 지낼 때 주염계의 사당을 지어 그를 현창(顯彰)한 일이 있다.

생의 학문을 논하는 것을 듣고 홀연히 자신을 되돌아보며 말했다.

"일찍이 저는 정주(程朱, 정자와 주자)가 『대학』을 보충한 것에서 '먼저 사물에 나아가 그 이치를 알아낸다'[57] 하고, 또 『중용』에 '홀로 있을 때 삼가야 한다'[58]를 앞세운다 하니 두 가지가 서로 뜻이 통하지 않았습니다. 지금 '사물에 나아가 앎을 이루는 것'[59]은 '홀로 있을 때 삼가야 한다'는 것과 같은 것으로 이해하여 의문이 다 풀렸습니다."

드디어 제자가 되었다.

하루[60]는 술과 음식을 내어 연회를 베풀고 여러 선비들을 위로하면서 말하기를, "제군들이 나를 도운 것에 감동하여 술을 권하며 위로하노라" 하니, 사람들[61]이 깜짝 놀라서 그 까닭을 물었다. 선생이 말했다.

"내가 처음 도찰원(都察院) 집무실에서 군사들에게 상벌을 내릴 때, 제군을 부끄럽게 하는 실수를 하지 않을까 걱정하여 신중하지 않을 수 없었다. 그래서 퇴근 후 제군을 보니 상벌이 흡족하지 않음을 깨달았다. 그리하여 더욱 그 잘못을 찾아 고쳤다. 그리고 집무실에 가서 상벌의 일을 보고, 제군을 되돌아보니 한결같이 흡족해했다. 이는 사소하게 보태거나 뺀 것이 없었으니, 마음이 비로소 편안하다. 이것이 제군이 나를 도운 까닭이니라."

또 선생은 언젠가 유교·불교·도교의 공통점과 차이점에 대하여 말했다.[62]

선가(仙家)[63]는 허(虛)를 말하니 성인이 어찌 허 위에 터럭만한 실

---

57) 격물궁리를 말한다. 앞에 나왔다.
58) 『중용』에 나오는 신독(愼獨)을 말한다.
59) 격물치지를 말한다.
60) 『상전』에는 도적을 평정한 후 한가한 때라고 되어 있고 '위로연'이라는 소제목이 붙어 있다. 이 이야기는 『상전』과 『연보』에 모두 실려 있다. 『상전』의 내용에 더 가깝게 서술되어 있다.
61) 원문에는 '문인'(門人)으로 되어 있으나 착오인 것 같다.
62) 이 시기의 『연보』에는 이 말이 없고 『상전』에만 있다.
63) 도교의 다른 이름이다.

(實)을 보탤 수 있겠는가? 불교는 무(無)를 말하니 성인이 어찌 무 위에 터럭만한 유(有)를 보탤 수 있겠는가? 단지 선가에서 허를 말한 것은 양생(養生)[64]하는 가운데서 나온 것이고, 불교가 무를 말한 것은 생사(生死)와 고해(苦海)를 떠난다는 입장에서 나온 말이다. 그러나 본체(本體)[65] 상에 이러한 말이나 생각을 보태서 허와 무의 본모습을 나타낸 것이 아니라, 도리어 본체에 장애를 가져왔다.[66] 성인은 다만 양지(良知)의 본색으로 돌아와 다시 그러한 생각에 집착하지 않는다. 양지의 허는 하늘의 태허(太虛)[67]요, 양지의 무는 태허의 형체가 없는 것이다. 해와 달과 바람과 우레와 산과 시내와 백성과 사물에 있는 형태와 색깔은 모두 태허의 형태가 없는 것에서 생긴 것이다. 생겨서 드러나 유행(流行)하는 데 하늘의 장애를 받은 적이 없다. 성인이 다만 양지가 발동하여 사용하는 것에 순응하고, 천지 만물이 모두 내 양지가 발동하여 사용하는 가운데 있으니, 어찌 양지를 초월한 바깥에 하나의 사물이 있어서 장애를 일으키겠는가?

향약(鄕約)[68]과 보갑법(保甲法)을 세웠다.[69] 그리고 아비와 노인과 자식과 동생 된 자들에게 유시를 보내 다음같이 알렸다.

---

64) 생명이나 생기(生氣) 또는 정기(精氣)를 배양하는 것이다.
65) 진리나 세계관의 가장 근본이 되는 제1원리나 존재, 또는 세계나 진리 그 자체이다.
66) 왕양명의 불교와 도교의 비판은 '무'나 '허'가 우주의 최고 존재가 아니라 인간이 수양하는 방법인데, 불교와 도교는 그것을 우주적 근본 존재로 잘못 설정했다는 것이다.
67) 원래의 비고 큰 하늘의 공간을 말한 것이나 나중에 철학적 범주로 사용되었다. 『장자』의 「지북유」에 처음 나오며, 북송의 도학자 장재에 의하여 철학적 범주로 사용되었는데, 태허는 기(氣)의 자연상태로 설명되었다. 조선조 서경덕(화담)은 태허가 곧 현실 자연계의 기라고 보았다.
68) 마을 단위의 자치 규약이다.
69) 『연보』와 『상전』에 모두 이 사실이 있다. 같은 해 10월로 되어 있으나 『실기』에는 빠져 있다. 향약은 마을 단위 자치 규약으로 우리나라에서도 실시된 바 있고, 보갑법은 왕양명이 송나라 때 왕안석이 실시한 보갑법의 기초 위에 십가패법을 고안했다. 앞에 나왔다.

근래에 완악한 무리들이 난동을 일으켜 먼 곳과 가까운 곳에서 놀라게 하니, 아비와 노인과 자식과 동생 된 자들이 심히 걱정하고 소동을 일으키게 되었다. 저들의 완악함과 무지몽매함이 하늘과 인륜을 거슬려 스스로 주륙(誅戮)당하려 하나, 생각해보면 실로 민망스럽고 슬픈 일이다. 그러나 어찌 유독 이 완악하고 무지몽매한 사람들만의 죄이겠는가? 관리들이 위로하거나 길러줌이 없었으며 가르치고 이끌어준 방도가 없었으니, 모두에게 똑같이 책임 있는 것이다. 비록 그러하나 어른 된 자들이 평소에 이끌며 훈계하고 가르친 것이 마침내 아무 효과가 없었던 것이 아닌가?

지금 난동을 일으킨 두목들은 모두 사로잡히거나 죽었고, 위협 때문에 두목을 따른 자들은 모두 너그럽게 대해주어 지방이 평온해졌다. 비록 그러하나 오늘을 만들어 후일을 도모하면, 어른 된 자들이 그 자제들을 가르치고 단속하는 까닭이 이로부터 준비되지 않을 수 없다. 그러므로 지금 특별히 보갑법을 시행하여 서로 경계하여 이어가노니 어른 된 자들은 그 자제들을 이끌어 삼가 시행토록 하라. 마을 사람들과 화합에 힘쓰고, 친인척과 잘 지내며, 도의를 서로 권하고, 과실을 서로 고쳐주어 예의를 지키고 사양할 줄 아는 기풍을 돈독히 하며, 순박하고 후덕한 풍속을 이루도록 하라.[70]

내가 황제의 명을 받들어 이곳을 순시하고 위로하노니, 슬픔과 병이 있는 자들을 도와주고, 허둥거리지 않고 서둘러 와서 아비와 노인된 자들의 질고(疾苦)를 물을 것이다. 또 관리들의 직무에 충실하지 못함을 조사하고, 백성들의 이익을 더하고 폐단을 없앨 것이다. 그러므로 먼저 아비와 노인과 자식과 동생 된 자들에게 유시를 보내 각자가 모두 알게 하노니, 이번 봄에 어른 된 자들은 서로 잘 보호하고 사랑하여 그 자제들을 독려하고, 때맞춰 농사짓되 게을리하지 말라.[71]

---

70) 바로 향약의 내용이다.
71) 이 글은 『왕문성공전서』 권16, 별록8, 「고론부로자제」에 실려 있다.

이 해[72]에 선생의 할머니 잠태부인의 병이 잦아 상소를 올려 사직하고 귀향하려 했으나 윤허받지 못했다.[73]

---

72) 『상전』과 『연보』에는 모두 정덕 14년(왕양명 48세)의 일이라 적혀 있다. 편집하면서 앞부분이 누락된 것 같다. 『연보』와 『상전』에는 바로 앞 글과의 사이에 약간의 다른 내용이 삽입되어 있다.

73) 이 이하 다음 장에는 내용이 완전히 달라져 19번의 작은 제목이 이어져야 한다. 그러나 저자가 따로 안을 두지 않고 이어서 서술했기 때문에 큰 제목만 붙이고 그 설명에 따라 붙이던 작은 제목을 붙이지 않았다.

반란 진압

정덕 14년(1519) 6월에 복주(福州) 군인인 진귀(進貴) 등이 난을 일으키니, 조정에서 선생에게 명하여 진압하게 했다. 15일에 풍성현(豐城縣)[1]에 도착하여 영왕(寧王) 신호(宸濠)가 반란을 일으켰다는 소식을 듣고, 배를 되돌려 길안부(吉安府)에 이르러 의병을 일으켜 적을 토벌했다.

이 일이 있기 훨씬 전에 영번(寧藩)이 명나라 태조의 열일곱째 아들 권(權)[2]의 후예로서 강서성 남창부(南倡府)에 봉해졌는데, 여기에 살면서 남방을 야심 있게 응시하며 대대로 딴마음을 품었다가, 신호 때에 이르러 교활한 악행이 더욱 심해졌다.

신호는 성품이 총명하며 슬기롭고 시와 역사에 달통하며 노래를 잘 부르고 문장을 잘 지었다. 그러나 가볍고 경박하여 위엄이 없고 무력을 좋아하며 이익을 즐겼다. 그러다가 왕위를 물려받으니 더욱 교만하고 횡포가 심해졌다.

이자연(李自然)이라는 도사가 있었는데, 그가 신호에게 천자가 될 상을 가졌다고 했다. 신호가 드디어 다른 뜻을 품고, 도성으로 금을 보

---

1) 감강(贛江)의 연안에 있는 도시로, 길안부보다 북쪽에 있다.
2) 그가 열하성(熱河省) 대령(大寧)에 봉해졌기 때문에 영왕이라 불렀다.

내 내시 이광(李廣) · 유근(劉瑾) 등과 친분을 맺어 황제 앞에서 자신을 칭찬하게 했다. 또 관리들을 매수하여 자신의 효행이 널리 퍼지게 했다. 황제가 이 소문을 듣고 조서(詔書)를 내려 포창(褒彰)했다.

신호는 자신이 사는 부성(府城)의 터를 넓히고 싶어서 몰래 사람을 시켜 성 이웃에 방화하고, 불을 꺼준다는 구실로 백성들의 가옥을 훼손한 후 헐값으로 그 터를 사들였다. 또 조가원(趙家園)이라는 곳에 별장을 두어 백성들의 생업을 침범하고, 조세를 거둘 때면 병사들을 서로 지키게 하여 백성들을 위협했다. 그리고 큰도적 오십삼(吳十三) · 능십일(凌十一)[3] · 민입사(閔卄四) 등을 키워 파양호(鄱陽湖)[4] 가운데서 상인들의 물품을 약탈하여 군자금으로 비축했다. 또 원근 각처의 부호들과 사귀며 각처의 명사들을 탐방하고 그들을 초빙하여 자신의 문객으로 삼았다.[5]

안복현(安福縣)의 거인(擧人)[6] 유양정(劉養正)[7]은 어려서 신동이라 불렸는데, 진사시(進士試)에 나아갈 때 은사(隱士) 차림을 하고 시와 문장으로서 스스로 고고한 척했다. 그래서 삼사(三司)의 관리들이 그 문하에서 알현하는 것을 영광으로 삼았다. 신호는 몸을 굽혀 후한 예물을 주고 그를 초빙하고자 해마다 금품을 끊임없이 보내고 묻기를 그치지 않았다. 드디어 그가 친하게 지내는 이사실(李士實)[8]과 함께 왔다. 신호는 그를 혼인시켜 친척이 되었다. 이사실은 상황에 따른 술수가 많아 스스로 제갈공명에 비교하자, 신호가 그를 참모로 기용했다.

또 승봉관(承奉官) 유길(劉吉), 도사 이자연, 서경(徐卿) 등이 그 무

---

3) 신호가 키운 도적이다. 앞에 나왔다.
4) 강서성에 있는 호수이다.
5) 이 단락은 『연보』에는 없고 『상전』에만 있다.
6) 향시에 급제하여 회시를 볼 자격이 있는 사람을 말한다.
7) 자는 자길(子吉). 재주와 지략이 뛰어나 은사(隱士)로서 명망이 높았다. 『연보』에는 안성(安成) 사람으로 되어 있다.
8) 자는 약허(若虛), 신건(新建) 사람이다. 우도어사(右都御史)에 올랐다.

리의 일원이었다. 이때 무종에게는 대를 이을 아들이 없었는데, 신호가 자신의 둘째 아들을 황제의 후사로 삼으려 모의했다. 환관 주령(朱寧)·감현(減賢) 등이 힘써 그 일을 맡고, 조정의 육부(六部)·구경(九卿)·과도(科道)의 관원들이 또한 그를 위하여 무종의 주위에 있었다. 그러나 일이 워낙 중대하여 감히 발언하는 사람이 없었다. 신호는 이사실의 계책을 이용해 병부상서 육완(陸完)⁹⁾을 설득하여 자신이 사는 영부(寧府)에 호위병을 두도록 주청하고, 또 남경(南京)의 진수태감(鎭守太監) 필진(畢眞) 등과 결탁하여 남경의 관원들에게 신호의 효행에 대해 소문을 냈다.

이때 왕경(王瓊)¹⁰⁾은 육완을 뒤이어 병부상서가 되었는데, 신호가 반드시 반란을 일으킬 것을 예감하고 육완에게 말했다.

"선대 황제께서 영부의 호위병을 철수한 것은 번왕(藩王)¹¹⁾의 불궤(不軌)를 방비하고 그를 보호하기 위함이었는데, 지금 영왕이 다시 호위병을 주청한 것은 무슨 근거에서 그렇습니까? 반드시 자신의 군사로 쓰려고 그럴 것이니, 아마도 다른 날 변고가 있으면 반드시 공에게 누가 미칠 것입니다."

육완이 크게 뉘우치며 신호에게 글을 보내 호위병을 철수해야 한다는 뜻을 전했으나, 신호가 따르지 않고 도리어 호위병을 늘이고 모집하여 훈련시켰다.

선생은 신호에게 역모의 낌새가 있음을 듣고, 마침 그를 축하해주는 행사를 틈타 문인 기원형(冀元亨)을 참가하도록 했다. 기원형의 자는 유건(惟乾)으로 충직하고 미더우며 군자다웠다. 선생이 언젠가 장남 정헌(正憲)의 스승으로 그를 초빙한 적이 있으므로, 특별히 그를 신호

---

9) 자는 전경(全卿), 호는 수촌(水村), 장주(長洲) 사람이다.
10) 자는 덕화(德華), 호는 진계(晉溪), 태원(太原) 사람이다. 일찍이 신호의 동향을 우려하고 경계해왔다.
11) 왕실의 울타리를 지키는 나라의 왕, 곧 제후국의 왕을 뜻한다. 여기서는 신호의 조상이다.

에게 보내 거동을 살피게 한 것이다. 이때 신호는 평소 선생과 친분을 맺고자 하므로 기원형이 선생의 문인임을 알고 후하게 대접하고, 점차 비밀스러운 일을 가지고 마음을 떠보았다. 기원형은 그 일에 대해서 모르는 척하고, 사물에 나아가 앎을 이루는 격물치지의 학으로서 신호의 마음을 열고 인도하여, 그 사악한 모반을 그치게 하려 했다. 그러자 신호가 크게 웃으면서 말했다.

"사람의 어리석음이 마침내 여기에 이르렀구나."

그러고는 즉시 강론을 거절했다. 기원형이 돌아와 그 일을 말하자, 선생이 "이 일로 큰일을 당하겠다. 네가 만약 여기에 머물면 신호의 원한 맺힌 독기가 반드시 내게 미칠 것이다" 하고, 드디어 사람들에게 그를 호위해서 집으로 돌려보냈다.

영부의 관리 염순(閻順)·진선(陳宣)·유량(劉良) 등이 신호가 불법을 저지르는 것을 보고, 그 사실을 도성에 몰래 알려 물리치려 했다. 그러나 주령·육완[12] 등은 그 일을 숨기고 사람을 신호에게 보내 그 사실을 보고했다. 신호는 승봉관 주의(周儀)가 시킨 일이라 의심하고, 도둑을 가장하여 주의의 가족을 몰살하고, 전장관(典仗官) 사무(査武) 등 수백 명을 죽였다. 또 도성에 있는 권신들에게 두루 뇌물을 뿌려 염순 등을 살해하고자 했으나, 그가 멀리 도망가는 바람에 화를 면했다.

이때 역모가 더욱 급박하게 돌아갔다. 영왕 비 누씨(婁氏)에게는 어진 덕이 있었는데, 세 아들을 낳으니 신호가 애지중지했다. 누씨는 신호에게 역모의 마음이 있음을 알아차리고, 연회 때 노래하는 기생에게 부탁하여 그것을 풍자하게 했다. 신호가 그것을 듣고 기뻐하지 않으므로 누씨가 그 까닭을 듣고자 하니 말했다.

"내 마음은 당신 같은 여인네들이 알 수 있는 것이 아니오."

그러자 누씨가 웃으면서 말했다.

"전하께서는 귀하시기로는 황제의 자손이시고, 비단 옷과 맛있는 음

---

12) 『상전』에는 이 두 사람을 신호의 심복으로 표현하고 있다.

식으로 쾌락 또한 보통이 아닙니다. 진실로 순리대로 법을 받들면 영원히 전하의 땅과 가정이 보장되어 세세토록 부귀를 잃지 않으실 텐데, 그 밖에 또 무슨 마음이 있습니까?"

신호가 말하기를, "당신은 다만 작은 쾌락만 아니 큰 쾌락을 어떻게 알겠소"라고 하자, 누씨가 더 듣고자 했다.

"대개 큰 쾌락은 몸이 만승(萬乘)[13]의 존귀함에 거하여 천하를 다스리는 자리에 임하는 것이오. 지금 나의 자리는 번왕에 불과해 겨우 몇몇 군만 다스릴 뿐이오. 이렇게 작은 쾌락이 어찌 나의 소원을 만족시키겠소?"

신호가 이렇게 말하자 누씨가 말했다.

"전하의 소견이 크게 잘못되었습니다. 황제는 만기(萬機)[14]를 총괄하시어 일찍 일어나고 늦게 잠자리에 들면서 노심초사하십니다. 안으로는 백성들이 거처를 잃을까봐 걱정하고, 밖으로는 사방의 오랑캐들이 복종하지 않을까봐 걱정하십니다. 그러나 번왕은 의관이나 궁실이나 수레나 말이나 의장(儀仗)이 황제에 버금가지만, 천하에 대하여 책임지지 않으니 전하의 즐거움이 황제보다 큽니다. 망령되이 분수에 넘치는 것을 바라신다면 도리어 화를 입을 것이니, 나중에 후회한들 소용없을 것입니다."

신호가 이 말을 듣고 발끈해서는 안색이 변해 술잔을 던지며 일어서니, 누씨가 다시 동생 누백장(婁伯將)에게 왕의 모반을 따르지 말라고 경계했으나 듣지 않았다.

신호는 마침내 이궁(離宮)[15]을 지어 천자의 이름을 참칭하고 짐주(鴆酒)[16]를 사용해 순무(巡撫) 왕철(王哲)을 독살하니, 수령들이 모두

---

13) 수레 1만 대를 동원할 수 있는 천자의 자리를 말한다. 천승(千乘)은 제후, 백승(百乘)은 대부의 자리이다.
14) 국가의 모든 조직과 기구이다.
15) 천자의 별장이다.
16) 중국 남쪽에 사는 짐새의 깃으로 만든 술. 깃에 독이 있어 술을 담그면 독주가

두려워 떨었다. 담당 관리에게 참석해 아뢰는 것을 외우게 하고 조복(朝服)을 갖추게 하니, 관리들이 떨면서 따르는 자들이 많았다.

파양호 가운데서 상인들이 자주 강도들에게 약탈당하곤 했는데, 그것이 영왕이 몰래 키운 도적들의 소행인 줄 알아도 꿀 먹은 벙어리처럼 말만 삼키고 아무도 지적하지 않았다. 왕비 누씨가 여러 번 간했으나 신호는 듣지 않았다.

병부상서 왕경은 그가 변고를 일으킬 것을 우려했다. 그래서 각지의 무신(撫臣)[17]들의 책임을 독려하여 병사들을 훈련시키고, 만일의 사태에 대비했다. 또 승봉관 주의가 비명횡사한 일에 대하여 강서의 무관(撫官)들을 엄하게 문책하고 시급히 도적들을 잡게 했는데, 남창부(南昌府)에서 사로잡은 도적들 가운데 능십일이 있었다. 신호가 옥리를 위협하여 그를 빼내갔다.

때마침 관리들이 8월에 열리는 향시를 준비하고 있었다. 신호 일당은 이때에 거사하기로 했는데, 왕경은 능십일이 탈옥했다는 소식을 듣고 노해서 말했다.

"이 도적이 바로 영부가 모반한 증거인데, 어찌하여 감옥에서 빠져나가게 했단 말인가?"

이렇게 말하고 담당 관리에게 명하여 그를 사로잡게 했다.

신호는 일이 누설될까 두려워서 남창부의 서생들에게 자신의 현덕(賢德)과 효행을 노래하고 떠들게 하여, 무안관(撫按官)[18]에게 급박하게 능십일을 사면해달라는 글을 보냈다.[19]

안찰부사(按察副使) 허규(許逵)[20]는 순무 손수(孫燧)[21]에게 군사를

되는데, 그 술로 독살하는 데 쓴다.

17) 민정(民情)을 살펴 조정에 알리고, 백성들을 어루만지고 위로하는 관리이다.

18) 민정을 살펴 조정에 보고하고 위로하는 관리. 앞의 무신(撫臣)이나 무관(撫官)과 같다.

19) 『상전』의 내용이다. 『실기』에는 간략히 "무안관에게 급박하게 주청했다"〔迫撫按官奏請〕고만 되어 있다.

180

동원해 영부를 포위하고, 도적 한두 명을 사로잡아 모반한 사정을 묻고 조정에 박탈(剝奪)해달라면, 모반을 기른 우환을 면할 수 있다고 권면했다.

그러나 손수는 미리 결단을 내리지 못하고, 신호의 독촉으로 부득이 다수를 따른다는 서명(署名)을 하고, 마침내 별도로 조정에 신호의 불법에 대한 글을 올리려 했다. 그러나 신호는 심복을 도중에 몰래 잠복시켜 강서에서 올라오는 글을 탈취하니, 일곱 번째의 글이 조정에 도착하지 않고 오히려 신호의 효행을 알리는 글이 올라왔다.

이때 환관 강빈(江彬)[22]이 새로이 총애를 받아 평로백(平虜伯)에 봉해졌다. 태감(太監)[23] 장충(張忠)[24]은 주령과의 사이에 틈이 생기자 몰래 강빈과 결탁하고 영왕의 일을 발설해 주령을 쓰러뜨리려 하나 기회를 얻지 못했다. 때마침 영왕을 특별히 등용해달라는 글[25]이 도착하자 황제가 장충에게 물었다.

"특별히 등용시켜달라는 이 사람은 이미 좋은 관직에 올랐는데, 지금 또 이렇게 하는 것은 무슨 의도인가?"

장충이 대답했다.

"이는 다시 왕위 이상의 자리로 나아가고자 하는 자이니, 그 깊은 뜻을 헤아릴 수 없사옵니다."

어사(御史) 소준(蕭準)이 드디어 영왕·이사실·필진 등의 일에 대하여 따져 물을 것을 주청하자, 급사중(給事中) 서지란(徐之鸞)·어사 심작(沈灼) 등이 연달아 영왕에게 모반의 낌새가 있음을 주청했다. 황

---

20) 자는 여등(汝登), 고시(固始) 사람이다. 신호에게 해를 당했다.
21) 자는 덕성(德成), 여요(余姚) 사람이다. 우부도어사의 입장에서 강서 지방을 순무하다가 신호에게 해를 당했다.
22) 무종의 총애를 받아 도지휘첨사(都指揮簽事)에 올랐다.
23) 태부감(太府監)의 장관이다.
24) 자는 현부(顯父), 호는 매강(梅江), 하남 임악(任岳) 사람이다.
25) 원문은 '표문'(表文). 임금에게 올리는 글로, 문체의 한 가지이다.

제는 골육의 정이 두터워 차마 병력을 동원해 치지 못하고, 마침내 부마도위(駙馬都尉)[26] 최원(崔元)[27] · 도어사(都御史) 안이수(顔頤壽)[28] · 태감 뇌의(賴義) 등을 보내 영왕을 깨우치고 호위병을 철수시키려 했다.

이때 신호의 심복 임화(林華)[29]는 황제의 사자가 영부로 출발한다는 소식을 듣고 날랜 말을 급히 타고 밤낮으로 달려 18일 만에 영부에 도착하니, 그날은 6월 13일 곧 신호의 생일이었다. 관리들이 들어와 축하하니 신호가 술을 내놓고 연회를 열었는데, 임화는 그 연회가 끝나기를 엿보아 사자가 내려온다는 것을 아뢌다. 신호는 이사실과 유양정 등에게 말하기를, "지금 황제의 사자가 특별히 내려오는 것은 우리의 일을 의심하기 때문인데, 어찌하면 좋겠소" 하자, 유양정이 말했다.

"사태가 급박합니다. 내일 아침에 모든 관리들이 들어오면 축하의 술을 내리시고 병력을 동원해 이들을 위협하십시오."

이사실도 말하기를, "태후의 밀지를 전해야 좋을 것 같습니다"라고 했다.

이때 오십삼 · 능십일 · 민입사 등이 생일을 축하하러 모였다. 밤에 비밀리 명하여 병사들을 경계하게 했다. 아침이 되어 관리들이 들어와 축하하고 예식이 끝난 후, 신호가 노대(露臺)[30] 위에 일어나 말했다.

"이전에 효종(孝宗) 황제가 태감(太監) 이광(李廣)의 잘못된 꼬임으로 민간의 아들을 길러 정통을 이었는데, 그가 지금의 폐하이다. 내가 조종(祖宗)의 혈식(血食)을 받든 지 14년이나 되었다. 지금 태후의 밀지를 갖고 있는데, 과인에게 명하기를 군사를 동원해 지금 폐하의 죄를

---

26) 천자의 수레나 말을 관리하는 책임자이다.
27) 1478~1549. 자는 무인(懋仁), 호는 대병(岱屏), 대주(代州) 사람이다.
28) 1462~1538. 자는 천화(天和), 호는 매전(梅田), 파릉(巴陵) 사람이다.
29) 자는 정빈(廷彬), 포전(蒲田) 사람으로, 진강지부(鎭江知府)를 거쳐 어사가 되기도 했다.
30) 지붕이 없는 누대이다.

물으라 하시니, 너희는 명심하라."

이때 순무 손수가 몸소 나아가 말하기를, "태후의 밀지가 있다는 것을 이미 들었습니다. 청컨대 꺼내 보여주시오" 하자, 신호가 큰 소리로 말했다.

"쓸데없는 말 할 필요 없다. 내가 지금 남경으로 가리니, 너는 수레를 호위하며 함께 가면 되지 않느냐?"

손수가 말했다.

"하늘에는 두 태양이 없고 백성에게는 두 임금이 없는 것은 천하의 대의(大義)이니, 이것밖에는 내가 알지 못하오."

그러자 신호가 창을 잡고 화를 내며, "너는 이미 나의 효행을 추천했는데, 어째서 또 사사로이 사람을 보내 나의 불궤(不軌)를 속여 주청하려 했는가? 이렇게 일을 뒤엎는 자가 어찌 대의를 알겠는가" 하고, 좌우 사람들을 꾸짖어 그를 끌고 나가게 하니, 안찰부사 허규가 크게 부르짖었다.

"손 도어사는 흠차대신(欽差大臣)[31]이다. 너희 역적의 무리가 어찌 감히 마음대로 죽이려 하는가?"

그 말을 듣고 신호가 노하여 포박하게 하니, 허규는 손수를 돌아보며 말했다.

"내가 먼저 이 일을 막으려 하자 공이 말을 듣지 않더니, 이제 와 저들에게 제압당했구려."

그리고 역적 신호를 크게 욕하며, "너희가 오늘 비록 우리를 죽이나 황제의 군대가 한 번 도착하면 너희의 모든 가족이 몰살당하리라"고 말했다. 신호는 더욱 화가 나 끌고 나가는 즉시 목을 베라고 명했다. 왕비 누씨가 이를 알고 급히 내시를 시켜 이들을 구하려 했으나 미치지 못했다.

양명선생은 이 소식을 듣고 두 사람을 위하여 곡하고 시를 지었다.

---

31) 칙명을 띠고 사신으로 가거나 임무를 맡은 대신이다.

떨어진 오사모(烏紗帽)32)가 한 마당을 이룰지언정

남아로서 누가 감히 강상을 무너뜨리랴

기꺼이 할 말 하고 계단 앞에 굽혀지며

굳게 붙은 어깨와 머리는 칼 아래 떨어지니

만고의 조정에 바른 이름이 소중하구나

천년 땅 속의 백골은 향기로운데

사관은 춘추필법33)을 속여 잡아

좋고 좋게 억지로 그 행위를 판단하는구나

去下烏紗做一場　　　男兒誰敢隳綱常

肯將言語階前屈　　　硬着肩頭劍下亡

萬古朝端名姓重　　　千年地裏骨頭香

史官謾把春秋筆　　　好好生生斷幾行

하늘과 땅이 뒤집어지는 이 짧은 순간에

의를 취하고 인을 이루는데 죽음이 어렵지 않으리

소무(蘇武)34)가 굳게 지킨 서한(西漢) 때의 절개는

하늘의 복으로 큰 벼슬을 받지 않았다.

충심은 해를 뚫고 삼태성(三台星)35)에 드러나니

심장과 피가 얼어붙은 유월 추위에

나라 팔고 임금 속인 이사실(李士實)이여

구천에서 무슨 낯짝으로 만나보랴

---

32) 관복을 입을 때 머리에 쓰는 검은 깁으로 만든 관모이다.

33) 춘추필법이란 공자가 『춘추』를 지을 때의 정신으로, 대의에 근거해 역사적 사실을 평가하면서 곧게 기록하는 방식.

34) 한나라 무제 때의 사람. 중랑장(中郎將)의 직책으로 흉노에 사신으로 갔다가 붙잡혀 19년 동안 흉노의 위협에 굴하지 않고 지조를 지켰다. 후에 '소무절'(蘇武節)이라는 고사가 생겼다.

35) 자미궁(紫微宮) 주위에 있는 세 별, 곧 상태성·중태성·하태성을 말한다.

天翻地覆片時間　　取義成仁死不難
蘇武堅持西漢節　　天祥不受大元官
忠心貫日三台見　　心血凝氷六月寒
賣國欺君李士實　　九泉相見有何顔

　이때 첨사(僉事) 반붕(潘鵬)은 일찍이 영왕 신호의 뇌물을 받고 그를 위하여 여러 사람과 사귀고 있었는데, 솔선하여 만세를 불렀다. 참정(參政) 왕륜(王倫)과 계효(季斅)[36]는 후환이 두려워 서로 절하며 엎드리고, 포정사(布政使) 양신(梁宸)·안찰사(安察使) 양장(楊璋)·부사(副使) 당금(唐錦)[37]·도지휘(都指揮) 마기(馬驥) 등은 서로 바라보기만 하고 아무 말도 못했다. 신호는 크게 말하기를, "나를 따르는 자는 살고, 나를 거역하는 자는 죽으리라" 하니, 네 사람 모두 무릎 꿇은 것을 깨닫지 못했다. 신호가 마침내 조정을 모방하여 관직을 설치했다.

　서주지부(瑞州知府) 왕이방(王以方)이 평소 신호의 반란 모의를 알아차리고 병사들을 훈련시키며 성곽을 수리하며, 수비 계책을 세웠다. 신호가 그의 재능을 아껴서 누차 예를 갖추어 그를 초빙했으나 왕이방이 거절하고 응하지 않았다. 이때 그가 공무로 남창(南昌)에 왔다가 역당(逆黨)에게 사로잡혀 영부에 송치되었다. 신호가 그에게 항복받으려 했으나, 그가 따르지 않으므로 옥에 가두었다.

　신호는 또 원근 각처에 격문을 보내 무종의 연호인 정덕을 순덕(順德)으로 바꾸고 남경을 수도로 삼아 개원(改元)[38]을 모방하고, 격문을 지어 천자를 가리켜 욕하고 꾸짖었다. 이때 신호는 죽음을 각오한 결사대 2만 명을 기르고, 사방의 큰도적 4만여 명을 불러모았다. 또 누백

---

36) 『실기』에 가끔 '계효'(季斅)와 '이효'(李斅)를 섞어 쓰고 있으나 『상전』과 『연보』에는 '계효'로 되어 있어 고쳤다.
37) 자는 사동(士綱), 호는 용강(龍江), 상해 사람이다.
38) 연호를 고치는 것이다.

장·왕춘(王春) 등을 보내 사방의 병사들을 모집하고, 호위하는 병사와 따르는 자들을 모두 합하니 7만여 명이나 되어 군세가 막강했다. 또 강서포정사의 인신(印信)[39]과 공문을 이용해, 천하의 포정사를 두루 행하게 하여 군대를 일으킨 뜻을 알리고, 병기를 수리하여 출동할 시기를 정하니, 강서 지방이 크게 진동했다.

한편 선생은 이런 일이 있기 전에 황제의 칙명을 받들어 복주(福州)에 가기로 되어 있어 6월 9일에 출발하려 했는데, 13일은 영왕의 생일이라 마땅히 가서 축하해야 했다.

출발할 즈음 참수관 용광 등이 칙인(勅印)[40]을 후당(後堂)에 두었는데, 갑자기 나오는 바람에 칙인을 두고 출발했다. 길안부에 이르러 선생이 언덕에 올라 칙인을 찾으니 없었다. 그래서 중군관을 감주(贛州)에 보내 칙인을 가져오게 하는 바람에 길에서 시일을 많이 허비했다. 그 때문에 14일 오후에야 풍성현에 도착했다. 이 날 손수와 허규가 신호에게 목숨을 잃었다. 만약 칙인을 잊어버리지 않고 신호의 생일잔치에 갔더라면, 선생 또한 손수와 허규 같은 해를 피하지 못했을 것이다.

풍성에서 남창까지의 거리가 겨우 1백여 리[41]이고, 신호가 두 신하를 살해한 것이 반나절이 지나지 않았는데 풍성현에 급보가 전해진 것이다. 지현(知縣)[42] 고필(顧佖)이 선생을 만나뵙고 강서에서 있었던 변고를 말하고, 또 이르기를 "제가 듣기로 영부에서는 이미 병사 1천여명을 풀어 왕선생을 맞이하라 했다는데, 그것을 아십니까" 하자, 선생이 말했다.

"그대는 친히 가서 지방을 수비하라. 영왕이 모반한 정세는 이미 알고

---

39) 도장과 부신(符信)이다.
40) 칙서에 찍거나 관련된 도장이다.
41) 『상전』에는 '수십리'(數十里)로 되어 있다.
42) 현을 다스리는 관리이다.

있으므로, 얼마 안 있어 대군이 올 것이다. 그대는 오직 백성들을 편안히 위로하고 용렬하게 우려하지 말라. 나 또한 곧장 군대를 일으키리라."

이 말을 들은 고필이 떠나가자 선생이 급히 용광을 불렀다.

"고필의 말을 들었느냐?"

"듣지 못했습니다."

"영왕이 반란을 일으켰다."

용광이 크게 놀라 얼굴색이 변하므로 선생이 말했다.

"일이 이미 이 지경에 이르렀으니 오직 급히 나아가는 것이 상책이다. 여기에서 서북으로 달려 서주에 들어가 군사를 일으켜 적을 토벌하는 것이 옳다."

이때 급히 배를 타고 저녁에 출발하려는데, 사공이 영왕의 반란소식을 듣고 겁이 나 가려 하지 않았다. 그래서 핑계를 대면서 말했다.

"남풍이 크게 일어 가기가 어렵겠습니다. 내일 바람의 방향을 기다리는 것이 어떻겠습니까?"

그 말을 들은 선생은 친히 뱃머리에 올라가 향을 피운 다음 북쪽을 바라보고 두 번 절하며 말했다.

"하늘이 살아 있는 수많은 목숨을 불쌍히 여겨서 왕수인에게 사직을 지키게 하신다면, 원컨대 바람이 반대로 불게 하소서. 하늘의 마음이 역도들을 도와 백성들이 도탄에 빠지게 하는 데 있다면, 원컨대 왕수인이 먼저 물에 빠져 죽겠나이다."

이렇게 하면서 눈물을 흘리니 따르는 사람들이 모두 감동했다.

기도가 끝나자 남풍이 점점 그치고 잠시 후 북풍으로 바뀌었다. 뱃사공이 또 날이 저문다는 핑계를 대므로, 선생이 크게 노하여 칼을 뽑아 목을 베려는 찰나에 참수관이 무릎 꿇고 용서를 빌므로, 사공의 귀 한쪽을 베는 것으로 끝냈다.

이에 돛을 펴 출발하여 몇 리를 가니 날이 이미 저물었다. 선생이 아랫사람에게 고깃배를 몰래 구하게 하여 사복 차림으로 올라타니, 오직 용광과 뇌제(雷濟)만 칙인을 갖고 따르게 하고, 의관과 의장(儀杖)은

모두 큰 배에 남겨두었다. 또 소우(蕭禹)에게 뒤쫓아오라 하고, 고깃배
는 풍랑 속에서 익숙하게 미끄러지듯 나아갔다. 그래서 속히 나아갈 수
있었다.

한편 신호는 이에 앞서 선생이 6월 6일 남감에서 출발했다는 소식을
듣고 9일쯤 도착할 것이라고 여겼는데, 9일이 되어도 도착하지 않자 의
심하며 말했다.

"그들이 행차하는데 도로가 험해서인가? 아니면 역풍이 불어 되돌아
간 것이 아닌가? 왕모(王某)[43]가 세상을 경영하는 재주가 있으니 이 사
람의 도움을 얻으면 대사가 이루어지리라."

드디어 내시 유재(喩才)에게 명하여 작은 배 수십 척을 거느리고 쫓
아 황오뇌(黃五腦)에 이르니 큰 배에서 소우를 붙잡았다. 소우가 말하
기를, "왕도당(王都堂)[44]께서 여기를 떠난 지 이미 오래되었소. 나를
붙잡아 무엇에 쓰겠소" 하자, 유재가 선생의 의관을 취하고 영왕에게
그 사실을 보고했다.

선생은 고깃배를 타고 임강부(臨江府)에 도착했다. 여기서 용광에게
해안으로 올라가 타고 갈 수레를 구하게 하니, 지부 대덕유(戴德孺)[45]
가 급히 와서 영접하고, 선생에게 성에 들어가서 군대를 보내자고 하므
로 선생이 말했다.

"이 지역이 큰 강가에 있고, 또 남창에 가까워 적군의 도로와 만나니,
내가 여기서 머물 수 없다."

대덕유가 말하기를, "영왕의 병력이 많다고 하니 어떻게 막을 수 있
겠습니까" 하자, 선생이 말했다.

"신호에게 가장 좋은 방법은 자신이 새로 일으킨 군사를 이끌고 바로
도성으로 쳐들어가는 것이다. 그러면 국가가 위급할 것이다. 그가 보통

---

43) 왕양명을 말한다.
44) 왕양명을 말한다.
45) 자는 자량(子良), 임해(臨海) 사람이다.

의 방법을 써서 남경을 공격하면 양자강 남북이 모두 해를 입을 것이다. 그가 남창을 근거로 하여 지키고 머문다면, 국왕을 지키는 군대가 사방에서 모여 반드시 그를 사로잡을 것이니, 이것은 신호에게 가장 졸렬한 방법이다."

"노대인(老大人)의 밝은 견해로는 저들이 무슨 방법을 쓸 것 같습니까?"

선생이 말했다.

"반드시 가장 졸렬한 방법을 쓸 것이다. 영왕이 전투의 경험이 없기 때문에 마음속으로 반드시 겁먹고 있을 것이다. 내가 거짓으로 병부(兵府)에 남창을 공격하라고 하면, 저는 반드시 앉아 지키면서 감히 멀리 원정하지 못할 것이다. 그래서 얼마 뒤에 천자의 군대가 사방에서 모이면 반드시 격파될 것이다."

선생이 대덕유와 헤어지고 신도현(新塗縣)에 이르렀다. 그곳의 지현 이미(李美)는 장수의 재질이 있는 사람이다. 그는 정예병 1천여 명을 이끌고 선생을 맞이해 성에 오르기를 청했다. 선생이 말하기를, "그대의 뜻은 매우 좋으나 길이 좁고 험악해 병력을 제대로 사용할 수 없다" 하니, 이미는 마침내 배를 타고 선생과 함께 길안부(吉安府)에 갔다. 길안부의 지부 오문정(伍文定)[46]이 선생이 온다는 소식을 듣고 크게 기뻐하며 급히 선생을 뵈러 왔다. 선생이 남감으로 돌아가 군사를 모집하려고 하니, 오문정이 말했다.

"저희 지부의 군량미가 충분하므로 오로지 노대인께서 호령만 하신다면 곧 출동할 수 있습니다. 남감으로 돌아가신다면 아마도 시일이 지체될 것입니다."

선생은 마침내 길안부에 머물면서 조정에 상소를 올려 영왕의 모반을 알리고, 장차 군사를 거느려 동남(東南) 인민의 곤경을 풀어줄 것을

---

46) 1470~1530. 자는 시태(時泰), 호는 송월(松月). 송자(松滋) 사람이다. 병부 상서겸우부도어사에 올랐다. 지부는 부를 다스리는 관리이다.

요청했다. 아울러 양광차비어사(兩廣差備御史) 사원(謝源)과 임희유(任希儒)에게 군진(軍陣)에 머물러 달라면서 공을 기록하게 했다. 한편 사직을 요청하는 상소를 올렸다.

노 향관(鄉官) 우부도어사(右部都御史) 왕무중(王懋中)·평사(評事) 나교(羅僑)·지부 오문정·문인인 향관 추수익 등과 협의하여 격문을 사방에 전달해 신호의 죄상을 폭로하고, 국왕을 지키는 군대를 모집했으며 22일에 다시 상소하여 변고를 고했다. 바야흐로 반란군들의 기세가 드높았기 때문에 이미 보낸 상소가 도달하지 못할까 두려워했다.

또 이날 선생의 할머니 잠태부인의 장례를 치를 수 있게 해달라는 상소를 올리고, 용광을 길안현에 보내 유양정[47]의 어린 자식을 길안의 성안으로 데려오게 하여 음식과 거처를 주어 후하게 대우했다. 유양정에게 이 사실을 글로 알려 영왕의 마음을 의심하게 만들었다.[48] 또 이사실[49]의 가솔들을 유인하여 그의 심복에게 맡기면서 말하기를, "내게는 단지 황제의 뜻에 응하여 병사들을 모으는 명분이 있다. 영왕의 일에 성패를 알 수 없으니, 어찌 너희가 갑자기 적이 될 수 있겠느냐?"라고 했다.

이에 거짓으로 양광(兩廣)[50]의 군사기밀을 위하여 공문서를 불태우며, 가짜로 도성에서 오는 관군의 공문을 맞이하고, 거짓으로 이사실·유양정과 내통하는 편지를 썼다. 또 민입사·능십일이 항복했다 하고, 뇌제·용광에게 일의 전모를 적어 각처로 보내 신호에게 소문이 들리게 하여 마음을 의심하게 만들었다. 또 풍성현에 군사들을 보내 관군을 맞이하는 것처럼 꾸몄다.

---

47) 신호의 심복이다.
48) 영왕과 유양정을 이간하는 책략이다.
49) 신호의 심복이다.
50) 광서와 광동 지방이다.

한편 이사실과 유양정은 신호에게 건의하여 기주(蘄州)와 황주(黃州)를 거쳐 곧바로 북경으로 진군하려 했다. 그러나 남경을 우선적으로 도모하여 근본을 튼튼히 한 다음 천하를 호령할 수 있다고 말해, 신호가 그들의 말을 따랐다. 그런데 관군이 크게 모여 쉬지 않고 몰려온다는 말을 듣자, 밖으로 나가지 못하고 단지 성을 지키는 계책만 썼다. 이사실이 다시 신호에게 말했다.

"조정이 이제 막 칙사를 보냈는데 어떻게 대군을 모았겠습니까? 이는 필시 왕수인이 우리의 군대를 늦추려는 계책입니다. 폐하께서는 어차피 반역의 이름을 짊어지신 김에 바람과 번개처럼 빠른 공격을 도모하지 않으시고, 빈약하게 한 모퉁이만 지키면서 사방의 군대가 모이기를 서서히 기다리신다면, 대사는 반드시 패할 것입니다. 마땅히 군대를 나누어 구강부(九江府)[51]를 공격하여 그것을 취하면, 이위군(二衛軍)을 더 뽑을 수 있습니다. 그런 다음 다시 남강부(南康府)[52]에 병력을 보내 공격하고, 전하께서 친히 대군을 이끄시고 곧바로 남경으로 달려가 먼저 황제에 즉위하시면, 천하에서 부귀를 탐하고 바라는 자들이 반드시 몰려올 것입니다. 이러면 대업을 며칠 안에 이룰 수 있습니다."

그러나 신호는 오히려 주저주저하면서, 한편으로 관군의 소식을 알아보고, 또 한편으로는 오십삼과 민입사 등을 보내 각기 군사 1만 명을 거느리고 관군과 백성들의 선박을 빼앗아 강물을 타고 내려오게 하여 남강과 구강의 두 부를 함락시켰다. 그러자 백성들이 모두 문을 열고 이들의 군대를 맞아들였다.

이러한 승리의 보고가 이르자 신호는 크게 기뻐하며 말하기를, "군대가 출병한 지 불과 며칠 만에 연달아 두 부를 빼앗고, 군사와 말과 돈과 군량을 이렇게 많이 얻게 되니, 나의 거사는 반드시 성공할 것이다" 하고, 드디어 서구령(徐九寧)을 구강으로, 진현(陳賢)을 남강으로 보내

---

51) 강서성에 있는 부(府)이다.
52) 강서성에 있는 부이다.

지키게 하면서 모두 태수(太守)라 부르기를 주저하지 않았다.

그리고 오십삼·민입사 등은 군사를 되돌려 대군과 합류하여 진군하고, 사방에 사신을 파견하여 부에 속한 각 현의 책임자를 불러늘여 항복한 사는 관직을 이전대로 유지하게 했다.

신호는 참정 계효에게 말했다.

"너는 일찍이 왕수인과 군대에 함께 있었다. 지금 나를 위하여 길안부에 가서 왕수인을 내게 항복시킬 수 있다면 너의 공이 적지 않을 것이다."

계효가 조승방(趙承芳)과 휘하의 병사 12명을 데리고 격문을 양명선생께 갖다주려 했는데, 선생이 먼저 각 부대의 초소 책임자에게 단단히 일러두기를, "만약 영부의 사람 가운데 지나가는 자가 있으면, 누구를 막론하고 즉각 결박하여 내가 있는 부대로 보내도록 하라"고 했다.

계효 등의 행차가 묵장(墨潭) 지방에 이르렀을 때, 초소에서 검문을 받았다. 계효가 말하기를, "나는 본성(本省)[53]의 참정이다. 너희가 어찌 감히 이러는가" 하자, 초소 책임자가 말했다.

"무엇 하시려고 여기에 오셨습니까?"

"영부의 격문이 여기 있다."

이렇게 말하고 깃발을 든 병사가 격문을 꺼내 보이자, 그 병사를 포박하니 계효가 놀라 도망쳤다.

초소 책임자가 깃발 들고 다니는 병사 다섯 명을 붙잡아 부대로 돌아오니, 선생은 계효가 어디 있느냐고 물었다. 도망쳤다는 대답을 듣자, 선생이 탄식했다.

"충신과 효자와 반역자와 불효자는 단지 한 생각의 차이에 있구나. 계효는 전에 도적들을 토벌하는 공을 세워 충신이 되었는데, 이제 역적의 명령을 받아 반역자가 되었다. 순임금이 되고 도척(盜跖)[54]이 되는

---

53) 강서성을 말한다.
54) 고대 중국의 큰도적의 이름으로, 9천여 명의 부하를 거느리고 천하를 주름잡

것이 털끝만한 차이에서 천 리로 갈라지니 어찌 애석하지 않겠는가?"

이때 지부 오문정이 군사를 출동하여 토벌하고자 하므로 선생이 말했다.

"저들의 기세가 바야흐로 성대하니 급히 공격할 수 없다. 잠시 수비하는 세력을 보고 저들을 유인하여 칠 것이다. 내가 먼저 남창을 공격하여 그들의 근거지를 빼앗으면, 저들이 반드시 군사를 돌려 지원할 것이다. 그 틈을 타서 공격하면 이른바 병법에서 말하는 '도전하는 것이지 남에게 도전받지 않는다'는 것이다."

마침내 군사들에게 굳게 지키라 하고, 비밀리에 사람을 보내 남창의 상황을 염탐하게 했다.

이때 계효가 도망쳐 돌아가서는 영왕에게 부하들이 포로로 잡힌 것을 보고하니, 영왕이 크게 노하여 선생의 출병 소식을 물었다. 계효가 그 죄를 두려워하여 거짓말로, "왕수인은 단지 꼼짝 않고 지키기만 하는데, 어찌 감히 우리의 적수가 되겠습니까" 하니, 신호가 그럴 것이라고 여겼다.

신호는 이즈음 관군이 아직 모이지 않은 것을 알고, 군사 1만여 명을 머물게 해 왕자들[55] · 종친(宗親) · 태감 만예(萬銳) 등에게 명하여 남창을 지키게 하되, 돌을 쏘는 대포와 쇠뇌[56]를 설치하고, 복병으로 성밖을 방어하게 했다. 신호 자신은 부인 누씨(婁氏) · 세자 대가(大哥)[57] · 유양정 · 이사실 · 반붕 등을 거느린 채, 7월 2일 군사를 일으켜 동쪽으로 내려가려고 그의 동생 신화(宸溭)를 구강왕(九江王)에 봉하고 나서 전함 1백여 척을 앞세워 나아가기로 했다.

이날 아침 신호는 입궁하여 누씨에게 배에 오르라고 하자, 누씨가 어

왔다고 한다. 일명 도척(盜跖)이라고도 하는데, 『장자』에 기사가 보인다.

55) 『상전』에는 그의 3남 삼가(三哥), 4남 사가(四哥)로 되어 있다.
56) 화살이나 돌을 여러 개 쏠 수 있는 큰 활이다.
57) 『상전』에는 '태가'(太哥)로 되어 있는데, 같은 뜻이다.

디로 가느냐고 물었다.

"당연히 가까이 계시는 태후께 나아가 각 종친들에게 명하여 남경에 가서 태묘(太廟)에 제사지내려고 하므로, 당신을 데리고 가는 것이오. 머지않아 다시 돌아올 것이오."

이렇게 대답하므로 누씨가 반신반의하다가 따라가기만 했다.

신호는 배에 올라 제단을 마련하고 강의 신에게 제사지내는데, 서주 지부 왕이방의 목을 베어 희생의 제물로 바치려 했다. 다리가 잘리고 왕이방의 목이 땅에 떨어지므로, 신호가 그것을 강에 버리라고 했다.

비로소 배가 출발하는데 바람이 불고 폭우가 쏟아지며 번개와 천둥이 크게 일어나 동생 신화가 벼락에 맞아 죽으니, 그 때문에 신호의 마음이 즐겁지 않았다. 이때 이사실이 말했다.

"일기는 헤아리기 어려우니 염려할 필요가 없습니다. 일이 이미 여기까지 이르렀는데 어찌 중지할 수 있겠습니까?"

그 말을 듣고 신호는 독주를 퍼마시고 취해 잠에 빠졌는데, 꿈에 두 발이 모두 하얗게 셌다. 깨어나 도사 서경에게 물으니, 그가 말했다.

"전하께서는 귀하기 그지없는 왕족이신데 꿈에 흰 백(白) 자를 머리에 이시니 황(皇) 자가 됩니다. 이번 길에 틀림없이 황제 자리를 얻을 것입니다."

이때 무리가 6만인데 10만이라 부르고, 깃발로 강을 덮고 내려와 강 연안의 여러 현을 공략했다.

신호는 반붕이 안경(安慶)[58] 출신이기 때문에, 먼저 그를 통해 안경에 격문을 보내 항복하게 했다.

태수 장문금(張文錦)[59]이 도지휘(都指揮) 양예(楊銳)를 불러 계책을 물으니, 그가 말했다.

---

58) 안휘성 안경부이다.
59) 자는 간부(間夫), 안구(安丘) 사람이다. 신호의 난 때 공을 세워 우부도어사에 올랐다.

"왕도당이 맡은 땅을 굳게 지키라 하시고, 또 대군이 머지않아 도착할 것이므로, 저들의 항복 권유에는 힘써 거절하는 것이 옳습니다."

이에 양예는 성의 누각에 올라 반붕에게 말했다.

"반첨사(潘僉事)는 국가를 지키는 신하로써 어찌 반역자의 부하가 되어 여기에 왔는가?"

"그대는 성문을 열고 내 말 좀 들어보라."

이렇게 반붕이 말한 것은 신호를 따르는 이점을 가지고 그를 유인하기 위해서였다. 그러자 양예가 말했다.

"만약 역적 신호가 직접 오면 성문을 열어줄 것이오."

이렇게 말하고 활을 쏘려 하니, 반붕이 부끄러워하면서 물러났다. 그가 돌아가 그 사실을 보고하니, 신호가 크게 노하여 말하기를, "내가 먼저 안경을 공격하여 도륙하겠다" 하자, 이사실이 말했다.

"전하께서는 속히 남경으로 가서서 황제 자리에 즉위하시면, 안경 따위가 항복하지 않는 것을 걱정하시겠습니까?"

신호는 말없이 있다가 그것이 옳다고 보고, 배를 타고 안경의 성 아래로 지나가려는데, 양예가 말했다.

"저들이 곧바로 남경으로 가면 아마 대사를 이룰 것이니, 내가 계책을 써서 발목을 잡아야겠다."

그래서 성의 네 모퉁이에 깃발을 만들어 세웠는데, 거기에 "역적을 죽여라"〔剿逆賊〕라는 세 글자가 크게 쓰여 있었다. 신호가 이를 듣고 매우 언짢아했다.

양예는 또 성내의 군사와 백성들에게 성의 앞쪽에 빙 둘러 올라서서 신호를 역적이라 욕하게 하고, 또 "황제의 군대가 와서 너와 가족을 모조리 죽일 것이다"라고 소리쳐 떠들게 했다.

신호가 이를 듣고 매우 화를 냈다.

"내가 저 안경을 공격하여 양예를 죽인 후 남경에 가도 늦지 않다."

드디어 군사들을 진격시켜 성을 포위하되 직접 나와 전투를 지휘했다. 그러나 안경성은 견고한데다가 장문금과 양예가 일찍부터 수비태세를 갖추었다. 이때 수비하는 병사가 1백 명이 되지 못했고, 성에 올라 싸우는 자는 모두 민병(民兵)이었다. 성 안에는 노약자와 부녀자들이 무기를 나르고, 성에 올라간 자들은 반드시 돌을 가져다 산처럼 쌓아놓 았다. 또 성 위에 가마솥을 올려놓고 차를 끓여 마시다가 적이 쳐들어오 면, 돌을 던지고 뜨거운 물을 쏟아부으니 적이 가까이 오지 못했다. 또 적이 구름사다리를 만들어 성안을 넘보고 쳐들어오므로, 성 안에서는 높은 누각 수십 곳을 만들어 높은 데서 활을 쏘니 적이 떼거리로 죽어나 갔다. 양예는 또 결사대를 모집하여 밤중에 신호의 군영에 들어가 겁을 주니, 적의 무리들이 크게 소동하다가 아침이 되어서야 진정되었다.

신호는 더욱 격분하여, "안경을 이기지 못하면 어찌 남경을 바라겠는 가" 말하고, 직접 흙을 파고 운반해 구덩이를 메우는 일을 하며 반드시 이길 것을 다짐했다.

한편 선생은 자신이 보낸 첩자가 와서 보고하는 내용을 들었다. 그것 은 남창의 수비가 매우 견고하고, 성 밖에 많은 군사를 매복해두었는데 그들이 어디에 있는지 자세히 알지 못한다는 것이었다. 이에 선생은 첩 자에게 많은 상을 내리고, 다시 염탐해오라고 보냈다.

여러 장수들은 안경이 위급함을 듣고 속히 가서 구해달라고 하므로, 선생이 말했다.

"지금 구강과 남강이 모두 적의 근거지가 되었다. 남창성 안에는 적 의 정예병 1만여 명이 있고 군량미가 산더미 같다. 우리가 만약 안경을 지원하면 적은 반드시 군사를 돌려 죽을 각오로 싸울 것이니, 이는 가 슴과 등에서 적을 맞이하는 꼴이다. 안경 스스로는 겨우 지킬 수 있으 나 우리를 돕지는 못한다. 또 남창의 적병이 우리의 보급로를 차단하 면, 사방의 원조를 기대할 수 없으니 안경을 돕는다는 것은 무리이다. 지금 내가 군대를 갑자기 모으니 적이 듣고 떨 것이다. 그래서 그 기세 를 틈타 급히 공격하면 반드시 이길 승산이 있다. 적은 남창이 무너졌 다는 소식을 들으면, 반드시 먼저 그곳에 신경을 써 자신들의 근거지를 구할 것이므로, 이러면 안경의 포위가 스스로 풀리고 신호 또한 사로잡힐 것이다."

문인 추수익이 선생을 뵙고 신호가 섭방(葉芳)의 병력을 꾀어 길안부를 공격한다고 말했다. 선생이 "섭방은 절대로 반란에 가담할 사람이 아니다" 하자, 추수익이 말했다.

"섭방이 신호를 따라 벼슬자리를 바란다면 그가 어떻게 할지 모르겠습니다."

선생은 한참 말없이 있다가, "천하가 모두 배반할지라도 우리 섭방은 그런 짓을 안 할 것이다" 하니, 추수익이 두려워하며 마음속의 이해에 대한 견해가 일시에 씻겨나감을 깨달았다.

선생은 가족을 길안부의 관사에 머물게 하여 땔나무를 모아 집을 두르게 하고, 집지기에게 "혹시 전황이 불리하거든 불을 질러 적에게 능욕당하지 않게 하라" 말하고, 드디어 7월 13일에 군사를 출동시켰다. 여러 장수들이 15일에 임강부(臨江府)의 장수(漳樹)[60]에 일제히 모이니 각 현의 소속 병사들이 모두 도착했다.

처음에 선생이 높은 대에 올라 군사들에게 훈계하려 했으나, 피로가 쌓이고 병들어 하지 못하고, 대신 명령서를 써서 오문정·형순(邢珣)[61]·서련(徐璉)[62]·대덕유에게 주면서 말했다.

"오(伍)[63] 가운데 명령을 듣지 않는 자가 있으면 대장(隊將)이 목을 베고, 대장 가운데 명령을 듣지 않는 자가 있으면 부장(副將)이 목을 베고, 부장 가운데 명령을 듣지 않는 자가 있으면 주장(主將)이 목을 베라."

이렇게 일러두고, 또 "군대에는 헛말이 없다" 하니 오문정 등이 몰래

---

60) 『연보』에는 '장수'(樟樹)로 되어 있다.
61) 1462~1532. 자는 자용(子用), 호는 삼호(三湖), 당도(當塗) 사람이다. 신호의 난을 평정한 공으로 강서우포정사에 올랐다.
62) 자는 종헌(宗獻), 호는 옥봉(玉峰). 무읍(武邑) 사람이다. 신호의 난 때 세운 공으로 강서우참청에 올랐다.
63) 당시 왕양명이 조직한 가장 작은 부대 단위이다.

혀를 내둘렀다.

　대군의 행렬이 풍성(豊城)에 도착하니 남창부의 추관(推官)[64] 서문영(徐文英)이 마침 공무로 성 밖에 나와 있었는데, 홀로 적과 내통하지 않고 봉신지현(奉新知縣) 유수서(劉守緒)와 함께 군사를 이끌고 왔다. 모두 선생께 나아와 명령을 받들었다. 선생 또한 병이 차츰 나아 군사를 13갈래로 나누어 각기 공격하고 수비하는 임무를 부여했다. 출동 직전에 명령을 어긴 몇 사람의 목을 베어 널리 보이니, 그것을 본 모든 병사들이 다리를 떨었다.

　신호는 18일까지 안경을 공격했는데도 성안 사람들이 기회를 틈타 항전하는 바람에, 함락시키지 못하자 마음이 초조했다. 이때 남창에서 보낸 급보를 받았다. 그것은 왕도당이 대군을 이끌고 이미 풍성에 도착하여 머지않아 남창에 이를 것이라 했다. 그래서 남창의 군사와 백성들이 떨고 놀라니 와서 도와달라는 것이었다. 신호가 크게 놀라 급히 돌아가 구해주려 하므로, 이사실이 말했다.

　"이렇게 하시면 인심이 떠납니다."

　"남창은 나의 근거지이다. 어떻게 도와주지 않겠는가?"

　신호가 이렇게 말하자, 유양정이 나섰다.

　"지금 안경의 함락은 얼마 남지 않았습니다. 안경이 함락되면 우리 군사들을 두어 지키게 하고, 다시 남강과 구강 두 부의 군사를 조절하여 남창을 구하면, 관군이 우리의 세력이 큰 것을 보고 반드시 싸우지 않고 물러날 것입니다."

　이렇게 말했으나 신호는 모두 듣지 않았다.

　선생이 보낸 첩자가 다시 와서 남창의 복병이 있는 곳을 보고하니, 유수서 등을 정예병 4백 명과 함께 보내 샛길로 들어가 이들을 격파했다. 적병이 일시에 궤멸되고 흩어지면서 남창성에 그 사실을 알리니, 적의 무리들이 크게 놀라 모두 도망할 궁리를 했다.

---

64) 부(府)의 재판을 맡은 관리이다.

25일 아침에 각 부대가 모두 도착하니, 선생이 다시 약속하면서 말했다.

"북을 한 번 치면 성에 가까이 가고, 두 번 치면 성에 올라가며, 세 번 쳐 이기지 못하면 그 오에 속한 군사를 죽이고, 네 번 쳐 이기지 못하면 그 장수를 죽일 것이다."

이렇게 말하니 각 부대의 지휘관들은 선생의 군령이 매우 엄함을 알았다.

이에 군사들이 북소리를 듣고 함성을 지르며 진군하는데, 오문정이 병사들을 지휘하며 성에 먼저 오르니, 적병은 아군의 세력이 강성함을 보고 모두 무기를 버리고 도망했다.

각 행로에 있는 관군이 일제히 성으로 들어가 드디어 의춘왕(宜春王) 공병(栱柄)과 왕자 삼가(三哥)·사가(四哥), 신호에게 태감 벼슬을 받은 만예 등 1천여 명을 사로잡았다. 신호에 가담한 관리들은 모두 분신자살 했는데, 불길이 맹렬하여 민가의 집을 연달아 태웠다. 선생이 대군을 이끌고 성에 들어와 불을 끄게 하고, 부(附)의 창고를 봉(封)해 크고 작은 부서의 도장 96개를 되찾으니 부의 인심이 비로소 안정되었다.

이때 위협을 받고 따랐던 관원 호렴(胡濂)·유비(劉斐)·정여(鄭璵)·하계주(何繼周) 등이 모두 투항하니, 선생이 이들을 안심시키고 위로했다. 후세사람들이 시를 증거 삼아 말했다.

환성(皖城)[65]이 바야흐로 사마귀 어깨처럼 굳세더니
홍도(洪都)[66]의 소굴이 기울 것을 누가 생각이나 했을까
혁혁한 큰 공은 하나의 북에서 이루어졌으니
천년 동안 문성(文成)[67]을 선망케 하도다

---

65) 환(皖)은 현 이름이다.
66) 남창(南昌)을 따로 이르는 말이다.

皖城方逞螳螂臂　　誰料洪都巢已傾
赫赫大功成一鼓　　令人千載羨文成

이때 신호는 안경의 포위망을 풀고, 군사를 완자항(浣子港)으로 이
동했다. 그리고 능십일과 민입사에게 각각 군사 1만 명을 거느리고 남
창으로 급히 달려가도록 명하고, 자신은 대군을 이끌고 계속 진군했다.

선생은 이러한 사태에 대한 보고를 듣자, 모든 장수들을 모아놓고 계
책을 의논했는데, 많은 사람들이 말했다.

"적의 세력이 강성하여 그 기세가 마치 불꽃에 터럭이 타는 것 같습
니다. 지금 사방의 지원군 가운데서 아직 한 명도 오지 않는데, 저들이
화가 난 상태에서 많은 병력으로 우리에게 모여들 것입니다. 마땅히 우
리 군사들을 성안으로 불러들이고 굳게 지켜, 사방의 지원군을 기다린
후 도모하는 것이 나을 것입니다."

그러자 선생이 웃으면서 말했다.

"그렇지 않다. 적의 세력이 비록 강성하나 그들이 지나가는 곳마다
불태우고 노략질하며 도륙한다는 참상을 다만 믿게 해 사람들을 겁주
고 위협하나, 아직 대적(大敵)을 만나지 못했다. 그래서 그 부하들에게
기정상각(奇正相角)[68]의 법을 쓰게 했다. 그리고 신호가 아랫사람을
북돋우고 사기를 키운 것은 오로지 상과 벼슬자리이다. 지금 출병한 지
채 열흘도 안 되어 갑자기 퇴각하니 사기가 이미 떨어졌다. 우리가 만
약 정예병을 미리 출동시켜, 나태하여 집에 돌아가고자 하는 그들의 마
음을 이용해 한순간에 선봉을 꺾어버리면, 반드시 싸우지 않고도 저절
로 궤멸할 것이다. 이것이 이른바 옛사람들이 말하는 '남의 기운을 빼

---

67) 왕양명의 시호, 즉 죽은 뒤의 이름이다.
68) 기정상생(奇正相生)과 같은 말. 즉 전쟁에서 기습법과 정공법은 절대적 구별
　　이 없으며 서로 인과를 이루어 순환한다는 말이다. 『손자』(孫子)에 나온다.
　　여기서는 신호의 병법이 졸렬하다는 비유로 쓰였다.

앗는 것이지, 옥의 티를 없애려 하면 티만 더 단단해진다'는 것이다."

마침 무주지부(撫州知府) 진괴(陳槐)와 진현지현(進縣知縣) 유원청(劉源淸)[69]이 군사를 이끌고 와 지원하고자 하므로, 선생이 오문정·형순·서련·대덕유에게 각기 군사 5백 명을 거느리고 네 갈래로 나누어 진격하도록 명했다. 또 여은(余恩)에게 군사 4백 명을 주고 파양호 위로 가서 적병을 유인하라 명하고, 진괴·왕식(王軾)·유수서·유원청에게는 각각 군사 1백여 명을 데리고 가서 사면에 의병(疑兵)[70]을 설치하고, 또 복병을 두어 오문정 등과 적이 싸우는 것을 살핀 후 합류하도록 했다.

작전 명령이 모두 전달된 후 창고를 열어 성안의 군사와 백성들에게 양식을 나누어주었다. 또 종실군(宗室郡) 왕장군(王將軍) 등이 적과 내통할 것을 우려하여 직접 위로하고 그들의 마음을 안심시켰다. 또 방을 성문 안팎에 써 붙여 알렸다.

"위협에 못 이겨 적을 따른 사람들의 책임을 묻지 않겠다. 비록 적의 관작을 받은 사람이라도 도망쳐 돌아오는 자는 죽음을 면해줄 것이다. 또 적의 목을 베고 돌아와 항복하는 자는 상을 줄 것이다."

그리고 성 안팎에 사는 백성과 길을 잘 아는 사람들에게 이것을 사방에 알려 적의 무리를 흩어지게 했다.

22일에 신호의 선봉 능십일과 민입사 등이 이미 초사(樵舍)[71]에 도착하고, 바람에 돛이 강을 덮으니 그 기세가 매우 강성했다. 오문정이 그의 정규군을 거느리고 그 앞에 배치하고, 형순은 병력을 적의 뒤를 따르며, 서련과 대덕유는 병력을 좌우의 날개 형태로 나누어 적의 세력을 분산시켰다.

---

69) 자는 여징(汝澄), 호는 동포(東圃). 동평(東平) 사람이다. 신호의 난 때 유사 시 자기 집과 가족을 모두 불질러 적의 능욕을 당하지 않게 했다. 병부좌시랑에 올랐다.
70) 적을 현혹하기 위하여 군사가 있는 것처럼 꾸민 가짜 병사이다.
71) 파양호 호반의 지명이다.

그러는 사이 24일 이른 아침에 북풍이 크게 불었다. 적이 북을 치고 함성을 지르며 바람을 타고 전진하여, 곧바로 황가도(黃家渡)로 달려 들었다. 오문정과 여은이 패하는 척하며 도망가니, 적병이 앞다투어 쫓았다. 형순의 군대가 진후좌우에서 치고 들어오면서 적 함대의 가운데를 관통하니 적의 함선이 크게 혼란에 빠졌다. 오문정과 여은은 병사들에게 배 탈 것을 독려하고, 서련과 대덕유가 합세해 협공하며, 사방의 복병이 함성을 지르며 일어나니, 적병이 크게 궤멸되었다. 관군이 수십 리를 추격하여 사로잡거나 적 2천 명을 목 베었는데, 능십일은 물에 떨어지고, 빠져죽은 사람만도 1만여 명이나 되었다. 민입사는 그를 따르는 무리 수천 명을 이끌고 물러나면서 팔(八) 자 모양으로 진의 중심을 보호하니, 그 부하들이 차츰차츰 흩어져 도망갔다.

신호는 패배 소식을 듣고 두려움에 떨며 몸소 장수와 병사들을 격려하면서 선봉에 서는 자는 은 1천 냥을, 부상자는 8백 냥을 상으로 준다고 하고, 남강(南康)과 구강(九江)에서 성을 수비하던 병력을 모두 출동시켜 세력을 키웠다.

이날 건창지부(建昌知府) 증여(曾璵)[72]가 군사를 이끌고 왔다. 선생은 구강을 탈환하지 못하면 파양호의 아군이 구강을 넘어와 아군을 돕지 못하고, 남강이 수복되지 않으면 아군 또한 남강을 넘어 적을 뒤쫓을 수 없다고 생각했다. 마침내 무주지사 진괴에게 군사 4백 명을 이끌고 요주지부(饒州知府) 임감(林瑊)의 군대와 합류하여 구강을 협공하게 했다. 또 건창지부 증여에게 군사 4백 명을 이끌고 광신지부(廣信知府) 주조좌(周朝佐)[73]의 군대와 합류해 틈을 타서 남강을 취하게 했다.

---

72) 자는 동옥(東玉), 호는 소민산인(小岷山人), 여주(瀘州) 사람이다. 장서가 수만 권이고 저술도 많다.
73) 자는 헌가(獻可), 민현(閩縣) 사람이다. 정덕 3년에 진사가 되어 감찰어사가 되었다.

25일에 북풍이 크게 부니 적의 함선이 바람을 타고 돌진해왔다. 오문정이 군사를 이끌고 적을 맞았으나, 바람으로 인하여 불리해지자 아군에게 다소 틈이 생겨 전사자가 수십 명이 생겼다. 선생이 급히 영패(令牌)[74]를 취하여 장검부(將劍付) 중군관(中軍官)에게 주며 말하기를, "지휘관의 머리를 베어 무리에게 보이라" 하고, 또 몰래 말했다.

"만약 힘써 싸운다면 잠시 그것을 중지하라."

오문정이 영패를 보고 크게 놀라 총과 포 사이에 서 있다가 불에 수염이 탔으나 물러나지 않고, 군사들을 독려하여 죽을 각오로 진격했다. 형순 등의 군대가 와서 일제히 발포하니 소리가 천지를 진동했다. 포탄이 영왕의 배를 뚫으니 영왕이 도망하고, 능십일이 총에 맞아 죽으니 적이 드디어 크게 패했다. 적 2천여 명의 목을 베고, 물에 빠져죽은 자는 그 수를 헤아리지 못했다.

신호는 마침내 물러나 초사에서 군대를 보강하고, 배를 연결해 방어진지를 구축하고 사방에서 응하도록 했다. 또 금은을 모두 털어 힘써 싸운 군사들에게 상으로 나누어주고 죽을 각오로 일전을 치를 준비를 했다.

선생이 마침내 밤에 오문정 등을 독려하여 화공(火攻)을 준비했다. 형순은 신호의 좌측을 공격하고, 서련과 대덕유는 우측을 공격하며, 여은과 각 관리들은 병력을 네 갈래로 나누어 매복해 있다가, 불화살이 나는 것을 보면 공격하게 했다.

26일 이른 아침에 신호는 신하들에게 조회를 열고 힘써 싸우지 않고 잇달아 패한 장수들을 꾸짖었다. 특히 삼사(三司)의 각 관리인 양장·반봉 등 10여 명을 불러 패배를 방관한 것을 꾸짖고, 목을 베려고 군법에 회부하려 하자, 양장이 서서 변호했다. 그 일로 논쟁하는 바로 그때 사방에서 함성이 크게 들려왔다.

오문정이 마른 풀을 실은 배를 끌고 와 바람을 타고 불을 질렀다. 그

---

74) 명령의 전달자를 확인하는 패이다.

러자 바람을 탄 불길이 맹렬히 치솟아 연달아 적의 배가 불탔다. 그리고 곳곳의 복병이 불꽃을 신호로 일제히 협공하니, 불길은 영왕이 타고 있는 바로 옆의 배까지 번졌다. 적장 왕춘(王春)과 오십삼 등이 모두 잡혔다.

이때 선생이 사람을 시켜 큰 패를 가져 가 보이게 하고, 각 부대에 명령을 전달했다. "역적 신호는 이미 사로잡혔으니 병사들은 적을 함부로 죽이지 말며, 항복하는 자는 받아주도록 하라" 하니, 병사들이 그것을 믿고 용기백배해졌다.

이보다 먼저 신호는 일이 성사되지 않음을 알고 도망가고자 했다. 눈물을 흘리며 부인 누씨와 헤어지면서 말했다.

"옛사람은 망국의 원인이 부인의 말을 들었기 때문이라 했는데, 나는 어진 부인의 말을 듣지 않아 이 지경에 이르렀구나."

그러자 부인 누씨는 목 메어 소리를 내지 못하고, 다만 이르기를 "전하께서는 자애(自愛)하고 옥체를 아끼시기 바랍니다" 하고 난 후, 궁녀들과 함께 파양호에 몸을 던져 죽고 말았다.

신호는 드디어 옷을 갈아입고 숨어 도망하려 했다. 선생은 이미 만안지현(萬安知縣) 왕면(王冕)[75]에게 여러 척을 어선으로 가장하여 갈대숲 사이에 숨어 있게 했는데, 신호가 우연히 이것을 보고 말했다.

"어부는 나를 태워달라. 그러면 후한 상으로 보답할 것이다."

그가 배를 타자마자 미리 약속한 소리에 맞추어 여러 척의 배가 갑자기 모여들었다. 신호는 그 사태를 모면할 수 없어 물에 뛰어들어 죽으려 했으나 마침 물이 얕아 죽지 못했다. 병사들이 긴 장대를 이용해 옷을 잡아당겨 그를 끌어 올렸다.

이때 오문정·형순 등이 승승장구로 나아가 세자 대가(大哥)와 궁권(宮眷)·이사실·유양정·이자연 등 1백여 명을 사로잡았고, 왕륜과 계효는 도망가다가 물에 빠져 죽었다. 목을 벤 것이 3천여 명이요, 물에

---

75) 자는 복주(服周), 낙양 사람이다. 신호의 난 때 공을 세워 병부주사에 올랐다.

빠져 죽은 자가 2만여 명이었다. 옷, 갑옷, 기계, 재물이 시체와 함께 떠올라 마치 섬처럼 쌓였다.

이에 남은 적선 수백 척이 사방으로 흩어져 도망하므로, 선생이 다시 각 관원에게 쫓도록 해 타지방의 경계를 넘어 우환이 생기지 않게 했다. 27일 초사에 이르러 크게 격파하고 또 오성(吳城)에서 크게 이겨, 사로잡거나 목을 벤 것이 다시 1천여 명이요 물에 빠져 죽은 자가 태반이었다. 이날 또 지부 진괴 등이 연호(沿湖) 등지에서 적과 싸웠는데, 목 베거나 사로잡은 것이 각기 1천여 명이니 남강과 구강 두 부가 모두 평정되었다.

호구지현(湖口知縣) 장현매(章玄梅)가 선생을 영접하여 성안으로 들어가니, 왕면이 신호를 묶은 결박을 풀어 성으로 데려와 그를 인도했다. 신호가 길거리에 부대가 잘 정렬된 것을 보고 웃으면서 "이는 내 가문의 일인데 왕도당은 어찌하여 이렇게 고생을 하는가" 하고, 선생을 뵐 때 드디어 두 손을 마주잡고 공손히 말했다.

"나는 일을 그르쳐 기꺼이 죽겠소만, 다만 누비(婁妃)는 내게 반역하지 말라고 매일 고충을 다해 간절히 간했소. 지금 호수에 투신했으니 청컨대 장사지내게 해주시오."

선생이 즉각 중군관 한 사람을 보내 호수 가운데서 시신을 찾아 호구현 성 밖에 예를 갖추어 장사지내니, 지금 사람들도 '현비묘'(賢妃墓)라 불렀다.

이날 관원들이 모두 모이니 선생이 당하(堂下)에 내려와 오문정의 손을 잡으며 말했다.

"지금 돌아보면 적을 격파한 것은 그대의 공이로다."

"이는 성스러운 천자의 홍복(洪福)이요, 노대인의 공이니, 제게 무슨 공이 있겠습니까?"

"그대는 너무 겸손해하지 마시오. 적을 격파하기 위하여 먼저 나선 자가 그대가 아니면 누구겠소?"

아울러 장수들을 위로하고, 모두 기뻐하며 모임을 끝냈다.

이 일을 따져보면 신호가 6월 14일에 반기를 들어 7월 26일에 사로잡혔으니 앞뒤를 계산하면 42일이요, 선생은 7월 13일에 군사를 일으켜 26일에 평정하니 겨우 14일이 걸렸다. 예로부터 난리를 평정한 것이 이처럼 신속한 경우는 없었다.

애초에 선생이 남창성(南昌城) 좌도찰원(左都察院)에 들어가 여러 문을 활짝 열고 사우들과 함께 학문을 논하기를 그치지 않았다. 그때 첩자가 달려와 선봉에 선 군대가 불리하다고 보고하니, 주위 사람들이 모두 두려워하는 기색을 띠었다. 그러나 선생은 토론을 마저 하는데도 마음과 안색이 태연자약했다. 얼마 후 첩자가 다시 와 적의 군대가 궤멸되었다고 보고했으나, 역시 선생의 표정은 변함이 없었다.

추수익이 들어와 선생의 공을 축하하니 선생이 말하기를, "왜 감히 공을 말하는가? 다만 이 기쁨은 어제 늦게 잠들었기 때문이다" 하니, 대개 선생이 이 임무 때문에 밤낮으로 노심초사하다가, 그때서야 비로소 편안히 잠들 수 있었다고 여겨진다.

선생의 문인이 군사를 부리는 기술에 대하여 묻자 선생이 말했다.

"군사를 부리는 데는 별다른 기술이 없다. 다만 학문을 순수하고 독실하게 하여 이 마음[76]이 움직이지 않게 배양하면 좋을 것이다."

이때 선생이 시를 지었다.

갑마(甲馬)[77]가 뛰며 놀란 북과 나각(螺角) 소리여
정기(旌旗)[78]가 빛나 떨치는 진은 구름처럼 붉구나
근왕(勤王)의 군대는 용감히 분회(汾淮)[79] 뒤에 있으니

---

76) 원문은 '심'(心). 양명학의 본지인 양지(良知)와 같은 뜻으로 쓰였다.
77) 전쟁 때 갑옷을 입힌 말이다.
78) 여러 깃발을 총칭해서 일컫는 말로, 옛날 전쟁 때는 많은 깃발을 들고 다녔다. 원래 '정'(旌)은 천자가 거동하거나 전쟁 때 사기를 고무하기 위하여 사용하던 기이다.
79) 분수(汾水)와 회수(淮水). 중국에 있는 강 이름이다.

천자를 사모함이 참으로 강한(江漢)[80]을 따라 동으로

반란의 무리가 헐뜯는 수고가 개 짖는 소리와 같으나

구중(九重)[81]의 단합(端合)[82]은 하늘을 나는 용[83]인데

작은 시내와 티끌은 큰바다에 보탬이 안 되고[84]

병들어 나른해 먼저 적송자(赤松子)[85]와 벗해야 하느니

甲馬秋驚鼓角風　　旌旗曉拂陣雲紅

勤王敢在汾淮後　　戀闕眞隨江漢東

群醜囂[86]勞同吠犬　　九重端合是飛龍

涓埃未盡酬滄海　　病懶先須伴赤松

　이때 선생이 군사를 돌려 잠시 남창으로 돌아오니, 백성들과 군사들 가운데 선생을 보려고 모인 사람들이 1만여 명인데, 환호하는 소리가 천지를 진동했다. 모두 축하하는 뜻을 드러내면서, "우리가 오늘 어려운 지경에서 빠져나온 것은 모두 왕도야(王都爺)의 은혜로다" 했다.

　선생이 도찰원에 도착하여 관리들을 모두 모아 신호·세자·군왕(郡王)·장군(將軍)·의빈(儀賓)·태사(太師)·국사(國師)·원사(元師)·도독(都督)·지휘(指揮) 등 반적(叛賊)의 관리들을 어떻게 처리할지 상의하고, 그들의 관직을 빼앗았다. 아울러 장수들의 공을 의논했는데, 어사 사원과 임희유에게 공을 기록한 책을 만들게 하여 30일 조정에 승리를 알리니, 후세 사람들이 시로써 찬미했다.

---

80) 양자강과 호북의 한수(漢水)이다.
81) 임금이 있는 궁궐이다.
82) 바르고 화합된 것이다.
83) '비룡'(飛龍)은 『주역』 건괘(乾卦)의 '비룡재천'(飛龍在天)의 줄임말. 임금이 바른 위치, 곧 높은 위치에 임하는 뜻이다.
84) 천자의 은혜에 비해 자신의 공이 매우 적음을 표현한 말이다.
85) 옛날 선인의 이름이다.
86) 어떤 판본에는 '만'(漫)으로 되어 있다.

지휘와 담소가 오히려 태연하고 편하구나!

천고에 누가 공자와 같았는고

십여 일 사이에 반적을 없애니,

참된 유학자의 작용은 과연 기묘한 것이로다.

指揮談笑却萊夷　　千古何人似仲尼

旬日之間除叛賊　　眞儒作用果然奇

강서의 반란이 이미 평정되었는데도 조정에서는 아직 알지 못했다.

애초에 선생이 영왕 신호의 모반 상소를 올린 것이 조정에 도착하니, 5부와 6부의 대신들이 한곳에 모여 회의를 했다. 여러 대신 가운데에는 일찍이 영왕의 뇌물을 받아 내통한 자도 있고, 또는 영왕의 기세를 보고 그가 혹 대권을 잡을지 모른다며 관망하는 자도 있었는데, 감히 신호의 반란을 배척하는 말을 못했다. 유독 병부상서 왕경만 말했다.

"그 못난 사람이 본래 행실이 의롭지 못하더니, 지금 갑자기 반란을 일으킨 것은 스스로 멸망을 취한 것이므로 너무 우려할 바가 못 됩니다. 도어사 왕백안(王伯安)[87]이 강의 상류를 근거 삼아 좇으면 반드시 사로잡을 것입니다. 머지않아 승전보가 도착할 것이나, 고사(故事)에 '부득불 장수에게 명하여 토벌한다'고 했습니다."

선생은 결국 빠른 시간에 상소 13개를 작성했는데, 신호의 관작을 삭탈하고 그가 역적이라는 명분을 정해 천하에 알려달라고 청했다. 또 군사를 일으켜 남경으로 달려가되, 남화백(南和伯)과 방수상(方壽祥)에게 강도(江都)를 방어하게 하고, 어사 유겸(兪謙)은 회(淮) 지방의 군대를 이끌고 가서 남경을 돕게 하며, 왕수인은 남감의 군사를 이끌고 임(臨) 지방을 경유하여 길안으로 가도록 해달라고 청했다. 그리고 도어사 진금은 호(湖) 지방의 군사를 이끌고, 형서(荊瑞)를 경유하여 남창에 모이게 하고, 이극사(李克嗣)는 진강(鎭江)을 진압하며, 허정광

---

87) 백안(伯安)은 왕양명의 자이다.

(許廷光)은 절강(浙江)을 진압하고, 총란(叢蘭)은 의진(儀眞)을 진압하여 적을 막고, 강서에 있는 모든 군(郡)에 격문을 전달하여 능히 의병을 일으켜 역적을 사로잡는 자는 후작(侯爵)에 봉해달라고 청했다.

이때 조정에서 안변(安邊)에 허태(許泰)를 보내 군무를 총괄하는 총병관(總兵官)에 임명하고, 평로백 강빈·태감 장충·위빈(魏彬)을 모두 제독관(提督官)에 임명하며, 유휘(劉暈)[88]는 총관(總官), 태감 장영(張永)[89]은 기밀(機密)을 돕고, 병부시랑 왕헌(王憲)은 군량미를 감독하게 하여 강서 지방의 도적을 정벌하러 보냈다.

대군이 임청(林淸)에 도착하여 선생이 강서에서 크게 이긴 소식을 접했는데, 신호는 이미 사로잡힌 상태라고 들었다. 허태·강빈·장충 등이 선생의 공을 질투하고, 자신들에게 공이 없음을 부끄러워하여 비밀리에 상소를 올려 황제가 친히 남방에서 승리한 광경을 순시하도록 청했다. 무종이 크게 기뻐하며 자칭 '총독군무위무대장군총병관'(總督軍務威武大將軍總官)이라 하고 '후군도독부태사진국공'(後軍都督府太師鎭國公)의 일을 행한다 하여 강서를 친정하려 했다. 조정의 신하들이 간절히 간했으나 듣지 않았는데, 어떤 이는 간하다가 곤장을 맞고 죽기도 했다. 어가(御駕)가 드디어 출발하니 대학사(大學士) 양저(梁儲)·장면(蔣冕)·급사중 □□·□어사 장륜(張倫) 등이 수행했다.[90]

선생이 8월 16일 병부의 자문을 인준하는 것을 접하고, 황제의 뜻을 받들었는데 그 내용은 대략 "강서 영왕이 불법을 저지르니 참으로 안타깝다. 짐이 친히 6사(六師)[91]를 거느리고 토벌하려 하는데, 장수에게

---

88) 장충과 허태 일행 중의 한 사람이다.
89) 자는 수암(守菴), 보정신성(保定新城) 사람이다. 이전에 환관 유근을 베고 왕양명을 도왔다.
90) □는 『실기』의 원문이 파손되어 보이지 않는 글자이다. 『연보』와 『상전』에도 찾을 수 없었다.
91) 사(師)는 부대의 단위로, 보통 많은 군대를 3사라 칭했는데, 6사는 아주 많은 군사이다.

명할 필요가 없다. 왕수인은 잠시 이를 따라 행하라" 했다. 이때 선생은 사로잡은 적당을 황제께 바치려 도성으로 가려 했는데, 황제의 친정(親征)을 중지해달라는 상소를 올렸다. 다음은 그 내용이다.

역적 신호가 위세와 화복(禍福)을 제멋대로 하여 포학한 기세가 이미 멀리까지 퍼졌습니다. 그가 왕위를 엿보고 오랫동안 음모를 꾸며 왔으며, 반역자와 나라를 망친 자들을 불러모아 폐하의 동정을 몰래 염탐했습니다. 그리고 널리 간사한 소인배들을 두어 신하들이 임금께 올리는 상소를 백에 하나도 올라가지 못하게 했습니다. 역모를 시작할 무렵 폐하께서 반드시 친정하실 것을 미리 생각해, 먼저 폐하께서 오시는 연도(沿途)에 간당(奸黨)의 복병을 배치하고 박랑(博浪)·형가(荊軻)의 음모[92]를 꾸며 저격하려 했습니다.

지금 역도들은 발길을 돌릴 틈도 없이 이미 사로잡혔습니다. 법대로 하자면 마땅히 직접 대궐로 압송해 천벌을 밝혀야 할 것입니다. 아니면 부하에게 압송하도록 해도 되지만, 그 일도 흩어져 숨어 있는 잔적들이 기회를 틈타 출몰하면 의외의 우려가 생길 수도 있기 때문에 신이 유감으로 여기고 있습니다. 하물며 적을 평정하고 그 목을 베어 바치는 것은 본래 국가의 전통이요 신하 된 자의 직분뿐이겠습니까?

신이 삼가 9월 1일에 친히 관군과 함께 신호와 그에게 협력한 역적들을 대궐 밖으로 압송해가겠습니다.

선생의 행렬이 상산(常山) 초평역(草萍驛)에 도착했을 때, 황제가 탄 어가가 이미 출발했다는 소식을 듣고 크게 놀라 말했다.

"동남(東南) 지방 백성들의 힘이 이미 고갈되었는데, 어찌 다시 소요

---

92) 박랑은 하남성 박랑현의 지명으로 장량(張良)이 진시황을 습격했던 곳이며, 형가는 전국시대 위나라 사람으로, 진시황을 암살하려다 실패했다.

사태를 감당하겠는가?"

이에 붓을 들고 시를 지어 벽에 적고, 다음날 아침 일정대로 나아갔다. 시는 다음과 같다.

한 번 싸워 이루어진 공 족히 기이할 것 없는데
친정하는 소식은 오히려 감당하기 위태롭다
변방의 봉화는 서북방의 경계를 전하고
백성의 힘은 동남에서 소진되어 피폐하다
만 리의 추풍은 갑마를 울리고
천산의 밝은 해는 깃발 사이를 건너는데
소신이 무슨 일로 급하게 말을 몰겠습니까
청하려 하노니 수레와 대군을 돌리소서

一戰功成未足奇　　親征消息尙堪危
邊烽西北方傳警　　民力東南已盡疲
萬里秋風嘶甲馬　　千山曉日渡旌旗
小臣何事驅馳急　　欲請回鑾罷大師[93]

이때 황제가 탄 어가는 이미 회서(淮徐)에 도착하니, 허태·장충 등이 선생의 상소를 접하고 황제께 몰래 아뢌다.

"폐하께서 친정하시면서 친히 역적들을 잡지 못하면, 어찌 천하의 웃음거리가 되지 않겠습니까? 또 강남을 순시하는데 무엇을 명분으로 삼겠습니까? 당장 왕수인에게 알려 몰래 신호를 파양호 가운데 놓아주고, 상류에서 기다렸다가 직접 그와 싸우다가 사로잡습니다. 그후 승리를 축하하며 공을 논하고 역사책에 그것을 기록하면, 폐하의 영웅적 무용담이 만대에 빛날 것입니다."

이렇게 말하자 무종은 그 말을 기쁘게 생각하여 즉각 위무대장군(威

---

93) 어떤 판본에는 '육사'(六師), 곧 천자의 군대로 되어 있으나 뜻은 같다.

武大將軍)의 패를 이용하여 금의(錦衣)[94] 천호관(千戶官)[95]을 보내 신호를 인수하려 했다. 선생 일행은 엄주(嚴州)에 이르렀는데, 패를 접하니 누가 말하기를, "위무대장군은 황제폐하이시니 패가 황제의 뜻을 나타냅니다. 예법대로라면 마땅히 나아가 맞이하셔야 합니다" 하자 선생이 말했다.

"위무대장군이 일품(一品)에 지나지 않아 문무 관료들은 모두 황제가 거느리는 신하인데 내가 뭣 때문에 영접하겠는가?"

무리들이 모두 말하기를, "영접하지 않으면 반드시 죄를 얻을 것입니다" 하자, 선생이 말했다.

"사람의 자식은 부모의 잘못된 명을 듣고 간(諫)하되 듣지 않으면, 마땅히 울면서 따르는 것이니, 어찌 참고 견디며 아첨만 하겠는가?"

삼사(三司)의 관리들이 계속 간절히 권하므로 선생은 부득이 참수관에게 칙인을 가지고 나가서 맞이하게 하니, 대개 칙인을 가지고 패를 대조하기 때문이다. 중군관이 말하기를, "금의관(錦衣官)이 칙명을 받들고 왔으니 마땅히 사례해야 합니다" 하자, 선생이 말했다.

"오금(五金)[96]이 넘지 않게 하라."

"아마도 그는 노여워하며 받지 않을 것입니다."

"그의 뜻에 맡겨두라."

과연 그가 크게 노여워하며 받지 않고 다음날 와서 떠난다고 하므로, 선생이 그의 손을 잡고 말했다.

"제가 정덕 초년에 금의옥(錦衣獄)에 좀 오랫동안 근무했습니다. 귀하의 관청에 관리가 무척 많은데 공처럼 재물을 가벼이 여기고 의리를 소중히 여긴 분은 여태껏 보지 못했습니다. 어제의 보잘것없는 물건은 단지 예를 갖추기 위해서 준비한 것인데, 공께서 받지 않으시니 심히

---

94) 천자의 근위(近衛)를 맡은 관리이다.
95) 군병 1천1백20호를 맡은 관리이다.
96) 금은 돈의 단위이다.

당황스럽고 부끄럽습니다. 제가 달리 잘하는 것이 없으나 다만 글재주가 좀 있습니다. 다른 날 공을 위하여 이 사실을 적어 후세 사람들이 금의관 가운데 공과 같이 높은 선비가 있음을 알리겠습니다."

금의관이 한마디 말도 못 하고 떠나므로 선생이 패의 뜻을 받들었으나, 끝내 신호를 인도하지 않았다. 금의관이 노여워하며 급히 돌아와 알리니, 허태·강빈 등이 대로하며 비방했다.

"왕수인이 먼저 신호와 내통하여 문인 기원형을 찾아보게 하고 군사 3천 명을 빌려준다는 약속까지 했다가, 나중에 일이 성사되지 않자 영왕을 토벌하여 자신의 죄를 덮었다."

그러자 태감 장영이 본래 선생의 충정을 잘 알므로 선생을 힘써 변호하고 먼저 조사할 것을 청했다.

선생이 항주(杭州)에 이르렀을 때 장영과 상견하자 선생이 말했다.

"동남[97] 지방의 인민들이 오랫동안 신호에게 지독한 피해를 입어 이미 큰 혼란을 겪었습니다. 계속 이어진 가뭄으로 인하여 극심한 곤궁에 처하게 되었습니다. 게다가 중앙에서 파견된 군사들에게 먹을 것을 제공하려면, 생활을 유지하기 힘들어 산골짜기로 도망하여 난을 일으킬 것입니다. 그렇게 되면 이전에 신호를 도운 자들이 오히려 이들을 위협하여 따르게 할 것입니다. 지금 곤궁함이 격해지면 간당이 떼를 지어 일어나 천하는 장차 땅이 무너지는 기세가 될 것입니다. 공께서는 조정의 뜻을 받들었으니 아무 생각이 없겠습니까?"

장영은 그 말이 일리가 있다고 깊이 생각하고 조용히 말했다.

"내가 행차한 것은 소인배들이 측근에서 폐하의 성총(聖聰)을 흐리니, 좌우 사람들을 조절하고 보호하여 폐하를 몰래 돕고자 함이요, 공(功)을 가려 덮으러 온 것은 아니오. 다만 폐하의 천성이 그 뜻을 따르면 오히려 만에 하나라도 만회할 수 있지만, 따르지 않으면 소인배들을 화나게 만들어 천하의 큰 뜻을 구할 수 없을 것이오."

---

97) 『상전』에는 '서남'(西南)으로 되어 있다.

선생은 그가 다른 뜻이 없음을 믿고 드디어 신호를 인도하고, 그 때문에 병을 핑계로 휴직 상소를 올려 서호(西湖)의 정자사(淨慈寺)에 머물렀다.

장영이 황제 앞에서 선생이 나라를 위하여 충성을 다한 것을 말하고, 또 강서 지방에 아직도 불안한 요소가 많음을 알리되, 겨우 안정된 것은 오로지 선생이 갓 진압한 것이므로, 선생의 휴직을 들어주지 말라고 청했다.

이때 간신들이 황제의 명을 빙자하여 문인 기원형을 붙잡아 남경의 법사(法司)[98]에 소환하여 심한 고문을 가했으나 선생에 관한 일을 한 마디도 얻지 못하자 마침내 중지했다.

장충·허태 등이 다시 황제에게 몰래 아뢰기를, "영왕의 잔당이 아직도 많이 있으니 신 등이 친히 남창으로 가서 잔당을 붙잡아 폐하의 위엄을 펼치고자 합니다" 하자, 무종이 또 허락했다.

이때 선생은 칙령을 받들어 다시 남창부로 되돌아왔다. 마침 장충과 허태 등이 도착하니 중앙에서 파견된 군사가 2만 명이나 되었고, 도로와 도시를 가득 메웠다. 허태·장충·강빈 세 사람이 도찰원에 앉으니 선생이 가서 만나보았다. 이때 강빈·허태 등이 선생을 곁에 앉히려 했으나, 선생은 짐짓 모르는 척하고 상석인 손님 자리로 옮기니, 이들이 주인 자리를 차지하는 꼴이 되었다. 이들은 부끄럽기도 하고 화를 내며 선생을 빗대어 찌르므로, 선생은 일의 형편이 부득불 그렇게 될 수밖에 없다고 사과하고, 물러나 문인 추수익에게 말했다.

"내가 자리를 다툰 것이 아니다. 여기서 한 번 굽히면 그들의 통제를 받아 자유롭지 못하게 된다."

세 간신이 신호의 잔당을 잡는다는 구실로 무고한 사람을 해치고 부호들의 뇌물을 탐내 그들의 마음에 차면 풀어주었다. 또 중앙에서 파견된 군사들을 방치하여, 그들이 민가를 점거하고 시중(市中)의 재물을

---

98) 지금의 법정(法庭)에 해당한다.

약탈하게 했다. 또 양식을 찾아와 상을 요구하기도 하며, 선생의 이름을 불러 업신여기면서 욕하고, 또는 고의로 부딪치는 빌미를 만들어 선생과의 분쟁을 꾀했다. 축속(祝續)과 장륜(張倫)은 정세를 관망하다가 유언비어를 퍼트려 선생을 중상모략하려 했다. 그러나 선생이 일절 동요하지 않고, 시중의 백성들에게 밀령을 내려 시골로 물러나 화를 피하게 했다. 다만 늙어서 몸이 쇠약한 사람들은 집을 지키게 했다.

선생은 스스로 돈과 비단을 내어 중앙에서 파견된 군사들을 위로하고, 병든 자에게는 약을 제공하며, 죽은 자를 위하여 관을 만들어 염습하게 하니, 중앙에서 파견된 군사들이 모두 선생을 좋은 사람이라 칭송했다. 그러나 허태·강빈 등은 선생이 군사들의 인심을 얻는 것을 두려워하여 부대를 엄격하게 단속하는 바람에 그들이 위로를 받지 못했다.

선생은 중앙에서 파견된 군사들이 가정을 떠나 고초를 겪으니 현지의 백성들이 마땅히 주객의 예로써 맞았으면 좋겠다고 내외에 뜻을 전달했다. 이에 백성들이 중앙에서 파견된 군사들에게 정성을 다하여 예로써 맞이하고, 어떤 이들은 술과 음식을 바치니 중앙에서 파견된 군사들이 감동하여 드디어 약탈하지 않았다.

때마침 동지였는데 선생이 성안에 술과 고기 포(脯)를 마련하여 신호의 난 때 죽은 사람들에게 제사지내고, 관청에서 일하는 사람들에게도 3일간의 휴가를 주어 제사에 참여하게 하니, 곡하는 소리가 밤낮으로 끊이지 않았다. 중앙에서 파견된 군사들이 그것을 듣고 떠나온 집을 생각하여 눈물을 흘리지 않는 이가 없었고, 그들의 지휘관에게 머리를 조아리며 고향으로 보내달라고 간청했다.

허태·장충·유휘 등은 북쪽 사람으로서 말 타고 활쏘기를 잘했는데, 그들은 선생이 활쏘기를 잘 못할 것이라고 생각했다. 그래서 선생을 굴복시키고자 하여, 하루는 무술을 익힌다는 핑계로 선생을 초청하며 활솜씨를 견주려 했다. 선생이 잘 못한다고 사양하자 네 번이나 강요했다. 선생이 말했다.

"저는 서생입니다. 어찌 감히 공들과 함께 무예를 견주겠습니까? 청컨대 공들께서 먼저 시작하십시오."

유휘 등은 선생이 잘 못한다는 말에 의기양양하여 군사들에게 과녁을 설치하게 하고, 세 사람이 기러기 날 때처럼 나란히 섰다. 그러자 남북의 두 군대가 十경하려고 담처럼 둘러쌌다. 세 사람이 화살 아홉 대를 연달아 쏘았으나 모두 과녁 중앙을 맞히지 못했다. 그래서 하는 말이 "성가(聖駕)[99]를 너무 오래 따라다녀 손으로 활을 제대로 잡지 못해 급하게 쏘는 것이 생소하다" 하니, 그들이 본래 활을 잘 쏜다고 자부했으나 재주가 겨우 이 정도였다. 어찌 부끄럽지 않은가?

마침내 선생에게 쏘기를 청하므로 선생이 사양하다 마지못해 중군관에게 활을 가져오게 하여 화살 세 대를 연달아 쏘았는데, 모두 과녁의 홍심(紅心)[100]을 맞혔다. 그러자 북군(北軍)[101] 병사들이 환호하며 갈채를 보냈다. 장충·허태 등은 마침내 즐겁지 않아 해산했다.

이날 밤 유휘가 사람을 보내 부대 안의 여론을 몰래 살피게 했는데, 모두 양명선생이 매우 좋은 사람이고 무예 또한 출중하다고 말했다. 또 선생이 거느린 남군(南軍)[102]은 다행히 이런 일류 지휘관의 지휘로 공을 세워 한세상을 잘못 사는 일을 하지 않았다고 했다. 유휘가 이 말을 듣고 달갑지 않아 밤새도록 잠을 못 이루다가, 다음날 아침 장충과 허태에게 말했다.

"병사들의 마음이 모두 왕도당에게 가 있으니 어찌하면 좋겠습니까?"

장충과 허태는 마침내 군대를 돌릴 것을 상의하더니, 양민 수백 명을 죽여 역당의 머리를 베었다 하고 전공(戰功)을 논했다. 이에 북군이 남창을 떠나니 백성들이 비로소 생업에 종사했다.

이때 황제의 어가는 회양(淮陽)에서 경구(京口)[103]에 이르러 태학사

---

99) 황제가 타는 수레이다.
100) 과녁 중앙에 붉은색으로 칠한 곳이다.
101) 장충·허태 등이 인솔해온, 중앙에서 파견된 군대를 말한다.
102) 왕양명이 거느리던 남쪽 지방의 군대이다.
103) 남경의 입구 또는 근처이다.

(太學士) 양일청(楊一淸)의 집 앞에 머무르니, 허태 등이 와서 알현했다. 그리고 역당들을 이미 다 진압했다는 말만 하고, 드디어 어가를 따라 강을 건너 남경에 머무르며 강산의 빼어난 경치를 돌아보았다.

정덕 15년(1520)에 황제가 남경에 있었는데 강빈 · 허태 등 세 사람이 선생에게 원한을 품는 데 그치지 않고, 황제의 명을 빙자하여 거짓으로 선생을 소환하려 했다. 선생이 오면 제멋대로 임지에서 벗어났다는 죄를 뒤집어씌우려 한 것이다.[104] 선생이 그 속임수를 알고 끝내 가지 않았는데, 세 사람이 그 사이를 틈타 또 선생을 헐뜯으며 말하기를, "왕수인이 반드시 배반하여 돌아오지 않을 것입니다" 하자, 황제가 무슨 근거로 그런 말을 하느냐고 묻자 이렇게 답했다.

"사자를 시험 삼아 보내 소환해도 그는 분명 오지 않을 것입니다."[105]

정월에 선생을 소환하라는 명령이 떨어지자, 장영이 부하 전병충(錢秉忠)을 몰래 보내 밤새껏 달려 이 사실을 선생께 고하니, 선생이 이 명을 듣자마자 즉시 출행하여 무호(無湖)에 이르렀다. 이때 장충 · 허태 등이 다시 선생을 막았다.[106]

이때 선생은 무호에 머문 지 반달이 되었는데, 어느 날 밤 말없이 앉아 파도 치는 소리를 듣고 탄식하며 말했다.

"나의 한몸이 비방을 뒤집어쓰고 죽는 것은 본디 그렇다치고, 우리 늙으신 아버님은 어찌할 것인가?"

또 문인에게 말하기를, "이때 만약 아버님을 모시고 몰래 도망갈 수

---

104) 『상전』에 의하면 이때 장영이 선생을 위하여 황제의 곁에서 변호했다고 되어 있다.

105) 『상전』에는 이 말 바로 앞에 남창에서 왕수인이 민심과 군심을 얻은 일과 그로 인하여 반드시 반란을 일으킬 것이라는 말이 있다.

106) 『상전』에 의하면 이즈음 장충은 선생이 온다는 소문을 듣고 황제께 배알할 때 이 사실을 알리고, 왕수인이 오지 못하게 해달라고 주청한 것으로 되어 있다.

있는 큰 구멍이 있다면, 나 또한 종신토록 멀리 가서 뉘우침이 없으리라" 했다.

마침내 구화산(九華山)에 들어가 매일 초가 암자에 단정히 정좌하다가, 하루는 윤건(綸巾)[107]과 야복(野服)[108] 치림으로 또다시 화성사(化城寺)의 지장동(地藏洞)에 이르렀다. 회고하면 선생의 나이 서른에 일찍이 이곳에 와서 한 늙은 도사를 만나 같이 유교·불교·도교 삼교의 이치를 논하던 곳이다. 지금 선생의 나이 마흔아홉이니 19년이 훌쩍 지나버린 것이다. 그때에 비하면 지금이 도리어 공명과 굴레로 인하여 자유롭지 못하고, 모르는 사이에 쓸쓸히 길게 탄식했다. 마침내 붓을 들어 시 한 수를 지었다.

사랑하는 산을 날마다 바라보아도 맑은데
홀연히 산중에 다다르니 눈이 절로 밝구나
조도(鳥道)[109]는 점점 이전의 험한 길이 아니고
용담(龍潭)[110]은 예전보다 맑은데
마음 맞는 사람[111]은 거처를 비워 멀리 가고
안면 있는 중이 오나 이름을 모르겠네.
내가 기쁘게 세상을 잊었다고 말하지 말라
앞길은 험하고 고난의 길이다

愛山日日望山晴　　忽到山中眼自明
鳥道漸非前度險　　龍潭更比舊時淸
會心人遠空遺洞　　識面僧來不記名
莫謂中丞[112]喜忘世　前塗風浪苦難行

---

107) 비단으로 만든 두건. 제갈량이 늘 쓰는 것이라 하여 제갈건이라고도 한다.
108) 미복(微服)이다.
109) 새만 날아다닐 수 있는 험한 길이다.
110) 구화산에 있는 명소이다.
111) 예전에 왔을 때 만났던 지장동(地藏洞)의 도사이다.

또 바위 가운데 한 중이 정좌해 있는데, 언제 여기에 왔는지 물으니
중이 말했다.

"이미 3년이 되었습니다."

선생이 "우리 유학자도 이같이 기꺼이 전념하여 수련하면 못 이룰까
무슨 걱정이 있겠는가" 하고, 다시 시 한 수를 읊었다.

이상하게 보지 말라. 저 바위의 중이 목석처럼 산다고
우리 중 진절(眞切)함이 몇이나 저와 같겠는가
밤낮으로 일한 것이 심신 밖의 것이니
보잘것없는 것을 훔친 입안의 여유여
세속의 학문이 이 늙은 중을 속이지 못하리
옛 성인[113]이 선을 취하면서 도자기 굽고 고기 잡으니
연간 분주히 무슨 일을 이루었는가
이날 이 사람이 나를 깨우치는구나

莫怪巖僧木石居　　吾儕眞切幾人如
經營日夜身心外　　剽竊糠粃齒頰餘
俗學未堪欺老衲　　昔賢取善及陶漁
年來奔走成何事　　此日斯人亦啓予

강빈·허태 등이 이미 선생의 행차를 막아놓고, 선생이 무종의 뜻을
받들지 않고 조정에 배알하지 않음을 일부러 비난했다. 무종이 장영에
게 물으니 장영이 몰래 아뢰었다.

"왕수인이 이미 무호에 왔을 때 강빈이 행차를 막았습니다. 왕수인은
충신인데, 지금 많은 사람들이 공을 탐해 그를 해치려 하니, 왕수인이

---

112) 중승(中丞)은 왕양명 자신을 가리킨다. 당시 부도어사나 첨도어사에게 순무
　　를 명했는데, 순무하는 중에 중승이라 불렀다.
113) 순임금을 말한다. 『맹자』 「공손추상」에 고사가 나온다.

관직을 버리고 입산수도하려 한다고 들었습니다. 이 사람이 가버리면 천하의 선비들이 조정을 위하여 다시는 힘쓰지 않을 것입니다."

그러자 무종이 사람을 보내 몰래 선생의 동정을 엿보니 정말로 초가 암자에 거처하고 있었다. 무종이 말했다.

"왕수인은 도를 공부하는 사람이다. 어찌 반역을 저지르겠는가?"

드디어 명을 내려 강서성 순무를 겸임하게 하고, 기일 내 임지로 돌아가게 했다.

선생의 행차가 개선사(開先寺)[114]를 지나갈 때 독서대(讀書臺)[115]에서 돌에 글을 새겼다.

정덕 기묘년 6월 14일 을해(乙亥)에 영번호(寧藩濠)가 남창에서 반란을 일으켜 군사를 거느려 대궐로 향한다 하고, 남강과 구강을 격파하며 안경을 공격하니 원근 각처가 진동했다. 7월 13일 신해(辛亥)에 신 수인이 다른 군의 병력으로 남창을 탈환하여 신호를 사로잡고 잔당을 모두 소탕했다. 이때 폐하께서 변고를 들으시고 노하시어 친히 6사를 거느려 토벌에 가담하셨다. 드디어 신호를 사로잡아 돌아가시니 혁혁한 황제의 위엄을 신무(神武)도 견줄 수 없었다. 마치 천둥이 진동함과 같아 치지 않아도 꺾였다. 폐하께서 돌아가시니 누가 감히 엿볼 것인가? 하늘이 신호를 거울삼아 폐하의 신령함을 밝게 하시니, 우리나라를 잘 다스려 평안하게 하시는구나.

대개 세종(世宗)의 용비(龍飛)[116] 징조가 여기서 증험되니, 선생이

---

114) 강서성 구강현 노산(盧山)의 남쪽에 있는 절이다. 왕양명의 시에는 개원사로 되어 있다.

115) 『연보』에 의하면 개선사를 매일 두 번 지나가고, 각석(刻石)을 독서대 뒤에 두고 머물렀다고 한다. 이 부분은 『상전』에는 없고 『연보』에 있다.

116) 무종의 뒤를 이은 황제이다. 그는 즉위하자마자 조정에 간신을 축출하고 어진 선비를 천거하여 새로운 정치를 도모했다. 강빈·허태·장충·유휘 등을

어찌 앞일을 미리 내다볼 수 있었을까?

2월에 구강(九江)의 군사를 살펴보았다.

3월에는 강서 지방이 전란으로 인하여 토지가 황폐해지고 인민들이 흩어졌으므로, 조세를 완화하여 백성들의 어려움을 덜어달라고 청했다. 그리고 세 번이나 고향으로 가서 장례[117]를 치르게 해달라고 상소했으나 윤허받지 못했다.

5월에는 강서에 큰 홍수가 나서 스스로 탄핵하는 상소를 올렸다. 이때 황제의 어가는 오히려 남경에 머물렀는데, 많은 소인배들이 발호하여 간(諫)하는 것을 막았다. 때마침 지방에 재난이 일어나 그것 때문에 황제의 마음이 열려 그의 뜻을 백성들에게 두기를 기대했다.

6월에 다시 감주(贛州)로 돌아가고자 하여 태화현(泰和縣)을 지나갈 때 정암(整庵) 나흠순(羅欽順)[118]과 함께 『대학』의 '격물'에 대하여 논했다.[119] 그것을 요약하면 아래와 같다.

"덕이 닦이지 않음과 학문이 강론되지 않음"[120]은 공자께서도 걱정하시는 것입니다. 그런데 세상의 배우는 자들이 점차 전수받은 것을 익혀 옛 것을 해석할 수 있으면 모두 스스로 학문을 안다고 여기고, 다시 '학문의 강론'을 구하지 않으니 참으로 비통한 일입니다.

목 베고, 선생의 공적을 기록하고 칙명으로 선생을 도성으로 모셨다.

117) 『상전』에 의하면 이때 할머니 잠태부인이 돌아간 것으로 되어 있다. 『실기』에는 그 사실이 빠져 있다.

118) 자는 윤승(允升), 정암은 그의 호, 태화현 사람이다. 당시의 대표적 주자학자로서 왕양명보다 여섯 살 위이다. 강서예부상서에 올랐다. 그의 학문은 위로는 장횡거(장재)를 잇고 아래로는 왕부지와 연결되어 있는데, 기일원론을 주장하고 기가 만물의 근원이라 보았다. 저술에는 『곤지기』(困知記), 『정암존고』(整庵存稿)가 있다.

119) 『연보』와 『상전』에는 이때 나흠순이 왕양명에게 편지를 보내 학문을 물은 것에 답한 것으로 되어 있다.

120) 『논어』 「술이」의 "子曰, 德之不修, 學之不講, 聞義不能徙, 不善不能改, 是吾憂也"에 나온다.

대개 도는 반드시 체득(體得)[121]되고 난 뒤에 보이는 것이므로 자신이 도를 본 뒤 체득하는 노력을 하는 것이 아닙니다. 도는 반드시 배우고 난 뒤에 밝혀지는 것이므로 학문을 강론하는 것 외에 다시 '도를 밝히는' 길이 있는 것도 아닙니다.

그러나 세상에 학문을 강론하는 자는 두 종류가 있으니 하나는 몸과 마음으로 하는 자요, 다른 하나는 입과 귀로 하는 자입니다. 입과 귀로 하는 자는 어림짐작으로만 헤아려 그림자와 메아리만 구하는 자요, 몸과 마음으로 하는 자는 익숙하게 관찰한 데서 행동이 드러나니 자신에게 열매가 있는 자입니다. 이것을 알면 공자 문하의 학문을 알 것입니다.[122]

보내주신 글에서 말씀하시기를, 제가 『대학고본』을 부활시킨 것은 사람의 학문함이 단지 안[123]에서 구해야 하는데, 정주(程朱)의 격물설(格物說)은 밖[124]에서 구하는 것을 면치 못하고 있다고 보아, 드디어 주자가 장(章)을 나눈 것과 보충한 장(章)을 버렸다고 하셨습니다. 그렇지만 감히 그럴 수 없습니다. 학문에 어찌 안과 밖이 있겠습니까? 『대학고본』은 공자 문하에서 전승되어온 구본(舊本)일 따름입니다. 주자는 그 내용에서 잘못되고 빠진 곳을 고쳐 보충했으나, 제게는 그 구본에 본디 오·탈자가 없다고 하여, 구본을 따르고 있을 따름이라고 말씀하십니다. 실수가 있다면 공자를 과신한 데 있지, 주자가 장을 나누고 전승된 내용을 깎은 것을 고의로 제거한 것이 아닙니다.

대개 학문은 마음에서 얻는 것을 귀하게 여깁니다. 마음에서 구하는 것이 잘못되었다면, 비록 그 말이 공자에게서 나왔다 하더라도 감

---

121) 체험을 통하여 몸에 익히는 것이다. 체인(體認)이라고도 한다.
122) 이 앞부분은 『상전』이나 『연보』에 보이지 않는다.
123) 심(心)을 말한다.
124) 인간의 마음 밖에서 사물의 이치를 구하는 것이다.

히 옳다고 여길 수는 없는데, 하물며 공자에 미칠 수 없는 사람이겠습니까? 마음에서 구하는 것이 옳다면, 비록 그 말이 평범한 사람에게서 나왔다 하더라도 감히 그르다고 못하는데, 하물며 그 말이 공자에게서 나온 것이겠습니까? 또 구본이 전승되어온 지 수천 년이 되었지만, 지금 그 문장을 읽어보면 이미 명백하게 이해되고, 그 공부를 논함에 쉽게 들어갈 수 있습니다. 그런데 또 어떤 곳에 근거를 두어 이 부분이 저기에 있고, 저 부분이 여기에 있음을 판단하여, 이것은 어떤 이유로 빼버리고 저것은 또 무슨 이유로 보충하여 드디어 개정하여 보충하니,[125] 남이 주자를 배반하는 것은 중요하게 여기고, 자신들이 공자를 위반하는 것은 가볍게 대함이 없습니까?

또 편지에 이르기를,

"학문이 반드시 외부 세계를 바탕으로 하여 구하지 않고, 단지 마음의 안을 살피는 것으로만 힘쓴다면, 마음을 바르게 하는 것〔正心〕과 뜻을 정성스럽게 하는 것〔誠意〕의 네 글자 또한 어찌 충분하지 못하겠습니까? 하필이면 입문하는 시기에 사물에 나아가 이치를 궁리하는 것〔格物〕 한 부분의 공부를 가지고 다시 어렵게 만드는가" 하니, 참으로 그렇습니다. 진실로 맞습니다. 만약 그 요점을 말한다면, 몸을 닦는 것〔修身〕으로도 충분하니 하필 또 마음을 바르게 하는 것을 말하겠습니까? 마음을 바르게 하는 것 또한 충분하니 왜 뜻을 성실하게 하는 것을 말하겠습니까? 또 뜻을 성실하게 하는 것 또한 충분하니, 하필 앎을 이루는 것〔致知〕과 사물에 나아가 이치를 궁리하는 것을 말하겠습니까? 오직 그 공부의 상세하고 엄밀함을 요약하면 단지 같은 일이요, 정밀하고 한결같은〔精一〕[126] 학문이 되는 이유입

---

125) 주자가 『대학』의 장을 나누고 보충하여 『대학장구』를 만든 것을 비꼬은 말이다.
126) 『중용장구』 서문의 "惟精惟一, 允執厥中"에 나오는 말을 줄였는데, 원래는 『서경』 「대우모」에 나온다.

니다. 이를 바로 생각하지 않으면 안 됩니다. 대개 이치(理)는 안과 밖이 없고 본성(性) 또한 안과 밖이 없습니다. 그러므로 학문 또한 안과 밖이 없으니, 강습하고 토론하는 것이 안의 일이 아님이 없고, 되돌아보고 안을 살피는 일에는 밖을 버린 적이 없습니다. 학문이 반드시 밖을 바탕으로 하여 구하는 것이라고 한다면, 이는 자기의 본성이 밖에 있는 것을 삼는 것이므로 의(義)가 밖에 있는 것[127]이요, 용지(用智)[128]하는 것입니다. 되돌아보고 안을 살핀다는 것이 내면에서만 찾는다고 한다면, 이는 자신의 본성을 안에 있는 것으로만 삼아, 나만 있고 스스로 사사로운 것이 되니, 모두 본성에 안과 밖이 없다는 것을 모르는 것입니다. 그러므로 말하기를, "뜻을 정밀하게 하여 신통함에 들어감은 그로써 쓰임을 이룬 것이요, 쓰임을 이롭게 하고 몸을 편안하게 함은 그로써 덕을 높임이니[129] 본성의 덕이요 안과 밖을 합친 도입니다" 하시니, 이는 참으로 『대학』에서 말하는 격물[130]의 공부를 알았다고 할 수 있습니다.

격물은 『대학』이 실로 시작하는 곳이므로 철두철미하여 처음 공부를 시작하는 사람에서 성인에 이르기까지 오직 이 공부뿐이니, 다만 입문할 때만 이 단계의 공부가 있는 것만은 아닙니다.

대개 『대학』의 마음을 바르게 하는 것, 뜻을 성실하게 하는 것, 앎을 이루는 것, 격물이 모두 몸을 닦는 것인데, 격물은 몸을 닦기 위하

---

127) 맹자는 사람의 본성 가운데 하나인 의(義)가 인간 외부에 있는 것이 아니라는 점에 대해 고자(告子)와 맹렬한 토론을 벌였다. 후대의 유가들은 이러한 맹자의 전통을 이어받아 의를 인간의 본성의 하나로 받아들인다.

128) 덕성보다는 감각을 사용한 견문에 관한 지식을 탐구하는 데 지성을 사용하는 것. 여기서 논의되는 안은 전자, 즉 내면적 덕성, 밖은 후자, 즉 외부의 지식을 말한다.

129) 원문은 『주역』 「계사하」의 "精義入神以致用也, 利用安身以崇德也"에 나온다.

130) 격물에 대한 주자의 해석은 '사물에 나아가 이치를 궁구하는 것'이지만, 왕양명은 여기서 다르게 해석하고 있기 때문에 주자식 표현을 따르지 않고 원문 그대로 두었다.

여 착수하는 날 볼 수 있는 땅과 같은 것입니다. 그러므로 격물은 그 마음 가운데의 사물을 바르게 하는 것[131]이요, 그 뜻 가운데의 사물을 바르게 하는 것이며, 그 앎 가운데의 사물을 바르게 하는 것입니다. 마음을 바르게 한다는 것은 그 사물에 대한 마음을 바르게 하는 것이요, 뜻을 성실하게 한다는 것은 그 사물에 대한 뜻을 성실하게 하는 것이며, 앎을 이룬다는 것은 그 사물에 대한 앎을 이루는 것입니다.

그러니 여기에 어찌 안과 밖, 이곳과 저곳의 구별이 있겠습니까? 이치는 하나뿐이니 그 이치가 모인 것으로 말하면 본성이라 부르고, 그 모이는 것의 주재(主宰)로 말하면 마음[心]이라 부르며, 그 주재가 발동하는 것으로 말하면 뜻[意]이라 부르고, 그 발동한 것이 밝히 깨닫는 것[明覺]으로 말하면 앎[知]이라 부르며, 그 밝히 깨닫는 것이 감응하는 것으로 말하면 사물[物]입니다. 그러므로 사물의 입장에서는 바로잡는다[格] 하고, 앎의 입장에서는 이룬다[致] 하고, 뜻의 입장에서는 성실하게 한다[誠] 하고, 마음의 입장에서는 바르게 한다[正]고 하는 것입니다. 바르게 한다는 것은 이것[132]을 바르게 하는 것이요, 성실하게 한다는 것은 이것을 성실하게 하는 것이요, 이룬다는 것은 이것을 이룬다는 것입니다. 바로잡는다는 것은 이것을 바로잡는다는 것이니, 모두 이치를 궁구하여 자신의 본성을 다하는 것입니다.

천하에 본성 밖에 이치가 없고 본성 밖에 사물이 없는데, 학문이 밝지 못함은 세상의 유학자들이 이치와 사물이 밖에 있다고 알아, 의(義)가 밖에 있다는 설이 맹자가 일찍이 배척했다는 것[133]을 모르기

---

131) 주자는 격(格)을 주로 궁리(窮理)의 의미로 사용했지만, 여기서는 왕양명이 바르게 한다[正]의 의미로 사용한 것을 따라 해석했다.
132) 앞에 나온 본성·이치·마음·앎 등을 말한다. 왕양명의 입장에선 양지가 바로 본성이며 이치이며 마음이다.
133) 『맹자』「고자상」에 나온다.

때문입니다. 그리하여 상습적으로 그 안에 빠져 깨닫지 못하는 데 이르렀으니, 어찌 이와 유사하면서도 밝히기 어려운 것을 갖고 있다고 하지 않겠습니까? 살피지 않을 수 없습니다.

감주에 이르러 군사들을 크게 사열하고 전법을 가르치니, 강빈이 사람을 시켜 이것을 엿보았다. 많은 사람들이 선생을 위하여 걱정하므로 「추추음」(啾啾吟)[134]을 짓고 풀어서 말했다.

> 지혜로운 자 미혹되지 않고, 어진 자 걱정하지 않는다
> 그대는 어찌하여 슬픈 눈썹에 근심인가
> 걸음을 믿고 갈 때는 모두 탄탄할 길이고
> 하늘을 의지해 판단하지 인간이 꾀할 일은 아니니
> 등용되면 도를 행하고 버리면 쉰다[135]
> 이 몸은 큰바다에 뜬 빈 배
> 대장부 낙락(落落)[136]하게 천지를 치켜들어야지
> 어찌 갇힌 죄인처럼 속박된 것을 돌아보리요
> 비싼 구슬을 새 잡는 탄환으로 쓰고
> 땅 파는 데 하필 번거롭게 보검을 사용하리요
> 그대는 보지 못했는가
> 동쪽 집의 노인이 호랑이 피해를 막아보았으나
> 밤에 호랑이가 들어와 그의 머리를 물었고
> 서쪽 집의 아이는 호랑이를 몰랐기에

---

134) 추(啾)는 새나 벌레 따위가 우는 소리. 여기서는 고요할 때 우는 새소리처럼 쓸쓸한 울음소리를 내는 것을 읊은 시이다. 『왕문선공전서』 권20, 외집2, 강서 「추추음」 참조. 마지막 두 구가 특별히 유명하다.
135) 원문은 『논어』 「술이」의 "子謂顔淵曰, 用之則行, 舍之則藏. 惟我與爾有是夫"에 나온다.
136) 기상이 크고 고고한 모습이다.

장대로 소를 몰듯 한 것을……

미련한 자는 목 메일 것을 겁내 밥을 끊고

어리석은 자는 물에 빠지는 것이 두려워 먼저 투신한다

사람이 천명에 이르면 스스로 쇄락[137]하게 되나니

참소를 우려하고 훼방을 피해 한갓 새소리만 내노라

知者不惑仁[138]不憂	君胡戚戚眉雙愁
信步行來皆坦道	憑天判下非人謨
用之則行舍則休	此身浩湯浮虛舟
丈夫落落掀天地	豈顧束縛如窮囚
千金之珠彈鳥雀	掘土何煩用鐲鏤[139]
君不見	東家老翁防虎患
虎夜入室銜其頭	西家兒童不識虎
執竿驅虎如驅牛	痴人懲噎 遂廢食
愚者畏溺先自投	人生達命自灑落
憂讒避毀徒啾啾	

또 말하기를, "내가 아이들에게 노래와 시와 예절을 가르치려 하는데 무슨 의심이 있겠는가" 하니, 문인 진구천(陳九川)[140]이 또 이를 걱정하매 선생이 말했다.

"내가 남창성에 있을 때 권세 있는 환관의 창칼 가운데 처했지만 내

---

137) 원래는 인품이 깨끗한 모양. 송나라 때 주자의 스승 이연평의 경우 '천리(天理)만이 산들산들 불어오는 상태', 곧 천리를 체인한 상태를 말한다. 앞에 나왔다.

138) 원문에는 '용'(勇)으로 되어 있으나 뒷글과 호응되지 않아 바로잡았다. 『논어』「자한」(子罕)의 "知者不惑, 仁者不憂, 勇者不懼"에 보인다.

139) '탁루'(鐲鏤)는 칼 이름으로 보검을 주로 가리킨다.

140) 자는 유준(惟濬), 호는 죽정(竹亭), 임천(臨川) 사람이다. 태상박사가 되었다가 무종 때 남쪽 지방의 순수를 간하다가 제명되었다. 세종이 즉위하여 주객사랑중에 앉혔다.

마음이 편안했는데, 공들은 무슨 걱정이 그리 많은가?"[141]

만안현(萬安縣)[142]에 무사가 많다는 말이 있었다. 참수관에게 기록해 가져오게 하고, 전하는 글에 "다만 힘이 많은 것 때문이지 무예는 묻지 않겠다" 하니 용광이 묻기를, "신호의 난이 이미 평정되었는데, 이것을 기록해 가져오라는 것은 무슨 이유입니까" 하자, 선생이 웃으면서 말했다.

"교지(交趾)[143]에 내부적으로 어려움이 있으니 불시에 공격하면, 또 하나의 기회가 될 것이다."

이때 무종은 남경에 머물러 있었고, 신호는 아직 처형되지 않았으나 강빈의 음모는 헤아리기 어려웠다. 그래서 소머리 귀신[144]을 보고 밤에 놀라듯하여, 단지 선생이 감히 군사를 움직일까 두려워했다. 선생이 구강의 병사들을 살피고, 감주에서 선비들을 가르치며, 만안현의 무사들을 기록한 뜻은 보통사람들이 말하기 어려운 것이다.

문인 전덕홍(錢德洪)[145]이 말했다.

"내가 예전에 선생의 상소문을 정리할 때, 재차 신호의 반란에 대한 상소를 올리고, 동시에 할머니의 장례 문제로 고향으로 돌아가게 해달라는 상소를 같은 날 올리니, 내 마음속에 '이렇게 국가가 위급한 때를 당하여 휴가를 얻으려 하는가'라는 의문이 생겼다. 그 당시는 대의를 높여 군사들을 모아 신호를 사로잡는 데 힘써야 할 때인데, 오히려 고향

---

141) 이 말의 순서와 나오는 단어를 보면 『상전』과 다르고 『연보』와 다소 유사하지만, 이 뒤에 말이 좀더 이어지고 있다. 아마도 백암은 또 다른 자료를 참고한 것 같다.

142) 광동성 경애도(瓊崖道)의 지명이다.

143) 한나라 때의 군명(郡名)으로, 오령(五岭) 이남을 지칭한다. 광동·광서의 대부분 지역과 베트남 북부와 중부까지 포함된다.

144) 불교에서 말하는 지옥을 지키는 소머리 모양의 귀졸(鬼卒), 즉 우두(牛頭) 또는 우두야차(牛頭夜叉)이다.

145) 1496~1574. 이름은 관(寬), 덕홍은 그의 자이고, 호는 서산(緒山)이다. 왕기(王畿)와 함께 왕양명의 고제이다.

으로 돌아가게 해달라고 상소하셨다. 또 군사를 보내달라고 요청했지만 자신과는 무관한 것처럼 행동하시다가, 나중에는 황제의 친정(親征)을 하지 말라는 상소를 올리기까지 하셨으니, 탄식하기를 '옛사람은 공을 세운 후에 처신하는 것이 어렵다' 했다."

대개 전덕홍이 선생을 모신 지 가장 오래되었으므로 선생의 거동을 아는 것이 이와 같았다.[146]

7월에 거듭 강서의 승전 보고를 상소했다. 이때 강빈과 허태 등이 부괵(俘馘)[147]을 바쳐 공을 차지하려고 하자 장영이 말했다.

"옳지 않다. 우리가 도성을 떠나기 전에 이미 신호가 사로잡혔고, 왕도당이 부괵을 바치러 북상하여 옥산(玉山)을 지나 전당(錢塘)을 건넜으니, 세상사람들의 이목을 끌었다. 공을 가로채는 것은 옳지 않다."

이에 위무대장군[148]의 어명으로 선생에게 거듭 승전 보고의 상소를 올리게 하니, 선생이 마침내 이전에 주청한 것을 조목조목 요약하되, 임금의 측근에서 따랐던 허태·강빈·장충 등의 이름을 상소 가운데 기록하고, 또 여기서 이렇게 승리한 것은 모두 명을 받은 총독(總督)[149]의 위덕(威德)과 지시, 그리고 방략 덕분이라고 하니, 소인배들의 원한이 차츰 풀렸다.

| 나의 생각 18 |

선생이 수천 명의 오합지졸을 거느리고 그토록 짧은 시간에 막 10만 군사로 불어난 도적 무리를 토벌했다. 사태에 따라 지휘하고 변화에 대응하는 것이 신과 같아 열흘이 채 못 되어 대란을 평정한 것은 더이상 논할 필요가 없다. 더욱이 간신들이 번갈아 참소하고 중앙에서 파견된

---

146) 이 구절은 『연보』에는 없고 『상전』에만 있다.
147) 적을 사로잡아 벤 귀이다. 여기서는 포로까지 포함된다.
148) 황제, 즉 무종이다.
149) 『상전』에는 총독, 제독, 그리고 여러 관리로 되어 있다.

군대까지 가세해 헤아릴 수 없는 화가 일시에 미쳤으나, 선생이 태연하게 대처하고 거침없이 대응했다. 그리하여 마치 하늘을 가득 메운 큰 그물이 손이 닿자마자 풀리듯하여, 어두웠던 공공(公共)한 이치가 다시 밝아졌고 끊어졌던 국맥(國脉)이 다시 이어지니, 이는 어찌 기질의 작용이 가능한 것이겠는가?

오직 평일에 마음을 단련한 노력에서 요령을 얻었기에 마치 배의 키가 있어 큰바람과 거센 풍랑이 뒤집지 못한 것처럼 심학(心學)[150]의 작용이 신통하지 않은가? 유염대(劉念臺)[151]가 말하기를, "사람에게 다만 마음을 단련하는 방법이 있고, 다시 일을 단련하는 방법이 없다는 것은 믿을 만하다"라고 했다.

---

150) 양명선생이 제창한 학문이다.
151) 1578~1646. 이름은 종주(宗周), 자는 기동(起東), 절강 산음(山陰) 사람이다. 동림학파(東林學派)의 한 사람으로, 성무선무불선(性無善無不善)을 주장했다.

다시 가르침의 길로

19. 강학을 다시 잇다

8월에 부원(部院)¹⁾에 탄원하여 문인 기원형(冀元亨)²⁾이 무고하게 투옥된 누명을 풀어주었다.

이보다 앞서 간신들이 선생을 참소로 얽어매려고 기원형을 체포하여 고문을 자행했으나, 원하는 자백을 한마디도 받아내지 못했다. 이에 과도관(科道官)³⁾이 번갈아 변호하고 선생이 부원에 탄원하니 그 누명이 비로소 풀렸다. 세종 황제가 즉위하여 석방했으나 기원형은 고문의 후유증으로 이미 병이 났고, 그로 인해 죽었다.

동문 육징(陸澄)⁴⁾이 그를 위하여 관을 마련하고 염습했다. 부음이 도착하자 선생이 신위를 설치하여 통곡한 다음 제문을 지어 제사지내고, 남은 가족을 도와주었다.

---

1) 재판소이다.
2) 자는 유건(惟乾), 호는 암재(闇齋), 무릉 사람이다. 양명에게서 배웠으며 염계 서원을 주강(主講)했고, 왕양명의 양아들 정헌을 가르친 적이 있다. 신호에게 가담했다는 의혹을 사 벌을 받았다. 앞에 나왔다.
3) 감찰어사로, 도찰원의 육과급사중(六科給事中)이다.
4) 자는 원정(元靜) 또는 청백(淸伯), 절강성 귀안(歸安) 사람이다.

또 유양정(劉養正)[5] 어미를 장사지내고 제사를 지내주었다.

처음에 유양정이 선생에게 후하게 잘 대해주었다. 그 어미가 죽으니 선생이 와서 묘지명(墓誌銘)을 써달라고 청했는데, 사실은 신호의 비밀스러운 부탁으로 선생을 맞으려는 것이었다. 그러나 선생이 가지 않았다. 유양정이 죽은 후 길안부(吉安府)를 지나가다가 담당 관리에게 명하여 그 어미를 장사지내고, 제문을 지어 제사지냈다.

아, 유사길이여! 어머니가 죽어도 장사를 치르지 못하고, 전쟁터에 이르렀구나. 한 생각의 차이가 여기에 이르렀으니 참으로 슬프구나. 지금 내가 그대의 어미를 장사지내 아무쪼록 그대의 혼을 위로하노라. 군신의 의리로 보아 그대의 몸을 내가 사사로이 어찌할 수 없고, 친구의 우정으로서 그대의 어미에게 정성을 다하노라. 아! 슬픈지고.

장례를 치르기 위하여 고향으로 돌아가게 해달라는 상소를 네 번 올렸으나 윤허받지 못했다.[6]

애초에 선생이 감주에 있을 때 할머니 잠태부인의 부음과 아버지 해일옹(海日翁)[7]의 병 소식을 듣고, 즉각 상소를 올려 고향으로 돌아가고자 했다. 그러나 그때 마침 복주(福州)의 폭도를 진압하라는 명이 있었고, 중도에 신호의 변을 만났다. 상소를 올려 장차 적을 토벌하고 또 고향으로 돌아가 장례를 치르게 해달라고 청했는데, 조정에서는 허락하되 적을 평정한 후 와서 말하라는 것이었다. 지금까지 이렇게 네 번 청했다.

언젠가 해일옹의 병세가 위태롭다는 말을 듣고 관직을 버리고 도망

---

5) 자는 사길(士吉)로, 신호의 측근. 앞에 나왔다.
6) 『실기』에는 언제 했는지 기록이 없으나 『연보』와 『상전』에는 윤8월로 되어 있다.
7) 1446~1522. 왕화(王華), 해일은 만년의 호. 학자들은 용산선생이라 불렀다. 앞에 나왔다.

쳐 고향으로 돌아가고자 했으나, 나중에 차도가 있다는 말을 듣고 발길을 돌린 적도 있었다.

문인 주중(周仲)이 말했다.

"선생께서 고향으로 돌아가시고자 하는 일념은 상봉하는 데 집착하시는 것 같습니다."

선생이 한참 지난 후에 말하기를, "이러한 상봉을 어찌 집착하지 않겠는가"라고 했다.

윤8월 8일 무종이 남경에서 부괵(俘馘)[8]을 받고 12일에 순행을 시작했다. 곽도(霍韜)[9]가 말했다.

"이 싸움에서 이미 죄인들을 붙잡았는데도 군사를 동원하고, 지방이 평온한데 백성을 죽이는 전쟁을 주청하여, 선왕 때의 조정을 잘못된 것으로 오도하고, 국시(國是)를 흔들어 장차 위태롭게 합니다. 그러므로 장충과 허태가 공(功)을 물리치고 의를 해친 죄상이 하늘에 넘칩니다. 또 축속(祝續)과 장륜(張綸)처럼 폐하를 기만하고 패역한 짓을 하여, 그 무리의 악행과 무능함이 매우 심합니다."[10]

9월에 선생이 남창에 다시 돌아와 공역(工役)을 일으키고, 각 도부원(道府院)[11]에 격문을 보내 신호가 버린 땅을 취하며, 백성들이 생업에 종사할 것을 권면하여 기근을 구제해주니, 그 지역이 점차 소생했다.

선생이 비록 군무와 정무(政務)로 매우 분주했으나 강학을 잊지 않았다. 감주에서 돌아왔을 때 태주(泰州) 사람 왕간(王艮)[12]이라는 자

---

8) 적을 사로잡아 벤 귀이다. 여기서는 포로까지 포함되었다.

9) 자는 위선(渭先), 처음에 호를 올애(兀厓)라 하다가 나중에 위애(渭厓)로 고쳤다. 남해(南海) 사람으로, 예부상서에 올랐다.

10) 이 곽도가 말한 부분은『연보』의 7월 조에 있다.

11)『연보』에는 원도(院道)로『상전』에는 도원(道院)으로 되어 있는데, 모두 관서의 뜻이다.

12) 1483~1541.『연보』와『상전』에는 왕은(王銀)으로 되어 있다. 왕은은 그의 처음 이름이다. 왕양명에게 배운 후 왕간으로 고쳤다. 그는 원래 강소성 태주 사람으로 염전 노동자였다. 뒤에 왕양명의 고제인 왕용계 등과 함께 양명좌파인

가 찾아왔다. 그의 자는 여지(汝止)요 호는 심재(心齋)인데, 옛날의 관(冠)과 복장으로 목간(木簡)을 잡고, 시 두 수를 지어 선생을 뵈러 왔다. 선생이 그를 보통사람과 다르다 여겨 계단으로 내려와, 그를 상좌(上座)로 데리고 올라갔다. 선생이 무슨 관이냐고 물으니, "유우씨(有虞氏)[13]의 관입니다" 하고, 또 무슨 복장이냐고 물었다.

"노래자(老萊子)[14]의 복장입니다."

"그대가 노래자를 공부했는가?"

"그렇습니다."

"장차 그 옷 공부를 그만둘 것인가? 아니면 지붕 위에서 거짓으로 떨어지는 것을 배워 애들을 울리겠는가?"

왕간은 마음이 움직이더니 점점 곁에 다가앉았다. 그리고 격물치지[15]의 이론을 듣고는 황홀하게 깨달아, 다음날 드디어 복장을 바꾸고 제자의 예를 갖추었다.

다른 날 선생이 문인에게 말했다.

"내가 신호를 사로잡을 때 마음이 하나도 움직이지 않더니, 지금 이 사람 때문에 마음이 움직이는구나. 이 사람은 참으로 성현을 공부하는 자이다."

진현현(進賢縣) 전 한림학사 서분(舒芬)[16]이 스스로 박학하다고 믿었는데, 선생을 찾아뵙고 율려(律呂)[17]에 대하여 물으니 선생이 말했다.

"시는 뜻을 말하는 것[18]이니 뜻이란 음악의 근본이다. 노래는 긴 말

태주(泰州)학파의 시조가 된다.

13) 순임금이다.

14) 춘추시대 초나라 사람. 효도를 잘해 일흔이 되어도 색동옷을 입고, 어린아이의 놀이를 함으로써 부모를 기쁘게 했다고 전한다.

15) 격물치지는 『대학』에서 8조목 가운데 맨 앞에 나오는 말. 앞에서 나정암과 논의하는 가운데 자세하다.

16) 자는 국상(國裳), 강서 진현 사람이다.

17) 음률을 말한다. 육률(六律)과 육려(六呂)가 있다.

18) 마음이 지향하는 것이 뜻인데, 마음에 지향하는 것이 있으면 반드시 말이라는

이니[19] 노래란 율(律)을 만드는 근본이요, 긴 말과 조화된 소리[20]가 모두 노래의 근본이니 노래는 마음에서 근원한다. 그러므로 마음이란 중화(中和)[21]의 극치이다.[22]"

서분이 뛸 듯이 기뻐하며 깨달아 드디어 제자가 되었다.

선생이 언젠가 말했다.[23]

"옛 음악이 만들어지지 않은 지 오래되었다. 지금의 희자(戱子)[24]는 오히려 고악(古樂) 정신에 가까운 활동을 한다."

문인들이 더 듣고자 하니 선생이 말했다.

"소(韶)의 「구성」(九成)[25]은 순(舜)의 가요집이요, 무(武)의 「구변」(九變)은 무왕의 가요집이다. 일생 동안 성인이 한 일은 모두 그 음악 가운데 녹아 있다. 그래서 덕 있는 사람이 그것을 들으면 참으로 선하면서 아름다운 곳과, 지극히 아름다우나 선하지 않은 곳을 금방 안다. 후세에 음악을 만드는 것은 단지 이 둘을 조화롭게 하는 것이다. 그런데 민간의 풍속을 조절하는 데 아무 간섭도 하지 않으니, 어떻게 백성들을 좋은 풍속으로 교화하겠는가? 지금 백성들의 풍속을 순박한 데로 돌아오게 하려면, 지금의 희자들을 뽑아 요사스럽고 음탕한 가사와 곡

형태로 드러나므로 시는 뜻을 말하는 것이다(『상서』「순전」舜典의 주자 주).

19) 이미 말이라는 형태로 드러나 반드시 장단이 있으므로 노래는 긴 말이다(『상서』「순전」의 주자 주). 원문은 '영언'(永言)으로, 보통 노래라는 뜻으로 쓰였다. 우리나라 시조집에 『청구영언』(靑丘永言)이 있는데, 청구는 옛적에 우리나라를 일컫는 말이므로 '우리나라 노래'라는 뜻이다.

20) 바로 이 앞에 또 장단이 있으면 반드시 높고 낮음, 밝고 탁한 것이 있으므로 "소리는 긴 말에 의존한다"는 글이 생략되어 있다. 소리는 궁(宮), 상(商), 각(角), 치(徵), 우(羽)의 다섯 소리를 말한다.

21) 『중용』에 의하면 "희로애락이 아직 발동하지 않은 것을 중(中)이라 하고, 발동하여 절도에 맞는 것을 화(和)"라고 했다.

22) 『상서』「순전」의 "詩言志, 歌永言, 聲依永, 律和聲"에 나온다.

23) 이 부분은 『연보』나 『상전』에 보이지 않는다.

24) 연극배우 또는 광대이다.

25) 순임금이 지었다는 악곡 이름이다. 「구소」(九韶)라고도 한다.

조를 모두 제거하고, 충신·효자의 고사를 모아 노래를 만들게 한다. 그것을 어리석은 백성들에게 쉽게 익히게 하면, 무의식 가운데 감격하여 그의 양지가 발동할 것이니, 도리어 풍속의 교화에 유익할 것이다. 그러면 옛 음악은 점차 회복될 것이다."

| 나의 생각 19 |

선생의 이 말은 진실로 음악을 만드는 근본이요 백성을 교화하고 풍속을 아름답게 만드는 요체이다. 대개 음악은 인정에 근본을 두므로 사람의 마음을 감화하는 묘미가 있다. 음악이 인정에 근본을 두고 있지 않다면, 비록 소확하무(韶濩夏武)²⁶⁾라 한들 백성을 다스리는 데 무슨 보탬이 되겠는가?

옛 습속에 빠진 고루한 선비들은 고금의 풍기(風氣)가 다르다는 것과 인정의 마땅함을 알지 못하고, 다만 옛 음악이 없는 것만 탄식하면서 지금 음악의 실용을 구하지 않으니, 이 또한 잘못 아닌가? 근세 문명 세계의 교육이 유희와 연극을 보조 수단으로 삼으니 실로 이 뜻에 그윽이 부합한다.

20. 제자들이 몰려오다

이때 진구천(陳九川)²⁷⁾·하양승(夏良勝)²⁸⁾·만조(萬潮)²⁹⁾·구양덕(歐陽德)³⁰⁾·위양필(魏良弼)³¹⁾·이수(李遂)³²⁾·서분(舒芬)·누연(婁

---

26) 소(韶)는 순의 음악, 확(濩)은 탕(湯)의 음악, 하(夏)는 하나라의 음악, 무(武)는 주나라 무왕의 음악이다.

27) 자는 유준(惟濬), 호는 죽정(竹亭), 임천(臨川) 사람이다. 태상박사가 되었다가 무종 때 남쪽 지방의 순수를 간하다가 제명되었다. 세종이 즉위하여 주객 사랑중에 앉혔다.

28) 자는 어중(於中), 남성(南城) 사람이다. 남경태상사소경(南京太常寺小卿)을 지냈다.

29) 1488~1543. 자는 여신(汝信), 호는 입재(立齋), 진현(進賢) 사람이다.

衍) 등이 날마다 선생이 강의하는 자리를 지켰는데, 완전히 수사(洙泗)의 기풍33)을 이루었다. 순안어사(巡按御史) 당룡(唐龍)34)과 독학첨사(督學僉事) 소예(邵銳)35)는 모두 구학(舊學)을 공부했는데, 선생의 학문을 의심했다. 당룡이 강론을 그만하고 신중하게 가려 사귈 것을 다시 권하므로 선생이 답하여 말했다. 그 간단한 내용은 다음과 같다.

성현의 도는 큰길과 같아서 우매한 부부도 알 수 있다. 그런데도 훗날 그것을 논하는 자들은 가까운 것을 소홀히 하고 멀리서 구하며, 쉬운 것을 버리고 어려운 것을 도모하여,36) 드디어 스승과 노련한 유학자에게 함부로 논하지 못하게 했다. 그러니 용렬한 사람이 자기 분수로 할 수 없는 일이라고 여길 뿐만 아니라, 재능이 우수한 사람도 모두 성인이 되는 학문을 어렵고 힘든 것으로 여긴다. 지금에 와서 진실로 한 생각이라도 이것을 서로 찾으면, 이른바 "빈 골짜기에서 발자국 소리"37)를 사람같이 보고 기뻐할 것이다. 하물며 뜻 맞춰 오는 자를 흔쾌히 맞이하지 않겠는가? 그러나 그 사이에 또한 도가 있는 체하거나 도를 빙자하는 폐단이 어찌 없겠는가? 단지 내게는 이 뜻으로 성현의 도를 거스를 수 없다. 또한 장차 여기서 그 진실을 구할 것이다. 사금을 캐는 것에 비유하자면, 모래를 물에 일어서 금을 고르는 것을 모르는 자가 없건만, 떠나는 자가 열에 아홉이나 된다.

---

30) 1496~1554. 자는 숭일(崇一), 호는 남야(南野), 태화(泰和) 사람이다.

31) 1492~1575. 자는 사설(師說), 호는 수주(水洲), 강서 신건(新建) 사람이다.

32) 1504~66. 자는 방량(邦良), 호는 극재(克齋), 풍성(豐城) 사람이다.

33) 원문은 '수사지풍'(洙泗之風). 수사는 공자가 제자를 가르치던 곳의 지명으로 공자의 학풍을 일컫는다.

34) 1477~1546. 자는 우좌(虞佐), 호는 어석(漁石), 난계(蘭溪) 사람이다.

35) 자는 사억(思抑), 호는 단봉(端峯), 인화(仁和) 사람이다.

36) 원문은 '사난도이'(舍難圖易). 앞 문장과 전체 문맥, 그리고 왕양명의 학문 방법과 맞지 않아 '사이도난'(舍易圖難)으로 해석했다.

37) '공곡족음'(空谷足音)은 매우 진기한 일이나 뜻밖의 일을 말한다. 『장자』에 보인다.

그러나 모래를 버리고 금을 따로 찾을 수는 없는 노릇이다. 공자가 말하기를, "그 나아옴을 허락하고 그 물러남을 허락함이 아니니, 어찌 심하게 하리요"[38] 하고, 『맹자』는 "공자[39]께서 가르침을 베푸실 때 오는 자를 기절히지 않고 가는 자를 쫓지 않으며, 진실로 이 마음으로써 오거든 이에 받아들일 따름이다"[40] 했다. 대개 분발하지 않으면 가르치지 않는 것[41]은 군자의 가르치는 방법이요, 가르침이 있으면 사람이 그 착함을 회복하여 그 무리의 악을 논하지 않는 것[42]은 그 본심(本心)[43] 때문이다.

이 해 겨울에 국왕이 통주(通州)에 있으면서 신호에게 사약을 내리고, 비로소 북경으로 돌아갔다.

정덕 16년(1522)은 선생의 나이 쉰 되는 해이다. 강서(江西)에 있었는데,[44] 정월에 남창(南昌)에 거하면서 육상산(陸象山)[45]의 자손을 조사해보았다.

---

38) 『논어』 「술이」의 "子曰與其進也不與其退也. 唯何甚. 人潔己以進, 與其潔也, 不保其往也"에 나온다. 주자 주에 의하면, "人潔己以進, 與其潔也, 不保其往也"가 '子曰' 바로 다음에 와야 한다고 한다. '여'(與)는 '허'(許)의 뜻이다.

39) 원문에는 '군자'(君子)로 나오나 『맹자』의 '부자'(夫子)를 따라 공자로 해석했다.

40) 『맹자』 「진심하」의 "或問之曰, 若是乎, 從者之廋也. 曰子以是, 爲竊屨來與, 曰殆非也. 夫子之設科也, 往者不追, 來者不拒, 苟以是心至, 斯受之而已矣"에 나온다.

41) 『논어』 「술이」에 "子曰, 不憤不啓, 不悱不發, 擧一隅, 不以三隅反, 則不復也"에 나온다.

42) 『논어』 「위령공」에 "子曰, 有教無類"에 나온다.

43) 양지(良知)를 말한다.

44) 『연보』와 『상전』에는 강서에 있는 것으로 되어 있다.

45) 1139~92. 남송의 육구연(陸九淵)이다. 자는 자정(子靜), 상산은 그의 호, 강서 금계(金溪) 사람이다. 심즉리(心卽理)를 표방하여 양명학의 원류가 되는 심학(心學)의 창시자로, 주자와 논변을 벌였다. 앞에 나왔다.

3월에 무종이 죽고 세종(世宗)이 즉위했다.

선생은 영왕 신호의 변란과 장충·허태의 참소를 겪은 이후로, 양지를 드러내고 확충하는 공부인 치양지가 참으로 환란을 잊게 하고 생사를 초월하는 것이라고 더욱 믿게 되었다. 그리고 동지들과 강습하는데 이 양지 두 글자[46]를 전적으로 발휘하여 학문의 목표로 삼으니, 비록 둔한 사람이라도 단지 이 양지의 설로써 간단히 이끌면 즉시 깨달았다. 그래서 이 양지 두 글자가 참으로 성문(聖門)의 근본 핵심임을 더욱 믿을 수 있었다.

하루는 선생이 한숨지으며 탄식하니, 진구천[47]이 왜 그렇게 탄식하시느냐고 물었다. 선생이 이렇게 대답했다.

"이 양지의 이치는 간단하고 명백하거늘 수백 년 동안 한결같이 묻혀 있었다."

구천이 말했다.

"오직 송나라 유학자들이 '지'(知)를 해석하는데 감각적 경험으로 얻은 것[48]을 성(性)의 본체로 인식하므로 견문이 많아짐에 따라 도에 대한 장애도 깊었습니다. 지금 선생께서 양지 두 글자를 찾아내시니, 이는 예나 지금이나 인간의 진면목이니 다시 무엇을 더 의심하겠습니까?"

선생이 말했다.

"그렇다. 비유하자면 어떤 사람이 남의 묘를 자신의 조상 묘라고 우기면 진위가 불분명한 것과 같다. 어떻게 가릴 것인가? 우선 무덤을 열고 자손의 피를 시신이나 유골에 떨어뜨려보면 진위를 알 수 있다. 내가 제창한 양지 두 글자는 실로 만고에 성현들이 서로 전해준 한 방울의 피이니라."

---

46) 『상전』과 『연보』에는 '치양지(致良知) 세 글자'로 되어 있다.
47) 임천(臨川) 사람. 앞에 나왔다.
48) '식신'(識神)에 대한 해석이다. 불교에서는 심식(心識) 또는 심령(心靈)으로도 해석한다. 『상전』의 견해를 따라 외부 대상을 인식하는 것으로 보았다.

그리고 또 말했다.

"내가 말한 양지는 백 번 죽을 뻔하고 천 가지 어려움을 겪는 가운데서 얻어낸 것이다. 부득이 다른 사람을 위하여 말해보면 오로지 한마디 말로써 다 된다. 그래서 배우는 사람들이 아마도 이것을 쉽게 파악하여 즐거이 만끽하고, 일상생활에서 도를 찾기 위하여 힘쓰는 일을 잊을 것이다."

5월에 백록동(白鹿洞)⁴⁹⁾에서 학관(學館)을 열었다.

이에 앞서 윤언식(倫彦式)⁵⁰⁾이라는 자가 건중(虔中)을 지나다가 선생에게 학문에 대하여 묻고자 했다. 선생이 있는 곳으로 와서 그의 동생 이량(以諒)을 통해 글을 써 보냈다.

"배움에 고요할 때⁵¹⁾의 근본이 없기 때문에 사물에 감응해서 쉽게 흔들리고, 일을 처리하는 데 후회가 많습니다."

그러자 선생이 간략히 답했다.⁵²⁾

그것은 오로지 배우면서 별도로 고요함[靜]의 근본을 구하기 때문이다. 그래서 사물에 감응하여 쉽게 흔들리는 것을 두려워하고, 또

---

49) 백록동은 서원으로 유명하다. 백록동 서원은 당나라 은사 이발(李渤)이 정원 연간(785~805)에 여산(廬山) 오로봉(五老峯) 기슭에 세운 서재에서 비롯되었다. '백록'(白鹿)이란 이름은 그가 흰 사슴을 데리고 다녔기 때문이다. 송나라 초기에는 서원으로 변하여 백록동 서원이라 불렸고, 응천(應天)·석고(石鼓)·악록(岳鹿)과 함께 4대 서원에 들었다. 주자가 남강군 지사로 있을 때 재건에 착수하여 순희 7년(1180) 3월에 공사를 완료했다. 왕양명이 거기에서 강학한 것은 이러한 역사에 비추어볼 때 뜻 깊고, 상당한 의도가 있는 것으로 보인다.

50) 이름은 이훈(以訓), 언식은 그의 자이다. 남해(南海) 사람이다. 정덕 12년에 진사가 되었고 남경국자감좨주를 맡기도 했다.

51) 원문은 '정중'(靜中). 『중용』에서는 희로애락이 아직 발동하지 않았을 때를 '중'(中)이라 하고, 이때가 마음에서는 '정'(靜)의 상태이다. 따라서 '정중'의 공부란 성리학적 전통에서는 고요할 때 성의 본체를 함양하는 것을 말한다.

52) 답한 글은 『왕문성공전서』 권5, 문록2, 「답윤언식」(答倫彦式)에 실려 있다.

사물에 감응하여 쉽게 흔들리는 것을 두려워한다. 그 때문에 일을 처리하는 데 후회가 많다.

마음에는 본래 움직이거나 고요함이 없다. 마음이 고요하다는 것은 그 본체를 말함이요, 움직인다는 것은 그 작용을 말한 것이다. 그러므로 군자의 학문은 그 움직임〔動〕과 고요함 사이에 틈이 없다. 고요히 있을 때는 항상 깨어 있기 때문에 없다고 할 수 없으므로 사물에 늘 응하고, 움직일 때는 항상 정해진 것[53]이 있으나 (감각적으로) 있는 것이 아니므로 항상 고요하다. 그래서 움직임과 고요함에 모두 일〔事〕이 있으므로 "의를 모은다"〔集義〕[54]고 말한다. 의를 모으므로 능히 후회하지 않는다. 그래서 이른바 움직임도 정해진 것이 되고, 고요함도 정해진 것이 된다.

마음은 하나뿐이니, 그 본체가 고요할 때 다시 고요함의 근본을 구하면 본체를 어지럽히는 것이요, 그 작용이 움직일 때 쉽게 움직이는 것을 두려워하면 작용을 폐지하는 것이다. 그러므로 고요한 마음을 구하는 것이 곧 움직임이요, 움직이는 마음을 싫어하는 것이 고요함은 아니다. 이를 일러 "움직임 또한 움직임이요, 고요함 또한 고요함이다"라는 것이다. 손님을 맞이하려면 일어나고 엎드리는 것이 다반사다. 그러므로 이치를 따르는 것을 일러 고요함이라 하고, 욕구〔欲〕를 따르는 것을 일러 움직임이라 한다. 욕구란 꼭 명예나 여색이나 재물에 유혹된 것만 일컫는 것이 아니다. 마음에 사사로운 것이 있으면 모두 욕구이다. 그러므로 이치를 따르면 비록 하는 것이 만 가지라도 모두 고요함이다. 염계(濂溪)[55]의 이른바 "고요함을 위주로 하

---

53) 원문은 '정'(定). 『전습록』의 "定者, 心之本體, 天理也. 動靜, 所遇之時也"에 나오므로 이 정을 천리로 보아도 무방하다.

54) 『맹자』 「공손추상」의 "集義所生者, 非義襲而取之也"에 나온다.

55) 1017~73. 우주론적 성리학의 개창자이며 북송의 다섯 학자 가운데 한 사람으로, 『태극도설』(太極圖說)과 『통서』(通書)를 지은 주돈이(周敦頤)를 말한다. 앞에 나왔다.

여 욕구가 없다"[56]는 것이 이것이다. 이것을 일러 "의를 모은다"라고 한다. 욕구를 따르면 비록 마음을 삼가고 정좌하여 고요히 하더라도 모두 움직임이다. 고자(告子)[57]가 강제로 바르게 하고 돕는 것을 말함이니, 이는 의를 도외시하는 것이다. 비록 그러하나 내가 언젠가 여기에 노력했지만 능할 수는 없어, 잠깐 현자가 되어 그 소견을 피력한 것이다.[58]

문인 육징(陸澄)[59]이 평소 질병이 많아 양생에 힘쓰고자 하므로, 선생이 편지를 써서 말했다.

왕년에 내가 구구하게 여기에 힘을 다 쏟았다. 나중에 이렇게 할 필요가 없다는 것을 알았다. 그러고는 성현의 학문에서 비로소 한 생각이 떠올랐는데, 덕을 배양하는 것과 몸의 건강을 지키는 일이 하나라는 것이다.

원정이 말한 '참 나'〔眞我〕는 과연 경계하고 삼가며 두려워하여 보지도 듣지도 않을 수 있고, 뜻을 오로지 여기에 전념하면, (사람의 몸에) 신이 살고 기가 살고 정(精)이 살게 된다.[60] 그리하여 선가(仙

---

56) 염계의 『태극도설』에 "主靜立人極焉"이 있고, 주자의 해설에 "無欲故靜"이라 되어 있다.

57) 『맹자』에 보인다. 맹자와 동시대 인물이다. 순수하게 '(인간이) 생긴 그대로'를 성'이라 하여 인간의 자연적 본능을 인성(人性)으로 보았다. 그는 의와 같은 덕목은 인간의 본성이 아니라 외부로부터 인간의 내면에 (강제로) 들어온 것으로 본다.

58) 이 말을 요약하면, 마음은 하나이지만 그것이 정(靜)―본체(本體)―순리(循理), 동(動)―작용(作用)―순욕(循欲)의 갈래를 이루고 있다.

59) 『왕문성공전서』 권5, 문록2, 「여육원정」(與陸元靜)에 실려 있다. 자는 원정(元靜), 귀안(歸安) 사람으로, 형부주사(刑部主事)를 역임했다.

60) 『전습록』의 "夫良知一也. 以其妙用而言, 謂之神, 以其流行而言, 謂之氣, 以其凝聚而言, 謂之精, 安可以形象方所求哉"에 나온다. 신을 양지의 묘용, 기를 양지의 유행, 정(精)을 양지의 응결 면에서 해석하고 있다.

家)의 이른바 장생구시(長生久視)[61]의 설 또한 그 가운데 있게 된다. 신선이 되고자 하는 학문이 성인의 그것과 다르나, 처음의 의도나 출발은 오직 남을 도로 인도하는 것이니, 「오진편후서」(悟眞篇後序)[62] 가운데 이른바 "황로(黃老)[63]는 탐내는 것을 비통하게 여겨 신선술로서 점차 인도했다"가 그것이다. 요임금·순임금·우임금·탕임금·문왕·무왕에서 주공·공자[64]에 이르기까지 백성을 어질게 여기고 사물을 사랑하는 마음이 이르지 않은 곳이 없다. 진실로 장생불사하고자 하는 사람이 있다면, 그걸 가지고 남을 가르치는 것을 어찌 애석하게 여기겠는가? 노자와 팽전(彭籛)[65]의 무리는 타고난 체질이 이와 같았고, 양생을 공부하여 그렇게 된 것이 아니다. 후세의 백옥첨(白玉蟾)[66]·구장춘(丘長春)[67]의 무리는 공부하는 가운데 조사(祖師)로 칭송받았으나 그들의 수명은 모두 50~60세에 불과하니, 이른바 양생설이 마땅히 가리키는 것이 있다.

원정은 기가 약하고 병이 많으니 다만 명예를 얻으려는 욕심을 버리고 맑은 마음으로 욕망을 줄여 한결같은 마음으로 성현에 뜻을 두면, 앞에서 말한 이른바 '참 나'의 설과 같아지므로, 마땅히 이단의 도를 가벼이 믿지 말아야 할 것이다. 다만 스스로 미혹되어 총명함을 어지럽히며 정력을 없애고 정신을 피곤하게 하여 세월을 보내되 오래되어 돌이킬 수 없으면, 장차 병이 나고 미치듯 상심하게 되는 것이 어렵지 않다. 옛사람들이 이르기를, "팔을 세 번 부러뜨리면 좋은 의사가 된다"했는데, 세세한 것이 좋은 의사는 아니로되 일찍이

---

61) 장생불사(長生不死)를 말한다.
62) 장백단(張伯端)이 쓴 『오진편』(悟眞篇)에 그가 직접 후서를 단 것이다.
63) 황제(黃帝)와 노자(老子). 도가의 시조로 받들어진다.
64) 유학의 도통(道統) 계보이다.
65) 팽조(彭祖). 전설상의 장수한 인물로 700여 세를 살았다고 한다.
66) 송나라의 도사 갈장경(葛長庚)이다.
67) 원나라의 도사 구처기(丘處幾)이다.

세 번 부러졌으니 원정은 내 말을 신중히 듣고 소홀히 하지 않기를 바란다.

이때 황제가 새로 즉위하니 조정에서는 바야흐로 간신들을 축출하고 어진 선비들을 천거하여 새로운 정치를 도모했다. 강빈·허태·장충·유휘 등을 목 베고, 선생의 공적을 기록하여 칙명으로 선생을 도성에 오게 했다. 장차 선생을 중하게 써서 새로운 정치를 돕게 하고자 했기 때문이다.

6월 20일 남창(南昌)에서 출발하려는데, 국왕을 보필하는 신하 가운데 선생을 꺼리고 막는 자가 은근히 과도관의 건언(建言)[68]을 빙자하여 말하기를, "선왕의 대상(大喪)에 비용이 많이 들어 연회를 베풀어 상을 주는 것은 마땅찮습니다" 하므로, 이에 선생이 전당(錢塘)[69]에 이르러 고향으로 돌아가게 해달라고 상소했다. 그러자 조정에서 허락하고 남경병부상서(南京兵部尙書)[70]로 벼슬을 올려주니 기무(機務)를 참여하여 도왔다.

선생이 드디어 8월에 월(越) 땅을 지나 9월에 고향인 여요에 도착했다. 먼저 서운루(瑞雲樓)[71]를 방문해 오랫동안 눈물을 흘렸다. 그것은 그의 어머니가 살았을 때 봉양도 못 하고, 할머니 상을 당했을 때도 참석하지 못했기 때문이다. 이때 선생의 부자가 서로 만나보고 친척과 친구들이 모여들었다.

귀흥시(歸興詩)를 지었다.

---

(68) 윗사람에게 진술한 의견, 곧 건의하는 말.
(69) 절강성 전당도(錢塘道) 항현(杭縣, 항주杭州)이다.
(70) 남경과 북경에 병부대신을 두었는데, 왕양명은 그중 하나인 남경의 병부대신이다.
(71) 왕양명이 태어난 다락집으로, 서운루는 동네 사람들이 붙인 이름이다. 앞에 나왔다.

조정에 한 터럭만큼의 보탬도 없고

귀밑머리 헛되이 희끗희끗 길어졌구나

아노니 회음(淮陰)[72]이 뛰어난 선비가 아니라

본래 강절(康節)[73]이 호걸일세

다난한 이때 편안한 잠을 받아들이니

전쟁 끝나 칼 잘 쓸 수 없고

월수(越水)[74] 동쪽 옛 배움터 찾으니

흰구름 초가집 여러 봉우리에 높구나

一絲無補聖明朝	兩鬢徒看長二毛
自識淮陰非國士	由來康節是人豪
時方多難容安枕	事已無能欲善刀
越水東頭尋舊院	白雲茅屋數峯高

│ 나의 생각 20 │

선생은 천신만고 끝에 불세출의 공적을 세우고 금의환향했다. 이는 남자로서 유쾌한 일이나 선생은 이것을 뜬구름처럼 공허하게 여기고, 한 터럭만큼의 자만심도 없었다. 그래서 월수 동쪽으로 흰구름 보이는 초가집으로 나아가 안신입명(安身立命)하는 땅으로 여겼다.

아아! 누가 이렇게 고상할 수 있단 말인가? 예로부터 호걸들이 세상에 공로를 남겼지만, 그 공을 마음에 담아두지 않은 자는 적었다. 오직 도를 얻은 선비라야 천지가 개벽하는 큰일을 이루고도 자신은 거기에 머물지 않는 것이다.

---

72) 한나라 고조 때의 공신 회음후(淮陰侯) 한신(韓信)을 말한다.
73) 북송의 도학자 소옹(邵雍)의 호이다.
74) 절강이다.

21. 금의환향과 아버지의 죽음

12월에 국왕이 선생을 신건백(新建伯)[75]으로서 왕을 돕게 하고, 익위(翊衛)·추성(推誠)·선력(宣力)·수정(守正) 등의 무신에 봉하고, 광록대부(光祿大夫)[76] 주국(柱國)[77]에 특진시켰다. 또 남경의 병부상서를 겸하게 하여 옛 사무에 비추어 기무를 참여하여 도왔다.

또 매년 녹미(祿米) 1천 석을 지급하고, 삼대의 처[78]를 남편의 직책에 맞게 추봉(追封)하며 고권(誥券)[79]을 주어 자손대대로 받들게 했다.

조서(詔書)가 당도한 날은 용산공(龍山公)[80]의 탄신일이었다. 그래서 친척들과 친구들이 성대하게 모였다.

이 일에 앞서 신호의 변란을 당하여 선생이 신호를 돕는다는 유언비어가 떠돌았다. 이에 대하여 용산공이 말했다.[81]

"우리 아이는 평소 천리(天理)에 따라 힘쓰니, 그런 일은 절대로 없을 것이다."

또 누가 선생이 손수(孫燧)[82]와 허규(許逵)[83]처럼 피해를 입을 것이라고 전하자, 이렇게 말했다.

"그러면 우리 아이가 충신이 될 수 있으니, 내가 무슨 걱정을 다시 하

---

75) 강서성 남창부(南昌府) 신건현(新建縣)의 책임자이다.
76) 조정의 고문직이다.
77) 무인(武人)에 대한 최고 칭호, 대장군이다.
78) 왕양명의 증조할머니, 할머니, 어머니를 말한다.
79) 국왕이 관리에게 고하는 말을 적은 문서이다.
80) 선생의 아버지 왕화(王華), 자는 덕휘(德輝)이다. 처음 호는 실암(實庵), 만년에 해일옹(海日翁)으로 바꾸었다. 일찍이 용천산(龍泉山)에서 독서를 했으므로 용산공이라 불렸다. 이 책의 첫머리에 등장했다.
81) 이후의 대화는 『연보』에 없고 『상전』에 수록되어 있다.
82) 자는 덕성(德成), 여요 사람이다. 우부도어사(右副都御史)·순무강서(巡撫江西)에 발탁되어 신호의 난을 진압하다가 죽은 후 예부상서에 추증되었다. 29년 후 공교롭게도 왕양명은 이 난을 진압하게 된다. 앞에 나왔다.
83) 자는 여등(汝登), 고시(固始) 사람으로, 신호에게 해를 입었다. 앞에 나왔다.

겠는가?"

그리고 선생이 군사를 일으켜 신호를 토벌하자, 누군가가 용산공에게 신호의 보복을 피하여 가족을 데리고 피신할 것을 권했다. 그때도 용산공은 웃으면서 말했다.

"우리 아이가 홀로 대의를 위하여 군사를 일으켜 나라의 위급함에 대처하고 있는데, 나는 나라의 옛 신하로서 늙어 참전하지 못함이 원망스럽다. 어찌 먼저 도망가서 백성들의 웃음거리가 되겠는가?"

이날 선생이 은사(恩賜)로 받은 망의(蟒衣)[84]를 입고 옥대(玉帶)를 허리에 차고 나서 술잔을 올려 용산공의 장수를 기원했다. 이에 용산공이 걱정하며 말했다.

"지난번 영왕 신호의 난 때 모두 네가 죽을 것이라고 여겼다. 그러나 죽지 않았으며, 모두 진압하기 어렵다고 한 난리를 마침내 평정했다. 그러자 또 참소하고 헐뜯는 일이 무리지어 일어나고 화의 기미가 사방에서 일어나 2년 동안 급급하게 화를 면하지 못했다. 그러다가 하늘이 해와 달을 밝혀 충성과 선량함을 드러내니, 우리 부자가 분에 넘치게 상을 받고, 고관대작으로서 다시 한집에서 서로 만나게 되었다. 이 어찌 다행한 일이 아니냐? 그러나 번성은 쇠퇴의 시작이요, 행복은 화근의 싹이다. 비록 행복을 누릴 수 있다 해도 또한 두려워해야 할 것이다."

선생이 술잔을 깨끗이 씻고, 꿇어앉아 말했다.

"아버님의 가르침은 소자 밤낮으로 마음에 삼가 새기겠습니다."

다음날 아침 문인에게 말했다.

"어제는 내가 망의를 입고 옥대를 차니 사람들이 그것을 보고 이르기를, 내가 참으로 영화롭다고 했다. 그러나 밤늦게 옷을 벗고 잠드니 육체는 예전과 같다. 언제 내가 작은 이득에 연연했는가?"

이에 시 한 수를 읊었다.

---

84) 용이 그려진 옷. 명나라 때에는 반란자의 두목을 사로잡은 사람이나 신하에게 내리는 옷이다.

맨손으로 싸우고 돌아오니 백발이 솟았구나

청산은 이로부터 한가한 사람으로 만들고

모인 산봉우리 적진 격파 생각나네

구름이 꺼안은 건 사로잡은 사슴인가

섬은 작게 망망한 창해에서 저물고

복숭 꽃 흐드러진 무릉의 봄이여

이제야 알았네. 환단(還丹)[85]의 비결을

도리어 웃는다. 당시의 앎이 참이 아님을

白戰歸來白髮新　　靑山從此作閒[86]人

峰攢尙憶衝蠻陣　　雲擁[87]猶疑見虜鹿

島嶼微茫滄海暮　　桃花爛漫[88]武陵春

而今始得[89]還丹訣　　却笑當年識未眞

　가정 원년(1522) 정월에 봉록과 작위를 사양하는 상소를 올렸으나 윤허받지 못했다.

　2월 12일에 용산공이 돌아가시니 나이가 일흔둘이었다.

　당시 조정에서 선생의 공적을 논하여 용산공과 할아버지 죽헌공(竹軒公),[90] 증조할아버지 괴리공(槐里公)[91]을 추증하여 신건백에 봉했다. 마침 용산공이 운명하려 할 즈음 칙사(勅使)가 당도했다는 소리를 듣고, 선생과 동생들에게 나가 영접하게 하고 말하기를, "비록 짧은 시

---

85) 도교에서 연단(煉丹)의 순환변화를 말한다. 단사(丹砂)를 끓이면 수은이 되고 수은을 끓이면 단사가 되는 순환 과정으로, 이것을 반복하여 단약을 제조한다.

86) 『상전』에는 '간'(間)으로 되어 있다.

87) 『상전』과 『연보』에는 '기'(起)로 되어 있다.

88) 『상전』에는 '만'(熳)으로 되어 있다.

89) 『상전』과 『연보』에는 '신'(信)으로 되어 있다.

90) 이름은 윤(倫), 자는 천서(天敍)이다.

91) 이름은 걸(傑), 자는 세걸(世傑)이다.

간이나 어찌 예를 지키지 않겠는가" 하고, 예를 다 갖추었다는 말을 듣고 눈을 감았다.

선생이 가족에게 곡하지 못하게 하고 나서, 새로운 옷차림에 관을 쓰고 기물을 갖춘 후 비로소 곡을 하여 슬픔을 다했다. 집안사람들에게 100일 동안 재식(齋食)[92]을 먹게 하고, 얼마 지나지 않아 동생들이나 조카들에게 차츰 마른 고기를 내주며 말했다.

"너희들이 오랫동안 육식하는 습관이 배여 강제로 고기를 못 먹게 하면 이는 거짓으로 상을 지키게 하는 것이니, 너그럽게 점차로 허용하는 것만 못하다. 각자 스스로 건강을 돌보는 것이 나을 것이다."

선생이 오래하던 곡을 잠시 멈추었을 때 조문객이 내방했다. 시중드는 사람이 곡해야 한다고 말하자, 선생이 말했다.

"곡은 마음에서 우러나는 것이다. 손님이 왔다고 곡하게 되면 손님이 돌아간 뒤에는 곡을 안 할 것이다. 세상 사람들이 인정이 발로되는 행사를 장식하여 자신을 속인 지 오래되었다. 그러므로 부모에게 또한 그렇다."

월(越) 땅의 풍속에 조문객을 맞이할 때 반드시 떡과 사탕과 신선한 생선과 기름진 고기로 경쟁하듯이 풍성하게 차렸지만, 선생이 모두 고쳐서 행했다. 다만 나이 많은 사람과 멀리서 온 손님의 경우 간소한 음식에 고기를 겸하여 두 그릇을 내게 하고 이르기를, "결재(潔齋)[93]는 내 묘막에서 행하는 것이다. 조문객을 나와 똑같이 먹게 하면, 나이 드신 분을 편안하게 모시고 손님을 맞이하는 도리가 아니다" 했다.

그해에 문인 김극후(金克厚)[94]와 전덕홍(錢德洪)[95]이 동시에 향시

---

92) 상을 치를 때 먹는, 고기 등이 들지 않은 깨끗한 음식이다.
93) 부정타지 않게 육식을 삼가고 몸가짐을 깨끗이 하는 것이다.
94) 선거(仙居) 사람으로, 진사에 급제한 후 나중에 공부낭중(工部郎中)에 올랐다. 성품이 온아하고 충후하여 장자(長者)의 기풍이 있었다고 한다.
95) 1496~1574. 이름은 관(寬), 덕홍은 그의 자이고, 호는 서산(緖山)이다. 왕기(王畿)와 함께 왕양명의 고제이다. 앞에 나왔다.

에 나아가 진사에 급제했다. 김극후가 전덕홍에게 말했다.

"우리가 선생 댁에서 상을 도울 때 주방 일을 맡아 크게 배운 것이 있었는데, 이 때문에 급제를 한 것 같다. 선생이 언젠가 말씀하시기를, '학문이란 반드시 일을 실천한 이후에 실력을 얻는다' 하니, 참으로 훌륭한 가르침이다."

| 나의 생각 21 |

선생은 깨달음을 얻는 데 세 가지 가르치는 방법을 두었다. 지적으로 이해하여 얻은 것을 해오(解悟)라 하니, 말로써 설명하는 것이다. 고요한 가운데 얻은 것을 증오(證悟)라 하니, 이는 어떤 경지를 기다려야 한다. 일을 실천하는 가운데 연마하여 깨달음을 얻는 것이 있는데, 말을 잊고 경지를 잊어 일을 착수할 때마다 근본을 만나며 흔들려 넘어질수록 더욱 응취(凝聚)하니, 이것을 일러 철오(徹悟)라 한다.

대개 선생의 학문이 본체의 도덕적인 앎[96]을 얻는 것이므로, 눈과 귀로 얻는 앎[97]을 확충할 겨를이 없다. 그러면 당연히 실용과는 좀 멀어질 것이다. 그러나 사물에 임하고 변화에 대처하는 것을 항상 헤아리되, 한층 어려운 일을 만날 때마다 더욱 정신을 쏟는다. 예컨대 좋은 쇠가 불에 들어가면 더욱 광채를 내는 것과 같다.

선생에게 세상의 선비들이 아는 것보다 그 효과가 많은 것은 무엇 때문인가? 대개 선비라 일컫는 자들의 듣고 보고 안 것은, 겉돌고 넘치며 절실하지 못하여 말로 설명하는 것을 떠나지 못한다. 선생의 본체 공부는 실제 사물에서 앎을 갈고 닦아[98] 정밀하고 밝음을 이루어 철저하게 깨달은 것[99]이다.

---

96) 양지(良知)를 말한다.
97) 원문은 '견문지'(見聞知)이다.
98) 원문은 '사상마련'(事上磨鍊). 즉 사물에서 직접 실천적 가치인 양지를 구하는 것이다. 그러므로 양명학의 실천성이 주자학보다 더욱 강조된다.
99) 원문은 '철오'(徹悟)이다.

그러므로 그 구별하는 앎이 천하의 시비에 어둡지 않고, 스스로 믿는 힘이 천하의 이해관계에 빼앗기지 않으며, 믿고 실천함에 힘차게 아무 일 없는 듯이 행동한다. 그러므로 사물에서 갈고 닦는 것이 곧 앎이며 실천함이며 움직임이고 고요함이다.[100] 본체가 공부이고 공부가 본체이니, 허무한 데 떨어지지 않고 사물에 막히지 않으며 만사를 주재(主宰)하게 된다. 아아! 그것이 참으로 묘하고 신비하다.

22. 봉록과 작위를 사양하다

선생이 병으로 눕게 되자 멀리서 동지들이 날마다 문안드리러 왔다. 그래서 벽에다 첩(帖)[101]을 걸고 다음과 같이 써놓았다.

내가 비루하고 열등하여 아는 것이 없고 병으로 기력이 쇠한 것을 근심하고 있다. 그래서 사방에서 나를 보러 온 동지들을 감히 만나보지도 못하고, 혹 부득이 만나보더라도 학문에 대해 논하지 못하니, 청컨대 각자 돌아가서 공맹(孔孟)의 가르침을 구하는 것이 나을 것이다. 대개 공맹의 가르침이 해와 달같이 밝다. 지리결렬(支離決裂)[102]하여 옳은 것 같으나 그른 것은 모두 이단의 설이다. 성인의 학문에 뜻을 둔 자가 공맹의 가르침을 도외시하고 다른 데서 구하면, 이는 해와 달의 밝음을 버리고 반딧불이나 횃불에서 빛을 구하는 징조이니, 이 또한 잘못된 것이 아닌가? 멀리서 찾아온 인정을 감당하지 못하고 아무쪼록 이것으로써 사과하니, 황망하고 미혹되어 더이상 말을 잇지 못하겠노라.

---

100) 여기서 지행합일(知行合一)이란 말을 쓰지 않지만, 그런 뜻으로 쓰였다.
101) 원문은 『왕문성공전서』 권8, 문록5, 잡저 「벽첩」(壁帖) 참조.
102) 육구연이 주자를 비판할 때도 주자학이 지리(支離)하다고 했다. 원래 이 말은 『장자』에 보인다. 지리와 반대되는 말은 이간(易簡)으로, 『주역』에 보인다. 이 두 말을 함께 사용한 사람은 한나라 때의 양웅(楊雄)이다.

7월에 봉록과 작위를 사양하고 포상을 두루 넓혀, 국전(國典, 나라의 법전)을 밝혀달라는 상소를 다시 올렸다. 그 간략한 내용은 아래와 같다.[103]

신이 악만 많이 쌓아 남보다 먼저 화를 불러들였습니다. 그래서 신이 방금 근심으로 수척하여 병들어 겨우 일어나지 못하다가, 명(命)을 듣고 두려워 떨며 혼비백산했습니다. 엎드려 생각하니 신이 작은 공로로 큰 상을 받은 것은 이른바 폐하의 공을 탐내 남의 선행을 가리고 아랫사람의 능력을 빼앗으며 자기를 잊는 수치입니다. 신이 지난번 올린 글에서 이미 그것을 모두 말씀드렸습니다.

그러나 폐하의 뜻을 유독 신에게 보태셨는데, 아직 발굴되지 않은 나머지 사람들을 제쳐두고, 어찌 강서의 공을 신 한 사람이 이룰 수 있었겠습니까? 조정에서 내리는 봉록과 작위, 상은 본래 천하에 공정한 것인데, 신 한 사람이 그 명예를 빼앗아 홀로 받들게 되었습니다. 이는 신이 조정의 큰 혜택을 끌어안고 가로막아, 천하 사람들에게 공평하지 못함을 바라보게 만들었습니다. 그러니 죄가 무겁지 않겠습니까?

무릇 나라에서 내리는 상은 조정에서 논의된 것이므로, 신이 감히 참람하게 언급하지 않겠습니다. 다만 신의 일을 돕고 협력한 사람들에 대해서는 부득불 말씀드리지 않을 수 없습니다. 그리고 지난번 봉록과 작위를 멀리하지 않은 것은 다른 사람들도 좋은 보상을 받게 하고 싶었기 때문입니다. 지금 충성과 대의를 위해 달려나간 선비들이 목을 내밀고 기다린 지 이미 3년이 되었습니다. 이때 한마디도 하지 않는다면, 그 때문에 일은 날이 갈수록 멀어지고, 뜻은 날이 갈수록 쇠약해질 것입니다. 누가 다시 그들을 위하여 말을 늘어놓겠습니까?

---

103)『왕문성공전서』권13, 별집5, 「재사봉작보은상이창국전소」(再辭封爵普恩賞以彰國典疏) 참조.

그리하여 신의 숨이 끊어지려 하는 가운데도 조급함과 망령됨을 무릅쓰고 말씀드리는 것입니다.

가만히 생각해보니 신호의 변란은 갑자기 일어나 그 기세가 매우 커서, 비록 수천 리 밖에 있더라도 위협을 느끼지 않을 수 없었습니다. 하물며 강서의 여러 군현은 너무 가까워 눈 닿는 것이 모두 적병이요, 적당이 없는 곳이 없는 상황뿐이겠습니까?

이때 신이 객사에 홀로 있는 몸으로서 그 사이에 일을 보니, 비록 폐하의 위광을 의지하여 멀고 가까운 군사들을 불러모았으나, 순무(巡撫)라는 폐하의 명을 받지 못했습니다. 그래서 각 관리들을 통솔할 수 있는 상태가 아니었으며 적을 토벌하라는 명을 받들지도 못했습니다. 그러므로 그 일은 의리상 불러들인 것입니다. 그때 군현의 관리들이 죽는 것을 두려워하고 살기를 바라는 마음으로 명령을 전달받지 못한 상태에서 토지를 보존하고자 하면, 신 또한 어찌할 수 있었겠습니까?

그러나 신이 부르는 소리를 듣는 즉시 감격하여 일어나, 혹 군사를 거느리고 오고, 혹 겨우 몸만 빠져나오기도 했습니다. 이는 진실로 몸을 돌보지 않고 어려운 데 달려가는 의리와, 죽기로 힘써 군주에게 보답하는 충성이 없으면, 누가 기꺼이 몸이 가루가 되는 화를 달갑게 여기며, 모두 죽는 길을 밟아 만에 하나 기대하기 힘든 공을 바라겠습니까? 무릇 신과 함께 일을 도모한 사람들은 모두 충의의 정성으로 가득했습니다.

무릇 충의의 정성을 가지고 똑같이 국난(國難)을 대처해 나아갔지만, 공을 이루고 상을 받는 것을 유독 신 혼자 차지하니, 다른 사람들은 그 나머지 상을 받지 못했습니다. 이것이 신이 감히 봉록과 작위를 받지 못하는 이유입니다.

천하 사람들이 반드시 죽을지도 모르는 난을 대적하여 의리로써 나아가면, 윗사람이 반드시 보상으로 공에 보답하는데, 지금 신 홀로 벼슬이 올랐습니다. 그러나 똑같은 일을 한 사람 가운데는 또는 상을 받거나 못 받고, 또는 상을 받지 못함과 동시에 공적이 깎였으며, 또는 상 받기 전에 먼저 벌을 받았고, 또는 이름뿐인 벼슬을 받아 사퇴했으며, 또는 불충의 비난을 무릅쓰고 배척했습니다. 이렇게 말씀드려 어찌 고통스럽게 몸을 버리고, 의에 나아가 이렇게 와자지껄하게 떠들어 스스로 알맹이 없는 재앙을 구하겠습니까? 이럴 바에야 물러나 난을 피하여 도리어 몸을 보전하고, 피해보는 것을 멀리하며 부귀에 편안히 처해, 여러 사람의 비방을 면하는 것이 낫겠습니다.

무릇 갑옷을 입고 예리한 무기를 잡아 친히 항오(行伍)의 대열에 끼어 난에 대처하기로 기약했는데, 오히려 불충의 벌을 면치 못한다면, 옛것을 핑계하여 일을 미루고 앉아 관망하는 자가 또 장차 얼마나 되겠습니까? 지금 저것을 의논하지 않고 이것만 홀로 살피므로 이미 지나친 것입니다.

사람들 가운데 일이 없는 평상시에 팔을 걷어붙이고 주먹을 불끈 쥐며 큰 절개로서 대란이 일어나면 죽을 것이라고 누군들 말하지 않겠습니까? 그러나 자그마한 이해관계에서는 반드시 죽는 데까지는 이르지 않더라도, 갑자기 어찌할 바를 모르는 자가 있습니다. 하물며 돌과 화살이 빗발치고 칼날이 부딪히는 사이로 나아가자니 반드시 죽는 형세요, 물러나자니 몰살당하는 화가 기다리고 있으니, 사람이 어찌 그러한 처지에서 몸소 나라에 조그마한 도움도 되지 않겠습니까?

무릇 고과(考課)[104]의 원칙과 군사의 행정은 원래 병행해도 서로 모순되지 않습니다. 그러나 섞어서 시행할 수는 없는 법입니다. 지금 어떤 사람에게 기록할 만한 공이 있으면 상을 주는 것이 마땅할 것입니다. 따라서 기왕의 허물이 있어도 지금 그것을 용서하되, 다만 그 보이는 것만 거론하고, 볼 수 없는 것을 깊이 가려낼 필요는 없을 것입니다. 상을 주어도 그 사람의 허물을 오히려 고치지 않는다면, 그들을 물리치고 귀양 보냅니다. 그러면 사람들이 "전에는 공을 세워

---

104) 오늘날의 근무평정이다.

상을 받고, 지금은 죄를 받아 쫓겨나는구나" 하여, 공과 죄가 드러나고 권장과 징계가 빛날 것입니다.

지금 전공(戰功)에 대한 상을 밝히고 고과의 뜻을 숨겨 시행하니, 다만 그 상을 받기 전에 벌이 먼저 도착하고, 공은 기록되지 않고 죄가 더해지는 것을 사람들이 보고 간사함을 물리치거나 악을 경계하지 못합니다. 단지 충의의 기상을 막으며 참소하고 질투하는 마음을 상쾌히 여깁니다. 비유컨대 강물에 한 잔의 술을 붓고 말하기를, "여기에 술이 있으니 마시면 취할 수 있다" 하므로, 역아(易牙)[105]의 입이 아니면 물과 술을 구별할 수 없으니, 마셔 취한 사람을 찾은들 어찌 가능하겠습니까? 신하 된 사람으로서 국가의 어려움을 당했을 때, 비록 간과 뇌가 흙바닥에 떨어지고 골수가 기름처럼 흘러도 모두 그 직분은 감당해야 합니다. 그러므로 이같이 신하들이 스스로 공을 세워 윗사람으로부터 상을 맞이하는 것이 마땅하지 않습니까?

도리어 신이 그들과 똑같은 일에서 똑같은 공을 세우고도 제게는 상이 쌓였으나 저들은 없습니다. 신이 염치없이 받으면서 한마디도 안 하면, 이는 조정의 윗사람들에게 그 공을 신에게만 돌리게 하고, 다른 사람의 공적이 신 때문에 가려지게 만듭니다. 그리하여 마침내 그 공이 세상에 드러나지 않습니다.

신이 처음 풍성(豊城)[106]에서 변란을 만났을 때 갑작스러운 순간에 거사를 일으켰습니다. 그때 그 공이 반드시 이루어질 것이라고 미리 생각하여, 금일 관작과 상급의 영화를 바라고 싸웠다고 어찌 말할 수 있겠습니까? 다만 일이 종사(宗社)와 관계되니 일의 성패와 이둔

---

105) 옛날에 맛을 잘 알아낸 사람이다. 『맹자』 「고자상」의 "口之於味, 有同耆也, 易牙先得我口之所耆者也. 如使口之於味也, 其性與人殊, 若犬馬之於我不同類也, 則天下何耆, 皆從易牙之於味也. 至於味, 天下期於易牙, 是天下之口相似也"에 나온다.

106) 풍성현 감강(贛江) 연안에 있는 도시로, 길안부보다 북쪽에 있다. 앞에 나왔다.

(利鈍)을 따지지 않고, 몸을 바쳐 가족과 구족(九族)[107]을 버리며, 충성을 실어 죽을 각오로 절개를 지키고자 했으니, 이것이 신의 애당초 마음이었습니다. 삼군(三軍)[108]을 불러오는데 비록 충의로 분발했으나, 실로 작록과 무궁한 영화를 받고, 명예와 절개를 지키도록 권면(勸勉)받았습니다. 그러나 다시 거동함에 은상(恩賞)으로써 아름답게 빛나니, 이는 감히 헛된 말로써 권하는 것이 아닐 것입니다. 공으로 여겨 이기고 이루었다면, 이 작록과 은상이 또한 나라의 일상적인 전례(典例)이므로 이치상 반드시 있는 것입니다.

지금 신이 특별히 상을 받았으나 많은 사람들에게는 그 상이 돌아가지 못했습니다. 이는 신이 헛된 말로써 아랫사람을 그물을 쳐 걸리게 하고, 많은 사람들을 죽여 공을 같이 이루었으나, 여러 사람의 아름다움을 가려 혼자 차지했습니다. 이로움을 보자 신의를 잊고, 충성과 신의로 시작하여 하찮은 것을 탐내는 것으로 마쳤습니다. 겉으로는 아랫사람을 속이고 안으로는 초심을 잃었으니, 또한 무슨 얼굴로 그들을 대하겠습니까?

그러므로 신이 감히 소중한 상을 홀로 감당할 수 없는 것은 봉록과 작위가 영화롭다는 것을 몰라서가 아니라, 봉록과 작위보다 소중한 것이 있기 때문입니다. 따라서 구차하게 받지 않겠습니다.

이때 어사(御使) 정계충(程啓充)[109]과 급사(給事) 모옥(毛玉)[110]이 기회를 엿보아 서로 의논하여 성현의 정통 학문에 대한 이설(異說)을

---

107) 자기 위로는 고조에서 아래로는 현손(玄孫)까지 9대의 집안사람을 말한다. 일설에는 친가 4대, 외가 3대, 처가 2대를 말하기도 한다. 앞에 나왔다.

108) 좌 · 우 · 중군, 곧 대군(大軍)이나 전군(全軍)을 말한다.

109) 자는 이도(以道), 가정(嘉定) 사람이다. 『실기』에는 '정계'(程啓)로 되어 있다. '충'(充)은 뒤에 붙어 '충급사중'(充給事中)으로 되어 있는데, 『연보』와 『상전』에 따라 바로잡았다.

110) 자는 국진(國珍), 곤명(昆明) 사람이다.

만들었다고 선생을 탄핵했다. 그러자 문인 형부주사 육징이 상소를 올려 여섯 가지 변론으로써 그들을 배척하니, 선생이 듣고 그만두라고 했다. 그 글은 아래와 같다.

변론하지 말고 비방을 그치라는 것은 내가 언젠가 옛사람의 가르침에서 들었다. 하물며 지금 사방의 걸출한 인물들이 학설의 같고 다름을 가지고 논의가 분분하니, 우리가 일일이 변론할 수 있겠는가? 오직 잘못이 있다면 돌이켜 자기에게서 구해야 할 것이다.[111] 진실로 그 말이 옳은가? 이에 우리에게 옳음이 있다고 믿지 못한다면 그 옳음을 구하는 데 힘쓰되 문득 자기를 옳다고 여기고 남을 비난해서는 안 된다. 만약 그 말이 그른가? 이에 우리에게 그름이 없다고 스스로 믿는다면 더욱 실천의 열매를 맺어 겸손함을 힘써 구해야 한다. 이른바 "조용한 가운데 이루고 말하지 않는 가운데 믿는 것"[112]이다.

그러므로 지금 말이 많은데, 누가 우리의 "마음을 삼가 움직이고 본능을 참는 것"[113]과 학문을 갈고 닦는 실천의 경지를 비난하는가? 우리의 오늘 강학이 장차 그들과 다른 학설을 구하고자 함인가? 아니면 같은 학문을 구하고자 함인가? 장차 선으로써 남을 이기고자 함인가, 아니면 선으로써 남을 기르고자 함인가? 지행합일(知行合一)[114]의 학문은 우리가 다만 입으로 설명하는 말이니, 언제 (공식적으로)

---

111) 『중용장구』 14장의 "子曰, 射有似乎君子, 失諸正鵠, 反求諸其身"에 나온다.

112) 원문의 "默而成之, 不言而信"은 『주역』 「계사상」의 "默而成之, 不言而信, 存乎德行"에 나온다.

113) 원문의 "動心忍性"은 『맹자』 「고자하」의 "故天將降大任於是人也, 必先苦其心志, 勞其筋骨, 餓其體膚, 空乏其身, 行拂亂其所爲, 所以動心忍性, 曾益其所不能"에 나온다. 주자의 주석에 의하면 '동'(動)은 마음을 삼가 움직이고, 그 '성'(性)을 굳게 참는다고 하는데, 여기서 '성'은 기품과 식색(食色)을 말하므로 오늘날의 본능에 가깝다.(본문의 따옴표는 옮긴이 강조)

114) 양명학의 중심 이론 중의 하나이다. 앎과 행동이 하나 된다는 것으로, 학자에 따라 해석상의 차이가 구구하다. 이때 앎과 행동이란 주로 도덕적인 앎과 행동을 말한다. 앞에 나왔다.

일찍이 지행합일을 주장했단 말인가? 스스로 믿거나 생각하는 출처를 꼬치꼬치 찾아낸다면 비록 자질이 모자라는 사람이라도 죄가 더욱 무거울 것이다.

대개 평상시에는 다만 말로서 강해(講解)하니, 그것이 몸에 체득되지 않아서 이름[名]이 실제[實]보다 떠 있고 행동이 말을 숨기지 못한다. 또 자기가 실제로 그 앎을 이루지 못하고서 "옛사람의 앎을 이루는 설명에 부족함이 있다"고 말한다. 이는 마치 가난한 사람의 금(金)에 대한 설명이 남을 따라다니며 얻어먹는 것을 못 면하는 것과 같다.

제군이 지나칠 정도로 서로 믿고 사랑하기 때문에 서로 좋아하면서도 그 악을 알지 못해 드디어 금일의 분분한 논쟁을 만들었으니, 이는 대개 어리석은 잘못 때문이다. 비록 그러하나 옛날의 군자들은 세상 사람들이 다 비난해도 돌아보지 않고, 천백 세대가 비난해도 돌아보지 않은 것은 또한 그 옳음만을 구했기 때문이다. 어찌 한때의 비방과 칭찬 때문에 그 마음을 움직이겠는가?

오직 내게 옳음을 다하지 못한 것이 있다면, 어찌 남의 말 또한 다 그르다고 할 수 있겠는가? 이천(伊川)과 회암(晦庵)[115]이 살았을 당시도 오히려 비방과 배척을 면치 못했거늘, 하물며 행동이 지극하지 못한 우리에게 남의 비난과 배척은 마땅한 것이 아닌가?

무릇 지금 학술로 논쟁하는 선비들도 모두 반드시 학문에 뜻을 두고 있다. 그러니 그들이 자기를 다르게 여긴다 해서 소외시켜서는 안 된다. 옳고 그름을 분별하는 마음[116]은 사람마다 모두 가지고 있으나, 저들이 그것을 다만 쌓인 습관에 의하여 가리고 있는 것이다. 그러므로 우리의 설명을 쉽게 이해하지 못하니, 이는 마치 제군이 처음 나의 설명을 들었을 때 웃고 비난하며 훼방하는 것과 무엇이 다르랴?

---

115) 정이천과 주자를 말한다. 회암은 주자의 호이다.
116) 원문은 '시비지심'(是非之心). 곧 맹자의 사단(四端) 가운데 하나이다.

그런 자들도 오래되면 확 풀리듯이 깨닫고, 심지어 지나치게 당연함을 논하는 자가 될 것이다. 또 금일 서로 비방하는 힘이 나중에 서로 깊이 믿는 힘으로 변하지 않을지 누가 알랴? 상중의 슬픔 가운데 있을 때 학문을 논할 시기가 아니로되, 도의 흥망과 멸망이 침묵을 용납하지 않으므로, 외람됨을 깨닫지 못하고 여기에 이르렀다.

| 나의 생각 22 |

주근재(朱近齋)[117]가 말했다.

"양명선생이 남경에 있을 때 사사로운 원한을 품고 선생을 무고하는 상소를 올려 매우 추악하게 비난하는 자가 있었다. 선생이 처음 그것을 볼 때 다소 화를 내셨다. 그러나 오히려 스스로 반성하면서 말했다. '이는 지나친 것이 아닌가?' 그 상소가 적힌 두루마리를 덮고 스스로 반성하여 마음이 평안하고 심기가 온화해지기를 기다렸다가 다시 펼쳐보시며 또 화를 내셨다. 또 그것을 덮어두고 한참 지난 다음에는 진실로 회오리바람에 사라진 아지랑이처럼 거의 티끌만한 것도 막힘이 없었다. 그후로 비록 크게 훼방하는 일이 있거나 큰 이해관계에서도 마음이 흔들리지 않으셨다."

언젠가 다음 같은 이야기를 들은 적이 있다. 우리 조선의 이율곡 선생이 병조 일을 보고 있을 때 허봉(許篈)[118]·송응개(宋應漑)[119] 등이

---

117) 근재는 명나라 주득지(朱得之)의 호로, 정강(靖江) 또는 오정(烏程) 사람이라고 한다. 왕수인에게 배웠다. 그의 학문이 노자에 가깝다는 설도 있으며 저서에는 『참현삼어』(參玄三語), 『장자통의』(莊子通義) 등이 있다. 『명유학안』(明儒學案) 25에 보인다.

118) 1551~88. 조선 중기의 문인으로, 호는 하곡(荷谷)이다. 허난설헌의 오빠이며 허균의 형이다. 문과에 급제하여 1577년 교리가 되었고, 1588년 창원부사를 역임했다. 김효원과 동인의 선봉이 되어 서인과 대립했다. 1584년 병조판서인 이이를 직무상 과실을 들어 탄핵했다가 종성에 유배되었고, 이듬해 풀려났으나 정치에 뜻을 버리고 방랑생활을 하다가 서른여덟 살에 금강산에서 죽었다. 중국에 가서 양명학자들과 토론한 적도 있다고 한다. 저서로 『하

선생을 문득 탄핵했다. 율곡이 그 상소를 열람하고도 얼굴빛에 아무런 변화가 없었는데, 이는 자기 몸에서 반성하여 구하는 공부가 매우 절실하여 스스로 마음에 움직이는 기색이 없었던 것이다.

내가 매양 훼방하거나 칭찬하는 말을 들으면 쉽게 마음이 움직이는 것을 근심했는데, 그것을 극복할 수 있는 방법을 구했지만 얻지 못했다. 그러다가 하루는 놀라 말하기를, "남이 나를 훼방하는 것은 나에게 약이 되니 무엇 때문에 화를 내겠는가" 했다. 이같이 하면 혹 이런 태도에서 벗어날 수 있을 것이다.

23. 천천교(天泉橋)의 연회

9월에 용산공을 석천산(石泉山)에 장사 지냈다.

가정 2년(1523)은 선생의 나이 쉰둘[120] 되는 해이다. 월 땅에 있었다. 2월에 예부에서 시험으로 진사를 뽑았는데, 시험관이 심학(心學)을 문제로 제출했다. 그것은 몰래 선생을 멀리하기 위함이었다. 문인 서산(徐珊)[121]이 그 문제를 보고 탄식하며 말하기를, "내가 어떻게 나의 양지를 어둡게 할 수 있어 현실에 아첨하겠는가" 하고, 답을 내지 않고 나가버렸다. 전덕홍도 시험에 낙방하여 돌아와 선생을 뵈오니, 선생이 기쁘게 맞이하며 "성인이 되는 학문이 이 때문에 크게 밝아지겠다" 하자,

---

곡집』『하곡수어』등이 있다.

119) ?~1588. 조선 중기의 문인이다. 1583년 대사간이 된 뒤 동서의 분당 이후에는 동인의 중진으로서 활약했다. 이때 유영경, 정숙남, 박근원, 허봉과 함께 이이를 탄핵하다가 장흥부사로 좌천되었고, 다시 회령에 유배되었다. 1585년 영의정 노수신의 상소로 풀려났다.

120) 가정 2년, 계미년은『실기』에는 쉰두 살로 되어 있으나『연보』와『상전』에는 쉰세 살로 되어 있다. 다음의 고사는『연보』에 의하면 가정 3년 선생 쉰세 살 때의 일이다. 따라서 쉰세 살 때의 일이라고 본 것은 맞다.

121) 호는 삼계(三溪), 여요(餘姚) 사람이다.

전덕홍이 말했다.

"현실의 일이 이러하니 우리 학문이 어떻게 밝아지겠습니까?"

"이런 일이 없다면 우리 학문이 어떻게 천하에 두루 전해질 수 있겠는가? 지금 시험 문제가 공개되니 시골 촌구석에 살아도 볼 것이다. 우리 학문이 이미 잘못되었다면 천하에 반드시 옳은 학문을 구하는 자가 일어날 것이다."

문인 추수익·설간(薛侃)[122]·황종명(黃宗明)[123]·마양충(馬良衝)[124]·왕간 등이 선생을 모시고 앉았다가, 신호의 반란을 정벌한 이래로 세상에서 양명학을 비방하는 것이 늘어남을 탄식했기 때문에, 각자 그 원인을 말해보라고 했다. 어떤 사람은 선생의 업적과 세력이 날로 융성하니 그것을 꺼리는 자가 날마다 늘기 때문이라 하고, 어떤 사람은 선생의 학문이 날로 밝아져서 시비를 가리는 주자학을 따르는 자들이 날로 많아졌기 때문이라고도 하며, 또 어떤 사람은 선생이 남경의 벼슬을 하게 된 후로 동지들과 믿고 따르는 자가 날마다 느니 사방에서 그것을 배척하는 자가 나날이 힘을 더했기 때문이라고 했다.

선생이 이것을 듣고 말했다.

"제군의 말이 모두 믿을 만하다. 그러나 내가 스스로 알고 있는 한 부분은 제군이 모두 말하지 못했다. 내가 남경에 있기 전에는 오히려 내게 약간의 향원(鄉愿)[125] 같은 모습이 있었지만, 지금은 이 양지에 힘입어 참된 시비를 믿고 실천해가면서 다시 그러한 것을 마음에 품지 않으니, 내가 지금에야 광자(狂者)[126]를 가슴에 품었다. 천하 사람에게

---

122) 자는 상겸(尚謙), 호는 중리(中離), 광동성 게양(揭陽) 사람이다. 왕양명의 문인이다.

123) 자는 성보(誠甫), 호는 치재(致齋)이다. 은(鄞) 출신으로, 남경병부원외랑을 거쳐 예부시랑에 올랐다.

124) 『연보』에는 명충(明衝)으로 되어 있다. 자는 자췌(子萃), 어사이다.

125) 군자를 가장하는 위선자로, 소인과 군자 모두에게 아첨을 잘한다. 『논어』 「양화」의 "鄉愿, 德之賊也"에 나온다. 『맹자』에도 보인다.

126) 뜻이 높으나 행동이 소략한 사람으로 『논어』에 나온다. 『연보』에는 이 글 다

모두 말하게 해도 나의 행동은 말을 숨기지 않는다."

그러자 설간이 나가면서 말했다.

"이 허물을 믿을 수 있어야만 곧 성인의 참된 혈맥이 됩니다."

10월에 상원충(張元沖)[127]이 배에 선생을 모시고 물었다.

"불교와 도교도 우리 유학자에게 유익한데, 마땅히 그들에게 배워야 하지 않겠습니까?"

선생이 말했다.

"이 둘을 같이 공부하면 좋지 않다. 성인은 성품을 다하여 천명에 이르니 어떤 사물이든 갖추지 않았겠느냐? 어찌 같이 공부하기를 기다리는가? 불교와 도교의 학문이 모두 나의 학문이다. 즉 내가 성품을 다해 천명에 도달하여 이 몸을 완전히 수양하면 신선이라 부르고, 세속의 번거로움에 물들지 않음을 일러 부처라 부르니, 후세의 유학자들이 성학(聖學)의 온전함을 보지 못하므로, 이들에 대하여 두 가지 관점을 덧붙인다. 관청에 비유컨대, 세 칸이 방 하나인데 유학자가 불교를 보고 왼쪽 한 칸을 잘라 떼어주고, 도교를 보고 오른쪽 한 칸을 뚝 떼어주고, 자신은 그 중간에 있으니 모두 하나를 들어 1백 가지를 없애는 꼴이 된다."

가정 3년은 선생의 나이 쉰셋 되는 해이다. 월 땅의 군수 남대길(南大吉)[128]이 선생을 좌주(座主)로 삼으므로, 그를 문인이라 칭했다. 그

음에 향원과 광자에 대하여 자세히 설명하고 있다. 이 글 다음에 왕양명의 설명이 나온다.

127) 자는 숙겸(叔謙), 호는 부봉(浮峯), 절강성 산음(山陰) 사람이다. 호광좌참의 장이홍(張以弘)의 손자이다. 좌부도어사에 올라 강서를 순무했다. 계구(戒懼)의 실천에 노력했으며, 왕양명은 그의 문인 가운데서 "참되고 절실하며 순수하고 독실한 것"이 원충만한 자가 없다고 평했다.

128) 1487~1541. 자는 원선(元善), 호는 단천(端泉), 위남(渭南) 사람이다. 정덕연간에 진사가 되었고, 호부낭중을 거쳐 소흥부지사가 되었다. 저서에는 『단천집』이 있고, 『명유학안』 29에 보인다.

의 자질이 호방하고 고매하여 작은 것에 얽매이지 않았다. 이때 선생을 만나뵙고 물었다.

"왜 한 말씀도 가르쳐주지 않습니까?"

"내가 이미 말한 지 오래되었느니라."

그래도 대길이 이해하지 못하므로 선생이 다시 말했다.

"내가 말하지 않으면 자네는 어떻게 알 것인가?"

"그것은 저의 양지로 압니다."

"양지는 내가 항상 말하는 것이 아닌데, 무엇인가?"

대길이 웃으면서 감사를 나타내고 떠나갔다. 그런데 며칠 뒤 다시 와서 물었다.

"제게 허물이 있다는 것을 알고 매우 뉘우쳤습니다. 비록 자주 고치려고 시도하나, 남이 미리 말해주지 않으면 고쳐지지 않습니다."

이에 선생이 "남이 말해주어서 뉘우치는 것은 진정 자기 스스로 절실하게 뉘우치는 것만 못하다"라고 말했다. 며칠 뒤에 또 와서 물었다.

"몸의 허물은 면할 수 있으나, 마음의 허물은 어떻게 하면 좋겠습니까?"

"옛적에 거울이 밝지 않았을 때는 때가 묻을 수 있었으나, 지금 거울이 밝아진 뒤에는 먼지 하나도 달라붙을 수 없다. 그러니 이것은 성인의 경지에 들어가는 기회이다. 노력하시게."

이때 남대길이 계산서원(稽山書院)[129]을 열고, 관내 여덟 읍의 인재들을 모아 몸소 강습을 독려하니, 멀리 있는 선비들이 날마다 제자가 되고자 찾아와 맞아들일 건물이 부족했다.

하루는 "군자는 의에 밝고 소인은 이익에 밝다"[130]는 『논어』의 한 장을 강독하니 많은 사람들이 감동하여 땀을 흘렸다.

---

129) 『왕문성공전서』권7, 문록4, 「계산서원존경각기」(稽山書院尊經閣記) 참조.
130) 『논어』「이인」(里仁)의 "子曰. 君子喩於義, 小人喩於利"에 나온다.(본문의 따옴표는 옮긴이 강조)

왕기(王畿)[131]는 위양기(魏良器)[132]와 사이가 두터웠다. 그는 양지의 학문을 말할 때마다 일에 방해가 되었다. 사람을 대할 때도 선생의 강학을 묻지 못하게 했다. 이때 선생의 강의를 듣고 전에 말하던 것을 뉘우치고 제자의 예를 갖추었는데, 호가 용계(龍溪)이다. 선생의 고제가 되어 잘 모셨다.

이날 강의를 들은 자가 3백여 명이었다. 선생은 『대학』에서 '만물이 한몸'〔萬物一體〕이라는 뜻을 강론하여, 사람들에게 각자 자신의 본성을 구하여 양지를 이뤄 지극한 선에 머무는 것을 공부하게 했다.

해령(海寧) 사람 동운(董澐)[133]은 호가 나석(蘿石)이니 나이가 예순여덟이었다.[134] 시를 잘 지어 강호에 이름을 날렸는데 회계(會稽)[135]에 와서 놀다가 선생이 강학한다는 말을 듣고, 지팡이를 짚고 표주박과 삿갓, 시권(詩卷)[136]을 옆구리에 끼고 내방했다. 문에 들어오면서 길게 읍을 하고 자리에 올라앉았다.

선생이 그 기상과 모습이 기이하여 예로서 공경하고, 그와 함께 이틀 동안 이야기하니, 나석이 나가면서 문인 하주(何秦)[137]에게 말했다.

"내가 본 유학자들은 지리하고 자질구레하게 가장자리나 변두리만 꾸며 꼭 허수아비 같았다. 그 이하는 부귀와 이욕을 탐내거나 쟁탈하는 자들이었다. 그 하는 짓거리를 그만두지 않아서, 세상에 참으로 성현의 학문이 있는지를 생각했다. 그들은 곧바로 도를 빌려 사사로운 것을 찾

---

131) 1498~1583. 자는 여중(汝中), 호는 용계(龍溪), 절강성 산음(山陰) 사람이다. 왕간과 함께 왕양명의 고제이다. 저작에는 『용계집』이 있다.

132) 자는 사안(師顔), 호는 약호(藥湖)이다. 왕양명이 자주 칭찬했고 백록서원을 주관하자 제자가 수백 명 모였다. 그의 학문은 비록 양지를 종지로 하나 실천이 평이하고 알맹이가 있었다. 사람들은 그를 양호선생이라 불렀다.

133) 1458~1534. 자는 복종(復宗), 호는 나석 외에 백탑산인(白塔山人)이 있다.

134) 『왕문성공전서』 권7, 문록4, 「사오도인기」(俟吾道人記)에 실려 있다.

135) 강서성 회계도 소흥(紹興)이다.

136) 시집. 시를 써놓은 두루마리나 책이다.

137) 1486~1551. 하정인(何廷仁). 자는 성지(性之), 호는 선산(善山)이다. 주(秦)는 처음 이름, 강서성 우도(雩都) 사람이다.

을 뿐이었다. 그래서 드디어 시에 돈독한 뜻을 품고 산수를 따라 방랑했다. 그러다가 지금 선생의 양지에 대한 설명을 듣고, 홀연히 긴 잠에서 깨어난 듯하니 참으로 다행이다. 내가 선생께 오지 않았다면 이 삶을 헛되이 보낼 뻔했다. 내가 종신토록 선생의 제자가 되겠다."

드디어 하주의 소개를 청하니, 선생이 말했다.

"나이가 저보다 많으십니다. 스승이나 친구나 마찬가지니 진실로 제 말에 믿음이 있다면, 하필 스승의 예를 갖추어야 되겠습니까?"

나석이 말하기를, "선생께서는 저의 정성이 지극하지 못하다고 보십니까" 하고, 돌아가 두 달 사이에 명주 한 필을 가지고 와서 말했다.

"이것은 제 늙은 아내가 짠 것입니다. 저의 정성이 이 명주실처럼 쌓여 있으니, 선생께서는 저를 받아주십시오."

"선생께서는 본디 저의 스승이니, 어째서 제가 스승이 될 수 있겠습니까?"

그러자 그가 "내가 더이상 허락을 기다릴 수 없구나" 하고, 드디어 들어가 강제로 예물을 드리고 절하니, 선생이 스승과 친구 사이로 지낼 것을 허락했다.

그와 함께 우혈(禹穴)을 탐방하고 노봉(鑪峰)을 등반하며 척주(陟奏)를 관망하고 난정(蘭亭)의 유적을 찾았다. 산수를 소요하니 날마다 듣는 것이 있고, 더욱 얻는 것이 많아 매우 즐거워하면서 돌아갈 줄 몰랐다.

8월에 문인들과 천천교(天泉橋)[138]에서 연회를 열었다. 이날 밤 달이 대낮같이 밝아 문인 1백여 명이 술을 마시다 연회가 무르익자 각자 노래하며 시 짓고 투호놀이하며 북 치고 배를 타면서 즐겁게 놀았다.

선생은 제자들의 흥이 절정에 오른 것을 보고, 물러나 시를 지었다.

---

138) 소흥에 있는 명승지로, 왕양명의 저택 안에 있는 벽하지(碧霞池)라는 연못에 있는 다리이다.

만 리에 중추[139]의 달이 참으로 밝네

사산(四山)에 구름 안개 홀연히 생기더니

잠시 흐린 안개 바람 따라 흩어지고

예전처럼 푸른 하늘 보름달이 밝구나

양지가 어둡지 않음을 자랑스럽게 믿으니

그에 따라 외물이 어찌 접근할꼬

늙은이 오늘밤 미친 듯 노래나 부르면

균천광악(鈞天廣樂)[140]이 되어 하늘에 채워지려나

萬里中秋月正晴　　四山雲靄忽然生

須臾濁霧隨風散　　依舊靑天此月明

肯信良知原不昧　　從他外物豈能攖

老夫今夜狂歌發　　化作鈞天滿太淸

곳곳에 중추의 달이 밝은데

영재들은 또 어디에 있는지 모르겠네

천년 동안 끊어진 학문을 가련히 여겨야지

남아의 일생에 빚지지 말게나

영향(影響)[141]은 오히려 주중회(朱仲晦)[142]를 의심하고

지리[143]한 것은 정강성(鄭康成)[144] 될까 부끄럽네

---

139) 음력 8월 15일이다.
140) '균천'(鈞天)은 균천광악의 준말. 균천광악은 균천에서 연주하는 음악이며, 균천은 구천(九天)의 하나로 하늘의 중앙, 또는 상제의 궁이다.
141) 사물이 빛과 그림자, 소리와 메아리처럼 밀접하게 연관된 것. 여기서는 주자학의 특징을 표현한 것이다.
142) 주자. 처음에는 원회(元晦)를 자로 썼다가, 나중에 중회로 고쳤다.
143) 번잡하고 지리한 것을 말한다. 육상산이 주자를 비판하거나 왕양명이 주자학을 비판할 때도 이 용어를 쓰는데, 정현(鄭玄)을 빌려 주자학을 간접적으로 비판하고 있다.
144) 후한의 대표적인 주석가인 정현. 강성은 그의 자이다.

한바탕 튕기던 거문고 춘풍 속에 버려두고[145]

증석(曾晳) 비록 광간(狂簡)[146]하나 내 뜻을 얻었네

處處中秋此月明　　不知何處亦群英

須憐絶學經千歲　　莫負男兒過一生

影響尙疑朱仲晦　　支離羞作鄭康成

鏗然舍瑟春風裏　　點也雖狂得我情

　다음날 문인들이 들어와 감사드리자 선생이 말했다.

　"예전에 공자께서 진(陳)나라에 있을 때 노나라의 광간한 선비들을 생각했다.[147] 이것은 다음과 같은 이유에서이다. 배우는 자들이 부귀의 욕망에 빠지면 짐승이나 죄수처럼 구속되어 반성할 줄 모른다. 또 고명(高明)하고 세속에 초연한 자들이 일절 세속의 인연이 모두 성체(性體)[148]가 아니라 하여 세속에서 실천하지 않고 신비하고 미묘한 것을 찾으면, 점차 세속의 일을 경시하고 윤리와 사물을 소홀히 하는 잘못을 범한다. 이것이 비록 속세의 용렬한 자들과는 다르나 성인의 도를 얻지 못함은 마찬가지이다. 그러므로 공자께서 노나라에 돌아가서 잘라서 바르게 하고자[149] 했다. 지금 제군이 이 뜻을 이미 알았으니 정밀하게

---

145) 이후 두 구절은 『논어』 「선진」에 나오는 고사를 자신의 처지와 비유하고 있다. 원문은 "點爾何如, 鼓瑟希. 鏗爾舍瑟而作, 對曰, 異乎三子者之撰. 子曰, 何傷乎, 亦各言其志也. 曰, 莫春者, 春服旣成, 冠者五六人, 童子六七人, 浴乎沂, 風乎舞雩, 詠而歸. 夫子, 喟然嘆曰, 吾與點也"이다. 점(點)은 공자 제자 증삼(曾參)의 아버지, 석은 그의 자이다.

146) 『논어』 「공야장」에 나오는 말. 주자의 주석에 의하면 "뜻은 크되 일에는 간략함"을 말한다. 즉 앞의 주 『논어』 내용에 보이는 것과 같이 세속에 얽매이지 않고 자유롭고 여유 있게 세상을 살아가는 태도를 말한다.

147) 이 고사는 『논어』 「공야장」의 "子在陳曰, 歸與歸與, 吾黨之小子狂簡, 斐然成章, 不知所以裁之"에 나온다. 여기서 광간은 뜻하는 바는 크나 실천이 없어 소홀하고 거친 것을 말한다.

148) 유가에서는 인성의 본체이고, 불가에서는 불성의 본체이다. 여기서는 진리 자체를 말한다.

힘써 나아가 도에 이를 것을 구하는 게 좋다. 그러나 한 번 안 것에 스스로 만족하여 뜻만 크다는 데 머물러서는 안 될 것이다."

서국용(舒國用)[150]이 선생께 물었다.

"경외(敬畏)[151]가 증가하는 것이 쇄락(灑落)[152]에 누가 되지 않을 수 없고, 경외는 마음을 두는 것이니 어떻게 하면 무심히 자연스럽게 나와 행동한 것을 의심하지 않겠습니까?"

선생이 대답하니, 그 내용의 요지는 다음과 같다.

무릇 군자가 말하는 이른바 경외는 우환을 두려워하는 것을 말함이 아니고, 보지 못하는 것에 조심하고 경계하며 듣지 못하는 것에 두려워하는 것을 말한다.[153]

군자가 말하는 이른바 쇄락은 공허하게 방탕하고 방종하며 정욕을 따라 방자한 것을 말함이 아니라, 마음의 본체가 욕망 때문에 누가 되지 않고, 마음을 어디에 두든 스스로 마음에 얻음이 있음을 말한다. 마음의 본체란 곧 천리이다. 천리를 밝고 영묘하게 깨닫는 것이

---

149) 공자는 "노나라 문인들의 뜻이 크고 간략하며 문장의 성취에 볼 만한 것이 있으나 그것을 잘라 바르게[割正] 할 줄 모른다" 하여 노나라에 돌아가고자 한 것인데, 여기서 주자는 '재'(裁)의 뜻을 할정(割正)으로 풀이했다. 앞의 주 참조.

150) 이름은 서백(舒栢), 국용은 그의 자이다.

151) 『중용장구』의 "道也者, 不可須臾離也, 可離非道也. 是故君子, 戒愼乎其所不睹, 恐懼乎其所不聞"의 주에 보면 경외가 나온다. 주자는 '경'(敬)을 계신(戒愼)으로, '외'(畏)를 공구(恐懼)로 풀었다. '경계하고 신중하며 두려워함'의 뜻이다.

152) 송나라의 도학자들이 하나의 이치를 터득한 경지를 일컫는 말이다. 『근사록』 권14의 "周茂叔, 胸中灑落, 如光風霽月"에 나온다. 무숙(茂叔)은 주돈이(염계)의 자이다. 주자의 스승 이동(李侗, 연평)도 이 말을 자주 사용했다. '천리(天理)만이 산들산들 불어오는 상태'로 표현되며, 우리말의 '새록새록'과 음의 용법이 비슷하여 어원의 연관성이 의심된다. 앞에 나왔다.

153) 『중용장구』에 있는 "戒愼乎其所不睹, 恐懼乎其所不聞"의 해석과 같다. 앞의 주 원문 참조.

이른바 양지이다.[154]

군자가 조심하고 경계하며 두려워하는 것은, 오직 밝고 영묘하게 깨닫는 것(양지)이 혹 어둡고 방탕하여 그릇되고 치우치며 사악하고 망령된 데 빠져 본체의 바름을 잃을까 두려워서이다.

조심하고 경계하며 두려워하는 노력이 중단되는 틈이 없으면, 천리가 항상 보존되어 밝고 신령스럽게 깨닫는 본체(양지)가 어그러지거나 가려짐이 없으며, 끌려가거나 우환을 두려워하거나 좋아하거나 화를 내거나 자기를 고집하거나 원망하거나 부끄러워함이 없다. 두루 화합하여 밝게 통하고, 꽉 차서 흘러넘치며, 행동하는 것이 예에 적중하고, 마음이 하고자 하는 대로 내버려두어도 법도를 넘지 않으니,[155] 이것이 이른바 쇄락이다.

이 쇄락은 천리가 항상 보존되는 것에서 생기고, 천리가 항상 보존되는 것은 늘 경계하고 삼가고 두려워하는 데서 생긴다. 누가 경외가 증가하는 것이 도리어 쇄락의 누가 된다고 말하는가?

정자(程子)는 항상 "사람들이 무심을 말하나 단지 사심이 없음을 말할 뿐이며 무심을 말할 수 없다"고 했는데, "보지 못하는 것에 조심하고 경계하며, 듣지 못하는 것에 두려워하는 것"에는 마음이 없을 수 없다. 그러나 우환을 두려워하는 것에는 사심이 없을 수 없다. 요순의 "조심하고 삼가고 두려워하라"[156]와 문왕의 "공경하고 조심한다"[157]가 모두 경외이다. 모두 심체(心體)의 자연스러움에서 나온 것이다. 심체에서 나와 "일부러 한 것이 없는데 한 것이 있는 것을 일러

---

154) 저자(백암)는 양지를 여섯 가지로 분류했는데, 즉 "自然明覺之知, 純一無爲之知, 流行不息之知, 泛應不滯之知, 聖愚無間之知, 天人合一之知"에서 "自然明覺之知"는 왕양명의 이 말에 근거한다. 앞에 나왔다. 원문에 "天理之昭明靈覺이 所謂良知也"라고 나온다.(고딕은 옮긴이 강조)

155) 『논어』 「학이」의 "從心所欲不踰矩"를 해석한 것이다.

156) 원문은 『서경』 「우서」(虞書) 고요모(皐陶謨)의 "兢兢業業"이다.

157) 원문은 『시경』 「대아」(大雅) 대명(大明)의 "維此文王, 小心翼翼"이다.

자연(自然)이다"[158]라는 뜻이다. 경외의 노력이 가만히 있거나 행동하는 사이에 빈틈이 없는 것은 이른바 "경건함[敬]을 가지고 안을 곧게 하며 의로움을 가지고 밖을 반듯하게 하는 것"[159]이다. 경건함과 의로움을 세워 천도(天道)에 노닐하면 행동한 것을 의심하지 않는다.

이때 조정에서 대례(大禮)의 의논[160]이 일어났다. 선생이 밤에 벽하지(碧霞池)[161]의 언덕에 앉아 시를 지었다.

한 차례 비 뿌리자 서늘한 가을인데 밤 되니 새롭고
연못가 외로운 달 더욱 영묘하구나
잠긴 물고기 바닥에서 마음의 비결[162]을 전하고
둥지의 새는 가지에서 도의 진수를 말하네
천기(天機)는 기욕(嗜慾)[163]이 아니라 말하지 말고
만물이 내 몸임을 알아야 하느니[164]
끝없이 예악을 분분히 논의하니
누구와 더불어 푸른 하늘의 묵은 때를 청소할꼬
一雨秋涼入夜新　　池邊孤月倍精神
潛魚水底傳心性　　棲鳥枝頭說道眞
莫謂天機非嗜慾　　須知萬物是吾身

---

158) 『노자』의 자연 개념인 "無爲而無不爲"의 사상을 채용하고 있다.
159) 『주역』 「곤괘」(坤卦) 문언(文言)의 "敬以直內, 義以方外"의 뜻이다.
160) 무종이 자식이나 형제 없이 죽었는데, 종제 세종이 즉위했다. 세종의 생부모를 어떻게 대우할지 대신들 사이에 3년 동안 논쟁이 벌어졌다.
161) 소흥 땅 왕양명의 저택에 있는 연못이다. 일설에는 왕양명의 계산서원 근처에 있는 연못이라 한다.
162) 『실기』에는 '심성'(心性)으로 되어 있으나 『상전』과 『연보』에는 '심결'(心訣)로 되어 있다. 곧 마음의 요체이다.
163) 기호와 욕망이다.
164) 여기뿐만 아니라 이 시 전체에 만물일체(萬物一體) 사상이 드러나 있다. 왕양명이 양지로서 만물을 하나로 보려는 시도가 깔려 있다.

곽올애(霍兀崖)·석완산(席完山)·황종현(黃宗賢)[165]·황종명이 모두 함께 와서 대례에 대하여 물었으나 선생은 아무 대답도 하지 않았다.[166]

| 나의 생각 23 |

송나라와 명나라의 유학자들은 이런 예의 문제를 국가의 대사건으로 여겨 논쟁을 일삼아 여력이 없었다. 그런데도 선생이 이에 대하여 한마디도 언급하지 않은 것은 무슨 까닭인가? 이 또한 속된 선비들이 그 뜻을 언급할 수 있는 것이 아니다.

우리 조선에서 그런 증거를 대면, 기해예송(己亥禮訟)[167]으로 사림이 서로 싸워 당쟁이 더욱 치열했다. 그리하여 조정에서는 하루도 편안한 날이 없었고, 국정의 부패상이 날로 심했다.

이와 같이 예송은 비록 망국의 지름길이라 해도 지나치지 않으니, 노자의 이른바 "예는 충성과 믿음이 적은 것이요 혼란의 우두머리"[168]라고 이른 것이 이것을 말함이 아닌가?

그러므로 예는 세상을 다스리는 도구이나 도리어 다스리는 데 해가 되고 있다. 공자는 "그림을 그리는 일은 흰 칠을 한 다음에 한다"[169] 하

---

165) 1480~1554. 이름은 관(綰), 종현은 그의 자, 호는 구암(久庵)이다. 절강성 천태(天台) 황암(黃巖) 사람이다. 예부상서겸한림학사를 지냈으며 나중에 「양명선생행장」을 지었다. 앞에 나왔다.

166) 아무 대답도 하지 않은 것은 위의 시 "끝없이 예악을 분분히 논의하니"에서 찾을 수 있다. 황실의 호칭 문제는 민생과 직접 연관이 없고, 주자학적 명분론에 입각하여 정쟁만 일으키기 때문이다. 조선의 예송문제도 이와 연관하여 생각해볼 수 있다.

167) 1659년 효종이 죽었을 때 자의대비의 복상 문제로 서인과 남인 사이에 일어난 예송이다.

168) 『노자』 38장의 "夫禮者, 忠信之薄, 而亂之首"에 나온다. 저자는 "亂之首"를 "亂之始"로 보고 있다. 『노자』의 원문대로 번역했다.

고, 『예기』에 이르기를, "단맛이 모든 맛의 조화를 이루고 흰색은 모든 색의 바탕이 됨과 같이 충성스럽고 믿음이 있는 사람이 예를 배울 수 있으니, 진실로 그런 사람이 아니면 예를 헛되이 행할 수 없다"[170]라고 했는데, 저들이 예송으로 분분할 때 이 말을 빙사하여 말을 꾸며 성생 수단으로 삼으니, 충성과 신의의 길에서 멀다.

아아! 유학자의 폐단 가운데 하나는 심성과 이기의 논쟁[171]이요, 또 하나는 예설 논쟁[172]이다. 싸우는 마음을 거두지 못하면 예의 근본을 어떻게 회복할까? 선생께서 말하지 않은 것은 싸우는 마음을 싫어하기 때문이리라.

24. 『전습록』을 속각하다

10월에 남대길이 『전습록』[173]을 속각(續刻)했다.

---

169) 『논어』 「팔일」의 "子曰, 繪事後素"에 나온다. 흰색을 바탕으로 색칠함을 말한다.

170) 『예기』 「예기」(禮記)의 "君子曰, 甘受和, 白受采, 忠信之人可以學禮. 苟無忠信之人, 則禮不虛道, 是以得其人之爲貴也"에 나오며, 「팔일」의 양씨(楊氏)의 주에도 인용되어 있다. 양씨는 '허도(虛道)의 도를 '행'(行)으로 해석하고 있는데, 저자도 그 견해를 따랐다.

171) 조선 역사에서 퇴계 이이와 고봉 기대승의 논쟁을 비롯해, 후학들의 논쟁이 많았다. 논쟁에 대하여 좀더 자세히 알기 위해서는 한국철학사상연구회, 『강좌한국철학』(예문서원, 1995)과 한국철학사상연구회, 『논쟁으로 보는 한국철학』(예문서원, 1995) 참조. 또 한국사상연구회, 『인성물성론』(한길사, 1994)을 참고하면 좋을 것이다. 백암이 사상적 논쟁을 망국의 원인으로 보는 것이 사회진화론이 우세하던 구한말의 특수한 상황에서 나온 것이지만, 일본의 식민사관에 물든 학자들도 망국의 원인 가운데 하나를 이같이 보고 있다.

172) 효종이 죽자 인조의 계비 자의대비의 복상 문제로 서인과 남인 사이에 쟁론이 벌어졌다. 예론의 당사자는 서인 송시열과 허목의 논쟁에 송준길·윤휴·원두표·윤선도·유세철 등이 끼어들었다. 단순히 이론적 문제라기보다 정권을 빼앗느냐 빼앗기느냐는 문제로 확대되었다. 이후 갑인예송(甲寅禮訟)이 이어졌다.

이듬해 정월에 부인 제씨(諸氏)가 죽으니 서산(徐山)에 합장했다.

6월에 선생의 거상이 끝났다. 예부상서 석서(席書)[174]가 특별 상소로 선생을 천거하여 말했다.

"천거할 만한 선비들 가운데 신보다 나이 많은 사람을 한 사람 말한다면 양일청(楊一淸)[175]이요, 신보다 나이가 적은 사람을 말한다면 왕수인입니다."

9월에 고향 여요에 돌아와 성묘하고, 문인들이 용천사(龍泉寺) 중천각(中天閣)에 모였는데, 선생이 글로써 격려했다.[176]

비록 천하에 쉽게 태어나는 사물이 있으나 "하룻동안 폭염에 시달리고 열흘 동안 추위에 노출되면, 능히 살아갈 수 있는 것이 없다."[177] 제군의 비루하지 않은 마음을 받아들여 내가 올 때마다 여기에 모두 모여서 학문을 묻는 데 열중하니, 진실로 뜻이 풍성하다.

그러나 열흘도 머물지 못하고, 그 열흘 사이에도 불과 3~4회에 불과하다. 그러고서 헤어진 뒤에 다시 "무리를 떠나 거처할 곳을 찾아"[178] 서로 보지 못하는 것이 해를 넘긴다. 그러므로 어찌 열흘 동안의 추위에만 그치겠는가? "이러고서 싹이 자라 풍성해지고 줄기가

---

173) 문인 설간(薛侃)이 먼저 새겼고, 이 책의 이름을 『논어』 「학이」에 나오는 증자의 말 가운데 "吾日三省吾身 (…) 傳不習乎"에서 따왔다. 왕수인의 학술사상이 망라되어 있다. 앞에 나왔다.

174) 자는 문동(文同), 호는 원산(元山), 사천성 수령(遂寧) 사람이다. 예부상서를 지내고 왕양명을 지원하고 도왔다.

175) 자는 응녕(應寧), 호는 수암(邃庵). 태자태사(太子太師)가 되기도 했다. 앞에 나왔다.

176) 『연보』와 『상전』에는 매월의 삭망, 초8일, 23일에 정기적으로 거기에〔서 모임을 갖기로 했다고 전한다.

177) 『맹자』 「고자상」의 "雖有天下易生之物也, 一日暴之, 十日寒之, 未有能生者也"를 간접 인용한 말이다.(본문의 따옴표는 옮긴이 강조)

178) 원문에 "離群索居"라고 나온다. 『예기』 「단궁」에도 보인다. 친구들에게서 떨어져 혼자 있다는 뜻이다.(본문의 따옴표는 옮긴이 강조)

커지며 가지가 뻗기를 바란다면 허사가 될 것이다."[179]

그래서 내가 간절히 제군에게 바라는 것은, 내가 머물다 떠나고 하
는 것을 모임의 기준으로 삼지 말고, 혹 5~6일이나 8~9일 정도 비
록 세상일에 방해가 좀 되더라도 여가를 내서 여기에 한 번 모여야
할 것이다. 그래서 가르치고 부축하며 돕고 권장하기를 절차탁마(切
磋琢磨)하여, 도덕과 인의를 학습한 것으로 날로 절친하고 가까이하
면, 세속의 이익과 어지러운 영화에 물든 것이 점차 멀어질 것이다.
이른바 "서로의 장점을 말하여 본받게 하고",[180] "백공(百工)은 공장
(工場)에서 그 일을 이룬다"[181]는 것이다.

모였을 때는 더욱 마음을 비우고 뜻을 겸손히 하여 서로 친애하고
공경해야 한다. 무릇 친구를 사귀는 데는 서로 자기를 낮추는 것[182]이
도움된다. 혹 논의하는 것이 자신의 생각과 맞지 않더라도 조용히 용
납하여 성의로서 서로 감동하도록 해야 한다. 또 남을 이기고자 하는
마음을 품고 길게 시끄럽게 해서 잘못되지 말고, "말없이 이루고 말
하지 않아도 믿는 것"[183]에 힘써야 할 것이다. 또 혹 자기의 장점을
자랑하고 남의 단점을 공격하여 거친 마음과 들떠 있는 기분으로 남
을 바로잡아 자신의 이름을 알리려 하며, 남의 단점을 지적하는 것을
곧은 것으로 여기고, 남을 이기고자 하는 마음을 갖고 성내며 시기하
여 그를 무너뜨리려는 뜻이 있으면, 비록 날마다 강론하여 익히더라
도 무익할 뿐이다.

---

179) 앞의 『맹자』「고자상」의 주자 주석을 인용한 말이다. 주자 주의 원문은 "雖
有萌蘖之生, 我亦安能如之何哉"이다.(본문의 따옴표는 옮긴이 강조)
180) 『예기』「학기」에 "相觀而善之謂摩"에 나온다.
181) 『논어』「자장」의 "子夏曰, 百工居肆, 以成其事, 君子學, 以致其道"에 나온다.
다음 구절의 "군자는 학문으로써 그 도를 이룬다"의 의미가 생략되어 있다.
182) 『소학』「가언」의 "朋友之際, 欲其相下不倦"에 나온다.
183) 『주역』「계사상」의 "默而成之, 不言而信, 存乎德行"에 나오는 말을 인용했
다.(본문의 따옴표는 옮긴이 강조)

붕우를 사귀는데 서로 자신을 낮추면 보탬이 되고, 자신을 높이면 손해 본다는 것[184]은 유독 강습할 때뿐만 아니다. 우리 사회의 흥망이 실로 이로 말미암는다. 세상 사람들의 사람 사귀는 것을 시험 삼아 보면, 처음 의기가 서로 투합되고 취향이 서로 부합할 때는 간이라도 빼줄 듯하고, 하늘을 가리켜 생사고락을 같이할 것을 맹세하며 서로 변치 않을 것이라 한다. 그러나 얼마가지 않아 문득 의견이 충돌하고, 의론이 서로 맞지 않아 권리에 알력이 생기면, 점차 말과 행동에 모 나고 경계하는 것과 한계가 생겨 시기와 보복이 필경 일어난다. 그리하여 원수처럼 여기거나 원망하는 자가 비일비재하다. 그것이 발전하여 사림(士林)의 문호가 뿔처럼 솟아나고, 조정의 당쟁이 번갈아 일어나 공의(公議)가 시행되지 않는다. 결국 사회 전체를 부패에 빠뜨려 그것을 떨쳐버리고 빠져나오지 못하게 한다. 원인을 살펴보면, 단지 친구를 사귈 때 "나를 낮추면 보탬이 되고 나를 높이면 손해 본다"는 것을 실천하지 못해, 그런 폐습이 연연히 이어져 마침내 강처럼 흐르게 되었다.

내가 마침내 세상의 뜻있는 사람들에게 받들어 고한다.

"사회의 기초를 굳건히 하려는 자는 '자기를 낮추면 이익이 된다'는 이 말[185]을 가슴에 간직하고 서로 규범으로 삼아 바로잡도록 하시오."

대개 서로 자기를 높이는 자는 거만한 것이니, 거만은 가장 흉(凶)하여 형제와 친척이라도 돕지 않거늘 하물며 남이겠는가? 서로 자기를 낮추는 것은 겸손이니, 겸손은 순전히 길한 것이므로 천지와 귀신이라도 복을 주거늘 하물며 동류(同類)인 사람이랴?

---

184) 『소학』「가언」의 "朋友之際, 欲其相下不倦"을 인용한 왕양명의 말에 다음 구절 "相上爲損"을 덧붙였다.
185) 원문에 "相下爲益四字"라고 나온다.

25. 지행합일설과 발본색원론

고동교(顧東橋)[186]가 편지[187]로 앎과 행동이 나란히 나아간다는 설[188]
과 사물에 나아가 이치를 궁구하는 것, 앎을 이루는 것, 그리고 (마음
의) 밝은 덕[189] 등에 대하여 물었다. 선생이 답장[190]을 썼는데 그 요지
는 아래와 같다.

　일반적으로 사람에게 반드시 음식을 먹고자 하는 마음이 있은 후에
음식을 아는 것이다. 음식을 먹고자 하는 마음이 곧 뜻[意]이요 행동
[行]의 시작이다. 음식 맛의 좋고 나쁜 것은 반드시 입에 들어간 후에
아는 것이니, 어찌 음식을 입에 넣어보지 않고 먼저 음식 맛의 좋고
나쁜 것을 알겠는가? 반드시 길 떠나고자 하는 마음이 있은 다음에야
길을 아는 것이니, 길을 떠나고자 하는 마음이 곧 뜻이요 행동의 시
작이다. 길이 험하고 편한 것은 반드시 몸소 다녀본 뒤에 아는 것이
니, 어찌 길을 직접 다녀보지 않고 길이 험하고 편한 것을 알겠는가?
　앎이 절실하고 참되며 독실한 곳이 바로 행동이요, 행동이 밝히 깨
닫고 정밀하게 살핀 곳이 바로 앎이다.[191] 앎과 행동에 관한 공부는

---

186) 1476~1545. 이름은 인(璘), 자는 화옥(華玉), 호는 동교거사(東橋居士)로,
　　소주(蘇州) 사람이다. 왕양명보다 네 살 아래지만 먼저 진사를 거쳐 남경형
　　부상서에 올랐다. 『부상집』(浮湘集)과 『산중집』(山中集)이 있다.
187) 그 편지는 『왕문성공전서』 권2, 어록2, 『전습록』 권중, 「답고동교서」(答顧東
　　橋書) 참조.
188) 원문에 '지행병진'(知行幷進)으로 나온다. 곧 인간의 삶에서 지(知, 앎)와 행
　　(行, 실천·행동)이 나란히 또는 같이 이루어진다는 설이다. 주자의 설에 가
　　깝다. 이에 반해 왕양명은 지행합일, 곧 지와 행이 하나임을 말한다.
189) 모두 『대학』에 나오는 말로, 각각 즉물궁리(卽物窮理)·치지(致知)·명덕이
　　다. 이것들은 학자나 학파에 따라 해석과 의견이 갈라지기도 한다. 여기서
　　고동교는 이러한 주자의 설로서 질문을 했다. 『연보』와 『상전』에는 질문 내
　　용이 있으나 『실기』에는 이처럼 간단히 요약했다.
190) 『전습록』 권중, 「답고동교서」에 있다.

본래 서로 떨어질 수 없다. 단지 후세의 학자들이 두 가지 공부로 나누어 앎과 행동의 본체를 잃어버렸다. 그래서 합쳐 하나이니 나란히 나아간다니 하는 설이 생겼다. 참으로 안 것은 행동한 것이니 행동하지 않은 것을 앎이라 말할 수 없다.

보내준 편지에서 말한 "오로지 본심을 구하고 드디어 물리(物理)를 버린다"는 것은 대개 본심을 잃은 것이다. 무릇 물리는 내 마음에서 벗어나 있지 않으니, 내 마음을 도외시하고 물리를 구하면 물리가 없다. 물리를 버리고 내 마음을 구하면 내 마음이 또 무슨 사물인가?

마음의 본체는 성(性)이요, 성은 곧 이치이다. 그러므로 어버이에게 효도하는 마음이 있으면 효도하는 이치가 마음에 있고, 효도하는 마음이 없으면 그 이치가 없다. 임금에게 충성하는 마음이 있으면 충성하는 이치가 있고, 충성하는 마음이 없으면 그 이치도 없다. 그러니 어찌 이치가 내 마음 밖에 있겠는가?

주자가 말한 격물(格物)이란 사물에 나아가 그 이치를 궁구(窮究)하는 것[192]이다. 사물에 나아가 이치를 궁구하는 것은 직접 사건이나 물건에 일일이 나아가 이른바 정해진 이치를 구하는 것이다. 이는 우리의 마음이 사건이나 일 가운데에서 이치를 찾는 것이니 마음[心]과 이치[理]를 쪼개서 둘로 만든 것이다.

일반적으로 사건이나 물건에서 이치를 구하는 것은 마치 효도의 이치를 어버이에게서 찾는다는 것과 같다. 효도의 이치를 어버이에게서 찾는다면, 그 이치가 과연 우리의 마음에 존재하는가 아니면 어버이에게 존재하는가? 가령 어버이의 몸에 존재한다면, 어버이가 돌아가신 후에는 우리의 마음에 드디어 효도의 이치가 없다고 할 것인가? 어린아이가 우물에 들어가려는 것[193]을 보면 반드시 측은히 여기는

---

191) 원문에 "知之眞切篤實處, 卽是行, 行之明覺精察處, 卽是知"라고 나온다.
192) 원문에 "朱子所謂格物云者, 卽物而窮其理也"라고 나온다.
193) 『맹자』「공손추상」에 고사가 나온다. 맹자는 인간의 본성이 선하다는 것을

이치[194]가 생길 것이니, 이 측은히 여기는 이치가 과연 어린아이의 몸에 있는가 아니면 내 마음의 양지에 존재하는가? 그를 따라 우물에 가는 것이 옳지 않은가? 아니면 손으로 그를 잡아당기는 것이 옳은가? 이는 모두 이른바 이지이니 이것이 과연 어린아이의 몸에 있는가 아니면 내 마음의 양지에서 나온 것인가? 이런 예로 보아 만사 만물의 이치는 모두 그렇지 않음이 없으니, 이로써 마음과 이치를 둘로 갈라보는 것이 그릇됨을 알겠다.

마음이란 몸의 주인이다. 그리고 마음에 있어서 비어 있으나 신령스럽고 밝게 깨닫는 것〔虛靈明覺〕이 이른바 본연의 양지이다. 비어 있으나 신령스럽고 밝게 깨닫는 양지가 감각에 응하여 움직이는 것을 뜻이라 이른다. 그러므로 앎이 있은 후에 뜻이 있고 앎이 없으면 뜻도 없으니, 앎이란 뜻의 본체가 아닌가? 뜻의 작용에는 반드시 어떤 대상이 있으니, 그 대상이란 곧 사물이다. 예를 들어 뜻이 어버이를 섬기는 일에 작용하면 어버이를 섬기는 일이 곧 사물이 되고, 백성을 다스리는 일에 작용하면 백성을 다스리는 일이 곧 사물이 된다. 그리고 뜻이 책을 읽는 일에 작용하면 책을 읽는 일이 사물이 되고, 재판하는 일에 작용하면 재판하는 일이 사물이다. 그러므로 뜻의 작용에 사물이 없는 것은 없다. 어떤 뜻이 있으면 어떤 사물이 있고, 뜻이 없으면 사물이 없으니 사물이란 뜻의 작용이 아닌가?

양지가 절목(節目)의 변화에 응하는 것은 곡척(曲尺)과 자, 컴퍼스가 사각형과 원, 길이의 장단에 응하는 것과 같다. 절목의 때에 따른 변화를 미리 예단(豫斷)할 수 없는 것은 사각형과 원, 길이의 장단이 무궁한 것과 같다. 그러므로 곡척과 컴퍼스가 참으로 성립되면, 사각형과 원을 가지고 속일 수 없으니, 천하의 사각형과 원을 그릴 수 있는 기준이 되어 그 쓰임이 무궁하다. 또 자가 참으로 준비되면 길이

증명하기 위해 이 예를 인용했다.
194) 인(仁)의 단서인 측은지심(惻隱之心) 속에 바로 이치가 있으니 심즉리가 된다.

의 장단을 속일 수 없으니, 천하의 장단을 재는 기준이 되어 그 쓰임이 무궁하다. 양지를 진실로 이루면 절목의 변화로서 속일 수 없으니, 천하의 절목의 변화에 기준이 되어 무궁하게 응할 수 있다. 한 터럭만한 크기가 천 리로 어긋남을 내 마음의 양지 일념의 작은 것에서 찾지 않으면, 배움이 장차 무슨 소용이 있겠는가? 이는 곡척과 컴퍼스를 사용하지 않고 천하의 사각형과 원을 정하려는 것이며, 자를 사용하지 않고 천하의 길이의 장단을 재려는 것이니, 내가 잘못과 어긋남을 보고 날마다 노력했으나 아직 이룬 것이 없을 따름이다.

그대는 "효도를 할 경우에 겨울에는 어버이를 따뜻하게 해드리고, 여름에는 서늘하게 해드리며, 저녁에는 잠자리를 정해주고 새벽에는 살피는 것 등을 누가 모르겠습니까? 그러나 그 앎을 능히 이룰 수 있는 사람은 적을 것입니다"라고 말했다. 겨울에는 어버이를 따뜻하게 여름에는 서늘하게 해드리고, 저녁에는 잠자리를 정해주고 새벽에는 살피는 것 등의 절목을 거칠게 안 것을 일러 드디어 앎을 능히 이루었다고 한다면, 임금이 마땅히 어질어야 한다는 것을 안 사람은 어질다는 것에 대한 앎을 모두 이루었다고 말할 수 있다. 또 신하가 마땅히 충성해야 한다는 것을 안 사람은 모두 충성에 대한 앎을 이루었다고 말할 수 있다. 그렇다면 천하에 누군들 앎을 이룬 자가 아니겠는가? 그러므로 앎을 이루는 것〔致知〕은 반드시 행동을 통해 되는 것임을 알 수 있다. 행동을 통하지 않고서는 앎을 이루었다고 말할 수 없음이 명백하다. 그러니 지행합일(知行合一)의 본체가 더욱 밝지 않은가?

발본색원(拔本塞源)[195]의 논의가 천하에 밝지 못하면, 천하에서 성인을 배우고자 하는 자들이 날마다 번거롭고 어려워, 저들이 금수와 이적(夷狄)의 형세에 빠지되 오히려 성인의 학문으로 여긴다. 나

---

195) "나무의 뿌리를 뽑아내고 샘물의 근원을 틀어막는다"는 뜻으로, 『춘추좌씨전』 소공(昭公) 9년조에 나온다.

의 설명이 잠시 한때 밝았으나, 장차 서쪽에서 녹으면 동쪽에서 얼고 앞에서 안개가 걷히면 뒤에서 구름이 이는 것 같아서, 피곤하고 위태하게 죽으면 마침내 천하를 구한 것이 조금도 없을 것이다.

내개 성인의 마음은 천지만물을 한몸으로 삼으시니, 천하 사람을 보는 것이 안과 밖 가깝고 먼 차별이 없고,[196] 혈기(血氣), 즉 생명이 있는 것은 모두 형제와 자식처럼 본다.[197] 그들을 편안하고 온전하게 가르치고 기르고자 하여 만물이 한몸[198]이라는 생각을 이루니, 천하 사람의 마음이 그 시초는 성인과 다름없었다. 그러더니 그 마음에 개인의 사사로움이 끼어들고 물욕의 가림에 의하여 틈이 벌어졌다. 마음이 큰 사람은 작아지고, 툭 트인 사람은 막혔다. 그리하여 사람마다 각기 마음이 달라, 자신의 아비와 자식 형제까지도 원수 보듯 한다. 그래서 공자께서 그것을 우려하여 천지만물이 한몸이 되는 어진 덕인 인(仁)[199]을 미루어 천하를 가르쳐, 사람들에게 사사로움을 극복하고 물욕의 가림을 제거하여 마음의 같음을 회복하도록 했다.

그 가르침의 요점은 요·순·우로 서로 계승된 것, 즉 "도심(道心)은 오로지 희미하니 오직 정밀하고 오직 한결같이 하여 진실로 그 중(中)을 잡아야 한다"[200]는 것이요, 그 절목은 순임금이 설(契)에게 명한 이른바 '부자유친(父子有親)·군신유의(君臣有義)·부부유별(夫婦有別)·장유유서(長幼有序)·붕우유신(朋友有信)'[201]의 다섯

---

196) 이 말은 『전습록』 권중의 "夫聖人之心, 以天地萬物爲一體"에 나오지만, 원래는 『예기』 「예운」의 "聖人耐以天下爲一家, 以中國爲一人者"에 기초하고 있다.

197) 『중용장구』 31장의 "凡有血氣者, 莫不尊親, 故曰配天"과 내용이 같다.

198) 원문은 '만물일체'(萬物一體)이다.

199) 원문은 '만물일체지인'(萬物一體之仁)이다.

200) 『서경』 「대우모」의 "人心惟危, 道心惟微, 惟精惟一, 允執厥中"에 나오는데, 주자가 『중용장구』의 서문에도 인용했다. 『실기』에는 앞의 네 글자가 빠져 있고, '유'(惟)가 모두 '유'(唯)로 되어 있는데, 뜻은 통한다.

201) 고사는 『서경』 「순전」의 "帝曰, 契百姓不親, 五品不遜, 汝作司徒, 敬敷五敎, 在寬"에 나오는데, 『맹자』 「등문공상」에는 좀더 자세히 나온다. "后稷敎民稼

가지일 뿐이다.

요·순·우의 삼대 세상에는 가르치는 자가 오직 이것만 가르쳤고, 배우는 자도 오로지 이것만 배웠다. 그래도 당시에는 사람들에게 다른 견해가 없었고, 가정에는 다른 풍습이 없었다. 이런 것을 편안히 여기는 사람을 성인이라 불렀고, 이것을 힘쓰는 사람을 현인이라 불렀으며, 이것을 위반하는 사람이 비록 총명한 단주(丹朱)[202]와 같더라도 또한 불초자라 불렀다.

아래로 농부나 장인이나 상인처럼 천한 사람들에게도 이것을 가르쳐, 오직 그 덕행을 이루는 데 힘쓰게 한 것은 왜 그런가? 그들에게는 보고 들은 것의 잡된 것이 없고, 외우고 기억하는 번거로움도 없으며, 번잡하게 문장을 꾸미는 것도 없고, 공을 이루기 위해 힘쓰는 것도 없다. 다만 그들에게 어버이에게 효도하고 형에게 공손하며 친구를 믿게 하여 그 원래 같은 마음을 회복하게 한 것이다. 이는 본성의 한 부분으로서 본래 갖고 있는 것이요, 외부에서 빌려온 것이 아니니, 어느 누가 그렇게 못하겠는가?

학교에서는 오직 덕을 이루는 것을 중요하게 여겼다. 재능에 따라 예악을 잘하거나 정교(政敎)에 우수하거나 식물 재배를 잘하는 학생들이 있으면, 덕을 이룬 후에 그 능력을 더욱 정밀하게 하도록 했다. 그 덕을 완성한 사람을 들어 직분을 맡기면, 종신토록 그 직분을 다하게 하면서 직책을 바꾸지 못하게 했다. 그러니 그를 임용하는 사람은 오직 '같은 마음의 한 가지 덕'[同心一德]을 알아서, 그와 같이 천하의 백성을 편안하게 했다. 재능이 있고 없음을 보되, 재능의 높고 낮은 것을 경중(輕重)으로 삼지 않으며, 힘들고 편안한 것을 좋고 나

稽, 樹藝五穀, 五穀熟而民人育. 人之有道也, 飽食煖衣, 逸居而無敎, 則近於禽獸. 聖人有憂之, 使契爲司徒, 敎以人倫, 父子有親, 君臣有義, 夫婦有別, 長幼有序, 朋友有信. 放勳, 曰勞之來之, 匡之直之, 輔之翼之, 使自得之. 又從而振德之, 聖人之憂民如此而暇耕乎." 오륜을 말한다.

202) 요임금의 후사(後嗣)이다. 고사는 『서경』「요전」에 보인다.

뽐으로 여기지 않았다. 본받아 사용하는 자 또한 오직 '같은 마음의 한 가지 덕'을 알아서 그와 같이 천하의 백성을 편안하게 했다. 진실로 능력이 감당할 만하면 종신토록 번잡하고 어려운 데 처해도 힘들지 않다고 여기고, 낮고 사실구레한 데 있어도 천하게 여기지 않았다.

그래서 당시는 천하 사람들이 기뻐하고 도량이 진득하여 모두 서로를 일가친척처럼 대했다. 재질이 낮은 자는 농·공·상의 직분을 편안히 여기고, 각자 부지런히 자신의 직업에 종사하여 서로 먹여 살리고 서로 키웠으나, 남보다 높아지고 나아 보이려는 마음이 없었다. 재능이 특이한 고요(皐陶)·기(夔)·후직(后稷)·설(契)[203] 같은 자를 뽑아 관직을 맡기되 마치 한집안의 일을 하듯 했다. 예컨대 의식을 경영하거나 회계를 맡거나 그릇과 기구를 갖추거나 간에 의논을 모아 힘을 갈무리하여, "위로는 부모를 모시고 아래로는 처자를 먹여 살리는"[204] 소망을 이루게 했다. 오직 두려운 것은 일을 맡은 자가 혹 게을러서 자기에게 과오가 없도록 신중하게 하는 것이었다. 그러므로 후직은 곡식 심는 것을 부지런히 하되 가르치는 것을 알지 못한다고 부끄러워하지 않고, 설이 잘 가르치는 것을 자신이 잘 가르치는 것으로 여겼다. 기는 음악을 맡았으나 예에 대하여 잘 모르는 것을 부끄럽게 생각하지 않고, 오랑캐가 예에 달통한 것도 마치 자기가 그렇게 한 것처럼 여겼다.

대개 심학은 순수하고 밝아서 만물이 한몸이 되는 어진 덕인 인(仁)을 잘 보전한다. 그러므로 정신이 흘러 관통하고, 뜻과 기운이 달통하여 나와 남, 사물과 나 사이의 틈이 없다. 사람의 몸에 비유하면, 눈이 보고 귀가 들으며 손이 물건을 붙잡고 발이 움직여 다니는 것이

---

203) 『서경』「요전」에 나오는 사람 이름이다. 주나라 문왕의 선조인 고요·기·후직과 은나라 탕왕의 선조인 설을 말한다. 모두 요순시대의 명신이다.
204) 『맹자』「양혜왕상」의 "是故明君制民之産, 必使仰足以事父母, 俯足以畜妻子, 樂歲終身飽, 凶年免於死亡然後, 驅而之善, 故民之從之也輕"에 나온다.(본문의 따옴표는 옮긴이 강조)

한몸의 작용을 이루는 것과 같다. 눈이 듣지 못한다고 부끄러워하지 않고, 귀가 간여하는 것에 눈도 반드시 맡아본다. 발이 물건을 붙잡지 못한다고 부끄러워하지 않고, 손이 찾는 곳에 발이 꼭 먼저 가게된다. 그것은 사람 몸에 원기가 충분히 돌고, 피와 맥박이 몸 구석구석에 도달하기 때문이다. 그래서 가려움과 아픔, 호흡과 감촉에 신통하게 반응하여 말이 없어도 깨닫는 묘법이 있는 것과 같다.

이는 성인의 학문이 너무 쉽고 간단하여 손쉽게 알고 따르게 되니, 배움에 쉽고 능숙하게 되고, 재주가 쉽게 이루어지는 까닭이다. 바로 그 핵심이 오직 마음의 본바탕이 같음[205]에 있기 때문이요, 지식과 기능은 여기서 논의할 것이 못 된다.

삼대의 문물이 쇠퇴하여 왕도(王道)[206]가 그치자 패도(覇道)[207]가 치솟고, 공자와 맹자가 돌아가신 뒤에 성인이 되는 학문은 가려지고 사설(邪說)이 횡행했다. 그래서 가르치는 자가 다시 이런 가르침을 주지 못하고, 배우는 자도 이런 가르침을 받지 못했다. 패자(覇者)의 무리들이 선왕과 비슷한 것을 몰래 취해, 밖으로는 거짓을 꾸미고 안으로는 자신의 욕심을 이루니, 천하가 쓰러지듯이 따랐다.

성인의 도가 드디어 완전히 막혀버리니 서로 본받고 의지하고, 나라가 부강해지는 방법과 속이는 모의와 침략하는 계책을 날마다 구하여, 모두가 하늘을 속이고 사람들에게 굴레를 씌운다. 명성을 취하고 이익을 빼앗는 술수를 이용해 구차히 한때 권력을 얻은 관중(管仲)[208]·상앙(商鞅)[209]·소진(蘇秦)[210]·장의(張儀)[211] 같은 자들의

---

205) 원문에 "心體之同然"이라고 나온다. 『맹자』「고자상」의 "心之所同然者何也, 謂理也義也, 聖人先得我心之所同然耳"에 나온다.
206) 힘이 아닌 덕으로써 천하를 다스리는 정치이다.
207) 『맹자』「공손추상」에 "以力使仁者, 覇"라고 나온다. 곧 힘으로 어진 사람을 부리거나 굴복시키는 것을 패도라 불렀다.
208) 춘추시대 제나라의 재상으로, 이름은 이오(夷吾), 중(仲)은 자이다. 환공(桓公)을 섬겨 부국강병에 힘쓰고 제후를 규합하여 환공을 오패의 으뜸이 되게 만들었다.

이름을 다 헤아릴 수 없다. 투쟁과 겁탈로 화가 넘쳐나니 사람들이 금수와 이적(夷狄)이 되어 패도의 술수 또한 능히 시행되지 못했다.

　세상의 유자(儒者)들이 비통하게 분개하여 선왕의 전장(典章)과 법도를 모아 진시황의 분서갱유(焚書坑儒)에서 겨우 남은 것을 보충하고 고쳤다. 이는 그 마음 됨됨이가 어질고, 또 선왕의 도를 만회하고자 한 것이다. 그러나 성인이 되는 학문이 시간적으로 너무 멀리 있고, 패도의 술수가 오래 쌓여 여기에 너무 빠져 있었다. 비록 현명하고 지혜로운 사람마저도 모두 그러한 습속을 면치 못했다. 그래서 강론하여 밝히고 정비하여 고쳐서, 세상에 선왕의 도를 회복시키고자 선창(宣暢)한 것도 겨우 패자의 울타리를 더할 뿐이오, 성학의 문과 담장212)은 다시 볼 수 없었다.

　이즈음에 훈고학(訓詁學)213)이 있어 경전의 뜻을 전하는 것을 명분으로 여겼고, 기송학(記誦學)214)이 있어 경전의 내용을 잘 말하면 박식하다고 생각했다. 또 사장학(詞章學)215)이 있어 문장을 사치스럽게 꾸미는 것을 화려하다고 여겼다. 이 같은 일에 힘쓰는 자들이

---

209) 전국시대 위(衛)나라의 정치가. 본명은 공손앙(公孫鞅)이다. 형명가(刑名家)로 진(秦)나라의 효공(孝公)을 도와 상군(商君)에 봉해졌다.
210) 기원전 ?~371. 전국시대의 책사. 여러 나라를 떠돌며 유세하여 연(燕)나라·조(趙)나라 등 6개국을 합종하여 진(秦)나라에 대항하고 6국의 재상이 되었다.
211) 전국시대의 책사. 소진의 합종책(合從策)에 반대하여 진(秦)나라의 동쪽에 있는 한(韓)·위(魏)·조(趙)·초(楚)·연(燕)·제(齊)나라 등 6개국을 연합하여 진(秦)나라를 섬겨야 한다는 연횡책(連衡策)을 주장했다.
212) 비유하여 쓴 말이다. 『논어』「자공」의 "叔孫武叔, 語大夫於朝曰, 子貢賢於仲尼. 子服景伯, 以告子貢, 子貢曰, 譬之宮牆, 賜之牆也及肩, 窺見室家之好. 夫子之牆, 數仞, 不得其門而入, 不見宗廟之美, 百官之富. 得其門者, 或寡矣, 夫子之云, 不亦宜乎"에 나온다.
213) 경전의 본뜻보다는 주로 문자를 풀이하고 주석을 다는 것을 위주로 하는 유학으로, 주로 후한 때의 학풍을 이루었다.
214) 경전의 내용을 기록하거나 암송하는 것을 주로 하는 경향을 가진 학문이다.
215) 문장을 아름답게 꾸미거나 내용을 잘 쓰는 경향의 학문이다.

천하에 어지럽게 생겨나니 또한 그 문호(門戶)가 얼마나 되는지 알지 못하겠다. 천 갈래 만 갈래의 길이 있으나 갈 곳을 모르니, 세상의 배우는 사람들이 마치 여러 가지 곡예 공연장에 들어간 것 같다. 왁자지껄 웃기며 뛰고 걷고 말 타기와 온갖 재주와 희롱하고 아름다움을 다투는 것이 사방에서 등장하니, 먼저 보고 나중 본 것을 연결해 볼 틈도 없고, 눈과 귀가 현기증이 나고 정신이 황홀하여 즐겁게 노는 것이 그칠 새가 없다. 흡사 미친병으로 마음을 잃어버린 사람이 집안일이 어떻게 돌아가는지 모르는 것과 같다.

당시의 군왕들 또한 그런 학설에 혼미하게 전도(顚倒)되어 종신토록 쓸모없는 허문(虛文)에 종사하여 그것이 말하는 것을 스스로 알지 못했다. 그 사이에 그것의 공허함과 잘못됨과 지리함과 견강부회와 막힘을 깨닫고, 탁월하게 떨치고 일어나 여러 행사의 실질을 보려는 자가 있었다. 그러나 그 또한 부국강병과 이익을 도모하는 오패(五霸)[216]의 사업에 불과했다.

성인의 학문이 나날이 멀어지고 나날이 어두워지니, 공명과 이익을 좇는 습속이 더욱 활개를 친다. 그 사이에 비록 분별없이 부처나 노자에 미혹되었으나, 부처나 노자의 설 역시 마침내 공명과 이익을 추구하는 마음을 이길 수 없었다. 비록 그것이 여러 유학자들의 생각을 절충하긴 했지만, 그것을 가지고 공명과 이익의 견해를 깨뜨릴 수 없었다. 지금에 와서는 공명과 이익의 독이 사람들의 마음과 골수에 박혔는데, 그러한 습속이 인간의 성품을 이룬 지 거의 1천 년이나 되었다. 아는 것을 가지고 서로 자랑하고, 세력을 가지고 알력을 일으키며, 이익 때문에 서로 다투고, 기능을 가지고 남보다 높아지려 하며, 명성을 가지고 이득을 취한다.

세상에 나와 벼슬을 하는데, 재정이나 곡식을 관리하는 자는 군사

---

216) 춘추전국시대의 다섯 패자로, 제환공(齊桓公), 진문공(晉文公), 진목공(秦穆公), 송양공(宋襄公), 초장왕(楚莊王)을 말한다.

나 형벌 다스리는 일을 겸하려 하고, 의전이나 음악을 담당하는 자는 인사 업무에 간여하고자 한다. 또 군현의 지방관이 되어서는 포정사(布政司)나 안핵사(按劾司)를 탐내기도 하고, 대간(臺諫)에 있으면 시 재성의 요직을 바란다.

그러므로 직무를 수행할 수 있으면 관직을 겸하려 하고, 학설에 통하면 명예를 요구한다. 넓게 기억하고 암송하는 것은 오만함을 기르기에 딱 맞고, 많은 지식은 악을 행하기에 알맞다. 또 박식한 견문은 분별력을 방자하게 만들기에 알맞고, 풍부한 말과 문장은 거짓을 꾸미기에 적합했다.

그래서 고요·기·후직·설이 겸하지 못한 일을 오늘날의 초학자나 소생(小生)이 모두 그 설과 기술에 통달하고 구하고자 하니, 그들의 이름을 칭송하거나 빌려 "내가 함께 천하의 일을 이루고자 한다"고 말하지 않음이 없다. 그러나 그 본마음과 실제의 뜻이 있는 곳은 그들이 말하는 사람과 같지 않아서, 사적인 것도 구제하지 못하고 의욕도 채우지 못했다.

아아! 이 같은 습속과 마음으로 이러한 학술을 가르치니, 마땅히 우리 성인의 가르침을 들어야 함에도 불구하고 오히려 군더더기처럼 여긴다. 그러니 양지를 부족한 것으로 보고, 성인이 되는 학문이 쓸모 없다고 말한다. 이렇게 되는 데는 또 그 형세의 필연적인 점이 있다.

아아! 선비가 이 세상에 태어나 어떻게 성인이 되는 학문을 구할 것이며, 어떻게 성인이 되는 학문을 논할 것인가? 선비가 이 세상에 태어나 학문으로 여기는 것이 힘들고 번거롭지 않은가? 또한 막혀 있고 험난하지 않은가? 아! 참으로 비통한 일이다.

다행스러운 것은 천리(天理)가 사람 마음 가운데 있다는 사실을 끝내 없앨 수 없다는 점이다. 그래서 양지의 밝음이 만 년이 하루처럼 한결같다. 그리하여 나의 '발본색원론'(拔本塞源論)을 들으면 반드시 비통하고 애통한 마음이 생기고 분개하며 일어나니, 방죽 터진 강물처럼 도도히 흘러 막을 자가 없을 것이다. 호걸의 선비[217]들이 지체 말고 일어나는 것이 아니라면 내가 누구를 바라보겠는가?

| 나의 생각 25 |

옛날부터 성현들이 인의(仁義)[218]의 가르침으로 천하의 인심을 바꾸고자 했다. 그러나 후세의 풍속과 기풍이 더욱 사치한 데로 쏠리고, 인욕이 더욱 횡행하여 그것을 채울 마음이 천지를 가득 메웠다. 게다가 현 인류의 생존경쟁이 오직 지식과 기능의 우열만 주시(注視)하니,[219] 발본색원론이 물정에 어둡고 절실하지 못할 수도 있겠다. 그러나 성현은 천하의 다툼에서 구하고자 하는 것을 마음으로 삼았으니, 어찌 지식과 기능을 가지고 경쟁의 전쟁터에서 싸워 민생의 화를 덜어내는 데 보탤 수 있겠는가? 이것이 바로 성인의 뜻이 인의가 되는 이유이다.

또 이 발본색원론이 근세 과학자의 입장에서 보면 당면한 업무 및 인류 생활과 거리가 멀다고 하겠으나, 많은 과학자의 성향이 항상 개인의 사사로운 생각에 있고 공공의 이해에는 관심이 적다. 그러니 그 폐단을 어찌 다 막을 것인가?

그러므로 선생의 이 논설 또한 교육에 도움이 될 수 있고, 과학자의 병을 치료할 수 있다.

26. 예법과 양지

10월에 문인이 양명서원을 건립했다. 장소는 월성(越城)[220] 서쪽 곽문(郭門) 안의 광상교(光相橋) 동쪽이다. 12년 후[221]에 문인 주여원

---

217) 『맹자』「진심상」의 "孟子曰, 待文王而後興者, 凡民也, 若夫豪傑之士, 雖無文王, 獨興"에 나온다.
218) 공자는 인(仁)을 중심으로 가르쳤고, 맹자는 거기에 의(義)를 더해 인의를 중심으로 가르쳤다.
219) 당시 사상계를 풍미하던 사회진화론적 관점을 박은식이 수용한 부분이다.
220) 절강성 소흥부(紹興府)이다.

(周汝員)이 순안어사(巡按御史)로 있을 때 누각 앞에 사당을 세우고 '양명선생사'(陽明先生祠)라는 현판을 내걸게 된다.

가정 5년(1526)은 선생의 나이 쉰다섯 되는 해이다. 문인 추수익이 광덕주(廣德州)의 판관(判官)이 되어 복초서원(復初書院)[222]을 건립해 학생들을 가르치고 길렀다. 또 민간에서 시행되는 예의 요점을 모아 가르치려고 선생에게 보이니, 선생의 답을 요약하면 아래와 같다.[223]

세상에 있는 옛 예법[224]은 대스승이나 능숙한 유학자라 하더라도 해당되는 때 다 지킬 수는 없다. 그러니 세상 사람들도 그 예법의 번거로움과 어려움을 고통스럽게 생각하여 모두 방치해버리고 시행하지 않았다. 그래서 지금 지도층에 있는 자가 백성들을 예법에 맞게 인도하는 데는 예법을 상세하게 정비하는 것이 어려운 일이 아니라, 오직 간단하면서도 절실하고 명백하게 하여 사람들에게 쉽게 행할 수 있게 하는 것이 중요하다.

대개 천하 고금을 막론하고 사람의 인정은 한 가지일 뿐이다. 선왕들이 예법을 만든 것은 모두 인정에 따라 절차를 정해[225] 만세에 시행토록 한 것이다. 이것이 모두 후세의 기준이 되었다. 혹 그것을 지키는데 내 마음에 반감을 불러일으켜 마음이 편치 않다면, 그것은 두 가지 이유 때문이다. 하나는 옛 예법이 와전되었거나 전해지는 도중 빠진 것이 있는 까닭이요, 다른 하나는 옛날이나 지금의 풍속과 습속

---

221) 가정 17년(정유丁酉), 선생이 죽은 지 10년 후이다.
222) 『연보』와 『상전』에는 '복고서원'(復古書院)으로 되어 있다. '복고'와 '복초'는 뉘앙스가 좀 다르다. '복고'는 선왕의 옛 문물을 회복한다는 뜻이고, '복초'는 처음, 곧 하늘로부터 받은 성품을 회복한다는 뜻이다.
223) 『왕문성공전서』권6, 문록3, 「기추겸지」(寄鄒謙之) 참조.
224) 고례(古禮)를 말한다.
225) 이 말은 『예기』「방기」(坊記)의 "禮者因人之人情, 而爲之節文, 以爲民坊者也"에 나온다.

이 다르기 때문이다. 요·순·우 세 임금이 예법을 서로 계승하지 못한 것[226]도 이 때문이다. 한갓 옛 것에 얽매여 마음에 아무런 만족도 없이 묵묵히 행한다면 이는 예가 아닌 예이니, 행한 것도 분명하지 않고 풍속도 살피지 못한 것이다.

후세에 심학(心學)[227]이 밝혀지지 않아 사람들은 그 뜻을 잃어버렸다. 그래서 그들에게 예법을 말하는 것이 어렵다. 그러나 양지가 사람의 마음에 있는 것은 만 년이 하루와 같으니, 진실로 내 마음의 양지에 순응하여 그것을 확충해 넓히면, 이른바 "발을 알지 못하고 신발을 만들어도 삼태기가 되지 않음을 안다"[228]는 것이다.

또 같은 해에 추수익의 서신에 답글을 보냈는데, 그 요지는 다음과 같다.

내가 근래에 깨달아 얻은 양지 두 글자는 날이 갈수록 절실하고 쉬워서 아침저녁으로 강습하는 것 모두가 단지 이 두 글자를 벗어나지 않는다. 이 두 글자는 사람마다 스스로 갖고 있는 것이다. 그러므로 비록 지극히 어리석은 사람이라도 한 번 이끌어주면 곧장 살펴 깨닫게 되고, 그가 이 양지를 끝까지 넓혀 이루면 비록 성인 천지라도 그에게 유감이 있을 수 없다.

그러므로 이 두 글자의 설법을 막고 위협해도 성공할 수 없는데, 세속의 유학자들은 오히려 이를 의심하여 이것을 가지고 도를 다 실천하기에 부족하다고 말한다. 이는 다만 그들이 양지를 깨달아본 적이

---

226) 이 말은 『예기』 「악기」(樂記)의 "三王異世, 不相襲禮"에 나온다.
227) 일반적으로 학계에서는 왕양명의 학문을 '심학'(心學)이라 부르고 있다. 여기서 왕양명은 자신의 심학의 연원을 옛 성인에게까지 거슬러올라가 잇고 있다.
228) 이 말은 『맹자』 「고자상」의 "故龍子曰, 不知足而爲屨, 我知其不爲蕢也, 屨之相似, 天下之足同也"에 보인다.

없기 때문이다. 후세의 큰 근심은 전적으로 선비들이 공허한 문장으로 서로 기만하고, 대부분 성심(誠心)과 실의(實意)가 있다는 것을 몰라 그런 폐습이 쌓여 이루어진 것이다. 비록 충실과 신의의 자질을 갖춘 자라도 그런 폐습에 미혹되고 빠져 스스로 알고 깨닫지 못했다. 따라서 그런 방식으로 자식 노릇 하면 효가 되지 않고, 신하 노릇 하면 충이 되지 않는다. 그래서 해독에 빠지고 화를 부추겨 백성들에게 혼란만 생기니 그것을 다 막는 것을 알지 못했다. 지금 그런 폐단을 고치려면 오직 소박하고 순박한 데로 돌아가는 것이 그 처방이 될 것이다.

따라서 우리 학우들이 오늘날 공부하는데, 가까이 있는 속마음을 채찍질하고 바로잡아 번잡한 문장을 잘라내야 비로소 그것을 얻을 수 있다. 물론 그렇게 하는 것은 거친 초보 학자가 할 수 있는 것이 아니다. 반드시 양지를 이루는[229] 학문을 강명(講明)해야 할 것이다. 매번 이 점을 동지들에게 말하지만, 겸지(謙之)[230]에게 알리지 못하면 또 어떻게 생각할까?

성인이 되는 학문이 끊어지고 그 길이 없어진 때 그 길과 학문을 사모하여 일어나는 자가 참으로 있다면 모두 우리의 동지가 될 수 있다. 꼼꼼히 살펴 모두 여기에 부합되는 것을 찾을 필요는 없다. 이런 식으로 다른 사람을 기다리는 것은 옳다. 그러나 우리의 길이 처음 출발하고, 천명이 서는 근거에서는 한 터럭만큼의 잘못도 용납해서는 안 된다.

진리의 길이란 하나밖에 없다. 어진 사람은 그것을 보고 어진 것으로 여기고, 지혜로운 사람은 그것을 보고 지혜로 생각한다. 부처가 부처 되는 까닭과 노자가 노자 되는 까닭, 백성들이 날마다 사용하되 알지 못하는 것은 모두 이 길이니, 어찌 이것이 둘이겠는가? 예나 지

---

229) 치양지(致良知)를 말한다. 실천 속에서 양지를 넓히고 확충하는 것이다.
230) 추수익의 자이다.

금의 학술의 참됨과 거짓됨이 어찌 무부(碔砆)[231]와 미옥(美玉)처럼 구별되는 것뿐이겠는가? 그러나 죽을 때까지 현혹되어 참과 거짓을 구별할 수 없는 자는 바로 둘이 아닌 이 하나의 길로써, 그 변화무쌍한 현실에 모두 미루어 통할 수 있다.

세속의 유학자들은 각각 한쪽으로 치우친 견해에 나아가 모방하여 치장하고 경전의 장구를 빙자한 뜻을 가지고 꾸민다. 그리하여 그 폐습에 익숙하여 스스로 믿고 편안하게 여긴다. 이것이 자신과 남을 당황케 하고 죽을 때까지 폐습에 빠지되 깨닫지 못하는 이유이다. 그러나 터럭같이 작은 그 차이가 천 리처럼 큰 잘못을 이룬다. 그것은 진실로 성인이 되고자 하는 뜻이 있어 "오로지 정밀하고 오로지 한결같이 하는"[232] 학문에 종사하지 않으면, 가슴속에 숨어 있는 큰 간흉을 찾아 박멸할 수 없다.

나와 같이 불초한 자도 거기에 빠진 지 몇 년 동안 미친 듯이 스스로 옳다고 여겼다. 그러다가 하늘의 도움으로 우연히 양지의 학문을 깨달았다. 그후에 이전에 한 일이 화의 기미를 안고 밖을 거짓으로 꾸미며 마음만 고생했지, 나날이 쓸모없다는 것을 알고 뉘우쳤다. 10여 년이 지나면서 비록 고통스럽게 폐습을 씻어내며 삼가고 경계했지만, 병의 뿌리가 워낙 깊어 그 싹이 때때로 생겨났다. 다행스러운 것은 내게 양지가 있어서 그 요체를 붙잡을 수 있었다. 마치 배에 키가 있어서 비록 풍랑에 휩쓸리기는 해도 전복을 면할 수 있는 것과 같았다.

무릇 사람이 구습에 빠져 있을 때 비록 잘못을 깨닫고 뉘우치더라도 거기에서 빠져나와 극복하는 것이 이같이 힘들거늘, 하물며 그것을 깨닫지 못하고 나날이 깊이 빠지는 것을 장차 어디서 막을 것인가?

---

231) 옥과 비슷한 돌, 가짜 옥이다.
232) 원문은 '유정유일'(惟精惟一). 요임금이 순임금에게 전했다는 종지로, 『서경』이나 『중용장구』 서문에 나온다. 앞에 나왔다.

이 편지에서 말한 것은 선생이 실제로 경험하고 다스린 것이다. 이른바 후려갈길 때마다 손바닥이 피범벅되는 것처럼 긴장했다는 것이다.[233] 내가 언젠가 이것으로 내 자신을 헤아려보니 일상생활의 죄과를 이루 다 씻을 수 없음을 알았다. 이 세상에 태어난 이래로 사회의 잘못된 습속에 빠지고, 물욕의 마수에 탐닉하여, 많은 병의 뿌리가 마음과 골수에 달라붙었다. 그것이 얽혀 이어진 것이 아교로 붙인 것처럼 단단하여, 오직 막고 보호하고 감춘 것을 뒤집는 기량으로도 밖으로 크게 드러내지 못했다. 또 옛 성현의 말을 빌려 자기가 글을 지은 척하니 남이 혹 알아차리지 못하여 속고, 자신 또한 이것을 가지고 스스로 편안히 여겼다. 이것은 이른바 가슴속에 간흉이 숨어 있는데 스스로 알지 못한다는 것이다. 명성과 이익이 관계되는 곳에 한번 접하게 되면, 금수의 지경에 빠져 되돌아올 줄 모르니 참으로 안타까운 일이 아닌가?

다른 사람의 경우도 그런 것을 보았다. 평소에 착한 선비라 불리던 사람이 품행을 바르게 하고 학업에 종사하여 당대에 자못 명성을 얻었다가, 만년에 종종 큰 잘못에 빠져 앞뒤의 행동이 어긋나 한 번은 순임금이 되고 한 번은 도척(盜跖)[234]이 되니, 어째서 이런가? 오직 가슴속에 간흉이 잠복해 있는 것을 조기에 발견해 징치(懲治)하지 못했기 때문이다. 어찌 애석하지 않은가?

그러니 어찌하랴? 병을 치료하는 자가 병의 뿌리를 뽑지 않으면, 비록 곧장 자라지 않더라도 필경 크게 자랄 것이다. 양명선생이 학문을 논하면서 오직 "성실을 세운다"〔立誠〕고 말했으니, 마치 사람을 죽일 때 목에다 칼날을 꽂아야 하는 것과 같다. 우리가 공부하는 것이 마땅히 마음과 골수를 따라 은미한 곳에 힘써야 한다. 그것이 참으로 병의

233) 이 말은 『전습록』 권하의 "一棒一條痕, 一摑一掌血"에 나온다.
234) 중국 고대 때 있었던 큰도적의 이름이다.

뿌리를 뽑는 양약이다. 이것을 버리면 다른 방법이 없다.

27. 학문의 진수

4월에 남대길(南大吉)[235]이 조정에 들어갔는데, 이때 벌을 받고 귀양 가게 되었다. 그래서 그가 선생에게 편지를 보냈는데, 천 수백 글자의 말이 오직 진리를 듣는 것을 즐거움으로 삼는다는 것이었다. 그리고 급히 학문에 대하여 물었고, 또 어쩌면 끝내 성인이 되지 못할까 우려했지만, 얻음과 잃음, 영화와 치욕에 대하여 한 글자도 언급하지 않았다. 이에 선생이 답문을 써 격려했는데, 그 내용은 대략 아래와 같다.[236]

이 세상에서 뜻이 높고 세속에 초월한 선비 가운데 부귀를 멀리하고 이해를 가볍게 여기며 작록을 버리면서, 흔쾌히 먼 길을 가면서 돌아보지 않는 자는 있다. 그 중에는 혹 외도(外道)[237]의 괴상한 설을 쫓는 자도 있고, 산수를 따라 술 마시며 시를 읊고 기예의 즐거움에 빠진 자도 있다. 또 일시적 감정에서 분발하기도 하고, 분노와 울화로 격분하기도 하며, 기호에 탐닉하기도 하면서, 남을 상대로 이기고자 한다. 그래서 저것을 버리고 이것을 취한 후에 능숙해졌다.

그러나 가는 길이 피곤해지면, 뜻과 마음이 가로 막혀 감정이 일에 따라 바뀐다. 그러면 근심과 비애와 고통이 그것을 따라 생기니, 과연 부귀를 멀리하고 이해를 가볍게 여기며 작록을 버리면서 죽을 때까지 흔쾌히 진리를 얻어 스스로 만족할 수 있겠는가?

오직 도를 지닌 선비라야 양지의 밝고 신통하게 깨닫는[238] 것과 두

---

235) 1487~1541. 자는 원선(元善), 호는 단천(端泉), 위남(渭南) 사람이다. 앞에
　　나왔다.
236) 편지의 자세한 내용은 『왕문성공전서』 권6, 문록3, 「답남원선1」(答南元善
　　一) 참조.
237) 노자, 장자, 불교 또는 신선사상을 말한다.

루두루 훤히 살펴 아는[239] 작용이 확연히 태허(太虛)[240]와 한몸임을
안다. 태허 가운데는 어떤 사물도 없지만, 한 사물도 태허에 장애가
될 수 없다. 그러므로 그것이 부귀와 빈천, 얻음과 잃음, 사랑함과 미
위함에 놓여 있더라도 마치 회오리바람이나 안개가 태허 가운데서
일어나고, 변화하더라도 태허의 몸에 언제나 장애가 안 되는 것과 같
다. 이것이 어찌 남을 상대로 이기고자 하여 저것을 버리고 이것을
취하는 것으로 되겠는가? 어찌 일시의 격앙된 감정을 가진 자가 억지
로 소리 지르고 웃는 모습으로 될 일인가?

선생이 언젠가 제자들에게 시를 지어 보였다.[241]

저마다의 사람 마음에 중니(仲尼)[242]가 있거늘
스스로 견문을 가지고 고통스럽게 막고 미혹하네
지금에야 진수(眞髓)를 지적하여 함께한다면
단지 양지이니 다시 의심치 말라
箇箇人心有仲尼　　自將聞見苦遮迷
而今指與眞頭面　　只是良知更莫疑

---

238) 원문은 '소명영각'(昭明靈覺). 박은식은 양지를 "自然明覺之知, 純一無爲之
知, 流行不息之知, 泛應不滯之知, 聖愚無間之知, 天人合一之知"의 여섯 가지
로 보고 있는데, 첫 번째의 '자연명각지지'(自然明覺之知)가 왕양명의 이 말
과 관련된다.
239) 원문은 '원융동철'(圓融洞徹). 앞의 주에서 여섯 가지 양지 가운데 '범응불
체지지'(泛應不滯之知)와 뜻이 통한다.
240) 『장자』「지북유」(知北游)의 맨 처음에 나온다. 후에 철학적 범주로 사용된
다. 장재(張載)는 태허가 우주 만물의 본원인 기(氣)의 상태로 본다. 즉 기가
모여 형태가 있는 만물이 되고, 기가 흩어져 형체가 없는 태허 상태로 돌아
간다는 것이다. 조선시대 서경덕은 태허와 기를 나눌 것이 아니라 태허 자체
가 기라고 말하면서 장재의 설을 비판했다.
241) 『상전』과 『연보』에는 이 시가 없다.
242) 공자의 자이다.

그대에게 묻노니 무슨 일로 날마다 동동거리는고
번뇌 가운데 어지러이 힘쓰는구나
성인의 문하에 전해지는 비결이 없다고 말하지 말라
양지 두 글자가 하나로 일치시키네

問君何事日憧憧　　煩惱場中錯用功
莫道聖門無口訣　　良知兩字是參同

사람마다 정반침(定盤針)[243]이 있어
만 가지 변화의 근원은 본래 마음에 있나니
종전의 전도된 견해가 도리어 우습구나
지리하고 세세하게 마음 밖에서 찾나니

人人自有定盤針　　萬化根源本在心
却笑從前顚倒見　　枝枝葉葉外頭尋

소리도 없고 냄새도 없는[244] 천도를 홀로 알 때
이는 하늘과 땅과 만물의 기반이라
자신에게 있는 무진장한 것을 버리고
문을 따라 밥그릇 들고 가난한 아이 본받는구나

無聲無臭獨知時　　此是乾坤萬有基
抛却自家無盡藏　　沿門持鉢効貧兒

네 몸은 각각 저절로 진리인데
남을 구하는 데 쓰지 않고 다시 남에게 묻는구나
다만 양지를 이룸이 덕업을 쌓는 것인데도
부질없이 옛 서적을 따라 정신만 허비하네

---

243) 나침반으로, 사물의 기준이 된다.
244) 천도를 상징하는 말. 『시경』「대아」(大雅)의 "上天之載, 無聲無臭"에 나온다.

건곤은 『역』의 근원이요 그림이 아니다

마음과 성품에는 어떤 형태의 먼지가 낄까

선생이 선을 배웠다 말하지 말게나

이 말은 바로 그대를 위해 베푼 것일세

爾身各各自天眞　　不用求人更問人

但致良知成德業　　漫²⁴⁵⁾從故紙費情神

乾坤是易原非畵　　心性何形得有塵

莫道先生學禪語　　此言端的爲君陳

사람마다 길이 있어 장안으로 통하는데

탄탄하고 평평하여 일직선으로 보이지만

길 끝에 성현은 비결을 두어야 한다

쉽고 간단한 걸 싫어해 되레 어려운 것 찾지만

단지 효제(孝悌)²⁴⁶⁾를 따르는 게 요순이다

사장(詞章)²⁴⁷⁾을 붙잡아 유한(柳韓)²⁴⁸⁾을 배우지 말게나

원래 족하게 갖춘 양심을 믿지 않는다면

그대에게 청하노니 일을 따라 자신에게 돌이켜보게

人人有道透長安　　坦坦平平一直看

盡道聖賢須有秘　　翻嫌易簡却求難

只從孝悌爲堯舜　　莫把詞章學柳韓

不信良心²⁴⁹⁾原具足　　請君隨事反身觀

---

245) 어떤 판본에는 '만'(謾)으로 되어 있으나 뜻은 통한다.

246) 유가의 핵심 사상 가운데 하나. 효(孝)는 부모님을 잘 모시는 것, 제(悌)는
    형을 공경하는 것을 말한다.

247) 문장을 통해 문학적인 아름다움을 추구하는 학문으로 일명 사장학이라 한
    다. 앞에 나왔다.

248) 당나라의 문장가인 유종원(柳宗元)과 한유(韓愈)를 말한다.

249) 어떤 판본에는 '양심'(良心)이 '자가'(自家)로 되어 있다. 따르지 않았다.

장안에 길 있음은 지극히 분명한데

무슨 일로 속세를 떠난 사람처럼 넓게 다니지 않고

끝내 우거진 풀로 장애물이 되게 하여

멋대로 사슴들이 종횡무진하게 하는고

한갓 끊어진 곳을 듣고 먼 생각에 고단하며

미로를 가리켜 가다 도리어 함부로 놀라고

험한 곳을 무릅쓰되 독사의 굴에 몸을 던지며

벼랑과 골짜기에 떨어져 마침내 목숨을 잃는구나

長安有路極分明　　何事幽人曠不行

遂使蓁茅成間塞　　儘教麋鹿自縱橫

徒間[250]絶境勞懸想　　指與迷途却浪驚

冒險甘投蛇虺窟　　顚崖墮壑竟亡生

구양덕(歐陽德)[251]이 건주(虔州)에서 선생을 처음 뵈었을 때 제자들 가운데서 가장 나이가 어렸다. 그가 향시에 급제하니 선생이 항상 '작은 수재'라 불렀다. 좌우에서 선생을 모실 때 일을 시키면 흔쾌히 열심히 하여 게으름 피우지 않았다. 그래서 선생이 그를 깊은 그릇으로 여겼다.

그는 가정 2년(1523) 진사에 급제했다. 벼슬길에 나가 육안주(六安州)[252]에서 여러 달 직무를 수행하면서 선생에게 글을 올렸는데, 정사(政事)에 초보자라서 매우 바쁘다고 말했다. 그러니 나중에 차츰 문생들과 함께 학문을 익히겠다고 했다. 선생이 말하기를, "나의 공부는 정무(政務)로 바쁜 가운데 있으니, 어찌 무리 지어 모인 후에만 공부하겠

---

250) 어떤 판본에는 '문'(聞)으로 되어 있어 따랐다.

251) 1496~1554. 자는 숭일(崇一), 호는 남야(南野), 태화(泰和) 사람이다. 형부 원외랑에서 예부상서에 올랐다. 앞에 나왔다.

252) 안휘성 안경도 육안현(六安縣)을 말한다.

는가" 했다. 또 편지를 보냈는데, 그 대략의 내용은 다음과 같다.[253]

　　양지는 견문[254]을 통하지 않고도 존재하나, 견문은 모두 양지의 쓰임이 된다. 그러므로 양지는 견문에 막히지 않으나, 또 견문과 분리되어 있지 않다. 공자께서 말씀하시기를, "내게 아는 것이 있는가? 아는 것이 없다"[255] 하셨으니, 양지 외에는 달리 아는 것이 없다. 그러므로 양지를 발휘·확충해 나가는 것[256]은 학문의 핵심이요, 성인이 사람을 가르치는 가장 중요한 뜻이다.

　　지금 말단인 견문을 오로지 구한다고 말한다면, 이는 핵심을 잃어 부차적인 것에 떨어진다. 최근 동지 가운데 양지를 발휘·확충해 나가는 치양지설(致良知說)을 모르는 자가 없다. 그러나 그 공부에 밝게 이해하지 못하는 자가 많은 것은 바로 이 문제에 잘못이 있기 때문이다.

　　대개 학문에 대한 공부는 핵심에 뜻을 집중해야 하는 것이 당연하다. 핵심에 뜻을 집중하여 오로지 양지를 발휘·확충하는 것을 일삼으면, 많이 보고 많이 듣는 것이 모두 양지를 발휘·확충하는 노력이다. 일상생활에서 견문과 행동이 비록 천 가지 만 가지라도 모두 양지가 발휘되어 유행하는 것이므로, 견문과 행동을 제거하면 양지를 발휘·확충할 수 있는 것이 없다.

　　8월에 섭표(聶豹)[257]가 어사로서 복건 지방을 순안(巡按)할 때, 전당

---

253) 그 내용은 『왕문성공전서』 권2, 어록2, 『전습록』 권중, 「답구양숭1」(答歐陽崇一) 참조.
254) 경험활동 또는 경험적 지식을 말한다.
255) 이 글은 『논어』 「자한」의 "吾有知乎哉. 無知也. 有鄙夫問於我, 空空如也, 我叩其兩端而竭焉"에 나온다.
256) 원문은 '치양지'(致良知)이다.
257) 1487~1563. 자는 문울(文蔚), 호는 쌍강(雙江), 길안(吉安) 영풍(永豊) 사람이다. 우첨도어사(右僉都御史)와 태자태보(太子太保)에 올랐다.

을 건너 선생을 내방하고 후에 별도로 글을 올렸다. 거기에서 말하기를, "자사(子思)·맹자·주자(周子)258)·정자(程子)가 뜻하지 않게 천년 이래 서로 만나게 되었습니다. 그러니 천하에 믿음을 다 보이는 것이 한 사람에게 진실로 믿음을 보이는 것만 못합니다. 길(진리)이란 본래 스스로 있는 것이고, 배움 또한 스스로 있는 것입니다" 하면서 몇 마디 글을 더 썼다.

선생이 이에 답글을 썼는데, 그 간단한 내용은 다음과 같다.259)

길이란 본래 스스로 존재하고 배움 또한 마찬가지이다. 천하가 그것을 믿더라도 많은 것은 아니고, 한 사람이 그것을 믿더라도 적지 않다는 것은 진실로 "군자가 옳은 것을 보지 못하더라도 번민함이 없는"260) 마음이다. 어찌 세상의 천박하고 자잘한 자들이 알 수 있겠는가? 나의 감정이야 그 사이에 큰 것과 부득이한 것도 있으나, 남이 믿거나 말거나 하는 것을 따지지는 않는다.

대개 사람의 마음은 천지의 마음261)이니, 천지만물이 본래 나와 한 몸이다.262) 천지가 백성을 살리는 고통과 쓰라린 독을 누가 우리 몸에 절실한 질병이 아니라 하는가? 우리 몸에 있는 질병의 고통을 알지 못하면, "옳고 그름을 분별하는 마음"263)이 없는 자가 된다. 옳고 그름을 분별하는 마음은 "생각하지 않아도 알 수 있고, 배우지 않아도 능숙해지니, 이른바 양지가 그것이다."264)

---

258) 북송의 철학자 주돈이이다.

259) 『왕문성공전서』 권2, 어록2, 『전습록』 권중, 「답섭문울1」(答聶文蔚一) 참조. 이 내용에 '만물일체' 사상이 들어 있다.

260) 『주역』 「건괘」 문언의 "遯世无悶, 不見是而无悶"에 나온다.(본문의 따옴표는 옮긴이 강조)

261) 원문은 '천지지심'(天地之心). 이 말은 『예기』 「예운」(禮運)에 처음 보인다.

262) 만물일체론(萬物一體論)이다. 앞에도 나왔다.

263) 사람이면 누구나 갖고 있다는 사단(四端)의 하나인 시비지심(是非之心)을 말한다. 『맹자』 「공손추상」에 보인다.(본문의 따옴표는 옮긴이 강조)

사람 마음속에 있는 양지는 성인과 어리석은 사람 사이에 차이가 없고,[265] 예나 지금이나 천하 사람들이 모두 같다. 세상의 군자들이 오직 양지를 발휘·확충하는 데 힘쓰면, 옳고 그름을 공정히 분별하고 좋아함과 미워함을 동일하게 취급할 것이다. 그리하여 남을 자기처럼, 나라를 자신의 가정처럼 대할 것이다. 그래서 천지만물을 한몸으로 삼으니,[266] 천하가 다스려지지 않음을 찾아도 찾지 못할 것이다.

옛사람들이 착한 사람을 보면 나가 맞이하는 것 이상으로 하고, 악한 사람을 보면 들어와 숨어버리는 것 이상으로 했다. 또 백성들이 굶주리고 고통에 빠지는 것을 자기도 그렇게 된 것처럼 대할 수 있었고, 필부필부(匹夫匹婦)가 요·순임금과 같은 혜택을 입지 못하면, 자기가 이것을 미루어 힘들고 더러운 곳에 들어갈 수 있었다.[267] 그렇게 할 수 있었던 까닭은 짐짓 옳다고 생각하여 천하가 자기를 믿어주기를 바란 것이 아니라, 양지를 발휘하는 데 힘써 스스로 흡족함을 구했을 따름이기 때문이다.

요·순·우의 세 임금 같은 성인들이 말을 하면 백성들이 모두 믿었던 것은 양지를 발휘하여 말했기 때문이다. 또 정치를 행하면 백성들이 모두 기뻐한 것은 양지를 발휘하여 시행했기 때문이다. 그 때문에 백성들이 기뻐하고 도량이 넓어 혜택을 줄여도 원망하지 않고, 이

---

264) 『맹자』 「진심상」의 "人之所不學而能者其良能也, 所不慮而知者其良知也"에 나온다.(본문의 따옴표는 옮긴이 강조)

265) 원문에 "良知之在人心, 無間于聖愚"라고 나온다. 박은식이 정의한 양지의 여섯 가지, 곧 "自然明覺之知, 純一無僞之知, 流行不息之知, 泛應不濡之知, 聖愚無間之知, 天人合一之知" 가운데 있는 '성우무간지지'(聖愚無間之知)는 바로 이것을 보고 이름을 붙인 것이다.

266) 『이정전서』(二程全書) 권2의 "仁者以天地萬物爲一體, 莫非己也. 認得爲己, 何所不至"에 나온다.

267) 『맹자』 「만장상」의 "思天下之民, 匹夫匹婦, 有不被堯舜之澤者, 若己推而內之溝中"에 나온다.

롭게 해도 사용하지 않았다. 혜택을 베푸는 것이 오랑캐에게 미치고, 무릇 혈기(血氣)가 있는 사물이 그들을 존경하고 친애한 것은 양지가 같기 때문이다.

아! 성인이 천하를 다스리는 것이 얼마나 간단하고 쉬운가? 후세에 양지의 학문이 밝혀지지 않았기 때문에, 천하 사람들이 자신의 사사로운 간계를 사용하여 서로 견주면서 알력이 생겼다. 그래서 사람들이 각각 마음에 의도하는 바가 있어, 치우치고 자질구레하고 고루한 견해와 교활하고 거짓되고 음흉한 술수가 이루 셀 수 없이 생겨났다. 겉으로 인의라는 이름을 빙자하여 안으로는 실제로 자신의 사사로운 이익을 도모하는 데 궤변으로 세상에 아첨하며 행동을 바꾸어 명예를 구한다. 또 남의 착함을 가리고 계승하여 그것을 자신의 장점으로 삼으며, 남의 사사로움을 폭로하여 곧음을 도둑질한다.[268] 게다가 화를 내어 서로 이기려 하면서 오히려 의를 주장한다고 말하며, 험악하게 서로 뒤집으면서 오히려 악을 미워한다고 말하고, 어진 자를 시기하고 능력 있는 자를 기피하면서 오히려 스스로 시비에 공정하다고 여기며, 감정을 방자하게 노출하고 욕망을 따르는 것을 두고, 오히려 그들의 좋아함과 싫어함이 남과 같다고 여긴다. 뿐만 아니라 서로 능멸하고 해쳐 한 가문의 골육지친이라도 나의 승부의 범위에 드는 대상이거늘, 하물며 큰 천하와 백성들의 물건이 많음을 어찌 나와 한몸같이 볼 수 있겠는가? 그래서 화와 난리가 어지러이 끝없이 생기는 것이 이상하지 않게 되었다.

내가 진실로 하늘의 신령함을 의지하여 뜻하지 않게 양지의 학문을 알게 되었으니, 이 학문을 통하면 천하를 반드시 다스릴 수 있다고 생각했다. 그래서 이 백성들이 어려움에 처한 것을 매번 생각할 때마다 마음이 매우 아파서, 그 신분의 불초함을 잊고 양지로써 구해주려 했으나, 또한 내 스스로 그 양이 얼마인지 알지 못한다. 천하 사람들

---

268) 『논어』「양화」의 "惡不孫以爲勇者, 惡訐以爲直者"에 보인다.

이 이와 같은 것을 보고 비난하고 조롱하며 배척하기를 미친병이 들어 정신을 잃었다고 한다.

아! 이들을 어떻게 구해낼 수 있을까? 내가 이 같은 질병을 몸에서 잘라내는 처방을 내려는데, 어느 겨를에 남의 비방과 조소에 신경 쓰겠는가? 사람은 본디 자기의 아비나 자식 형제가 깊은 물에 빠지면, 소리 지르면서 신발 벗고 머리를 낮추어 절벽에 매달리거나 물가로 기어가 구조하려고 애쓴다. 물에 빠진 사람과 아무 상관없는 선비가 자기들끼리 그 곁에서 읍(揖)하고 담소하다가 물에 빠진 장면을 보고, 선비의 체면과 의관을 버리고 소리 지르며 이 같은 행동을 하면, 사람들은 이것을 미친병으로 정신 나갔다고 여길 것이다. 그러므로 물에 빠진 사람을 곁에 두고 읍하고 담소하면서 구해주지 않는 경우는, 오직 친척이 아니거나 골육의 정이 없는 길 가는 나그네의 경우만 그럴 수 있다. 그러나 이 경우도 측은히 여기는 마음[269]이 없으면 사람이 아니다. 부모형제에 대한 사랑에서는, 그 경우 항상 마음 아파하고 미친 듯이 달려와 기진맥진하며 물가로 기어가 구하려 한다. 그러나 저들은 남이 물에 빠져 죽을 수 있는 화도 돌아보지 않는데, 하물며 미친병으로 정신 나갔다고 빈정대는 사람에 있어서이겠는가? 또 남의 신의와 불신을 막는 데 있어서이겠는가?

아아! 지금 사람들이 비록 나를 미친병으로 정신 나간 사람이라고 말하나, 항상 옳은 것은 천하의 인심이 나의 마음이라는 점이다. 그러니 천하 사람들이 오히려 미친병에 든 것이다. 내가 어찌 미친병에 들지 않을 수 있는가? 오히려 정신을 잃은 자이다. 내가 어떻게 정신을 잃지 않을 수 있는가?

공자께서 살았을 당시에 공자더러 아첨을 한다고 논했고,[270] 알랑거리며 남의 비위를 잘 맞춘다고 비꼬았으며,[271] 어질지 못하다고 훼

---

269) 측은지심(惻隱之心)을 말한다.
270) 『논어』「팔일」의 "事君盡禮, 人以爲諂也"에 나온다.

방했고,[272] 예를 모른다고 비방했으며,[273] 사람을 알아볼 줄 모른다고 업신여기고,[274] 시기하여 막는 자도 있었으며, 미워서 죽이고자 하는 자도 있었다.[275] 신문(晨門)·하괴(荷蕢) 등은 모두 당시에는 현사였다. 그러나 신문은 자로(子路)[276]에게 공자를 "옳지 않은 줄 알면서 하는 자 말인가"[277] 하고, 또 하괴는 공자를 비꼬면서 "비루하다. 편경 소리 쟁쟁함이여! 자기를 알아주지 않으면 그만둘 뿐이다"[278] 했다.

비록 자로가 공자로부터 그의 거문고 연주 실력이 비유컨대 집에는 올라오고 방에는 못 들어간 정도라고 칭찬받았지만,[279] 그도 자신이 본 공자의 행위를 의심하지 않을 수 없었다.[280] 또 자로는 공자가 공산불요(公山弗擾)에게 벼슬하러 가는 것을 기뻐하지 않고,[281] 공자

---

271) 일화는 『논어』 「헌문」의 "微生畝謂孔子曰. 丘何爲是栖栖者與. 無乃爲佞乎. 孔子曰, 非敢爲佞也, 疾固也"에 나온다.

272) 고사는 『논어』 「자장」의 "叔孫武叔, 語大夫於朝曰, 子貢賢於仲尼"와 "陳子禽, 謂子貢曰, 子爲恭也, 仲尼, 豈賢於子乎"에 나온다.

273) 고사는 『논어』 「팔일」의 "子入大廟, 每事問, 或曰, 孰謂鄹人之子, 知禮乎. 入大廟, 每事問. 子聞之曰, 是禮也"에 나온다.

274) 원문은 '동가구'(東家丘). 『공자가어』(孔子家語)에 나온다.

275) 고사는 『논어』 「술이」의 "子曰, 天生德於予, 桓魋其如何"에 나온다.

276) 공자 제자이다.

277) 고사는 『논어』 「헌문」의 "子路宿於石門, 晨門曰, 奚自. 子路曰, 自孔氏. 曰是知其不可而爲之者與"에 나온다.

278) 고사는 『논어』 「헌문」의 "子擊磬於衛, 有荷蕢而過孔氏之門者, 曰有心哉, 擊磬乎. 旣而曰鄙哉, 硜硜乎. 莫己知也, 斯已而矣, 深則厲, 淺則揭. 子曰, 果哉, 末之難矣"에 나온다.

279) 고사는 『논어』 「선진」의 "子曰, 由之瑟, 奚爲於丘之門. 門人不敬子路, 子曰, 由也升堂矣 未入於室也"에 나온다.

280) 고사는 『논어』 「옹야」에 있는 위령공의 부인 남자(南子)와의 스캔들에 관한 것으로서 자로의 공자에 대한 혐의를 말한다. 원문에 "子見南子, 子路不說. 夫子矢之曰, 予所否者, 天厭之, 天厭之"라고 나온다.

281) 고사는 『논어』 「양화」의 "公山弗擾以費畔召, 子欲往, 子路不說曰, 末之也已, 何必公山氏之之也. 子曰, 夫召我者, 而豈徒哉. 如有用我者, 吾其爲東周乎"에 나온다.

가 정치를 하는 데 명칭을 바로잡겠다[282])는 것에 대하여 비현실적이라 여겼다.[283])

　그러니 당시 공자를 믿지 않는 자가 열 가운데 둘셋뿐이겠는가? 그러나 공자는 분주하게 서둘러 마치 잃어버린 자식을 길에서 찾듯이 하여, 엉덩이를 땅에 대고 쉴 여유조차 없었다. 그것이 사람들에게 자기를 알아주거나 믿어달라고 한 일이겠는가? 천지만물이 한몸이 되는 인(仁)[284])이 절박하여 비록 그만두고자 해도 그것을 용납하지 못한 것이다. 그러므로 "내가 이 사람들의 무리와 함께하지 않으면 누구와 함께하겠는가?[285]) 그 몸을 깨끗이 하려면 인륜을 어지럽히니,[286]) 정말로 그렇다. 어려움이 없다"[287]) 하시니, 아! 진실로 천지만물을 한몸으로 삼는 자가 아니면 누가 공자의 마음을 알 수 있겠는가?

　"옳은 것을 보지 못하더라도 번민함이 없고,"[288]) 하늘을 즐거워하고 명(命)을 아는 자는 어디에 들어가든 스스로 얻는 것이 있으며, 진리와 병행하되 서로 어긋남이 없다. 나같이 불초한 자가 어찌 감히

---

282) 공자의 정치사상 가운데 하나인 '정명'(正名)사상이다. 곧 사물의 이름에 걸 맞은 역할을 해야 한다는 것이다. 예컨대 임금은 임금답고, 신하는 신하답 고, 아비는 아비답고, 자식은 자식다워야 한다는 것 등이다.

283) 고사는 『논어』「자로」의 "子路曰衛君, 待子而爲政, 子將奚先. 子曰, 必也正名 乎. 子路曰 有是哉, 子之迂也. 奚其正. 子曰, 野哉, 由也. 君子於其所不知, 蓋 闕如也, 名不正則言不順, 言不順則事不成"에 나온다.

284) 원문에는 "以萬物一體爲仁"이라고 나온다.

285) 『논어』「미자」의 "子路行以告, 夫子憮然曰, 鳥獸不可與同群, 吾非斯人之徒與 而誰與. 天下有道, 丘不與易也"에 나온다.

286) 『논어』「미자」의 "子路曰, 不仕無義. 長幼之節, 不可廢也, 君臣之義, 如之何其 廢之. 欲潔其身而亂大倫, 君子之仕也, 行其義也, 道之不行. 已知之矣"에 나온 다. 자로의 말이다.

287) 『논어』「헌문」의 "子擊磬於衛, 有荷蕢而過孔氏之門者, 曰有心哉, 擊磬乎. 旣 而曰鄙哉, 硜硜乎. 莫己知也, 斯已而矣, 深則厲, 淺則揭. 子曰, 果哉, 末之難 矣"에 나온다. 앞에 나왔다.

288) 『주역』「건괘」문언의 "遯世无悶, 不見是而无悶"에 나온다. 앞에 나왔다.(본 문의 따옴표는 옮긴이 강조)

공자의 진리를 나의 임무로 자임하겠는가만, 돌이켜보면 그 마음이 이미 질병으로 고통스러운 나의 몸에도 있음을 차츰 알았다. 그리하여 사방을 두리번거리며 장차 내게 도움이 될 자를 찾았고, 서로 학문을 익혀 그 병을 제거하고자 했다.

지금 진실로 나와 같은 뜻을 지닌 호걸의 선비를 얻어서 양지의 학문을 천하에 밝혀, 천하 사람들에게 모두 양지를 발휘하게 하고자 한다. 그리하여 서로 편안하고 서로 부양(扶養)하며 사리사욕으로 가려진 것을 제거하고, 참소하고 투기하며 남을 이기려 성내는 습속을 단번에 씻어버리고, 대동(大同)의 세계[289]로 구제하려 한다. 이렇게 하면 내가 미친병에서 나아 마침내 정신을 잃은 고통에서 벗어날 것이다.

이러면 어찌 상쾌하지 않겠는가? 아아! 지금 참으로 같은 뜻을 가진 호걸의 선비를 천하에서 찾으려고 한다면, 우리의 문울(文蔚)[290] 같은 자가 아니면 누구를 바라보랴?

량치차오(梁啓超)[291]는 『덕육감』(德育鑑)에서 말했다.

양명선생의 이 글은 글자마다 피요 말마다 눈물로 얼룩졌다. 이 글을 읽고 분개하거나 슬퍼하지 않으면 인간도 아니다. 이를 보면 양명

---

289) 이상사회를 말한다. 『예기』 「예운」에 보인다.
290) 섭표의 자이다.
291) 1878~1929. 근대 중국의 개혁가·사상가이다. 자는 탁여(卓如), 호는 임공(任公) 또는 음빙실주인(飮氷室主人), 광동 신회(新會) 사람이다. 그의 스승 캉유웨이(康有爲)를 따라 변법유신을 창도했다. 무술정변 이후 일본에 망명하기도 했다. 구한말 그의 저술이 유입·번역되어 개화 지식인들에게 많은 영향을 주기도 했다. 박은식이 양명학을 공부하게 된 것도 그의 영향이 크고, 「유교구신론」도 그의 「지나종교개혁에 대하여」라는 『청의보』(淸議報)에 게재된 연설문을 따르고 있다. 자세한 것은 이종란, 「박은식의 유교구신론과 공자관」, 『공자학』 제3호, 한국공자학회, 1998 참조.

학이 자신의 한몸만 잘되고자 하는 것이 절대로 아님을 알겠다. 그리고 이 시대를 구할 양약으로 이보다 더 절실한 것은 없다.

양명선생의 마음은 공자나 석가 그리고 예수의 마음과 같고, 그 말은 공자·석가·예수의 말과 같다. 이것이 아닌 다른 것으로 천하 사람의 마음을 바꾸고자 한다면, 끝내 천하를 다스릴 수 없다. (······)[292] 그러므로 지금 시험 삼아 묻건대, 온 나라 사람들이 선생의 말처럼 사적인 간교한 꾀를 사용하여 서로 견주어 알력이 생기고, 명분을 빙자하여 사리사욕의 습속을 시행하며, 마침내 가장 친한 사람도 서로 능멸하고 해치는 데 이른다면, 장차 우리나라의 앞날이 어떻게 될 것인가?

최근 몇 년 사이 이른바 "애국하려면 뭉쳐야 한다"[293]는 화두(話頭)를 사람마다 말할 수 있으나, 나랏일에 한 터럭만큼도 보탬이 안 되는 자는 그냥 앉아 있을 뿐이다.『예기』에 이르기를, "성실하지 않으면 사물이 없다"[294] "지극한 정성에 변화되지 않은 사물은 하나도 없다. 성실하지 않으면 변화시킬 수 있는 사물은 없다"[295] 한다. 그러므로 오늘날 뜻이 있는 선비는 오직 양명선생을 엄격한 스승으로 받들어, 시시각각 자신을 속이지 않는 양지 이 한 말로 마음 깊은 곳에 있는 것을 헤아려야 한다. 또 날마다 그것을 통해 붕우들에게 선을 행하게 하여 서로 이 학문을 익혀 천하를 바꾸려 하되, 이 양지를 기

---

292)『덕육감』에는 몇 줄이 더 있다. 저자가 생략했지만, 생략된 표시를 하지 않았다.

293) 이 말은 이승만의 "뭉치면 살고 흩어지면 죽는다"는 말과 같은 맥락이다. 구한말 사회진화론의 이론 가운데 합군진화(合群進化), 곧 인류가 무리를 이루어 진화했다는 전제 아래 서양세력을 물리치고 나라를 지키려면 뭉쳐야 한다는 당시 유행하던 말이다. 좀 더 자세한 설명은 이종란,「박은식의 계몽활동과 독립투쟁」,『시대와 철학』제9호, 1994 참조.

294)『중용장구』25장의 "不誠無物"에 나온다.『중용』은 원래『예기』의 한 편명이므로 량치차오가 그렇게 말했다.

295)『중용장구』의 다음 글을 요약한 것이다. "其次致曲, 曲能有誠, 誠則形, 形則著, 著則明, 明則動, 動則變, 變則化. 唯天下至誠, 爲能化."

준으로 삼은 후에야 모든 절차와 일의 변화가 이루어진다. 따라서 이 기준을 넘지 않으면, 나라를 구하고자 하는 원칙이나 수단이 무엇이든 수많은 생각이 일치되고, 노선이 달라도 같은 곳으로 귀결된다.

구미의 나라들은 모두 기독교를 가지고 사람 마음속에 있는 목표를 단단히 묶었고, 일본은 불교가 가장 유력했다. 그러나 메이지유신 이전에 공인된 사람 중 시세(時勢)의 변화를 주도한 사람인 나카에 도주(中江藤樹)[296] · 구마자와 반잔(熊澤蕃山)[297] · 요시다 쇼인(吉田松陰)[298] · 사이고 난슈(西鄕南州)[299] 등은 모두 양명학으로써 후배들에게 모범을 보였고, 지금 저들 군인사회에도 양명학을 일종의 신앙으로 삼았다. 그래서 일본 군인의 가치가 이미 세계에서 함께 추앙받게 되었으나, 어찌 한 점의 정신교육을 우리 양명선생이 내려준 것임을 알았겠는가?

우리가 금일에 정신교육을 찾을 때 이것을 버린다면 다시 어떤 것이 있을까? 자신들에게 무진장 있는 가치를 던져버리고, 깡통 들고 대문을 돌아다니며 구걸하는 거지아이를 본받으니, 참으로 애석한 일이다.

일찍이 섭표가 이때 빈객의 예로써 선생을 찾아뵈려고 했다. 6년 뒤에 소주(蘇州)의 태수가 되어 뵈려고 했으나, 이때는 이미 선생이 돌아가신 지 4년 뒤였다. 선생의 제자인 전덕홍(錢德洪) · 왕기(王畿)에게 말하기를, "저의 학문은 진실로 선생이 계발한 데서 얻은 것입니다. 그

---

296) 1608~48. 이름은 하라(原), 자는 고레나가(惟命), 도주는 그의 호이다. 일본 양명학의 시조이다.
297) 나카에 도주의 문인으로, 사공파(事功派)에 속한다.
298) 바쿠후 말기 유신(維新) 초기 이토 히로부미(伊藤博文)의 스승으로, 사쿠마 쇼잔(佐久間象山)과 더불어 개국이론을 내세웠으며 반체제 인사로 옥사했다.
299) 이토 히로부미와 더불어 제국주의의 정책을 편 사람들이다.

래서 제자가 되는 예물을 가지고 다시 뵙고자 했으나 이루지 못했습니다. 이에 두 분을 증인으로 삼겠습니다" 하고, 선생의 영전에 분향하고 절했으니 문인이라 칭했다.

| 나의 생각 27 |

선생이 돌아가신 후 문인이 된 자는 섭표와 나염암(羅念庵)[300] 두 사람인데, 선생 문하에서 가까이 모신 사람들보다 공이 큰 이유는 그들의 배움이 선생 학문의 진수를 얻었기 때문이다. 왕용계(王龍溪)[301]와 왕심재(王心齋)[302]는 모두 선생 문하의 고제이지만, 점차 양명학의 진수를 잃었다. 그것은 그들이 마음의 본체를 다루는 것이 너무 무거웠기 때문인데, 마치 선종에서 본심을 직접 가리켜 부처라고 하는 것과 같았다. 그래서 그 흐름의 폐단이 어지럽게 미친 데 빠졌다. 그러나 섭표와 나염암은 수련하고 실천하는 노력에 독실하여, 그 진수를 잃지 않고 폐단이 없었다.

대개 양명학이 치양지 세 글자를 핵심으로 삼았는데, 양지는 본체이며 '치'(致) 자는 공부이다. 그러므로 말하기를, "본체가 공부요 공부가 본체라" 하니, 아는 것과 실천하는 일이 한 가지 일[303]이라는 것과 사물에서 연마하는 것[304]이 모두 이 치 자와 관련된 공부이다. 양명학의 진수를 여기서 엿볼 수 있다. 양명학이 오로지 본체만 제시했다면 다만 양지 하나만 종지로 삼았을 것이니, 무엇 때문에 치 자를 첨가했

---

300) 1504~64. 이름은 나홍선(羅洪先), 자는 달부(達夫). 강서 길수(吉水) 사람이다. 양지학설을 신봉했으나 양지를 수양으로 얻어진다고 보고, 양지가 자연적으로 얻어진다는 왕기의 설을 반대했다. 앞에 나왔다.
301) 1498~1583. 이름은 기(畿), 자는 여중(汝中), 용계는 그의 호이다. 절강성 산음(山陰) 사람으로, 왕간과 함께 왕양명의 고제이다. 저작에는 『용계집』이 있다.
302) 1483~1541. 이름은 왕간(王艮), 태주학파 창시인이다.
303) 지행합일(知行合一)을 말한다.
304) 사상마련(事上磨鍊)을 말한다.

으며, 무엇 때문에 아는 것과 실천하는 일이 한 가지 일이라는 것과 사물에서 연마하는 것을 말했겠는가? 이것을 잘 살펴보면 잘못됨이 없을 것이다.

28. 사구교(四句敎)

11월에 둘째 아들 정억(正億)[1]이 태어나니 계실(繼室) 장(張)씨의 소생이다. 선생이 처음에 이름을 정총(正聰)이라 지었는데, 7년 뒤 그의 장인이 되는 황관(黃綰)[2]이 당시 재상으로 있는 사람의 이름을 피해 정억으로 고쳤다.

12월에 유방채(劉邦采)[3]가 안복(安福) 지방의 동지들과 함께 모임을 가졌는데 이름을 '석음회'(惜陰會)[4]라 했다. 선생은 「석음설」(惜陰說)[5]을 지어 권면했다.

---

1) 1526~77. 왕양명이 쉰다섯 살 때 얻은 친아들이다. 정헌이라는 양자가 이미 있었다.
2) 1480~1554. 자는 종현(宗賢), 호는 구암(久庵)이다. 절강성 천태(天台) 황암(黃巖) 사람이다. 예부상서겸한림학사를 지냈으며 나중에 「양명선생행장」을 지었다. 앞에 나왔다. 왕양명이 죽은 뒤 그의 아들 정억을 보살피기 위해 자신의 딸을 혼인시켰다. 왕양명이 죽은 지 6년 뒤 가정 11년(1532), 남경예부시랑에 있을 때 이름을 고쳤다.
3) 자는 균량(君亮), 호는 사천(師泉), 안복 사람이다.
4) 시간을 소중히 여기는 모임이라는 뜻이다. 음(陰)은 광음(光陰)의 준말로서 '시간'이라는 뜻을 나타낸다.
5) 『왕문성공전서』 권7, 문록4, 「석음설」 참조.

가정 6년(1527)은 선생의 나이 쉰여섯 되는 해이다. 월(越) 땅에 있으면서 황관에게 글을 보냈는데, 그 내용은 다음과 같다.[6]

사람이 벼슬길에 나서면 초야에 물러나 있을 때보다 공부하는 어려움은 열 배나 된다. 그러니 좋은 친구를 얻어 시시각각 타이르고 연마하지 않으면, 평일에 지향하는 것이 조용히 없어져 자질구레한 것에 빠지지 않는 자가 적다.

최근에 성보(誠甫)[7]에게 말하기를, "도성에서는 서로 어울릴 수 있는 사람이 적다" 하니, 두 사람이 미리 서로 약속하는 것이 좋겠다. 피차 힘쓸 곳이 없거든 치양지의 화두를 가지고 서로 법도로 삼고 바로잡는 것이 좋겠다.

무릇 사람에게는 언어가 자신의 뜻을 상쾌하게 만들 때는 명확히 인내함으로써 말없이 진리를 체득[8]할 수 있고, 뜻이 바로 피어오를 때는 한꺼번에 마음에 거두어들일 수 있으며, 분노와 욕망이 끓어오를 때는 확실하게 소화할 수 있다. 이런 것들은 세상에서 용기가 크지 않은 사람은 할 수 없다. 그러나 양지를 절실하게 깨달아 알 때는 그 공부가 저절로 어렵지 않게 된다. 여러 잘못은 본래 양지가 없기 때문에 생긴 것은 아니다. 다만 양지가 어두워지고 가려져 막히게 된 다음 이러한 잘못이 있게 된다. 일단 양지가 자각될 때는 그 잘못이 마치 태양이 솟으면 도깨비가 사라지듯 한다.

『중용』에 이르기를, "수치를 아는 것은 용기 있는 일이다"[9] 하니, 이른바 '수치를 아는 것'은 다만 자신의 양지를 깨달아 발휘할 수 없는 것을 부끄러워하는 것뿐이다. 지금 많은 사람들이 수치로 여기는

---

6) 그 내용은 『왕문성공전서』 권6, 문록3, 「여황종현1」(與黃宗賢一) 참조.
7) 이름은 황종명(黃宗明), 성보는 그의 자, 호는 치재(致齋)로, 은(鄞) 출신이다. 남경병부원외랑을 거쳐 예부시랑에 올랐다. 앞에 나왔다.
8) 원문은 '묵득'(默得)이다.
9) 『중용』 20장의 "子曰, 好學近乎知, 力行近乎仁, 知恥近乎勇"에 나온다.

것은 말로써 타인을 굴복시킬 능력이 없다는 점, 자기의 뜻이 남을 압도하지 못한다는 것, 분노와 욕망이 끓어오를 때 자신의 뜻을 직접 실현할 수 없다는 점이다. 잘 모르겠지만 이런 여러 잘못도 모두 자기의 양지를 가리고 막아서 생긴 일이 아닐까? 이 또한 군자가 깊이 부끄러워해야 할 일이다. 그런데도 이처럼 오히려 자신의 양지를 덮어 가리지 못하는 것을 부끄러워한다면, 당연히 부끄러워하지 말아야 할 것을 부끄러워하고, 마땅히 부끄러워해야 할 것을 모르는 꼴이 되니, 참으로 애석한 일이 아닌가?

다만 원컨대 제군이 모두 옛날의 대신처럼 되기를 바란다. 이른바 옛날 대신은 그가 많은 지략과 재주가 있어도 칭송하지 않았다. 다만 한결같이 성실하고, 다른 재주 없으나 마음이 너그러워, 용납함이 있는 듯이 할 뿐이다.[10] 제군의 지략과 재주가 보통 사람들보다 뛰어나나, 자신할 수 없는 것은 자기의 양지를 깨달아 발휘할 수 없고, 성실하고 너그러운 태도를 온전히 체득하지 못한 것이다.

지금 천하의 형세가 마치 병에 걸려 사지가 마비된 듯하니, 회생하기를 소망하는 것은 실로 군자들에게 달려 있다. 자기의 병을 제거하지 못한다면, 어떻게 천하의 병을 치료하겠는가? 이 세세한 일념(一念)의 성실함이 제군의 정성을 다하지 않을 수 없게 할 것이다. 제군은 서로 만날 때마다 묵묵히 이 뜻을 가지고 모범이 되고 타이르기를 바란다. 모름지기 자신의 사사로운 욕심이나 감정을 이기고 제거해야 진실로 천지 만물과 한몸이 될 수 있고, 천하를 건강하게 구제할 수 있어 삼대의 치세를 만회할 것이다. 그리하여 이같이 성스럽고 밝은 군주에게 부담을 주지 않으며, 이같이 잘 알거나 어리석은 사람들에게 보답할 수 있어서, 이 같은 큰일이 세상에 처음 나타나도 뜻을 굽히지 않을 것이다.

---

10) 『대학』 전10장의 "秦誓曰, 若有一介臣, 斷斷兮, 無他技, 其心休休焉, 其如有容焉"에 나온다.

5월에 조정에서 선생에게 양광(兩廣)[11]과 강서·호광의 군무를 모두 감독하고 사은(思恩)과 전주(田州)[12]를 정벌하게 했다.

이보다 앞서 광서 전주의 토착 관리 짐맹(岑猛)[13]이 관리가 일을 공정하게 처리하지 못한 데 대해 격노하여 반란을 일으켰다. 어사 요막(姚鏌)[14]이 토벌하여 잠맹의 부자를 사로잡았지만, 다시 그의 잔당 노소(盧蘇)·왕수(王受) 등이 무리를 모아 전주와 사주를 공격하여 함락시켰다. 요막이 다시 네 성의 병력을 모아 토벌했으나 이기지 못했다.

이에 조정의 논의가 선생을 적임자로 추천하여 네 성[15]의 군무를 모두 감독하게 했다. 그러나 선생은 다음같이 상소했다.

"요막은 본디 경험이 많아 노련하고, 한때의 승패는 병가지상사(兵家之常事)입니다. 어사가 논하여 올린 글은 그를 격려하고 뒤에 잘하도록 하기 위한 것입니다. 신의 생각으로는 오늘의 사태를 마땅히 요막 등에게만 맡기되, 권한을 크게 주고 작은 실수는 용서하며, 충분한 시간을 주어 성공하도록 해야 합니다. 그러고서 마침내 성과가 쌓인 다음에 재능 있는 자를 별도로 선발하고, 아울러 민정과 풍속을 오해에서 풀게 하되, 마치 상서(尙書) 호세령(胡世寧)[16]과 이승훈(李承勳)[17]처럼 일을 벌려가 임무를 대신하면 반드시 좋은 성과가 있을 것입니다."

---

11) 광서와 광동 지방이다. 앞에 나왔다.

12) 광서성에 있는 사은과 전주이다.

13) 명나라 초기부터 사주와 전주를 대를 이어 관할케 한 명문이고, 전주부 지사이다.

14) 1465~1538. 자는 영지(英之), 호는 동천(東泉), 자계(慈谿) 사람이다. 나중에 병부상서에 올랐다.

15) 광동, 광서, 강서, 호광이다.

16) 1469~1530. 자는 영청(永淸), 호는 정암(靜庵), 인화(仁和) 사람이다. 남경 형부주사(南京刑部主事)를 거쳐 강서부사(江西副使) 때 신호의 난을 만났다. 그후 병부상서가 되었다. 앞에 나왔다.

17) 1473~1531. 자는 입경(立卿), 가어(嘉魚) 사람이다. 부도어사(副都御史)를 거쳐 병부상서가 되었다. 『연보』와 『상전』에는 이름이 이승훈(李承勖)으로 되어 있다. '훈'(勖)은 '훈'(勳)의 옛 글자이다.

상소가 조정에 들어갔으나 윤허받지 못하고, 사신을 보내 임지로 떠날 것을 재촉하니, 8월에 선생이 양광 지방에 부임할 즈음 「객좌사축」(客坐私祝)[18]이란 글을 지었는데, 그 내용은 다음과 같다.

　다만 원하는 것은 온화하고 공손하며[19] 곧고 믿음이 있는[20] 친구가 와서 학문을 익히고 진리를 논하면서, 효도와 우애와 겸손하고 화합하는 행동을 보이는 것이다. 또 덕업을 서로 권하고, 과실이 있으면 서로 바로잡아주며, 나의 자제에게 가르침을 주어 잘못에 빠지지 않게 하는 것이다.
　원치 않는 것은 미치거나 조급하며 게으른 무리가 와서, 바둑을 두거나 술을 마시며 놀기를 잘하고 거짓을 잘 꾸며대는 것이다. 또 교만하고 사치하며 음탕한 일로 사람을 이끌며, 탐나는 재물을 모으는 꾀로 유혹하되, 어둡고 완고하여 수치를 모르고, 자녀들을 치켜세우며 선동하여 그들이 불초하게 되는 것을 돕는 것이다.
　아아! 전자를 따르면 어진 선비[21]라 말할 것이요, 후자를 따르면 흉악한 사람[22]이라 이를 것이다. 나의 자제가 참으로 어진 선비를 멀리하고 흉악한 사람을 가까이한다면, 패역(悖逆)한 자식이라 할 것이니 경계하고 경계하라.
　가정 정해년 8월에 양광의 부임행차에 즈음하여 이 글을 써서 자제들에게 경계시키노라. 또 치욕이 임박한 선비들과 친구들에게 고하나니, 청컨대 한 번 읽어보고 깨닫기 바라노라.

---

18) 『왕문성공전서』 권24, 외집6, 「객좌사축」 참조. 뜻은 적을 토벌하러 가는 자리에서 사사로이 기원한다는 것이다.
19) 『논어』 「학이」의 "子貢曰, 夫子溫良恭儉讓以得之, 夫子之求之也, 其諸異乎人之求之與"에 나온다.
20) 『논어』 「계씨」의 "孔子曰, 益者三友, 損者三友, 友直友諒友多聞益矣, 友便辟友善柔友便佞損矣"에서 따온 말이다.
21) 원문은 '양사'(良士). 『시경』 당풍(唐風)의 "好樂無荒, 良士瞿瞿"에 나온다.
22) 원문은 '흉인'(凶人). 『서경』 태서(泰誓)의 "凶人爲不善亦惟日不足"에 나온다.

9월에 월(越) 땅에서 출발하니 전덕홍[23] · 왕기[24] · 장원충(張元 沖)[25]이 떠나려는 배에까지 내방하여 학문하는 요지를 논했다.

이때 왕기는 선생의 사구교(四句教)[26]를 읊었다.

선도 없고 악도 없는 것은 마음의 본체요
선도 있고 악도 있는 것은 뜻의 움직임이고
선을 알고 악을 아는 것은 양지이며
선을 행하고 악을 제거하는 것은 격물[27]이다
無善無惡心之體　　有善有惡意之動
知善知惡是良知　　爲善去惡是格物

이것을 듣고 전덕홍이 말했다.
"이 말은 무슨 뜻인가?"

---

23) 1496~1574. 이름은 관(寬), 덕홍은 그의 자이고, 호는 서산이다. 왕기와 함께 왕양명의 고제(高第)이다. 앞에 나왔다.

24) 1498~1583. 자는 여중(汝中), 호는 용계(龍溪)이다. 절강성 산음(山陰) 사람으로, 왕간(王艮)과 함께 왕양명의 고제이다. 저작에는 『용계집』이 있다. 앞에 나왔다.

25) 자는 숙겸(叔謙), 호는 부봉(浮峯), 절강성 산음(山陰) 사람이다. 호광좌참의 장이홍(張以弘)의 손자이다. 좌부도어사에 올라 강서를 순무(巡撫)했다. 계구(戒懼)의 실천에 노력했으며, 왕양명은 그의 문인 가운데서 "참되고 절실하고 순수하고 독실한 것이 원충에 이른 자가 없다"고 평했다.

26) 왕양명 학문의 요지를 나타내는 4구의 시를 말한다. 즉 "無善無惡心之體, 有善有惡意之動, 知善知惡是良知, 爲善去惡是格物"이다. 학자에 따라 해석이 여러 가지이며 의견이 분분하다. 이에 대한 기록은 『전습록』 권하, 『연보』 56세 조, 『왕용계전집』 권1, 「천천증도기」(天泉證道記) 권20, 「선서산행장」(錢緒山 行狀) 참조.

27) 『대학』에 나오는 격물치지(格物致知)의 준말로, 유가(儒家) 인식론의 명제이다. 『예기』 「대학」에 "致知在格物, 格物而後知至"라 되어 있는데, 송나라 이후 유학자들에 의하여 새롭게 해석되고, 특희 주자에 의해 체계화되었다. 주자는 『대학』에 격물치지에 대한 자기의 견해를 첨가해 넣었다. 나중에 왕양명은 주자와 다르게 해석하여 새로운 학문체계를 이루었다. 앞에 나왔다.

왕기가 말했다.

"이는 아마도 선생의 진리를 알리는 궁극적인 화두가 아닌 것 같네. 심체에 선도 없고 악도 없다고 말한다면, 뜻 또한 선도 없고 악도 없는 뜻이 되고, 앎 또한 선도 없고 악도 없는 앎이 되며, 사물 또한 선도 없고 악도 없는 사물이 되네.[28] 뜻에 선악이 있다면, 반드시 심체에도 선악이 있을 것이네."

전덕홍이 말했다.

"심체는 하늘이 명한 성품[29]일세. 그것에는 원래 선도 없고 악도 없는 것이지만, 인간에게는 습관과 경험으로 학습된 마음이 있어서 발현되는 생각에 선악이 나타나므로, 『대학』의 사물에 나아가 그 이치를 궁리하여 아는 것, 뜻을 정성스럽게 하는 것, 마음을 바르게 하는 것, 몸을 닦는 것이 이러한 하늘이 명한 성품의 본래 모습을 회복하는 공부이네. 원래부터 선도 없고 악도 없다면, 공부 또한 없앨 수 없는 것이네."[30]

이날 저녁에 선생을 천천교(天泉橋)에 모시고 앉아, 각기 올바른 견해를 부탁했다. 선생이 말했다.

"내가 임지로 떠나려 하는데 마침 자네들이 와서 이 시의 뜻을 말해달라고 하는구나. 두 사람의 견해가 서로 보완이 된다. 여기서 사람을 대할 때 원래 두 가지 종류가 있다. '진리를 이해하는 데 뛰어난 사람'[31]의 공부는 직접 본원(本源)으로부터 깨달아 들어간다. 원래 사람 마음의 본체는 밝고 막힘이 없으며 '아직 발동하지 않은 상태로 천리(天理)

---

28) 왕기의 이 말은 사구교에 대해서 사무교(四無敎)라 부른다. 원문에 "心體是無善無惡, 意亦是無善無惡(的意), 知亦是無善無惡(的知), 物亦是無善無惡(的物)"이라고 나온다. 왕용계가 공부보다는 본체에 중점을 둔 발언이다.

29) 원문은 '천명지성'(天命之性)이다.

30) 전덕홍이 말한 이 말을 사유설(四有說)이라 한다. 즉 심체와 뜻에 선악이 있어, 이 선과 악을 아는 것이 양지이고, 선을 행하고 악을 제거하는 것이 격물이라는 것이다. 본체보다 공부에 중점을 둔 입장이다.

31) 원문은 '이근'(利根). 불교 용어(『법화경』)이다.(본문의 따옴표는 옮긴이 강조)

에 적중되어 있다.' [32] 뛰어난 사람은 한 번에 깨닫는데 본체가 곧 공부의 대상이다. 그는 남과 자신, 안과 밖을 고르게 통하여 안다.

그 아래 등급의 사람은 경험과 학습으로 인하여 마음의 본체가 가려지는 것을 피할 수 없다. 그러므로 드러나는 생각에 선을 행하고 악을 제거한다는 가르침을 두었으니, 공부가 익숙한 후에 마음을 가리던 찌꺼기가 다 없어지면, 마음의 본체가 다시 밝아질 것이다.

여중(汝中, 왕기)의 견해는 내가 영리한 사람을 대할 때의 가르침이요, 덕홍의 견해는 그 아래 등급에 해당되는 사람들을 위하여 세운 방법이다. 그러므로 두 사람이 서로 상대방의 방법을 취하여 사용하면, 보통 사람이나 뛰어난 사람이나 어리석은 사람 모두를 진리에 인도할 수 있다. 만일 각자가 한 방면에만 고집한다면 눈앞에서 사람을 잃게 되고, 진리 자체에서도 다 발휘하지 못한 점이 있게 된다.

이미 말했지만 붕우들과 함께 학문을 익힐 적에 내가 말한 학문의 종지(宗旨)를 절대로 놓쳐서는 안 된다. 곧 '선도 없고 악도 없는 것은 마음의 본체요, 선도 있고 악도 있는 것은 뜻의 움직임이고, 선을 알고 악을 아는 것은 양지이며, 선을 행하고 악을 제거하는 것은 격물이다'가 그것이다. 다만 나의 이 화두를 사람에 따라 지적하면, 저절로 잘못이 없을 것이다. 그러므로 이는 원래 철저한 공부이다. 진리를 이해하는 데 뛰어난 사람은 세상에서 만나기 어렵다. 본체 공부를 한결같이 깨달아 모두 통한 것은 안자(顔子)[33]와 정명도(程明道)[34]도 감히 할 수 없었는데, 어찌 세상사람 가운데서 가벼이 바랄 수 있겠는가? 사람에게는 경험으로 학습된 마음이 있으니, 선을 행하고 악을 제거하는 공부에 양지를 실제로 사용할 것을 가르치지 않고, 단지 추상적인 본체에 매달려 일체의 모든 일을 실제적인 것이 아니라고 한다면, 일개 허무(虛無)[35]

32) 원문은 '미발지중'(未發之中)이다.(본문의 따옴표는 옮긴이 강조)
33) 공자의 제자인 안연(顔淵)을 말한다.
34) 북송의 성리학자 정호(程顥), 정이천의 형이다.

와 적멸(寂滅)³⁶⁾을 양성하는 데 지나지 않는다. 그러니 그 허물이 결코 작지 않다. 일찌감치 그 잘못을 논파하지 않으면 안 된다."

이 말을 듣고 그날 두 사람이 모두 반성했다.

다음은 황이주(黃梨州)³⁷⁾의 말이다.

추동곽(鄒東廓)³⁸⁾ 선생의 「청원증처기」(靑原贈處記)에 양명선생이 양광에 부임할 즈음에 전덕홍·왕기 두 제자가 각기 학문에 대하여 말했다. 서산(緖山)³⁹⁾이 "지극히 선하여 악이 없는 것은 마음이나〔至善無惡者是心〕, 선도 있고 악도 있는 것은 뜻이고〔有善有惡者是意〕, 선을 알고 악을 아는 것은 양지이니〔知善知惡是良知〕, 선을 행하고 악을 없애는 것이 격물〔爲善去惡是格物〕이다" 하니, 용계(龍溪)가 말했다.

"마음에 선도 없고 악도 없으면 뜻에 선도 없고 악도 없다. 그러면 앎에 선도 없고 악도 없으며, 사물에 선도 없고 악도 없다."

이 말을 듣고 왕양명이 웃으면서 말했다.

"홍보(洪甫)⁴⁰⁾는 여중(汝中)⁴¹⁾이 말한 본체를 알아야 하고, 여중은 홍보의 공부 방법을 알아야 한다."

위의 일화와 용계의 「천천증도기」(天泉證道記)가 동일한 사건을 기록한 것인데도, 말이 다른 것이 이와 같다.

즙산(蕺山)⁴²⁾선생이 언젠가 왕양명이 천천에서 한 말은 평소 때의

---

35) 도가에서 궁극적으로 지양하는 것이다.
36) 불교에서 말하는 해탈의 경지이다.
37) 1609~95. 황종희(黃宗義), 명말청초의 사상가. 자는 태충(太沖), 호는 남뢰(南雷), 학자들이 이주선생이라 불렀다. 절강성 여요 사람으로, 저서로『명유학안』『송원학안』『명이대방록』등이 있다. 앞에 나왔다.
38) 문인 추수익의 호이다. 앞에 나왔다.
39) 전덕홍의 호이다.
40) 전덕홍의 자이다.
41) 왕용계의 자이다.

말과 다르고, 평소에 늘 말하는 "지극히 선하다고 한 것이 마음의 본체"라고 한 말을 의심했다. 또 말하기를, "'지극한 선'은 단지 천리(天理)를 극진히 실천하여 한 터럭만큼의 사욕이 없는 상태이고, 양지는 곧 천리이므로 기록 가운데 천리의 두 글자가 한결같지 않아노족하고, 때로는 '선도 없고 악도 없는 것이 이치〔理〕의 고요한 상태'"[43]라고 하니, 또한 '선도 없고 악도 없는 것이 마음의 본체'라고 경솔하게 말할 수 없다.

지금 추수익 선생의 기록을 살펴보면 사유설(四有說)[44]이 여전히 '지극히 선하고 악이 없는 것'을 마음으로 삼고 있고, 사유(四有)의 네 구(句)도 서산의 말이지 양명이 가르치는 방법으로 만든 것이 아니다. 지금 천천에서 있었던 일의 기록에 의거하여 '선도 없고 악도 없는 것'으로 양명을 논의하는 것도 추수익 선생의 기록을 보고 한 것인가?

천천의 문답에서 "선도 없고 악도 없는 것이 마음의 본체요, 선도 있고 악도 있는 것은 뜻의 움직임이요, 선을 알고 악을 아는 것은 양지이며, 선을 행하고 악을 제거하는 것이 격물이다" 하니, 지금 그것을 해석하는 사람이 말했다.

"심체에 선도 없고 악도 없다는 것은 본성이다. 이것을 따라 발동하여 선이 있거나 악이 있는 뜻이 되고, 이것을 따라 선악을 분별하는 앎이 있으며, 이것을 따라 선을 행하고 악을 제거하는 격물이 있다. 그래서 층층이 안에서 밖으로 나가면 모든 것이 거친 활동이다. 그런즉 양지도 후천적으로 생기고, 생각하지 않아도 본래 존재하는 그런 것이 아니게 된다."

---

42) 1578~1645. 명나라 말기의 이학가이다. 이름은 유종주(劉宗周), 자는 기동(起東), 호는 염대(念臺), 절강 산음 사람이다. 즙산선생은 후세 학자들이 부르던 이름이다.

43) 원문에 "無善無惡者, 理之靜"이라고 나온다.

44) 전덕홍의 견해. 심체 이하 모두 선악이 있다는 것이다. 앞에 나왔다.

그래서 등정우(鄧定宇)[45]가 그것을 임시방편으로 논하는 것으로 여겼다.

사실 '선도 없고 악도 없다'는 것은 선한 생각이나 악한 생각이 없다는 말이지 본성에 선도 없고 악도 없다고 말하는 것이 아니다.

그 다음 구절의 '뜻이 움직일 때 선도 있고 악도 있다'는 것 또한 선한 생각과 악한 생각이 있다는 말이니, 앞뒤의 두 구절이 마음의 동정관계를 나타내고 있는 것이다. 양명선생이 다른 날 설간(薛侃)[46]에게 말한 "선도 없고 악도 없는 것은 이치의 고요한 상태요, 선도 있고 악도 있는 것은 기(氣)가 움직일 때이다"라고 한 이 두 구절을 말한다.

이른바 '선을 알고 악을 안다는 것'은 선악에 뜻이 발동하여 그것을 분별하는 것을 따라 앎이 되는 것이 아니다. 단지 이것은 '뜻을 성실하게 하는' 가운데의 호오(好惡)[47]인데, 호(好)는 반드시 선으로 가고 오(惡)는 반드시 악으로 가되, 어떤 시비든 자기를 용납할 수 없는 것은 텅 비어 있으나 어둡지 않은[48] 성(性)의 본체이다.

그리고 '선을 행하고 악을 제거하는 것'은 다만 본성을 따라 행하여 자연히 선도 없고 악도 없는 것이 끼어들어 섞인다. 이른바 양명선생의 "실제적인 사물에서 내 마음의 양지를 발휘한다"는 것을 말한다.

선생의 사구에는 본래 잘못이 없는데, 학자들이 착오로 글을 보탰다. 저들이 '선도 없고 악도 없는 것'으로 본성을 설명한 것은, '선도 없고 악도 없다'는 것이 지극한 선이라는 말이다. 선은 하나인데, 선

---

45) 생몰 미상. 명나라의 이학가. 이름은 등이찬(鄧以贊), 자는 여덕(汝德), 정우는 그의 호이다. 남창 신건(新建) 사람으로, 과거급제 하기 전에 왕기와 교유했고 양지의 학을 전했다. 실천궁행에 힘써 선학의 흐름에 빠지지 않았다.
46) 왕양명의 문인. 자는 상겸(尚謙), 호는 중리(中離), 광동 게양(揭陽) 사람이다. 정덕 12년에 진사가 되었다. 앞에 나왔다.
47) 어떤 것을 좋아하고 싫어하는 감정. 이것을 선악의 윤리적 판단의 출발로 보는 학자들도 있다.
48) 원문은 '허령불매'(虛靈不昧)이다.

이 있는 선이 있고 선이 없는 선이 있다면 이는 본성을 잘라 없애는 것이 아닌가? 저들이 뜻이 발생하여 운용되는 곳에서 양지를 구한 것은, 이미 발동한 것을 발동하지 않은 것으로 보아 사람들에게 앎을 이루는 곳에서 노력하게 하니, 이는 달을 가리킨다는 것이 하늘의 달이 아니고 땅 위의 빛이라면, 구할수록 멀어질 뿐이다.

선생은 이미 사은과 전주를 정벌하는 길에 올라, 전당을 건너 오산(吳山)의 월암(月巖)과 엄탄(嚴灘)을 여행하고, 조대(釣臺)⁴⁹⁾를 지나가다가 시를 지었다.

> 지난번 조대를 지나간 것 생각난다
> 말 달려 군대를 정렬시켰지
> 십 년⁵⁰⁾이 지나 지금에야 오는데
> 다시 창과 방패 들고 일어섰네
> 빈 산은 안개 자욱하여 깊고
> 지난 자취가 꿈만 같은데
> 가랑비에 숲속 길이 미끄럽고
> 폐병에다 두 발의 굳은살이여
> 조대 위의 구름을 올려다보고
> 구부려 대 아래 물에서 씻노라
> 인생이 어찌 밋밋하리오
> 고상한 것이 이와 같은데⁵¹⁾
> 부스럼과 상처로 동포를 생각하니

---

49) 절강성 동려현(桐廬縣) 부춘산(富春山)에 있다. 신호의 난을 진압하고 포로를 사로잡아 조정에 인도하기 위해 지나간 적이 있다. 다른 지역에 같은 이름의 조대가 많다.
50) 정확히 말하면 9년이다.
51) 대 위의 구름을 보고 대 아래에 발을 닦는 것을 형용한 말이다.

지인(至人)[52]은 자신을 위함이 아니었다

내 집 앞을 지나쳐도 서둘러 들어가지 않듯이

근심과 노고가 어찌 그칠 수 있으랴

도도하게 스스로 상처입음을 좋게 보고

과감하게 사는데 어려움이 없구나[53]

憶昔過釣臺	驅馳正軍旅
十年今始來	復以干戈起
空山烟霧深	往跡如夢裏
微雨林徑滑	肺病雙足胝
仰瞻臺上雲	俯濯臺下水
人生何碌碌	高尚乃[54]如此
瘡痍念同胞	至人匪爲己
過門不遑入	憂勞豈得已
滔滔良自傷	果哉未難矣

10월에 남창(南昌)을 지나갔다.

이보다 앞서 선생이 배를 타고 광신(廣信)[55]으로 떠나는데, 문인 서월(徐樾)[56]이 백록동(白鹿洞)[57]에서 정좌(靜坐)하여 공부하다 왔다. 그의 태도와 생각에 선불교의 흔적이 많았다. 선생이 직접 그것을 보고

---

52) 주로 도가에서 자주 사용하는 말로, 도를 터득한 사람이다. 진인(眞人)으로도 표현된다. 여기서는 우임금을 뜻한다.

53) 『논어』「헌문」의 "果哉, 末之難矣"에 나온다.

54) 다른 판본에는 '당'(當)으로 되어 있다. 따르지 않았다.

55) 강서성 예장도(豫章道) 상요현(上饒縣)의 지명이다.

56) 자는 자직(子直), 호는 파석(波石), 귀계(貴溪) 사람이다. 운남좌포정이 되었고, 왕양명에게서 배우다가 나중에 왕간에게 사사했다.

57) 백록동은 서원으로서 유명하다. 백록동 서원은 당나라의 은사 이발(李渤)이 정원 연간(785~805)에 여산(廬山) 오로봉(五老峯) 기슭에 세운 서재에서 비롯되었다. 응천(應天)·석고(石鼓)·악록(岳鹿)과 함께 4대 서원에 든다. 왕양명이 거기에서 강학했다. 앞에 나왔다.

잘못을 바로잡아주고, "옳지 않다"고 했다. 이미 그가 앞의 말을 조금 바꾸니 "옳지 않다. 그 진리의 본체를 파악하는데 어찌 공간적인 장소가 있겠는가? 촛불에 비유하자면, 빛은 어느 곳이든 있어서 촛불의 꼭대기만 빛이라 할 수 없는 것과 같다"고 했다. 또 배 가운데를 가리키며 말하기를, "이것도 이 빛이고 저것도 이 빛이다" 하고, 배 밖의 수면을 가리키며 "저것도 이 빛이다" 하니, 모두 정좌하여 공부하는 것에만 치우치지 말 것을 경계한 것이다.

| 나의 생각 28 |

공부를 처음 할 때에는 마음이 원숭이 같고 뜻이 말 같아 이리저리 날뛰어 일정치 않아서, 한가한 생각과 잡념이 가슴속에 엉킨다. 그러므로 정좌하여 잡된 생각을 하지 않는 방법을 사용해야 그 마음을 맑게 안정시킬 수 있다.

그러나 이 정좌에만 치우쳐 몰두하면, 점차 고요한 것만 좋아하고 행동하는 것을 싫어하는 폐단이 생길 뿐만 아니라, 수많은 병폐가 잠복해 있다가 일할 때 이전처럼 생긴다. 예전에 종남산(終南山)[58]의 중이 30년 동안 수행하여 선정에 들었다. 하루는 다른 중이 그에게 말하기를, "너는 정좌에 익숙한 지 오래되었으니 같이 장안의 유곽에 한 번 다녀오자꾸나" 하고 길을 나섰다. 그가 그 거리에 도착하자마자 아리땁고 화려하며 얼굴에 하얀 분을 바르고 눈썹을 예쁘게 칠한 여자를 보자 그만 마음이 흔들렸다. 하루아침에 30년 쌓은 공부가 허물어진 것이다.

배우는 사람 또한 바람이 불고 파도가 치닫는 세파 가운데서 노력해야 비로소 안정된 힘을 얻을 수 있는 것이다. 그러므로 선생이 언젠가 말했다.

"단지 정좌하는 수양만 알고 극기 공부를 모르면, 일을 할 때 잘못에

---

58) 산 이름. 중국 섬서성 서안시 남쪽에 있는 산으로 진령(秦嶺) 주봉 가운데 하나이다.

치우칠 수 있다. 모름지기 '일을 하는 가운데 연마'[59]해야 자립하여 살 수 있고, 고요할 때도 안정감이 있으며, 움직일 때도 안정감이 있다."

29. 도적을 토벌한 후 서거하다

다음날 남포(南浦)[60]에 도착하니 환영하는 백성들이 환호를 지르며 길을 막아 행차가 나아갈 수 없었다. 그 지역의 덕망 있는 노인들이 다투어 수레를 타고 선생을 뵙고자 도사(都舍)[61]에 들어왔다. 뵙고자 하는 사람이 너무 많아 차례로 동쪽 문으로 들어와 서쪽 문으로 나가게 했다. 머물지 못한 사람은 나갔다가 다시 들어오기도 했다.

이날 군중이 오전 8시경에 모이기 시작해서 오후 2시경에 이르러 비로소 흩어지니, 그때서야 선생은 담당 관리와 일정을 상의했다. 다음날 문묘(文廟)에 나아가 명륜당(明倫堂)에서 『대학』을 강의했는데, 선비들이 병풍처럼 빙 둘렀으나 강의를 다 듣지는 못했다.

당요신(唐堯臣)[62]이라는 사람이 있었는데, 평소에 선생이 강학한 내용을 믿지 않았다. 이때 그가 차를 올리는 것을 빌미로 당상에 올라 곁에서 듣고 말했다.

"삼대(三代) 이후 어찌 이런 모습이 있는가?"

황종명과 위양기(魏良器)[63] 등이 웃으며 당요신에게 말했다.

"너같이 믿지 않는 자가 웬 일로 굴복하여 강의를 듣는가?"

"이 같은 명장이라야 나를 항복시킬 수 있으니, 너희 같은 무리들이 어찌 나를 굴복시킬 수 있겠는가?"

---

59) 원문은 '사상마련'(事上磨鍊)이다.
60) 남창의 항구이다.
61) 『연보』에는 '도사'(都司). 지휘소이다.
62) 가정 36년 항주(杭州)의 천진서원(天眞書院)에서 『왕양명선생문록』과 『전습록』을 중간한 사람이다.
63) 왕양명의 문인. 자는 사안(師顔). 호는 약호(藥湖). 앞에 나왔다.

길안부(吉安府)에 도착하니 선비들과 마중 나온 사람들이 3백여 명이었다. 배움을 게을리 하지 말라고 했는데, 그 요점은 다음과 같다.

"요순은 태어나면서 잘 아는 사람이라 무슨 일이든 편안히 행하는 성인이다. 그런데도 고생해야 알고 힘써 행해야 하는 사람의 공부를 했다. 우리는 고생해야 알고 힘써 행해야 하는 자질을 갖고 태어났으면서도, 가만히 앉아서 태어나면서부터 알고 편안히 행하는 사람의 성공을 바라니, 어찌 자기와 남을 그르치지 않겠는가?[64] 또 양지의 효용이 지극히 크고 넓으니, 거짓으로 허물을 꾸미고 잘못을 장식하면 그 피해가 도리어 크다."

이별할 즈음에 사람들에게 부탁하기를, "학문을 닦은 공부는 간단하고 쉬우며[65] 참되고 절실하니,[66] 참되고 절실할수록 간단하고 쉬우며, 간단하고 쉬울수록 참되고 절실하다"고 말했다.

11월에 오주(梧州)[67]에 도착하여 난리를 일으킨 사람들을 토벌해야 할지 무마해야 할지 깊이 살펴보았다. 잠맹(岑猛)·노소(盧蘇)·왕수(王受) 등은 애초에 반란을 일으킬 뜻이 없었으나, 이전의 관리가 일을 처리할 때 공정치 못했기 때문에 불만을 품고 반란을 일으켰다. 잠맹이 사로잡히자 노소·왕수 등이 죄는 두렵고 죽음을 모면하려 험한 요새에 무리를 모아 관군에 저항한 지 2년이나 되어, 나라의 근심거리였다.

선생은 무고한 사람까지 모두 죽여 공을 세우는 것은 어진 사람이 할 짓이 아니라고 여겼다. 그래서 조정의 아량 있는 덕을 선포하여 위신을 밝히 보여주고 생업에 복귀하도록 인도했다. 그랬더니 무리가 머리를 조아리며 기뻐 감복하고, 죽을 각오로 은혜에 보답하겠다고 맹세했다.

---

64) 이 글과 관련된 말은 『중용』 20장의 "或生而知之, 或學而知之, 或困而知之, 及其知之一也. 或安而行之, 或利而行之, 或勉強而行之, 及其成功一也"에 나온다.
65) 원문은 '간이'(簡易). 즉 복잡하지 않고 쉽다는 뜻이다. 앞에 나왔다.
66) 원문은 '진절'(眞切). 즉 거짓이 없으면서 절실하다는 뜻이다. 또는 직절(直截)이라는 표현도 쓴다. 앞에 나왔다.
67) 광서성 오주부(梧州府)이다.

이 일이야말로 화살 하나 부러뜨리지 않고 병졸 한 명 희생시키지 않은 채, 4만 여 무리가 모두 투항하니 사은과 전주가 평정을 되찾았다.

이에 촌락을 돌아보고 순방하여 사정을 알아보았다. 토관(土官),[68] 유관(流官),[69] 순검사(巡儉司)를 조정에 아뢰어 설치하고, 중요한 피해를 막아 그 지역의 장구한 안녕을 도모했다.

선생이 대략 가정 6년 11월 20일 오주에 도착하여 7년 4월에 이르러 그 지역을 다스리는 방략이 모두 결정되었다. 이에 사은과 전주에 학교를 건립하고, 선생과 학생들을 모집하여 효제(孝悌)의 의리와 관혼상제의 사례(四禮)를 가르쳤다. 또 향약(鄕約)[70]을 가르쳐 시행케 하여 완악하고 거친 풍속을 순화했다.

전주와 사은은 군사를 동원하지 않아도 이미 평정되었다. 그러나 단등협(斷藤峽)[71]에 있는 도적들만은 악행을 가장 오랫동안 저질렀는데, 수십 여 소굴이 서로 연락하고 그 영향권에 속한 것이 3백여 리나 되었다. 서로 의지하고 모여서 군현의 향촌을 위협하거나 공격했다. 그래서 인민들의 재산을 약탈하기도 하고 그들을 살육하기도 했다.

명나라가 개국한 이래로 여러 번 정벌했으나 굴복하지 않았다. 천순(天順)[72] 연간에 도어사(都御史) 한옹(韓雍)[73]이 군사 20여만 명을 거

---

68) 중앙에서 임명하는 토착 관리이다.

69) 중앙에서 파견한 관리이다.

70) 마을의 자치 규범. 향약은 북송 때 여대균(呂大鈞)의 「여씨향약」에서 비롯하여 주자가 개정한 향약이 통용되었다. 명나라의 향약은 왕양명이 남감(南贛)의 순무(巡撫)로 재직 중이던 1518년 강서의 남부에서 실시한 남감향약에서 비롯했다. 백성들의 협동과 화합을 위하여 만들었는데 그 내용을 보면, 부모에게 효도하고, 형과 어른을 공경하며, 자손을 교육하고, 마을 사람들이 서로 화순하고, 상을 당했을 때 서로 돕고, 어려운 일이 있을 때 서로 도우며, 선한 일을 서로 권하고, 악한 일을 경계하거나 처벌하며, 소송을 멈추고 다툼을 없애고, 신의를 강론하며, 화목의 도리를 닦는 것 등이다.

71) 심주부(潯州府) 계평현(桂平縣)에 있는 험한 지역이다.

72) 명나라 영종(英宗)의 연호(1457~65)이다.

73) 1422~78. 자는 영희(永熙), 장주(長洲) 사람으로, 후에 자부도어사(左副都御

느리고 양광을 정벌한 다음 그 소굴을 파괴했다. 그러나 도적들은 관군이 돌아간 뒤 얼마 안 되어 다시 심주(潯州)[74]를 공격하여 함락시키고, 성을 거점으로 난동을 부렸다. 그래서 다시 군사를 모아 공격하되 그들을 달래는 작전을 병행하니, 물러나 소굴로 돌아가 몇 달 동안 잠시 잠잠해졌다. 그러다가 다시 창궐하여 살인하고 약탈하는 것이 한층 도가 심했다. 특히 팔채(八寨)[75]의 도적들은 더욱 흉악하고 맹렬해서, 날카로운 칼이나 독화살을 사용해도 그들을 당하지 못했다.

원래 그 성채의 벽이 천연적으로 험악하여 군사를 진격시킬 길이 없었다. 그래서 명나라 초기의 한도독(韓都督)[76]이 수만의 군사로 그 지역을 포위했으나 격파하지 못하고, 마침내 달래기로 했다. 그후 여러 차례 공격했으나 한 번도 성공하지 못하고 도리어 많은 손실만 입었다.

그후로 누구도 어찌할 수 없었다. 그들은 원근 각처를 돌아다니며 위협하기를 한 달도 거르지 않았다. 최근의 사은과 전주의 소요 사태로 인해 도적들이 기회를 틈타 선동하여 큰 변란의 기미를 보였다. 다행히도 지금 사은과 전주의 소란은 평정되었으나, 이 같은 요적(猺賊)[77]을 없애지 않으면 그곳에 사는 주민들이 결단코 편안하게 살 수 없었다.

그 지역의 관리들이 모두 도적들을 소탕할 뜻을 내보이자, 선생이 호광 지방으로 복귀하는 병력과 노소·왕수 등의 토착 병력을 이용해 관리들에게 길을 나누어 우장(牛腸)·6사(六寺) 등 도적들의 소굴로 진격하도록 했다.

이보다 앞서 도적들이 호광의 군사들이 지나는 것을 막기 위해 가솔

史)가 되어 양광의 군무를 맡았다.
74) 단등협이 있는 지역 이름이다.
75) 광서성 상림현(上林縣)의 북쪽에 있는 사길(思吉)·주안(周安)·고묘(古卯)·고봉(古蓬)·도자(都者)·나묵(羅墨)·박정(剝丁)의 여덟 성채가 있는 소굴이다.
76) 이름은 한관(韓觀), 자는 언빈(彦賓), 홍현(虹縣) 사람이다. 정이부장군(征夷副將軍)에 올랐다.
77) 양광, 호남, 운남 지방에 사는 민족이다. 요족을 도적의 무리로 표현한 것이다.

들과 소를 이끌고 소굴에 들어간 후 큰 산에 잠복했다. 도적 두목 호연이(胡緣二) 등은 무리를 이끌고 단결하여 방어했다. 그러나 그들이 총독원(總督院)을 정탐하니 차자(箚子)[78]는 남녕부(南寧府)[79]에 머물러 있고, 정벌한다는 소식도 없이 조용하며, 군사를 훈련시키거나 군량미를 모으는 것도 볼 수 없었다. 또 호광의 군사들이 돌아가면서 모두 깃발을 숨기고 북을 치지 않아 전략적으로 경비를 하지 않았다. 그것을 보고 도적들이 마침내 해이해져 경계를 게을리 했다.

바로 이때 돌연히 관군이 사방에서 포위하여 공격했다. 도적들이 황급히 어찌할 바를 모르다가, 그들이 용감하고 날랜 것을 믿고 벌떼같이 달려나와 대적했다.

이에 군사들이 힘써 싸울 것을 독려하니 도적의 기세가 꺾여 패했다. 사로잡거나 목을 벤 두목과 졸개들의 수는 예순아홉 명이었다. 또 사로잡은 남자, 부녀자와 노획한 소, 그릇, 기구(器具)들이 매우 많았다.

도적의 잔당이 선녀대산(仙女大山)으로 쫓겨가 그곳의 험한 지형을 믿고 성채를 만들고 대항했다. 군사들이 쫓아 포위하여 절벽에 사다리를 놓고 방어벽을 만들면서 위를 쳐다보며 공격했다. 그리하여 다시 적의 요새를 파괴하고 사로잡거나 목을 벤 도적이 많았다.

또 유대(油碓)·석벽(石壁)·대피(大陂) 등의 소굴을 공격하여 파괴하니, 남은 도적들이 단등협 횡석강(橫石江)의 강변으로 도망갔다. 추격하는 군사들을 보고 급하게 서로 배를 타고 강을 건너려다 물에 빠져 죽은 자가 6백여 명이었다. 관군이 다시 용감하게 추격하여 죽이고, 산속을 두루 수색하여 도적들을 거의 소탕했다.

다시 병력을 이동시켜 선대(仙臺) 등의 도적들을 토벌했는데, 각 부대가 명령에 따라 일제히 소굴로 밀어닥쳤다. 이에 도적들은 우장 등이 궤멸되었다는 소식을 듣고 의심을 품으면서도 두려워했다. 그들은 험

---

78) 간단한 형식의 상소문이다.
79) 광서성 남녕도(南寧道) 옹녕현(邕寧縣)이다.

한 지형을 의지하여 길마다 매복을 설치하고, 합세하여 막으려 했다. 그러나 관군이 진격하는 형세가 마치 바람과 비 같아 서로 다투어 용감하게 선봉에서 공격하니, 사로잡거나 죽인 도적들이 매우 많았다.

남은 도적들이 달아나 영안계(永安界)에 들어가 험한 지형을 믿고 집결하여 성채를 만들므로, 관군이 길을 나누어 같이 진격하되 사면에서 쳐다보며 공격하니, 적들이 마침내 궤멸하여 흩어졌다. 추격하여 남김없이 죽였다.

이에 각 독병관(督兵官)[80]이 부대를 지휘하며 관군과 토병(土兵) 6천 1백 명을 거느리고, 각 부대가 행군하는 길을 나누어 정한 다음, 팔채의 요적들을 향해 진격했다. 각 부대는 선생이 비밀리에 보낸 전술을 전달받고 야음을 틈타 빠르게 진격하니, 지나치는 촌락과 성채에서 병력이 이동하는 것을 눈치 채지 못했다. 동틀 무렵에 각기 도적들의 성채로 밀고 들어가, 마침내 천연의 석문을 돌파하여 아군이 모두 쳐들어갔다. 그러자 도적들이 놀라 깨어 모두 하늘에서 군사가 내려온 것으로 여겼다. 적들이 떨며 놀라 궤멸되고 흩어지므로, 아군이 승승장구로 추격하니 도적들이 도망가기도 하고 싸우기도 했다.

각 성채의 용감한 도적들이 다시 수천 명 모여 각기 장검과 독화살로 방어하므로, 아군이 북을 치고 함성을 지르며 전진하는 소리가 골짜기를 진동하니, 모두 한 사람이 열을 당하는 기세였다. 적이 드디어 크게 궤멸되니, 사로잡거나 목을 벤 적의 두목과 따르던 자들이 모두 2백91명이었고, 노획물이 매우 많았다.

도적들이 다시 진을 나누어 무리 지어 지극히 높은 산으로 도망했다. 그러고는 험한 지형을 이용하여 성채를 세우고, 아래로 돌과 통나무를 굴려 보내니, 관군이 많은 손상을 입었다.

이에 여러 방면으로 전략을 세워 밤에 정예병을 출동시켜 그 불비한 점을 감추고, 다시 고봉(古蓬) · 주안(周安) · 고발(古鉢) · 도자(都

---

80) 각 부대의 군사를 감독하는 관리 또는 지휘관이다.

者) · 동(峒) 등의 성채를 격파했다. 또 관군이 길을 나누어 각 성채의 도망가는 도적들을 추격하니, 사로잡거나 목을 벤 도적들이 셀 수 없이 많았다. 그리하여 팔채의 요적이 대략 소탕되었다.

대개 단등협에 있는 팔채의 도적들은 평소에 매우 용감하고 사나웠다. 소굴이 험한 지역에 있어 군사들이 들어갈 수 없었다. 이런 곳은 계책을 써서 취하는 것이 낫지 병력을 동원하여 도모하는 것은 좋지 않았다. 선생은 이 일도 호광에 복귀하는 병력을 가지고 용이하게 이용했고, 사은과 전주의 병력을 새로이 받아들여 그들이 은혜 갚을 기회를 잘 이용했다. 날아오르는 것이 번개와 같고 빠르기가 바람과 비 같았다. 토벌을 시작하니, 원근에 있는 자들이 병력의 이동을 알지 못했고, 도적들을 격파했으나 사졸들이 그 거동을 헤아리지 못했다.

그러므로 두 지방에 출전한 군사가 8천 명이 못 되었으나, 사로잡거나 죽인 도적들이 3천여 명이나 되니, 하루아침에 1백 년 동안의 근심을 없앴다. 사은과 전주의 두목 노소 · 왕수 등은 다시 살아난 은혜에 감격하여 죽을 각오로 은혜를 갚는데, 스스로 군량미를 마련하고 앞 다투어 도적들과 싸웠다. 위에 있는 험한 성채를 공격하다가 언덕에서 떨어져 머리가 깨져 죽으면서도, 오히려 "죽는 것에 유감이 없다" 하고, 위로부터 도적들의 화살을 맞아 나무에 걸려 사지가 찢어지면서도 "달갑게 죽겠다" 했다. 이런 일이 민간에 퍼져 "노소 · 왕수가 이전에는 지방의 근심거리였는데, 지금은 지방의 근심을 없애는구나"라고 외치며 칭찬하는 말이 생기고, 충성을 다해 은혜를 갚는 정성이 비록 자식이 부모에 대해서도 이보다 못할 것이라고 여겼다.

이에 선생이 친히 여러 소굴을 시찰하여 그 형세의 장단점을 살피고, 지키는 위소(衛所)를 다시 세울 것을 조정에 주청(奏請)했다. 그리고 현에서 정사 보는 곳을 개설하여 여러 일을 잘 돌볼 수 있도록 완비했다.

10월에 질환[81]이 심해 상소를 올려 휴가를 청했으나 윤허받지 못했다.

초하루에 오만탄(烏蠻灘)에서 마복파(馬伏波)[82] 장군의 사당을 참배했는데, 완연히 어렸을 적 꿈에 본 것[83] 같았다.

"이번의 행차가 우연이 아니구나"라고 말하고, 시를 지었다.[84]

　　사십 년 전 꿈속의 시여

　　이번 행로는 하늘이 정한 것, 어찌 사람의 뜻인가

　　정벌을 가면 감히 풍운의 진법에 의지하고

　　지난 곳은 때맞춰 내리는 비 같은 군사여야 하니

　　오히려 기쁘게도 먼 사람이 향하여 바라는 것을 아나

　　부끄럽게도 질병을 고칠 방도가 없네

　　이전의 승리는 조정에 돌리고

　　무력으로 사방의 오랑캐를 평정한다는 말이 부끄럽구나

四十年前夢裏詩	此行天定豈人爲
徂征敢倚風雲陣	所過須同時雨師
尙喜遠人知向望	却慚無術救瘡痍
從來勝筭歸廊廟	耻說兵戈定四夷

증성(增城)에 있는 선조의 사당에 참배했는데, 선생의 6대조 왕강(王綱)[85]은 광동성 참의(參議)로 있을 때 묘(苗)[86]의 난에 죽었다. 이때

---

81) 『연보』에 의하면 '해리지병'(咳痢之疾)으로 되어 있다. 기침과 설사(또는 이질)이다.

82) 후한의 광무제 때의 무장 마원(馬援, 기원전 14~기원후 49)으로 복파장군에 봉해졌기 때문에 마복파라 불렀다. 문무를 겸비한 학자·장군의 전형이라고 한다. 그는 중국 서쪽의 강족(羌族)의 침입을 물리치고, 한나라 제국을 위해 베트남 북부까지 재정복했다. 사당은 오주(梧州)에 있다. 앞에 나왔다.

83) 열다섯 살 때의 일이다. 고사는 앞에 나왔다.

84) 이때 시 두 수를 지었는데, 이것은 제1수이다. 『왕문성공전서』 권20, 외집2, 양광시 「알복파묘 2수」(謁伏波廟二首) 참조.

85) 자는 성상(性常), 『명사』 권289, 열전177, 충의(忠義)에 자세하다. 고사는 이 책의 맨 앞에 나왔다.

관리가 사당을 새로 짓고 선생이 제사지낸 것이다.

전덕홍과 왕기에게 편지[87]를 보내 그들의 학업을 권면하고, 아울러 집안일을 부탁하면서 말했다.

보내준 글에서 최근 공부에 진전이 있다고 하니, 대단히 기쁘고 위로가 된다. 그리고 여요(餘姚)와 소흥(紹興)의 동지들이 서로 모여 학문을 절실히 익히기를 분발하여 날마다 열심히 하며 게으르지 않다니, 우리 도(道)의 번창함이 참으로 불길이 타오르고 샘이 펑펑 솟아나는 징조이다. 기쁘고 다행한 일이 또 어디 있겠는가? 기쁘고 다행한 일이 또 어디 있겠는가?

요사이 지방이 모두 평정을 되찾았다. 다만 두세 곳의 큰도적 소굴의 뿌리가 워낙 깊어 두 성(省)에 사는 백성들의 근심이 되었는데, 내 마음 또한 그것을 차마 제거하지 않을 수 없었다. 그래서 두세 달 더 머물면서 지금 그 일을 마무리지었다.

열흘 안에 돌아갈 예정이다. 수검과 수문 두 동생은 가까이 두고 지도를 받게 하여 점차 진보하는 점이 있다고 생각 든다. 정헌(正憲)[88]은 매우 나태하니 일침을 가하지 않으면 그 병폐를 쉽게 제거하지 못할 것이다. 아버지와 아들, 그리고 형제 사이의 사정은 뭐든지 다그쳐 고치려 하므로 잘하라고 꾸짖기가 도리어 어렵다. 그래서 그 임무가 스승과 친구에게 있으니,[89] 생각건대 평일의 골육과 도의에 대한

---

86) 책의 앞에 보면 조주(潮州)의 백성들이 난을 일으켰는데, 해적 조진(曹眞)이 증성에서 그를 죽였다.

87) 『왕문성공전서』 권6, 문록3, 「여전덕홍왕여중」(與錢德洪王汝中) 참조.

88) 정덕 10년(1515)은 선생의 나이 마흔넷 때 재종 동생인 수신(守信)의 아들 정헌(正憲)을 후사(양자)로 세웠다. 이때 선생의 동생인 수검(守儉), 수문(守文), 수장(守章)이 있었는데, 모두 자기 아들을 양자로 내놓지 않아서 용산공(龍山公)이 수신의 아들을 양자로 세웠다. 이때 수신의 아들 나이는 여덟 살이었다. 앞에 나왔다.

89) 고사는 『맹자』 「이루하」의 "責善, 朋友之道也. 父子責善, 賊恩之大者"에 나

사랑은 많은 부탁을 하지 않아도 마땅히 잘할 것으로 믿는다.

11월에 군사를 되돌려 대유현(大庾縣)에 있는 고개[90]에 이르렀을 때 질병이 더욱 심하니 포정사(布政使) 왕대용(王大用)[91]에게 말했다.

"그대는 제갈공명이 강유(姜維)[92]에게 군사를 맡긴 이유를 아는가?"

왕대용이 드디어 병권을 맡고 선생을 호위하며 수장의 일을 돈독히 했다.

25일에 남안(南安)[93]에 도착하니 문인 추관(推官) 주적(朱積)[94]이 와서 찾아뵈었다. 선생이 일어나 앉아 천천히 말했다.

"근래 학문의 진전이 어떠하냐?"

"정사(政事)를 대하고서도 드디어 도의 본체를 묻는 것에 근심이 없습니다"라고 주적이 말하자, 선생이 말했다.

"병세가 위독하여 죽지 않는 것은 원기(元氣)뿐이다."

28일에 청룡포(靑龍浦)에 배를 정박하고, 다음날 주적을 불러들여 눈을 떠 그를 보며 말했다.

"나는 간다."

주적이 눈물을 흘리면서 남길 말씀이 없냐고 물었다.

선생은 희미한 미소를 지으며 말했다.

"이 마음이 빛처럼 밝으니 다시 무슨 말이 필요한가?"

온다.

90) 『연보』에는 '매령'(梅嶺)으로 되어 있다. 강서성과 광동성의 경계에 있다.

91) 『연보』에 의하면 왕대용은 이때 스승이 위독한 것을 보고 왕양명의 배가 광주(廣州)를 지날 때 몰래 좋은 재목으로 관을 만들어 죽음에 대비했다고 한다.

92) 촉한(蜀漢)의 천수(天水) 사람으로, 정서장군(征西將軍)이었다가 제갈량이 죽자 그를 대신해 군사를 맡았다.

93) 강서성 감남도(贛南道) 대경현(大庚縣)이다.

94) 1483~1565. 자는 이선(以善), 호는 이봉(二峰) 또는 고우(古愚), 강산(江山) 사람이다. 지행합일설을 듣고 왕양명의 제자가 되었다. 강서 남안부 추관에서 원주지사(沅州知事), 덕왕부 장사(德王府長史)를 지냈다.

잠시 후 눈을 감으며 서거했다. 이때가 가정 7년(1528) 11월 29일 진시(辰時)[95]였다.

문인 감주병비(贛州兵備) 장사총(張思聰)이 남안에 도착하여, 맞이하러 남야역(南埜驛)에 들어가 예법대로 목욕시키고 염습했다.

12월 3일에 장사총이 관속들 및 사생(師生)과 더불어 제단을 설치하여 입관하고 다음날 관을 배에 실어 오르니, 길 가득히 몰려나온 선비들과 백성들의 곡성이 땅을 진동했다.

감주(贛州)에 도착하자 선비들과 백성들이 남안에서처럼 연도에서 곡을 했고, 남창에 도착해서는 문인 순안어사(巡按御史) 저량재(儲良材)와 제학부사(提學副使) 조연(趙淵)[96]이 이듬해 장례행렬이 출발할 것을 요청하고, 선비들과 백성들이 이른 아침부터 밤까지 곡하며 제사 지냈다.

| 나의 생각 29 |

"이 마음이 빛처럼 밝은데 다시 무슨 말이 필요한가"라고 한 말은 선생의 정신을 남긴 것이니, 선생의 학문에 뜻을 둔 자는 늘 마음에 간직하여 정성스럽게 지키지 않겠는가?

그런데 '이 마음'이 무엇 때문에 '빛처럼 밝은가?' 대개 사람은 천지의 매우 영묘한 기운을 받아 태어나므로, '이 마음'의 본체가 본래 스스로 빛처럼 밝아 만 가지 이치를 모두 갖추었다.[97] 단지 사람이 이 세상에 살면서 세속의 습속에 물들고, 허다한 물욕에 가려져 본래면목을 잃고 어두운 지경에 떨어져 한평생을 의미 없이 흐리멍덩하게 살면서 깨

---

95) 오전 8시 전후이다.

96) 1483~1537. 자는 홍도(弘道), 임해(臨海) 사람이다. 관직은 사천첨사(四川僉事)에서 사천좌참정(四川左參政)에 이르렀다.

97) 『주자어류』 권5, 「정단몽록」(程端蒙錄)의 "心之全體, 湛然虛明, 萬理具足", 권9의 "一心具萬理, 心包萬理, 萬理具于一心"에 나온다. 박은식이 주자학을 공부했으므로 마음에 만 가지 이치가 갖추어졌다는 것을 인용한 것 같다.

닫지 못한다.[98]

　학문을 닦는 데 성찰하고 극기하는 노력을 하며 습속에 물들어 가려진 것을 떨쳐 없애면, 본체의 빛처럼 밝은 것이 스스로 회복될 것이다. 이 밝음은 애초부터 인간의 밖에서 오는 것이 아니니, 이러한 실제 노력을 버리고 어찌 다시 다른 데서 구할 것인가? 만약 '이 마음의 빛처럼 밝은 것'을 다른 사물로 생각하여 다른 방식으로 공부한다면 잘못된 것이다.

---

98) 원래 이 말은 『정자어록』(程子語錄)에 나온다.

서거 후 뒷이야기

30. 공자묘에 배향되다

가정 8년(1529) 정월에 거상행렬이 남창에서 출발했다. 이때 연일 역풍이 불어 배가 앞으로 나아가지 못했다. 조연이 관 앞에 나아가 빌면서, "공께서 어찌 남창의 선비들과 백성만을 위해서 머무십니까? 월(越) 땅의 자제들과 문인이 와서 기다린 지 오래됩니다" 하자 홀연히 서풍으로 변하여 곧장 익양현(弋陽縣)[1]에 도착했다.

2월에 월 땅에 도착했다. 이때 예부상서 계악(桂萼)[2]이 이의[3]를 제기하여 작음(爵蔭)[4]과 시호를 내리는 것 등의 여러 전례를 시행할 수 없었다. 그러고는 선생의 학문이 거짓된 것이라 하여 조서를 내려 금했

---

1) 강서성 광신부(廣信府) 익양현이다.
2) 자는 자실(子實), 호는 고산(古山), 안인(安仁) 사람이다. 예부상서에 올랐고, 시기가 많아 자기에게 이의를 제기하면 배척했다. 앞의 대례에 대한 논쟁에서 그는 세종에게 아부하여 세종의 생부모의 시호를 높이는 데 일조했고, 그 덕으로 승승장구하는데, 선생이 광서지방의 정벌을 떠난 것도 그의 악의에 찬 추천 때문이라고 전한다.
3) 계악이 제기한 이의는 왕양명이 임명된 지역의 공무를 저버리고 제멋대로 이탈했다는 것과 그의 학문이 이단이라는 점 등이다.
4) 작위를 세습하는 것과 과거시험을 거치지 않고 벼슬을 내리는 것이다.

다. 그러자 첨사(詹事) 황관(黃綰)이 상소를 올려 억울함을 아래같이 호소했다.

　충신은 임금을 섬기는데 의리상 구차하게 갚아지려 하지 않고, 군자가 몸을 세우는데 도리상 아첨하거나 파당을 만들지 않습니다. 신이 예전에 도사(都事)가 되었고, 지금의 소보(少保)·계악은 그때에 천거한 사람들입니다. 신이 그들의 큰 절개를 보고 사귀었습니다. 그러다가 신이 남경도찰원(南京都察院)에서 일할 때에 대례(大禮)가 밝지 못함을 보고 서로 자료를 열거하며 논의했는데, 이로부터 20여년 동안 계악과 시종일관 이론이 없었습니다.

　앞서 신이 신건백(新建伯) 왕수인을 천거하여 폐하의 성덕(聖德)을 도와 높이고자 했더니, 계악이 왕수인과 맞지 않아 그 때문에 옳지 않다고 말합니다. 소인은 틈을 타 결점을 노리지만, 신은 이 일로 평생 동안 계악을 놓치고 싶지는 않습니다. 다만 신에게는 임금을 섬기는 의리와 스승과 벗을 대하는 도리에 밝히지 않으면 안 되는 것이 있습니다.

　신이 왕수인에 대해 깊이 알고 있는 것은 그의 공적과 학문입니다. 그러나 공적은 클수록 남들이 시기하고 학문은 오래될수록 남이 알지 못하니, 이것이 바로 왕수인이 세상에서 이해받지 못하는 점입니다. 왕수인의 큰 공적은 대강 네 가지입니다.

　첫째 신호(宸濠)가 불궤(不軌)를 모의한 것은 하루이틀이 아닙니다. 환관 위빈(魏彬), 임금의 총애를 받던 전녕(錢寧)·강빈(江彬)[5] 등의 무리, 육완(陸完)[6] 등과 같은 문신들이 조정에서 신호와 응하

---

5) 의부(宜府) 사람이다. 말을 탄 채 활을 잘 쏘아 무종(武宗)의 마음에 들어 무관에 발탁되었다.
6) 자는 전경(全卿), 호는 수촌(水村), 장주(長洲) 사람이다. 병부상서를 거쳐 이부상서를 지내면서 신호의 난에 가담했다.

고, 필진(畢眞)·유랑(劉朗)같이 진(鎭)을 지키는 자들이 조정 밖에서 응했습니다. 그러니 당시 조정 안팎의 신하들이 사태를 관망하고만 있었습니다. 만약 그때 왕수인이 충의를 일으켜 자기 일가족이 몰살당할 수도 있는 어려움을 돌아보지 않은 채 적을 토벌하는 임무를 맡지 않았다면, 천하의 안위가 어떻게 될지 알 수 없었을 것입니다. 그렇거늘 지금은 모두 그것이 오문정(伍文定)[7]의 공이라 여깁니다. 이는 사냥개를 놓아 보내는 것[8]을 가벼이 하고, 달려가는 개[9]를 중요하게 여기는 것입니다.

둘째, 대모(大帽)·다료(茶寮)·이두(浰頭)·통강(桶岡)의 도적들이 우글거리는 성채의 세력이 네 성에 걸쳐 있고, 병력은 해마다 늘어났습니다. 이것도 왕수인이 군사를 지휘하여 차례로 평정했습니다.

셋째, 사은과 전주 지방이 수년이나 평화롭지 않아 불미스러운 일이 그치지 않았고, 백성들이 편안하지 못했습니다. 그래서 왕수인이 가서 노소·왕수의 무리에게 항복하게 하고 감읍케 하니 드디어 한 지방의 어려움이 해결되었습니다.

넷째, 팔채(八寨)가 양광 지방의 큰 골칫거리가 된 이래로 변방을 지키는 관군들은 도적들과 한 무리가 되어 어찌할 수가 없었습니다. 마침 왕수인이 영순(永順)의 회군(回軍)하는 군사와 노소·왕수의 항복한 군사들의 힘으로 도적들을 습격하여 멸망시키는 것이 마치 썩은 나무를 부러뜨리듯이 쉽게 해결했습니다.

이렇듯 왕수인의 공이 모두 큰 근심을 제거하고, 또 마침내 죽을 각오로 열심히 일한 것이니, 어찌 그것을 없앨 수 있겠습니까?

그리고 그의 학문이 위대한 것은 세 가지 이유 때문입니다.

---

7) 1470~1530. 자는 시태(時泰), 호는 송월(松月), 송자(松滋) 사람이다. 병부상서겸우부도어사에 올랐다. 신호를 토벌할 당시 길안부 지부로 있으면서 왕양명을 도왔다. 앞에 나왔다.
8) 전쟁을 지휘하는 것을 비유한 말이다.
9) 전투에 참여하는 것을 비유한 말이다.

첫째는 양지를 발휘하고 확충하는 치양지(致良知)입니다. 앎을 이루는 치지(致知)[10]는 그 출처가 공자에서 나온 말이며, 양지는 맹자의 말[11]에서 나온 것이니, 어찌 이단이 되겠습니까?

둘째, 친민(親民)[12]이니, 백성은 친한 관계인 친척이 아니면서도 친하게 지내야 하는 존재입니다. 무릇 어진 사람을 친히 여기고 이로움을 즐거워하며 호오(好惡)를 백성과 함께하여[13] 혈구지도(絜矩之道)[14]가 되는 것이 친민입니다. 이 또한 왕수인이 새로 만들어낸 말이 아닙니다.

셋째, 지행합일(知行合一)입니다. 이는 『주역』의 이른바 "이를 곳을 알아 이르고 끝날 곳을 알아 끝내는 것"[15]과 같은 일입니다. 왕수인이 이것을 발견하여 사람들의 말과 행동이 일치하고 헛된 말을 일삼지 못하게 하고자 했습니다. 이 또한 왕수인의 학문이 바로 공맹의 학을 잇고 있으니, 어찌 비난할 수 있겠습니까?

지금 계악이 이것을 가지고 왕수인을 비방하여 폐하에게 이처럼 잘 보필한 신하를 잃게 하고, 왕수인에게 요순과 같은 임금을 섬길 수[16] 없게 만들었습니다. 이는 누구의 잘못입니까? 그러므로 신이 감히 이

---

10) 『대학』의 "古之欲明明德於天下者, 先治其國, 欲治其國者, 先齊其家, 欲齊其家者, 先修其身, 欲修其身者, 先正其心, 欲正其心者, 先誠其意, 欲誠其意者, 先致其知. 致知在格物"에 나온다.(고딕은 옮긴이 강조)

11) 『맹자』「진심상」의 "孟子曰, 人之所不學而能者其良能也, 所不慮而知者其良知也"에 나온다.(고딕은 옮긴이 강조)

12) 『대학』의 3강령 가운데 있는 '친민'(親民)을 주자는 '신민'(新民)으로 보아야 한다고 했으나, 왕양명은 『대학고본』(大學古本)을 따라 그대로 '친민'으로 보았다.

13) 『맹자』「양혜왕하」의 '여민동락'(與民同樂)의 사상이다.

14) 『대학』에 나오는 말로 자기의 마음을 미루어 남의 마음을 이해하는 도덕원리이다. 『논어』에 있는 '서'(恕)의 원리이다.

15) 『주역』「건괘」문언의 "知至至之, 可與幾也, 知終終之, 可與存義"에 나오는데, 『실기』에 "知至至之, 知終終之"라고 나온다.

16) 『맹자』「만장상」의 "吾豈若使是君, 爲堯舜之君哉"에 나온다.

로써 계악이 옳다고 하지 않겠습니다.

무릇 왕수인의 학문이 올바르고 그의 공적이 높음을 이와 같되, 상급과 전례(典例)를 베풀지 않고, 그것을 깎아내리고 벌을 주며, 충성을 다한 옛 은혜를 없애고 그의 학문을 금하니, 계악이 밝은 군주를 보필하는 것이 이런 것입니까?

지금 왕수인이 객지에서 죽었는데 처자가 힘이 없고 나약하여 하인들이 그의 뼈를 빈 산에 매장했습니다. 귀신이라도 그것을 알면 측은히 여길 터인데, 하물며 사람, 특히 성인이라면 어떠하겠습니까? 설령 왕수인이 이 세상이 아닌 앞선 세대에 태어났어도 폐하께서는 오히려 그를 추숭(追崇)[17]하실 터인데, 어찌 그 사람을 지극히 가까이 보았으면서 그를 잃고자 하십니까?

신이 예전에 왕수인과 20년 동안 친구로 사귀었습니다. 하루에 힘써 허물을 죽일 수 없었는데 왕수인이 그것을 쫓아 깨닫자 홀연히 깊이 살피게 되었습니다. 드디어 그를 스승으로 섬기게 되었습니다. 이는 신이 왕수인을 구차하게 서로 믿어 세속의 사우(師友)와 같은 관계가 결코 아니라는 것을 말해줍니다.

신이 아버지와 같은 임금 앞에서 사우의 관계에서 품은 생각을 감히 다 말하지 않을 수 없습니다. 예전에 계악이 소인배에게 참소당했을 때 신이 그를 위해 분개했고, 참소가 무고임이 밝혀지자 신 또한 기뻐한 것은 진실로 신이 사사로이 한 것은 아닙니다. 왕수인이 지금 원통하게 된 것도 계악이 지난날의 억울함을 안고 있는 것과 같습니다.

엎드려 바라옵건대 한결같이 바라보는 어진 마음을 넓히시되, 특별히 맡은 관리에게 칙령을 내리셔서 전례를 넉넉하게 하고 시호를 내려주시기를 바랍니다. 더불어 관작을 세습하게 하시고 아울러 금지된 학문을 풀어주셔서 성덕을 밝혀주시기를 바랍니다. 이 같은 일이

---

17) 사후에 해당되는 사람을 높이는 것을 말한다.

밝혀지지 않으면, 계악과 신이 끝내 잊을 수 없을 것입니다. 그러므로 신이 감히 이같은 직언을 드려 폐하께 충성을 다하고 계악의 허물을 보완하고자 합니다.

11월 홍계(洪溪)에서 선생의 장사를 치렀다. 홍계는 월성과의 거리가 30리[18]이고, 난정(蘭亭)에 들어가서는 5리가 된다. 선생이 직접 택한 곳이다.

이에 앞서 다음과 같은 일이 있었다. 계곡의 앞[19]은 품안으로 들어와 좌측의 계곡과 만나서, 오른쪽의 산기슭을 찔러 깨무는 형세였다. 장례를 돕던 풍수가가 마음속으로 꺼림칙하게 여겼다. 그러다가 그가 밤에 잠을 자다가 꿈을 꾸었는데, 그 꿈속에서 신령스러운 사람이 붉은 옷을 입고 옥대를 맨 채 계곡 위에 서서 말하기를, "내가 계곡을 옛 길로 되돌릴 것이다" 했다. 다음날 번개와 뇌성이 치면서 비가 많이 쏟아졌다. 계곡이 범람하여 홀연히 남쪽 언덕에서 흐르니, 명당이 두루 수백 척이나 트이게 되었다. 드디어 혈(穴)[20]을 정했다.

이때 모여 곡을 하는 문인이 1천여 명이었고, 장례에 참석하기 위하여 사방에서 모여든 사람들이 눈물을 흘리며 탄식했다.

강경(降慶)[21] 원년(1567) 5월에 조서를 내려 선생을 신건후(新建侯)[22]에 봉하고, 시호를 문성(文成)이라 내렸다. 강경 2년 6월에 아들 정억(正億)이 신건백(新建伯)에 세습으로 봉해졌다.

만력(萬歷)[23] 12년(1584)에 조서를 내려 선생을 공자묘(孔子廟)에

---

18) 『연보』에는 30리로 되어 있고, 『실기』에는 20리로 되어 있는데, 『연보』를 따랐다.
19) 『실기』에는 '후계'(後溪)로 되어 있으나 『연보』의 '전계'(前溪)를 따랐다.
20) 관을 묻을 땅이다.
21) 명나라 목종(穆宗)의 연호이다.
22) 신건현(新建縣)의 책임자이다.
23) 명나라 신종(神宗)의 연호이다.

배향(配享)했다.

황이주(黃梨洲)[24]가 말했다.

선생의 학문이 처음에는 사장(詞章)[25]에 흘러넘치고, 고정(考亭)[26]의 글을 모아 엮으면서 격물(格物)의 차례를 따르다가, 사물의 이치(物理)와 내 마음(吾心)이 끝내 둘로 나누어져 마음에 들어오는 것이 없었다.

이에 오랫동안 노자와 불교에 출입하다가, 오랑캐의 땅에서 곤란을 겪을 때에 "그 마음을 삼가 움직여 천성(天性)을 굳건히 참으면서"[27] 성인이 이곳에 처한다면 달리 무슨 도리가 있을까 생각했다. 그러다가 홀연히 격물치지(格物致知)의 뜻을 깨달으니, "성인의 도가 내 본성에 절로 족히 있으므로 내 마음 밖에서 구할 필요가 없다"고 했다.

그리하여 선생의 학문은 세 번 변하여 비로소 한 학파를 이루었다. 그 후로 지엽적인 것을 모두 버리고 한결같이 본원(本源)에 뜻을 두어 고요히 앉아 마음을 맑게 하는 것을 학문의 목표로 삼았다. 선생은 '(희로애락이) 아직 발동하지 않은 중'(未發之中)이 있어야 비로소 '발동하여 절도에 맞는 화'(中節之和)[28]가 있을 수 있다고 하여, 보고 듣고 말하고 행동하는 것이 대개 거두어 모으는 것을 위주로 하고, 밖으로 발산하는 것은 부득이 한 일이라고 했다.

---

24) 1609~95. 황종희(黃宗羲), 명말청초의 사상가이다. 자는 태충(太沖), 호는 남뢰(南雷), 절강성 여요 사람, 학자들이 이주선생이라 불렀다. 저서로『명유학안』『송원학안』『명이대방록』등이 있다. 앞에 나왔다.

25) 시나 문장을 짓는 것, 즉 문학을 말한다. 선생은 초년부터 시를 즐겨 지었다.

26) 주자의 호이다.

27) 『맹자』「고자하」의 "動心忍性, 曾益其所不能"에 나온다. 앞에 나왔다.(본문의 따옴표는 옮긴이 강조)

28) 『중용』의 "喜怒哀樂之未發, 謂之中. 發而皆中節, 謂之和. 中也者, 天下之大本也, 和也者, 天下之達道也"에 나온다.

강서에 온 이후부터는 오로지 치양지 세 글자에 치중했는데, 고요히 앉을 시간도 없고 마음이 맑게 되기를 기다릴 겨를이 없었지만, 익히지도 생각하지 않아도 마음 밖에 드러낼 때 저절로 천리가 들어있었다.

대개 양지는 '(희로애락이) 발동하지 않은 중(中)'이니, 이 양지 이전에 다시 아직 발동하지 않은 것이란 없다. 또 양지가 곧 '발동하여 절도에 맞는 화(和)'이니 이 양지의 이후에 다시 이미 발동한 것도 없다. 이 양지에 거두어 모을 수 있는 능력이 있어서 다시 거두어 모으는 일에 집중할 필요도 없고, 발산할 수 있는 능력이 있어서 다시 발산을 기대할 필요도 없다. 거두어 모으는 것이란 느끼고 움직이는 것의 주체이니 고요하면서도 움직이는 것이요, 발산이란 고요함의 작용이니 움직이면서도 고요한 것이다. 앎〔知〕의 진실하고 절실하며 독실한 곳이 바로 행동〔行〕이요, 행동의 분명하게 깨닫고 정밀하게 살핀 곳이 바로 앎이다. 앎과 행동은 둘이 아니다. 강서에서는 모두 이와 같이 말했다.

월 땅에 거처한 이후에는 생각한 것이 더욱 무르익고 얻은 것이 더욱 변하여 시시각각 옳고 그름을 알며, 시시각각 옳고 그름의 구별이 없어, 입을 열 때마다 본심을 얻으니 다시 무엇을 빌리거나 의지하여 머무는 곳이 없었다. 마치 붉은 해가 공중에서 만물을 모두 비추어주는 것과 같으니, 이것은 선생이 학문을 완성한 이후에 또 세 번의 변화가 있었기 때문이다.

송나라 유학자 이후로 배우는 자들이 지식을 앎으로 삼아 이르기를, "사람 마음에 갖추고 있는 것은 '밝히 깨닫는 것'〔明覺〕에 불과하고 이치는 천지만물이 공통으로 갖고 있는 것"이라 한다. 그러므로 반드시 천지만물의 이치를 모두 빠짐없이 궁리한 이후에 내 마음의 '밝히 깨닫는 것'과 함께 그 지식이 혼합하여 틈이 없게 된다. 선생은 이렇게 말하면 흡사 안과 밖의 구별이 없는 듯하나, 실상은 오로지 밖의 견문에 의지해 그 '밝히 깨닫는 것'을 메우고 보충하는 것이 된다고 여겼다.

선생은 성인이 되는 학문이 심학(心學)이며 '마음이 곧 이치'라고 보았다. 그러므로『대학』의 치지격물의 뜻을 풀이하면서 부득불 다음 같이 말했다.

"내 마음의 양지를 알려거든 구체적인 사물에 존재하는 천리에 나아가면 그 이치를 얻을 수 있다. 무릇 지식을 앎으로 삼으면 물위에 가벼이 뜬 것처럼 알맹이가 없다. 그러므로 반드시 힘써 실천해야 하니, 그러면 양지가 신비하게도 빨리 감응할 것이다. 그러므로 본심의 밝음이 곧 앎이요, 본심의 밝음을 속이지 않는 것이 행동이다. 부득불 말하면 지행합일이다."

이같이 선생의 입언(立言)의 큰 뜻이 여기에 있음을 모르고, 어떤 사람은 불교의 본심설이 심학에 자못 가깝다고 하니, 유교와 불교의 경계가 단지 하나의 이치에 있음을 모르는 것이다. 불교는 천지만물의 이치를 도외시하여 다시 말하지 않고, 이 '(마음이) 밝히 깨닫는 것'만 지킨다. 세속의 유학자들은 이 '(마음이) 밝히 깨닫는 것'을 믿지 않고 천지만물의 사이에서 이치만 찾는다. 구하는 것이 절대로 다르나, 천지만물에서 이치를 찾는 데만 신경 쓰고, '밝히 깨닫는 것'을 내 마음에서만 찾는 것은 매일반이다. 밖을 향하여 이치를 찾는 것은 근원이 없는 물이나 뿌리가 없는 나무 같으니, 설령 이치를 얻더라도 본체(本體) 상에 이미 헛되이 손만 놀릴 뿐이다. 그러므로 남의 집 대문을 돌아다니며 불을 빌리는 것은 눈을 합쳐 어둠을 보는 것과 다르지 않다.

선생이 마음이 마음 되는 까닭을 지적한 것은 '밝히 깨닫는 것'에 있지 않고 (마음이) 천리라는 것에 있으니, 도를 밝히는 것이 이미 실추되었으나 다시 밝힌 것이다. 드디어 유교와 불교의 경계를 산과 강처럼 아득하게 멀게 만들었으니, 눈이 있는 자는 모두 같이 볼 것이다. 시험 삼아 맹자의 말로 증명하면, 사물 가운데서 나의 양지를 실천하여 모두 얻은 이치가 이른바 '사람이 능히 도를 넓힌 것'[29]이 아닌가? 만약 천리가 사물에만 있다면 이는 도가 능히 사람을 넓힌 것이리라. 고자(告子)가 의를 인간 본성 밖에 있다고 본 것[30]은 어찌 의를 없애고 돌아보지 않았는가? 또한 사물 사이에서 그 의를 구하여 마음에 있는 것과 합쳐지니, 바로 세속의 유학자들이 말하는 궁리와 같다. 맹자가 그것을 허락하지 않고 사단을 필히 마음에 귀속시킨 것은 왜 그랬을까? 아! 보잘것없는 것이 눈을 가려 사방의 위치를 바꾸었기에 선생을 의심할 수 있었다.

나의 생각 30

세속의 유학자들은 주자와 양명 이론의 같고 다름이 매우 단단하여, 그 논의를 그칠 수 없다고 한다. 그러나 금일에 이르러 이러한 같고 다름의 변론은 모두 무익하여 더이상 묻지 않는 것이 옳을 것이다.

우리 동료들이 학문하는 까닭은 무엇인가? 자신의 몸을 닦아 남에게 미치게 하여 세상에 보탬이 되고자 함이 아닌가? 오늘날에 이르러 이른바 성현의 학문을 전적으로 폐지해버리면 그만이지만, 이 학문을 강명(講明)하여 자신의 몸을 닦아 남에게 미치고자 하는 요령으로 삼고자 한다면, 오로지 왕학(王學)[31]의 간단하고 쉬우며 진실하고 절실함[32]이 시의적절할 것이다.

그러므로 량치차오가 말했다.

"우리가 태어난 오늘날과 같은 사회는 사물이 날로 복잡하니, 각종 과학에 우리가 모두 종사하지 않을 수 없다. 그러므로 유한한 시간과 힘을 가지고 도를 배우고자 하는 것은 옛사람에 비해 도리어 부족하다.

---

29) 『논어』 「위령공」의 "子曰, 人能弘道, 非道弘人"에 나온다.
30) 고사는 『맹자』 「고자상」의 "告子曰, 食色, 性也, 仁內也, 非外也, 義外也, 非內也"에 나온다.
31) 양명학을 말한다. 양명의 성이 왕씨이므로 그렇게 부른다.
32) 원문은 '간이진절'(簡易眞切). 원래 '간이'(簡易, 易簡)는 『주역』에 나오는 말이다.

지금 간단하고 쉽고 진실하고 절실한 방법으로 인도하지 않으면, 배우는 자들이 그 (도의) 어려움을 싫어하여 기꺼이 종사하지 않음은 물론이요, 힘써 (그 도를) 따르더라도 과학을 크게 버려서 세상물정에 어두울까 두려워하여, 도리어 (그 도를) 배우지 않는 자의 핑곗거리가 될 것이다. 그러므로 가만히 생각건대 오직 왕학이 오늘날 학계의 독일무이(獨一無二)한 양약이다."[33]

또 주자와 왕양명의 같고 다름을 말한다 하더라도, 주자는 여러 사물의 이치를 궁구하여 얻는 것을 앎의 지극함으로 여기고, 왕양명은 본심의 양지를 이루어 얻는 것을 앎의 지극함으로 여겼다. 그러므로 주자의 앎을 이루는 것은 후천적인 앎이요, 왕양명의 앎을 이루는 것은 선천적인 앎이니, 선천과 후천이 원래 서로 떨어져 있는 것이 아니다. 주자가 언제 본심의 앎을 버렸으며 왕양명이 언제 물리에 대한 앎을 버렸는가? 다만 그 입각(立脚)한 곳에 멀고 곧바른 차이가 있을 뿐이다.

---

33) 량치차오의 『덕육감』에서 인용한 말이다. 『덕육감』은 량치차오의 『음빙실문집』(飮氷室文集)의 3책에 실려 있다.

王陽明先生實記

後學 朴殷植 著

1

王陽明先生의名은守仁이오字ᄂᆞᆫ伯安이니晋光祿大夫王覽之裔라覽
은本琅琊人이니至曾孫右軍羲之ᄒᆞ야移居山陰이러니二十三世에至迪
功郞壽ᄒᆞ야移居餘姚ᄒᆞ다五世孫綱의字ᄂᆞᆫ性常이니有文武才ᄒᆞ고善鑑
識人物이라與誠意伯劉基로友善이러니嘗謂劉曰余ᄂᆞᆫ素性이樂山林ᄒᆞ
니君이異日得志이勿以世緣累我ᄒᆞ라然이나劉ㅣ薦其才ᄒᆞ야洪武四年
에徵之京師ᄒᆞ니是年이七十二로ᄃᆡ齒髮이如少壯이라太祖ㅣ異之ᄒᆞ야
諮以治道ᄒᆞ시고授兵部郞이러니時에潮州民이爲亂이라於是에授以廣
東省僉議ᄒᆞ야往督兵糧케ᄒᆞ니綱이語所親曰吾ㅣ死於此行矣로다因書
與家人訣ᄒᆞ고携子彦達ᄒᆞ고單舸로赴任ᄒᆞ야曉諭亂民以鎭之ᄒᆞ고還之
增城ᄒᆞ야遇海賊曹眞被捕라諭以禍福曰今天子ㅣ下詔ᄒᆞ야削平僭亂ᄒᆞ
니若輩ㅣ爲良民ᄒᆞ야以享太平이可也어ᄂᆞᆯ奈何로自取誅死오賊이怒ᄒᆞ
야遂害之ᄒᆞ니彦達이時年十六이라且哭且罵曰幷殺我ᄒᆞ라賊이奇之曰
父忠子孝ᄒᆞ니殺此不祥이라ᄒᆞ고遂釋之어ᄂᆞᆯ彦達이乃以羊革으로裹父
屍歸ᄒᆞ다後二十四年에御史郭純이狀聞于朝ᄒᆞ야詔立廟增城ᄒᆞ니是先
生六世祖也라彦達이以父蔭으로例得官이로ᄃᆡ痛父非命ᄒᆞ야終身不仕
ᄒᆞ고自號秘湖漁隱ᄒᆞ니라高祖與準이硏易禮二經ᄒᆞ야著易微數千言ᄒᆞ
고永樂年間에朝廷이徵遺逸호ᄃᆡ不就ᄒᆞ고自號遁石翁이라ᄒᆞ다曾祖世
傑이以明經으로爲太學生ᄒᆞ야號槐里子ᄒᆞ다祖父敍ᄂᆞᆫ號竹軒이니環堵
蕭然ᄒᆞ되雅歌不輟ᄒᆞ야胸次灑落ᄒᆞ니人이比之陶淵明林和靖이라所著
ᄂᆞᆫ有竹軒稿・江湖雜稿ᄒᆞ야行于世ᄒᆞ니라父華의字ᄂᆞᆫ德輝니初號實庵

이라가晚號海日翁ᄒ고嘗讀書龍泉山中故로又稱龍山公ᄒ다天資ㅣ敦厚ᄒ고才學이宏博이라憲宗成化十七年에擧進士及第第一ᄒ야官至南京吏部尙書ᄒ니忠貞之節이爲世所重이라進封新建伯ᄒ다成化七年에娶夫人鄭氏ᄒ야生先生于浙江省紹興府餘姚縣ᄒ니先生이嘗居四明山陽明洞ᄒ야在越城東南二里여ᄒ니學者ㅣ因稱陽明先生ᄒ다

按先生家ㅣ自廣祿以下로世以忠孝爲家法ᄒ고文學爲箕裘ᄒ야其淵源之所從來ㅣ遠矣라先生이雅懷無物ᄒ고亦嘗沉溺於老佛ᄒ야求方外之說ᄒ고又遭時多難ᄒ야險塗ㅣ非常ᄒ니宜其有厭世思想ᄒ야爲莊列之徒矣로ᄃᆡ終乃返於經世之學ᄒ야發斯道之光ᄒ고爲國家ᄒ야建佐命之功者ᄂᆞᆫ以家世忠孝之訓育이爲遺傳性故也니家世訓育之關於人才ㅣ有如是者矣로다

2

先生이以成化八年九月三十日로誕生ᄒ니初에太夫人鄭氏ㅣ娠十有四月에祖母岑氏ㅣ夢神人이衣緋腰玉ᄒ고自雲中으로秦樂鼓吹ᄒ야送一兒來어ᄂᆞᆯ岑氏ㅣ驚寤ᄒ니兒卽呱呱矣라祖父竹軒翁이大異之ᄒ야乃命名曰雲이라ᄒ고鄕人이名所居樓曰瑞雲樓라ᄒ다

先生이五歲而不言이라一日은與群兒戱ᄒᆯᄉᆡ有高僧이過而撫之曰好個兒로다惜因名道破라ᄒ거ᄂᆞᆯ竹軒翁이悟之ᄒ야更名守仁이라ᄒ니始能言이라至七八歲時ᄒ야嘗暗誦竹軒翁所讀書어ᄂᆞᆯ翁이訝問之ᄒᆫᄃᆡ先生曰向聞祖讀時에已默記之矣니다

十一歲에竹軒翁이因龍山公迎養ᄒ야携先生如京師ᄒᆯᄉᆡ過登金山ᄒ야與客賦詩未就라先生이從旁占一絶曰

金山一點大如拳,打破維揚水底天,醉倚妙高臺上月,玉簫吹徹洞龍眠

客이大驚ᄒ야復命賦蔽月山房詩ᄒ니先生이卽應口唱之曰

山近月遠覺月小,便道此山大於月,若人有眼大如天,環見山小月更闊

客이謂竹軒翁曰此兒詞才ㅣ不凡ᄒ니ㅣ他日에當以文章名天下라ᄒ더라

十二歲時에在北京ᄒ야就塾師學ᄒᆯᄉᆡ豪邁不羈ᄒ야不專心誦讀ᄒ고嘗潛出ᄒ야與群兒戱ᄒᆯᄉᆡ製大小旗幟ᄒ야授群兒ᄒ야令四面環立ᄒ고自爲大將ᄒ야居中指揮ᄒ야左旋右轉이似戰陣狀이라龍山公이以先生行止ㅣ逸出準繩으로常懷憂호ᄃᆡ祖父竹軒翁이獨奇之러라

一日은伴群兒ᄒ야出遊市場이라가見有賣雀兒者ᄒ고先生이欲得此
호ᄃ而賣者ㅣ不肯與라適有相士ㅣ來ᄒ야見先生而驚曰此兒ㅣ他日에
必大貴ᄒ야建非常之功이라ᄒ고賣雀兒與之ᄒ고因以手撫之曰吾爲汝
相ᄒ니後須記吾語ᄒ라其語에曰

　　髮拂領ᄒ면其時入聖境ᄒ고髮至上丹臺ᄒ면其時結聖胎ᄒ고髮至
下丹臺ᄒ면其時成果圓이라

又囑曰汝當讀書自愛ᄒ라吾言이必有驗ᄒ리라言訖而去ᄒ니先生이
感其言ᄒ야遂潛心學業ᄒ야對書이輒靜坐凝思ᄒ니學力이日進이러라

嘗問塾師曰天下何事ㅣ爲第一等事닛고塾師ㅣ曰嵬科高第ᄒ야顯親
揚名이如尊父면乃第一等人이니라先生이曰嵬科高第ᄂᆫ世多其人ᄒ니
豈是第一等事리오塾師ㅣ曰據汝所見컨ᄃ何事爲第一고先生이曰惟讀
書學爲聖賢이是第一等事니다龍山公이聞而笑之曰爾欲傚聖人耶

十三歲에太夫人鄭氏ㅣ卒ᄒ니先生이居喪이哭泣甚哀러라

十四歲에學習弓馬ᄒ고硏究兵法ᄒ야當曰儒者ㅣ不可不知兵이라孔
子ㅣ曰有文事者ㅣ必有武備라ᄒ시니方今章句之儒ㅣ平時에叨富貴竊
詞章ᄒ야以粉飾太平爲事라가及夫臨難遭變에ᄂᆫ束手沒策ᄒ니此ㅣ儒
者之羞니라翌年에出遊居庸關ᄒ야縱觀山川形勝ᄒ고慨然有經略四方
之志라歷訪諸夷部落ᄒ야詢悉備禦之宜ᄒ고且同健兒ᄒ야馳逐騎射라
가逾月에始還北京ᄒ다一夜에夢謁馬伏波將軍廟ᄒ고賦詩曰

　　卷甲歸來馬伏波,早年兵法鬢毛皤,雪埋銅柱雷轟折,六字題詩尙不磨

是時에水旱爲災ᄒ야盜賊群起ᄒ니石英王勇等은擾圻內ᄒ고石和尙
劉千斤等은亂陝西ᄒ야攻陷城池ᄒ고搶掠府庫ᄒ되官軍이久不能制라
先生이告龍山公曰兒ㅣ欲以諸生上書ᄒ야效漢終軍故事ᄒ야得精卒一
萬人이면可以削平群盜ᄒ야鎭靖海內니다龍山公이曰汝狂病耶아以諸
生妄言者ᄂᆫ死罪니라先生이不敢復言ᄒ고遂專心講學ᄒ다

　　按自古偉人이自其幼時로言動擧止ㅣ固有異於凡兒나盖或多見如
先生者乎아尋常遊戲가皆已現其平生歷史之活動精神이오而況其
甫及成童에已縱觀塞外ᄒ야有經略四方之志ᄒ고且欲上書請兵ᄒ
야掃淸海內ᄒ니是故少年志氣나而無此志기면安得有非常事業乎
아嗚呼少年之讀此者ㅣ其亦有以奮發也夫ㄴ뎌

3

孝宗弘治元年은 先生十七歲라 歸餘姚鄕里ᄒᆞ야 七月에 迎夫人諸氏于洪都ᄒᆞᆯ시 時에 諸公養和ㅣ 爲江西布政司叅議라 先生이 就委禽焉ᄒᆞ다 合꾿日에 間行至鐵柱宮ᄒᆞ야 (道敎宮觀) 遇一道士ᄒᆞ니 龐眉皓首가 盤膝趺坐어ᄂᆞᆯ 先生이 卽而叩之曰 道士ᄂᆞᆫ 何處人고 對曰 我ᄂᆞᆫ 蜀人이라 訪吾道伴ᄒᆞ야 以至於此로라 間其姓ᄒᆞᆫᄃᆡ 對曰 오ㅣ 幼而出家ᄒᆞ야 不知姓名고 但世人이 呼我爲無爲道士니라 先生이 見其精神健旺ᄒᆞ며 音如洪鍾ᄒᆞ고 以爲是得道者라ᄒᆞ야 因問神仙養生術ᄒᆞᆫᄃᆡ 道士曰 養生秘訣이 只有靜一字ᄒᆞ니 老子之淸淨과 莊子之逍遙ㅣ 是也니 而修淸淨이라야 方能逍遙得이니라 因敎以導引法ᄒᆞ거ᄂᆞᆯ 先生이 恍然而悟ᄒᆞ야 因共道士ᄒᆞ야 閉目靜坐以終日ᄒᆞ야 寢食을 俱忘이러니 諸公이 遣使者ᄒᆞ야 遍索不得이라 翌日天明에 之鐵柱宮ᄒᆞ니 見先生이 經夜靜坐ᄒᆞ야 尙未移動이라 使者ㅣ 以諸公命으로 促歸宅ᄒᆞ니 仍別道士而還ᄒᆞ다

    按此等事ᄂᆞᆫ 人或謂軼出規繩之過者나 然非其高潔灑落ᄒᆞ야 不累於物이 如先生者면 亦烏能有是哉아 盖當合꾿之日ᄒᆞ야 若忘其爲合꾿之日也ᄒᆞ고 獨自間行ᄒᆞ야 訪道士問仙術ᄒᆞ야 靜坐經夜에 嗒然忘歸ᄒᆞ니 是果何等胸次耶아 以若是之胸次로而視世間一切榮辱得喪ᄒᆞ면 奚啻蚍蜉之聚散乎哉아 余於此에 不覺其爽然自失云이라

4

官署中에 有紙數篋이라 先生이 日學書而盡ᄒᆞ니 自此書法이 大進이라 先生이 嘗語學者曰 吾始學書에 摹古人法帖ᄒᆞ야 止得字形이러니 其後에 擧筆落紙ᄒᆞ면 凝思靜慮ᄒᆞ야 擬形於心ᄒᆞ야 久之에 始通其法이라 及讀明道書에 曰 吾作字甚敬은 非要字好라 只此是學이라ᄒᆞ니 旣非要字好면 又何學也오 乃知古人의 隨時隨事에 只在心上學이라 此心이 精明ᄒᆞ면 字好ㅣ 亦在其中이니라ᄒᆞ더라 後與學者로 論格物에 多擧此爲證ᄒᆞ니라

    十八歲에 以諸夫人으로 歸餘姚ᄒᆞᆯ시 途次過上饒ᄒᆞ야 謁婁一齋랴ᄒᆞ니 一齋ㅣ 語以宋儒格物致知學이러ᄂᆞᆯ 先生이 甚喜ᄒᆞ야 以爲聖人을 必可學而至也라 然此時에 從詞章之學ᄒᆞ야 文瀾이 渾灝ᄒᆞ야 以意爲主ᄒᆞ니 盖其學蘇長公者也라

    先生이 平日에 好諧謔ᄒᆞ야 接人에 極其磊落簡易러니 一日에 悔改ᄒᆞ야 遂儼然端坐ᄒᆞ야 寡言語ᄒᆞ니 傍人知友ㅣ 皆未之信이라 先生이 曰 吾今知

前日放逸之爲過矣라蘧伯玉이行年五十에知四十九年之非ᄒᆞ니吾何晩之有리오然先生이襟度ㅣ濶大ᄒᆞ고言論이明快ᄒᆞ야應接酬酌에不待終辭ᄒᆞ야而人無不悅服者ᄂᆞᆫ終身一也러라

二十一歲時에祖父竹軒公이卒于北京ᄒᆞ니龍山公이奉喪歸鄕里ᄒᆞ다

是年秋에赴浙江省鄕試ᄒᆞ야與孫忠烈燧와胡尙書世寧으로同學러니後二十七年寧濠之變에胡ᄂᆞᆫ發其奸ᄒᆞ고孫은殉其難ᄒᆞ고先生은平之ᄒᆞ니人以爲奇事云이러라

先是에先生이在北京ᄒᆞ야徧讀考亭遺書ᄒᆞᆯ시一日은至伊川所言衆物이有表裏精粗ᄒᆞ고一草一木이皆有至理아因見署中에有竹林ᄒᆞ고乃取而格之라가沈思不得ᄒᆞ야遂被疾ᄒᆞ니因謂聖賢이有定分ᄒᆞ야非可妄希라ᄒᆞ고遂復以文藝爲事ᄒᆞ다

明年春에試南宮落第라時에宰相李東陽이主盟文壇ᄒᆞ야而素器先生이라戱謂曰待汝作來科壯元이리니試爲來科壯元賦ᄒᆞ라先生이援筆立就ᄒᆞ니諸老ㅣ驚曰天才天才로다有忌先生者ㅣ曰此者ㅣ取上第면目中에無我輩矣리라後三年에再赴南宮ᄒᆞ야果爲忌者所抑이라同舍ㅣ有以不第爲恥者어ᄂᆞᆯ先生이笑曰汝ᄂᆞᆫ以不得第로爲恥ᄒᆞ나吾ᄂᆞᆫ以不得第動心으로爲恥ᄒᆞ노라

二十六歲에寓北京ᄒᆞᆯ시時에邊陲不靖ᄒᆞ야警報頻至라詔擧將才호ᄃᆡ而無有應者라先生이嘆曰朝廷이雖設無擧나而僅得騎射擊刺之士ᄒᆞ고至韜鈐統御之才ᄒᆞ야ᄂᆞᆫ則未有得也라物不素具면何以應卒이리오乃取兵家秘書ᄒᆞ야精硏熟討ᄒᆞ고每遇賓客宴會ᄒᆞ야輒取果核爲陣勢ᄒᆞ야指示開闔進退之法이러라一夕에夢威寧伯王越이解所佩劒ᄒᆞ야贈先生이어ᄂᆞᆯ旣覺에喜曰吾其當威寧伯斧鉞之任ᄒᆞ야垂功名於竹帛乎ᅟᅵᆫ져ᄒᆞ더라

二十七歲에復念詞章藝能이不足以達至道라於是에講究聖學ᄒᆞ야求師友於天下ᄒᆞ고取考亭語錄ᄒᆞ야反覆玩省ᄒᆞ고又讀考亭上光宗疏에曰居敬持志ᄂᆞᆫ爲讀書之本이오循序致精은爲讀書之法이라ᄒᆞ니乃悔前日에用力雖勤이나而無所得者ᄂᆞᆫ欲速故也라因循序以求之나然物理吾心이終判爲二라沈鬱旣久에舊疾이復作ᄒᆞ니于時에聞道士養生之說而悅焉ᄒᆞ니라

二十八歲라春에赴庭試ᄒᆞ야擧南宮第二人ᄒᆞ야賜二甲進士第七觀政工部之職ᄒᆞ니于時에受命ᄒᆞ야往濬縣ᄒᆞ야監威寧伯墳墓築造ᄒᆞᆯ시先生이在道에不用肩輿ᄒᆞ고棄馬馳過險坂이라가因馬驚ᄒᆞ야墜之吐血이라

進轎子호디不聽호고猶復乘馬호니盖欲練習爲也라既見威寧伯子弟호야는問威寧伯平日用兵之法호디其子弟言之甚悉이어늘先生이大喜호야乃以兵法으로部勒造墳役夫호야使之更番休息호니由是로用力少而得功多호야工事速成이라其家ㅣ以金帛爲謝어늘先生이固辭之호디乃出一寶劍以贈曰此는先大人所佩라호거늘先生이受焉호니喜其符昔日之夢也라

時에星變이現호니朝廷이下詔求言호고獯虜ㅣ猖獗호야邊報ㅣ甚急이라先生이上疏호야陳邊務호니其要目이有八事라

一曰蓄材以備急,　　二曰舍短以用長,

三曰簡師以省費,　　四曰屯田以足食,

五曰行法以振威,　　六曰敷恩以激怒,

七曰損小以全大,　　八曰嚴守以乘弊

二十九歲에授刑部雲南司主事호고三十歲에奉命讞獄江北호야多所平反이라事畢에遊九華山호야作遊九華賦호고歷覽無相化城諸寺호야至必經宿이라見道士蔡ㅣ蓬頭踞坐호야衣服이弊陋어늘先生이意其爲異人호야問以仙術호디蔡ㅣ搖首曰尙未라先生이屛左右호고引蔡至後亭호야再拜以請호디蔡ㅣ復搖首曰尙未라先生이懇請不已호니蔡ㅣ曰汝雖謂盡禮於我나我看汝終不忘官人相이로다大笑而別호다聞地藏洞에有一老道士호야坐臥松毛호며不火食호고先生이歷巖險訪之호니道士ㅣ正熟睡라先生이坐其傍호야以手摩足이러니久之오道士ㅣ方醒호야見先生而驚曰如此險路에何以得到오先生曰吾欲共長者談道어니何敢憚勞리오道士ㅣ因備論佛老要旨호고且及儒家호야周濂溪程明道는是你儒家兩個好秀才오朱考亭은是一種講師니猶未到最上一乘也니라語畢에復熟睡라先生이歸라가明日에再往호니其人이不復在矣라先生이乃題一詩曰

路入巖頭別有天,松毛一片自安眠,高談已遠人何處,古洞荒凉散冷烟

三十一歲에還北京호야復命호다時에京中諸名士ㅣ共結詩社호고擬古體호야作詩文以相尙이라要先生入社어늘先生이嘆曰吾以有限之精神으로安用此浮文爲哉아上疏告病호고辭官歸鄕호야築室四明山陽明洞中호야爲隱居修養之計홀시乃思鐵柱宮道士之言호고行導引術이러니適友人王思興等이來訪이라先生이命僕迎之호고且歷訪其來蹟호야殆若先知者호니衆이以爲得道호고里人이指陽明洞호야爲神仙聚會所

러라久之오先生이悟曰此는簸弄精魄이니非正道也라ᄒᆞ고遂屛去其術ᄒᆞ니라旣而오爲靜養身心ᄒᆞ야欲超然遁世ᄒᆞ나惟念祖母岑太夫人父龍山公在ᄒᆞ니不能忘恩愛之情ᄒᆞ야躕躇未決이라가一日에悟曰此第一念이早已生于孩提之時ᄒᆞ니若此念이亡이면是는斷滅人間種性의라此ㅣ吾儒家所以排斥佛老者也니三敎之中에惟儒爲至正이로다於是에翻然一轉ᄒᆞ야復以經世爲志ᄒᆞ니此其行狀中所云正德戊寅에始歸正聖賢之學者也라

　　按先生初年에溺於老佛이盖亦深矣라竟有孝親一念이爲其轉機ᄒᆞ야返諸聖賢之學者는其實證也라又先生之學이提出本心之知라故로世儒ㅣ或譏爲近禪ᄒᆞ나殊不知禪은專求本心而遺物理ᄒᆞ고先生은以本心與物理로合而爲一ᄒᆞ니此其界限之別이固較然矣라且就上一截言之라도王學之良知ㅣ有似乎禪敎之淨智나然良知는以天理爲本體ᄒᆞ고淨智는以空寂爲本體ᄒᆞ니其大本이已自不同則又何疑於近禪乎아未窺王學之眞詮而輒肆譏詆者는不過門戶之偏見矣라嗚呼良知二字는先生이從石槨三年而得來ᄒᆞ니是天啓之也라但其與學者說話이有提示本體之直捷也故로學者ㅣ看得容易ᄒᆞ고更欲求過此以上之道理ᄒᆞ야轉入於空虛玄遠ᄒᆞ야爲王學之弊者ㅣ亦有之ᄒᆞ니此至善之所以難得이오中庸之所以難能也라盖良知之本體ㅣ卽天理니天理以上에更有何物可加乎아學者ㅣ惟當一心在天理上ᄒᆞ야靜則存此而養之ᄒᆞ고動則循此而行之면方能以人合天이니而語其發竅處則吾心之良知ㅣ是可라良知者는自然明覺之知오純一無僞之知오流行不息之知오泛應不滯之知오聖愚無間之知오天人合一之知니神乎妙乎孰得以尙之리오嗚呼人之有良知ㅣ如天之有日이어늘而世猶有疑於此는何哉오是自瞎其明者矣라是以로余敢斷言之曰東西道學界에惟王學이爲獨一無二之法門이라ᄒᆞ노니而世之君子ㅣ其能無誚也否아

5

明年에移居西湖ᄒᆞ야歷覽名勝ᄒᆞ야往來南屛虎跪間이러니有一僧이靜坐三年에不語不視라先生이喝曰這和尙이終日口巴巴甚麼說이며眼睜睜甚麼看고僧이驚起爲禮어늘先生이問曰汝는何處人이며離家幾年고僧이對曰吾는河南人이오出家已十有餘年矣니다先生曰汝有家中親

族在否아僧曰惟一老母在ᄒ야未知其存亡이니다先生曰汝有愛慕之念
起否아僧曰不能不起念이니다先生曰汝旣有這起念이면則雖終日不言
이나心中에已有自說이오終日不視나心中에已有自看이니라僧이猛省
合掌口願聞妙論ᄒ노이다先生曰親子之慈愛ᄂ根於天性ᄒ니人豈能斷
滅此得이리오汝ㅣ不能不起愛慕之念ᄒ니卽時眞性發現이라雖終日獨
坐나徒亂心情이니라因極言母親愛養之情理ᄒᄃᆞ言不畢이僧이大感泣
이라次日에先生이再往ᄒ니僧이已挈鉢歸省이라先生이嘆曰人性本善
을於此可驗이로다ᄒ야遂益潛心聖賢之學ᄒ니라

　　按先生이發明良知ᄂ在龍場以後나而此等處ㅣ已是提示良知者也
　　라盖人孰不有此良知之明乎哉아但有所蔽而失其明耳라然是知也
　　ㅣ根於天性故로雖昏蔽之極而未嘗全泯ᄒ야一有觸感에便能覺悟
　　라是以로先生良知之作用이隨處妙應ᄒ야一言之下에感化人心이
　　其效神速이라如鄕人이有父子訟獄者러니先生이聽之이言不終辭
　　ᄒ야其父子ㅣ相抱慟哭而去라柴鳴治ㅣ問先生은何言으로致伊感
　　悔之速닛고先生曰我言舜은是世間大不孝子的子오瞽瞍ᄂ是世間
　　大慈的父라ᄒ라鳴治ㅣ愕然請問ᄒᄃᆞ先生曰舜은常自以爲大不孝
　　ᄒ니所以能孝오瞽瞍ᄂ常自以爲大慈ᄒ니所以不能慈라瞽瞍ᄂ只
　　記得舜是我提孩長的어늘今何不曾豫悅我오ᄒ야不知自心이已爲
　　後妻移了고尙謂自家能慈ᄒ니所以不能慈오舜은只思父提孩我
　　時에如何愛我라가今日不愛ᄂ只是我不能盡孝라ᄒ야日思所以不
　　能盡孝處ᄒ니所以愈能孝라ᄒ니盖瞽瞍ㅣ豈無良知之慈而後妻之
　　惑이爲其蔽라故失其慈라가及其底豫ᄒ야ᄂ蔽去而良知復明也라
　　鳴呼라此其所謂良知ᄂ無間於聖愚而天下古今之所同也夫ㅣ저

6

三十三歲에巡按山東ᄒ실시監察御史陸儞伷이聘先生ᄒ야主考山東省
鄕試ᄒ니時에程孔暉ㅣ占魁하고後爲名臣ᄒ니라此時鄕試錄이皆先生
手筆로而切中時務ᄒ니人이以是로知先生經世之學ᄒ니라

是年九月에改授兵部武選司主事ᄒ니遂往北京ᄒ다當時學者ㅣ舉溺
於詞章末技ᄒ야不復知有身心之實學이러니先生이首倡講學ᄒ야以必
爲聖人으로爲立志之先ᄒ니聞者ㅣ漸有興起ᄒ야始有執贄及門者라然
時承師道久廢之餘ᄒ야人이多目先生ᄒ야爲立異好名이라惟翰林庶吉

士湛甘泉若水ㅣ深相契合ᄒᆞ야共以倡明聖學으로爲自任ᄒᆞ니라

按先生은百世殊絶人物이라爲道學家ᄒᆞ며爲軍略家ᄒᆞ며爲政治家ᄒᆞ며爲氣節家ᄒᆞ며爲文章家ᄒᆞ니此非天縱之才면其孰能之리오故其一生歷史之情神이變動不居ᄒᆞ야使世之讀者로如看山水ᄒᆞ야纔易數步에便覺異形ᄒᆞ야不勝其趣味津津이라而自其十七歲로至三十四歲間에或潛心宋儒之書ᄒᆞ야以格物爲事ᄒᆞ며或馳騁科擧之場ᄒᆞ며與文人角技ᄒᆞ며或訪求神仙養生之術ᄒᆞ며或留心兵事ᄒᆞ고備言邊務ᄒᆞ야建攘夷之策ᄒᆞ며或欲離世遠遁ᄒᆞ나而不能忘孝親之念ᄒᆞ며或變諧謔爲謹嚴ᄒᆞ며或抛詞章志聖學ᄒᆞ니竝十有八年之間에又何其變動之多也오豈其神經이異常ᄒᆞ야易於觸感而然歟아盖先生이於各種學術에皆以身歷試ᄒᆞ야究極其是非之眞이오決不從傍人說話ᄒᆞ야徒想像爲者也라故其爲聖賢之學이深以徒事講說로爲戒ᄒᆞ고務以實踐爲主ᄒᆞ야力矯世儒向外馳求之病ᄒᆞ니卽先生所謂食味之美惡은必待入口而知ᄒᆞ고路岐之險夷ᄂᆞᆫ必待身親履歷而知者也라又按先生歷史ᄂᆞᆫ固有若是之變化者矣라其論學之旨ㅣ亦多隨時變易之義ᄒᆞ니如云良知ㅣ卽是易이라其爲道也ㅣ屢遷ᄒᆞ야變動不居ᄒᆞ야周流六虛ᄒᆞ야上下無常ᄒᆞ야不可爲典要오惟變所適이라ᄒᆞ고又有問孟子言執中無權猶執一者ᄒᆞᆫ대先生曰中只是天理라隨時變易이니如何執得이리오須是因時制宜ᄒᆞ고難預先一個規模在라如後世儒者ㅣ要將道理ᄒᆞ야一一說得無罅漏ᄒᆞ야立個格式ᄒᆞ니此正是執一이라ᄒᆞ니盖中者ᄂᆞᆫ天下之正道로ᄃᆡ而不能隨時變易ᄒᆞ야以行其權則其弊爲執一而無用이라嗚呼天地之進化ㅣ無窮故로聖人之應變이亦無窮ᄒᆞ니所以因時制宜ᄒᆞ야以成天下之務者也라顧世儒不達於此ᄒᆞ고將一個道理ᄒᆞ야執之爲不可變之格式ᄒᆞ니殊不知宜於古者ㅣ有不宜於今ᄒᆞ고不能因時制之ᄒᆞ야逆天地之進化ᄒᆞ야以禍其民國者ㅣ多矣니執一無權之弊ㅣ顧何如耶아吾邦由來에最有力之學派ㅣ以宋儒之忠僕으로行武斷之習ᄒᆞ야或學界之有新說者ᄂᆞᆫ加以斯門亂賊之律ᄒᆞ야束縛人之思想하고不放開分毫自由라於是人才縮退ᄒᆞ고人智錮塞ᄒᆞ야結性痼習이日以益深이라世界之風潮ㅣ若是其漲溢하고學界之光線이如彼其發達호ᄃᆡ而尙墨守舊轍ᄒᆞ야牢拒新化라가究竟結果ㅣ乃之於斯ᄒᆞ니此其爲害ㅣ有甚於焚坑之暴라象山所云以學術殺天下者ㅣ非此之謂耶아

正德元年에 孝宗이 崩ᄒᆞ고 武宗이 卽位ᄒᆞ니 奄人 劉瑾等이 用事ᄒᆞ야 斥逐大臣ᄒᆞ고 窺弄威福ᄒᆞ야 國事日非라 南京科道 戴銑・溥彦徽等이 上疏劾瑾等이라가 皆被逮ᄒᆞ야 下詔獄이어ᄂᆞᆯ 先生이 抗疏救之ᄒᆞ니 瑾이 怒ᄒᆞ야 矯旨下獄ᄒᆞ야 決廷杖四十ᄒᆞ고 瑾이 又嗾其腹心ᄒᆞ야 監督開杖ᄒᆞ니 先生이 被重杖ᄒᆞ야 幾絶而蘇라 尋貶貴州貴陽府龍場驛丞ᄒᆞ니 時에 先生이 三十五歲라 龍山公이 以禮部侍郎으로 在北京이라가 喜曰 吾兒ㅣ 爲忠臣ᄒᆞ니 吾願이 足矣로다

明年에 將赴龍場ᄒᆞᆯᄉᆡ 瑾이 又密遣人ᄒᆞ야 跡其後欲害之라 先生이 至杭州府ᄒᆞ니 時値夏月大暑ᄒᆞ고 兼以積勞致病이라 乃留勝果寺而治之ᄒᆞ야 居兩月餘러니 一日은 午后에 納凉廊下ᄒᆞᆯᄉᆡ 僮僕이 皆出外라 忽有二卒이 矮帽低襟으로 爲捕吏狀ᄒᆞ야 腰帶刀ᄒᆞ고 口作北地語ᄒᆞ야 突然自外來ᄒᆞ야 問先生曰 官人이 是王主事否아 先生曰 然ᄒᆞ다 二卒曰 余等이 有言相告라ᄒᆞ고 乃引先生出門外ᄒᆞ야 挾之同行이어ᄂᆞᆯ 先生이 問何往ᄒᆞᆫ디 二卒曰 行且知之라 先生이 辭以病不能步ᄒᆞᆫ디 二卒曰 强進이 可也라 道且不遠ᄒᆞ고 又我等이 相扶而行이라ᄒᆞ니 先生이 不得已ᄒᆞ야 任其所往이러니 行一里所에 復有二人이 馳至어ᄂᆞᆯ 先生이 視其貌ᄒᆞ니 頗熟이라 二人曰 我等은 是勝果寺隣人沈玉殷計也니다 素聞官人은 當世大賢이나 而未敢請謁矣러니 適聞捕卒이 挾官人去ᄒᆞ니 恐爲不利於官人이라 特此追至ᄒᆞ야 要看落着이니다 二卒이 色變曰 此는 朝廷罪人이니 汝等이 何得親近이리오 沈殷曰 朝廷이 已貶謫其官ᄒᆞ니 又何加重罪之有리오 二卒이 挾先生又行ᄒᆞ니 沈殷이 亦隨之라 天色이 漸昏에 至錢塘江邊ᄒᆞ야 入一空室中ᄒᆞ야 二卒이 謂沈殷曰 吾等이 實奉主人劉公之命ᄒᆞ야 來殺王公ᄒᆞ니 汝等은 勿干涉ᄒᆞ고 速去ᄒᆞ라 沈玉曰 王公은 當世大賢이라 死於刃下ㅣ 固慘矣오 而屍遺江中ᄒᆞ면 必爲我地方累니 此事는 決不可行이니라 二卒이 乃出靑色長繩一條曰 以此自縊何如오 沈玉이 又曰 繩死刃死ㅣ 其慘은 一也ㅣ니라 二卒이 大怒ᄒᆞ야 拔刀厲聲曰 若此事不完이면 我無以復命於主人이오 我亦必死於主人之手니라 殷計曰 爾等은 不必發怒라 使王公으로 夜半에 自投江中而死ᄒᆞ면 則其屍得全이오 且不爲我地方累니 爾等이 亦以此歸報면 豈不妙乎아 二卒이 低語少頃에 乃收刀入鞘曰 如此ㅣ 亦可라 沈玉이 曰 王公生命이 盡於此夜ᄒᆞ니 吾等이 欲沽酒共飮而慰之ᄒᆞ고 且使醉而忘其悲也ᄒᆞ리라 二卒이 亦許之ᄒᆞ고 乃鎖先生於室中이어ᄂᆞᆯ 先生이 呼沈殷曰 我

ㅣ今夕固必死니幸爲我報家人호야收吾屍호라沈殷曰須得官人手筆이
라야方爲信憑이니다先生曰吾袖中에有白紙而無筆호니奈何오沈殷曰
當借諸酒家오리다沈玉이偕一卒호야往市中이러니少頃에酒至라沈玉
이滿酌以獻先生호고且漏下어놀先生曰我ㅣ得罪朝廷호야死固分也라
吾則自悲어니와爾何悲爲오乃引盃一飮而盡호니殷計ㅣ亦獻一盃라先
生이復飮이나然先生이本少酒量이라辭曰吾不能更飮이라旣受厚情호
니幸轉致遠客호라且吾欲作家信호노라沈玉이以筆授先生호니乃出袖
中紙호야寫詩一首曰

　　學道無成歲月虛, 天乎至此欲何如, 生曾許國慙無補, 死不忘親恨有餘,
　　自信孤忠懸日月, 豈論遺骨葬江魚, 百年臣子悲何極, 日夜潮聲泣子胥
　　先生이吟興未盡호야再賦一首호니曰

　　敢將世道一身擔, 顯被生刑萬死甘, 滿腹文章寧有用, 百年臣子獨無慙,
　　涓流裨海今眞見, 片雪塡溝舊齒談, 昔代衣冠誰上品, 壯元門第好奇男
　　復有絶命詞호고又於紙後에作篆書十字云이라先生이以此로示決意
入水호니沈殷이言之二卒이라二卒이本不解文字로디見先生揮筆不少
停호고相顧驚嘆이러라先生이且寫且吟之際에四人이互相勸酬호야各
至酩酊이라時夜將半에雲月이朦朧이라二卒이乘醉호야逼先生投水어
놀先生이向二卒호야以得全屍體로爲謝後에徑至江岸호야顧沈殷曰必
報我家호라言訖에步下沙中호야抵江灘호니二卒이醉甚이라以江灘潮
濕으로追從이不便일시立岸上而望호니聞有物墮水호고仍寂然無聲이
라謂先生已投나然猶不得安心호야遂下灘來探호니見灘上에有脫履二
호고又有紗製頭巾이浮在水面이라乃曰王主事ㅣ果死矣라호고遂欲取
二物以去어놀沈玉이曰不若留其一於此호야使人知得王公入水호고傳
說이至京師호면亦爲汝等復命時證據니라二卒이然其言호야只携紗巾
而去호니라此時僮僕이自外歸寺호야問先生去處호니僧皆不知라乃徹
夜持燈호야遍索各處不得이라時에先生弟守文이將赴鄕試호야在杭州
府라僮僕이馳往報之호니守文이言之官호야令府吏及寺僧으로四出探
索호고于時沈殷二人이亦來報事狀이니守文이得絶命詞及詩二首호야
認其爲親筆호고痛哭甚哀라未幾에又有人이於江邊에拾得二履호야報
于官호니官이以其履付守文이라於是에衆人이喧傳先生溺死호고守文
이又送先生書信于家호니家人이驚愕慘憺이라龍山公이遣人到江邊遺
履處호야命漁舟覓屍호야經數日無所得이라門人聞者ㅣ皆不勝悼惜호

디而徐愛ㅣ獨言先生이必未死라天生陽明ᄒ야復興千古絶學이니豈死
於如此小事乎아ᄒ더니果然先生이未死矣라初에先生이至江邊ᄒ야脫
下雙履ᄒ고又將頭巾擲水面ᄒ야以爲投水之證ᄒ고却取石塊ᄒ야投江
中以作聲ᄒ니此時昏黑ᄒ야遠觀이不明이라二卒이固莫知其眞僞ᄒ고
沈殷二人이亦然이라於時에沿江灘暗走ᄒ야度其去已遠ᄒ고匿岸坎下
러니翌日에遇一商船而赴焉ᄒ니船夫ㅣ憐其徒跣ᄒ야以草履進이라行
七日에至舟山島ᄒ야遇颶風ᄒ야漂至福建省東北界ᄒ니有巡海兵船이
見先生狀貌ㅣ不似商人이고疑而拘留之어ᄂᆞᆯ先生이具言其來蹟ᄒ디巡
兵이亦感奇遇ᄒ야以酒食款待ᄒ고而一人이欲馳報有司어ᄂᆞᆯ先生이恐
事涉官府ᄒ면脫身亦難이라ᄒ야遂潛遁ᄒ다於是에從山徑無人處ᄒ야
行三里餘ᄒ야夜扣一古寺ᄒ야請投宿ᄒ디僧이故不納이라寺傍에有一
野廟어ᄂᆞᆯ先生이就此而宿ᄒᆞᆯ시飢疲已甚이라倚香案臥寢ᄒ니而乃虎
穴也라夜半에虎繞廊大吼ᄒ야不敢入이라寺僧이夜聞虎吼ᄒ고意先生
이必斃於虎라ᄒ고天明에相與入廟ᄒ야將收其財囊ᄒ니此ㅣ寺僧이素
借虎以饗客者也라此時先生이睡尙未醒이라僧이疑其爲死人ᄒ야以杖
敲其足ᄒ니先生이蹶然而起라僧이大驚曰公은非常人也로다不然이면
豈有入虎穴而不傷於虎者리오先生이問虎穴安在오僧曰卽此神座下也
니다於是에邀先生至寺ᄒ야進朝餐이라先生이偶至殿後ᄒ니有一老道
士在焉이라見先生曰君이記得無爲道士否아先生이熟視之ᄒ니卽二十
年前에在鐵柱宮ᄒ야相與趺坐者也라容貌ㅣ儼然如舊라道士ㅣ曰君이
記得二十年後海上相見之約否아先生이甚喜ᄒ야因與之談話라가先生
이問曰吾欲從此遁世ᄒ노니安往而可오道士ㅣ曰汝有親在ᄒ니萬一瑾
怒ᄒ야逮爾父ᄒ고誣爾北走胡南走越이면何以自辨이리오先生이愕然
著之ᄒ야得明夷라乃決意往謫所ᄒᆞᆯ시道士ㅣ以一詩贈之曰

二十年前已識君,今來消息我先聞,君將生命輕毫髮,誰把綱常重一分,
實海已知誇令德,皇天終不喪斯文,英雄自古多磨折,好拂青萍建大勳
先生이亦援筆題詩殿壁曰
險夷原不滯胸中,何異浮雲過太空,夜靜海濤三萬里,月明飛錫下天風
　按此時에可見先生海濶天高之胸襟이眞有能脫離生死關者矣로다
　大抵錢塘之投와虎穴之宿이皆不測之至險이라自他人視之라도猶
　不勝其魂悸膽戰이러ᄂᆞᆯ而乃先生은略不芥滯ᄒ야彼至險之經歷이
　邈然蕩爲孚雲ᄒ야一過而無迹은何也오盖有見於道者ᄂᆞᆫ無夷無險

無生無死ᄒᆞ야康莊瞿塘이隨而安而已矣라後日宸濠之變亂과忠泰
之讒鋒이亦如是焉耳라曾何足以動撓先生之胸海乎아余ㅣ於是에
誠有不勝其望洋之嘆者矣라

8

先生이因辭道士而行ᄒᆞ니道士ㅣ曰吾知汝乏行資라ᄒᆞ고出銀一錠ᄒᆞ
야以爲贐이러라先生이乃從間道ᄒᆞ야由武夷出鉛山ᄒᆞ야過廣信府上饒
縣ᄒᆞ야復謁婁一齋ᄒᆞ니一齋ㅣ大驚曰吾ㅣ始聞汝投江이러니又傳賴有
救者而得生이라俱係未確ᄒᆞ야方以爲菀이러니今日相遇ᄒᆞ니豈非斯文
大幸耶아先生曰某幸未死ᄒᆞ야將往謫所ㅣ나但恐老父ㅣ緣此憂疑以成病
ᄒᆞ되末由一見ᄒᆞ니奈何오一齋ㅣ曰尊大人이亦以逆瑾之怒로貶官改南
京宗伯ᄒᆞ니汝可以便道歸省이라ᄒᆞ디先生이大喜ᄒᆞ야經一宿ᄒᆞ고直往
南京ᄒᆞ야省親ᄒᆞ니此時父子相見이出於意外라喜悅何喩리오然不敢久
留ᄒᆞ고居數日卽辭ᄒᆞ고將赴龍場ᄒᆞᆯ시携從僕三人以行ᄒᆞ다

時에門人徐愛,蔡宗袞,朱節이同擧鄕試어ᄂᆞᆯ先生이作序以贈之ᄒᆞ다
徐愛ᄂᆞᆫ先生妹서라當時先生이銳意倡學ᄒᆞ니學者之興起而及門者多ᄒᆞ
나至以聖學爲己任者ᄂᆞᆫ獨徐愛一人이라若孔門之有顔子ᄒᆞ야輔佐先生
이爲多ᄒᆞ니라

正德二年春三月에至龍場驛ᄒᆞ니龍場이在貴州西北萬山叢棘中ᄒᆞ야
瘴癘虫毒이艱苦萬狀이오夷人鴃舌이ㅣ不通語言ᄒᆞ야可與通者ᄂᆞᆫ僅中
土亡命之徒耳라其居處ᄂᆞᆫ惟累土爲窟ᄒᆞ야寢息其中이러니先生이始敎
以範土爲壁ᄒᆞ고架木爲樑ᄒᆞ야建立屋宇之制ᄒᆞ니夷人이效之라又爲先
生所居湫隘ᄒᆞ야相與搆龍岡書院,寅賓堂,何陋軒,君子亭,玩易窩以居之
고繞以松竹ᄒᆞ며蒔以卉藥ᄒᆞ야日諷詠其中ᄒᆞ고且漸熟夷語ᄒᆞ야敎以孝
悌禮義ᄒᆞ야夷人이感悅ᄒᆞ야來聽講義者ㅣ日多라先生이專心開導ᄒᆞ야
略無倦色이러라

久之오得家信ᄒᆞ니逆瑾이聞先生不死ᄒᆞ고且父子ㅣ相見於南都ᄒᆞ고
大上ᄒᆞ야矯詔旨ᄒᆞ야諭龍山公遞職歸鄕이라于時에先生이自計得失榮
辱은俱忘ᄒᆞ되惟生死一念이尙在라乃於室後에鑿石槨以處焉ᄒᆞ다但門
人及從僕이不堪其苦而遘疾ᄒᆞ니先生이親自析薪取水ᄒᆞ야作糜粥以飼
之ᄒᆞ고又爲歌詩ᄒᆞ되調越曲雜諧笑ᄒᆞ야以相慰解라因念聖人處此에更
有何道니而恐吾格致工夫尙有未到也라

一夕夢寐間에忽悟格物致知之奧旨ᄒᆞ야不覺呼躍而起ᄒᆞ니從僕이皆驚이라是其豁然大悟處也라或傳此夢中에孟子ㅣ告以良知之旨라ᄒᆞ고或曰聞天聲云이라於是에先生이始知聖人之道ㅣ吾性自足이어늘向之求理於心外之事物者ᄂᆞᆫ誤也라ᄒᆞ고乃默記五經之言ᄒᆞ야證之ᄒᆞ니無不脗合이라因著五經臆說ᄒᆞ다

按先生이與王純甫書에曰金之在冶에經烈焰受鉗錘ᄒᆞᆯ시當此之時ᄒᆞ야爲金者ㅣ甚苦나然自他人視之면方喜金之益精煉ᄒᆞ고而惟恐火力鍾鍛之不至라旣其出冶엔金亦自喜其鍛鍊而有成이라ᄒᆞ니抑先生之貴州三年이非此等經過歟아自古敎祖與偉人이皆經此大若生活然後에方有大悟之結果ᄂᆞᆫ何哉오夫是人也ㅣ在天地間에亦滄海一粟之微眇로ᄃᆡ而其道德功業은垂萬世而永存ᄒᆞ야如日星之光明ᄒᆞ니是何等大福也오惟其將享若是之大福也ᄅᆡ시故天必與之以若是之大苦니此所謂天下에無有無代價之物耶아夫以先生之明睿天授로須經此大苦라야方有所得이온況吾儕學者乎아宜時時刻刻에勿忘金之在冶時也니라

又按先生之說良知ᄂᆞᆫ猶孟子之道性善ᄒᆞ니性無不善故로知無不良이라盖驗之天下之人컨ᄃᆡ雖極不孝之子라도未嘗不知孝之可貴ᄒᆞ고雖極不忠之臣이라도未嘗不知忠之可貴ᄂᆞᆫ以良知之本同而其陷於不孝不忠之惡者ᄂᆞᆫ動於慾而欺其良知故也라人於意念之發也에其善其惡을良知自能知之ᄒᆞ니是吾神聖之主人翁이오是吾公正之監察官이라善則依此之命而充之를如決江河ᄒᆞ고惡則依此之命而遏之를如逐盜賊ᄒᆞ면則人孰有不淑者乎며世孰有不治者乎아斯其爲學이誠簡易切實矣라雖然致良知之學이亦非以頓而得ᄒᆞ야如禪家所謂立地成佛者라故黃洛村이云先師之學이歷艱備險이動心忍性ᄒᆞ야積諸歲月ᄒᆞ고驗諸事履ᄒᆞ야始脫然有悟於良知ᄒᆞ니雖至易至簡而心則獨苦矣라ᄒᆞ고羅念庵이云知善知惡之知ㅣ隨出隨泯은特一時之發見이오未可盡指爲本體아故必有收攝保聚之功ᄒᆞ야以爲充達長養之地而後에定靜安慮ㅣ由此而出이라ᄒᆞ니然則良知之學이不近於頓悟也ㅣ이以人事上磨鍊으로爲格致工夫라故曰簿書訟獄이無非實學이라ᄒᆞ니學者ㅣ以明矣라況先生是求之면可以無背乎先生之旨矣라

9

時에夷人이來相親從ᄒᆞ고學者ㅣ亦稍集이라思州守某ㅣ遣人至驛ᄒᆞ
야侮辱先生ᄒᆞ니夷人이怒毆之러라州守ㅣ大怒ᄒᆞ야言之當道官吏毛憲副
ᄒᆞ야令先生往謝ᄒᆞ고且諭以禍福이러늘先生이作書復之ᄒᆞ니守乃慚服
이라水西宣慰使安某ㅣ聞先生令名ᄒᆞ고餽酒肉給使令ᄒᆞ며副之以金帛
鞍馬어늘先生이俱辭不受ᄒᆞ다始에朝廷이議設軍衛於水西ᄒᆞ야築城郭
이라가旣而中止라然驛傳이尙存이라安이惡據其腹心欲去之ᄒᆞ야以問
先生이어늘先生이遣書ᄒᆞ야申朝廷令甲威信ᄒᆞ니安이乃心折이라有宋
氏酋長曰阿賈札者ㅣ叛ᄒᆞ야爲地方患이어늘先生이復遣書安ᄒᆞ야諷諭
之ᄒᆞᆫ대安이悚然ᄒᆞ야率所部兵平其難ᄒᆞ니夷人이皆誦先生高義러라

按先生이他日에嘗曰吾居龍場時에夷人言語不通ᄒᆞ고可與言者ᄂᆞᆫ
中土亡命之流로되與論知行之說에更無扞格ᄒᆞ고久之의夷人이亦
皆欣欣相向터니及還中土ᄒᆞ야與士大夫言이反多紛紛同異ᄒᆞ야扞
格不入ᄒᆞ니學問이最怕有意見的人이只患聞見不多라良知ᄂᆞᆫ聞見
이益多ᄒᆞᆯ사록覆蔽ㅣ益重ᄒᆞ야反不如不曾讀書的人이更容易與他
說得이라ᄒᆞ니盖先生所倡良知之學이在於當日에卽新學이니一時
舊學之士ㅣ粉然排沮ㅣ亦其宜爾라余見近世新文化之程度ㅣ亦然
ᄒᆞ니昔之謂椎魯無文ᄒᆞ야蠻風未改之地ᄂᆞᆫ其開發이常速ᄒᆞ고其以
舊日文化로聲明於世者ᄂᆞᆫ反多扞格難入ᄒᆞ야開進이甚遲ᄒᆞ니以舊
學之習見이爲之抵抗者愈强ᄒᆞ야反不如無文者之易於感受라今日
東方大陸之情이正坐是耳로다.

10

正德四年은先生三十八世라一日에有吏目이云自京師來者ㅣ不知其
名氏라携子一僕ᄒᆞ고將之任ᄒᆞᆯ시過龍場ᄒᆞ야投宿土苗家러니先生이從
籬落間望見之ᄒᆞ고陰雨昏黑ᄒᆞ야欲就問北來事라가不果러니明早에遣
人貼之ᄒᆞ나已行矣라過午에有人來傳云有一老人이死坡下ᄒᆞ니傍兩
人이哭之哀라先生曰此必夷目이死로다復有人來云坡下死自二人이
오傍一人이坐嘆이라ᄒᆞ니詢其狀에則其子ㅣ又死矣라明日에復有人來
云見坡下에積尸三焉이라ᄒᆞ니則其僕이又死矣라先生이憐其暴骨無主
ᄒᆞ야將二童子ᄒᆞ야持畚鍤往瘞之ᄒᆞ니二童子ㅣ有難色이어늘先生曰噫
吾與爾ㅣ猶彼也니라二童子ㅣ憫然涕下ᄒᆞ고請往ᄒᆞ야就其傍山麓ᄒᆞ야

爲三坎埋之ᄒ고又以隻鷄飯三盂로涕洟而告之ᄒ니其文曰

嗚呼傷哉라繄何人繄何人고吾ᄂ龍場驛丞餘姚王守仁也로라吾與爾
皆中土之産이라吾不知爾郡邑이어니와烏爲乎來爲竝山之鬼乎아古
者에重去其鄕ᄒ야遊宦이不踰千里라吾ᄂ以罪逐而來此ㅣ宜也이니
와爾亦何辜乎아聞爾官夷目이이라ᄒ니俸不能五斗라爾率妻子躬耕
이면可有也어늘烏爲乎以五斗而易爾七尺之軀ᄒ고又不足而益以爾
子與僕乎아嗚呼傷哉라爾誠戀玆五斗而來면則宜欣然就道어늘烏爲
乎吾昨望見爾容이戚然ᄒ야盖不任其憂者ㅣ夫衝冒霧露ᄒ고扳援岸
壁ᄒ야行萬峯之頂ᄒ니饑渴勞頓ᄒ고筋骨疲憊어늘而又瘴癘ㅣ侵其
外ᄒ고憂鬱이攻其中ᄒ니其能以無死乎아吾ㅣ固知爾之必死矣나然
不謂若是其速이오又不謂爾子爾僕이亦遽此奄忽也호라皆爾自取니
謂之何哉오吾ㅣ念爾三骨之無依ᄒ야而來瘞ᄒ니乃使吾有無窮之愴
也로다嗚呼痛哉라 縱不爾瘞나幽崖之狐ㅣ成羣ᄒ고陰壑之虺ㅣ如車
輪ᄒ니亦必能葬爾於腹ᄒ야不致久暴露爾라爾旣己無知나然吾何能
爲心乎아自吾去父母鄕國而來此二年矣라歷瘴毒而苟能自全은以吾
未嘗一日之戚戚也러니今悲傷若此ᄒ니是吾爲爾者重而自爲者輕야
라吾不宜復爲爾悲矣로다吾爲爾歌ᄒ노니爾聽之ᄒ라歌曰連峯際天
兮여飛鳥不通이로다遊子懷鄕兮여莫知西東이로다莫知西東兮여維
天則同이로다異域殊方兮여環海之中이로다達觀隨寓兮여奚必予宮
이리오魂兮魂兮여無悲以恫이어다又歌以慰之曰與爾皆鄕土之離兮
여蠻之人言語不相知兮여性命을不可期라吾苟死於玆兮여率爾子僕
來從予兮여吾與爾遨以嬉兮여驂紫彪而乘文螭兮여登望故鄕而獻唏
兮로다吾苟獲生歸兮여爾子爾僕이尙爾隨ᄒ니無以無侶悲兮어다道
傍之塚이累累兮여多中土以流離兮여相與呼嘯而徘徊兮로다飡風飮
露無爾饑兮여朝友麋鹿ᄒ고暮猿與棲兮여爾安爾居兮여無爲厲於玆
墟兮어다

　按先生之學이致本心之良知ᄒ야以同體萬物爲仁이라故其處君臣
　父子朋友人羣之際에無不致其眞摯之誠ᄒ야居常處變에固有神化
　妙應者矣라至若夷目之過者ᄂ不知其何許人이로ᄃ而憐其客死絶
　域ᄒ야爲之葬以祭焉ᄒ고劉養正은以叛逆死者로ᄃ而念其舊誼ᄒ
　야爲之葬其母焉ᄒ니此所謂充其惻隱之心이면仁不可勝用者也라
　孰謂良知之學이不足以盡道乎아

11

貴州提學副使席元山書ㅣ素有志性理之學이러니至是遣人迎先生ᄒ
야至貴陽府講學ᄒ니於是에先生이始論知行合一之旨ᄒ니元山이疑焉
이라先生曰知行이本自合一인디各分作兩事라就如稱某人知孝知弟면
必是其人이已曾行孝行弟라야方可稱他知孝知弟오又如知痛이면必已
自痛了라야方知痛이오知寒이면必已自寒了오知饑면必已自饑了니知
行을如何分別得開리오知是行的主意오行是知的工夫라若會得時면只
說一箇知에已自有行在ᄒ고只說一箇行에已自有知在라古人이所以旣
說一箇知ᄒ고又說一箇行者ᄂ只爲世間有一種人은懵懵憧憧ᄒ야任意
去做ᄒ야全不解思惟省察ᄒ고只是冥行妄作일시所以必說一箇知라야
方纔行得이오又有一種人은茫茫蕩蕩ᄒ야懸空去思索ᄒ고全不肯着實
躬行ᄒ야只是揣摸影響ᄒ니所以必說一箇行이라야方纔知得眞이니此
是古人補偏救弊的說話라若見得這箇意時면便一言而足이니라元山이
漸有省悟라가至往復數四에乃大悟ᄒ야謂聖人之學이復興於今日이라
ᄒ고遂與毛憲副로修葺書院ᄒ고身督諸生ᄒ야師事先生ᄒ다

按知行合一之知ᄂ先生이論之詳矣라最是知而不行只是未知兩語
ㅣ爲知行合一之要點이라盖天下에只有知而不行之人이오斷無純
然無知之人而惟其不行故로不得爲知耳라爲臣者ㅣ孰不知忠之可
貴而不能爲忠則未可謂之知忠이오爲子者ㅣ孰不知孝之可貴而不
能爲孝則未可謂之知孝니推之萬事이無不皆然이라且知而不行者
ᄂ不惟不能爲善而乃反爲惡ᄒᄂ니唐柳燦이臨刑而嘆曰負國賊이
死其宜矣라ᄒ니彼固知負國之爲逆而身自犯之則是未嘗知國者也
오本邦南袞이將死이悉焚其所著詩文曰誰肯看此리오ᄒ니彼亦知
不免於小人而身自爲之則是未嘗知君子者也라知而不行은其弊至
此ᄒ니究其原因則由一念之差耳라是以先生이有訓曰今人學問이
只因知行分作兩件이라故有一念發動이雖是不善이나然卻未曾行
ᄋ로便不去禁止라我今說知行合一ᄒ면曉得一念發動處ㅣ便是行
了라發動處有不善이어든就將這不善的念ᄒ야克倒나니須要撤根
撤底ᄒ야不使那一念不善ᄋ로潛伏在胸中이是我立言宗旨라ᄒ니
嗚呼라人於一念發動處에有不善之萌則便要克去라야方得不陷於
惡이니知行合一之訓이豈不眞切乎아

12

先生三十九歲라時에安化王眞鐇이以誅劉瑾爲命ᄒᆞ고擧兵叛ᄒᆞ니朝
廷이遣御史楊一淸太監張永討之러니未至에賊이爲指揮使仇鉞所擒이
라楊一淸이因獻俘ᄒᆞ야陰勸張永ᄒᆞ야密奏瑾不軌狀ᄒᆞ되武宗이悟ᄒᆞ야
遂族滅瑾家ᄒᆞ고幷誅其黨張文晃等ᄒᆞ고諸因瑾得官者ᄂᆞᆫ皆罷斥ᄒᆞ고以
諫被黜者ᄂᆞᆫ復官ᄒᆞ니先生이亦被宥命ᄒᆞ야陞廬陵縣知顯이라臨行에士
民送者ㅣ數千人이러라先生이自龍場으로過常德府及辰州ᄒᆞᆯ시從學者
ㅣ甚衆ᄒᆞ니若冀元亨・蔣信・劉觀時等이其超卓者也라途中에與冀元
亨等書曰

絶學之餘에求道者少ᄒᆞ니一齊衆楚ㅣ最易搖奪이라自非豪傑이면鮮
有卓然不變者니諸友ㅣ宜相砥礪夾持ᄒᆞ야務期有成ᄒᆞ되刊落聲華ᄒᆞ
고務於切己處에着實用力이라前在寺中所云靜坐事ᄂᆞᆫ非欲坐禪入定
이라盖因吾輩平日에爲事物紛拿ᄒᆞ야未知爲己ᄒᆞ니欲以此로補小學
收放心一段工夫耳라明道云纔學에便須知有着力이오旣學에便須知
有得力處라ᄒᆞ니諸友ㅣ宜於此着力이라야方有進步오異時에始有得
力處也리라

先生이嘗睡覺에有詩寫懷曰

紅日熙熙春睡醒,江雲飛盡楚山靑,閒觀物態皆生意,靜悟天機入杳冥,
道在險夷隨地樂,心忘魚鳥自流形,未覓須更義皇事,一曲滄浪擊壤聽

先生이至廬陵顯ᄒᆞ야不事刑威ᄒᆞ고專以開導人心改良風俗으로爲務
ᄒᆞ야諭告父老子弟ᄒᆞ야興孝興悌ᄒᆞ며講信修睦ᄒᆞ며疾病相救ᄒᆞ며患難
相恤케ᄒᆞ고戒健訟之習ᄒᆞ야以息囂競ᄒᆞ며申保甲之制ᄒᆞ야以防盜賊ᄒᆞ
니由是로民習이丕變ᄒᆞ야囹圄日淸이라城中이以衢道ㅣ太狹ᄒᆞ고居室
太密로數被火灾어늘先生이令改築房屋ᄒᆞ야夾道居者ᄂᆞᆫ各退地三尺爲
街ᄒᆞ고東西相連者ᄂᆞᆫ每間讓地二寸爲巷ᄒᆞ고築墻垣修火備ᄒᆞ니火患ㅣ
遂絶이라爲政七月에施設이多矣러라冬十有二月에入覲朝廷ᄒᆞ야舘興
隆寺ᄒᆞ여與湛甘泉儲柴墟等으로講良知之旨ᄒᆞᆯ시後軍都督府都事黃宗
賢縉이因儲柴墟ᄒᆞ야請見先生ᄒᆞ고與之語ᄒᆞ니先生이喜曰此學이久絶
에子何所聞고宗賢이對曰吾粗有志ᄒᆞ나惟未實下工夫耳로라先生曰人
이惟患無志오不患無工夫니라宗賢이深服其言이러니後至嘉靖元年ᄒᆞ
야執贄爲門人ᄒᆞ니라

十有二月에陞南京刑部四川淸吏司主事ᄒᆞ니命下에湛甘泉이恐廢講

學ᄒ야言之宰相楊一淸ᄒ야因留北京케ᄒ니翌年正月에楊一淸이奏請
ᄒ야改任北京吏部驗封司主事ᄒ다時有朱陸異同之論ᄒ니라二月에爲
會試同考官ᄒ다時에吏部郎方叔賢이位在先生上이라聽先生論學이有
契道體ᄒ고遂以師禮事之ᄒ니先生이贈之以詩曰

休論寂寂與惺惺,不忘由來卽性情,却笑殷勤諸老子,翻從知見覓虛靈

是歲十月에陞文選淸吏司員外郎中ᄒ다弟子ㅣ益進ᄒ야若穆孔暉,顧
應祥,鄭一初,方獻科,王道,梁谷,萬潮,陳鼎,魏廷霖,蕭鳴鳳,唐鵬,路迎,林
逵,陳洸,黃綰,應良,朱節,蔡宗兗,孫瑚等이皆一時之儁也라.

十二月에陞南京太僕寺少卿ᄒ니將赴任ᄒ시取便道歸省ᄒ다是歲에
徐愛ㅣ以祈州知事로陞南京工部員外郎이라與先生으로同舟歸越ᄒ시
先生이語以大學宗旨ᄒ니愛ㅣ聞之ᄒ고踊躍痛快ᄒ야如狂如醒者ㅣ數
日에胸中이廓然若混沌復開라因仰思堯舜三王孔孟諸聖賢이其立言은
人各不同ᄒ나其旨則一也라故其傳習錄自敍에云

愛ㅣ因舊說泪沒ᄒ야始聞先生之敎ᄒ고實是駭愕不定ᄒ야無入頭處
라니其後聞之旣久에漸知反身實踐然後是信先生之學이爲孔門的傳
이라舍是면皆房蹊小徑이오斷港絶河矣라如說格物이是誠意的工夫
오窮理ㅣ是盡性的工夫오道問學이是尊德性的工夫오博文이是約禮
的工夫오惟精이是惟一的工夫니諸如此類始皆落落難合이러니其後
思之旣久에不覺手舞足蹈라ᄒ니라

正德八年五月에與徐愛等數人으로約黃綰來會ᄒ야乃自上虞로入四
明山ᄒ야觀白水ᄒ고尋龍溪之源ᄒ며登杖錫山ᄒ야至雪竇千丈巖上ᄒ
야望天姥華頂諸峯ᄒ고因欲取道奉化ᄒ야遊赤城山이라가會에天이久
旱ᄒ야山間水田이盡龜裂이라見之慘然不樂ᄒ야遂由寧波歸餘姚ᄒ다
是行也ㅣ感化同志者多ᄒ니라

按遊覽之際에感化同志者는不惟師敎之感化오而實天機ㅣ有以感
化之也라百源雪月과河南化柳ㅣ觸境有得ᄒ니天機之感化ㅣ有是
活潑潑地矣라若孔子ㅣ在川上曰逝者如斯라ᄒ시고耶蘇ㅣ對薩摩
利亞婦人ᄒ야以活水爲敎ᄒ시고陽明이指井水之生意而誨門人ᄒ
시니是又把天機而示道妙者也라

13

冬十月에至滁州ᄒ야監馬政ᄒ시地僻官閒ᄒ고山水佳勝이라日與門

人으로 遊瑯琊釀泉間ᄒ고 月夕에 環龍潭而坐者ㅣ 數百人이라 歌聲이 振山谷ᄒ고 諸生이 隨地請敎에 各自有得ᄒ야 踊躍歌舞ᄒ니 舊學之士ㅣ 亦日至러라

明年四月에 陞南京鴻臚寺卿ᄒ니 滁陽諸友ㅣ 送至烏衣江ᄒ아 不忍告別ᄒ고 留江浦ᄒ야 候先生渡江이어늘 先生이 以詩促其歸ᄒ니 詞曰

滁之水入江流, 江潮日復來滁州, 相思若潮水, 來往何時休, 空相思亦何益, 欲慰相思情, 不如崇令德, 掘地見泉水, 隨處無不得, 何必驅馳爲, 千里遠相卽, 君不見堯羹與舜墻, 又不見孔與蹠, 對面不相識, 逆旅主人多慇懃, 出門轉眄成路人

是月에 至南京ᄒ야 與門人으로 日夕講磨ᄒᆯᄉᆡ 始專以致良知爲訓ᄒ니라 于時에 客이 有焉在滁州에 學者ㅣ 多放言高論ᄒ고 亦有漸背師說者어늘 先生曰 吾年來에 懲末俗卑汚ᄒ야 欲引學者進高明ᄒ야 以救時弊러니 而今學者ㅣ 漸馳空虛玄遠ᄒ야 爲新奇之論ᄒ니 吾已悔之라 故로 在南畿ᄒ야 敎學者以存天理去人欲ᄒ야 專做省察克治之實功云ᄒ니라

門人蕭惠·王嘉秀ㅣ 方好仙釋이라 先生이 警之曰 吾亦自幼로 篤志二氏ᄒ야 自謂旣有所得ᄒ야 謂儒者爲不足學이러니 其後居夷三載에 見得聖人之學이 若是其簡易廣大ᄒ고 始自嘆錯用了三十年氣力이라 大抵二氏之學이 其妙與聖人으로 只有毫釐之間이라 汝今所學은 乃其土苴어늘 自信自好若此ᄒ니 眞鴟鴞竊腐鼠耳로다 惠ㅣ 請問二氏之妙ᄒᆫ디 先生曰 汝却不問我悟的ᄒ고 只問我悔的아 惠ㅣ 慚謝ᄒ고 請問聖人之學ᄒᆫ디 先生曰 待汝辨箇其要求爲聖人之志ᄒ야 來與汝說호리라 惠ㅣ 請至再三이어늘 先生曰 已與汝一句道盡ᄒᆫ디 汝尙不曾耶

正德十年은 先生四十四歲라 立從弟守信子正憲爲后ᄒ다 時에 先生與諸弟守儉守文守章이 皆未擧子라 龍山公이 爲擇守信子立之ᄒ니 時年八歲러라

八月에 有擬諫迎佛疏ᄒ다 時에 近侍ㅣ 有言西域에 有僧ᄒ야 能知三生事ᄒ야 胡人이 謂之活佛이라ᄒᆫ디 武宗아ㅣ 遣宦者劉允ᄒ야 乘傳往迎ᄒᆯᄉᆡ 以珠琲爲幡幢ᄒ고 黃金爲供賜ᄒ야 費至鉅萬이라 勅允以往返十年爲期ᄒ고 得便宜行事ᄒ니 請鹽七萬引ᄒ야 爲行李費라 輔臣楊廷和ㅣ 執奏호ᄃᆡ 不聽이라 先生이 擬疏諫이라가 後不果上ᄒ니 其疏曰

臣自七月以來로 切見道路流傳之言호니 已爲陛下遣使外夷ᄒ야 遠迎佛敎ᄒ시니 群臣이 紛紛進諫호ᄃᆡ 皆斥而不納이라ᄒ니 臣始聞不信이

라가旣知其實然ᄒᆞ고獨竊僖幸ᄒᆞ야已爲此乃陛下ㅣ聖智之開明이오
善端之萌蘗이니群臣之諫이雖亦出於忠愛至情이나然而未能推原陛
下此念之所從起ㅣ是乃爲善之端이오作聖以本이니正當將順擴充ᄒᆞ
야溯流求原이어ᄂᆞᆯ而乃狃於世儒崇正之說ᄒᆞ야徒爾紛爭力沮ᄒᆞ니宜
乎陛下之有所拂而不受ᄒᆞ고忽而不省矣라愚臣之見은獨異於是ᄒᆞ야
乃惟恐陛下好佛之心이有所未至耳라誠使陛下好佛之心으로果已眞
切懇至ᄒᆞ야不徒好其名而必務得其實ᄒᆞ며不但乎其末而必務求其本
ᄒᆞ시면則堯舜之聖을可至오三代之盛을可復矣니豈非天下之幸이며
宗社之福哉아臣이請爲陛下ᄒᆞ야言其好佛之實ᄒᆞ리다陛下ㅣ聰明聖
知ᄂᆞᆫ昔者靑宮에固已播傳四海라卽位以來로偶値多故ᄒᆞ야未暇講求
五帝三王神聖尼道ᄒᆞ시니雖或時御經筵ᄒᆞ시나儒臣進說이不過日襲
故事ᄒᆞ야就文敷衍ᄒᆞ니立談之間에豈能遽有所開發이리오陛下ㅣ聽
之에以爲聖賢之道ㅣ不過如此則亦有何可樂이리오故漸移志於騎射
之能ᄒᆞ시며縱觀於遊心之樂ᄒᆞ시니盖亦無所用其聰明ᄒᆞ며施其才力
ᄒᆞ야而偶託寄於此니陛下聰明이豈固遂安於是ᄒᆞ야而不知此等이皆
無益有損之事也哉아馳逐困憊之餘와夜氣淸明之祭에固將厭倦日生
ᄒᆞ고悔悟日切ᄒᆞ되而左右前後ㅣ又莫有以神聖之道로爲陛下言者ᄒᆞ
니故로遂遠思西方佛氏之敎ᄒᆞ야以爲其道ㅣ能使人淸心絶欲ᄒᆞ야求
全性命ᄒᆞ고以出離生死ᄒᆞ며又能慈悲普愛ᄒᆞ야濟度群生ᄒᆞ야去其苦
惱而躋之快樂이라今災害日興ᄒᆞ고盜賊日熾ᄒᆞ고財力日竭ᄒᆞ야天下
之民이困苦已極ᄒᆞ니使誠身得佛氏之道而拯敎之면豈徒息精養氣ᄒᆞ
야保全性命이며豈徒一身之樂이리오將天下萬民之困苦를亦可因是
而蘇息이라故遂特降綸音ᄒᆞ사發幣遣使ᄒᆞ야不憚數萬里之遙ᄒᆞ며不
愛數萬金之費ᄒᆞ며不惜數萬生靈之困斃ᄒᆞ며不厭數年往返之遲久ᄒᆞ
고遠迎學佛之徒ᄒᆞ시니是盖陛下ㅣ思欲一洗舊習之非ᄒᆞ야而幡然於
高明光大之業也라陛下ㅣ試以臣言으로反以思之ᄒᆞ시면陛下之心이
豈不如此오잇가然則聖知之開明과善端之萌蘗者ㅣ亦豈過爲諛言ᄒᆞ
야以俟陛下哉리오陛下ㅣ好佛之心이誠至則臣請毋好其名而務得其
實ᄒᆞ시며毋好其末而務求其本하소셔陛下ㅣ誠欲得其實而求其本이
시면則請毋求諸佛而求諸聖人하시고毋求諸外夷而求諸中國ᄒᆞ소셔
此又非臣之苟爲遊說之談ᄒᆞ야以誑陛下니臣이又請得而備言之호리
다夫佛者ᄂᆞᆫ夷狄之聖人이오聖人者ᄂᆞᆫ中國之佛也라在彼夷狄則可用

佛氏之敎ㅎ야以化導愚頑이오在我中國엔自當用聖人之道ㅎ야以燮
贊化育이나猶行陸者ᄂᆞᆫ必用車馬ㅎ고渡海者ᄂᆞᆫ必以舟航이라今居中
國而師佛敎ㅎ면是猶以車馬渡海니雖使造父爲御ㅎ고王良爲右라도
非但不能利涉이라必且有沈溺之患이니다夫車馬ᄂᆞᆫ本致遠之具니豈
不利器乎아然而用非其地則技無所施라陛下ㅣ若謂佛氏之道ㅣ雖不
可以平治天下나或亦可以脫離一身之生死오雖不可以燮贊化育이나
而時亦可以導羣品之囂頑이라就此二說이亦復不過得吾聖人之餘緖
라陛下不信則臣請比而論之ㅎ리다臣亦切嘗學佛ㅎ야最所尊信이라
自謂悟得其蘊奧러니後乃窺見聖道之大ㅎ고始遂棄置其說ㅎ니臣請
毋言其短ㅎ고言其長者ㅎ리다夫西方之佛은以釋迦爲最ㅎ고中國ㅅ
聖人은以堯舜爲最ㅎ나니臣以釋迦與堯舜으로比而論之ㅎ리다夫世
之最所崇慕釋迦者ᄂᆞᆫ莫尙於脫離生死ㅎ고超然獨存於世라今佛氏之
書ㅣ具載始末ㅎ야謂釋迦住世說法이四十餘年이오壽八十二歲而沒
이라ㅎ니則其壽ㅣ亦誠可謂高矣나然舜은年百有十歲오堯ᄂᆞᆫ年一百
二十歲니其壽ㅣ比之釋迦則又高也오佛能慈悲施捨ㅎ야不惜頭目腦
髓ㅎ야以救人之急難ㅎ니則其仁愛及物이亦誠可謂至矣나然必苦行
於雪山ㅎ고奔走於道路而後에能有所濟어니와若堯舜은端拱無爲而
天下ㅣ各得其所라惟克明峻德ㅎ야以親九族則九族이旣睦ㅎ고平章
百姓則百姓이昭明ㅎ고協和萬邦則黎民이於變時雍ㅎ고極而至於上
下草木鳥獸ㅣ無不咸若ㅎ니其仁愛及物이比之釋迦則又至也오佛能
方便說法ㅎ야開導羣迷ㅎ야戒人之酒ㅎ며止人之殺ㅎ며去人之貪ㅎ
며絶人之嗔ㅎ니其神通妙用이亦誠可謂大矣나然必耳提面誨而後能
이어니와若在堯舜則光被四表ㅎ며格於上下ㅎ야其至誠所運이自然
不言而信ㅎ며不動而變ㅎ며無爲而成ㅎ야盖與天地合其德ㅎ며與日
月合其明ㅎ며與四時合其序ㅎ며與鬼神合其吉凶ㅎ니其神化無方而
妙用無體ㅣ比之釋迦則又大也라若乃咀呪變幻으로眩怪捏妖ㅎ야以
欺惑愚冥은是故佛氏之所深排極詆오謂之外道邪魔니正與佛道相反
者라不應好佛而乃好其所相反ㅎ며求佛而乃求其所排詆者也라陛下
若以堯舜旣沒로必欲求之於彼則釋迦之亡이亦已久矣오若謂彼中學
佛之徒ㅣ能傳釋迦之道면則吾中國之大로顧豈無人能傳堯舜之道者
乎아陛下未之求耳라陛下ㅣ試求大臣之中에苟其能明堯舜之道者ㅎ
야日日與之推求講究ㅎ시면乃必有能明神聖之道ㅎ야致陛下於堯舜

之域者矣니故臣이以爲陛下好佛之心이誠至則請毋好其明而貿得其實ᄒ시며毋好其末而務求其本ᄒ노니이다務得其實而求其本則請毋求諸佛而求諸聖人ᄒ시고毋求諸夷狄而求諸中國者ㅣ果非妄爲遊說之談ᄒ야以誑陛下者矣니陛下果能以好佛之心而好聖人ᄒ시고以求釋迦之誠而求諸堯舜之道ᄒ시면則不必涉數萬里之遙而西方極樂이只在目前이오則不必糜數萬之費ᄒ며斃數萬之命ᄒ며歷數年之久ᄒ고而一塵不動ᄒ야彈指之間에可以立蹄聖地ᄒ야神通妙用이隨形隨足이니此又非臣之繆爲大言ᄒ야以欺陛下니다必欲討究其說인디則皆鑿鑿可證之言이니孔子云我欲仁이면斯仁이至矣라ᄒ시며一日克己復禮而天下歸仁이라ᄒ시고孟軻云人皆可以爲堯舜이라ᄒ니豈欺我哉리오陛下ㅣ反而思之ᄒ시고而試又詢之大臣ᄒ시며詢之群臣ᄒ사果臣言이出於虛繆이면則甘受欺妄之戮이니다臣不知諱忌ᄒ고伏見陛下善心之萌ᄒᆷ이不覺踊躍喜幸ᄒ야輒進其將順擴充之說ᄒ노니惟陛下垂察ᄒ시면則宗社幸甚이오天下幸甚이오萬世幸甚이니다

正德十有一年은先生四十五歲라在南京이러니時에江漳各郡에巨寇爲患이라兵部尙書王瓊이特擧先生ᄒ야任都察院左僉都御史ᄒ야巡撫南贛汀漳等處ᄒ니十月에因便道歸省ᄒ다王思輿ㅣ語季本曰陽明此行에必立事功이로다季ㅣ曰何以知之오思輿ㅣ曰吾試觸之에不動ᄒ니是以知之로라

先是에各處流賊이蜂起라正德六年에江西諸郡이亂ᄒ야南昌贛州等地ㅣ皆爲賊所據ᄒ고橫行剽掠ᄒ니人心이恟恟ᄒ야朝不保夕이라朝廷이命左都御史陳金ᄒ야總制江西省軍務ᄒ니調廣西兵討之ᄒ야得一時鎭定이나然兵士ㅣ恃功橫暴ᄒ야侵害良民이有甚於賊ᄒ되而陳이不能鈐制ᄒ고苟且偸安ᄒ니人民이怨嗟라於是에朝議ㅣ以巡撫之任으로委先生ᄒ다

正德十有二年春正月에赴南贛ᄒᆯ시經吉安府萬安縣ᄒ니流賊數百이沿途劫掠이라舟人이驚懼不敢進ᄒ고欲回船以避之어ᄂᆞᆯ先生이不許ᄒ고乃聯商船數十艘ᄒ야結爲陣勢ᄒ고揚旗鳴鼓ᄒ야若趨戰者ᄒ니賊이大驚ᄒ야皆登岸羅拜曰飢荒流民이乞求賑濟로소이다先生이命將船泊岸ᄒ고遣中軍官諭之曰巡撫老爺ㅣ知汝等迫飢寒ᄒ니至贛後에當差官救恤ᄒ리니宜各歸安生業ᄒ고勿爲妄暴ᄒ야自取殄滅ᄒ라賊이惶懼散歸ᄒ다是月十六日에涖任ᄒ야令所屬地方으로均行賑濟ᄒ야招撫流民

ᄒ고置二函堂前ᄒ야榜曰

求通民情,願聞己過

是에漳寇詹師富溫火燒等이連年侵掠ᄒ야其勢方熾라先生이因命湖
廣福建三省ᄒ아刻期進剿ᄒᆯ시先生에贛民이多受賊賄ᄒ야爲其耳目이
라故官府擧動을賊必先知ᄒ고軍門一老隸ㅣ作奸尤甚이라 先生이知之
ᄒ고呼入臥室ᄒ야謂之曰人告汝通賊ᄒ니汝罪當死라若能改過ᄒ야悉
擧賊情及諸奸民ᄒ야以告我면我當活汝ᄒ리라老隸ㅣ叩頭謝罪ᄒ야實
吐其實ᄒ고具以奸民으로一一告之어늘先生이乃免其死ᄒ고試之悉驗
이러라

遂行十家牌法ᄒ니其法이編十家爲一牌ᄒ야其牌式은書某縣某坊某
人某籍甲頭某人甲尾某人ᄒ고同牌十家ㅣ輪日收掌ᄒ고每日酉是分에
持牌到各家ᄒ야照粉牌審查ᄒ되某家는今夜에少某人ᄒ야往某處幹某
事ᄒ고某日에當回ᄒ며某家는今夜에多某人ᄒ니是某姓名이從某處來
幹某事라務要審問의確ᄒ야乃通報各家知會ᄒ되事有可疑면卽行報官
ᄒ되如或隱蔽事發이면十家同罪ᄒ고各家牌式은列書某縣某坊民戶某
人現在家丁人數姓名年齡職業家屋間數寄歇客人等이라牌法이已完에
遍諭各府父老子弟曰

今兵荒之餘에困苦良甚ᄒ니其各休養生息ᄒ고相勉於善ᄒ야父慈子
孝兄友弟恭夫婦和婦從長惠幼順ᄒ며勤儉以守家業ᄒ며謙和以處鄕里
ᄒ고心要平恕ᄒ야毋懷險譎ᄒ며事貴含忍ᄒ야毋輕鬪爭이라曾見有
溫良遜讓卑己尊人而人不敬愛者乎아曾見有凶狼貪暴利己侵人而人
不疾怨者乎아夫囂訟之人은爭利而未必得利오求伸而未必能伸이어
늘外見疾於官府ᄒ여內破敗其家業ᄒ야上辱父祖ᄒ며下累兒孫ᄒ니
何苦而爲此乎아父老는其勉聽吾言ᄒ야各訓戒其子弟ᄒ라

又有諭俗四條曰

爲善之人은非獨其宗族親戚이愛之ᄒ고朋友鄕黨이敬之라雖鬼神이
라도亦陰相之오爲惡之人은非獨其宗族親戚이惡之ᄒ고朋友鄕黨이
怨之라雖鬼神이라도亦陰殛之ᄒ니故積善之家는必有餘慶ᄒ고積
不善之家는必有餘殃이니라

見人之爲善이면我必愛之ᄒ니我能爲善이면人豈有不愛我者乎아
見人之爲不善이면我必惡之ᄒ니我苟爲不善이면人豈有不惡我者
乎아故로凶人之爲不善은至於隕身亡家ᄒ되而不悟者는由其不能自

反야니라

今人이不忍一言之忿ᄒᆞ며或爭銖兩之利ᄒᆞ야遂相搆訟ᄒᆞ니夫我欲求
勝於彼면則彼亦欲求勝於我ᄒᆞ야讐讐相報ᄒᆞ야遂至破家蕩産ᄒᆞ야禍
貽子孫ᄒᆞ니豈若含忍退讓ᄒᆞ야使鄕里稱爲善人長者ᄒᆞ고子孫이亦蒙
其疵乎아

今人이爲子孫計ᄒᆞ되或至謨人之業ᄒᆞ며奪人之産ᄒᆞ야日夜營營이無
所不至를昔人이謂爲子孫作馬牛라ᄒᆞ나然身歿未寒에而業己屬之他
人ᄒᆞ고讐家ㅣ輩足而報復ᄒᆞ야子孫이反受其殃ᄒᆞ니是殆爲子孫作蛇
蝎也니吁可戒哉ㄴ져

乃行選練民兵之制ᄒᆞ다先是에贛府軍籍이止存虛文이라遇有賊警이
면調發遠兵ᄒᆞ니往返이輒經歲餘ᄒᆞ고經費所須ㅣ動逾數萬이라逮至募
兵集事에賊已相機潛匿ᄒᆞ고及其旋師에又復竊發이라先生이以爲此非
可常之策이라令各省兵備官으로選拔鄕勇ᄒᆞ야組成軍團ᄒᆞ니每縣에多
或十餘人少至八九人ᄒᆞ니大略江西福建二省은各以五六百名爲率ᄒᆞ고
廣東湖廣二省은以四五百名爲率ᄒᆞ야其有勇力絶倫ᄒᆞ고通曉兵略者ᄂᆞᆫ
署爲將領ᄒᆞ고所募精兵이隨各兵備官屯劄ᄒᆞ야敎習之方은隨材異技ᄒᆞ
고器械之備ᄂᆞᆫ因地異宜ᄒᆞ야逐日操演ᄒᆞ야聽候徵調케ᄒᆞ다

至是ᄒᆞ야行政이甫及旬日에規畵이略定이라卽議進兵剿賊ᄒᆞᆯ시於是
에統兵五千人ᄒᆞ고各分哨路ᄒᆞ야至長富村ᄒᆞ야與賊交鋒ᄒᆞ야大戰數合
에斬獲이頗多라餘賊이聚象湖山ᄒᆞ야拒守어ᄂᆞᆯ官兵이追至蓮花石이러
니不意에賊衆이突出ᄒᆞ니二將이馬陷深泥ᄒᆞ야被賊傷死ᄒᆞ니諸將이氣
沮ᄒᆞ야謂賊勢方盛ᄒᆞ고地極險絶ᄒᆞ니若不添調援兵ᄒᆞ야俟秋冬再擧면
恐生他變이라ᄒᆞ니先生이陽聽其言ᄒᆞ야進屯江州府上杭縣ᄒᆞ야宣言犒
衆退師ᄒᆞ야俟秋再擧라ᄒᆞ고密遣人ᄒᆞ야覘賊虛實ᄒᆞ니賊이復據象湖山
ᄒᆞ야見官軍且退ᄒᆞ고仍出劫掠이러ᄂᆞᆯ先生이乃責各軍失律狀ᄒᆞ야令其
盡力立功ᄒᆞ야以贖罪ᄒᆞ고分兵爲二路ᄒᆞ야銜枚疾趨ᄒᆞ야直衝象湖山賊
寨ᄒᆞ니賊衆이以死拒戰이라先生이親督兵士ᄒᆞ야奮勇鏖戰ᄒᆞ니呼聲이
震天地라三省奇兵이從間道ᄒᆞ야攀崖緣木ᄒᆞ야蟻附而進ᄒᆞ야四面挾攻
ᄒᆞ니賊이驚潰逃奔이어ᄂᆞᆯ官軍이乘勝追擊ᄒᆞ니賊이大敗走라先生이更
令諸將으로悉討殘賊ᄒᆞ야破賊四十餘巢ᄒᆞ고斬巨魁詹師富溫火燒等七
十名ᄒᆞ고俘獲賊屬及輜重無散이라漳南數十年巨寇ㅣ至是悉平ᄒᆞ다以
二月出師ᄒᆞ야四月班師ᄒᆞ니古來成功이未有如此之速者러라

時三月不雨러니先生이駐軍上杭ᄒ야禱於行臺ᄒ니一雨三日이라因
名行臺之堂曰時雨堂이라ᄒ다

立隊伍法ᄒ다先生이嘗謂習戰之法은隊伍ㅣ爲要오治衆之法은分數
ㅣ爲先이라至是ᄒ야爲隊伍組織之制ᄒᆯ시二十五人이編爲一伍ᄒ야伍
有小甲ᄒ고五十人이爲一隊ᄒ야隊有總甲ᄒ고二百人이爲一哨ᄒ야哨
有哨長一人協哨二人ᄒ고四百人이爲一營ᄒ야營有營官一人參謀二人
ᄒ고一千二百人이爲一陣ᄒ야陣有偏將ᄒ고二千四百人이爲一軍ᄒ야
軍有副將ᄒ고偏將은無定員ᄒ야臨陣而設이라小甲은於各伍之中에選
材力優者爲之ᄒ고總甲은於小甲之中에選材力優者爲之ᄒ고哨長은於
千百戶義官之中에選材力優者爲之ᄒ고副將은得以罰偏將ᄒ고偏將은
得以罰營官ᄒ고營官은得以罰哨長ᄒ고哨長은得以罰總甲하고總甲은
得以罰小甲ᄒ고小甲은得以罰伍衆ᄒ며務使上下相維ᄒ며大小上承을
如身之使臂ᄒ며臂之使指ᄒ니自然擧動이如一ᄒ야治衆如寡라編制旣
定에仍每五人에給一牌ᄒ야備列同伍二十五人姓名ᄒ야使之聯絡習熟
ᄒ야謂之伍符니每隊에各置兩牌ᄒ야編立字號ᄒ야一符總甲ᄒ고一藏
本院ᄒ야謂之隊符라ᄒ고每哨에各置兩牌ᄒ야編立字號ᄒ야一符哨長
ᄒ고一藏本院ᄒ야謂之哨符라ᄒ고每營에各置兩牌ᄒ야編立字號ᄒ야
一付營官ᄒ고一藏本院ᄒ야謂之營符라ᄒ니凡遇征調에發符比號而行
ᄒ야以防奸僞ᄒ고其諸緝養訓練之方과旗鼓進退之節을要皆逐一講求
ᄒ야務濟實用ᄒ니라

上疏請申明賞罰ᄒ야以激勵人心ᄒ고乞假令旗令牌ᄒ야得以便宜行
事ᄒ니疏上에有笑其迂者라兵部尙書王瓊이獨曰朝廷이以此等權柄으
로不與此等人ᄒ면又將誰與리오乃覆疏悉從之ᄒ다時에江西鎭守太監
畢眞이諛於近倖ᄒ야請監其軍이어ᄂᆯ王瓊이以爲兵法에最忌遙制ᄒ니
若使南贛用兵이必諛於省城鎭守면敗矣라惟省城有警則聽南贛策應이
可也라ᄒ니眞諛ㅣ乃寢ᄒ다

先生이又奏設平和縣治于河頭ᄒ고移小溪巡檢司于枋頭ᄒ니以河頭
ㅣ爲賊巢咽喉ᄒ고枋頭ㅣ爲河頭脣齒也라

又請疏通鹽法ᄒ고整理商稅ᄒ야以助軍餉ᄒ니不加賦而財足ᄒ고不
擾民而事辦焉이러라

時에橫水賊首謝志珊과桶岡賊首藍天鳳과浰頭賊首池仲容等이各擁
大衆據險要ᄒ야出沒無常ᄒ니官軍이屢討之不克이라謝志珊이自稱征

南王이러니至是ᄒᆞ야聞漳寇破ᄒᆞ고大修戰具并呂公車ᄒᆞ야欲先破南康
ᄒᆞ고乘虛入湖廣ᄒᆞ니湖廣巡撫都御史陳金이上疏ᄒᆞ야請以三省兵으로
夾攻桶岡ᄒᆞ니先生이謂桶岡橫水左溪諸賊이爲三省害ᄒᆞ야其患雖同ᄒᆞ
나情勢各異라湖廣則桶岡이爲賊咽喉ᄒᆞ고橫水左溪ㅣ爲腹心이오江西
則橫水左溪ㅣ爲腹心ᄒᆞ고桶岡이爲羽翼이라今議者ㅣ去腹心之疾ᄒᆞ고
欲以湖廣으로夾攻桶岡ᄒᆞ니緩急失宜라且湖廣兵이期以十一月朔召集
ᄒᆞ니賊이聞之에必謂我先攻桶岡이오又以師期尙遠으로必不爲備ᄒᆞ리
니我若出其不意ᄒᆞ야疾擊橫水면可以得志라先破橫水ᄒᆞ고移兵桶岡이
면此ㅣ破竹之勢라ᄒᆞ고乃決議攻橫水而恐浰頭賊이乘機爲患ᄒᆞ야乃作
告諭一通ᄒᆞ야具陣利害ᄒᆞ니其文曰

本院이巡撫是方은專以弭盜安民으로爲職이라莅任之始에卽聞爾等
이積年流劫鄕村ᄒᆞ야殺害良呼ᄒᆞ民之被害來告者ㅣ月無虛日이라
本欲卽調大兵ᄒᆞ야剿除爾等이러니隨往福建ᄒᆞ야督征漳寇ᄒᆞ고意待
回軍之日ᄒᆞ야剿蕩巢穴이라가後因漳寇旣平이紀驗斬獲功次ᄒᆞ니七
千六百有餘라審知當時倡惡之賊이不過四五十人이오黨惡之徒ㅣ不
過四千餘衆이오其餘는多係一時被脅일시不覺慘然興哀라因念爾等
巢穴之內에亦豈無脅從之人이리오況聞爾等이多大家子弟ᄒᆞ야其間
에固有職達事勢ᄒᆞ고頗知義理者라自吾至此로未嘗遣一人撫諭爾勞
ᄒᆞ고豈可遽爾興師翦滅이리오是亦近於不敎而殺이라異日에吾終有
憾於心이라故今特遣人ᄒᆞ야告諭ᄒᆞ노니爾等은勿自謂兵力之强ᄒᆞ라
更有兵力强者ᄒᆞ며勿自謂巢穴之險ᄒᆞ라更有巢穴險者로디今皆悉已
誅滅無存ᄒᆞ니爾等이豈不聞見가夫人情之所共恥者는莫過於身被爲
盜賊之名이오人心之所共憤者는莫甚於身遭劫掠之苦라今使有人ᄒᆞ
야罵爾等爲盜면爾必怫然而怒니爾等은豈可心惡其名而身蹈其實가
又使人으로焚爾室廬ᄒᆞ며劫爾財貨ᄒᆞ며掠爾妻子ᄒᆞ면爾必懷恨切骨
ᄒᆞ야寧死必報ᄒᆞ리니爾等이以是加人에人其有不怨者乎아人同此心
이어늘爾寧獨不知아乃必欲爲此는其間에想亦有不得已者라或是爲
官府所迫ᄒᆞ며或是爲大戶所侵ᄒᆞ야一時錯起念頭ᄒᆞ야誤入其中ᄒᆞ고
後遂不敢出ᄒᆞ니此等苦情은亦甚可憫이라然亦皆由爾等에悔悟不切
이니爾等이當初去從賊時는乃是生人이尋死路로디尙且要去便去ᄒᆞ
고今欲改行從善이면乃是死人이求生路로디乃反不敢은何也오若爾
等이肯如當初去從賊時ᄒᆞ야拚死出來ᄒᆞ야求要改行從善이면我官府

ㅣ豈有必要殺汝之理리오爾等이久習惡毒ㅎ야忍於殺人ㅎ고心多猜
疑ㅎ니豈知我上人之心이無故殺一鷄犬도尚且不忍이온況於人命關
天이라若輕易殺之면冥冥之中에斷有還報ㅎ야殃禍及於子孫이니何
苦而必欲爲此리오我每爲爾等ㅎ야思念及此에輒至於終夜不能安寢
은亦無非欲爲爾等ㅎ야尋一生路로ㄷㅣ惟是爾等이冥頑不化然後에不
得已而興兵ㅎ니此則非我殺之오乃天殺之也라今謂我全無殺爾之心
이라도亦是誑이오若謂我心欲殺爾면又是吾之本心이라爾等이今雖
從惡이나其始는同是朝廷赤子라譬如一父母同生十子에八人爲善ㅎ
고二人背逆ㅎ야要害八人ㅎ면父母之心이須除去二人然後에八人이
得以安生이라均之爲子에父母之心이何故로必欲偏殺二子리오不得
已也라吾於爾等에亦正如此로다若此二子者ㅣ一旦에悔惡遷善ㅎ야
號泣投誠ㅎ면爲父母者ㅣ必哀憫而收之니何者오不忍殺其子也는
乃父母之本心야라今得遂其本心이면何喜何幸如之리오吾於爾等에
亦正如此로다聞爾等이幸苦爲賊所得이苦亦不多ㅎ야其間에尚有衣
食不充者라ㅎ니何不以爾爲賊之勤苦精力으로而用之於耕農ㅎ며運
之於商賈오可以坐致饒富而安亨逸樂ㅎ야放心縱意ㅎ야遊觀城市之
中ㅎ며優游田野之內니豈如今日擔驚受怕ㅎ야出則畏官避讐ㅎ고入
則防誅懼勦ㅎ야潛形遁迹ㅎ야憂苦終身이라가卒之身滅家破ㅎ고妻
子戮辱이니亦有何好아爾等은好自思量ㅎ라若能聽吾言ㅎ야改行從
善이면吾卽視爾爲良民ㅎ며撫爾如赤子ㅎ고更不追咎爾等既往之罪
ㅎ리니如葉方梅南春,王受,謝鉞輩를吾今只與良民一槩看待ㅎ노니
爾等은豈不聞知아爾等이若習性已成ㅎ야難更改動이면亦由爾等任
意爲之ㅎ라吾ㅣ南調兩廣之狼獞ㅎ며西調湖湘之土兵ㅎ야親率大軍
ㅎ고圍爾巢穴ㅎ야一年不盡이면至於兩年이오兩年不盡이면至於三
年이니爾之財力은有限이오吾之兵粮은無窮ㅎ니縱爾等이皆爲有翼
之虎라도諒亦不能逃於天地之外리라鳴呼라吾豈好殺爾等哉이리오
爾等이若必欲害吾良民ㅎ야使吾民으로寒無衣ㅎ며饑無食ㅎ며居無
廬ㅎ며耕無牛ㅎ야父母死亡ㅎ고妻子離散이면吾欲使吾民으로避爾
則田業이被爾等所侵奪ㅎ야己無可避之地오欲使吾民으로賄爾則家
財ㅣ爲爾等所虜掠ㅎ야己無可賄之財니就使爾等으로今爲我謀라도
亦必須盡殺爾等而後可라吾今特遣人撫諭爾等ㅎ고賜爾等牛酒銀錢
布匹ㅎ야與爾妻子ㅎ고其餘人多ㅎ야不能遍及일시各與曉諭一道ㅎ

노니 爾等은 好自爲之ᄒᆞ라 吾言이 已無不盡이오 吾心이 已無不盡이라
如此而爾等이 不聽이면 非我負爾라 乃爾負我니 我則可以無憾矣라 嗚
呼라 民吾同胞니 爾等이 皆吾赤子어ᄂᆞᆯ 吾終不能撫恤爾等ᄒᆞ고 而至於
殺爾ᄒᆞ니 痛哉痛哉라 興言至此에 不覺淚下ᄒᆞ노라

遣部下黃表ᄒᆞ야 招撫池仲容等ᄒᆞ야 勸其立功贖罪ᄒᆞ고 各賜銀布ᄒᆞ야
以安其心ᄒᆞ니 賊黨이 見諭辭懇切ᄒᆞ고 爲之感動이라 遣酋長黃金巢等ᄒᆞ
야 隨黃表率部下投降ᄒᆞ고 請殺賊立功ᄒᆞ야 以贖死어ᄂᆞᆯ 先生이 以好言慰
撫之ᄒᆞ고 選其精壯者五百人ᄒᆞ야 使之從軍ᄒᆞ다

先生이 旣定師期에 分遣哨隊ᄒᆞᆯ식 密授方略ᄒᆞ야 十路軍馬ㅣ 刻期齊發
ᄒᆞ다

先生이 在都督院ᄒᆞ야 稍暇時면 輒與諸生講學ᄒᆞ고 或以習射爲事러니
出兵前一日에 諸生夜坐談論이라가 明朝에 諸生이 欲進見至門外ᄒᆞ니 門
者ㅣ 辭之曰 公이 進院未幾에 卽領兵出城ᄒᆞ야 未知何往ᄒᆞ니 度此際에 已
行二里餘矣라ᄒᆞ니 其神機難測이 如此러라

十月九日에 至南康府ᄒᆞ나ㅣ 人告部下李正巖·劉福泰ㅣ 素通賊이라
先生이 召二人至ᄒᆞ야 以狀示之ᄒᆞ니 二人이 力辨이어ᄂᆞᆯ 先生曰 姑釋汝罪
라ᄒᆞ고 倂留之幕下ᄒᆞ야 責其戴罪立功이러니 未幾에 二人이 謂有機密事
求見이어ᄂᆞᆯ 先生이 召入密室ᄒᆞᆫ딕 二人曰 欲攻桶岡이면 必經十八面地方
이니 此乃第一險要處라 嶺峻道狹ᄒᆞ야 官軍이 不能入이라 有木工張保者
ㅣ 久在賊中ᄒᆞ야 建造寨柵이 皆出其手ᄒᆞ고 又深知地利ᄒᆞ니 非得此人이
면 不可니다 先生이 問 張保何在오 二人이 幸己拘在轅門外矣니다 卽命引
入後堂ᄒᆞ야 先生이 問曰 聞造蠻賊寨柵이 皆出汝手라ᄒᆞ니 汝罪當死로다
張保ㅣ 叩頭曰 小人이 以手藝爲活ᄒᆞ다가 誤入賊地ᄒᆞ야 貪生畏死ᄒᆞ야 受
其驅使니 實出不得已也니다 先生曰 姑不責汝어니라 但彼立寨處ㅣ 必選
險要라 其左右前後出入之道를 汝必備知니 爲之細陳ᄒᆞ면 則賊破之日에
當叙汝功ᄒᆞ리라 張保ㅣ 欣然遂請筆ᄒᆞ야 備陳賊寨要害어ᄂᆞᆯ 於是에 赦三
人罪ᄒᆞ고 倂授官ᄒᆞ니ㅣ 此其用人之活法也라 十日에 至南坪ᄒᆞ니 諸將이
奮戰破賊巢ᄒᆞ고 各鄕導ㅣ 言諸賊이 已於各山絶險에 立寨爲退守計라 諸
將이 皆曰 破桶岡을 期以十一月朔而日已迫ᄒᆞ니 奈何오 先生曰 此處ㅣ 去
桶岡이 尙百餘里라 山路絶險ᄒᆞ니 須三日方達이니 若未掃蕩此賊ᄒᆞ고 而
移兵桶岡이면 前瞻後顧ᄒᆞ야 防備多而力分ᄒᆞ니 非計之得者라 會에 有擒
一賊而至ᄒᆞ니 乃桶岡賊密探橫水情形者鍾景也라 先生曰 吾兵이 所向皆

克호니桶岡之滅이不能待朝라汝若肯留吾麾下效用이면當赦汝罪호리
라鍾景이叩頭乞降이어놀先生이因問桶岡地利호딕鍾景이言之甚悉호
고幷及橫水各巢之通路호니先生이命解其縛호고賜以酒食호야留之幕
下호다於是에傳令各營호야分奇正二隊호야一攻其前호고一襲其後호
야乘霧疾進호야攻破賊巢五十餘處호고俘斬無筭호니賊首謝志珊이被
擒이라先生이卽命梟首轅門外홀시臨刑이先生이問曰汝一介小民으로
何以得黨類之衆이如此오謝志珊이曰此事亦非容易호니平日에見世上
好漢호면斷不輕易放過호고必多方以鉤致之호야或赴其難호며或周其
急호며或逞其酒色嗜好호야待其懷德에與之謀호면無不應從리라故我
部下에負千斤氣力者ㅣ五十餘人이러니今皆束手就縛호니乃明天子洪
福이라更何怨尤리오호고因暝目受刑호다先生이他日에對門人호야述
此事曰吾儕學者之求朋友補益이 亦當如是注意之周到也니라

諸將이欲乘勝攻桶岡이어놀先生曰桶岡은天險四塞호야其出入之路
ㅣ皆棧梯架壑호니一人守之에千人莫過오惟上章一路ㅣ梢平호나非費
半月이면不能達이라奔馳之際에彼已備知호니莫若移此近地호야休兵
養威호야諭以禍福이니彼見吾兵屢勝이면必懼而請降이라若遲疑不服
이어든當進襲之라호고乃遣部下李正巖鍾景호야往招藍天鳳等호되若
果降者면待以不死라호고而以十一月一日定期호다

時에浰頭賊首池仲容이與其弟仲寧仲安이皆力搏猛虎호고捷競飛猿
호야爲賊黨所向服이라招致四方無賴以結黨호야屢破官軍호고脅良民
之壯健者호야編置部下호고勒借金穀於富戶호되抵抗者는焚殺無遺라
龍川豪族盧珂鄭志高陳英等이各聚衆千餘人호야據有鄕村호니仲容이
欲招之入黨호되盧珂等이不從이라故互相仇殺이어놀先生이傳檄招盧
珂等호니三家ㅣ遂奉約束호야願出力剿賊이어놀先生이許之호고遂與
龍川縣吏로協力備禦케호니仲容이以是恨之라方黃金巢等之歸順也에
衆賊이亦俱有降意호되惟仲容이不肯曰我等作賊이已非一年이오官府
招徠ㅣ亦非一回니而官府所言을未足憑信이라호더니至是호야聞官兵
이已破橫水호고始有懼色이라適先生이使黃金巢等으로往招仲容호딕
仲容이謂其黨高飛甲曰官軍이旣破橫水에必乘勝直衝桶岡이오又將及
我浰頭니奈何오高飛甲이曰先日에王督撫ㅣ曾遣人來招호고且黃金巢
等이已蒙官府收用호야我亦遣一人若投降者면一則緩其來攻이오一則
覘其虛實이라호니仲容이以爲然호야遣其弟仲安호야率老弱二百餘名

來降ᄒ고願隨衆立功이어늘先生이逆知其謨ᄒ고陽許之曰汝旣情願納
降ᄒ니本院이卽日에加兵桶岡이라汝ㅣ率衆截路上新地ᄒ야斬賊來獻
者면有賞이라ᄒ니盖上新地ㅣ在桶岡西部ᄒ야去浰頭最遠ᄒ니先生이
故遣之于彼ᄒ야以遠其歸ᄒ고外示任用ᄒ야以安其心ᄒ다

李正巖等이至桶岡ᄒ야述督府兵威及招撫之期ᄒ더藍天鳳이大喜ᄒ
야欲就招撫ᄒ야召其黨議之홀시橫水賊蕭貴模ㅣ逃至桶岡ᄒ야見天鳳
曰謝志珊이不知守險ᄒ고致令官軍으로潛入內地ᄒ야以至潰敗라若加
意防守면雖百萬之衆이나豈能飛入이리오此地皆絶險ᄒ고我收橫水餘
兵이尙千餘人이라爲助桶岡之守ᄒ리니奈何自就死地리오ᄒ니藍天鳳
이依違未決이라

於是에先生이令諸將進兵ᄒ야以三千日夜로一時齊到ᄒ니是夜에大
雨ᄒ야至翌朝未霽라各君이冒雨而進ᄒ니是時에藍天鳳이方議納款ᄒ
고又見大雨에料官兵難進ᄒ고稍懈防備라가忽聞官兵大進ᄒ고驚曰王
公用兵이如神이라ᄒ고急收兵千餘人ᄒ야據絶壁阻水爲陣以拒之어늘
諸將이鼓勇進擊ᄒ야擒斬이甚多라斬蕭貴模於陣中ᄒ고藍天鳳은勢窮
ᄒ야投岸而死어늘梟其首以獻ᄒ고破賊巢數十處ᄒ고擒斬大賊數十及
從賊數千名ᄒ고其他俘獲이無筭이라於是에桶岡賊이悉平ᄒ다

時에湖廣省軍營叅將史春이率兵來라가至彬州ᄒ야接得先生報ᄒ니
桶岡賊이已平ᄒ고且慰遠涉之勞라史春이大驚曰曩三省之議夾攻也에
謂費一年이라도尙恐不能剪盡이러니今王都堂이朝進夕破ᄒ야如烈風
掃落葉ᄒ니眞天縱之武也라ᄒ더라

十一月에先生이凱旋至南康府ᄒ니百姓老幼ㅣ羅拜懽呼曰今日에始
得安寢이라ᄒ더라所經州縣에各立生祠ᄒ야奉肖像ᄒ고歲時尸祝ᄒ다

先生이以橫水桶岡各賊寨ㅣ散在太庾上猶南康間ᄒ야地方이各三百
餘里니號令莫及이라ᄒ야奏設崇義縣治于橫水ᄒ고增置茶寮隘・上堡
鉛廠・長龍三巡檢司ᄒ다

十有三年은先生四十七歲라在贛州ᄒ야正月에復征浰頭ᄒ다先是池
仲容等이聞藍天鳳이已敗滅ᄒ고益懼ᄒ야乃分兵守寨ᄒ야爲拒敵計어
늘先生이令黃金巢等으로潛出賊巢左邊ᄒ야候官軍到ᄒ야卽據險遏賊
케ᄒ고再諭盧珂鄭志高等ᄒ야密謂之備ᄒ다遣部下黃表로浰頭ᄒ야錫
各酋長牛酒ᄒ고詰其分兵守寨之故ᄒ더仲容이知不能隱ᄒ고許曰龍川
盧珂鄭志高ᄂᆫ素我仇怨이라今不時引兵相攻ᄒ니若撤兵備면必爲所襲

이라故密爲之防禦오非敢抗官軍地라ᄒᆞ고遂遣其黨鬼頭王ᄒᆞ야隨黃表
回報曰若寬降期면當悉衆來降ᄒᆞ야改僭呼稱新民이라ᄒᆞ니先生이陽信
其言ᄒᆞ고遂遣人査盧珂擅兵讐殺之狀ᄒᆞ고先生이謂鬼頭王曰本院이已
察得盧珂等罪狀ᄒᆞ니當遣人軍徃討라須假道浰頭ᄒᆞ리니汝等은爲之伐
木開道ᄒᆞ야以便官軍進也ᄒᆞ라鬼頭王이回報ᄒᆞ니仲容이聞之ᄒᆞ고且喜
且懼라其喜也ᄂᆞᆫ以督府之嗔盧珂로爲陷於術中也오其懼也ᄂᆞᆫ官軍이因
假道以伐之也라乃復遣鬼頭王來謝ᄒᆞ고且請無勞官兵ᄒᆞ고當悉力自禦
라ᄒᆞ니于時盧珂鄭志高陳英이親至都督院ᄒᆞ야具狀白之曰池仲容等이
僭號設官ᄒᆞ야點集兵衆ᄒᆞ고又號召遠近各賊首ᄒᆞ야授以總兵都督等官
ᄒᆞ고候三省兵至ᄒᆞ야同時擧事ᄒᆞ야行其不軌之謀ᄒᆞ고且以僞授盧珂等
官爵金龍覇王印信文書一紙로黏狀來首어ᄂᆞᆯ先生이大怒曰汝挾私怨ᄒᆞ
야擅兵行殺이罪已當死어ᄂᆞᆯ又爲此無根之言ᄒᆞ야乘機誣陷ᄒᆞ야欲掩前
罪耶아本院이知其情實을如見肺肝이라仲容이遣其弟仲安ᄒᆞ야領兵報
効ᄒᆞ야誠心歸附ᄒᆞ니豈復有抵抗我之理리오遂裂其上申狀ᄒᆞ야托使者
出之曰若再來騷擾者면必斬ᄒᆞ리라却密遣參謀官ᄒᆞ야諭盧珂等曰督府
ㅣ深知汝等忠義而俄者佯怒ᄂᆞᆫ欲誘池仲容等降也니汝須再至督院申告
ᄒᆞ야惟受罰杖三十數旬繫留면池仲容을可致라ᄒᆞᆫ디盧珂等이依其言ᄒᆞ
야再來辨明이어ᄂᆞᆯ先生이益怒ᄒᆞ야喝令斬之라諸將이叩頭爲請ᄒᆞ니先
生이怒猶未解ᄒᆞ야喝吏決杖三十ᄒᆞ다時에池仲安等이在幕下ᄒᆞ야聞盧
珂等辨明ᄒᆞ고心懷驚懼라가及見先生이兩次激怒ᄒᆞ고大喜ᄒᆞ야率其黨
羅拜ᄒᆞ고訴盧珂等罪어ᄂᆞᆯ先生曰本院이已審問明白ᄒᆞ니當盡收盧珂家
屬處斬ᄒᆞ야以安地方호리라仲安이益喜ᄒᆞ야作書具報于仲容ᄒᆞ니라盧
珂等이旣入獄에先生이又遣部下巡閱ᄒᆞ야暗致督府眞意ᄒᆞ니盧珂等이
感泣曰都督王公이爲除地方害ᄒᆞ야而苟用我時에ᄂᆞᆫ雖肝腦塗地라도亦
無所恨이라ᄒᆞ더라先生이又使盧珂로先遣人歸集其衆ᄒᆞ야候珂等旣還
乃發케ᄒᆞ고又遣黃表ᄒᆞ야往諭仲容홀시且密購其所親信者ᄒᆞ야陰說之
使自來投訴케홀시黃表ㅣ謂仲容曰督府ㅣ已審知盧珂等讐殺實狀ᄒᆞ니
汝等은勿復懷疑ᄒᆞ라仲容이設酒筵歡待어ᄂᆞᆯ黃表ㅣ曰王督府用兵이如
神ᄒᆞ고且其寬弘德量ᄒᆞ야來者를不拒라故黃金巢等이俱已受官職ᄒᆞ니
汝等이若詣督府麾下면吾當力請重用이라ᄒᆞ니仲容이拱手謝之러라

　十二月二十日에先生이命大軍還南贛ᄒᆞ고散歸各路軍馬ᄒᆞ야示不復
用ᄒᆞ고乃還本院ᄒᆞ야設宴張樂ᄒᆞ야大饗將士ᄒᆞ고且諭示城中曰

向來寇賊이搶攘ㅎ야時出劫掠ㅎ니地方騷擾ㅎ야民不聊生이러니今
南安府賊巢ㅣ盡皆掃蕩ㅎ고浰頭新民이又皆誠心歸化ㅎ니地方이自
此可以無虞라民久勞苦ㅎ니亦宜暫休爲樂이라乘此時和年豊ㅎ야聽
民間張華燈奏音樂ㅎ야以彰一時太平之盛云이라

先生이乃呼池仲安謂之曰汝兄弟ㅣ誠心歸化ㅎ니本院이深用嘉尙이
라聞盧珂黨與最衆而身係於此ㅎ니恐其黨이悔怨ㅎ야掩爾不虞라吾今
放汝暫歸ㅎ노니助汝兄防守ㅎ라ㅎ니仲安이叩頭稱謝라先生이又命余
恩護送ㅎ고並以新曆으로頒賜諸酋ㅎ니諸酋ㅣ大喜ㅎ야盛設酒筵款待
라仲安이又述督府散兵安民及遣歸將校之意ㅎ니衆皆踊躍欣喜러라黃
表ㅣ尙留寨內ㅎ니仲安이因會飮語之曰我等이若早遇督府면歸順이已
久라ㅎ거눌黃表ㅣ曰汝等新民이尙不知禮로다督府之慰勞ㅣ甚厚ㅎ고
況又頒賜新曆이어눌奈何安坐受此리오禮當親往督府拜謝니라余恩이
亦從傍勸之曰盧珂等이日夜로哀訴汝等反狀ㅎ야乞官府試招汝等ㅎ되
若招而不至者면卽可以證反狀之實이라ㅎ니是可不懼耶아仲容이曰若
督府有招면豈有不行之理리오黃表ㅣ曰今若不待招而往ㅎ야訴珂等罪
惡ㅎ면必益信汝無他而謂珂等爲詐ㅎ야殺之必矣니라所購親信賊酋ㅣ
復從中力贊ㅎ니仲容이然之ㅎ야乃謂其衆曰若要伸인디先用屈이오且
王督府伎倆을亦須親往看破라ㅎ고遂定計ㅎ야率其麾下勇者九十三人
ㅎ고自詣贛州來어눌余恩等이先馳歸報ㅎ니先生이池仲容已就道ㅎ고
乃密遣人先行屬縣ㅎ야勒兵分哨道ㅎ야候報而發ㅎ고又使千戶孟俊으
로先至龍川ㅎ야督集盧珂鄭志高陳英等兵홀시然以道經浰巢로恐搖諸
賊이라則別齎一牌ㅎ야以拘捕盧珂等黨屬爲名ㅎ니各賊이聞俊往龍川
ㅎ고果遮迎問其故라俊이出牌示之ㅎ니乃皆羅拜ㅎ고爭相導迎出境이
라俊이至龍川始發牌ㅎ야部勒盧珂等兵衆ㅎ니賊이聞之ㅎ고皆以爲拘
捕其屬이라ㅎ야不復爲意러라十二月二十三日에仲容이至贛州ㅎ야留
下一行人數於營場ㅎ고只引親信數人ㅎ야進督院參謁이어눌先生이以
好言慰撫之ㅎ고問其人數ㅎ디仲容이對曰從者不過九十餘人이니다先
生曰須用寬廣處安慰라ㅎ고命至祥符寺居住ㅎ다又曰衆人이今在何處
오中軍官이曰現屯營場이러이다先生이陽爲色變曰汝等이皆我新民으
로今來見我而却在營場ㅎ니豈心疑本院耶아仲容이惶恐對曰就空地休
息ㅎ야以待閣下命이니豈有他意리오先生曰本院이今日에洗雪汝等爲
良民ㅎ노니汝等은宜悔過自新ㅎ라本院이當力爲之扶持ㅎ리라仲容이

拜謝而出ᄒᆞ야至祥符寺ᄒᆞ야見待遇極厚ᄒᆞ고喜出望外라於是에參隨官이導諸賊遊市街ᄒᆞ니各營官兵이果皆散歸ᄒᆞ고市上에張燈如晝ᄒᆞ야宴飮嬉遊ᄒᆞ니始信督府不復用兵矣라又密賂獄卒ᄒᆞ야私覘盧珂等動靜ᄒᆞ니果械繫甚固라又獄卒이言官府ㅣ已下令捕盧珂等家屬究問ᄒᆞ야不日取斬이라ᄒᆞ니仲容이乃大喜ᄒᆞ야遣人歸報其屬曰乃今에吾事始得萬全矣라ᄒᆞ니라先生이乃夜釋盧珂鄭志高等ᄒᆞ야使馳歸發兵ᄒᆞ고過五日에仲容等이將辭歸어ᄂᆞᆯ先生曰此去浰頭ㅣ爲八九日程이라卽今歸家면不能不經歲오若欲新春復來면跋涉爲虞라況贛州ㅣ今歲華燈이頗盛ᄒᆞ니在此에亦不寂寥라何不以正月爲歸計오賊中少年이喜觀華燈遊娼家ᄒᆞ고參隨官이復貸與銀錢ᄒᆞ니賊이皆欣然忘歸라至元朝入賀ᄒᆞ고午后에復入拜辭어ᄂᆞᆯ先生曰汝等이以正朝謁에未有慰賞ᄒᆞ니奈何卽去리오當以三日로慰勞汝等이라ᄒᆞ고翌日에令有司로送酒祥符寺ᄒᆞ니參隨官이携妓女ᄒᆞ고與衆賊ᄋᆞ로懽飮終日이라又揭示轅門曰浰頭新民池仲容等은次日齊赴轅門領賞ᄒᆞ라ᄒᆞ니衆賊이歡喜라ᄒᆞ더니時에先生이度盧珂等이已抵家ᄒᆞ고所遣屬縣兵이當已大集이라ᄒᆞ야是夜에密諭守備官郟文ᄒᆞ야發老鍊甲士六百人分爲二十隊ᄒᆞ야伏射圍라가候本院犒賞ᄒᆞ야賊首每五名이爲一班ᄒᆞ야鼓吹送出轅門ᄒᆞ야過射圍則甲士一隊ㅣ出而ㅣ擒之ᄒᆞ라ᄒᆞ고又命龍光曰汝引甲士一隊ᄒᆞ야粧衙門公役ᄒᆞ야各藏利刀ᄒᆞ고立大門下라가若賊黨中에有强力難制者면汝以部下甲士로相助ᄒᆞ라ᄒᆞ고又命有司ᄒᆞ야豫備賞品在督院內ᄒᆞ고諸將이隨常例爲列이라又密諭中軍官ᄒᆞ야待本院號令ᄒᆞ야一齊下手ᄒᆞ라ᄒᆞ니各官이俱集ᄒᆞ야引池仲容等九十餘人ᄒᆞ야前來督院受賞ᄒᆞ니仲容等이入門爲禮어ᄂᆞᆯ先生이施賞畢에諸賊이出門外ᄒᆞ니甲士ㅣ悉皆擒之라乃出盧珂等所告狀ᄒᆞ야訊鞫ᄒᆞ니皆服이라遂置於獄ᄒᆞ고夜使人ᄋᆞ로趣發屬縣兵ᄒᆞ야期以初七日로同時入巢ᄒᆞ니此時에與門人薛侃書曰

　　卽日에已抵龍南ᄒᆞ야明日入巢라四路兵이皆如期並進ᄒᆞ니賊有必破之勢라予ㅣ向在橫水ᄒᆞ야嘗寄書楊士德云破山中賊은易ᄒᆞ되破心中賊은難이라區區剪除鼠竊이何足爲異리오若諸賢이掃蕩心腹之寇ᄒᆞ야以收廓淸平定之功이면此誠大丈夫不世之偉積이라數日來諒已得必勝之筭ᄒᆞ야奏捷有期니何喜如之리오
　　按朱子曰中原之戎虜ᄂᆞᆫ易逐而一己之私慾은難除라ᄒᆞ고先生이亦云破山中賊은易ᄒᆞ되破心中賊은難이라ᄒᆞ니此其實驗之言이오不

382

特爲人說法이라夫以堯舜之聖而曰人心惟危則盖兢兢於此矣라然
則要破心中賊인디其術云何오先生이嘗有訓曰省察克治之功은無
時可間이니如去盜賊ᄒ야須有個掃除廓淸之意라無事時에將好貨
好色好名等私ᄒ야逐日追究搜尋出來ᄒ야定要拔去病根ᄒ야永不
復起라야方始爲快니如猫之捕鼠ᄒ야一眼看着ᄒ고一耳聽着ᄒ야
纔有一念萌動이면卽與克去ᄒ야斬釘截鐵ᄒ야不可姑容與他方便
이오不可窩藏이오不可放他出路라야方是眞實用功이오方能掃除
廓淸이라ᄒ니然則學者ᅵ要破心中賊인디不特於有事時에加省察
克治라而須於無事時에搜尋種種賊類ᄒ야痛下懲治ᄒ고不留根株
라야方無異時竊發之患이라反諸吾身컨디果有如此實功否아言下
悚然에將若之何오

14

於時에諸將이各分哨路ᄒ야刻期並進ᄒ야會於三浰ᄒ실시先生이自率
帳下官兵ᄒ야從龍南縣冷水徑ᄒ야直搗下浰大巢ᄒ다先是에賊徒ᅵ得
仲容書信ᄒ고知贛州兵이俱已散歸라方皆弛備ᄒ고散處各巢러니至是
ᄒ야驟聞官兵이四路幷進ᄒ고皆驚惶失措ᄒ야分投出禦ᄒ실시而悉其精
銳ᄒ야據險設伏ᄒ고幷勢迎敵이어늘官兵이聚爲三衝ᄒ야犄角而前ᄒ
야奮勇鏖戰ᄒ니賊이大敗奔潰라至十六日ᄒ야連破諸巢ᄒ고俘獲賊屬
男婦牛馬器仗이甚多라然各巢奔散之賊이其精悍者ᅵ尙八百餘徒라復
嘯聚九連大山ᄒ야扼險自固ᄒ니山勢極高ᄒ야橫亘數百餘里ᄒ고四面
斬絶ᄒ야官兵이不得進이라欲從傍縣ᄒ야斷其後路면必須半月始達ᄒ
야緩不及事라止有賊所屯據崖壁之下에一道可通이나然賊已據此ᄒ야
自上發木滾石ᄒ니官兵이百無一全이라乃選精銳七百餘人ᄒ야皆衣所
得賊衣ᄒ야佯若奔潰者ᄒ고乘暮ᄒ야直衝賊所據崖下澗道而過ᄒ니賊
이以爲各巢敗散之黨이라ᄒ야皆從崖下招呼어늘官兵이亦佯與呼應ᄒ
니賊이疑不敢擊이라已度險이遂扼斷其歸路ᄒ니次日에賊이始知爲官
兵ᄒ고幷勢衝敵이라官兵이已據險이從上下擊ᄒ니賊이莫能支라乃退
敗어늘先生이度其必潰ᄒ고預令各哨官兵으로四路設伏以待러니賊이
果分隊潛遁이어늘諸將이追擊ᄒ야擒斬首從賊級이甚多라各鄕導ᅵ言
各巢稔惡凶狡之賊이皆已略盡이오惟張仲全等二百餘徒는多係老弱으
로一時爲賊所驅脅ᄒ야從惡未久者也라今皆勢窮計迫ᄒ야聚於九連谷

口ᄒᆞ야呼號痛哭ᄒᆞ야誠心投招라ᄒᆞ니先生이遣黃表ᄒᆞ야往驗其實ᄒᆞ니
果然이라因引其甲首等數人ᄒᆞ야前來投見ᄒᆞ고訴其被脅不得已之情커
늘乃撫順其衆ᄒᆞ야籍爲良民ᄒᆞ다先生이以正月七日로起兵ᄒᆞ야至三月
八日에破賊巢三十八處ᄒᆞ고斬人賊首二十九名ᄒᆞ며俘獲八百九十名이
라於是에察其地理ᄒᆞ야設立縣治ᄒᆞ고留兵防守而歸ᄒᆞ다

三月에乞致仕ᄒᆞ되不允ᄒᆞ다

按先生이以英邁明睿之姿로修養鍛鍊之工이又造其極이라故其臨
事應變에設計詳密ᄒᆞ고用意周到ᄒᆞ야觸處沛然에神機妙發이大有
不可以常度測之者라而其救國救民之血誠은眞有感格皇天ᄒᆞ고明
照後世者矣어늘顧世儒ㅣ或以學說不同於己로妄議先生ᄒᆞ야謂其
有牢籠捭闔之術이라ᄒᆞ니何其不諒之甚也오彼呶呶之徒ㅣ何嘗有
先生功業之萬一者乎아嗚呼라蚍蜉撼大樹ᄒᆞ니多見其不知量也已
로다

15

正德十三年四月에班師ᄒᆞ다先生이謂民風之未善은由敎化之未明이
라今幸盜賊이稍平ᄒᆞ야民困이漸息ᄒᆞ니若欲爲一切移風易俗之事면實
非容易니姑且就其淺近易行者而開導訓誨之라ᄒᆞ고卽行告諭于所屬各
縣ᄒᆞ야使其父老子弟로互相戒告勸勉ᄒᆞ야立學校延敎讀ᄒᆞ야敎子弟以
歌詩習禮ᄒᆞ고出入街衢이見官長ᄒᆞ면必拱立爲敬케ᄒᆞ고先生이以公暇
로爲之賞讚訓誘ᄒᆞ니久之오市民이亦稍知禮法ᄒᆞ야朝夕歌聲아達於委
巷ᄒᆞ다由是로漸成禮讓之風이라于時에先生이以訓蒙大意로示敎讀劉
伯頌等ᄒᆞ니曰

古之敎者ᄂᆞᆫ敎以人倫이러니後世記誦詞章之習이起而先王之敎ㅣ亡
이라今敎童子인惟當以孝弟忠信禮義廉恥로爲專務ᄒᆞ고其栽培涵養
之方은則宜誘之歌詩ᄒᆞ야以發其志意ᄒᆞ며導之習禮ᄒᆞ야以肅其威儀
ᄒᆞ며諷之讀書ᄒᆞ야以開其知覺이라今人이往往以歌詩習禮로爲不切
時務라ᄒᆞ니此皆末俗庸鄙之見이라烏足以知古人立敎之意哉아大抵
童子之情이樂嬉遊而憚拘檢ᄒᆞ야如草木之始萌芽ᄒᆞ니舒暢之則條達
ᄒᆞ고摧撓之則衰痿라今敎童子인必使其趨向鼓舞ᄒᆞ야中心喜悅ᄒᆞ면
則其進이自不能已라譬之時雨春風이霑被ᄒᆞ면卉木이莫不萌動發越
ᄒᆞ야自然日長月化ᄒᆞ고若氷霜剝落ᄒᆞ면則生意蕭索ᄒᆞ야日就枯槁矣

라故凡誘之歌詩者는非但發其志意而已라亦所以洩其跳號呼嘯於詠歌ᄒ고宣其幽抑結滯於音節也오導之習禮者는非但肅其威儀而已이라亦所以周旋揖讓而動盪其血脉ᄒ고拜起屈伸而固束其筋骸也오諷之讀書者는非但皆其知覺而已라亦所以沈潛反覆而存其心ᄒ며抑揚諷誦以善其志也라凡此者ㅣ所以順導其志意ᄒ며調理其性情ᄒ며潛消其鄙吝ᄒ며默化其麤頑ᄒ야日使之漸於禮義而不苦其難ᄒ고入於中和而不知其故니是盖先王立敎之微意也라若近世之訓蒙稗者는日惟督以句讀課倣ᄒ야責其檢束而不知導之以禮ᄒ고求其聰明而不知養之以善ᄒ야鞭撻繩縛을若待拘囚ᄒ니彼視學舍如囹獄而不肯入ᄒ며視師長如寇仇而不欲見ᄒ고窺避掩覆ᄒ야以逐其嬉遊ᄒ고設詐飾詭ᄒ야以肆其頑鄙라偸薄庸劣이日趨下流ᄒ니是盖驅之於惡而求其爲善也니何可得乎아凡吾所以敎는其意實在於此라恐時俗이不察ᄒ고視以爲迂오且吾亦將去라故特丁寧以告爾諸敎讀ᄒ노니其務體吾意ᄒ야永以爲訓ᄒ고毋輒因時俗之言ᄒ야改廢其繩墨ᄒ면庶成蒙以養正之功矣니念之念之어다

按是說也ㅣ余嘗驗之矣라盖曩日之敎育은拘束太甚ᄒ야樸禁爲事라故兒童이果皆視學舍如囹獄ᄒ고視師長如寇仇ᄒ야窺避掩覆ᄒ고設詐飾詭라氣質之强者는跳出範圍ᄒ야益肆其頑ᄒ고弱者는愈以萎縮ᄒ야怵懦成性ᄒ니均之歸於下流而止러니今日之敎育은以唱歌體操等課로鼓發其志意ᄒ며動盪其血脉이라故兒童이皆悅樂而無厭避之意ᄒ야如草木之舒暢條達ᄒ니其效之相去ㅣ豈不遠乎아盖先生在世ㅣ將四百餘年이로되而已開今日敎育之端緖ㅣ如此어늘奈之何後來儒者ㅣ不講於此ᄒ야以致文化之久而不振也오先生은猶近耳라詠歌舞蹈ㅣ非三代之敎乎아甚矣曩日敎育之無當於古今也여

16

五月에設和平縣ᄒ다六月에陞都察院左副都御史ᄒ고蔭一子錦衣衛ᄒ고世襲百戶ᄒ니辭免ᄒ되不允ᄒ다

先生이頃以出入戰陣으로不遑安居講授라가至是ᄒ야始得專意講學ᄒ니日夜에攻究大學本旨ᄒ야指示入道門徑이라而往在龍場時에疑朱子大學章句ㅣ與聖門宗旨로少有不合이라手錄古本大學ᄒ야伏讀精思

이 始知聖人之學이 本自簡易明白이라 大學은 原只是一篇으로 無經傳之
別이오 以誠意爲主ᄒᆞ야 以此爲格物致知之功ᄒᆞ고 不必增一敬字오 以良
知爲至善本體ᄒᆞ야 不必假見聞矣라 至是ᄒᆞ야 刻古本大學ᄒᆞ야 爲之作序
ᄒᆞ고 又有大學問　篇과 及旁注以釋之者ᄒᆞ니라

　又刻朱子晩年定論ᄒᆞ니 其序에 略曰
　謫官龍場에 居夷處困ᄒᆞ야 動心忍性之餘에 恍若有悟ᄒᆞ니 體驗探求를
　再更寒暑ᄒᆞ야 證諸六經四子이 沛然若決江河而放之海也라 間嘗以此
　語同志ᄒᆞ니 而聞者ㅣ競相非議ᄒᆞ야 以爲立異好奇라 雖每痛反深抑
　ᄒᆞ야 務自搜剔斑瑕호ᄃᆡ 而意益精明的確ᄒᆞ야 洞然無復可疑라 獨於朱
　子之說에 有相牴牾ᄒᆞ니 恒疚於心이라 朱子之賢이 豈其於此에 而尙
　有未察가 及官留都에 更取朱子之書ᄒᆞ야 而檢求之然後知其晩歲에 大
　悟舊說之非ᄒᆞ야 痛悔極艾ᄒᆞ야 至以爲自誑誑人之罪를 不可勝贖이라
　ᄒᆞ니 世之所傳集註或問之類ᄂᆞᆫ 乃其中年未定之說이라 自咎以爲舊本
　之誤를 思改正而未及이오 其諸語類之屬은 又其門人이 挾勝心而附已
　見이니 固於朱子平日之說에 猶有大相謬戾者라 而世之學者ㅣ局於見
　聞ᄒᆞ야 不過持循講習於此ᄒᆞ니 其於悟後之論에 槪乎其未有聞이라 則
　亦何怪乎予言之不信이며 而朱子之心이 無以自爆於後世也乎아
　黃梨洲曰 朱子之解大學也ᄂᆞᆫ 先格致而後授之以誠意ᄒᆞ고 先生之解大
　學也ᄂᆞᆫ 卽格致爲誠意ᄒᆞ니 其於工夫에 似有分合之不同이나 然詳二先
　生所最吃緊處ᄂᆞᆫ 皆不越愼獨一關ᄒᆞ니 則所謂因明至誠ᄒᆞ야 以進於聖
　人之道ᄂᆞᆫ一也라
　　按人有詩曰 胡氏春秋程氏易이 不妨看作自家書라ᄒᆞ니 愚於朱子之
　　大學에 亦云이라 竊惟朱子之大學이 有可疑者三ᄒᆞ니 曰中庸大學이
　　俱傳於戴記中而何中庸은 無一節之錯而大學之錯簡은 若是其多也
　　며 一曰大學致知ㅣ爲誠意之本而補亡章에 以窮格衆物之理로 爲致
　　知之功ᄒᆞ니 亦似汗漫不切이라 未知其確爲孔門之眞傳也며 一曰物
　　有本末一節은 原無可釋而以聽訟章으로 謂釋本末者ㅣ亦似牽合也
　　라 間嘗以古本爲解에 亦無不通矣라 苟新本之有可疑者면 寧其從古
　　本爲是云이라

17
八月에 門人薛侃이 刻傳習錄ᄒᆞ니 徐愛所述也라 愛의 字ᄂᆞᆫ曰仁이오 號

는 橫山이니 以南京兵部郎中으로 告病歸鄕이라가 年三十一而卒ᄒᆞ니 先生이 哭甚哀ᄒᆞ고 有前後祭文二篇ᄒᆞ니 其一日

嗚呼痛哉라 曰仁아 吾復何言가 爾言이 在吾耳ᄒᆞ고 爾貌ㅣ 在吾目ᄒᆞ고 爾志ㅣ 在吾心ᄒᆞ나 吾終可奈何哉아 記爾在湘中還에 嘗語予以壽不能長久어ᄂᆞᆯ 予詰其故ᄒᆞᆫ대 云嘗遊衡山ᄒᆞᆯᄉᆡ 夢一老瞿曇이 撫曰仁背曰 字與顔子同德이라ᄒᆞ고 俄而曰 亦與顔子同壽라ᄒᆞ니 覺而疑之로이다 予曰 夢이니 子ㅣ 疑之過也로다 曰仁이 曰 此亦可奈何오 但令得告疾ᄒᆞ고 早歸林下ᄒᆞ야 冀從事於先生之敎ᄒᆞ야 朝有所聞이면 夕死可矣라ᄒᆞ더니 嗚呼라 吾以爲是固夢이러니 孰謂乃今에 而竟如所夢耶아 向之所云이 其果夢耶아 今之所傳이 其果眞耶아 今之所傳이 亦果夢耶아 向之所夢이 亦果妄耶아 嗚呼痛哉라 曰仁아 嘗語予ᄒᆞ되 道之不明이 幾百年矣라 今幸有所見而又卒無所成이면 不亦尤可痛乎잇가 願先生은 早歸陽明之麓ᄒᆞ야 與二三子로 講明斯道ᄒᆞ야 以誠身淑後ᄒᆞ쇼셔 予曰 吾志也라 自轉官南贛으로 卽欲過家ᄒᆞ야 堅臥不出ᄒᆞᆫ대 曰仁이 曰 未可라 紛紛之議ㅣ 方馳ᄒᆞ니 先生은 且一行ᄒᆞ쇼셔 爰與二三子로 姑爲饘粥計ᄒᆞ리니 先生은 了事而歸ᄒᆞ쇼셔ᄒᆞ더니 嗚呼라 孰謂曰仁而乃先止於是乎아 吾今縱歸陽明之麓이나 孰與余共此志矣오 二三子ㅣ 又且離羣而索居ᄒᆞ니 吾言之而孰聽之ᄆᆡ 吾倡以而孰和之ᄆᆡ 吾知之而孰聞之ᄆᆡ 吾疑之而孰思之오 嗚呼라 吾無與樂餘生矣라 吾已無所進이오 曰仁之進은 未量也러니 天而喪予也댄 則喪予矣어ᄂᆞᆯ 而又喪吾曰仁은 何哉오 天胡酷且烈也오 嗚呼痛哉라 朋友之中에 能復有知予之深・信予之篤이 如曰仁者乎아 夫道之不明也ᄂᆞᆫ 由於不知不信이라 使吾道而非耶則已矣어니와 吾道而是耶면 吾能無蘄於人之不予知予信乎아 自得曰仁訃로 盖哽咽而不能食者ㅣ 兩日이라 人皆勸予食ᄒᆞ니 嗚呼라 吾有無窮之志ᄒᆞ니 恐一旦에 遂死不克就를 將以托之曰仁이러니 而曰仁이 今則已矣니 曰仁之志를 吾知之라 幸未卽死ᄒᆞ야 又忍使其無成乎아 於是에 復强食이라 嗚呼痛哉라 吾今無復有意於人世矣라 姑俟冬夏之交에 兵革之役이 稍定ᄒᆞ야 卽拂袖而歸陽明ᄒᆞ리니 二三子ㅣ 苟有予從者면 尙與之切磋砥礪ᄒᆞ야 務求如平日與曰仁之所云이니 縱擧世ㅣ 不以予爲然者라도 亦且樂而忘其死ᄒᆞ야 惟百世以俟聖人而不惑耳라 曰仁이 有知면 其尙能啓予之昏而警予之惰耶아 嗚呼痛哉라 予復何言가

按龍山公이 初에 爲女擇配할ᄉᆡ 人謂曰仁聰明이 不逮於其叔이라ᄒᆞ

되公이舍其叔而妻曰仁이러니旣後에其叔은以蕩心自敗ᄒ고而曰仁은卒成師門之大儒ᄒ니斯可驗聰明之不足恃而學問之功이爲大也로다至當路而用人者ㅣ才尤不可信이니如從寧王爲叛者李士實劉養正이非當時所稱爲才士者乎아有才無德이實爲不祥이니非惟不可信이오實亦可畏라是以有問錢緒山者曰陽明先生이擇才이始終得其用ᄒ니何術而能然고緒山曰吾師用人이不專取其才而先信其心ᄒ니其心可托이면其才自爲我用이라世人이喜用人之才而不察其心ᄒ니其才ㅣ止足以自利其身己矣라故無成功이라ᄒ니此眞用人之訣也夫ㄴ저

18

時四方學者ㅣ日以益進이라初寓射圃之舘舍러니至不能容이라乃修濂溪書院以居之ᄒ다江西鄒守益의字는謙之오號는東廓이라來見先生은爲求表其父墓而殊無意於學也러니聽先生論學ᄒ고忽有省曰往吾疑程朱補大學이先格物窮理ᄒ고而中庸에首謹獨ᄒ니兩不相蒙이라今釋然於格致之卽愼獨也라ᄒ고遂稱弟子ᄒ다

一日은設酒筵ᄒ고慰諸生曰感諸君助我ᄒ야以此相酬ᄒ노라門人이瞿然問其故ᄒᄃ先生曰始吾登都察院執務堂ᄒ야賞罰軍事ᄒᆯ시嘗恐過誤有愧諸君ᄒ야不敢不愼이라及退對諸君이尙覺前所賞罰이有未慊於心일시於是愈求其過而改之ᄒ야直至登堂行事에與對諸君時로恰恰如一ᄒ야無些少增感ᄒ니此心始安이라此固諸君之所以助我者矣니라

又嘗論三敎同異曰仙家ㅣ說到虛ᄒ니聖人이豈能虛上에加得一毫實이며佛氏ㅣ說到無ᄒ니聖人이豈能無上에加得一毫有리오但仙家說虛ᄂ從養生上來ᄒ고佛氏說無ᄂ從出離生死苦海上來ᄒ니卻於本體上에加卻這些子意思ᄒ야便不是虛無的本色了오便於本體에有障碍라聖人은只是還他良知的本色ᄒ야更不着些子意在라良知之虛ᄂ便是天之太虛오良知之無ᄂ便是太虛之無形이니日月風雷山川民物凡有貌象形色이皆在太虛無形中發用流行ᄒ야未嘗作得天的障碍라聖人이只是順其良知之發用ᄒ야天地萬物이俱在我良知發用流行中ᄒ니何嘗又有一物이超於良知之外ᄒ야能作障碍得이리오

立鄕約保甲法ᄒ고告諭父老子弟曰

頃者에頑卒이倡亂ᄒ야震驚遠邇ᄒ니父老子弟ㅣ甚憂苦騷動이라彼

冥頑無知ㅣ逆天叛倫ㅎ야自求誅戮ㅎ나究言思之인ᄃᆡ實足悶悼라然亦
豈獨此冥頑之罪라有司者ㅣ撫養之有缺이며訓迪之無方이니均有責
焉이라雖然父老之所以倡率飭勵於平日이無乃亦有所未至歟아今倡
亂渠魁ᄂ皆就擒滅ㅎ고脅從無辜ᄂ悉己寬貸ㅎ야地方이雖已寧復이
나然創今圖後ㅎ면父老ㅣ所以教約其子弟者ㅣ自此不可以不預라故
今特爲保甲之法ㅎ야以相警戒聯屬ㅎ노니父老ᄂ其率子弟ㅎ야愼行
之ㅎ라務和爾鄉里ㅎ며齊爾姻族ㅎ며道義相勸ㅎ며過失相規ㅎ야敦
禮讓之風ㅎ며成淳厚之俗ㅎ아本院이奉命ㅎ야巡撫竝土ㅎ니屬有哀
疚ㅎ야未遑匍匐來問父老疾苦ㅎ며廉有司之不職ㅎ며究民之利弊而
興除之라故先遣諭父老子弟ㅎ야使各知悉ㅎ노니方春에父老ᄂ善相
保愛ㅎ야督子弟及時農作ㅎ되毋惰ㅎ라

是歲에以祖母岑太夫人疾亟으로上疏乞致仕歸省ㅎ되不允ㅎ다

正德十四年六月에福州軍人進貴等이爲亂이어ᄂ朝廷이命先生往鎭
之ㅎ니十五日에至豊城縣ㅎ야聞寧王宸濠反ㅎ고遂返舟至吉安府ㅎ야
擧義討賊ㅎ다

初에寧藩이以太祖高皇帝第十七子權之裔로在江西省南昌府ㅎ야雄
視南方ㅎ야世蓄異志러니至宸濠ㅎ야狡惡尤甚이라濠ㅣ性聰慧ㅎ야通
詩史善歌詞나然輕佻無威儀ㅎ고喜兵嗜利러니旣襲王位이愈益驕橫이
라有道士李自然者ㅣ謂其有天子相ㅎ니濠ㅣ遂懷異志ㅎ고送金都下ㅎ
야交結內侍李廣及劉瑾等ㅎ야爲之延譽ㅎ고又購諸生ㅎ야擧自己孝行
以聞ㅎ니天子ㅣ賜璽書褒之ㅎ니라欲廣其府城基址ㅎ야陰使人火其傍
近ㅎ야陽稱救火ㅎ고毀民屋後遂勒買其址ㅎ고又置庄趙家園ㅎ야侵民
業ㅎ고收租時면輒以兵相守ㅎ야怖其民ㅎ고又養巨盜吳十三凌十一閔
卄四等ㅎ야掠奪商貨於鄱陽湖中ㅎ야預蓄軍資ㅎ고且交遠近富豪ㅎ며
訪求各處名士ㅎ야聘爲門客이라安福縣居人劉養正이幼稱神童이라赴
進士試ᄒᆞᆯ시製着隱士服ㅎ고以詩文自高ㅎ니三司官吏ㅣ以得謁其門爲
榮이라濠ㅣ以厚幣招致之ㅎ야歲時餽問不絶ㅎ니遂與其所親侍中致仕
李士實로至라濠ㅣ與之婚姻ㅎ야爲親家ㅎ니士實이頗有權術ㅎ야自比
諸葛孔明이라濠ㅣ用爲謀主ㅎ고又承奉官劉吉,道士李自然徐卿等이爲
其黨羽라武宗이無子라濠ㅣ謀以其次子爲皇嗣ㅎ니宦者朱寧減賢等이
力任其事ㅎ고六部九卿科道ㅣ亦多爲之左右나然事係重大ㅎ야未敢發
言ㅎ니라濠ㅣ用李士實計ㅎ야說兵部尚書陸完ㅎ야請復置寧府護衛兵

ᄒ고又結南京鎭守太監畢眞等ᄒ야矯擧其孝行以聞ᄒ니라及王瓊代陸
完爲兵部尙書ᄒ야ᄂ知濠必反ᄒ고謂陸完曰祖宗이撤寧府護衛兵者ᄂ
防藩王不軌ᄒ야以保全之也러ᄂᆯ今寧王이請復護衛兵은其意何居오必
欲有所用之니恐異日爲變이면必累及於公을노라完大悔ᄒ야遣書濠ᄒ
야欲以己意로撤護衛兵ᄒ되濠ㅣ不從ᄒ고反藉護衛ᄒ야多寡勇健ᄒ야
朝夕在府中ᄒ야習槍弄棒ᄒ야日事訓練ᄒ니라

　先生이聞濠有反謀ᄒ고因其賀節ᄒ야遣門人冀元亨ᄒ야參賀ᄒ니元
亨의字ᄂ惟乾이니忠信君子也라先生이嘗聘爲其長子正憲師러니以故
로特遣之ᄒ야以探寧王擧動홀시濠素欲交結先生이라以元亨爲先生門
人으로甚加厚禮ᄒ고漸及秘密事어ᄂᆯ元亨이佯若不知ᄒ고語以致知格
物之學ᄒ야欲以開導其心ᄒ야止其邪謀ᄒ니濠ㅣ大笑曰人之痴ㅣ乃至
於此로다立卽拒絶이어ᄂᆯ元亨乃歸轂述其事ᄒᆫ디先生曰汝禍在此라汝
若留此면其怨毒이必及於我라ᄒ고遂使人衛送其家ᄒ다

　寧府吏閻順,陳宣,劉良等이見濠所爲不法ᄒ고私詣京師訴之러니朱
寧陸完等이匿其事ᄒ고使人報濠ᄒ니濠疑承奉官周儀所使ᄒ야使盜로
盡殺儀家族及典仗官査武等數百人ᄒ고復遍賂京中權臣ᄒ야求殺閻順
等ᄒ니遠遁乃免ᄒ다於是에叛謀益急이라寧王妃婁氏ㅣ有賢德ᄒ야生
三子ᄒ니濠ㅣ敬重之라婁妃ㅣ察濠有異志ᄒ고乃因飮宴ᄒ야托歌姬以
諷諫之ᄒᆫ디濠ㅣ聞而不悅이어ᄂᆯ妃ㅣ聞其故ᄒᆫ디ㅣ曰我之心事ᄂ非若
所知니라妃笑曰殿下ㅣ歸爲親王ᄒ고衣錦食玉ᄒ야快樂非常ᄒ니苟循
理奉法이면永爲國家保障ᄒ야世不失富貴니此外에復何心事오濠ㅣ曰
汝但知小快樂이니焉知大快樂이리오妃ㅣ曰願聞之ᄒ노이다濠ㅣ曰夫
大快樂者ᄂ身居萬乘之尊ᄒ야臨治天下是也니今吾位不過藩王이오治
不過數郡이라如此小快樂이豈滿吾願이리오妃曰殿下所見이大誤로소
이다天子ᄂ總攬萬機ᄒ야早起晏寢ᄒ고勞心焦思ᄒ야內憂百姓失所ᄒ
며外憂四夷未服이어니와藩王은衣冠宮室車馬儀仗이亞於天子而無天
下之責ᄒ니是殿下之樂이過於天子也라若妄希匪分이면反更得禍니後
雖悔之無及이니다濠ㅣ勃然色變ᄒ야擲盃而起어ᄂᆯ妃ㅣ復戒其弟婁伯
將ᄒ야勿從王爲叛ᄒ되伯將이亦不聽ᄒ니라濠ㅣ乃造離宮僭號ᄒ고鴆
殺巡撫王哲ᄒ니守臣이皆悚懼라因使有司로諷參謁者ᄒ야俱用朝服ᄒ
디各官이懼而從之者多라時에鄱陽湖中에屢被劫盜ᄒ니知其爲寧王所
養者로디而皆呑聲莫敢訴라婁妃ㅣ屢諫不聽ᄒ더라兵部尙書王瓊이憂

其爲變ᄒ야督責各地撫臣ᄒ야訓練兵備ᄒ야預爲之備ᄒ고又以承奉官
周儀等橫死로嚴責江西撫官ᄒ야急捕盜賊ᄒᄃ而南昌府ㅣ獲賊黨에凌
十一ㅣ與焉이러니濠ㅣ劫獄奪去ᄒ고會에百官이將赴八月鄕試라計以
此時擧事러니王瓊이聞凌十一劫去ᄒ고怒曰此賊이正爲寧府叛證이어
ᄂᆯ奈何容彼劫去오令有司急捕之ᄒᄃ濠ㅣ恐事洩ᄒ야諷南昌府諸生ᄒ
야頌自己賢德孝行ᄒ야迫撫按官奏請ᄒ니按察副使許逵ㅣ勸巡撫孫燧
ᄒ야發兵圍寧府ᄒ야搜獲劫盜一二人ᄒ야究問謀反事情ᄒ고請朝旨剝
奪ᄒ면得免養成叛亂之患이라ᄒ되燧ㅣ猶豫未決ᄒ고被濠督促ᄒ야不
得已從衆署名ᄒ고乃別具濠不法事上奏러니濠ㅣ密遣心腹ᄒ야伏之中
路ᄒ야劫奪江西奏章ᄒ니七回奏章이一不上聞ᄒ고惟保擧寧王孝行者
ㅣ得達이라時에宦者江彬이新得寵倖ᄒ야封平虜伯ᄒ고太監張忠이與
朱寧有隙ᄒ야陰托江彬發寧王事ᄒ야欲以傾朱寧ᄒ되未得其會러니及
保擧寧王表至ᄒ야ᄂᆫ帝ㅣ問張忠曰彼保擧者ㅣ旣陞好官이어ᄂᆯ今又爲
此ᄂᆫ何意乎아忠이對曰欲更進於王位以上者니其深意를未可測也니
라御史蕭淮이遂擧寧王及李士實畢眞等事ᄒ야請加究問ᄒ고給事中徐
之鸞과御史沈灼等이連奏寧王反狀ᄒᄃ帝ㅣ念骨肉情厚ᄒ야不忍遽加
以兵ᄒ고乃遣駙馬都尉崔元,都御史顔頤壽,及太監賴義ᄒ야往諭寧王
ᄒ야撤去護衛兵ᄒᆯ시寧府心腹林華ㅣ聞詔使發ᄒ고急乘駿馬ᄒ야晝夜
疾馳ᄒ야經十八日에抵寧府ᄒ니其日은乃六月十三日宸濠生辰也라諸
有司ㅣ入賀ᄒ니濠ㅣ置酒設宴이러니林華ㅣ候其席散ᄒ야告以詔使來
ᄒ니濠ㅣ謂李士實劉養正等曰今詔使特來ᄂᆫ疑吾事也니如之何而可오
養正曰事急矣니明朝에諸有司ㅣ入而謝酒어든可以兵脅之라ᄒ고士實
曰須是傳太后密旨라야方好라하고時에閔卄四凌十一吳十三等이亦以
賀壽畢集이라夜傳密諭ᄒ야令以兵等候러니至朝에諸有司ㅣ入謝어ᄂᆯ
禮畢에濠ㅣ起立於露臺上ᄒ야謂其衆曰昔孝宗皇帝ㅣ爲太監李廣所誤
ᄒ야養民間子ᄒ야以承正統ᄒ니卽今上也라我奉祖宗血食者ㅣ十有四
年이라今有太后密旨ᄒ야命寡人發兵討今上罪ᄒ니汝等은知之ᄒ라

　時에巡撫孫燧挺身出曰旣云有太后密旨ᄒ니請出而觀之ᄒ노라濠ㅣ
大聲曰不必多言이라我今往南京ᄒ리니汝ㅣ護駕以行否아燧ㅣ曰天無
二日이오民無二王은是天下之大義니此外ᄂᆫ非某所知로라濠ㅣ手戟怒
曰汝ㅣ旣保擧我孝行ᄒ고如何又私遣人ᄒ야誣奏我不軌오若是反覆者
ㅣ豈知大義리오叱左右曳出之어ᄂᆯ按察副使許逵ㅣ大呼曰孫都御史ᄂᆫ

乃欽差大臣이라汝叛賊이何敢擅殺고濠ㅣ怒ㅎ야並令捕縛ㅎ딕逵ㅣ顧
燧曰我欲先發ㅎ되而公이不聽이러니今乃受制於人이라ㅎ고因大罵濠
逆賊曰汝今日에雖殺我等이나天兵이一到면汝全家受戮矣리라濠ㅣ益
怒ㅎ야卽令曳出斬之ㅎ니妻妃ㅣ聞此事ㅎ고急令內侍救之호딕無及ㅎ
니라

先生이哭孫許二烈士詩曰

去下烏紗做一場,男兒誰敢隳綱常,肯將言語階前屈,硬着肩頭劍下亡,
萬古朝端名姓重,千年地裏骨頭香,史官謾把春秋筆,好好生生斷幾行,
天翻地覆片時間,取義成仁死不難,蘇武堅持西漢節,天祥不受大元官,
忠心貫日三台見,心血凝氷六月寒,賣國欺君李士實,九泉相見有何顏

時에僉事潘鵬은嘗受寧王賄賂ㅎ야爲之交通者也라率先呼萬歲ㅎ고
參政王倫,李斅은懼禍ㅎ야亦相拜伏ㅎ고布政使梁宸,按察使楊璋,副使
唐錦,都指揮馬驥等은皆以目相視ㅎ야莫敢出聲이라濠ㅣ大喝曰順我者
는生ㅎ고逆我者는死라ㅎ니四人이不覺屈膝이라濠ㅣ乃擬朝廷ㅎ야置
官屬ㅎ니라

瑞州知府王以方이素知濠叛謨ㅎ고練兵卒修城堞ㅎ야爲守備計러니
濠ㅣ愛其才能ㅎ야屢遣招之以禮ㅎ되以方이拒而不受러니至是ㅎ야因
公事到南昌이라가爲逆黨所擒ㅎ야送之寧府ㅎ니濠欲降之ㅎ되以方이
不從이라遂係之獄ㅎ다

濠ㅣ又傳檄遠近ㅎ야改正德年號爲順德ㅎ고擬待正位南京ㅎ야改元
ㅎ고又作檄ㅎ야指斥乘輿를極其罵詈라濠ㅣ養死士二萬이오招致四方
巨賊이四萬餘오又遣妻伯將王春等ㅎ야四出收兵ㅎ고幷護衛黨與及脅
從者ㅣ總七萬餘人이니軍勢甚盛이라又用江西布政使印信ㅎ야遍行天
下布政使ㅎ야告以擧兵之意ㅎ고大修戰具ㅎ야刻期進發ㅎ니江西ㅣ大
震이러라

先是에先生이奉勅往福州ㅎ실ㅅ以六月九日發이러니至十三日은以寧
王生辰으로例當往賀라臨發時에參隨官龍光等이取勅印留後堂이라가
輀出倉猝에偶忘勅印行이라至吉安府ㅎ야先生이登岸欲取勅印ㅎ니無
有라乃遣中軍官返贛州ㅎ야取勅印來ㅎ니以故로在沿途費時日ㅎ야至
十四日午后ㅎ야始抵豊城縣ㅎ니卽孫許ㅣ遇害日也라若不忘勅印ㅎ야
豫濠賀宴이면先生이亦不免與孫許同禍矣라豊城이距南昌이僅百餘里
라寧王殺害守臣이不過半日에報至豊城ㅎ니知縣顧佖이謁先生ㅎ야語

以江西之變ㅎ고且曰聞寧府ㅣ已發兵千餘ㅎ야邀取王都堂來라ㅎ니果
否아先生曰汝自去守地方ㅎ라寧王反情은京師ㅣ久已知之ㅎ니不日大
兵이將至니汝惟安慰百姓ㅎ고毋庸憂慮ㅎ라我亦卽日起兵호리라顧佖
이辭去어늘先生이急召龍光曰聞顧佖語否아對曰未聞이니다先生曰寧
王反이라ㅎ더龍光이大驚色變이어늘先生曰事已至此ㅎ니惟急進이爲
上策이라自此趨西北入瑞州ㅎ야起兵討賊이 可也니라

　於是에亟命船ㅎ야星夜進行홀시船夫ㅣ聞寧王叛亂ㅎ고心懷驚懼ㅎ
야意不欲行曰南風이大起ㅎ야不利於行ㅎ니且俟明日風色如何니다先
生이親至船頭ㅎ야焚香北望再拜曰若皇天이哀悶生靈ㅎ샤許王守仁匡
扶社稷인디願卽反風이오若天心이助逆ㅎ야生民이合遭塗炭之苦인디
守仁이願先投水中以死라ㅎ고言淚俱下ㅎ니從者ㅣ俱感動이라禱訖에
南風이漸息ㅎ야俄而轉爲北風이라船夫ㅣ又托日暮어늘先生이大怒ㅎ
야欲拔劒斬之ㅎ더參隨官이跪請有어늘乃割其一耳ㅎ다於是張帆出發
ㅎ야至數里ㅎ니日已沒矣라先生이使從者로潛求漁舟ㅎ야微服而登ㅎ
니惟龍光雷濟ㅣ帶勅印以從ㅎ고衣冠儀仗은幷留下大船ㅎ야命蕭禹ㅎ
야踵後而至ㅎ고漁舟ㅣ慣在風浪駛行이라故得以速進ㅎ다先是에宸濠
ㅣ聞先生이以六月六日로自南贛出發ㅎ고計以九日到着이러니而過期
不至라乃疑之曰彼其行也ㅣ或道路有阻아或遇逆風轉去耶아王某ㅣ有
經濟才ㅎ니若得彼相助면大事可成이라ㅎ고遂命內侍喩才ㅎ야將小船
數十隻ㅎ야追至黃五腦ㅎ니己及大船ㅎ야捕蕭禹라禹ㅣ曰王都堂이去
已久矣니捕我何爲오喩才ㅣ乃取先生衣冠ㅎ야回報寧王ㅎ니라先生이
乘漁舟至臨江府ㅎ야命龍光ㅎ야登岸求轎ㅎ니知府戴德孺ㅣ急來迎接
ㅎ고請先生入城ㅎ야爲出兵計어늘先生曰地濱大江ㅎ고且近南昌ㅎ야
爲敵軍道路之衝ㅎ니吾不可以往此이라德孺ㅣ曰聞寧王兵勢甚盛ㅎ니
何以御之오先生曰濠若出於上策ㅎ야乘其新起之銳ㅎ야直趨京師면則
國歌危矣오若出於中策ㅎ야徑攻南京이면則楊子江南北이盡被其害矣
오若據守南昌ㅎ야遲留時日이면則勤王之師ㅣ四方而集ㅎ야必然成擒
이니此下策也니라德孺ㅣ曰以老大人明見으로度彼出於下策이닛고先
生曰必出下策이니彼寧王이未嘗經戰陣ㅎ야中心必怯이라吾若僞爲兵
部命ㅎ야聲言發兵攻南昌ㅎ면則彼必坐守ㅎ야不敢遠出이니旬日之間
에王師四集이면破之必矣니라

　先生이別德孺ㅎ고至新塗縣ㅎ니知縣李美는素有將才라領精兵千餘

人ᄒᆞ야來迎ᄒᆞ고請先生登城이어ᄂᆞᆯ先生曰汝意甚善ᄒᆞ나然地狹隘ᄒᆞ야
不堪用武라ᄒᆞᆫ디李美ㅣ乃具船ᄒᆞ야共至吉安府ᄒᆞ니知府伍文定이聞先
生至ᄒᆞ고大喜ᄒᆞ야急來謁이라先生이欲暫回南ᄀᆞᆫ徵兵ᄒᆞᆫ디伍文定이曰
本府兵粮이俱足ᄒᆞ니惟須老大人號令便發이라若回南ᄀᆞᆫ이면恐遲時日
이니다先生이乃留吉安府ᄒᆞ야馳疏告寧王反ᄒᆞ야請命將出師ᄒᆞ야以解
東南人民倒懸之苦ᄒᆞ고並請兩廣差備御史謝源任希儒ᄒᆞ야留軍中紀功
ᄒᆞ고又疏乞致仕ᄒᆞ고與鄕官右副都御史王懋中과評事羅僑와知府伍文
定과及門人鄕官鄒守益等으로恊議ᄒᆞ야傳檄四方ᄒᆞ야暴濠罪狀ᄒᆞ고徵
諸軍勤王ᄒᆞ고二十二日에再上疏告變ᄒᆞ니以叛黨이方熾에恐前疏不得
達也오又同日에疏乞便道省葬ᄒᆞ고又遣龍光至安福縣ᄒᆞ야取劉養正小
兒ᄒᆞ야來吉安城中ᄒᆞ야厚供給ᄒᆞ고遣書養正ᄒᆞ야以疑賊心ᄒᆞ고又誘李
士實家屬ᄒᆞ야托其心腹人語之曰吾只應勅旨聚兵爲名이라寧王事成敗
를未可知니安得遽爾爲敵이리오ᄒᆞ니라

　於是에僞爲兩廣軍門機密火牌ᄒᆞ며僞爲迎接京邊官軍公文ᄒᆞ여僞爲
李士實劉養正內應書ᄒᆞ며僞爲閔廿四凌十一投降狀ᄒᆞ야令雷濟龍光으
로先後設法ᄒᆞ야投之各處ᄒᆞ야使聞于濠ᄒᆞ야疑懼其心ᄒᆞ고又張疑兵於
豊城ᄒᆞ야爲授官兵狀ᄒᆞ다

　先是에李士實劉養正이勸宸濠ᄒᆞ야由蘄黃直趨北京이나然亦須先據
南京ᄒᆞ야根本旣定에以號令天下라ᄒᆞ니濠ㅣ亦欲從之러니及聞官軍大
集ᄒᆞ야朝夕且至ᄒᆞ고遂不敢出ᄒᆞ야但爲城守計라士實이復焉于濠曰朝
廷이方遣勅使ᄒᆞ니安得遽發大軍이리오此必王守仁緩我兵行之計라殿
下ㅣ負反逆名ᄒᆞ야不圖風馳電擊ᄒᆞ고乃困守一隅ᄒᆞ야徐待四方兵集이
면大事必敗라宜分兵擊九江府ᄒᆞ야若取九江이면足得添調二衛軍이오
再派兵擊南康府ᄒᆞ고殿下ㅣ親率大軍ᄒᆞ야直趨南京ᄒᆞ야先卽帝位ᄒᆞ면
天下貪慕富貴之徒ㅣ必翕然歸嚮ᄒᆞ리니如此則大業之成을指日可期라
ᄒᆞᆫ디宸濠ㅣ意尙猶豫ᄒᆞ야一面으로探官軍消息ᄒᆞ고一面으로遣閔廿四
吳十三等ᄒᆞ야各率萬人ᄒᆞ고奪官民船舶ᄒᆞ야順流而下ᄒᆞ야攻陷南康九
江二府ᄒᆞ니百姓이皆開門以納賊兵이라捷報至에濠ㅣ大喜曰兵出纔數
日에連取二府ᄒᆞ고又多添軍馬錢粮ᄒᆞ니吾事必濟矣라ᄒᆞ고遂遣徐九寧
ᄒᆞ야守九江ᄒᆞ고陳賢은守南康ᄒᆞ야俱冒太守號ᄒᆞ고閔廿四吳十三은回
軍ᄒᆞ야隨大兵進發ᄒᆞ고因遣使四方ᄒᆞ야招附屬各縣ᄒᆞ야降者ᄂᆞᆫ復官如
故ᄒᆞ니라

宸濠ㅣ謂叅政季斅曰汝曾與王守仁으로同在軍中이라今能爲我詣吉安ㅎ야招王某來降者면汝功不淺이니라季斅ㅣ卽與趙承芳及旗卒十二人으로賚檄文而來러니先生이先已飭各路領哨官曰若有寧府人過者면勿拘何人하고卽縛送軍門ㅎ라斅等이行至墨漳地ㅎ야爲領哨官所止라斅喝曰我乃本省叅政이라汝何敢爾오領哨官曰來此欲何爲오斅ㅣ曰寧府檄文이在此라ㅎ고旗卒이出檄文示之ㅎ니領哨官이遂捕旗卒ㅎ니斅懼而逃라領哨官이以旗卒五名으로來軍門이어늘先生이問李斅何在오對曰已逃矣니다先生이嘆曰忠臣孝子와叛臣賊子ㅣ只在一念之間이로다李斅向日討賊立功ㅎ야爲忠臣이러니今日에受賊驅使ㅎ야爲叛臣ㅎ니爲舜爲蹠이差之毫釐에謬以千里ㅎ니豈不惜乎아

於是에知府伍文定이請出兵進討ㅎ디先生曰彼氣ㅣ方盛ㅎ니未可急攻이라姑示以自守之勢ㅎ야誘彼以圖之니我先攻南昌ㅎ야奪其根據면則彼心回兵來援ㅎ리니我因而擊之면兵法所謂致人不致於人者也니라乃歛兵固守ㅎ고密使人探南昌事狀ㅎ다니時에季斅ㅣ逃歸ㅎ야見寧王ㅎ고述旗卒被捕事ㅎ디寧王이大怒ㅎ야乃問先生出兵消息ㅎ디斅ㅣ懼罪ㅎ야乃詐言曰王守仁이只得坐守니安敢爲敵이리오濠ㅣ然之러라

宸濠ㅣ至是ㅎ야知官軍이尙未集也ㅎ고乃留兵萬餘ㅎ야令王子宗室及太監萬銳等으로堅守南昌ㅎ고又多設砲弩ㅎ고伏兵城外ㅎ야以爲之防ㅎ고自率婁妃及世子大哥劉養正李士實潘鵬等ㅎ야以七月二日로發兵東下홀시封其弟宸漣ㅎ야爲九江王ㅎ고率兵船百艘ㅎ야爲前導ㅎ다是朝에宸濠入宮ㅎ야命妻妃登舟ㅎ디妃問何往고濠ㅣ曰近有太后宣旨ㅎ야令各親王으로詣南京祭太廟ㅎ니我同汝往이라가不久便回ㅎ리라妃疑信相半ㅎ야只得隨行ㅎ다濠ㅣ登舟ㅎ야設壇祭江神홀시命斬瑞州知府王以方ㅎ야爲犧牲以祭ㅎ니机脚이折ㅎ고以方頭自逃覆地어늘濠命投之江ㅎ고舟始發ㅎ매疾風暴雨ㅎ고雷電이大作ㅎ야宸漣이被暴雷死ㅎ니濠ㅣ意殊不樂이라李士實曰天道難測ㅎ니不足爲慮라事已至此에安能中止리오濠ㅣ呼酒痛飮ㅎ고據椅醉臥러니夢頭髮이盡白이라覺而問道士徐卿ㅎ디卿이賀曰殿下ㅣ歸爲親王ㅎ야夢爲白頭ㅎ니乃皇字라此行에取帝位必矣니라時에衆六萬이니號十萬이라ㅎ고旌旗ㅣ蔽江而下ㅎ야攻掠沿江諸縣ㅎ다

濠ㅣ以潘鵬이爲安慶人으로先遣鵬ㅎ야特檄文往安慶招降ㅎ니太守張文錦이召都指揮楊銳ㅎ야問計ㅎ디銳曰王都堂이已命堅守任地ㅎ고

大兵이不日且至ᄒ리니彼來勸降은力拒之ㅣ可也라ᄒ고於是에楊銳ㅣ
據城樓上ᄒ야謂潘鵬曰潘僉事ᄂ乃國家守臣으로奈何爲反賊奴而來此
오鵬曰汝且開城門ᄒ야聽我言ᄒ라ᄒ니意欲以利誘之也라楊銳ㅣ曰若
要開門인ᄃᆡ須逆賊宸濠自來라ᄒ고遂彎弓欲射之ᄒᆫᄃᆡ鵬이羞慚而退ᄒ
야回報其事ᄒ니濠ㅣ大怒曰吾先攻安慶屠之ᄒ오리라李士實曰殿下ㅣ速
往南京ᄒ야卽帝位면何憂安慶不下리오濠ㅣ黙然ᄒ고船過安慶城下러
니楊銳ㅣ曰若彼直往南京이면恐成大事니吾當以計留之라ᄒ고乃建旗
四隅ᄒ야大書剿逆賊三字ᄒ니濠ㅣ聞而惡之라銳ㅣ又令軍士及百姓으
로環立城頭ᄒ야罵宸濠逆賊ᄒ고且曰天兵이卽來ᄒ야滅爾全家라ᄒ니
濠ㅣ聞而大怒曰我且攻安慶ᄒ야殺楊銳然後에往南京이亦未爲遲라ᄒ
고遂進兵圍之ᄒ야親自督戰ᄒ니安慶城之堅固ᄒ고且張文錦楊銳ㅣ早
已多設守備라時에軍衛卒이不滿百人이오而乘城者ᄂ皆民兵이라城中
老弱婦女ㅣ皆發送戰具ᄒ고登城者ㅣ必帶石塊ᄒ야積如邱山ᄒ고又置
釜城上ᄒ야煮茶以飮이라가賊이來攻ᄒ면輒以石擊之ᄒ고或灌熱湯ᄒ
니賊이不敢近이라賊이建凌雲梯ᄒ야瞰城中이어ᄂᆞᆯ城中이亦造飛樓數
十ᄒ야據高以射之ᄒ니賊이多死라銳ㅣ又募死士ᄒ야夜劫其營ᄒ니賊
衆이大憂ᄒ야至曉乃定이라濠ㅣ愈憤怒曰安慶을猶且不勝이면安敢望
南京이리오於是에親自運土塡塹ᄒ야期以必克ᄒ니라

　至是ᄒ야先生所遣諜者ㅣ回報云호ᄃᆡ南昌守備ㅣ甚固ᄒ고又城外
에多置伏兵而未詳其處라ᄒ거ᄂᆞᆯ先生이卽重賞諜者ᄒ고使之再探以來
ᄒ다

　諸將이聞安慶圍急ᄒ고請速救之ᄒᆫᄃᆡ先生曰今九江南康이皆爲賊據
ᄒ고南昌城中에賊兵之精悍者ㅣ一萬餘오食貨如山이라我兵이若至安
慶이면賊必回軍死鬪ᄒ리니是腹背受敵이라安慶은僅足自守ᄒ야援我
不能이오南昌賊兵이絶我粮道ᄒ면四方之援을亦不可望이니事難圖矣
라今我師驟集ᄒ니先聲所加에賊中이必已聞之震怖라因兵力急攻ᄒ면
則其勢必勝이오賊이聞南昌破ᄒ면必先破膽ᄒ야歸救根本ᄒ리니如此
則安慶之圍ㅣ自解ᄒ고濠亦成擒矣리라

　鄒守益이見先生曰聞宸濠ㅣ誘葉芳兵ᄒ야來攻吉安府니다先生曰葉
芳이必不爲叛이니라守益曰若彼從宸濠望封拜者면未可測也니다先生
이黙然良久에曰天下盡叛이라도我輩ᄂ當不爲此니라守益이惕然ᄒ야
覺得腦中利害之見이一時洗盡ᄒ니라

先生이留家族于吉安公署ᄒ야命聚薪繞之ᄒ고戒守者曰倘前報不利
어든卽火之ᄒ야母令爲賊所辱ᄒ라ᄒ고遂以七月十三日로發軍馬ᄒᆯ식
諸將이以十五日로齊會于臨江府之漳樹ᄒ니於是에各屬縣兵이皆至라

初에先生이欲登高臺以誓師라가積勞病發로不果ᄒ고乃勉書一令ᄒ
야招伍文定,邢珣,徐璉,戴德孺ᄒ야授之曰伍不用命者ᄂ隊將이斬之ᄒ
고隊將이不用命者ᄂ副將이斬之ᄒ고副將이不用命者ᄂ主將이斬之라
ᄒ고且曰軍中은無戲言이라ᄒ니伍文定等이皆暗暗吐舌이러라大軍이
行至豊城ᄒ니南昌府推官徐文英이適因公事在城外라가獨不與賊難ᄒ
고與奉新縣知縣劉守緒로引兵來會ᄒ야悉詣軍前聽命ᄒ고先生이病亦
稍愈라乃分軍爲十三隊ᄒ야各授以進攻屯守之宜ᄒ고臨發에斬不用命
者數人以徇之ᄒ니諸軍이皆股栗이러라

宸濠ㅣ攻安慶十八日에城中이隨機應變ᄒ야幷不挫折ᄒ니正在焦心
之際에接南昌急報ᄒ니曰王都堂大兵이已至豊城ᄒ야不日及南昌이라
軍民이震駭ᄒ니乞急援이라濠ㅣ大驚ᄒ야亟欲歸救어늘李士實曰如此
則人心離矣니다濠ㅣ曰南昌은是我根本이니如何不救리오劉養正이亦
曰今安慶이破在朝夕ᄒ니安慶이旣破에以我兵屯守ᄒ고更調南康九江
二府兵ᄒ야救南昌ᄒ면則官軍이見我勢大ᄒ고必不戰而退矣라ᄒ되濠
皆不聽ᄒ니라

先生所遣諜者ㅣ更報南昌伏兵所在ᄒ니乃遣劉守緒等ᄒ야率精兵四
百ᄒ야從間道襲破之ᄒ니賊兵이一時潰散ᄒ야奔告城中ᄒ니賊衆이大
驚懼ᄒ야俱懷奔避之念이러라

二十五日早朝에各軍이俱至ᄒ니先生이復爲約束曰一鼓에附城ᄒ고
再鼓에登城ᄒ야三鼓而不克이면誅其伍ᄒ고四鼓而不克이면斬其將이
라ᄒ니各哨統兵官이知先生軍令嚴肅이라聽得鼓聲ᄒ고呼噪幷進ᄒᆯ식
伍文定이揮兵先登ᄒ니賊兵이見我勢盛ᄒ고皆倒戈而走라各路官兵이
一齊入城ᄒ야遂擒宜春王栱栟及王子三哥,四哥僞太監萬銳等千有餘人
ᄒ고官人은皆縱火自焚ᄒ니火勢猛烈ᄒ야延燒居民房屋이라先生이以
大隊入城ᄒ야令各官救火ᄒ고又令封府庫ᄒ고搜得大小衙門印九十六
顆ᄒ니府中人心이始安이라於是에三司脅從官員胡濂,劉斐,鄭瓛,何繼
周等이皆自投降ᄒ니先生이俱安慰之ᄒ다后人이以詩爲證曰

皖城方逞螳螂臂,誰料洪都巢已傾,赫赫大功成一鼓,令人千載羨文成

此時宸濠ㅣ解安慶圍ᄒ고移兵沅子港ᄒ야令凌十一閔卄四로各率萬

人호야疾趨南昌호고自率大軍繼進이라先生이聞此報호고集諸將議之
호디衆이皆曰賊勢ㅣ衆盛호야氣焰所及이有如燎毛라今四方之援이尙
未有一人至者호니彼ㅣ憑其憤怒호야悉衆幷力而萃於我면勢必不支니
且宜斂兵入城호야堅壁自守호야以待四方之援然後圖之라호거놀先生
이笑曰不然호다賊勢ㅣ雖强이나其所過에徒恃焚掠屠戮之慘호야以威
劫遠近호고未嘗逢大敵호야與之奇正相角이오所以鼓動扇惑其下는全
以爵賞餽之者也라今出未旬日而輒退호니士心이已沮喪이라我若先出
銳兵호야乘其惰歸호야一挫其鋒이면必不戰而自潰니所謂先人有奪人
之氣오攻瑕則堅者瑕也니라適撫州知府陳槐와進賢知縣劉源淸이率兵
來助戰이어놀先生이乃令伍文定,邢珣,徐璉,戴德孺로各率兵五百호야
分四路幷進호고又命余恩호야以兵四百으로往來鄱陽湖上호야誘致賊
兵호고又令陳槐,王軾,劉守緒,劉源淸等으로各引兵百餘호야張疑兵四
面호고且設伏兵호야候伍文定等與賊交鋒然後合擊호시약束旣完에乃
開倉호야大賑城中軍民호고又慮宗室郡王將軍等이或爲賊內應生變호
야親慰諭之호야以安其心호고又出告示文호야揭城門內外曰凡脅從者
는皆不問호고雖嘗受賊官爵이라도能逃歸者는皆免死호고斬賊徒歸降
者는給賞이라호고使內外居民及鄕導人等으로四路傳播호야以解散其
黨호다

二十二日에宸濠先鋒凌十一閔卄四等이已至樵舍호니風帆이蔽江호
야其勢甚盛이라伍文定이以正兵當其前호고邢珣兵이繞出賊背호고徐
璉戴德孺ㅣ分左右翼호야以分敵勢호니二十四日早朝에北風이大起라
賊이鼓噪乘風而前호야直逼黃家渡어놀伍文定余恩이佯敗以致之호디
賊兵이爭先趨利라邢珣兵이前後橫擊호야直貫其中호니賊船이大亂이
라伍文定余恩이督兵乘之호고徐璉戴德孺ㅣ合勢夾攻호고四面伏兵이
亦呼噪幷起호니賊兵이大潰라官軍이追擊數十里호야擒斬二千餘級호
니凌十一이落水中호고溺死者ㅣ萬餘라閔卄四ㅣ因其衆數千호야退保
八字腦寨호니其部下ㅣ稍稍遁散이러라濠ㅣ聞敗震懼호야乃身自激勵
將士호야當先鋒者는賞銀千兩호고被傷者는八百兩이라使人盡發南康
九江守城之兵호야以益其勢러라

是日建昌知府曾璵ㅣ引兵亦至라先生이以爲九江不破면則湖兵이終
不敢越九江以援我오南康이不復이면則我兵이亦不能踰南康以躡賊이
라호고乃遣撫州知府陳槐호야領兵四百호고合饒州知府林城兵호야夾

攻九江ᄒᆞ고令建昌知府曾璵로領兵四百ᄒᆞ고合廣信知府周朝佐兵ᄒᆞ야乘間以取南康ᄒᆞ다二十五日에北風이大起ᄒᆞ니賊船이乘風突進이어ᄅᆞᆯ伍文定이率兵當前ᄒᆞ야因風勢不利ᄒᆞ야我兵이少卻ᄒᆞ야死者ㅣ數十人이라先生이急取令牌ᄒᆞ야將劒付中軍官曰斬領兵官頭ᄒᆞ야以示衆ᄒᆞ라且暗囑曰若能力戰이이면姑緩之ᄒᆞ라ᄒᆞ니伍文定이見令牌大驚ᄒᆞ야立於銃礮之間ᄒᆞ야火燎其鬚호ᄃᆡ不敢退ᄒᆞ고奮督各兵ᄒᆞ야殊死幷進ᄒᆞ니邢珣等兵이俱至ᄒᆞ야一齊發砲ᄒᆞ니聲震天地라礮及寧王舟ᄒᆞ니寧王이退走ᄒᆞ고凌十一ㅣ被彈死ᄒᆞ니賊遂大敗라擒斬二千餘級ᄒᆞ고溺死者ᄂᆞᆫ不計其數러라

濠ㅣ乃退保樵舍ᄒᆞ야聯舟爲方陣ᄒᆞ야應敵四面ᄒᆞ고盡出其金銀ᄒᆞ야賞勞將士ᄒᆞ고決一死戰이러니先生이乃夜督伍文定等ᄒᆞ야爲火攻具ᄒᆞ고邢珣은擊其左ᄒᆞ고徐璉戴德孺ᄂᆞᆫ出其右ᄒᆞ고余恩各官은分兵四伏ᄒᆞ야期見火發而合擊ᄒᆞ다二十六日早朝에宸濠ㅣ方朝羣臣ᄒᆞ야責諸將不能力戰ᄒᆞ야以致連敗ᄒᆞ고召三司各官楊璋潘鵬等十餘人ᄒᆞ야責其坐觀成敗ᄒᆞ고欲斬之ᄒᆞ야以明軍法ᄒᆞ니楊璋이立辨求免이라正在爭論之際에四面喊聲大起라伍文定이引載荻船ᄒᆞ야乘風縱火ᄒᆞ니火烈風猛ᄒᆞ야延燒賊船ᄒᆞ고各路伏兵이望見火焰ᄒᆞ고幷來合攻ᄒᆞ니火及寧王副舟라賊將王春吳十三等이皆被擒ᄒᆞ다于時에先生이已令人ᄋᆞ로持大牌하야諭各軍曰逆賊宸濠ㅣ已擒ᄒᆞ니諸軍은勿縱殺ᄒᆞ고願降者ᄂᆞᆫ聽이라ᄒᆞ니各軍이信以爲然ᄒᆞ야勇氣ㅣ百倍러라

於是에宸濠ㅣ知事不成ᄒᆞ고欲遁ᄒᆞ야與妻妃泣別曰昔人亡國은以聽婦人之言이러니我ᄂᆞᆫ以不聽賢妃言ᄋᆞ로以至於此로다妻妃ㅣ哽咽不能出聲ᄒᆞ고但云殿下ᄂᆞᆫ自愛珍重ᄒᆞ고勿以妾爲念이라ᄒᆞ고言畢에率宮女數人ᄒᆞ야投鄱陽湖而死ᄒᆞ다濠ㅣ遂易服潛遁이러니先生이先已令萬安縣知縣王冕ᄋᆞ로假粧漁船數隻ᄒᆞ야伏蘆葦中이라濠遇之ᄒᆞ야呼曰漁翁은渡我ᄒᆞ라當有厚報라ᄒᆞ고濠旣登船에忽一呼聲이衆船이皆至ᄒᆞ니濠知不免ᄒᆞ고亦欲投水라乃逢淺處ᄒᆞ야得不死ᄒᆞ니兵士ㅣ用長竿ᄒᆞ야挽其衣執之ᄒᆞ다是時에伍文定邢珣等이乘勝而進ᄒᆞ야遂擒世子大哥,及宮眷,幷其黨李士實,劉養正,喩才,李自然等百餘人ᄒᆞ고王綸,李斅ᄂᆞᆫ赴水死ᄒᆞ고擒斬이共三千餘級이오落水死者ᄂᆞᆫ二萬有餘라衣甲器械財物이與浮尸積聚ᄒᆞ야橫亘若州라於是에餘賊數百艘ㅣ四散逃潰어ᄂᆞᆯ先生이復遣各官ᄒᆞ야分路追剿ᄒᆞ야毋令逸入他境爲患케ᄒᆞ니二十七日에及之於

樵舍ㅎ야大破之ㅎ고又破之於吳城ㅎ야擒斬이復千餘級이오落水死者
殆盡이라是日에知府陳槐等이亦與各賊으로戰於沿湖諸處ㅎ야擒斬이
各千餘級이라南康九江二府ㅣ悉平ㅎ다湖口知縣章玄梅ㅣ迎先生入城
中ㅎ니王晃이解宸濠縛ㅎ야入城獻功홀시濠ㅣ望見遠近街衢에行伍整
列ㅎ고笑曰此是我家事어늘王都堂은奈何勞心於此오旣見先生이遂拱
手曰濠ㅣ誤事ㅎ니死固甘心이어니와但妻妃ㅣ每苦諫我勿叛이라가今
已投水死ㅎ니乞收葬之ㅎ노이다先生이卽遣中軍官一人ㅎ야覓屍湖中
ㅎ야禮葬湖口縣城外ㅎ니至今人稱賢妃墓러라

是日에衆官이俱來叅謁ㅎ니先生이下堂執伍文定手曰今回破賊은足
下之力이로다文定曰此ㅣ聖天子洪福이오老大人妙筭이니文定이何功
之有리오先生曰足下ᄂᆞᆫ勿過謙ㅎ라先登破賊이非足下而誰오幷慰勞諸
將ㅎ야盡懽而罷ㅎ다

是役也ㅣ宸濠는以六月十四日揭反旗ㅎ야至七月二十六日被擒ㅎ니
計前後四十二日이오先生은以七月十三日起兵ㅎ야至二十六日悉平ㅎ
니僅十有四日이라古來勘定禍亂이未有如此其神速者矣라

初에先生이入南昌城坐都察院ㅎ야洞開重門ㅎ고對士友論學不輟이
러니諜者ㅣ走報前軍失利ㅎ니衆人이皆有怖色호ᄃᆡ先生은仍續餘論ㅎ
야神色이自若ㅎ고頃之이오諜者ㅣ更報賊兵大潰호ᄃᆡ先生이亦復自若
이러라

鄒守益이入而賀功호ᄃᆡ先生曰功何敢言이리오第喜昨晚沈睡라ㅎ니
盖先生이自遭是役으로日夜焦慮라가至是ㅎ야始得安寢故云이라

門人이有問用兵之術者호ᄃᆡ先生曰用兵이無他術이라只是學問純篤
ㅎ야養得此心不動이爲好니라

此時先生이有詩曰

甲馬秋驚鼓角風,旌旗曉拂陣雲紅,勤王敢在汾淮後,戀闕眞隨江漢東,
群醜謾勞同吠犬,九重端合是飛龍,涓埃未盡酬滄海,病懶先須伴赤松

於是에先生이班師ㅎ야暫回南昌ㅎ니軍民聚觀者ㅣ萬餘人인ᄃᆡ懽呼
之聲이動天地라皆表祝矣曰我等今日에脫倒懸之苦는皆王都爺賜라ㅎ
더라先生이至都察院ㅎ야大會衆官商議ㅎ고將寧王及世子郡王將軍儀
賓太師國師元帥都督指揮等賊官ㅎ야幷行削除ㅎ고論諸將功ㅎ야令御
史謝源任希儒로製紀功冊ㅎ야以三十日上捷報ㅎ니後人이以詩讚之曰

指揮談笑却萊夷,千古何人似仲尼,旬日之間除叛賊,眞儒作用果然奇

江西之亂이旣平에朝廷이不知也라初에先生馳告寧王叛疏ㅣ至是始
達ᄒᆞ니五府六部諸大臣이會議一堂ᄒᆞᆯᄉᆡ諸臣中에有曾受寧王賄賂ᄒᆞ야
爲彼暗通者ᄒᆞ고又或見寧王勢大ᄒᆞ고恐其事成ᄒᆞ야各自徘徊觀望ᄒᆞ고
不敢斥言濠反이라獨兵部尙書王瓊이曰竪子ㅣ素行不義러니今倉猝造
亂은乃自取滅亡이니不足爲慮라都御史王伯安이據上游躡之면成擒이
必矣니不日에當有捷報至나但故事에不得不命將討賊이라乃頃刻에作
十三疏ᄒᆞ야請削宸濠屬籍ᄒᆞ고正賊名ᄒᆞ야布告天下ᄒᆞ고且請命將出師
ᄒᆞ야趨南都ᄒᆞᆯᄉᆡ命南和伯方壽祥ᄒᆞ야防江都ᄒᆞ고御史兪謙은率淮兵ᄒᆞ
야翊南都ᄒᆞ고王守仁은率南贛兵ᄒᆞ야由臨吉ᄒᆞ고都御史陳金은率湖兵
ᄒᆞ야由荊瑞會南昌ᄒᆞ고李克嗣ᄂᆞᆫ鎭鎭江ᄒᆞ고許廷光은鎭浙江ᄒᆞ고叢蘭
은鎭儀眞ᄒᆞ야遏賊衝ᄒᆞ고傳檄江西諸郡ᄒᆞ야但能倡義旅擒反賊者ᄂᆞᆫ封
侯라ᄒᆞ다時에朝廷이遣安邊伯許泰ᄒᆞ야總督軍務ᄒᆞ야充總兵官ᄒᆞ고平
虜伯江彬과太監張忠魏彬이俱爲提督官ᄒᆞ고劉暈ㅣ爲總官ᄒᆞ고太監張
永이贊□□ᄒᆞ고兵部侍郞王憲이監督兵粮ᄒᆞ야往江西征討ᄒᆞ다

大軍이至臨淸ᄒᆞ야接江西捷報ᄒᆞ니宸濠已擒이라許泰江彬張忠等이
嫉先生偉□□恥己無功ᄒᆞ야乃爲密疏ᄒᆞ야請御駕親巡ᄒᆞ야覽南方勝景
ᄒᆞ니武宗이大喜ᄒᆞ야□□總督軍務威武大將軍總兵官行後軍都督府太
師鎭國公事ᄒᆞ고往江西親征할ᄉᆡ□□切諫ᄒᆞ되不聽ᄒᆞ니或有以諫杖死
者라御駕遂發ᄒᆞ니大學士梁儲,蔣冕,給事中□□御史張倫等이扈從ᄒᆞ
다

先生이以八月十六日로接准兵部咨ᄒᆞ니奉聖旨略曰江西寧王이謀爲
不法ᄒᆞ니□□大라朕當親率六師征討오不必命將이니王守仁은暫且准
行欽此欽遵云云이라

先生이因獻俘ᄒᆞ야詣京師ᄒᆞᆯᄉᆡ上疏諫止親征ᄒᆞ니략日
竊惟宸濠ㅣ擅作威福ᄒᆞ야虐焰이已張于遠ᄒᆞ고睥睨神器ᄒᆞ야陰謀ㅣ
久蓄於中□招納叛亡ᄒᆞ야輦轂之動靜을探無遺跡ᄒᆞ고廣致奸細ᄒᆞ야
臣下之奏白이百無一通이라發謨之始에逆科大駕ㅣ必將親征ᄒᆞ고先
於沿途에伏有奸黨ᄒᆞ야期爲博浪荊軻謀러니今逆不旋踵에遂已成擒
ᄒᆞ니法宜解赴闕門ᄒᆞ야式昭天討나然欲付之部下官押解면誠恐舊所
潛布之徒ㅣ尙有存者ᄒᆞ야乘機竊發이면或致意外之虞니臣이且有遺
憾이오況平賊獻俘ᄂᆞᆫ固國家之常典이오亦臣子之職分이라臣이謹於
九月一日에親自量帶官軍ᄒᆞ고將宸濠并逆賊情重人犯ᄒᆞ야督解赴闕

外云云이라

先生이行至常山草萍驛ᄒ야聞御駕已發ᄒ고大驚曰東南民力이已竭
ᄒ니豈堪再值騷擾리오乃索筆題詩壁上ᄒ고翌朝에兼程而進ᄒ니詩曰
　一戰功成未足奇, 親征消息尙堪危. 邊烽西北方傳警, 民力東南已盡疲,
萬里秋風嘶甲馬, 千山曉日渡旌旗, 小臣何事驅馳急, 欲請回鑾罷大師

時에御駕已至淮徐ᄒ니許泰張忠等이接見先生疏ᄒ고密奏曰陛下ㅣ
親征에不親擒賊이면豈不爲天下笑며且江南巡遊를何以爲名이리오宜
密諭王守仁ᄒ야取宸濠放還湖中ᄒ야俟上親與之戰而後擒之ᄒ고奏凱
論功ᄒ야書之史冊ᄒ면陛下英武ㅣ彰著萬代니다武宗이悅其言ᄒ야卽
用牌面ᄒ야遣錦衣千戶官ᄒ야追取宸濠홀ᄉ|先生이行至嚴州ᄒ야接牌
面ᄒ니或言威武大將軍은卽皇帝陛下니牌面이與聖旨一般이라禮當出
迎이라ᄒ디先生曰威武大將軍이不過一品이라文武官僚ㅣ相爲統屬이
니我何迎爲리오衆이皆曰不迎이면必得罪니다先生曰人子ㅣ於父母亂
命에諫不聽이면當涕泣而隨之니寧忍從諛爲也리오三司官이懇勸不已
ᄒ디先生이不得已ᄒ야令參隨官으로負勅印出迎ᄒ니盖以勅印而對牌
面야라中軍官曰錦衣官이奉勅來此ᄒ니當有謝儀니다先生曰毋過五金
ᄒ라中軍官曰恐彼怒而不納이니다先生曰任彼爲之ᄒ라錦衣官이果大
怒不受ᄒ고次日에卽來辭別커ᄂᆞᆯ先生이執其手曰僕이正德初年에在錦
衣獄日久라貴衙官吏甚多ᄒ되而未見輕財重義如公者라昨者薄物은只
求備禮라而公不納ᄒ니深用惶愧라僕이無他所長이오只有幾篇文章ᄒ
니他日에當爲公書其事ᄒ야使後世로知錦衣官이有如公高士니라錦衣
官이但唯唯不出一語ᄒ고卽別去어ᄂᆞᆯ先生이奉牌旨ᄒ고而竟不以宸濠
與之ᄒ니錦衣官이怒ᄒ야星夜回報ᄒ니許泰江彬等이大怒ᄒ야遂造謗
曰王守仁이先已交通寧王ᄒ야使其門人冀元亨往見ᄒ고至以借兵三千
爲約이라가後乃見事不成ᄒ고討寧王以掩己罪라ᄒ니太監張永이素知
先生之忠이라故爲之力辨ᄒ고且請先行探查ᄒ다先生이至杭州ᄒ야與
張永相見ᄒ니先生曰東南人民이久遭宸濠毒害ᄒ고既經大亂에繼以旱
災ᄒ니困苦已極이라若加以京邊官軍供億이면勢必不支ᄒ야逃聚山谷
爲亂이니昔助濠는尙脅從耳라今爲窮迫所激이면奸黨이蝟起ᄒ야天下
將成土崩之勢라公이素委心朝廷ᄒ니得無念耶아張永이深以爲然ᄒ고
徐曰吾之此行은以羣小在側ᄒ야蠱惑聖聰ᄒ니欲調護左右ᄒ야以默輔
聖躬이오非爲掩功來也라但皇上天性이順其意면猶可挽回萬一이어니

와若逆之면徒激羣小之怒ᄒᆞ야無救于天下之大計矣라先生이信其無他
ᄒᆞ고遂以宸濠交付ᄒᆞ고因上疏告病ᄒᆞ야居西湖淨慈寺ᄒᆞ다張永이在上
前ᄒᆞ야備言先生盡忠爲國ᄒᆞ고且奏江西에尙多反側未安ᄒᆞ되僅得無事
者ᄂᆞᆫ專賴此人鎭壓이니願勿聽其休職自便ᄒᆞ소서

　此時羣奸이矯旨ᄒᆞ야捕冀元亨付南京法司ᄒᆞ야栲問이備至ᄒᆞ되終無
一語及先生ᄒᆞ니奸謀ㅣ乃止라張忠許泰等이復密奏曰寧王餘黨이尙多
ᄒᆞ니臣等이願親往南昌ᄒᆞ야搜捕餘黨ᄒᆞ야以張天威ᄒᆞ노이다武宗이復
許之ᄒᆞ니于時에先生이奉勅返南昌府ᄒᆞ다張忠許泰等이亦至ᄒᆞ니所率
京軍二萬이塡街塞港이라許泰江彬張忠三人이坐都察院ᄒᆞ니先生이往
見之ᄒᆞᆫ디彬泰等이欲令先生居傍坐ᄒᆞ되先生이佯若不知ᄒᆞ고移居上座
賓位ᄒᆞ니彬泰等이居主位라且愧且怒ᄒᆞ야以諷刺之어ᄂᆞᆯ先生이謝以交
際事體不得不然ᄒᆞ고退謂鄒守益曰吾非爭座라若一屈於此면便受其節
制ᄒᆞ야擧動이不得自由也니라三奸等이托言搜捕餘黨ᄒᆞ고殘害無辜ᄒᆞ
며索賂富家ᄒᆞ야滿其意乃釋ᄒᆞ고又縱京軍ᄒᆞ야占居民家ᄒᆞ고掠奪民家
財物ᄒᆞ며索糧要賞ᄒᆞ되呼斥先生慢罵ᄒᆞ야故爲衝突ᄒᆞ야期欲藉端生釁
ᄒᆞ고祝續張倫이又望風附會ᄒᆞ야肆爲飛語ᄒᆞ야期有以中傷ᄒᆞ되先生이
一不爲動ᄒᆞ고密令市人으로移居鄕村ᄒᆞ야只留老羸應門ᄒᆞ고先生이自
出金帛ᄒᆞ야慰勞京軍ᄒᆞ고病者ᄂᆞᆫ餽藥ᄒᆞ며死者ᄂᆞᆫ棺殮ᄒᆞ니京軍이皆稱
王都堂是好人이라ᄒᆞ니彬泰等이恐先生買軍心ᄒᆞ야嚴禁軍門ᄒᆞ야勿受
慰勞러라先生이乃傳示內外ᄒᆞ야諭北軍離家苦楚ᄒᆞ니居民이當敦主客
之禮ᄒᆞ니於是에百姓이對京軍ᄒᆞ야致敬爲禮ᄒᆞ고或獻酒食ᄒᆞ니京軍이
亦爲之感動ᄒᆞ야遂止掠奪이러라會十一月冬至節이라先生이諭城市設
酒脯ᄒᆞ야以奠死于宸濠之亂者ᄒᆞ고官人在役者ㅣ亦給暇三日ᄒᆞ야行其
祭奠ᄒᆞ니哭聲이晝夜不絶이라京軍이聞之이無不思家泣下ᄒᆞ고至有向
其長官ᄒᆞ야叩頭請歸者러라張忠許泰劉翬等이自以北人으로習於騎射
ᄒᆞ고意先生이射非所長이라欲有以屈之ᄒᆞ야一日은托演武ᄒᆞ고請與先
生較射어ᄂᆞᆯ先生이辭以不能ᄒᆞ되再四强之라先生曰某ᄂᆞᆫ書生이라何敢
與諸公較藝리오請諸公先之라劉翬等이果謂先生爲不能ᄒᆞ야意氣甚
豪라令軍士設的ᄒᆞ고三人이雁行序立ᄒᆞ니南北兩軍이環視如堵라於是
三人이連發九矢ᄒᆞ야倂不中鵠이라乃曰隨聖駕日久ᄒᆞ야手不執弓이러
니遽乃生疎爾라ᄒᆞ니彼固自負善射라가而技止於此라烏得無慚이리오
乃請先生射어ᄂᆞᆯ先生이謙讓不得ᄒᆞ야乃命中軍官取弓矢來ᄒᆞ야連發三

矢ㅣ正中紅心ᄒᆞ니北軍이連聲喝采라忠泰等이遂不樂而散이러니是夜에劉輩ㅣ使人窺聽軍中輿論ᄒᆞ니皆云王都堂爲人이甚好ᄒᆞ고武藝亦精이라彼南軍은幸得服事此第一流人ᄒᆞ야建立功業ᄒᆞ야不爲枉生一世라ᄒᆞᄂᆞᆫ지라劉輩ㅣ聞之不悅ᄒᆞ야終夜不眠이라가翌日에謂忠泰曰群心이俱歸王都堂ᄒᆞ니奈何오忠泰ㅣ乃商議班師ᄒᆞ고殺害良民數百ᄒᆞ야謂取逆黨首級ᄒᆞ야論爲軍功ᄒᆞ고於是에京軍이離南昌ᄒᆞ니百姓이始復歸業ᄒᆞ다時에御駕ㅣ自淮陽至京口ᄒᆞ야駐前大學士楊一淸家ᄒᆞ니許泰等이來謁ᄒᆞ고但云逆黨已盡이라ᄒᆞ고遂隨駕渡江駐南京ᄒᆞ야巡覽江山勝景ᄒᆞ더라

正德十五年에上이在南都ᄒᆞ니彬等三人이憾先生不已ᄒᆞ야矯發僞旨召先生ᄒᆞ니若來者면以擅離任地爲罪라先生이知其僞ᄒᆞ고竟不赴러니三人이又乘間譖之曰王守仁이必反이라ᄒᆞ니上이問以何爲驗고對曰試遣使召之면彼必不來니다正月有詔召先生ᄒᆞ니張永이密遣幕士錢秉忠ᄒᆞ야星夜馳告ᄒᆞ니先生이聞命卽行ᄒᆞ야至蕪湖이忠泰等이復拒之라於是에留蕪湖半月이러니一夜默坐ᄒᆞ야聽水波拍岸ᄒᆞ고歎曰與之一身은以謗而死ㅣ固也어니와奈老親何오謂門人曰此時에若有一孔可以竊父而逃者면吾亦終身長往而無悔리라乃入九華山ᄒᆞ야每日端坐草庵中이라가一日은綸巾野服으로重遊化城寺ᄒᆞ야至地藏洞ᄒᆞ니回顧三十歲時에曾遊此洞ᄒᆞ야共一老道士ᄒᆞ야談三敎之理러니至今年四十九歲니邊然爲十九年이라却被功名羈絆ᄒᆞ야不得自由ᄒᆞ니不覺悽然長嘆이라乃取筆題一詩曰

愛山日日望山晴,忽到山中眼自明,鳥道漸非前度險,龍潭更比舊時淸,會心人遠空遺洞,識面僧來不記名,莫謂中丞喜忘世,前塗風浪苦難行

又見巖中에有一僧危坐ᄒᆞ고問何時到此오僧曰已三年이니다先生曰吾儒家學者ㅣ肯如此精專凝靜이면何患不成이리오復吟一詩曰

莫怪巖僧木石居,吾儕眞切幾人如,經營日夜身心外,剽竊糠粃齒頰餘,俗學未堪欺老衲,昔賢取善及陶漁,年來奔走成何事

彬泰等이旣阻先生行ᄒᆞ고反奏先生不奉旨朝謁이라上이問張永ᄒᆞᄃᆡ永이密奏曰王守仁이已至蕪湖ᄒᆞ야爲江彬所拒니다守仁은忠臣이라今衆人이爭功欲害之ᄒᆞ니聞守仁이欲棄其官職ᄒᆞ고入山修道라ᄒᆞ니此人이若去면天下之士ㅣ更無爲朝廷出力者니다上이乃密遣人覘先生動靜ᄒᆞ니正在草庵中이라上曰守仁은學道人이라安得反이리오遂降詔ᄒᆞ야

命兼江西省巡撫ᄒ야刻期環任ᄒ다

先生이行過開先寺ᄒ야刻石於讀書臺曰

正德己卯六月十四乙亥에寧藩濠ㅣ以南昌叛ᄒ야稱兵向闕홀시破南
康九江ᄒ고攻安慶ᄒ니遠近震動이라七月十三辛亥에臣守仁이以別
郡之兵으로復南昌ᄒ니宸濠擒ᄒ고餘黨悉定이라當此時ᄒ야天子ㅣ
聞變赫怒ᄒ사親統六師臨討ᄒ시고遂俘宸濠以歸ᄒ니於赫皇威ㅣ神
武不殺ᄒ야如霆之振ᄒ야靡擊而折이라神器有歸ᄒ니孰敢窺竊가天
鑑於宸濠ᄒ사式昭皇靈ᄒ시니嘉靖我邦國삿다

盖世宗龍飛之兆ㅣ徵於此矣니豈先生이能前知耶아

二月에觀兵九江ᄒ고三月에以江西經亂之餘에土地荒廢ᄒ고人民凋
散으로請寬租稅ᄒ야以紓民困ᄒ고仍三疏乞歸省葬ᄒ되不允ᄒ다五月
에江西ㅣ大水ᄒ니上疏自劾ᄒ야時에御駕尙留南都ᄒ야羣小發扈ᄒ되
而進諫末由라因地方災異ᄒ야冀有以開悟君心ᄒ야加意黎元者也라

六月에復還贛州ᄒ야過泰和縣ᄒᆯ시與羅整庵欽順으로論大學格物之
旨ᄒ니其略曰

夫德之不修와學之不講은孔子以爲憂이어시ᄂᆞᆯ而世之學者ㅣ稍能傳
習訓詁면卽皆自以爲知學이라ᄒ고不復有所謂講學之求ᄒ니可悲矣
라夫道必體而後見이라非已見道而後에加體道之功也오道必學而後
明이라非外講學而復有所謂明道之事也라然世之講學者ㅣ有二ᄒ니
有講之以身心者ᄒ며有講之以口耳者ᄒ니講之以口耳는揣摸測度ᄒ
야求之影響者也오講之以身心은行著習察ᄒ야實有諸己者也니知此
則知孔門之學矣라來教ㅣ謂某大學古本之復은以人之爲學이但當求
之於內어ᄂᆞᆯ而程朱格物之說이不免求之於外라ᄒ야遂去朱子之分章
而削其所補之傳이라ᄒ니非敢然也라學豈有內外乎아大學古本은乃
孔門相傳舊本耳라朱子ㅣ疑其有所脫誤而改正補緝之ᄒ나在某則謂
其本無脫誤라ᄒ야悉從其舊而已矣라失在於過信孔子則有之나非故
去朱子之分章而削其傳也라夫學은貴得之心이니求之於心而非也ㅣ
ㄴ딘雖其言之出於孔子라도不敢以爲是也온而況其未給孔子者乎아求
之於心而是也ㅣㄴ딘雖其言之出於庸常이라도不敢以爲非也온而況其
出於孔子者乎아且舊本之傳이數千載矣라今讀其文詞이旣明白而可
通이오論其工夫이又易簡而可入이어ᄂᆞᆯ亦何所按據ᄒ야而斷其此段
之必在於彼ᄒ며彼段之必在於此와與此之如何而缺이며彼之如何而

補ᄒ야而遂改正補緝之ᄒ니無乃重於背朱而輕於叛孔已乎아來敎ㅣ
謂如必以學不資於外求ᄒ고但當反觀內省ᄒ야以爲務,ㄴ딘則正心誠
意四者ㅣ亦何不盡之有리오何必於入門之際에便困以格物一段工夫
也오ᄒ니誠然誠然이로디若語其要면則修身二字ㅣ亦足矣니何必又
言正心이며正心二字ㅣ亦足矣니何必又言誠意며誠意二字ㅣ亦足矣
니何必又言致知ᄒ며又言格物이리오惟其工夫之詳密而要之只是一
事라此所以爲精一之學이니此正不可不思者也라夫理無內外ᄒ고性
無內外라故學無內外니講習討論이未嘗非內也오反觀內省이未嘗遺
外也라夫謂學必資於外求면是以己性爲有外니是義外也오用智者
也며謂反觀內省이爲求之於內면是以己性爲有內也니是有我也오自
私者也니是皆不知性之無內外也라故曰精義入神은以致用也오利用
安身은以崇德이니性之德也라合內外之道也라ᄒ니此可以知格物之
學矣라格物者ᄂ大學之實下手處니徹首徹尾ᄒ야自始學至聖人이只
此工夫而已니非但入門之際에有此一段也라夫正心誠意致知格物이
皆所以修身而格物者ᄂ其所用力日可見之地라故格物者ᄂ格其心之
物也오格其意之物也오格其知之物也오正心者ᄂ正其物之心也오誠
意者ᄂ誠其物之意也은致知者ᄂ致其物之知也니此豈有內外彼此者
分哉아理一而已라以其理之凝聚而言則謂之性이오以其凝聚之主宰
而言則謂之心이오以其主宰之發動言則謂之意오以其發動之明覺而
言則謂之知오以其明覺之感應而言則謂之物이니故就物而言이謂之
格이오就知而言이謂之致오聚意而言이謂之誠이오聚心而言이謂之
正이니正者ᄂ正此오誠者ᄂ誠此오致者ᄂ致此也오格者ᄂ格此也니
皆所以窮理以盡性也라天下에無性外之理ᄒ고無性外之物이어ᄂᆯ學
之不明은皆由世之儒者ㅣ認理爲外ᄒ고認物爲外ᄒ야而不知義外之
說은孟子盖嘗闢之라乃至襲陷其內而不覺ᄒ니豈非亦有似是而難明
者歟아不可以不察也니라

至贛州ᄒ야大閱士卒ᄒ야敎以戰法ᄒ니江彬이使人來覘이라人多爲
先生懼어ᄂᆯ乃作啾啾吟以解之曰

知者不惑勇不憂,君胡戚戚眉雙愁,信步行來皆坦道,憑天判下非人謀,
用之則行舍則休,此身浩蕩浮虛舟,丈夫落落掀天地,豈顧束縛如窮囚,
千金之珠彈鳥雀,掘土何煩用髑髏,君不見東家老翁防虎患,虎夜入室
銜其頭,西家兒童不識虎,執竿驅虎如驅牛,痴人懲噎遂廢食,愚者畏溺

先自投,人生達命自灑落,憂讒避毀徒啾啾

且曰吾敎童子歌詩習禮어니何疑之有리오門人陳九川이亦以爲虞어 눌先生曰吾在省城이處權竪鎗鋒釰鋩間ᄒ야吾心이帖然이어눌公等은 何多慮也오有言萬安縣에多武士라命叅隨官往錄之ᄒ시謚曰但多膂力 이오不問武藝라ᄒ니龍光이問宸濠旣平인錄此何爲오先生이笑曰交趾 에有內難ᄒ니出其不意搗之면亦一機會也니라盖是時에上이留南都ᄒ 고宸濠ㅣ尙未伏法而彬謨回測이라故有牛首夜驚之事로디只畏先生不 敢動耳라先生之所以觀兵九江ᄒ며校士贛州ᄒ며錄萬安武力者는其意 ㅣ固難爲衆人道矣니라門人錢德洪이曰余ㅣ昔修封先生上疏ᄒ시再報 宸濠反疏ㅣ與乞便道歸省疏로同日上ᄒ니余心疑之ᄒ야以爲當此危急 ᄒ야豈暇及此리오當是時ᄒ야擧義興師이擒宸濠且在朝夕ᄒ되而猶上 疏乞歸省ᄒ고請命將出師ᄒ야身若無與其事者러니後至諫止親征疏上 ᄒ야乃嘆古人이處成功之際爲難이라ᄒ니盖德洪이親灸先生이最久라 故知先生擧動이如此ᄒ니라

七月에重上江西捷音疏ᄒ다時許泰江彬等이欲自獻俘襲功이어눌張 永曰不可ᄒ다昔我等未出京時에宸濠已擒ᄒ야王都堂이獻俘北上ᄒ야 過玉山渡錢塘ᄒ니經人耳目이라不可假也니라於是에以威武大將軍鈞 帖으로令先生重上捷音이어눌先生이乃節略前奏ᄒ야錄扈從諸人姓名 ᄒ고且疏中에言是皆欽差總督威德指示方略之所致也라ᄒ니由是羣小 之憾이稍釋ᄒ니라

按先生이以數千烏合之卒로起於倉猝ᄒ야討十萬方張之寇ᄒ시從 容指揮이應變如神ᄒ야不旬日而大亂底定者는固無論已오至其羣 奸交讒ᄒ고京軍侵索에不測之禍ᄀ集於一時어눌而先生이乃處之 泰然ᄒ고應之沛然ᄒ야彌天大綱이觸手而解ᄒ야旣晦之公理ㅣ復 明ᄒ고垂絶之國脉이再續ᄒ니是豈氣質之用之所可能者리오惟其 平日鍊心之工이操得其要ᄒ야如舟有舵ᄒ야驚風巨浪이不能顚覆 之也니心學之作用이不其神乎哉아劉念臺云人只有鍊心法이오更 無鍊事法者ㅣ信矣로다

19

八月에咨部院ᄒ야雪理冀元亨冤獄ᄒ다先是에羣奸이爲讒構先生ᄒ 야逮捕元亨ᄒ야拷問이備至호디竟無一辭誣伏이라於是에科道官이交

章伸辨ᄒᆞ고先生이備奏部院ᄒᆞ니其冤이始白이라世宗皇帝卽位이降詔
釋之ᄒᆞ니元亨이已得疾而卒이라同門陸澄이爲之棺殮ᄒᆞ다訃到이先生
이設位慟哭ᄒᆞ고作文以祭之ᄒᆞ고恤其家ᄒᆞ다

祭劉養正母墓ᄒᆞ다初에養正이與先生厚善이라其母死에要先生來會
ᄒᆞ고且請誌墓ᄒᆞ니實受宸濠密囑ᄒᆞ야欲邀先生者라而先生이不往이러
니及養正死에先生이過吉安府라가命有司ᄒᆞ야葬其母ᄒᆞ고　復爲文以祭
之曰

嗟嗟劉生子吉아母死不葬ᄒᆞ고爰及干戈ᄂᆞᆫ一念之差ㅣ遂至於此니嗚
呼哀哉라今吾葬子之母ᄒᆞ야聊以慰子之魂ᄒᆞ노니盖君臣之義에不得
以私子之身이오朋友之情은以子之母而得盡ᄒᆞ니嗚呼哀哉라

四疏乞省葬ᄒᆞ되不允ᄒᆞ다初에先生이在䕫州ᄒᆞ야聞祖母岑太夫人訃
及父海日翁病ᄒᆞ고卽上疏乞歸省이러니會에被福州之命ᄒᆞ야至中塗이
遇宸濠變이라上疏請命將討賊ᄒᆞ고因乞省葬ᄒᆞ디朝廷이許以賊平日來
說이라至是ᄒᆞ야凡四疏ᄒᆞ다嘗聞海日翁疾亟ᄒᆞ고欲棄職逃歸라가後聞
快復乃止ᄒᆞ니門人周仲이曰先生思歸一念이亦似着相이로소이다先生
이良久에曰此相을安得不着이리오

閏八月初八日에上이在南京受俘ᄒᆞ고十二日에旋蹕ᄒᆞ다霍韜ㅣ曰是
役也ㅣ罪人已執이어늘猶動衆出師ᄒᆞ고地方已寧이어늘乃殺民奏捷ᄒᆞ
야誤先朝於過擧ᄒᆞ고貽國是於將危하니盖忠泰之攘功賊義ᄂᆞᆫ厥罪滔天
이어니와而續綸之詭隨敗類도其黨惡不才ㅣ甚矣로다

九月에先生이再還南昌ᄒᆞ야興工役ᄒᆞ고檄各道府院ᄒᆞ야取宸濠廢地
ᄒᆞ야勸民作業ᄒᆞ야以濟其飢ᄒᆞ니境內ㅣ稍蘇ᄒᆞ니라

先生이雖在軍馬倥傯政務紛錯之中이나不忘講學이러니自䕫州還也
에泰州王艮의字ᄂᆞᆫ汝止오號ᄂᆞᆫ心齋라服古冠服ᄒᆞ고執木簡ᄒᆞ야以二詩
來見이어늘先生이異其人ᄒᆞ야降階延之上座ᄒᆞ고先生이問何冠고曰有
虞氏冠이니다問何服고曰老萊子服이니다問君이學老萊子乎아曰然ᄒᆞ
니다先生曰將止學其服가抑學其上堂詐跌ᄒᆞ야爲小兒啼耶아艮이動心
ᄒᆞ야坐漸側이라及聞格物致知之論ᄒᆞ야ᄂᆞᆫ卽恍然悟ᄒᆞ야明日에遂易服
ᄒᆞ고執弟子禮ᄒᆞ다他日에先生이語門人曰吾擒宸濠이一不爲動터니今
却爲斯人所動이로다此眞學聖賢者也니라

進賢縣前翰林學士舒芬이自恃博學이라見先生ᄒᆞ고問律呂ᄒᆞᆫ디先生
曰詩ᄂᆞᆫ言志니志卽是樂之本이오又曰歌ᄂᆞᆫ永言이니歌卽是制律之本이

오永言和聲이俱歌之本이니歌本諸心이라故心者는中和之極이니라芬이躍然而悟ᄒ야遂爲弟子ᄒ다先生이嘗曰古樂不作이久矣라今之戲子ㅣ尙與古樂으로意思相近이로다門人이請問ᄒ디先生曰韶之九成은便是舜的一本戲子오武之九變은便是武王的一本戲子라聖人一生實事ㅣ俱播在樂中ᄒ니所以有德者ㅣ聞之이便知他盡善盡美와與盡美未盡善處라後世作樂은只是做此二調ᄒ니調於民俗風化에節無關涉이니何以化民善俗이리오今要民俗이反樸還淳인디取今之戲子ᄒ야將妖淫詞調俱去了ᄒ고只取忠臣孝子故事ᄒ야使愚俗百姓으로人人易曉ᄒ면無意中感激他良知起來ᄒ야却於風化에有益이니然後古樂을漸次可復矣니라

按先生此言이眞是作樂之本이오化民善俗之要라盖樂本人情故로有感化人心之妙니若其不本人情者면雖韶濩夏武나何補於治理오彼泥舊之士ㅣ不達古今風氣之異, 人情之宜ᄒ고而徒嘆古樂之亡ᄒ고不求今樂之實用이不亦謬乎아近世文明敎育이以遊戲演劇으로爲之補助ᄒ니實暗合此意者矣로다

20

是時에陳九川, 夏良勝, 萬潮, 歐陽德, 魏良弼, 李遂, 舒芬, 婁衍等이日侍講席ᄒ야完然有洙泗之風이라巡按御史唐龍, 督學僉事邵銳는皆守舊學ᄒ야疑先生學이라唐龍이復勸以撤講愼擇交어늘先生이 答之ᄒ니略曰聖賢之道ㅣ坦若大路ᄒ니夫婦之愚ㅣ可以與知어늘而後之論者ㅣ忽近求遠ᄒ고舍難圖易ᄒ야遂使老師宿儒로不敢輕議ᄒ니非獨其庸下者ㅣ自分以爲不可爲라雖高者特達이라도皆以此學爲長物ᄒ니當此之時ᄒ야苟有一念이相尋於此면所謂空谷足音이見似人者喜矣니況其章縫而來者를 寧不炘炘然以接之乎아然要其間에亦豈無濫竽假道之弊이리오但在我에不可以此意逆之라亦將於此에以求其眞者耳나正如淘金於沙이非不知沙之汰而去者ㅣ且十九나然亦未能舍沙而別以淘金爲也라孔子云與其進也오不與其退也나唯何甚이리오孟子ㅣ云君子之設科이來者는不拒ᄒ고往者는不追ᄒ야苟以是心至어든斯受之而已矣라ᄒ니盖不憤不啓者는君子施敎方이오有敎無類는則其本心焉耳니라

是年冬에上이在通州ᄒ야賜宸濠死ᄒ고始還北京ᄒ다

正德十六年은先生五十歲라正月에居南昌ᄒ야錄陸象山子孫ᄒ다

三月에武宗이崩於豹房ᄒ니世宗이卽位ᄒ다

先生이自經寧藩亂及忠泰等讒搆以來로益信致良知ㅣ眞足以忘患難, 離生死라與同志講習이專發揮此兩字ᄒ야以爲學鵠ᄒ니雖甚魯鈍者라도但以良知之說로略加提掇이면無不卽有開悟ᄒ니以是로益信得此兩字ㅣ眞是聖門正法眼藏矣라

一日은先生이喟然發嘆ᄒ니陳九川이問先生은何嘆이닛고先生曰此良知之理ㅣ簡易明白이어늘一自沉埋於旣經數百年이로다九川曰惟宋儒ㅣ入知解上ᄒ야認識神爲性體라故見聞日益이道障日深이라今先生이拈出良知二字하시니此ㅣ古今人眞面目이니更復何疑리오先生曰然ᄒ다譬之人이冒認別姓人墳墓ᄒ야爲己祖先墳墓ᄒ면眞僞不分이라若一次開壙ᄒ야以子孫血로滴尸骨이면眞僞莫逃라我所倡良知二字ᄂ實千古聖賢相傳之一點滴骨血이니라

又曰某說良知ᄂ從百死千難中得來라不得已爲人而談ᄒ면惟一口說盡ᄒ니恐學者ㅣ只容易把得此ᄒ야作一種光景玩弄ᄒ고不知實樂用功也ᄒ노라

五月에開舘白鹿洞ᄒ다

先是倫彦式이嘗過虔中ᄒ실시問學於先生이러니至是ᄒ야遣其弟以諒ᄒ야復以書問曰學無靜根ᄒ야感物易動ᄒ고處事多悔라ᄒ니先生이答之이略曰

惟學而別求靜根이라故感物而懼其易動ᄒ고感物而懼其易動이라是故處事而多悔也니라心은無動靜者也라其靜也者ᄂ以言其體也오其動也자ᄂ以言其用也라故君子之學은無間於動靜ᄒ야其靜이常覺而未嘗無也라故常應ᄒ고其動이常定而未嘗有也라故常寂ᄒᄂ니動靜에皆有事焉을是之謂集義오集義故로能無祇悔ᄒᄂ니所謂動亦定靜亦定者也라心은一而已니靜其體也而復求靜根焉이면是撓其體也오動其用也而懼其易動焉이면是廢其用也라故求靜之心이卽動也오惡動之心이非靜이니是之謂動亦動靜亦動이라將迎起伏이相尋於無窮矣라故循理之謂靜이오從欲之謂動이니欲也者ᄂ非必聲色貨利外誘也라有心之私ㅣ皆欲也라故循理焉이면雖酬酢萬變이라도皆靜也라濂溪所謂主靜無欲之謂也니是謂集義者也오從欲焉이면雖心齋坐忘이라도亦動也라 告子之强制正助之謂也니是外義者也라雖然僕

이嘗從事於此而未之能焉이나聊爲賢者ᄒᆞ야陳其所見云爾라

門人陸澄이以多病故로欲從事於養生이어ᄂᆞᆯ先生이貽書論之ᄒᆞ니略曰

區區ㅣ往年에盖嘗弊力於此矣라後乃知其不必如是ᄒᆞ고始復一意於聖賢之學ᄒᆞ니大抵養德養身이只是一事라元靜所云眞我者ᄅᆞᆯ果能戒謹不覩ᄒᆞ며恐懼不聞ᄒᆞ야而專志於是ᄒᆞ면則神住氣住精住ᄒᆞ야而仙家所謂長生久示之說이亦在其中矣라神仙之學이與聖人異나然其造端托始ᄂᆞᆫ亦惟欲引人於道니悟眞篇後序中所謂黃老悲其貪者ᄒᆞ야乃以神仙之術漸次導之者라自堯舜禹湯文武至於周公孔子이其仁民愛物之心이盖無所不至ᄒᆞ니苟有可以長生不死者면亦何惜以示人이리오如老子彭鏗之徒ᄂᆞᆫ乃其稟賦有若此者니非可以學而至오後世如白玉蟾丘長春之屬이皆是彼學中所稱述以爲祖師者나其得壽ㅣ皆不過五六十ᄒᆞ니則所謂長生之說이當以有所指矣라元靜이氣弱多病ᄒᆞ니但遺棄聲名ᄒᆞ고淸心寡慾ᄒᆞ야一意聖賢이면則如前所謂眞我之說이니不宜輕信異道라徒自惑亂聰明ᄒᆞ고弊精勞神ᄒᆞ야經歷歲月에久而不返이면將遂爲病狂喪心之人이不難矣라昔人이謂三折肱爲良醫ᄒᆞ니區區ㅣ非良醫로디盖嘗三折肱者니元靜은其愼聽毋忽ᄒᆞ라

時에天子ㅣ新卽位ᄒᆞ시니朝廷이方黜奸擧賢ᄒᆞ야以圖新政홀ᄉᆡ誅江彬許泰張忠劉暈等ᄒᆞ고錄先生功ᄒᆞ야勅命馳驛來京ᄒᆞ니盖將重用先生ᄒᆞ야以贊新政也라先生이以六月二十日로發南昌이러니輔臣이有忌而沮之者ᄒᆞ야潛諷科道官建言曰先帝大喪에資用이浩繁ᄒᆞ니不宜事宴賞이라ᄒᆞ니於是에先生이至錢塘ᄒᆞ야上疏乞歸省ᄒᆞᆫ디朝廷이許之ᄒᆞ고陞南京兵部尙書叅贊機務ᄒᆞ니先生이遂得返鄕里홀ᄉᆡ八月에至越ᄒᆞ고九月에歸餘姚ᄒᆞ야訪瑞雲樓ᄒᆞ야流淚久之ᄒᆞ니盖痛母生不及養ᄒᆞ고祖母喪에不及殮也라此時에得父子相見ᄒᆞ고親戚朋友俱集이라有歸輿詩曰

一絲無補聖明朝,兩鬢徒看長二毛,自識淮陰非國士,由來康節是人豪,時方多難容安枕,事已無能欲善刀,越水東頭尋舊院,白雲茅屋數峯高

按先生이出於百死千難之中ᄒᆞ야建不世之偉勳ᄒᆞ고有衣錦還鄕之榮ᄒᆞ니是亦男子之一快事也로디而先生은直付之浮雲太空ᄒᆞ야無有一毫自得意思ᄒᆞ고就此越水東頭白雲茅屋ᄒᆞ야認爲安身立命之地ᄒᆞ니嗚呼其孰能尙之哉아古來多少豪傑이非無其功於世로디而惟無於其心者ㅣ難得이라夫惟有道之士라야方能把開天闢地之大

事業ᄒ야還他造物ᄒ고而已不與焉이니라

21

十二月에制封新建伯奉天翊衛推誠宣力守正文臣特進光祿大夫柱國ᄒ고兼南京兵部尙書照舊叅贊機務ᄒ야歲支祿米一千石ᄒ고三代幷妻ㅣ一體追封給與誥券ᄒ야子孫世世承襲ᄒ니詔至日은卽龍山公誕辰日시親戚朋友盛集이라先是에當宸濠變ᄒ야或有言先生助濠者어ᄂᆯ公曰吾兒ㅣ素在天理上用功ᄒ니必不爲此니라傳先生이與孫燧許逵同被害어ᄂᆯ公曰吾兒得爲忠臣ᄒ니吾復何憂리오及先生이起兵討賊에或勸公移家避讐ᄒ디公이笑曰吾兒ㅣ以孤旅擧義ᄒ야急君上之難ᄒ니吾爲國舊臣ᄒ야悍年老不能荷戈同事라奈何先去ᄒ야以爲民望耶아是日에先生이服恩賜蟒衣腰玉ᄒ고奉觴爲壽ᄒ니公이慼然曰向寧濠之變에皆以汝爲死矣러니而不死ᄒ고皆以爲事難平矣러니而卒平ᄒ고旣而오讒搆朋興ᄒ야禍機四發ᄒ니前後二年에岌岌乎不免矣러니天開日月ᄒ야顯忠遂良ᄒ니父子ㅣ濫冒封賞ᄒ야穹官高爵이復相見於一堂ᄒ니茲非甚幸歟아然盛者ᄂᆫ衰之始오福者ᄂᆫ禍之基라雖可幸也나亦可懼也니라先生이洗爵而跪曰大人之敎ᄂᆫ兒所日夜切心者也니다翌朝에謂門人曰昨日에服恩賜蟒衣腰玉ᄒ니人見謂我至榮이나晚來解衣就寢ᄒ니依舊是一身窮骨頭라何曾分毫添得이리오乃吟一詩曰

白戰歸來白髮新,靑山從此作閒人,雲擁猶疑見虜鹿,島嶼微茫滄海暮,桃花爛漫武陵春,而今始得還丹訣,却笑當年識未眞

嘉靖元年正月에上疏辭封爵ᄒ되不允ᄒ다

二月十二日에龍山公이卒ᄒ니年이七十二라時에朝廷이論先生功ᄒ야追封龍山公及祖父竹軒公曾祖槐里公ᄒ야爲新建伯ᄒ니公이疾革에聞勅使至ᄒ고命先生及諸弟出迎曰雖倉猝之際나何以廢禮리오聞已成禮然後에瞑目而逝ᄒ니先生이戒家人勿哭ᄒ고加新晃服整諸具然後始擧哀ᄒ야哭踊幾絶이라戒家人齋食百日ᄒ고未幾에令弟姪輩로稍進乾肉曰諸子ㅣ夎養習久ᄒ니强其不能이면是ᄂᆫ恣其作僞也니不如稍寬之ᄒ야使各求自盡이可矣라先生이久哭暫輟이러니有吊客至ᄒ니侍者云宜哭ᄒ디先生曰哭發於心이라若以客至而始哭이면則以客退而不哭矣라世人이飾情行詐己久라故于父母에亦然이로라越俗이待吊客이必列餠糖鮮魚肥肉ᄒ야競爲豊侈러니先生이悉改正之ᄒ고惟待高年遠客이以

素食兼肉二皿曰潔齋ᄂᆞᆫ自我幕內行이니若使吊客與孝子同食이면非所以安高年酬賓旅也니라

是年에門人金克厚,錢德洪이同赴鄉試ᄒᆞ야尋擧進士及第ᄒᆞ다克厚ㅣ謂德洪曰吾在先生門助喪에得司廚事ᄒᆞ야大有所進ᄒᆞ니以此得試驗及第라先生이嘗謂學必行事而後得實力이라ᄒᆞ니誠至敎也라

按先生이有入悟三種敎法ᄒᆞ니從知解而得者ᄅᆞᆯ謂之解悟니猶未離言詮이오從靜中而得者ᄅᆞᆯ謂之證悟니猶有待於境이오從人事磨鍊而得者ᄂᆞᆫ忘言忘境ᄒᆞ고觸處逢原ᄒᆞ야愈搖蕩愈凝聚ᄒᆞ야始爲徹悟라ᄒᆞ니盖先生之學이提掇本體之知而不假聞見之增益ᄒᆞ니宜若闊於實用者矣로ᄃᆡ乃其臨事處變은逈出常度ᄒᆞ야每遇一層難處에愈加一層精神ᄒᆞ야如良金入火에愈放其光彩ᄒᆞ니較諸世儒聞見之識에其効相萬은何也오盖世儒聞見之識은汎濫不切ᄒᆞ야未離言詮者也오先生之本體工夫ᄂᆞᆫ從事上磨鍊而致其精明ᄒᆞ야徹悟到底者也라故其鑑別之識이不眩於天下之是非ᄒᆞ고自信之力이不奪於天下之利害ᄒᆞ야信手行去에沛然若無事者矣라然則事上磨鍊이是卽知卽行ᄒᆞ며卽動卽靜ᄒᆞ며本體ㅣ卽工夫오工夫ㅣ卽本體라不落空不滯物而爲萬事之主宰者也니嗚呼其妙矣神矣로다

22

先生이以病臥苦에遠方同志ㅣ日至ᄒᆞ니乃揭壁帖曰

某鄙劣無所知識ᄒᆞ고且在憂病奄奄中이라故凡四方同志之辱臨者ᄅᆞᆯ皆不敢相見ᄒᆞ고或不得已而相見이라도亦不敢有所論說ᄒᆞ노니各請歸而求諸孔孟之訓이可矣라夫孔孟之訓이昭如日月ᄒᆞ니凡支離缺裂ᄒᆞ야似是而非者ᄂᆞᆫ皆異說也라有志於聖人之學者ㅣ外孔孟之訓而他求ᄒᆞ면是舍日月之明而希光於螢爝之微也니不亦謬乎아不負遠來之情ᄒᆞ야聊此以謝ᄒᆞ노니荒迷不次라

七月에再疏辭封爵ᄒᆞ고請溥恩賞ᄒᆞ야以彰國典ᄒᆞ니其略曰

臣以積惡深重으로禍延先人ᄒᆞ니臣方煢然瘝疚ᄒᆞ야僅未隕絶이라가聞命悸慄ᄒᆞ야魂魄散亂이라已而伏塊沈思ᄒᆞ니臣以微勞로冒膺重賞은所謂叨天之功ᄒᆞ며掩人之善ᄒᆞ며襲下之能ᄒᆞ며忘己之耻者니臣於前奏에已具陳之矣라然而聖旨獨加於臣ᄒᆞ시고餘皆未蒙採錄者ᄂᆞᆫ豈以江西之功이果臣一人之所能獨辦乎아朝廷爵賞은本以公於天下어

늘而臣以一身으로掠衆美而獨承之ᄒᆞ니是臣이擁關朝廷之大澤ᄒᆞ야而使天下有不均之望也니罪不滋重已乎아夫廟堂之賞은朝廷之議也니臣不敢僭及이어니와至於臣所相與協力同事之人ᄒᆞ야ᄂᆞᆫ則有不得不爲一申白者니다古者에爵不踰時ᄂᆞᆫ欲以速得爲善之報也라今効忠赴義之士ㅣ延頸而待ㅣ已三年矣니此而更不一言이면事日已遠而意日以衰라誰復有爲之論列者리오故臣이氣息奄奄之中에忽不自知其言之躁妄ᄒᆞ노이다竊惟宸濠之變이實起倉猝ᄒᆞ야其氣勢張皇ᄒᆞ고積威凌劫이雖在數千里之外라도無不震駭失措어든而況江西諸郡縣은近切剝床ᄒᆞ야觸目皆賊兵이오隨處有賊黨ᄒᆞ니當此之時ᄒᆞ야臣以逆旅孤身으로擧事其間ᄒᆞ니雖仰仗威靈ᄒᆞ야以號召遠近이나然而未受巡撫之命ᄒᆞ니則各官이非統屬也오未奉討賊之旨ᄒᆞ니則其事ㅣ乃義倡也라若使其時에郡縣各官이果懷畏死偸生之心ᄒᆞ야但以未有成命에各保土地爲辭ᄒᆞ면臣亦可何如哉아然而聞臣之調ᄒᆞ고卽皆感激奮勵ᄒᆞ야或提兵而至ᄒᆞ며或挺身而來ᄒᆞ니是非眞有損軀赴難之義와戮力報主之忠이면孰肯甘粉鼇之禍ᄒᆞ고從赤族之誅ᄒᆞ고蹈必死之地ᄒᆞ야以希萬一難冀之功乎잇가凡在與臣共事者ᄂᆞᆫ皆有忠義之誠者也라夫均秉忠義之誠ᄒᆞ야以同赴國難ᄒᆞ고而功成行賞에臣獨當之ᄒᆞ니人將不食其餘矣라此臣所爲不敢受也니다夫下之人이犯必死之難ᄒᆞ야以赴義ᄒᆞ면則上之人이有必報之賞ᄒᆞ야以報功ᄒᆞᄂᆞ니今臣獨崇爵ᄒᆞ고而此同事人者ᄂᆞᆫ乃或賞或否ᄒᆞ야或不行其賞而幷削其績ᄒᆞ며或賞未及播而罰已先行ᄒᆞ며或虛受陞職之名而仍使退閒ᄒᆞ며或冒受不忠之號而隨以廢斥ᄒᆞ니由此言之면亦何苦損身赴義ᄒᆞ야以來此呶呶之口ᄒᆞ야而自求無實之殃乎아乃不若退縮引避ᄒᆞ야反可以全身遠害ᄒᆞ야安處富貴而逭於衆口之誹也라夫被堅執銳ᄒᆞ고身親行伍ᄒᆞ야以及期赴難ᄒᆞ디而猶不免於不忠之罰이면則容有托故推事ᄒᆞ야坐而觀望者ᄂᆞᆫ又將何以加之오今不彼之議而獨此之察ᄒᆞ니則已過矣라人於平居無事에扼腕抵掌而談ᄒᆞ면孰不曰我能臨大節死大難이리오만은及當小小利害ᄒᆞ야ᄂᆞᆫ未必至於死也오而或有倉皇失措者矣라又況矢石之下釰刃之間에前有必死之形而後有夷滅之禍ᄒᆞ니人亦何不設身以處其地而少亮之乎아夫考課之典과軍旅之政이固幷行而不相悖나然亦不可以混而施之라今人이方有可錄之功이면吾且遂行其賞可矣니縱有旣往之愆이나亦得以今而贖ᄒᆞ야但據其可見者오毋深求其隱

而不可見者라賞行矣而其人之過ㅣ猶未改也어든則從而行其黜謫이
면人將曰昔以功而賞이오今以罪而黜이라ᄒ야功罪顯而勸懲彰矣라
今也에將明軍旅之賞而陰以考課之意로行於其間ᄒ니人但見其上未
施而罰已及ᄒ고功不錄而罪有加라不能創奸警惡ᄒ고而徒以沮忠義
之氣ᄒ며快讒嫉之心이라譬之投杯醪於河水ᄒ고而曰是有醪焉ᄒ야
亦可飲而醉也라ᄒ니非易牙之口면將不能辨之矣니而九飲者之醉ㅣ
덜可得乎아人臣이於國家之難에凡其心之可望과力之可爲ᄂ塗肝腦
而膏髓骨者라도皆其職分所當然이니則此同事諸臣者ㅣ逐敢以此自
爲之功ᄒ야而邀賞於其上乎아顧臣이與之同事同功ᄒ고今賞積於臣
而彼有未逮ᄒ니臣復抗顔直受而不以一言이면使朝廷之上으로果
以其功으로獨歸於臣이오而此諸人者之積이因臣之爲蔽ᄒ야而卒無
以自顯於世世라臣始遇變於豊城也에盖擧事於倉猝茫昧之中ᄒ니其
時에豈能逆覩其功之必就ᄒ야謂有今日爵賞之榮而爲哉아徒以事關
宗社ᄒ니是以不計成敗利鈍ᄒ고損身家棄九族ᄒ야但而輸忠憤而死
節이니是臣之初心也라至於號召三軍則雖激之以忠義나而實歆以爵
祿延世之榮ᄒ고勵之以名節이나而復動之以恩賞絢耀之美ᄒ니是非
敢以虛言誘之也라以爲功而克成이면則此爵祿恩賞이亦有國之常典
이니理所必有也라今臣受殊賞而衆有未逮ᄒ니是ㅣ臣以虛言으로罔
誘其下ᄒ야竭衆人之死而共成之ᄒ고掩衆人之美而獨取之라見利忘
信ᄒ야始之以忠信ᄒ고終之以貪鄙ᄒ야外以欺其下而內失其初心이
니亦何顔面以視其人乎아故臣之不敢獨當重賞者ᄂ非不知封爵之爲
榮也라所謂有重於封爵者라故不爲苟得耳니다

時에御史程啓充,給事中毛玉이承時相意ᄒ야倡爲異說ᄒ야劾先生이
어늘門人刑部主事陸澄이上疏爲六辨以折之ᄒ니先生이聞而止之라其
書에略曰

無辨止謗은嘗聞昔人之敎矣라況今四方英傑이以講學異同之故로議
論이方與ᄒ니吾儕ㅣ可勝辨乎아惟當反求諸己ᄒ야苟其言而是歟아
吾斯尙有所未信歟ㄴ딘則當務求其是ᄒ야不得輒是已而非人也오使
其言而非歟아吾斯旣已自信歟ㄴ딘則當益致其踐履之實ᄒ야以務求
於自慊이니所謂默而成之ᄒ고不言而信者也라然則今日之多口ㅣ孰
非吾儕動心忍性砥礪切磋之地乎아吾儕今日之講學이將求異其說於
人耶아亦求同其學於人耶아將求以善而勝人耶아亦求以善而養人耶

아知行合一之學은吾儕但口說耳니何嘗知行合一耶아推尋所自호면則如不肖者ㅣ爲罪尤重이라盖在平時호야徒以口舌講解호고而未嘗體諸其身호야名浮於實호며行不掩言이오已未嘗實致其知호고而謂昔人致知之說이有未盡호니如貧子之說金이乃未免從人乞食이라諸君이病於相信相愛之過호야好而不知其惡호고遂乃共成今日紛紛之議호니皆不肖之罪也라雖然昔之君子ㅣ盖有擧世非之而不顧호고千百世非之而不顧者는亦求其是而已矣니豈以一時毁譽而動其心耶아惟其在我者ㅣ有未盡호면則亦安可遽以人言爲盡非리오伊川晦庵之在當時에尚不免於詆毁斥逐커든況在吾輩에行有所未至호니則夫人之詆毁斥逐이正其宜耳라凡今爭辨學術之士ㅣ亦必皆有志於學者也니未可以其異己而遽有所踈外라是非之心은人皆有之니彼其但蔽於積習이라故吾說을卒未易解니就如諸君初聞鄙說時에其間亦豈無非笑詆毁之者리오久而釋然以悟호고甚至反有激爲過當之論者矣니又安知今日相詆之力이不爲異時相信之深者乎아衰經哀苦中이非論學時로디而道之興廢ㅣ乃有不容於泯默者일시不覺叨叨至此호노라

　按朱近齋說에云陽明先生이在南都時에有挾私怨而誣奏者호야極其醜詆라先生이始見이頗怒라旋自省曰此不得放過乎아掩卷自反호야俟其心平氣和호야再展看이又怒라又掩卷自反호야久之이眞如飄風浮靄호야略無芥滯라是後로雖有大毁謗大利害라도皆不爲動이라嘗聞本朝栗谷李先生이主本兵之日에許篈宋應漑等이軋而彈之라栗谷이閱其疏本호고略無形見於色者호니此反求之工이做到深切호야自無是動氣也라余每患毁譽之來ㅣ易爲動氣호야求其所以勝之而不得이라가一日에惕然曰人之毁我ㅣ卽是藥我니何可怒之이리오若是則或可以免夫아

23

九月에葬龍山公于石泉山호다

嘉靖二年은先生五十二歲라在越호다二月에南宮策士홀시考試官이以心學爲問호니陰闢先生이라門人徐珊이嘆曰吾何能昧吾良知호야徼時好리오遂不答而出호다錢德洪이下第호야歸見先生호니先生이喜而接之曰聖學이從茲大明矣로다德洪曰時事如此호니此學이何由得明이리오先生曰吾學이惡得徧語天下리오今會試錄出호니雖窮鄉深谷이라

도無不見矣라吾學이旣非면天下에必有起而求眞是者니라

門人趙守益, 薛侃, 黃宗明, 馬良衡, 王艮等이侍坐라가因嘆先生이自征寧藩以來로天下謗議ㅣ益衆이라請各言其故홀시有言先生이功業勢位日隆ᄒᆞ니天下忌之者ㅣ日衆이라ᄒᆞ고有言先生之學이日明이라故爲宋儒爭是非者ㅣ亦日博이라ᄒᆞ고有言先生이自南都以後로同志信從者ㅣ日衆ᄒᆞ니而四方排沮者ㅣ日益力이라先生曰諸君之言이信皆有之ᄂᆞ但吾一段自知處ᄂᆞᆫ諸君이俱未道及耳로다我在南都以前엔尙有些子鄕愿的意思ㅣ러니我今信得這良知ᄒᆞ야眞是眞非에信手行去ᄒᆞ고更不着些覆藏ᄒᆞ니我今纔做得個狂者胸次라使天下之人으로都說我行不掩言也니라薛侃이出日信得此過라야方是聖人賊眞血脉이니다

十月에張元冲이侍先生舟中ᄒᆞ야問釋老二氏ㅣ亦有功於吾儒者ᄂᆞᆫ亦當兼取否아先生曰說兼取면便不是了라聖人이盡性至命ᄒᆞ니何物不具리오何待兼取아二氏之學이皆我之學이라卽吾盡性至命中ᄒᆞ야完養此身을謂之仙이오不染世累를謂之佛이니後世儒者ㅣ不見聖學之全일시故與二是成二見耳라譬之廳堂三間이共爲一室이어ᄂᆞᆯ儒者ㅣ見佛氏ㅣ則割左邊一間與之ᄒᆞ고見老氏ㅣ則割右邊一間與之ᄒᆞ고而己則自處中間ᄒᆞ니皆擧一而廢百也

嘉靖三年은先生五十三歲라越郡守南大吉이以先生爲座主之故로稱門人ᄒᆞ나然資性이豪邁ᄒᆞ야不拘小節이라至是ᄒᆞ야來見先生ᄒᆞ고問何無一言敎我오先生曰吾已言之久矣니라大吉이未解어ᄂᆞᆯ先生曰吾不言이면汝何以知之오對曰此ㅣ某之良知也니다先生曰良知ㅣ非我常言而何오大吉이笑謝而去러니越數日에復來請曰某ㅣ過後甚悔ᄒᆞ야雖亟思改圖나然不若得人預言ᄒᆞ야不免爲佳니다先生曰人言이不如自悔眞切이니라越數日에復來請曰身過ᄂᆞᆫ可免이나心過奈何오先生曰昔鏡未開明에可以藏垢라가今鏡明矣라一塵之落이亦難住脚이니此ㅣ入聖之機也라勉之어다於是에大吉이開稽山書院ᄒᆞ고聚管內八邑才俊ᄒᆞ야躬督講習ᄒᆞ니遠方之士ㅣ日來執贄ᄒᆞ야院舍不能容이라一日은講君子喩於義小人喩於利章ᄒᆞ니衆皆感動發汗이러라王畿ㅣ與魏良器로相厚라每言良知之學이有妨擧業ᄒᆞ고對人이亦勸勿問先生講學이러니是日聽講ᄒᆞ고乃悔前言之失ᄒᆞ야卽執贄爲弟子ᄒᆞ니號龍溪라爲先生高足ᄒᆞ야補佐甚多ᄒᆞ니라是日聽講者ㅣ三百餘人이라先生이講大學萬物一體之旨ᄒᆞ야使人各求本性ᄒᆞ야以致良知止至善으로爲工夫ᄒᆞ니라

海寧人董澐은號蘿石이니年六十八이라以能詩로聞江湖間이러니來
遊會稽ᄒ야聞先生講學ᄒ고以杖肩其瓢笠詩卷ᄒ고來訪ᄒ야入門長楫
上座ᄒ니先生이異其氣貌ᄒ야禮敬之ᄒ고與之語連日夜ᄒ니蘿石이退
謂門人何秦曰吾見世之儒者ㅣ支離瑣屑로修飾邊幅ᄒ야爲偶人之狀ᄒ
고其下者ᄂ貪饕爭奪於富貴利欲之場이라而嘗不屑其所爲ᄒ야以爲世
豈眞有所謂聖賢之學乎아直假道於是ᄒ야以求濟其私耳라故遂篤志於
詩而放浪於山水러니今吾聞夫子良知之說ᄒ고而忽若大寐之得醒ᄒ니
幸哉라吾非至於夫子之門이면則幾於虛此生矣로다吾將北面夫子而終
身焉이라ᄒ고遂介何生而請焉하니先生曰齒長於我矣라師友一也니苟
吾言之見信이면奚必北面而後爲禮乎아蘿石曰夫子ㅣ殆以予誠之未至
歟아辭歸兩月에持一縑來曰此ㅣ吾老妻之所織也니吾之誠이積若茲縷
矣라夫子ㅣ其許我焉ᄒ소셔先生曰蘿石은固吾師也니而吾豈足以師蘿
石乎아蘿石曰吾不能以俟請矣라ᄒ고遂入而强納拜焉ᄒ니先生이許之
以師友之間ᄒ고與之探禹穴,登鑪峯,眺秦望ᄒ며尋蘭亭之遺跡ᄒ며徜
徉於雲門若耶鑑湖剡曲ᄒ니蘿石이日有所聞이益充然有得ᄒ야欣然樂
而忘歸也ᄒ니라

八月에宴門人於天泉橋ᄒ니是夜에月白如晝라門人百餘人이酒酣에
各歌詩投壺擊皷盪舟爲樂ᄒ니先生이見諸生興劇ᄒ고退而作詩曰

萬里中秋月正晴,四山雲靄忽然生,須臾濁霧隨風散,依舊靑天此月明,
肯信良知原不昧,從他外物豈能攖,老夫今夜狂歌發,化作鈞天滿太淸,
處處中秋此月明,不知何處亦羣英,須憐絶學經千歲,莫負男兒過一生,
影響尙疑朱仲晦,支離羞作鄭康成,鏗然舍瑟春風裏,點也雖狂得我情

明日에諸生이入謝ᄒ니先生曰昔에孔子ㅣ在陳ᄒ샤思魯之狂士ᄂ以
學者ㅣ沒溺富貴ᄒ야如拘如囚而莫之省ᄒ고有高明脫落者ᄂ知一切俗
緣이皆非性體나然不加實踐ᄒ야以入於精微ᄒ면則漸有輕蔑世故ᄒ고
闊略倫物之病이라雖比世之庸瑣者不同ᄒ나其爲未得於道ᄂ一也라故
孔子ㅣ思歸以裁之라今諸君이已見此意ᄒ니正好精詣力造ᄒ야以求至
於道오無以一見自足ᄒ야以終止於狂也ᄒ라舒國用이問敬畏之增이不
能不爲灑落之累ᄒ고又謂敬畏爲有心ᄒ니如何可以無心而出於自然ᄒ
야不疑其所行이닛고先生이答之ᄒ니其略曰

夫君子之所謂敬畏者ᄂ非有所恐懼憂患之謂也라乃戒愼不覩恐懼不
聞之謂耳오君子之所謂灑落者ᄂ非曠蕩放逸縱情肆意之謂也라乃其

418

心體不累於欲ᄒᆞ야無入而不自得之謂耳라心之本體ㅣ卽天理也오天
理之昭明靈覺이所謂良知也라君子之戒愼恐懼ᄂᆞ惟恐其昭明靈覺者
ㅣ或有所昏昧放逸ᄒᆞ야流於非辟邪妄而失其本體之正耳라戒愼恐懼
之功이無時或間ᄒᆞ면則天理常存ᄒᆞ야而其昭明靈覺之本體가無所虧
蔽ᄒᆞ며無所牽擾ᄒᆞ며無所恐懼憂患ᄒᆞ며無所好樂忿懥ᄒᆞ며無所意必
固我ᄒᆞ며無所歉餒愧作ᄒᆞ야而和融瑩徹ᄒᆞ고充塞流行ᄒᆞ야動容周旋而
中禮ᄒᆞ고從心所欲而不踰矩니斯乃所謂眞灑落矣라是灑落이生於天
理之常存이오天理之常存이生於戒愼恐懼之無間이니孰謂敬畏之增
이乃反爲灑落之累耶아程子ㅣ常言人言無心이나只可言無私心이오
不可言無心이라하니戒愼不覩恐懼不聞은是心不可無也오有所恐懼
有所憂患은是私心不可有也라堯舜之兢兢業業과文王之小心翼翼이
皆敬畏之謂也오皆出乎心體之自然也라出乎心體ᄒᆞ야非有所爲而爲
之ᄂᆞ自然之謂也오敬畏之功이無間於動靜은是所謂敬以直內義以方
外也라敬義立而天道達則不疑其所行矣니라

是時에朝廷大禮議ㅣ起ᄒᆞ니先生이夜坐碧霞池畔ᄒᆞ야有詩曰

一雨秋涼入夜新,池邊孤月倍精神,潛魚水底傳心性,棲鳥枝頭說道眞,
莫謂天機非嗜慾,須知萬物是吾身,無端禮樂紛紛議,誰與靑天掃舊塵,
霍兀崖,席元山,黃宗賢,黃宗明이俱至ᄒᆞ야以大禮議問ᄒᆞ되先生이竟
不答하다

按宋明儒者ㅣ以此等禮議로認爲國家之大事件ᄒᆞ야斷斷爭辨이不
遺餘力이어늘而先生이獨無言於是ᄂᆞ何也오此其意ㅣ亦非世儒之
所能及者矣라證之我本朝컨디因己亥禮訟ᄒᆞ야士林이交鬨ᄒᆞ고黨
爭이益烈ᄒᆞ야朝著不得一日寧靖而國政之腐敗益甚焉ᄒᆞ니則此等
禮論은雖謂之亡國之話柄이라도亦未爲過니老子의所云禮者ᄂᆞ忠
信之薄而亂之始者ㅣ此之謂耶아然則禮爲治世之具而反爲解於治
耶아孔子ㅣ曰繪事後素라시고記曰甘受和白受采忠信之人이可
以學禮니苟非其人이면禮不虛行이라ᄒᆞ니彼以禮訟紛紛者ᄂᆞ特藉
此而文其言ᄒᆞ야以害其政爭之手段者니於忠信之道에遠矣라嗚呼
儒者之弊ㅣ一曰心性理氣之爭이오一曰禮說之爭이니爭心不祛면
何以復禮之本哉아先生之不言이盖惡其有爭心焉耳라

24

十月에 南大吉이 續刻傳習錄호다

翌年正月에 夫人諸氏ㅣ卒호니 祔葬徐山호다

六月에 先生이 服闋이니라 禮部尙書席書ㅣ特疏薦曰生在臣前者ㅣ見一人호니曰楊一淸이오生在後者見一人호니曰王守仁이니다

九月에 歸餘姚省墓호고 會諸生於龍泉寺之中天閣호야 先生이 以書勵之曰

雖有天下易生以物이나 一日暴之호고 十日寒之면 未有能生者也라 承諸君之不鄙호야 每予來歸에 咸集於此호야 以問學爲事호니 甚盛意也라 然不能旬日之留호고 而旬日之間에 又不過三四會호고 一別之後에 輒復離羣索居호야 不相見者ㅣ動經年歲라 然則豈惟十日之寒而已乎아 若是而求萌蘖之暢茂條達이면 不可得矣라 故予切望諸君은 勿以予之去留爲聚散호고 或五六日八九日에 雖有俗事相妨이라도 亦須破冗一會於此호야 務在誘掖獎勵호며 砥礪切磋호야 使道德仁義之習으로 日親日近호면 則世利粉華之染이 亦日遠日疏니 所謂相觀而善호고 百工居肆호야 以成其事者也라 相會之時에 尤須虛心遜志호야 相親相敬이니 大抵朋友之交는 以相下爲益이라 或議論이 未合이라도 要在從容涵育호야 相感以誠호고 不得動氣求勝호며 長傲遂非오 務在默而成之호고 不言而信이라 其或矜己之長호고 攻人之短호야 粗心浮氣로 矯以沽名호며 訐以爲直호고 挾勝心以行憤嫉호야 以坦族敗羣爲志면 則雖日講時習於此라도 亦無益矣리라

按朋友之交ㅣ相下爲益이오 相上爲損者는 不惟講習之際ㅣ爲然이라 吾人社會之興替가 實由於此라 蓋嘗驗夫世人之交호니 方其意氣相投호고 臭味相合之時호야 傾心吐肝호고 指天誓日호야 若可以共患難同死生而不變者이나 曾未幾日에 輒因意見衝突, 議論牴牾, 權利相軋호야 漸生圭角호고 因成藩籬하야 猜忌報復이 竟作仇怨者ㅣ比比有之라 以至士林之門戶ㅣ角立호고 朝紳之黨爭이 迭興호야 公議不行호고 乖氣日盛호야 遂使全體社會로 陷於腐敗而莫之振拔호니 究其原因호면 只是交友之際에 不能相下爲益而相上爲損호야 以致涓涓不絶이 終成江河者也라 余乃奉告世之有志曰 欲鞏社會之基礎者는 請以此相下爲益四字로 各自服膺호고 互相規切也호라 蓋相上者는 傲니 傲之爲德이 最凶호야 兄弟親戚이 有不相保커든 而况於

他人乎아相下者と謙이니謙之爲德이純吉ᄒ야天地鬼神이有以福
之온而況於人之同類乎아

25

顧東橋璘이以書問知行幷進,卽物窮理,致知明德等說이어늘先生이
答之ᄒ니其略曰

夫人이必有欲食之心然後知食이니欲食之心이卽是意오卽是行之始
矣라食味之美惡은必待入口而知니豈有不待入口ᄒ고而已先知食味
之美惡者也아必有欲行之心然後知路니欲行之心이卽是意오卽是行
之始矣라路岐之險夷と必待身親履歷而知니豈有不待身親履歷ᄒ고
而已先知路岐之險夷者耶아知之眞切篤實處ㅣ卽是行이오行之明覺
精察處ㅣ卽是知니知行工夫と本不可離라只爲後世學者ㅣ分作兩截
工夫ᄒ야失却知行本體일시故有合一幷進之說이라眞知ㅣ所以爲行
이니不行을不足謂之知라來書所云專求本心ᄒ고遂遺物理と此盖失
其本心者也라夫物理不外於吾心이니外吾心而求物理면無物理의오
遺物理而求吾心이면吾心이又何物耶아心之體と性也오性卽理也라
故有孝親之心이면卽有孝之理ᄒ고無孝親之心이면卽無孝之理矣오
有忠君之心이면卽有忠之理오無忠君之心이면卽無忠之理矣니理豈
外於吾心耶아

朱子所謂格物云者と在卽物而窮其理也니卽物窮理と是就事事物物
上ᄒ야舊其所謂定理者也라是ㅣ以吾心而求理於事事物物之中이니
析心與理而爲二矣라夫舊理於事事物物者と如求孝之理於其親之謂
也니求孝之理於其親이면則孝之理ㅣ豈過在於吾之心耶아抑果在於
親之身耶아假而果在於親之身이면則親沒之後에吾心이遂無孝之理
歟아見孺子之入井이면必有惻隱之理니是惻隱之理ㅣ果在於孺子之
身歟아抑果在於吾心之良知歟아其或不可以從之於井歟아其或可以
手援之歟아是皆所謂理也며是過在於孺子之身歟아抑果出於吾心之
良知歟아以是例之면萬事萬物之理ㅣ莫不皆然ᄒ니是可以之析心與
理爲二之非矣라

心者と身之主也오以心之虛靈明覺이卽所謂本然之良知也오其虛靈
明覺之良知ㅣ應感而動者를謂之意니有知而後有意오無知則無意宜
니知非意之體乎아意之所用이必有其物ᄒ니物卽事也라如意用於事

親이면事親이卽爲一物이오意用於治民이면治民이卽爲一物이오意用於讀書면讀書ㅣ卽爲一物이오意用於聽訟이면聽訟이卽爲一物이니凡意之所用이無有無物者라有是意며卽有是物이오無是意면卽無是物矣니物非意之用乎아

夫良知之於節目時變에猶規矩尺度之於方圓長短也라節目時變之不可豫定이猶方圓長短之不可勝窮也니故規矩誠立이면則不可欺以方圓ᄒ야而天下之方圓을不可勝用矣오尺度誠陳이면則不可欺以長短ᄒ야而天下之長短을不可勝用矣오良知誠致ᄒ면則不可欺以節目時變ᄒ야而天下之節目時變을不可勝應矣라毫釐千里之謬를不於吾心良知一念之微而察之면亦將何所用其學乎아是不以規矩而欲正天下之方圓이오不以尺度而欲盡天下之長短이니吾見其乖張謬戾ᄒ야日勞而無成也已라吾子ㅣ謂語孝於溫凊定省은孰不知之리오然而能致其知者鮮矣라ᄒ니若謂粗知溫凊定省之儀節로而遂謂之能致其知면則凡知君之當仁者는皆可謂能致其仁之知오知臣之當忠者는皆可謂之能致其忠之知니則天下에孰非致知者耶以是而言이면可以知致知之必在於行이오而不行之不可以爲致知也ㅣ明矣니知行合一之體ㅣ不益較然矣乎아

夫拔本塞源之論이不明於天下면則天下之學聖人者ㅣ將日繁日難ᄒ야斯人이淪於禽獸夷狄ᄒ되而猶自以爲聖人之學이니吾之說이雖或暫明於一時나終將凍解於西而氷堅於東ᄒ고霧釋於前而雲滃於後ᄒ야呶呶焉危困以死ᄒ고而卒無救於天下之分毫也已로다夫聖人之心은以天地萬物爲一體ᄒ시니其視天下之人이無外內遠近ᄒ고凡有血氣는皆其昆弟赤子之親이라莫不欲安全而敎養之ᄒ야以遂其萬物一體之念ᄒᄂ니天下之人心이其始亦非有異於聖人也로디特其間於有我之私ᄒ고隔於物欲之蔽ᄒ야大者以小ᄒ고通者以塞ᄒ야人各有心ᄒ야至有視其父子兄弟를如仇讐者ᄒ니聖人이有憂之ᄒ사是以推其天地萬物一体之仁ᄒ야以敎天下ᄒ야使之皆有以克其私去其蔽ᄒ야以復其心體之同然ᄒ니其敎之大端은則堯舜禹之相授受ㅣ所謂道心唯微唯精唯一允執厥中이오而其節目은則舜之命契所謂父子有親,君臣有義,夫婦有別,長幼有序,朋友有信五者而已라唐虞三代之世에敎者惟以此爲敎ᄒ고而學者ㅣ惟以此爲學ᄒ니當是之時ᄒ야人無異見ᄒ고可無異習ᄒ야安此者를謂之聖이오勉此者를謂之賢이오而背此

者는雖其啓明如朱라도亦謂之不肖라下至閭井田野農工商賈之賤이
莫不皆有是學ᄒ야而惟以成其德行爲務ᄒ니何者오無有聞見之雜,記
誦之煩,辭章之靡濫,功利之馳逐ᄒ고而但使之孝其親,弟其長,信其朋
友ᄒ야以復其心体之同然이니是蓋性分之所固有오而非有假於外者
니則人亦孰不能之乎아學校之中에惟以成德爲事ᄒ고而才能之異ㅣ
或有長於禮樂ᄒ며長於政敎ᄒ며長於水土播植者면則就其成德而因
使益精其能於學敎之中이라가迨夫擧德而任ᄒ며則使之終身居其職
而不易ᄒ니用之者ㅣ惟知同心一德ᄒ야以共安天下之民ᄒ고視才之
稱否而不以崇卑爲輕重ᄒ며勞逸爲美惡ᄒ고效用者ㅣ亦惟知同心一
德ᄒ야以共安天下之民ᄒ고苟當其能이면則終身處於煩劇而不以爲
勞ᄒ며安於卑瑣而不以爲賤ᄒ니當是之時ᄒ야天下之人이熙熙皥皥
ᄒ야皆相視如一家之親이라其才質之下者는則安其農工商賈之分ᄒ
야各勤其業ᄒ야以相生相養ᄒ고而無有乎希高慕外之心이오其才能
之異ㅣ若皋夔稷契者는則出而各效其能ᄒ되若一家之務ᄒ야或營其
衣食ᄒ며或通其有無ᄒ며或備其器用ᄒ야集謀幷力ᄒ야以求遂其仰
事俯育之願이오惟恐當其事者之或怠而重己之累也라故稷은勤其稼
而不耻其部知敎ᄒ야視之善敎를卽己之善敎也오夔는司其樂而不
耻於不明禮ᄒ야視夷之通禮를卽己之通禮也니蓋其心學이純明ᄒ야
而有以全其萬物一體之仁이라故其精神이流貫ᄒ고志氣通達ᄒ야而
無有乎人己之分物我之間ᄒ니譬之一人之身에目視耳聽手持足行이
以濟一身之用ᄒ야目不耻其無總ᄒ야而耳之所涉에目必營焉ᄒ고足
不耻其無執ᄒ야而手之所探에足必前焉ᄒ니蓋其元氣充周ᄒ고血脈
條暢이라是以痒疴呼吸感觸神應이有不言而喩之妙ᄒ니此聖人之學
이所以至易至簡하고易知易從ᄒ야學易能而才易成者니正以大端이
惟在復心體之同然이오而知識技能이非所與論也라三代之衰에王道
熄而覇術熾ᄒ고孔孟旣沒에聖學晦而邪說橫ᄒ니敎者ㅣ不復以此爲
敎ᄒ고以學者ㅣ不復以此爲學이라覇者之徒ㅣ竊取先王之近似者ᄒ
야假之於外ᄒ야以內濟其私己之欲ᄒᄂᆫ天下ㅣ靡然而從之라聖人之
道ㅣ遂以蕪塞ᄒ야相倣相效ᄒ야日求所以富強之說傾詐之謀攻伐之
計ᄒ야一切欺天罔人ᄒ야苟一時之得ᄒ야以獵取聲利之術이若管商
蘇張之屬者ㅣ至不可名數라旣其久也에鬪爭劫奪이不勝其禍ᄒ니斯
人이淪於禽獸夷狄ᄒ야而覇術이亦有所不能行矣라世之儒者ㅣ慨然

悲傷ᄒᆞ야蒐獵先聖王之典章法制ᄒᆞ야而掇拾修補於煨燼之餘ᄒᆞ니蓋
其爲心이良亦欲以挽回先王之道나聖學이旣遠ᄒᆞ고覇術之傳이積漬
已深이라雖在賢智라도皆不免於習染ᄒᆞ야其所以講明修飭ᄒᆞ야以舊
宣暢光復於世者ᅵ僅足以增覇者之藩籬ᄒᆞ고而聖學之門墻ᄋᆞᆫ遂不可
復覩라於是吾有訓詁之學ᄒᆞ야而傳之以爲名ᄒᆞ며有記誦之學ᄒᆞ야而
言之以爲博ᄒᆞ며有辭章之學ᄒᆞ며而侈之以爲麗ᄒᆞ니若是者ᅵ紛紛籍
籍ᄒᆞ야蝱起角立於天下ᄒᆞ니又不知其幾家라萬徑千蹊ᅵ莫知所適ᄒᆞ
니世之學者ᅵ如入百戲之場ᄒᆞ야讙謔跳踉에騁奇鬪巧ᄒᆞ고獻笑爭妍
者ᅵ四面而競出ᄒᆞ니前瞻後眄에應接不遑ᄒᆞ야而耳目眩瞀ᄒᆞ고精神
恍惚ᄒᆞ야日夜遨遊淹息其間ᄒᆞ니如病狂喪心之人이莫自知其家業之
所歸라時君世主ᅵ亦皆昏迷顚倒於其說ᄒᆞ야而終身從事於無用之虛
文ᄒᆞ야莫自知其所謂라間有覺其空疎謬妄ᄒᆞ고支離牽滯ᄒᆞ야而卓然
自奮ᄒᆞ야欲以見諸行事之實者ᄂᆞᆫ極其所抵에亦不過爲富强切利五覇
之事業而止라聖人之學이日遠日晦ᄒᆞ니而功利之習이愈趨愈下라其
間에雖嘗瞽惑於佛老나而佛老之說이卒亦未能有以勝其功利之心ᄒᆞ
고雖又嘗折衷於群儒나而群儒之論이終亦未能有以破其功利之見일
시蓋至於今에功利之毒이淪浹於人之心髓ᄒᆞ야而習以成性也ᅵ幾千
年矣라相矜以知ᄒᆞ며相軋以勢ᄒᆞ며相爭以利ᄒᆞ며相高以技能ᄒᆞ며相
取以聲譽ᄒᆞ야其出而仕也에理錢穀者ᄂᆞᆫ則欲兼夫兵刑ᄒᆞ고典禮樂者
ᄂᆞᆫ又欲與於銓軸ᄒᆞ고處郡縣則思藩泉之高ᄒᆞ고居臺諫則望宰執之要
라故不能其事則不得以兼其官이오不通其說則不可以要其譽라記誦
之廣ᄋᆞᆫ適以長其敖也오知識之多ᄂᆞᆫ適以行其惡也오見聞之博ᄋᆞᆫ適以
肆其辨也오辭章之副ᄂᆞᆫ適以飾其僞也라是以皐夔稷契所不能兼之事
를而今尼初學小生이皆欲通其說究其術ᄒᆞ니其稱名借號ᄂᆞᆫ未嘗不曰
吾欲以共成天下之務나而其誠心實意之所在ᄂᆞᆫ以爲不如是則無以濟
其私而滿其欲也리嗚呼라以若是之積染과以若是之心志로而又講之
以若是之學術ᄒᆞ니宜其聞吾聖人之敎ᄒᆞ고而視之以爲贅疣衲鑿ᄒᆞ니
則其以良知爲未足而謂聖人之學爲無所用이亦其勢有所必至矣라嗚
呼라士生斯世ᄒᆞ야而尙何以求聖人之學乎며尙何以論聖人之學乎아
士生斯世ᄒᆞ야而欲以爲學者ᅵ不亦勞苦而繁難乎아不亦拘滯而險難
乎아嗚呼可悲也已라所幸ᄋᆞᆫ天理之在人心이終有所不可泯ᄒᆞ야而良
知之明이萬古一日이라則其聞吾拔本塞源之論ᄒᆞ면必有惻然而悲ᄒᆞ

고戚然而痛ㅎ고憤然而起ㅎ야沛然若決江河而有所不可禦者矣니非
夫豪傑之士無所待而興者면吾誰與望乎아

按此論은卽自古聖賢이以仁義之敎로思易天下之人心者也로디然
이나後世風氣ㅣ益以侈靡ㅎ고人欲이益以橫流ㅎ야懷襄之勢ㅣ充
天塞地ㅎ고而況人類之生存競爭이惟視其智識技能之優劣焉ㅎ니
則拔本塞源之主義ㅣ豈非迂遠不切者乎아然而聖賢者는以息天下
之爭ㅎ고救天下之亂으로爲心ㅎ니豈可以智識技能으로與之角鬪
於競爭之場ㅎ야以益生民之禍哉아此所以爲仁義也라又此拔本塞
源論이自近世科學家視之면未有不謂濶於時務及人類生活者나然
科學家之性質이恒存個人之私念ㅎ고不顧公衆之利害者ㅣ多有之
ㅎ니此其爲弊ㅣ安所抵極乎아然則先生此論이亦可爲敎育之助而
醫科學家之病也로다

26

十月에門人이建陽明書院ㅎ니在越城西郭門內光相橋東이라後十二
年에門人周汝員이以巡按御史로建祠樓前ㅎ고額曰陽明先生祠라ㅎ다

嘉靖五年은先生五十五歲라門人趙守益이判廣德州ㅎ야建復初書
院ㅎ야敎養生徒ㅎ고且纂諭俗禮要ㅎ야以示先生ㅎ니先生이答之이
其略曰

古禮之存於世者는老師宿儒라도當年에不能窮其說ㅎ니世之人이苦
其繁且難ㅎ야遂皆廢置而不行이라故今之爲人上而欲導民於禮者는
非詳且備之爲難이오惟簡切明白ㅎ야而使人易行之爲貴耳라盖天下
古今之人이其情은一而已矣라先王制禮ㅣ皆因人情而爲之節文ㅎ야
是以行之萬世而皆準이라其或反之吾心而有所未安者는非其傳記之
訛闕이면則必古今風氣習俗之異宜者矣니三王之所以不相襲禮也라
若徒拘泥於古ㅎ야不得於心而冥行焉이면是乃非禮之禮니行不著而
習不察者矣라後世心學이不講ㅎ야人失其情ㅎ니難乎與之言禮나然
良知之在人心은則萬古如一日ㅎ니苟順吾心之良知以致知면則所謂
不知足而爲屨라도我知其不爲蕢矣라
是年에又有答謙之書ㅎ니其略曰
某ㅣ近來却見得良知兩字ㅣ日益眞切簡易하야朝夕與朋輩講習이只
是發揮此兩字不出이라緣此兩字ㅣ人人所自有라故雖至愚下品이라

도一提便省覺ᄒᆞ고若致其極이면雖聖人天地라도不能無憾이니故說此兩字를窮劫不能盡이어늘世儒ㅣ尙有致疑於此ᄒᆞ야謂未足以盡道者ᄂᆞᆫ只是未嘗實見得耳라後世大患이全是士夫ㅣ以虛文相誑ᄒᆞ고略不知有誠心實意ᄒᆞ야流積成風ᄒᆞ니雖有忠信之質이라도亦且迷溺其間ᄒᆞ야不自知覺이라是故以之爲子則非孝오以之爲臣則非忠ᄒᆞ야流毒扇禍ᄒᆞ야生民之亂이尙未知所抵極이라今欲球之ㄴ된惟有返朴還淳이是對症之劑라故吾儕今日用工이務在鞭辟近衷ᄒᆞ야刪削繁文이라야始得이니然鞭辟近衷ᄒᆞ야刪削繁文은亦非草率可能이오必須講明致良知之學이라每以言於同志ᄒᆞ노니不識謙之ㅣ亦以爲何如也오學絶道喪之餘에苟有興起向慕於是者면皆可以爲同志오不必銖稱寸度而求其盡合於此니以之待人은可也커니와若在我之所以爲造端立命者ᄂᆞᆫ則不容有毫髮之或爽矣라道一而已라仁者見之謂之仁ᄒᆞ고知者見之謂之知ᄒᆞ고釋氏之所以爲釋과老氏之所以爲老와百姓日用而不知ㅣ皆是道也니寧有二乎아古今學術之誠僞邪正이何啻碔趺美玉이리오然有眩惑終身而不能辨者ᄂᆞᆫ正以此道之無二로而其變動不拘ᄒᆞ고充塞無間ᄒᆞ야縱橫顚倒에皆可推之而通이라世之儒者ㅣ各就其一偏之見ᄒᆞ고而又飾之以比擬倣像之功ᄒᆞ며文之以章句假借之訓ᄒᆞ니其爲習熟이旣足以自信이오而條目이又足以自安이니此其所以誑己誑人ᄒᆞ야終身沒溺而不悟焉耳라然其毫釐之差而乃致千里之謬은非誠有求爲聖人之志ᄒᆞ야而從事於惟精惟一之學者면莫能得其受病之源ᄒᆞ야而發其神奸之所由伏也라若某之不肖ㅣ盖亦嘗陷溺於其間者ㅣ幾年에倀倀然旣自以爲是矣러니賴天之靈ᄒᆞ야偶有悟於良知之學然後에悔其向之所爲者ㅣ固包藏禍機ᄒᆞ야作僞於外而心勞日拙者也라十餘年來에雖痛自洗剔創艾ᄒᆞ나而病根이深痼에萌芽時生이라所幸은良知在我ᄒᆞ야操得其要ᄒᆞ니譬猶舟之得舵ᄒᆞ야雖驚風巨浪에顚沛不無ᄒᆞ나尙猶得免於傾覆者也라夫舊習於溺以雖已覺悔悟라도而其克治之功이尙且其難若此커든又況溺而不悟ᄒᆞ야日益以深者야亦將何所抵極乎아

按此書所論은卽先生實驗實治之言이니眞所謂一摑一掌血이라余嘗以是로自勘吾身ᄒᆞ니乃知平日罪過를不可勝贖이라盖自生世以來로浸灌於社會之謬習ᄒᆞ며沒溺於物慾之魔界ᄒᆞ야許多病根이着於心髓ᄒᆞ야纒綿膠固ᄒᆞ되而惟以拚護覆藏之技倆으로不至大段發

作於外호고又假借昔賢之言句호야以爲粧綴하니人或不察而見瞞
호고己亦托此而自安호니此正所謂神奸이潛伏於內而不自知者也
라一接名利關頭호면駸駸乎入於禽獸而不知返호니可勝嘆哉아又
嘗驗之別人호니平日號爲善士者流ㅣ衿持身行호고從事學業호야
頗得時譽라가而晩來所趨ㅣ往往陷於大惡호야前後所爲ㅣ一舜一
跖호니是曷故오惟其所謂神奸之潛伏者를不能早自懲治호야 以
至於此니豈不可惜가然則如之何而可也오治病者ㅣ不拔其根則雖
不卽發이나而畢竟作孽乃已라先生이所云近來論學에惟說立誠二字
호노니殺人이須就咽喉上着刀라吾人爲學이當從心髓入微處着力
者ㅣ眞是拔根之良藥이니舍此면更無他術矣로다

27

四月에南大吉이入覲호니時遭貶謫이라以致書先生호되千數百言이
惟以得聞道爲喜호며急問學爲事호며恐卒不得爲聖人爲憂호고略無一
字及於得喪榮辱이라先生이覆書奬之하니其略曰

世之高抗通脫之士ㅣ捐富貴,輕利害,棄爵祿호고決然長往而不顧者
ㅣ亦皆有之호니彼其或從好於外道詭異之說호며投情於詩酒山水技
藝之樂호며又或有發於意氣호며感激於憤悱호며率溺於嗜好호며有
待於物以相勝호니是以去彼取此而後能이라及其所之旣倦이意衡心
鬱호야情隨事移호면則憂愁悲苦ㅣ隨之而作이니果能捐富貴,輕利
害,棄爵祿호야快然終身無入而不自得已乎아夫惟有道之士ㅣ有以見
其良知之昭明靈覺圓融洞徹이廓然與太虛而同體라太虛之中에何物
不有而無一物能爲太虛之障碍니故其於富貴貧賤得喪愛憎之相値에
若飄風浮靄之往來變化於太虛호되而太虛之體ㅣ固常廓然其無碍也
라是豈有待於物以相勝而去彼取此호고激昂於一時意氣者의所能强
而聲音笑貌以爲之乎아

先生이嘗以詩示諸生曰

箇箇人心有仲尼,自將聞見苦遮迷,而今指與眞頭面,只是良知更莫疑
問君何事日憧憧,煩惱場中錯用功,莫道聖門無口訣,良知兩字是參同
人人自有定盤針,萬化根源本在心,却笑從前顚倒見,枝枝葉葉外頭尋
無聲無臭獨知時,此是乾坤萬有基,抛却自家無盡藏,沿門持鉢效貧兒
爾身各各自天眞,不用求人更問人,但致良知成德業,漫從故紙費情神,

乾坤是易原非畫,心性何形得有塵,莫道先生學禪語,此言端的爲君陳
人人有道透長安,坦坦平平一直看,盡道聖賢須有秘,翻嫌易簡却求難,
只從孝悌爲堯舜,莫把詞章學柳韓,不信良心原具足,請君隨事反身觀
長安有路極分明,何事幽人曠不行,遂使蓁茅成間塞,儘敎麋鹿自縱橫,
徒間絶境勞懸想,指與迷途却浪驚,冒險甘投蛇虺窟,顚崖墮壑竟亡生
歐陽德이初見先生於虔州ㅎᄉᆝ諸子中年最少ㅣ라擧鄕試及第ㅎ니先生이
常以小秀才呼之라侍左右服使役ㅎ면欣然承命ㅎ야勞而不怠ㅎ니先生
이深器之라嘉靖二年에登進士第ㅎ야出守六安州數月에奉書先生ㅎ야
以爲初政多忙이라後始次第與諸生講學이라ㅎ니先生曰吾所講學은在
政務多忙中이니豈必聚徒而後爲講學乎아又嘗與書ㅎ니其略曰

良知ㅣ不由見聞而有ㅣ나而見聞이莫非良知之用이라故良知ㅣ不滯於
見聞호ᄃᆡ而亦不離於見聞이라孔子ㅣ云吾有知乎哉아無知也라ㅎ시
니良知之外에別無知矣라故致良知ᄂᆞᆫ是學問大頭腦오是聖人敎人第
一義라今云專求之於見聞之末이면則是失却頭腦ㅎ야而已落在第二
義矣라近時同志中에盖已莫不知有致良知之說이나然其工夫ㅣ尙多
鶻突者ᄂᆞᆫ正是欠此一問이라大抵學問工夫ᄂᆞᆫ只要主意頭腦是當이니
若主意頭腦ㅣ專以致良知爲事면則凡多聞多見이莫非致良知之功이
라盖日用之間에見聞酬酢이雖千頭萬緖라도莫非良知之發用流行이
니除却見聞酬酢이면亦無良知可致矣니라

八月聶豹ㅣ(字文蔚號雙江)以御史로巡按福建ㅎᄉᆝ渡錢塘ㅎ야來見
先生ㅎ고別後致書ㅎ되謂思孟周程이無意相遭於千載之下ㅎ니與其盡
信于天下론不若眞信于一人이라道固自在ㅎ고學亦自在云云ㅎ니先生
이答之이其略曰

道固自在ㅎ고學亦自在라天下信之不爲多오一人信之不爲少者ᄂᆞᆫ斯
固君子不見是而無悶之心이니豈世之譊譊屑屑者ㅣ知足以及之乎아
乃僕之情則有大不得已者存于其間이오而非以計人之信與不信也라
夫人者ᄂᆞᆫ天地之心이니天地萬物이本吾一體者也라生民之困苦茶毒
이孰非疾病之切於吾身者乎아不知吾身之疾痛이면無是非之心者也
라是非之心은不慮而知ㅎ고不學其能이니所謂良知也라良知之在人
心이無間于聖愚ㅎ고天下古今之所同也나世之君子ㅣ惟務致其良知
ㅎ면則自能公是非同好惡ㅎ야視人猶己ㅎ고視國猶家ㅎ야以天地
萬物爲一體니求天下無治라도不可得矣라古之人이所以能見善不啻

428

若己出ᄒ고見惡不啻若己入ᄒ고視民之飢溺을猶己之飢溺ᄒ야而一
夫不獲이면若己推而納諸溝中者ᄂᆫ非故爲是而以蘄天下之信己也오
務致其良知ᄒ야求自慊而已矣라堯舜三王之聖은言而民莫不信者ᄂᆫ
致其良知而言之오行而民莫不說者ᄂᆫ致其良知而行之也라是以其民
이熙熙皥皥ᄒ야殺之不怨ᄒ고利之不庸ᄒ며施及蠻貊ᄒ야而凡有血
氣者ㅣ莫不尊親은爲其良知之動也라嗚呼聖人之治天下ㅣ何其簡且
易哉아後世良知之學이不明일ᄉᆡ天下之人이用其私智ᄒ야以相比軋
ᄒ니是以人各有心ᄒ야而偏瑣僻陋之見과狡僞陰邪之術이至於不可
勝說이라外假仁義之名ᄒ야而內以行其自私自利之實ᄒ니詭辭以阿
俗ᄒ며矯行以干譽ᄒ며掩人之善而襲以爲己長ᄒ며訐人之私而竊以
爲己直ᄒ며忿以相勝而猶謂之徇義ᄒ며險以相傾而猶謂之疾惡ᄒ며
妒賢忌能而猶自以爲公是非ᄒ며恣情縱欲而猶自以爲同好惡라相陵
相賊ᄒ야自其一家骨肉之親도已不能無爾我勝負之意와彼此藩籬之
形커든以偃于天下之大,民物之衆을又何能一體而視之리오則無怪于
紛紛藉藉ᄒ야而禍亂이相尋于無窮矣라僕이誠賴天地靈ᄒ야偶有見
于良知之學ᄒ니以爲必由此而後天下를可得治也라是以每念斯民之
陷溺ᄒ면則爲之戚然痛心ᄒ야忘其身之不肯ᄒ고而思以此救之ᄒ니
亦不自知其量者라天下之人이見其若是ᄒ고遂相與非笑而詆斥之ᄒ
야以爲是病狂喪心之人耳라ᄒ니嗚呼是奚足恤哉아吾方疾痛之切體
어니而暇計人之非笑乎아人固有見其夫子兄弟之墜溺於深淵者면呼
號匍匐ᄒ고裸跣顚頓ᄒ야扳懸崖壁而下拯之니士之見者ㅣ方相與揖
讓談笑於其傍ᄒ야以爲是棄其體貌衣冠以呼號顚頓이若此ᄒ니是病
狂喪心者也라故夫揖讓談笑於溺人之傍而不知救ᄂᆫ此惟行路之人無
親戚骨肉之情者야能之니然已謂之無惻隱之心이면非人矣라若夫在
夫子兄弟之愛者ᄂᆫ則固未有不痛心疾首ᄒ고狂奔盡氣ᄒ야匍匐而拯
之니彼將陷溺之禍를有不顧커든而況於病狂喪心之譏乎며而又況于
蘄人之信與不信乎아嗚呼라今之人이雖謂僕爲病狂喪心之人이나亦
無不可矣天下之人心이皆吾之心也니天下之人이猶有病狂者矣라吾
安得而非病狂乎며猶有喪心者矣라吾安得而非喪心乎아昔者孔子之
在當時에有議其爲諂者ᄒ며有譏其爲佞者ᄒ며有毀其未賢ᄒ며詆其
爲不知禮者ᄒ며而侮之以爲東家丘者ᄒ며有嫉而沮之者ᄒ며有惡而欲
殺之者ᄒ고晨門荷蕢之徒ㅣ皆當時之賢士로ᄃᆡ且曰是知其不可而爲

之者與아鄙哉라硜硜乎여莫己知也어든斯已矣라ᄒᆞ고雖子路ㅣ在升堂之列이라도尙不能無疑於其所見ᄒᆞ며不悅于其所欲往ᄒᆞ고而且以之爲迂ᄒᆞ니則當時之不信夫子者ㅣ豈特十之二三而已乎아然而夫子ㅣ汲汲遑遑ᄒᆞ야若求亡子于道路ᄒᆞ야而不暇于煖席者ᄂᆞᆫ寧以蘄人之知我信我而已哉아盖其天地萬物一體之仁이疾痛迫切ᄒᆞ야雖欲己之나而自有所不容己라故其言에曰吾非斯人之徒를與오而誰與리오欲潔其身而亂大倫이니果哉末之難矣라ᄒᆞ시니嗚呼라此非誠以天地萬物爲一體者면孰能以知夫子之心乎아若其遯世無悶ᄒᆞ야樂天知命者ᄂᆞᆫ則固無入而不自得이道並行而不相悖也라僕之不肖何敢以夫子之道爲己任이리오만은顧其心이亦已稍知疾痛之在身이라是以彷徨四顧ᄒᆞ야將求其有助於我者ᄒᆞ야相與講去其病耳라今誠得豪傑同志之士ᄒᆞ야扶持匡翼ᄒᆞ야共明良知之學於天下ᄒᆞ야使天下之人으로皆知自致其良知ᄒᆞ야以相安相養ᄒᆞ고去其自私自利之蔽ᄒᆞ야一洗讒妬勝忿之習ᄒᆞ야以濟于大同ᄒᆞ면則僕之狂病이固將脫然以愈ᄒᆞ야而終免于喪心之患矣니豈不快哉아嗟乎今誠欲求豪傑同志之士於天下면非如吾文蔚者而誰望之乎아

梁啓超德育鑑에曰陽明先生此書ᄂᆞᆫ字字是血이오語語是淚니讀之而不憤不悱ᄂᆞᆫ非人矣라觀此則知王學이絶非獨善其身之學이오以救時良藥이未有切於是者라陽明先生之心은猶孔子釋迦基督之心也오其言은猶孔子釋迦基督之言也라以爲非以此易天下之人心이면則天下를終不得以理也라ᄒᆞ노니今試問擧國之人이苟皆如先生所謂用其私智ᄒᆞ야以相比軋ᄒᆞ고假名以行其者私自利之習ᄒᆞ야乃至於其所最親近而相凌相賊者ㅣ苟長如是면而吾國之前塗를尙可問乎아夫年來所謂愛國合群之口頭禪을人人能道로ᄃᆡ而於國事에絲毫無補者ᄂᆞᆫ正坐是耳라記에曰不誠無物이라ᄒᆞ고又曰至誠而不動者未之有也오不誠이면未有能動者也라然則今日有志之士ㅣ惟有奉陽明先生爲嚴師ᄒᆞ야刻刻以不欺良知一語로自勘其心髓之微ᄒᆞ고且日以之責善於朋友ᄒᆞ야相與講明此學ᄒᆞ야以易天下ᄒᆞ되持此爲矩然後一切節目事變이出焉이니此矩不踰則其所以救國者ㅣ無論宗旨如何와手段如何ᄒᆞ고皆百慮而一致오殊塗而同歸也라歐美諸國은皆以景教로爲維繫人心之的ᄒᆞ고日本則佛教ㅣ最有力焉이라而其維新以前에所公認爲造時勢之豪傑은若中江藤樹,若熊澤潘山,若吉田松陰,若西鄉南洲ㅣ皆

以王學式後輩ᄒ고至今彼軍人社會中에猶以王學爲一種之信仰ᄒ니
夫日本軍人之價値ㅣ已爲世界所共推矣나而豈知一點之精神敎育이
實我子王子ㅣ賜之也리오我輩ㅣ今日에求精神敎育인ᄃ舍此更有何
物고抛却自家無盡藏ᄒ고沿門持鉢效貧兒ᄒ니哀哉로다

豹ㅣ是時에尙以賓客禮見이러니後六年에出守蘇州ᄒ실시先生下世已
四年矣라語錢德洪王畿曰吾學이誠得先生啓發ᄒ니冀再見執贄而不及
矣라玆以二君爲證이라ᄒ고具香案拜先生ᄒ야稱門人ᄒ다

　按先生歿後而爲門人者ㅣ有聶雙江羅念庵二人而其有公於師門이
　比親炙者爲大ᄂ由其學之得其眞也라如王龍溪王心齋ㅣ皆王門之
　高足而亦漸失王學之眞은由其提挈本體過重ᄒ야如禪宗之直指本
　心爲佛者라故其沿襲之弊ㅣ流於猖狂ᄒ고雙江念庵은篤於修鍊踐
　履之功ᄒ니故不失其眞而無弊矣라盖王學이以致良知三字爲頭腦
　而良知ᄂ是本體오致字ᄂ是工夫라故曰本體卽工夫오工夫卽本體
　而知行合一也ㅣ事上磨鍊也ㅣ皆致字工夫則王學之眞을可見矣라
　若曰王學이專提本體則單以良知爲訓矣니何必更添一致字ᄒ며又
　何必言知行合一이며又何必言事上磨鍊乎아卽此而求에庶乎不差
　矣라

28

十一月에次子正億이生ᄒ니繼室張是出이라先生이始命名正聰이러
니後七年에外舅黃綰이爲避時相諱ᄒ야更名正億ᄒ다十二月에劉邦采
ㅣ與安福諸同志로爲惜陰會ᄒ니先生이爲說以勉之ᄒ다

嘉靖六年은先生五十六歲라在越ᄒ야遣書黃宗賢曰

人在仕途ᄒ면比之退處山林時에其工夫之難이十倍ᄒ니非得良友時
時驚發砥礪면則其平日之所志向이鮮有不潛移默奪ᄒ야弛然日就於
頹靡者라近與誠甫言ᄒ되在京師에相與者少ᄒ니二君이必須預先相
約定이라彼此에但見微有動氣處어든卽須提起致良知話頭ᄒ야互相
規切이니凡人이言語正到快意時ᄒ야便截然能忍默得ᄒ고意氣正到
發揚時ᄒ야便翕然能收斂得ᄒ고憤怒嗜慾이正到騰沸時ᄒ야便廓然
能消化得은此非天下之大勇者면不能也라然見得良知親切時면其工
夫ㅣ又自不難ᄒ니緣此數病이良知之所本無라只因良知昏昧蔽塞而
後有니若良知一提醒時면卽如白日一出而魍魎自消矣라中庸에謂知

耻近乎勇이라ᄒᆞ니 所謂知耻ᄂᆞᆫ 只是耻其不能致得自己良知耳라 今人이多以言語不能屈服得人으로爲耻ᄒᆞ고 意氣不能陵軋得人으로爲耻ᄒᆞ고 憤怒嗜慾이不能直意任情得으로爲耻ᄒᆞ니 殊不知此數病者ㅣ皆是蔽塞自己良知之事니 正君子之所宜深耻者어ᄂᆞᆯ 今乃反以不能蔽塞自己良知로爲耻ᄒᆞ면 正是耻其非所當耻오而不知耻其所當耻也니 可不大哀乎아 只願諸君은 都做個古之大臣ᄒᆞ노니 古之所謂大臣者ᄂᆞᆫ更不稱他有甚知謨才略ᄒᆞ고 只是一個斷斷無他技休休如有容而已라 諸君知謀才略이自是超然出於衆人之上ᄒᆞ니 所未能自信者ᄂᆞᆫ只是未能致得自己良知오 未全得斷斷休休體段耳라 今天下事勢ㅣ如沉疴積痿ᄒᆞ니 所望以起死回生者ᄂᆞᆫ實有在於諸君子니 若自己病痛을未能除得이면 何以能療得天下之病이리오 此區區一念之誠이 所以不能不爲諸君一竭盡者也라 諸君이每相見時에幸默以此意相規切之ᄒᆞ라 須是克去己私라야眞能以天地萬物爲一體오 實康濟得天下ᄒᆞ야 挽回三代知耻오 方是不負如此聖明之君이오 方能報得如此知遇ᄒᆞ야 不枉了因此一大事來出世一遭也니라

五月에朝廷이命先生ᄒᆞ야 總督兩廣江西湖廣軍務ᄒᆞ니 征思州田州ᄒᆞ다 先是에廣西田州土官岑猛이以當事之失馭로激而爲叛ᄒᆞ니 御史姚鎮이征之ᄒᆞ야擒猛父子러니 旣又盧蘇王受等이聚衆以叛ᄒᆞ야 攻陷田州思州ᄒᆞ니 姚鎮이復以四省兵討之不克이라 於是에朝議起先生ᄒᆞ야 總督四省軍務ᄒᆞ니 先生이上疏ᄒᆞ야以爲姚鎮이素老成이오 一時利鈍이亦兵家常事라 御史論奏ᄂᆞᆫ亦爲其激勵而善後也니 臣은以爲今日事ㅣ宜專責鎮等ᄒᆞ야大其委任ᄒᆞ며重其威權ᄒᆞ며容其小過ᄒᆞ며 假以歲月ᄒᆞ야求其成功ᄒᆞ야終至成績然後에別選才能兼解民情風俗如尙書胡世寧李承勳羅ᄒᆞ야往代其任ᄒᆞ면事必有成이니다 疏入而不允ᄒᆞ고 詔鎮致仕ᄒᆞ고 遣使敎先生促上途ᄒᆞ니 八月에先生이將赴兩廣할시有客坐私祝文曰

但願溫恭直諒之友ㅣ來此講學論道ᄒᆞ야示以孝友謙和之行ᄒᆞ고 德業相勸ᄒᆞ며過失相規ᄒᆞ야以敎訓我子弟ᄒᆞ야使毋陷於非辟이오 不願狂躁惰慢之徒ㅣ來此博奕飮酒ᄒᆞ고 長敖飾非ᄒᆞ야導以驕奢淫蕩之事ᄒᆞ며誘以貪財黷貨之謀ᄒᆞ야 冥頑無耻ᄒᆞ고扇惑鼓動ᄒᆞ야以益子弟之不肖ᄒᆞ노니 嗚呼라由前之說을是謂良士오 由後之說을是謂凶人이라 我子弟ㅣ苟遠良士而近凶人이면是謂逆子니 戒之戒之ᄒᆞ라 嘉靖丁亥八月에將有兩廣之行ᄒᆞ야書此以戒我子弟ᄒᆞ고且以是告夫士友之辱臨

於斯者ᄒ노니請一覽敎之ᄒ라

九月에發越中ᄒ니錢德洪.王畿.張元冲이訪舟中ᄒ야因論爲學要旨
ᄒ실ᄉᆡ王畿ㅣ擧先生四句敎言曰無善無惡은是心之體오有善有惡은是意
之動이오知善知惡은是良知오爲善去惡은是格物이라ᄒ니德洪曰此意
如何오王畿曰此恐未是究竟話頭니若說心體ㅣ是無善無惡이면意亦是
無善無惡的意오知亦是無善無惡的知오物亦是無善無惡的物矣라若說
意有善惡이면畢竟心體도還有善惡在니라德洪曰心體는是天命之性이
라原是無善無惡의로ᄃᆡ但人有習心ᄒ야意念上에見有善惡在니格致誠
正修ㅣ此正是復那性體工夫라若原無善惡이면工夫를亦不消說矣니라
是夕에侍坐天泉橋ᄒ야各擧請正ᄒ니先生曰我今將行에正要爾們來講破
此意라二君之見이正好相資爲用이라我這裏接人이原有此二種ᄒ니利
根之人은直從本原上悟入ᄒ야人心本體ㅣ原是明瑩無滯의오原是個未
發之中이라利根之人은一悟이本體가卽是工夫라人已內外ㅣ一齊俱透
了ᄒ고其次ᄂᆞᆫ不免有習心在ᄒ야本體ㅣ多蔽라故且敎在意念上ᄒ야實
落爲善去惡이니工夫熟後에查滓去得盡時면本體ㅣ亦明盡了라汝中之
見은是我這裏接利根人的오德洪之見은是我這裏爲其次立法的니二君
이相取爲用ᄒ면則中人上下ㅣ皆可人入於道라若各執一邊이면眼前에
便有失人ᄒ고便於道體에各有未盡이니라旣而曰已後에與朋友講學이
切不可失了我的宗旨니無善無惡은是心之體오有善有惡은是意之動이
오知善知惡은是良知오爲善去惡은是格物이니只依我這話頭ᄒ야隨人
指點이면自沒病痛이니此原是徹上徹下工夫라利根之人은世亦難遇니
本體工夫를一悟盡透ᄂᆞᆫ此ㅣ顔子明道ㅣ所不敢承當이니豈可輕易望人
이리오人有習心ᄒ니不敎他在良知上ᄒ야實用爲善去惡工夫ᄒ고只去
懸空想個本體ᄒ야一切事爲를俱不着實이면不過養成一個虛寂이니此
個病痛이不是小小라不可不早說破라ᄒ니日에二人이俱有省ᄒ니라

黃梨洲ㅣ曰鄒東廓先生靑原贈處記에陽明이赴兩廣ᄒ실ᄉᆡ錢王二子ㅣ
各言所學ᄒ니緖山曰至善無惡者ᄂᆞᆫ心이오有善有惡者ᄂᆞᆫ意오知善知
惡은是良知오爲善去惡은是格物이라ᄒ고龍溪ㅣ曰心無善而無惡이
면意無善而無惡이오知無善而無惡이오物無善而無惡이라ᄒ니陽明
이笑曰洪甫ᄂᆞᆫ須識汝中本體오汝中은須識洪甫工夫라ᄒ니此與龍溪
天泉證道記로同一事而言之不同이如此라戢山先師ㅣ嘗疑陽明天泉
之言이與平時不同ᄒ니平時에每言至善은是心之本體라ᄒ고又曰至

善은只是盡乎天理之極而無一毫人欲之私라ᄒᆞ고又曰良知卽天理라
ᄒᆞ야錄中에言天理二字不一而足ᄒᆞ고有時說無善無惡者ᄂᆞᆫ理之靜이
라ᄒᆞ니亦未嘗說無善無惡是心體라今觀鄒先生所記컨ᄃᆡ而四有之論
이仍是以至善無惡爲心이오卽四有四句도亦是緖山之言이오非陽明
이立以爲敎法也라今據天泉所記ᄒᆞ야以無善無惡으로議陽明者ㅣ盍
亦有考於鄒先生之記乎아

又曰天泉問答에無善無惡者ᄂᆞᆫ心之體오有善有惡者ᄂᆞᆫ意之動이오知
善知惡은是良知오爲善去惡은是格物이라ᄒᆞ니今之解者ㅣ曰心體無
善無惡은是性이라由是而發之爲有善有惡之意ᄒᆞ고由是而有分別其
善惡之知ᄒᆞ고由是而有爲善去惡之格物이야層層自內而之外ᄒᆞ면一
切皆是糟機니則良知ㅣ已落後着이오非不慮之本然이니故鄒定宇ㅣ
이爲權論也라其實은無善無惡者ᄂᆞᆫ無善念惡念이오非謂性無善無惡
也라下句에意之有善有惡도亦是有善念惡念耳니兩句가只完得動靜
二字라他日에語薛侃曰無善無惡者ᄂᆞᆫ理之靜이오有善有惡者ᄂᆞᆫ氣之
動이卽此兩句也라所謂知善知惡者ᄂᆞᆫ非意動於善惡에從而分別之爲
知오亦只是誠意中之好惡니好必於善ᄒᆞ며惡必於惡ᄒᆞ야孰是孰非而
不容已者ᄂᆞᆫ虛靈不昧之性體也라爲善去惡이只是率性而行ᄒᆞ야自然
無善無惡之夾雜이니先生所謂致吾心之良知於事事物物也라四句ㅣ
本是無病이어ᄂᆞᆯ學者ㅣ錯會文致ᄒᆞ야彼以無善無惡言性者ᄂᆞᆫ謂無善
無惡이斯爲至善이니善은一也而有有善之善有無善之善이면無乃斷
滅性種乎아彼在發用處求良知者ᄒᆞ야認己發作未發ᄒᆞ야敎人在致知
上着力이니是指月者ㅣ不指天上之月而指地上之光이면愈求愈遠矣
니라

先生이旣就征途ᄒᆞ야渡錢塘遊山月巖及嚴灘ᄒᆞ니過釣臺有詩曰
憶昔過釣臺,驅馳正軍旅,十年今始來,復以干戈起,空山烟霧深,往跡如
夢裏,微雨林徑滑,肺病雙足胝,仰瞻臺上雲,俯濯臺下水,人生何碌碌,
高尙乃如此,瘡痍念同胞,至人匪爲己,過門不遑入,憂勞豈得已,滔滔良
自傷,果哉末難矣

十月에過南昌ᄒᆞ다先是에先生이舟次廣信에門人徐樾이方自白鹿洞
으로學趺坐而來ᄒᆞ야有禪定意라先生이目而得之ᄒᆞ고令擧似曰不是라
已而稍變前語ᄒᆞ니曰不是라此體ㅣ豈有方所리오譬之此燭인光無不在
ᄒᆞ야不可以燭上爲光이라因指舟中曰此亦是光此亦是光이라ᄒᆞ고指舟

434

外水面曰此亦是光이라ᄒᆞ니盖戒其勿偏於靜虛工夫也라

按初學時에心猿意馬ㅣ擾擾不定ᄒᆞ야閒思雜慮ㅣ纏繞胸中이라故須用靜坐息慮之法ᄒᆞ야以澄定其心體나然偏守此靜虛則不惟漸有喜靜厭動之弊라許多病痛이潛伏自在ᄒᆞ니臨事에依舊發生이라昔에終南僧이用功三十年에儘禪定也라有僧曰汝習靜이久矣니同去長安柳街一行ᄒᆞ리라及到에見妖麗之物이粉白黛綠ᄒᆞ고其心逐動ᄒᆞ니一朝에廢了三十年工夫라ᄒᆞ니學者ㅣ亦要於風馳波蕩中用功이라야始得其定力이라故先生이嘗曰徒知靜養而不用克己工夫면臨事에便傾倒ᄒᆞᄂᆞ니須在事上磨라야方立得住ᄒᆞ고方能靜亦定動亦定이라ᄒᆞ니라

29

明日에至南浦ᄒᆞ니百姓迎者ㅣ懽呼塞途ᄒᆞ야至不能行이라父老ㅣ爭頂輿ᄒᆞ야遞入都司ᄒᆞ니先生이命就謁者ᄒᆞ야東入西出ᄒᆞ니有不舍者는出且復入이라自辰至未에始散ᄒᆞ니始擧有司常儀ᄒᆞ고明日에謁文廟ᄒᆞ야講大學於明倫堂ᄒᆞ니諸生이屛擁ᄒᆞ야多不得聞ᄒᆞ니라

有唐堯臣者ㅣ素不信先生講學이러니至是ᄒᆞ야詐爲獻茶者得上堂ᄒᆞ야傍聽ᄒᆞ고驚曰三代而下에安得有此氣象이리오黃宗明,魏良器等이笑謂堯臣曰汝不信者ㅣ亦來降粲乎아堯臣이曰須得如此名將이라야方能降我니汝輩ㅣ安能降我리오

至吉安府ᄒᆞ니諸生及舊遊迎拜者ㅣ三百餘人이라先生이談學不倦ᄒᆞ니其要曰堯舜은生知安行的聖人이로ᄃᆡ猶用困知勉行的工夫어시늘吾輩는以困知勉行的資質로欲坐收生知安行的成功ᄒᆞ니是豈非誤己誤人이리오又良知之効用이至大至廣ᄒᆞ니若假以文過飾非면其害反大니라臨別에更囑諸人曰修學工夫ᄂᆞᆫ志是簡易眞切이니愈眞切이면愈簡易ᄒᆞ고愈簡易면愈眞切이니라

十一月에抵梧州ᄒᆞ야審察剿撫事宜ᄒᆞ니盖岑猛及盧蘇王受等이原無叛情이어늘以前此官吏撫馭失當으로激成叛亂이라岑猛이旣被擒剿이니盧蘇王受等이以畏罪逃死로聚衆阻驗ᄒᆞ야以抗官軍이至經二年ᄒᆞ야滋爲患害라先生이以爲多殺無辜ᄒᆞ야生事激功이非仁人所爲라ᄒᆞ고乃宣布朝廷德意ᄒᆞ야昭示威信ᄒᆞ야諭以歸復生業ᄒᆞ니衆皆叩首悅服ᄒᆞ야誓死圖報라是役也ㅣ不析一矢不戮一卒ᄒᆞ고而四萬餘衆이盡數投降ᄒᆞ야

思田二州ㅣ遂以寧靖ᄒᆞ니於是에按行村落ᄒᆞ야詢訪輿情ᄒᆞ고奏設土官流官及巡檢司ᄒᆞ야扼其要害ᄒᆞ야以圖久安ᄒᆞ다

盖先生이以嘉靖六年十一月二十日로抵梧ᄒᆞ야至七年四月ᄒᆞ야而招撫徑略이悉底于定이라乃建思田學校ᄒᆞ고招集師生ᄒᆞ야敎以孝悌之義, 冠婚喪祭之禮ᄒᆞ고又講行鄕約ᄒᆞ야用化其頑梗之俗ᄒᆞ다

思田二州ᄂᆞᆫ旣已不煩兵而平定이나惟斷藤峽諸賊이稔惡最久ᄒᆞ야連絡數十餘巢ᄒᆞ고盤互三百餘里라彼此犄角結聚ᄒᆞ야攻劫郡縣鄕村ᄒᆞ고殺掠人民財貨라自國初以來로屢征不服ᄒᆞ고天順年間에都御史韓雍이通兵二十餘萬ᄒᆞ야來平兩廣然後破其巢穴이러니兵退未久에各賊이復攻陷潯州ᄒᆞ야據城爲亂ᄒᆞ니後復合兵攻剿ᄒᆞ야兼行招撫然後退還巢穴ᄒᆞ야暫有數月之安이라가輒復猖獗ᄒᆞ야殺掠愈毒ᄒᆞ고至於八寨諸賊ᄒᆞ야ᄂᆞᆫ尤心凶悍猛惡ᄒᆞ야利鏢毒弩ㅣ莫當其鋒이라且其寨壁이天險ᄒᆞ야進兵無路ᄒᆞ니國初에韓都督이嘗以數萬之衆으로圍困其地ᄒᆞ야亦不能破ᄒᆞ고竟行招撫러니其後屢次合剿ᄒᆞ야一無所獲ᄒᆞ고反多撓喪이라自是而後로莫可誰何ᄒᆞ니流劫遠近이歲無虛月터니近因思田騷擾ᄒᆞ야各賊이乘其煽動ᄒᆞ야幾生大變이라今雖思田은幸已平靖ᄒᆞ나而若此猺賊을不除ᄒᆞ면則居民이決無安生之理라該各官이俱有呈報어ᄂᆞᆯ先生이因用湖廣歸兵과及盧蘇王受等土兵ᄒᆞ야令各官으로分道進剿牛腸六寺等賊巢ᄒᆞ다先ᄂᆞᆫ에各賊이防湖兵經過ᄒᆞ야將其家屬牛畜ᄒᆞ야驅入巢後大山潛伏ᄒᆞ고賊首胡緣二等이各率徒黨ᄒᆞ야團結防拒나然訪知總督院이住劄南寧ᄒᆞ야寂無征剿消息ᄒᆞ고又不見調兵集粮ᄒᆞ고而湖兵之歸에又皆偃旗息鼓ᄒᆞ야略無警備ᄒᆞ니遂皆怠弛ᄒᆞ야不以爲意러니至是ᄒᆞ야突遇官兵이四面圍攻라各賊이倉黃失措나然猶恃其驍悍ᄒᆞ야蜂擁來敵이라이督兵奮戰ᄒᆞ니賊鋒이摧敗라擒斬首從賊六十九名ᄒᆞ고俘獲男婦牛隻器械等이甚多라餘賊이退據仙女大山ᄒᆞ야憑險結寨어ᄂᆞᆯ各兵이追圍ᄒᆞ야攀木緣崖ᄒᆞ야設策仰攻ᄒᆞ야復破賊寨ᄒᆞ고擒斬俘獲이數多라復攻破油碓石壁大陂等巢ᄒᆞ니餘賊이又奔至斷藤峽橫石江邊ᄒᆞ야因追兵緊急ᄒᆞ야爭渡覆溺死者六百餘徒라官兵이復奮勇追殺ᄒᆞ고遍搜山峒ᄒᆞ야賊徒殆盡이라復移兵進剿仙臺等賊할ᄉᆡ各哨ㅣ照牌ᄒᆞ야一齊抵巢ᄒᆞ니ㅣ各賊이聞知牛腸等破滅ᄒᆞ고方懷疑懼라謀欲據險自固ᄒᆞ야各率徒黨ᄒᆞ고沿途設伏埋簽ᄒᆞ야合勢出拒어ᄂᆞᆯ官兵이驟進ᄒᆞ야勢如風雨라奮勇夾擊ᄒᆞ야爭先陷陣ᄒᆞ니擒斬俘獲이數多라各賊이奔入永安界ᄒᆞ야恃險

436

結寨어늘官軍이分路幷進ᄒ야四面仰攻ᄒ니賊乃潰散이라追殺無遺ᄒ
니於是에各該督兵官이遵奉指揮ᄒ야率官軍及土兵六千一百ᄒ고分定
哨路ᄒ야進剿八寨猺賊ᄒᆞᆯ새各兵이受先生密授方略ᄒ고乘夜啣枚疾進
ᄒ니所過村寨에寂然不知有兵이라黎明에各抵賊寨ᄒ야遂突破石門天
險ᄒ니我兵이盡入에賊方驚覺ᄒ야皆以爲兵從天降이라震駭潰散커늘
我兵이乘勝追擊ᄒ니賊이且奔且戰이라各寨驍賊이復聚衆數千ᄒ야各
執長鏢毒弩ᄒ고幷勢來拒어늘我兵이鼓噪奮猛而前ᄒ니聲震巖谷ᄒ야
無不一當十이라賊이遂大潰ᄒ니擒斬首從賊二百九十一名ᄒ고俘獲甚
多라賊이復分陣聚黨ᄒ야奔入極高大山ᄒ야據險立寨ᄒ고從顚崖發石
滾木ᄒ니官兵이多爲所傷이라於是에多方設策ᄒ야夜發精銳ᄒ야掩其
不備ᄒ야復攻破古蓬周安古鉢都者峒等寨ᄒ고又各官兵이分路追擊各
寨奔賊ᄒ야斬獲無筭ᄒ니八寨猺賊이至是略盡이라盖斷藤八寨諸賊이
素甚驍猛ᄒ고巢據天險ᄒ야兵不能入ᄒ니可以計取오未可以兵力圖
者也라是役也ㅣ因湖廣之歸兵ᄒ야而利導其順便之勢ᄒ고作思田之新
附ᄒ야而善用其報效之機ᄒ니翕若雷霆ᄒ고疾如風雨ᄒ야事擧而遠近
이不知有兵興ᄒ고敵破而士卒이莫測其擧動이라故兩地進兵이不滿八
千之衆이로디而斬獲三千有奇ᄒ야一朝而除百年之患者也라至若思田
頭目盧蘇王受等은感激再生之恩ᄒ야共竭效死之報ᄒᆞᆯ새自備資粮ᄒ고
爭先首敵ᄒ니盖有仰攻險寨ᄒ야墮崖而碎首者ᄂ猶曰我死不憾이라ᄒ
고仰受賊弩ᄒ야掛樹而裂肢者ᄂ猶曰我死甘心이라ᄒ니民間傳誦ᄒ야
以爲盧蘇王受ㅣ昔未招撫에惟恐其爲地方患이러니今乃復爲地方除患
이라하야嘖嘖稱嘆ᄒ되謂其竭忠報德之誠이雖子弟之於父兄이라도亦
不能是過矣라於是에先生이親歷諸巢ᄒ야審其形勢要害ᄒ고奏請改立
衛所ᄒ며開設縣治ᄒ야以完綢繆之備ᄒ다十月에以疾劇으로疏請賜暇
ᄒ되不允ᄒ다

　一日에謁伏波將軍廟于烏蠻灘ᄒ니宛然少時夢中所見也라謂茲行이
殆非偶然이라因賦詩曰

　　四十年前夢裏詩,此行天定豈人爲,徂征敢倚風雲陣,所過須同時雨師,
　　尙喜遠人知向望,却慚無術救瘡痍,從來勝筭歸廊廟,恥說兵戈定四夷

　　謁增城先廟ᄒ니先生六世祖綱이以衆議로死苗難이러니至是ᄒ야有
司新其祠宇ᄒ고先生이行祀事ᄒ다

　寄書錢德洪王畿ᄒ야勉其學業ᄒ고兼囑家事曰

書來에 見近日工夫之有進ᄒᆞ니 足爲喜慰오 而餘姚紹興濟同志ㅣ 又能相聚會講切ᄒᆞ야 奮發興起ᄒᆞ야 日勤不解ᄒᆞ니 吾道之昌이 眞有火燃泉達之機矣니 喜幸이 當何如哉아 喜幸이 當何如哉아 此間地方이 悉已平靖이라 只因二三大賊巢ㅣ 爲兩省盜賊之根株淵藪ᄒᆞ야 爲民患者를 心亦不忍不爲之除剪이라 又復遲留二三月ᄒᆞ야 今亦了事矣라 旬日間에 便當就歸途也ㅣ라 守儉守文二弟는 近承來持啓迪으로 想亦漸有所進이오 正憲은 又極懶惰ᄒᆞ니 若不痛加針砭이면 其病을 亦未易能去라 父子兄弟之間은 情旣迫切ᄒᆞ야 責善反難ᄒᆞ고 其任이 乃在師友之間ᄒᆞ니 想平日骨肉道義之愛ㅣ 當不俟於多囑也라

十一月에 班師之大庾嶺ᄒᆞ야 疾愈劇ᄒᆞ니 謂布政使王大用曰 爾知孔明之所以托姜維乎아 大用이 遂擁兵護衛ᄒᆞ고 且爲敉匠事ᄒᆞ다 二十五日에 至南安ᄒᆞ니 門人推官周積이 來見ᄒᆞ니 先生이 起坐徐言曰 近來進學이 如何오 積이 以政對ᄒᆞ고 遂問道體無恙ᄒᆞ니 先生曰 病勢危篤ᄒᆞ야 所未死者는 元氣耳라 二十八日에 泊靑龍浦ᄒᆞ고 明日에 召積入ᄒᆞ야 開目視曰 吾去矣라 積이 泣下ᄒᆞ고 問何遺言ᄒᆞᆫ디 先生이 微哂曰 此心光明ᄒᆞ니 更有何言가 有頃에 瞑目而逝ᄒᆞ니 實嘉靖七年十一月二十九日辰時也라 門人贛州兵備張思聰이 迎入南埜驛沐浴殮殯如禮ᄒᆞ다 十二月初三日에 思聰이 與官屬師生으로 設祭入棺ᄒᆞ고 明日에 輿櫬登舟ᄒᆞ니 士民이 遠近遮道ᄒᆞ야 哭聲震地ᄒᆞ고 至贛ᄒᆞ야 士民沿途擁哭이 如南安ᄒᆞ고 至南昌ᄒᆞ야 門人巡按御史儲良材와 提學副使趙淵이 請改歲行ᄒᆞ고 士民이 昕夕哭奠ᄒᆞ다

> 按此心光明復何言七字ᄂᆞᆫ 卽先生精神所遺야니 有志先生之學者ㅣ 敢不拳拳服膺乎哉아 然則此心이 何由而光明也오 盖人受天地之精靈以生ᄒᆞ니 此心之体ㅣ 本自光明ᄒᆞ야 萬理皆具라 但人이 處此器世間ᄒᆞ야 受種種俗化之習染ᄒᆞ며 交許多物慾之蔽累ᄒᆞ야 失其本來面目ᄒᆞ고 墮在昏天黑地之中ᄒᆞ야 醉生夢死而不之覺이라 爲學而用省察克治之實功ᄒᆞ야 袪其習染與蔽累ᄒᆞ면 則本體之光明이 自復이오 初非外來者니 舍此實功而更何他求哉아 若認此心光明爲別件物事ᄒᆞ야 要作別件工夫則誤矣라

30

八年正月에 喪發南昌ᄒᆞ니 時에 連日逆風으로 舟不能行이라 趙淵이 祝于柩曰 公이 豈爲南昌士民留耶아 越中子弟門人이 來候久矣니다 忽變西

風ᄒᆞ야六日에直至弋陽縣ᄒᆞ다二月에喪至越ᄒᆞ다時에禮部尙書桂蕚이
倡異議ᄒᆞ야爵蔭贈諡諸典이皆不行ᄒᆞ고斥先生學爲僞學ᄒᆞ야下詔禁之
ᄒᆞ니詹事黃綰이 上疏伸之曰

忠臣事君에義不苟同ᄒᆞ고君子立身에道無阿比라臣이昔爲都事에今
少保桂蕚이時爲擧人이라臣이取其大節ᄒᆞ야與之交友러니及臣爲南
京都察院徑歷ᄒᆞ야見大禮不明ᄒᆞ고相與論列ᄒᆞ니從此與蕚二十餘年에
始終無間이라昨에臣이薦新建伯王守仁ᄒᆞ야堪以輔尊聖德이러니蕚
與守仁不合ᄒᆞ야因不謂然이라小人이乘間搆隙이나然臣이終不以此
로廢蕚平生也니다但臣於事君之義와師友之道에則有不得不明者ᄒᆞ
니夫臣之所以深知守仁은以其功與學耳라然功高而人忌ᄒᆞ고學古而
人不識ᄒᆞ니此守仁之所以不容於世也라盖守仁之大功이有四ᄒᆞ니其
一은宸濠不軌謀非一日이라內臣如魏彬等과嬖幸如錢寧江彬等과文
臣如陸完等이爲之內應ᄒᆞ고鎭守如畢眞劉朗等이爲之外應ᄒᆞ니故當
時中外之臣이多懷觀望이라若非守仁이忠義自許ᄒᆞ야不顧赤族之禍
ᄒᆞ고身任討賊之事면則天下安危를未可知矣어늘今乃皆以爲伍文定
之功ᄒᆞ니是ㅣ輕發蹤而重走狗也오其二는大帽茶寮浰頭桶岡諸賊寨
ㅣ勢連四省ᄒᆞ고兵積累歲라守仁이臨鎭에次第底定ᄒᆞ고其三은田州
思恩이構釁有年에事不得息ᄒᆞ야民不得安이라故起守仁以往ᄒᆞ야使
盧王之徒로崩角來降ᄒᆞ야感泣受杖ᄒᆞ야遂平一方之難ᄒᆞ고其四는自
來八寨ㅣ爲兩廣腹心之疾ᄒᆞ야其間戌守官軍이與賊爲黨ᄒᆞ니莫可奈
何라守仁이假永順回兵과盧王降卒을易若拉朽ᄒᆞ니凡
此守仁之功이皆除大患이오卒又以死勤事ᄒᆞ니而寧可泯滅之乎아其
學之大ㅣ有三ᄒᆞ니一曰致良知라致知ᄂᆞᆫ出於孔子而良知ᄂᆞᆫ出於孟子
ᄒᆞ니何可異也며一曰親民이니卽百姓不親之親이라而凡親賢樂利와
與民同其好惡而爲挈矩之道者ㅣ是也니亦非創爲之說也오一曰知行
合一이니盖亦大易所謂知至之之知終終之니只一事也라守仁이發此
ᄒᆞ야欲人言行相顧ᄒᆞ야勿事空言이니是守仁之學이正接孔孟之學이
니而庸可非訾之乎아今蕚이以此詆守仁ᄒᆞ야遂致陛下失此良弼ᄒᆞ야
使守仁ᄋᆞ로不獲致君堯舜ᄒᆞ니誰之過歟아故臣不敢以此爲蕚是也니
다夫以守仁之學之正이如此ᄒᆞ고其功之高又如此ᄒᆞ되乃賞典不及ᄒᆞ
고削罰有加ᄒᆞ야廢襃忠之舊恩ᄒᆞ고倡爲學之新禁ᄒᆞ니蕚之所以輔明
主者ㅣ爲何如哉아今守仁客死에妻子孱弱ᄒᆞ고家童載骨ᄒᆞ야藁埋空

山ᄒ니鬼神有知면當爲恻以이온況於人乎며况於聖人乎잇가假使守仁으로生于異世라도陛下ㅣ猶當追崇之니何至親見其人而失之也오臣이昔與守仁友二十년이라一日에憤寡過之不能ᄒ니守仁이從而覺之에忽有深省이라遂師事之ᄒ니는臣於守仁에實非苟然相信이如世俗師友者也라臣於君父之前에處師友之間ᄒ야旣有所懷ᄒ니不敢不盡이니다昔尊이爲小人所讒에臣爲之憤ᄒ고旣而得白에臣爲之喜는固非臣之私也라守仁今日之抱冤에亦猶尊向日之負屈이라伏願擴一視之仁ᄒ사特勅所司ᄒ야優以恤典贈諡ᄒ고仍與世襲ᄒ고并開學禁ᄒ야以昭聖德ᄒ소셔若此事不明이면則尊與臣이終不能忘이라故臣敢直言如此ᄒ노니所以盡事陛下之忠이오且以補尊之過也니다

十一月에葬先生於洪溪ᄒ니去越城二十里에入蘭亭五里ᄒ니先生所親擇也라先是에後溪入懷ᄒ야 與左溪會ᄒ야衝嚙右麓하니術者心嫌之러니夜有夢神人이緋袍玉帶로立於溪上者曰吾欲還溪故道ᄒ노라明日에雷雨大作ᄒ야溪泛忽從南岸ᄒ니明堂이周潤數百尺이라遂定穴ᄒ다時에門人會哭者ㅣ千餘人이오四方來觀者ㅣ皆涕泣嘆息이러라降慶元年五月에詔贈先生爲新建侯ᄒ고諡文成ᄒ다二年六月에子正億이襲封新建伯ᄒ다

萬曆十二年에詔從祀先生於孔子廟ᄒ다

黃梨洲ㅣ曰先生之學이始泛濫於詞章ᄒ고總而編讀考亭之書ᄒ야循序格物이라가顧物理吾心이終判爲二ᄒ야無所得入이라於是에出入佛老者ㅣ久之라가及至居夷處困이動心忍性ᄒ야因念聖人處此에更有何道라가忽悟格物致知之旨ᄒ니聖人之道ㅣ吾性自足ᄒ야不假外求ᄒ니其學이凡三變而始得其門이라自此以後로盡去枝葉ᄒ고一意本原ᄒ야以默坐澄心으로爲學的ᄒ니有未發之中이라가始能有發而中節之和니視聽言動이大率以收斂爲主ᄒ야發散은是不得已라ᄒ고江右以後에專提致良知三字ᄒ야默不假坐ᄒ고心不待澄ᄒ야不習不慮를出之에自有天則이라蓋良知ㅣ卽是未發之中이니此知之前에更無未發이오良知ㅣ卽是中節之和니此知之後에更無已發이라此知ㅣ自能收斂ᄒ니不須更主於收斂이오此知ㅣ自能發散ᄒ니不須更期於發散이라收斂者는感之體니靜而動也오發散者는寂之用이니動而靜也라知之眞切篤實處ㅣ卽是行이오行之明覺精察處ㅣ卽是知니無有二也라ᄒ고居越以後에所操益熟ᄒ고所得益化ᄒ야時時知是知非ᄒ

고時時無是無非ᄒ야開口卽得本心ᄒ니更無假借湊泊ᄒ야如赤日當空而萬象畢照ᄒ니是學成之後에又有此三變也라先生이憫宋儒之後에學者ㅣ以知識爲知ᄒ야謂人心之所有者ㅣ不過明覺이오而理爲天地萬物之所公共이라故必窮盡天地萬物之理然後吾心之明覺與之渾合而無間ᄒ니設是無內外나其實은全靠外來聞見ᄒ야以塡補其靈明者也라先生은以聖人之學은心學也와心卽理也라故於致知格物之訓에不得不言致吾心良知之天理於事事物物ᄒ면則事事物物이皆得其理라夫以知識爲知ᄒ면則輕浮而不實이라故必以力行爲功이니夫良知ㅣ感應神速ᄒ야無有等待ᄒ니本心之明이卽知오不欺本心之明이卽行也라不得不言知行合一ᄒ니此其立言之大旨ㅣ不出於是어늘而或者ㅣ以釋氏本心之說이頗根於心學이라ᄒ니不知儒釋界限이只一理字라釋氏ㅣ於天地萬物之理에一切置之度外ᄒ야更不復講而止守此明覺ᄒ고世儒則不恃此明覺而求理於天地萬物之間ᄒ니所爲絶異나然其歸理於天地萬物ᄒ고歸明覺於吾心則一也라向外尋理는終是無源之水오無根之木이니縱使合得이라도本體相에已費轉手라故沿門乞火ㅣ與合眼見闇으로相去不遠이라先生이點出心之所以爲心이不在明覺而在天理ᄒ니金鏡已墜而復收라遂使儒釋疆界로渺若山河ᄒ니此有目者ㅣ所共覩也라試以孔孟之言證之면致吾良知於事物事物ᄒ야皆得其理ㅣ非所謂人能弘道乎아若在事物則是道能弘人矣라告子之外義ㅣ豈滅義而不顧乎아亦於事物之間에求其義而合之니正如世儒之所謂窮理也라孟子胡以不許之而四端을必歸之心哉아嗟乎라糠粃眯目ᄒ야四方易位而後先生을可疑也니라

按世之學者ㅣ論朱王二子之異同이盖斷斷未已矣라然至于今日ᄒ야此等異同之辨은均屬無益이니勿問이可也라盖吾儕之所以爲學者ㅣ何事오非爲其修己及人ᄒ야以有補於世者乎아當今之時ᄒ야所謂聖賢之學을全行廢却則已어니와與欲講明此學ᄒ야以爲修己及人之要領이면則惟王學之簡易眞切이爲適於時宜라故梁啓超云吾儕生於今日社會ᄒ야事物이日以複雜ᄒ니各種科學이皆有爲吾儕所萬不可不從事者라然則此有限之日力을其能劃取지ᄒ야以爲學道之用者ㅣ較諸古人에抑已寡矣라今若不爲簡易眞切之法門以導之면無論學者厭其難而不肯從事也ᄒ고卽勉而循焉이라도正恐其太廢科學而濶於世用ᄒ야反爲不學者所藉口라故竊以爲惟王學

이爲今日學界獨一無二之良藥者ㅣ是也라且以朱王之異同言之라
도朱子는以格得衆物之理로爲知之至ᄒᆞ고王子는以格得本心之知
로爲知之至ᄒᆞ니則朱子之致知는後天之知也오王子之致知는先天
之知也니先天後天이原不相離라朱子ㅣ何嘗遺本心之知며王子ㅣ
何嘗遺物理之知乎아但其入頭處ㅣ有迂直之不同耳라

王陽明先生實記 終

옮긴이의 말

이 책은 박은식(朴殷植)이 중국 명나라 중기의 인물인 왕수인(王守仁)의 일대기와 사상을 소개하면서 자신의 생각을 덧붙였다. 그리고 이 역서의 저본은 단국대학교 부설 동양학연구소에서 1975년에 영인·발행한 동양학총서 제4집 『박은식전서』(朴殷植全書) 중권에 수록된 『왕양명선생실기』(王陽明先生實記)이다.

선생이 이 책을 쓸 당시는 근대화를 이룩한 열강들, 특히 일제의 침략이 노골화된 상황에서 국내의 민족주의가 성장하던 시기였다. 즉 일본 제국주의에 대항하기 위해서는 투쟁과 동시에 민족 내부의 역량을 키우자는 것이 당시 박은식을 비롯한, 시대를 이끈 선각자들의 생각이었다. 이들은 전통적인 주자학이 국권을 회복할 동력을 이미 상실했다고 보고, 새로운 학문이나 종교로서 죽어가는 나라를 살리고자 했는데, 그 가운데 하나인 양명학이 주자학을 대신하여 시대를 이끌어갈 학문으로 여기고 이 책을 저술했다.

그렇다면 우리가 살아가는 이 시대는 1백여 년 전 박은식이 살았던 시대와 무슨 상관이 있는가? 당시는 서구적 근대화를 이룩한 열강들이 무력으로 약소국가를 침략하여 경제적 이득을 챙겼다. 지금은 비록 무력으로 약소국가를 침략하는 사례가 드물지만, 선진국들이 무역경쟁과 시장개방 그리고 정보독점 등을 통하여 경제적 이득을 챙기는 데 혈안이 되어 있다는 점에서는 전혀 변한 게 없어 보인다. 국가의 지원과 보호를 받는 다국적 기업이나 거대금융 자본가들은 이전보다 더 수월하게 국경을 넘나들며 합법적으로 그들의 이익을 챙긴다.

그렇다면 본질적으로 무엇이 문제인가? 당시 약소국가에 대한 제국주의의 무력침략을 합리화해준 사상이 생존경쟁을 기반으로 한 사회진화론이었다면, 지금은 그 아류인 신자유주의 영향 아래 불공정한 경쟁을 당연시하지 않는가? 경쟁은 경제 분야뿐만 아니라 거의 모든 영역에서 강요되는데다가 집단 내부에서도 장려되고 있다. 적절한 경쟁이 무력하고 정체된 사회에 약이 안 되는 것은 아니로되, 이렇듯 경쟁의 지나친 강조는 부도덕한 수단을 용인할뿐더러 경쟁에서 밀린 대다수 사람들을 절망하게 만들고, 지배층의 부도덕한 기득권을 공정 경쟁에 대한 승리로 착각하게 만들며, 사회적 비판의식을 마비시켜버린다.

이런 현실 속에서 '바르고 아름다운' 삶을 주장한다면, 그것은 세상 물정 모르는 사람들의 넋두리로 치부한다. 그러니 철학이니 윤리니 문학이니 하는 것을 배부른 사람들의 사치스런 소일거리나 비현실적인 학문이라 여길 법도 하다. 그래서인지 그것이 보호받아야 할 대학에서조차 외면당하는 게 현실이다.

조선이 망한 내부 요인 가운데 하나가 주류 학문이 물질적 실용을 도외시했다면, 오늘날 우리의 문제는 실용적 기능만을 앞세운 풍토에서 연유한 정신의 황폐에 기인된 것이라면 지나친 판단일까? "되돌아가는 것이 도의 움직임"〔反者道之動〕이라는 노자의 말처럼 이렇게 어처구니없는 양극단으로 치닫는 것이 역사의 흐름이란 말인가?

그렇다면 실용만을 앞세운 이런 현상이 전 세계적인 것인가? 피상적으로 봐서 그렇다고 할 사람이 있을지 모르겠다. 그러나 출판의 양이나 창의적 저술을 보더라도 그렇지는 않은 모양이다. 이제 인문학은 선진국에서만 연구한 것을 베끼면 그만이고, 대신에 산업이나 기술 분야의 실용적 지식만 개발해야 하는 양상이라면, 그것은 인민 다수를 정신적 노예로 전락시키는 암흑시대와 다를 바가 무엇인가? 정녕 실용을 무시하지 않되, 정신적 풍요로움을 되찾을 방법은 없을까?

우리는 여기서 실용을 도외시하지 않으면서 정신적 가치를 높이는 방법을 몸소 보여준 선각자들이 있음을 알아야 한다. 후세 사람들은 단지 각자가 마음의 등불을 따라 그 길을 찾으면 된다. 바로 왕수인 또한 그런 방법을 쉽게 안내한 사람 가운데 하나다. 복잡한 현실 속에서 남이 만들어준 진리가 아니라, 자신이 스스로 진리성을 입증하는 데는 양명학이 보여준 방법 또한 참고하기에 충분하다. 제각기 마음의 등불을 밝혀야 하지 않을까?

이 책을 쓴 박은식은 학자 · 사상가 · 개화운동가 · 언론인 · 교육가 · 독립운동가 · 정치가였으며, 여기에 등장하는 왕양명 또한 그의 생애가 말해주듯 군사 전략가 · 지휘관 · 관리 · 문학가 · 교육자 · 사상가이다. 주인공이나 저자가 다사다난한 현실 속에서도 전인적 인격과 고매한 성품을 갖추고 살았다는 공통점을 갖는다. 이들의 삶이 말해주는 것은 도덕과 윤리를 다루는 인문학이 결코 공리공담이 아니라, 현실 속에서 기술과 기능을 다루는 실용적인 학문과 서로 보완이 되는데다가, 후자를 이끌고 상승작용을 일으킬 수 있는 학문이라는 점이다.

그렇다고 지금의 우리가 모두 문학가 · 철학자 · 역사학자가 되어야 한다는 말은 아니다. 자신의 삶의 현장에서 탐구하는 가운데 인류 보편의 진리를 발견하여 발휘하면 된다. 이 책에 그 방법이 제시되어 있다. 따라서 누구나 성인(聖人)이 될 수 있고, 또 되어야 한다. 그 방법을 알면 우리가 어떤 직업에 종사하더라도 성인이 되는 데 방해받지 않는다. 따라서 양명학은 오늘날 같은 바쁜 현실 생활에도 가치관을 함양하고 그것을 실천하는 데 적합한 학문이요, 교주나 성직자가 필요 없는 종교이다.

이 책은 딱딱한 이론서가 아니다. 그렇다고 한 걸출한 인간의 일대기만 쓴 전기(傳記)도 아니다. 한 사람의 파란만장한 일생을 통하여 진리가 어떻게 발견되고, 어떻게 실천되는가를 보여줄 뿐이다. 일터에서 가정에서 또는 학교에서 인류의 보편적 가치를 발견하고 실천하는 데, 이

만한 책도 없다고 감히 자부한다.

한 가지를 덧붙인다면 이 책은 학술적 가치가 매우 크다. 한국 철학 사에서 양명학의 지위는 그리 높지 않았다. 주자학 일변도의 학문 풍토 속에서 겨우 그 명맥만 유지해왔기 때문이다. 그런데 박은식에 이르러 비로소 양명학의 가치를 공공연히 주장했는데, 양명학에 대한 개인의 견해를 직접적으로 표출한 것은 박은식 이전에는 없었다. 그런 점에서 이 책은 매우 소중한 자료이다.

10여 년 전에 이 책을 번역 출판하기로 해놓고 이제야 책으로 내게 되어 마음이 한결 가볍다. 원문에 토가 달려 있어서 쉽게 번역되리라 생각했는데, 완전히 오산이었다. 독자들이 이 책에 달린 주석을 보면 알겠지만 인용된 말의 출처·인명·지명·관직명 등을 일일이 찾아야 했고, 이 저술의 저본이 된 왕양명의 『연보』와 명말청초(明末淸初) 황 종희(黃宗羲)의 『명유학안』(明儒學案), 청말(淸末) 량치차오(梁啓超) 의 『덕육감』(德育鑑), 특히 다카세 다케지로(高瀨武次郎)의 『양명상 전』(陽明詳傳)을 어렵사리 구해서 대조하느라고 상당한 시간을 보냈 다. 또한 문학을 전공하지 않은 옮긴이가 시를 번역하는 것은 차라리 이 작업을 포기하는 게 나을지도 모른다는 절망에 빠지게도 했다. 이런 저런 이유로 옮긴이의 미숙함이 더러 있을 것이다. 혹 발견될지도 모르 는 오역은 전적으로 옮긴이의 잘못이다.

그동안 학위 준비와 다른 저술 활동, 호구지책, 그리고 게으름도 이 책의 출판이 늦어지는 데 한몫했다. 그럼에도 불구하고 끝까지 기다려 준 한길사 여러분이 있었기에 이 책이 빛을 보게 되었다. 깊은 감사를 드린다.

2010년 가을
이종란 쓰다

찾아보기

지은이 박은식

박은식은 황해도 출생으로 어려서 부친에게서 한학을 배웠고, 청년기에는 관서지방을 여행하며
정통 주자학을 공부하였다. 한때 정약용의 문인들과 접촉하면서 다산의 실학사상을 섭렵했다.
그때까지는 주자학자로서 명망을 쌓아갔다.
1898년 독립협회의 민권 · 자주 · 자강운동이 본격화되던 때에
애국계몽운동가로 변신한다. 독립협회에도 가입하였고, 『황성신문』이 창간되자 장지연과 함께
주필로 활동한다. 잠시 경학원 강사와 한성사범학교 교관으로 교육활동에 종사하였고,
서우학회를 발기하고 서북학회의 회장직을 맡았으며, 그 기관지의 주필로 활동하였다.
애국비밀결사 단체인 신민회가 창립되자 적극 참여하였다.
이러한 교육 · 학회 · 언론활동은 당시 지식인 사회에 유행하던 서양의 사회진화론과 계몽주의사상,
과학사상의 영향으로 형성된 민족자강론에 바탕을 둔 애국계몽운동이었다.
특히 우리가 서양처럼 발전하려면 그들의 종교개혁처럼 우리도 주자학을 양명학으로 개혁해야 한다는
취지에서 「유교구신론」(儒敎求新論)을 발표하였다. 같은 맥락에서 『왕양명실기』를 저술하였다.
그것은 유교의 동력을 국권회복에 이용하기 위해서였다.
나라가 강제 합병된 이후에는 해외로 망명해 독립운동을 전개함과 동시에 우리 역사를 발굴하고
저술하였다. 특히 『한국통사』(韓國痛史)와 『한국독립운동지혈사』(韓國獨立運動之血史) 등을 통해
민족사학자로서 민족해방운동의 정신적 기반을 다졌다.
그는 이때 사학자로서 독특한 민족사관을 정립하는데, 혼백(魂魄)의 역사관이 그것이다.
국백(國魄)을 잠시 잃었어도 국혼(國魂)을 잘 보존하여 지키면
언젠가 혼백이 하나 되는 국가의 독립을 성취한다고 믿었다.
그는 망명 가운데서도 언론활동을 펼침과 동시에 여러 독립운동 단체를 조직하여
국권회복에 헌신하였으며, 대한민국임시정부 제2대 대통령을 지냈다.
그 공로로 1962년 건국훈장 대통령장이 추서되었다.

옮긴이 이종란

옮긴이 이종란(李鍾蘭)은 서울교육대학교를 졸업하고,
성균관대학교 대학원에서 한국철학을 전공해 박사학위를 받았다.
한국방송대학교, 한국체육대학교, 성균관대학교에 출강했다.
주요 저서로는 『최한기의 운화와 윤리』 『전래동화 속의 철학 1~5』
『전래동화 · 민담의 철학적 이해』 『이야기 속의 논리와 철학』 『청소년을 위한 철학논술』
『강좌 한국철학』(공저), 『최한기의 철학과 사상』(공저), 『혜강 최한기』(공저),
『한국 철학 사상가 연구』(공저)가 있다.
철학동화로 『최한기가 들려주는 기학 이야기』 『주희가 들려주는 성리학 이야기』
『이이가 들려주는 이통기국 이야기』 『왕수인이 들려주는 양지 이야기』
『정약용이 들려주는 경학 이야기』 『박지원이 들려주는 이용후생 이야기』
『신채호가 들려주는 자강론 이야기』 『서경덕이 들려주는 기 이야기』
『김시습이 들려주는 유불도 이야기』 『성인이 되려면』 『물 흐르듯 살아라』와
한국철학 이야기인 『한국철학 스케치』(공저) 등이 있다.
역서로는 『주희의 철학』(진래, 공역), 『왕부지 대학을 논하다』(왕부지, 공역) 등이 있다.

왕양명실기

지은이 • 박은식
옮긴이 • 이종란
펴낸이 • 김언호
펴낸곳 • (주)도서출판 한길사

등록 • 1976년 12월 24일 제74호
주소 • (413-756) 경기도 파주시 교하읍 문발리 520-11
www.hangilsa.co.kr
E-mail: hangilsa@hangilsa.co.kr
전화 • 031-955-2000~3
팩스 • 031-955-2005

상무이사 · 박관순 | 영업이사 · 곽명호
편집 · 배경진 서상미 신민희 정미선 | 전산 · 한향림 김현정
경영기획 · 김관영 | 마케팅 및 제작 · 이경호 박유진
관리 · 이중환 문주상 장비연 김선희

CTP 출력 · 알래스카 커뮤니케이션 | 인쇄 · 현문인쇄 | 제본 · 광성문화사

제1판 제1쇄 2010년 12월 1일

값 25,000원

ISBN 978-89-356-6408-5 94150

• 잘못 만들어진 책은 구입하신 서점에서 바꿔드립니다.

• 이 도서의 국립중앙도서관 출판시도서목록(CIP)은
e-CIP 홈페이지(http://www.nl.go.kr/cip.php)에서 이용하실 수 있습니다.
(CIP제어번호: CIP2010004077)

한길그레이트북스 인류의 위대한 지적 유산을 집대성한다

● 한길그레이트북스는 계속 간행됩니다.